U0216108

吉林人民出版社

清史稿

卷二二六——卷二九四

（十一）

〔民国〕 赵尔巽等 撰

许凯等 标点

清史稿卷二二六
列传第一三

扬古利　劳萨 子程尼

图鲁什 子巴什泰　觉罗拜山

子顾纳岱　顾纳岱子莫洛浑　# 西喇布

子马喇希　阿兰珠　阿兰珠弟布尔堪纳尔察

纳尔察子瑚沙　# 达音布 朗格　朗格子和讬

和讬从弟雍舜　玛尔图当　马尔图当子乌库礼

喀喇喀喇孙舒里浑　洛多欢　崆古图 # 巴笃理

穆克谭　穆克谭子爱音塔穆　达珠瑚

达珠瑚子翁阿岱

扬古利,舒穆禄氏,世居浑春。父郎柱,为库尔喀部长,率先附太祖,时通往来,太祖遇之厚,命扬古利入侍。郎柱为部人所戕,其妻褓负幼子纳穆泰于背,属鞭佩刀,左右射,夺门出,以其族来归。部人寻亦附太祖。扬古利手刃杀父者,割耳鼻生啖之,时年甫十四,太祖深异焉。日见信任,妻以女,号为"额驸"。旗制定,隶满洲正黄旗。

太祖令扬古利守汛鸭绿江,警备严密,无敢犯者。伐辉发多壁城,阻水不得进,扬古利乱流而济,众从之,遂薄城,多所俘馘。岁癸巳,略朱舍里路、纳殷路,戊戌,略安褚拉库路,皆有功。岁己亥,从克哈达，扬古利先登，禽贝勒孟格布禄。岁丁未正月，徙蜚悠城众，扬古利与扈尔汉率兵三百护行，乌喇以万人要诸路。扬古利励众曰："吾侪平居相谓死于疾宁死于敌，此非临敌时乎？"持矛突阵，杀乌喇兵七，敌稍却。夹河相持，诸贝勒军总至，大破之。五月，从贝勒巴雅喇等伐渥集部，取赫席黑路，为前锋。马儿古里村人惊兵至，走负山，因攻据其山巅，驰下击之，尽歼丁壮，俘子女以归。九月，伐辉发，越栅二重，先入，夺其城。岁庚戌七月，从台吉阿巴泰等伐集部，略木伦路。克吴儿瑚麻村，望林中烟起，即驰赴之，往复者三，俘获其众，岁壬子九月，从讨乌喇，攻金州城，城中迎射拒，扬古利冒矢攻克之。岁癸丑正月，再讨乌喇，扬古利先众进战。攻青河，乌喇贝勒布占泰兵甚锐，太祖传矢命诸将退，扬古利持不可，麾众迫城，聚一隅疾攻，遂拔之。

天命四年三月，明经略杨镐大举来侵，总兵杜松等攻界凡，大贝勒代善等帅师御之。我军屯吉林岩，明军屯萨尔浒山，两军相薄，扬古利与贝勒阿巴泰等争先赴敌，破其军，松等皆战死。是夕，明总兵马林以兵至，营于尚间岩，翌旦，移兵往攻，太祖命被创者勿往，扬古利裹创系腕，率十牛录兵，凭高驰击，林兵大溃。七月，攻铁岭，遇蒙古贝勒介赛兵，击破之，遂获介赛。六年三月，从太祖攻沈阳，濠深堑坚，众难之。扬古利拔刀挥本旗兵先登，夺敌所植竹筏以阻军者，遂克之。进攻辽阳，复先登陷陈，破其步卒，夺河桥，与明兵战于沙岭，大败之。辽阳既拔，太祖嘉其战多屡受创，命位亚八贝勒，统左翼兵，授一等总兵官，诫勿更临阵。

十年，扬古利守耀州，明将毛文龙遣兵三百来攻，略城南荞麦冲，扬古利率兵追击，尽歼之。旋进三等公。天聪三年九月，同阿山等捕逃，人至雅尔古，遇文龙所部越塞采参者，击杀九十六人，获千总三级其从者十六人以还。十月，从伐明，薄明都，击败满桂兵于城北，炮兵陷敌伏中，扬古利率亲军十余人夺围入，悉出之。军还，从贝勒阿巴泰等略通州，焚舟千余。攻蓟州，明军来援，太宗督右翼三旗攻其西，贝勒代善等督左翼四旗攻其东，右翼两红旗兵少却，扬古利率正黄旗兵直前突阵，敌败走。太宗命两红旗将佐纳锾自赎，以赐扬古利，扬古利分畀将士，不自私。六年，太宗伐察哈尔，命贝勒阿巴泰等及扬古利居守，明兵来侵，诸贝勒御之。锦州战，明兵锐甚，六旗俱却，扬古利大怒，独率本旗兵奋击破之。旋复从太宗入明边，攻大同、宣府，与贝勒阿巴泰等拔灵丘，隳王家庄，取之。

七年六月，太宗谘诸将兵事，扬古利言：“用兵不可旷隔，若逾年不用，敌以其时乘间修备，虑误我再举。我暇，一年再征，不暇，亦一年一征。乃为善策。我今当深入敌境克城堡，贝勒诸将已痘者驻守，未痘者从上还都。不克，则纵兵焚其村聚，民降者编伍，拒者俘以还。各旗献俘，视牛录为多寡，兵士所获听自取。若此，则人人贪得，不待驱迫，争出私财买马，兵气益扬矣。戍边，贝勒许番代，他将卒不许番代。不耐劳苦，岂有能拓地成功业者乎？或谓用兵数，且妨农。妇子相随，且行且获，何妨农之与有？朝鲜、察哈尔宜且置之，山海关外宁远、锦州亦当缓图，但深入腹地。腹地既得，朝鲜、察哈尔自来附矣。”时诸大臣所见亦略同，太宗遂定策伐明。八年五月，复录扬古利前后战功，进超品公，位亚贝勒，帽顶嵌珠。

崇德元年五月，命武英郡王阿济格，饶余贝勒阿巴泰及扬古利帅师伐明，入边，克畿内诸州县凡十二城，五十八战皆捷，获总兵巢丕昌等，俘十余万。出边，击败三屯营、山海关援兵。九月，师还，太宗出都十里迎劳。献捷，设宴，亲酌卮酒赐三帅。十二月，论伐明诸将违律，阿济格出边不亲为殿，扬古利坐不净，罚土黑勒威勒。

十二月，太宗亲伐朝鲜，扬古利从。二年正月，师济汉江，屯江岸，朝鲜全罗、忠清二道兵来援，营汉城南。是月丁未，太宗命豫亲王多铎及扬古利击之，值雪，阴晦，敌阵于山下，纵兵进击，自麓至其巅，多铎鸣角，招扬古利登山督战。扬古利将驰赴，朝鲜败卒伏崖侧，窃发鸟枪，中扬古利，创重，遂卒，时年六十六。明日，多铎率兵逼敌营，朝鲜兵已夜遁，得扬古利尸以归。太宗亲临哭奠，赐御用冠服以殡。丧还，太宗迎于郊，命陪葬福陵。葬日，太宗复亲奠。

扬古利初事太祖，凡在行间，率先破敌，冲锋挫锐，所向披靡。

太宗诚不令临阵,而遇敌忘躯,奋发不自已。行军四十余年,大小百余战,功业绝特,而持身尤敬慎。太宗尝命本牛录护军为之守门,赐豹尾枪二,以亲军二十人为卫。其葬,以本牛录八户守冢。是年十一月,追封武勋王,立碑墓。道顺治中,世祖命配享太庙。康熙三十七年,圣祖巡盛京谒陵,亲奠其墓。三十九年,复建碑为文表绩。雍正九年,定世爵为一等英诚公。

扬古利子二:长,阿哈旦,以军功授拖沙喇哈番。次,塔瞻,袭超品公,擢内大臣。崇德六年八月,太宗亲将御明洪承畴,战于锦州,敌遁,命塔瞻设伏追击,斩获甚众。寻移营松山,明总兵曹变蛟夜率兵突近御营,塔瞻不能御,降一等公。顺治四年,卒,以其子爱星阿袭,爱星阿自有传。

劳萨,瓜尔佳氏,世居安褚拉库。太祖伐瓦尔喀部,取安褚拉库,劳萨来归。旗制定,隶满洲镶红旗。天命六年,从伐明,克辽东,授游击。天聪二年,从伐蒙古多特罗部,进二等参将。三年,从伐明,薄明都,与图鲁什等败敌德胜门外,斩五十余级,获马数十,进一等参将。八旗选精锐为前锋,号“噶布什贤”。劳萨骁勇善战,使为将,号“噶喇依章京”。每出师,前行侦敌,所向有功。五年八月,从伐明,围大凌河城。上闻明援兵自锦州至,遣劳萨与图鲁什以兵二百侦敌,上与贝勒多铎以兵二百继其后。明兵至,逐劳萨等至小凌河,突近上前,上渡河躬陷阵后军亦至,共击败之。时我将觉善被围,又有裨将与敌战,敌挥刃将及,劳萨直前奋击,悉拯之出,还,白上,上亲酌金卮以劳。明监军道张春等合马步兵四万,渡小凌河,严屯拒战,劳萨受上指,领纛而前,力战破敌垒。十月,复与图鲁什往锦州松山侦敌,遇明兵,奔宁远,斩其执纛者十余人。

十一月,闻察哈尔兵至,劳萨率兵百侦敌。会察哈尔兵引去,追击之,逾兴安岭,勿及,甲仗、驼马委于道者,悉收以还。六年四月,从伐察哈尔,师次博罗额尔吉,劳萨率兵前行,收蒙古流散者二百余人。五月,与阿山率兵百至喀喇莽奈侦敌,遇察哈尔逻卒,逐而斩之。我国谍者刘哈为敌困,敌兵殆百人,劳萨以七骑大呼破围入,挟之出,敌披靡败走。寻侦察哈尔汗弃地,遁已远,还白上,上乃自布龙图班师,至枯槁,劳萨还与大军会。

七年,上命劳萨与图鲁什等将三百人略宁远,分其兵两翼突入沙河所,斩三百人,获裨将一、牲畜二百七十。八年二月,复略锦州松山边境,往锦州投书明总兵祖大寿。五月,与图尔格率兵出边,渡辽河,沿张古台河屯戍,卫蒙古,扼明兵,劳萨屡以寡胜众,功多,进三等副将,赐号硕翁科洛巴图鲁。十二月,察哈尔部众来归,命劳萨将百人迎护。九年四月,从贝勒多尔衮收降察哈尔部众。师还,略明边,劳萨夜率兵进败宁武关兵,遂毁关入,进略代州。复进略忻州,度黑峰口,遇明逻卒四十人,悉击斩之,获其马。

崇德元年,偕吴松等赍书谕明松棚路潘家口诸戍将,因侦敌边隘,多所俘馘。上伐朝鲜,命劳萨与户部承政马福塔以兵三百先为贾人装,昼夜行,将至朝鲜,其戍将出御,力战,尽殪其众。朝鲜国王李倧使劳师郊外,以其间走南汉山城。师还,吏议劳萨备不严,使倧得走,当夺世职论罚,上命毋夺职。二年,授议政大臣。三年二月,从伐喀尔喀,上使劳萨赍书逾月宣府将吏归岁币、开市。劳萨获喀尔喀四十余人,收其财物、牲畜,纵使去。师还,吏议劳萨罪当死,上特命宥之。八月,从贝勒岳讬、杜度伐明,自密云墙子口入。岳讬奏言:“噶布什贤将领劳萨等逐溃兵,得明逻卒,询知墙子岭坚不易拔,岭东西高处可越。”分军四路深入,明兵合马步八千人拒战,阿兰泰所将蒙古兵稍隙,劳萨与图赖等奋战陷阵,明兵败去,其夜复至,劳萨击却之,遂入其垒。又率所部逐敌,斩百七十余级,俘九十,获马百三十有奇,进二等梅勒章京。

五年五月,与吴拜侦敌广宁边境,自中后所入,循海而南,斩二百级,上自将攻锦州,劳萨伏兵高桥,纵敌弗击,论罪,降世职,夺赐号。六年四月,从郑亲王济尔哈朗伐明,围锦州,设伏,击明兵松山,获马百九十。劳萨逐明兵,见敌援至,使骑驰问济尔哈朗曰:“敌援至,若之何?”济尔哈朗以为怯,闻于上,上曰:“劳萨素勇敢,且身被重创,不当议小过。"五月,明总督洪承畴以兵六万援锦州,屯松山北,我师未集,劳萨力战,败其前锋。会上命睿郡王多尔衮等济师,复与战,大败之。劳萨行塔山东侦敌,获敌骑,克锦州外城。九月,命复劳萨世职,赐号。旋代洪尼喀为梅勒章京。是月,上自将督多尔衮等与承畴决战,劳萨从多尔衮陷阵,力战,死之。既克敌,上遣内大臣携酒临奠,恤赠三等昂邦章京,以其子程尼袭。

程尼既袭职,三遇恩诏,进一等伯,任议政大臣。顺治九年,从敬谨亲王尼堪征湖南。十一月,及明将李定国战于衡州,我师败绩,没于阵,恤赠拖沙喇哈番。十二年,追谥国初以来有功诸将,劳萨谥忠毅,程尼谥诚介,并立石纪绩。

劳萨弟罗壁,初以军功授阿达哈哈番,至是并袭程尼世职,进为二等公,卒,其子降袭一等伯。再传,无嗣,乾隆间,续封二等子。

图鲁什,伊尔根觉罗氏,世居叶赫,归太祖,旗制定,隶满洲镶黄旗。天命九年,为牛录额真。蒙古有亡者,逐得之。十年,命率兵至旅顺口捕盗,俘获甚众。擢甲喇额真。授游击世职。

天聪三年,从太宗伐明,图鲁什先以驱侦敌,至大安口,城下兵出战,图鲁什单骑奋击,师继至,克之。自遵化向明都,明兵自蓟州踵师后,图鲁什设伏击隙之。十二月,上军明都西南,令图鲁什与梅勒章京阿山循城觇敌多寡。获谍,言明总兵满桂、黑云龙、麻登云、孙祖寿合兵四万,屯永定门南二里许。还白上,且曰:"敌盛,宜及其不虞,乘夜击之。"夜三鼓,秣马蓐食,八旗及蒙古左、右翼兵俱进。图鲁什率所部先驰入敌垒,敌阵乱,师从之,明师遂败,斩桂、祖寿,获云龙、登云。与劳萨、席尔纳等往来游击,屡有斩馘。四年正月,从贝勒阿巴泰、济尔哈朗逐斩叛将刘兴祚,进二等参将。既,复从贝勒阿敏守永平,谍告明兵且至,图鲁什以四十人侦之,巴笃礼、屯布禄等以百人策应,共击败明别将张宏谟兵。语详《巴笃礼传》。已而,明兵大至,阿巴敏弃永平引师还。命往视边墙,率兵五十为三队,麾使后,独与四骑先至塞下,蒙古数十人猝起,相薄两垣间,环而射之,图鲁什突围出,顾所将骑卒皆陷围中,一骑中矢且仆,复大呼驰入,援三骑挟伤者俱归。

五年八月,从伐明,攻大凌河,明援兵二千自松山至,图鲁什与阿山、劳萨等以兵二百迎击,败之,斩百余级,获三纛,还,上酹金巵劳之。九月,攻锦州,明援兵自锦州至,与劳萨从上破敌,语详《劳萨传》。复遵上指,令军中张旗帜,举炮,伪若明兵来援,致城兵出战,伏起,敌败走。明监军道张春等集诸略军来援,渡大凌河,屯长山。图鲁什先以偏师邀击,小胜。戊戌之夕,上亲督骑兵袭敌垒,图鲁什先进,两军力战,卒破明师,获张春。十月,侦锦州松山,斩明兵执纛者。十一月,逐察哈尔兵,逾兴安岭。

六年,从伐察哈尔,次博罗额吉,招流亡,皆与劳萨偕。上令哈尔占具粮糗储乌兰哈达,而以甲喇额真颜布禄、牛录额真董山司转运,愆期,粮糗不时至,吏议当死。上命覆谳,众皆言法不当宥,图鲁什言:"曩者上申谕'临阵而退当斩'然亦尝恩宥。今罪颜布禄、董山而贷其死,实惟上恩。"上从之。

八年二月,略锦州。五月,擢噶布什贤噶喇依昂邦,进三等副将。六月,复从伐察哈尔。七月,至归化城,遇察哈尔诸宰桑以千二百户来降,率以谒上。是月,毁明边墙入大同,与瑚什布等击败明总兵祖大弼军,略地至宣化,攻怀远,设伏左卫城,击败明总兵曹文诏军。上驻左卫城西,使图鲁什如宣府侦敌。闰八月乙酉,遇大弼侦卒十五人,图鲁什单骑驰击,矢中其腹,犹力战不已,斩二人,俘十三人。图鲁什创甚,上亲迎视之。丁亥,卒于军,赐号硕翁科罗巴图鲁,进三等总兵官。顺治间,追谥忠宣。

子巴什泰,袭爵。事世祖,三遇恩诏,进一等伯。顺治九年三月,在上前为蒙古侍卫琐尼所戕,进三等侯。子珠拉岱,袭。康熙间,定封一等精奇尼哈番。乾隆元年,改一等子。

觉罗拜山,景祖弟包朗阿曾孙也。景祖兄弟凡六,分城而居,包朗阿次第五,居尼麻喇城。太祖既起兵,族人惎太祖英武,谋欲害太祖，包朗阿子孙独不与，率先事太祖。太祖起兵之三年，攻哲陈部托漠河等五城，合兵战于界凡，包朗阿诸孙札亲、桑古里皆从。

拜山事太祖差后。旗制定，隶满洲镶黄旗。天命六年，从太祖伐明，攻沈阳。明将有号秃尾狼者，骁悍善战，拜山殪诸阵。明兵悉众自城南来，拜山迎战，斩副将一，遂降其众。既克辽东，授游击。天聪元年，从太宗伐明，攻锦州未下，移师攻宁远。锦州兵潜出蹑师后，拜山与牛录额真巴希竞起还击，战死。太宗亲临其丧，酹酒哭之，赐人户、牲畜，赠三等副将。子顾纳岱，袭。

顾纳岱既袭职，天聪八年，改三等梅勒章京。崇德二年，从伐明，战于山海关，败明兵。逐敌至丰润，师或出采薪，明兵起乘之，顾纳岱驰赴奋击，援以归。徇山东，击败明内监冯永盛、总兵侯应禄，克博平，进一等梅勒章京。

顺治元年，顾纳岱以摆牙喇纛章京从睿亲王多尔衮入关击李自成。十月，从豫亲王多铎逐自成至陕州，贼依山为阵，顾纳岱与图赖率摆牙喇兵驰击，斩获大半。二年二月，自杨将刘元亮以千余人夜觇我师，顾纳岱出击败之。镶黄、正蓝、正白三旗兵继进，贼大奔，遂克潼关，逼西安，加半个前程。三月，从豫亲王徇河南，渡淮。四月，至扬州，与伊尔都齐等率摆雅喇兵军于城南，获舟二百余。翼日，合师薄城下，七日而拔。进克明南都，溯江至芜湖，击明将黄得功，败其舟师。移师从贝勒博洛徇苏州，克昆山，攻江阴，发炮破城，顾纳岱先登。复移师趋浙江，略平湖，水陆并胜，收其战舰。攻嘉兴，明兵出御，背城为阵，顾纳岱与固山额真恩格图、汉岱等合击之，三战三胜。七月，师还，进三等昂邦章京。

四年，从豫亲王征苏尼特部，讨腾机思腾机思，走喀尔喀，分遣蒙古兵追击，败之于欧特克山。复自土喇西行，败喀尔喀兵于查济布喇克。寻以恩诏进二等精奇哈番。五年，从征南将军谭泰下江西，讨金声桓，至九江，击破声桓兵。进攻南昌，中炮，没于阵，赠一等精奇尼哈番，以其子莫洛浑袭。

莫洛浑授参领。顺治十七年，从安南将军达素徇福建，讨郑成功,攻厦门,死之。圣祖以拜山、顾纳岱、莫洛浑三世死王事,赠莫洛浑三等伯,谥刚勇。

太祖始起,诸族人未附,有龙敦者,为景祖第三兄索长阿子,于太祖为从叔,挠太祖尤力。太祖讨尼堪外兰、讨李岱、漏师期,又构太祖异母弟萨木占杀噶哈善哈思虎,皆龙敦所为也。然其徒子旺善事太祖。太祖再攻兆佳城,取宁古亲,旺善为敌踣,敌俯扑,出刃将刺。太祖未及甲,直入发矢,中敌额,殪,援旺善起。其后屡从征伐。天命十年,偕达珠瑚、车尔格,以千五百人伐瓦尔喀部,俘获甚众。上出郊迎之,行抱见礼,慰谕甚至。

太祖既盛强,龙敦子铎弼、托博辉皆从。天命七年,太祖伐明,使铎弼与贝和齐、苏把海留守辽阳。太宗初即位,设八大臣,以托博辉领正蓝旗。

又有上穆布禄,为景祖幼弟宝实诸孙。十年,命与阿尔代、毛海、光石等屯耀州。太宗设十六大臣,使与萨璧翰为托博辉佐。

又有郎球、巴哈纳,皆索长阿之裔,俱致通显,自有传。

西喇布,世居完颜,以地为氏。太祖初起兵,率所部来归,常翼卫太祖,授札尔固齐。岁癸巳,略富尔佳齐,哈达人西忒库抽矢射贝勒巴雅拉,西喇布以身当之,中二矢,遂卒,恤赠游击。子二:噶禄、马喇希。旗制定,隶满洲镶红旗。噶禄袭职,从攻沙岭有功,进二等参将。卒,无子。

马喇希,天聪九年,授佐领。寻袭其兄噶禄世职。崇德二年,从都统业克舒等伐卦勒察。三年七月,授刑部理事官。八月,迁蒙古梅勒额真。四年,再迁固山额真。从睿亲王多尔衮围锦州,坐徇王贝勒等私遣兵归,离城远驻,罚如律。复从贝苗阿巴泰等入黄崖口,所至克捷。顺治元年四月,从睿亲王多尔衮入关破李自成,追击至庆都。十二月,与都统阿山征陕西,自蒲州渡河击贼,论功,进一等甲喇章京兼半个前程。寻命移师从豫亲王多铎下江南。二年五月,自归德渡河至泗北淮河桥,明守将焚桥走,师夜济,与都统宗室拜音图以红衣炮攻克武冈寨,引兵而东。至常州,明将黄蜚以步兵数万御战,击破之,遂下宜兴,道破明水军。至昆山,都统恩格图等方攻城,马喇希率所部兵趋颓堞,先登,遂克之,复拔常熟。师还,进三等梅勒章京。

四年八月,从肃亲王豪格徇陕西,至治中。叛将贺珍走西乡,马喇希与都统鳌拜分兵驰击,及于楚、湖,斩馘甚众,进二等阿思哈尼哈番。五年,睿亲王多尔衮出猎,马喇希坐与都统噶达浑等私猎,贬秩。八年,世祖亲政,诏复职。再遇恩诏,进三等精奇尼哈番。九年九月,命与定南将军,护军统领阿尔津帅师定广东。十月,命移军镇汉中。十二月,复命移军定湖广辰州、常德诸路。十一年,卒。

十二年,世祖命追录国初以来有功诸将,皆视一品大臣,予谥,立碑墓道,于是西喇布谥顺壮,马喇希谥忠僖。

太祖诸将,当帝业未成,效死行间,与西喇布同时易名纪绩者,又有札尔固齐阿兰珠、梅勒额真纳尔察。

阿兰珠,栋鄂氏,世居瓦尔喀什。父阿格巴颜,与其兄对齐巴颜并为屯长。太祖攻杭佳城,守城者为阿格巴颜妻父,令助守,阿格巴颜不可,曰:"以德诛乱,宜也。吾安能助乱而拒有德乎?"寻与对齐巴颜各率所属归太祖。旗制定,隶满洲镶红旗。对齐巴颜子噶尔瑚济、阿兰珠皆授录额真,分辖所属。阿兰珠旋擢札尔固齐。从伐乌拉,直前冲击,人马皆被创,下马步战,遂没于阵。恤赠三等甲喇章京,以其弟布尔堪袭。顺治间,追谥顺毅。

布尔堪袭职,授甲喇额真,天聪四年,与武赖、哈宁阿等率精兵百略明边,获明谍三,遂渡大凌河,斩四十余级,俘百六十。八年,重定各牛录所属人户,以新附瑚尔哈百人增隶布尔堪。寻戍牛庄,获蒙古逃人,进二等甲喇章京。崇德元年,卒。

纳尔察,钮祜禄氏,世居安图,隶苏克苏浒河部。国初来归,授备御,隶满洲镶黄旗。岁戊申,从太祖讨乌喇,攻伊罕阿林城,先登克之,擢梅勒额真。后攻沙岭,不待大军至,独进,没于阵,以长子佛索里袭世职。顺治间,追谥端壮。

瑚沙，纳尔察次子。初授牛录额真。天聪六年，从太宗伐明，入大同。与图鲁什等行侦敌，遇明兵四百，瑚沙变弓跃马，疾驰入阵，敌皆披靡。略地至崞县，屡击败明兵。崇德三年，从贝勒岳讬伐明，与鳌拜先驱，遇明骑兵三百，突出搏战，瑚沙以八骑击却之。遂率左翼摆牙喇兵越燕京，徇山东。明太监高起潜等率兵出御，瑚沙与罗什等连战皆捷，逐北数十里。上以佛索里不胜任，畀瑚沙袭世职，为噶什布贤章京。六年，从伐明，攻锦州，转战松山、杏山间，屡有斩获。七年，加半个前程。十月，贝勒阿巴泰等帅师伐明，上命瑚沙从，俟师入边，以军事还报。八年春，师还，使瑚沙从噶什布贤噶喇昂邦努山等，以兵九十人诣界岭口迎师，俘敌甚众。

顺治初，从入关击李自成，战于一片石，瑚沙率本旗噶什布贤超哈当自成将唐通，逐自成至庆都。复从噶什布贤噶喇昂邦席特库设谋诱敌，夹击破之。六月，从固山额真叶臣征山西，至汾州，偕甲喇额真道喇、图尔赛等，击破自成将白辉。二年，从英亲王阿济格征陕西，克绥德、延安。牛录额真哈尔汉俄班驻军南山，为贼所乘，战死，瑚沙率数骑突入，得其尸以还。自成奔湖广，追剿至安陆，击败自成将邵章，掠其舟以东。至九江口，与席特库率前锋二十人破贼垒，逐自成至于九宫山，自成既殒，瑚沙复与甲喇额真苏拜、希尔根等逐捕余贼，斩二千余级，进三等甲喇章京。三年，从肃亲王豪格讨张献忠于汉中，击败叛将贺珍，逐献忠至于西充，献忠引众迎战，瑚沙奋击败之，肃亲王遂殪献忠。五年，进二等阿达哈哈番。

六年，从郑亲王济尔哈朗略湖南。时明桂王由榔犹驻广西，其总督何腾蛟守湘潭，师既克长沙，渡湘水攻之，前锋兵薄城，敌分三门出战，瑚沙与席特库力战，破城西兵，生致腾蛟。明兵溃，遂克湘潭，于是衡州、赛庆、永州、辰州诸郡县次第皆下。进二等阿思哈尼哈番。九年，擢镶黄旗蒙古副都统，命与学士苏纳海使朝鲜鞫狱。十一年，兼任工部侍郎。十二年，擢本旗蒙古都统，授议政大臣。十五年，从信郡王多尼下云南。十六年，从克永昌。十七年，师还。以永昌初下，纵兵入城扰民，降三等阿思哈尼哈番。康熙三年，卒。分世职为二,第五子瑚弼图袭一等阿达哈哈番,第二子硕伯海袭拜他喇布勒哈番。

达音布,他塔喇氏,世居札库木。天命三年来归,隶满洲正白旗,任牛录章京。从太祖征,伐辄为军锋,积战阀授备御。来归诸部众或为蒙古诱逼,达音布与楞额礼率兵逐之,及于达岱塔,击败蒙古兵,得逃人以归。六年,太祖伐明,略奉集堡,达音布先驱,斩谍克敌,进游击。蒙古札鲁特贝勒昂安尝执我使畀叶赫,又屡遣兵要我使,攘牲畜。八年,太祖命台吉阿巴泰等将三千人讨之。达音布时为噶什布贤噶喇昂邦,与雅希禅、博尔晋率五十骑先大军行,乘夜渡辽河,略昂安所辖厄尔格勒,复驰百余里,逼昂安所居寨,昂安以牛车载妻子率从者二十余骑出寨。雅希禅、博尔晋麾三十余骑下马将搏战,达音布引十余骑勒马立,昂安谋遁,不欲战,直前冲骑兵,冀突围出,达音布拒战,方弯弓注矢,昂安所部乘隙挟短矛捶达音布,中其口,堕马。我兵冲击,昂安父子及从者尽殪,俘其孥。达音布遂以创卒。师还,予恤,进世职为游击。

子阿济格尼堪,阿济格尼堪子宜理布,并有传。第三子岱衮,屡从征伐,授侍卫,崇德二年,围锦州,战死,赠备御。达音布死最烈,子孙贵列爵,顺治间赐谥乃不及。

太祖诸偏裨死事者,牛录额真喀喇以御刘绖战死。又有牛录额真额尔纳、额黑乙,将五百人屯深河,与绖战林中,死之,甲喇额真布哈、石尔泰,牛录额真朗格,从太祖攻沈阳,既下,明总兵陈策等来援,与战,陷陈死。玛尔当图从太宗围锦州,战死。喀喇、额尔纳、额黑乙死时,太祖方草创,未有恤赠。布哈赠参将,石尔泰、朗格赠游击,而玛尔当图死时已援游击。朗格子和讬、玛尔当图子乌库理事太宗,喀喇孙舒里浑、洛多欢、崆古图事世祖,皆有战功,赏延于世。

朗格,栋鄂氏,对齐巴颜子,阿兰珠弟也。对齐巴颜来归,语见《阿兰珠传》。战死,得世职,以长子栋世禄袭。旗制定,隶满洲镶红旗。

和讬，其次子也。崇德七年正月，授本旗梅勒额真。从郑亲王济尔哈朗等伐明，围锦州。明总兵祖大寿以其城降，遂进克塔山。郑亲王籍所俘获，令和讬还奏。上命分赉军中死伤将士，并令赍敕抚明杏山守将，曰："汝以善言招之，降则已。否则以炮攻，炮发而彼降，亦可许也。"和讬至军，如上指宣示，炮发，明将降。师还，得优赉。旋追议诸将徇部卒失律，和讬当罚锾，以前劳得免。十月，从贝勒阿巴泰伐明，自界岭口毁边墙入，至黄崖口。军中议分两翼夹攻，辅国公斐洋古令和讬督左翼，建云梯攻城。和讬周视毕，复曰："城可登，无以梯为也。"乃率巴牙喇兵四十人毁城入，斩守备一，余悉溃。复合右翼围蓟州，击败明总兵白腾蛟、白广恩，遂徇山东，克兖、莱、青诸府。明年，师还，授吏部参政，兼梅勒额真。

顺治元年，从入关击李自成，予世职牛录章京。上遣侍郎王鳌永招抚山东，明副总兵杨威据登州。鳌永请兵，上命和讬与梅勒额真李率泰、额孟格帅师讨之。鳌永至青州，为降将赵应元所戕。和讬等师至，牒巡抚陈锦、总兵柯永盛会师逼青州。应元复请降，和讬与李率泰计许之降，遣兵夜捕斩应元及其党数十人，宥胁从勿诛，青州遂定。锦亦下登州。上命和讬与李率泰移军河南，会豫亲王多铎下江南，赉黄金、紫貂，进世职三等甲喇章京。二年，从贝勒勒克德浑徇浙江，定杭州。明将方国安以兵至，和讬将左翼御之富阳，斩副将二、参将二、游击五，国安兵大败。复破敌下关直沟，毁其木城。上命和讬与梅勒额真珠玛喇率所部满洲、蒙古兵驻防杭州。三年四月，卒。

雍舜，封齐巴颜从子，授牛录额真。英果，战辄当前锋，累擢镶红旗固山额真。天聪三年，从上伐明，围遵化，率本旗兵攻城西南，克之。四年，从取永平，援二等参将世职。贝勒阿敏弃永平还师，雍舜独赞其议，坐罢官，夺世职，籍没。七年，从贝勒岳讬舟师攻旅顺，明将黄龙城守，师克之。论功，先登崖者，巴奇兰、萨穆什喀。先登城者，雍舜、珠玛喇，复世职。崇德二年，从克皮岛，擢梅勒额真。四年,从征索伦,设伏败敌,进一等参将。六年,从攻锦州,战坠马,得他骑,引本旗兵趋左翼。及右翼胜,乃驰击,争赴敌。坐欺谩论罪,命宽之,解梅勒额真。顺治初,遇恩诏,进二等阿思哈尼哈番,复官固山额真。卒。子康图,先以功授拜他喇布勒哈,番同为一等阿思哈尼哈番。

玛尔图当,札库塔氏,先世居和克通吉。太祖时,率百余人,授游击。从攻锦州,战死。

子乌库理,年十六,即从征伐。太宗命领甲喇额真,袭玛尔图当世职。崇德三年,从贝勒岳讬伐明,略山东,明太监冯永盛以兵至,击败之,攻济南,云梯兵未至,乌库理攀雉堞先登,麾所部兵毕上,克其城,师还,将出塞,与白奇超哈统将萨穆什喀殿,敌不敢逼,道经太平寨,复步战败敌。七年,从伐明,复攻锦州,战于松山,敌败走,旋合溃兵屯北山,垒甚固,乌库理直前击之,三战皆捷。

顺治初,入关,从固山额真叶臣攻太原,率十骑绕城周视,城兵骤出搏战,乌库理与甲喇额真萨璧图奋击,俘馘甚众。寻从英亲王阿济格定陕西、湖广、江西诸省。师还,至池州,侦明将黄斐,击之,得舟十二。还京师,授兵部理事官,加半个前程。三年,从肃亲王豪格下四川,讨张献忠,败其将高汝砺。逐献忠,再破之。五年,从讨叛将姜瓖,攻宁武关,所署巡抚姜辉、总兵刘惟思以三千人赴援,内外兵夹击。乌库理率三旗巴牙喇兵转战关下及偏关西河营,七战皆胜。师将至左卫,瓖兵万余阵以待,乌库理击破之。复发炮克其城,殄袭兵。八年,进一等阿达哈哈番。十年,郑成功寇福建,命与理事官额赫理率禁旅及江宁、杭州驻防兵济师,至海澄。敌以火器守隘,乌库理连破其垒。敌毁桥,乌库理跃马先众涉,敌惊溃,师乃毕渡。敌又以三千余人屯海岸,乌库理步战败之。先后与固山额真金砺等,剿敌寨数十,降其兵数千人,复加拖沙喇哈番。

十二年,授大理寺卿,疏言:"满洲士卒岁从征讨,市马制械皆自具,其孥留京师,请恩赉。行军所至,民多失所,虽被旨赈贷,当安辑,俾自为生计,请敕部议便宜。绿旗死事将卒,请下所司赡其妻子。江、广、闽、浙滨江、海，盗贼出没，请敕诸省督抚，要隘设重兵。西北厄鲁特、俄罗斯诸部尚阻声教，请敕理藩院议互市条例，通贸易。"所陈凡五事，皆下部行。

寻命视黄河决口。十三年，授漕运总督。十七年，授盛京总管。康熙元年，改总管为将军，仍以命乌库理。是时，盛京置户、礼工三部，乌库理请增设刑部，廷议如所请。四年，卒。析世职为二，长子俄谟克图，袭三等阿达哈哈番，次子佛保，袭拜他勒布喇哈番兼拖沙喇哈番。

喀喇，栋鄂氏，先世居瓦尔喀。当太祖时，以其族来归。从征伐有功，授牛录额真，赐号"巴图鲁。"天命四年，御明总兵刘綎，力战，被七创，以伤卒。

子扎福尼。天聪四年，从伐明，攻滦州，有三卒为敌所得，扎福尼陷阵援之出。以功，予世职备御。八年十二月，从白奇超哈统将巴奇兰等伐黑龙江，加半个前程。

舒里浑，札福尼子也。初以巴牙喇壮达从军。从攻大凌河城，败蒙古军。及扎福尼卒，袭世职。顺治二年，从英亲王阿济格西逐李自成至延安，七捷。自成走湖广，以师从之，次安陆，得舟十四。三年，从豫亲王多铎北讨腾吉斯，力战，多俘馘，击败喀尔喀土谢图汗、硕类汗，师还，授牛录额真。六年，从端重亲王博洛西徇大同，击败姜镶所署巡姜建勋等。十一年，擢巴牙喇纛章京。十五年，授正黄旗满洲梅勒额真。从信郡王多尼南征云南，战凉水井，败明将李成蛟。战双河口，败明将李定国。师还，进三等阿思哈尼哈番。十八年八月，卒。

洛多欢，舒里浑弟。从军，取旅顺，围锦州，皆有功。崇德七年，从贝勒阿巴泰伐明，克顺德府，先登，赐号"巴图鲁"。累进世职至一等哈达番兼拖沙喇哈番。

崆古图，亦舒里浑弟也。顺治间，从靖南将军陈泰征福建，克兴化府，先登。自巴牙喇壮达擢甲喇额真。十七年，洛多欢卒，袭世职。康熙十三年，从副都统雅赉、阿喀尼等讨耿进忠，自安庆向江西，败贼小孤山,复彭泽、宜黄、崇仁、乐安诸县。十五年,移师讨吴三桂,攻萍乡,败其将夏国相,师下湖南。十八年,战枫木岭,败其将吴国贵,复武冈。二十四年,卒。子多博海,袭。

特尔勒,舒里浑孙也。康熙间,从征南大将军赉塔讨吴世璠,败其将何继祖,夺石门坎、黄草坝。乘夜拔嵩明、丹城,遂克云南。又从都统希福逐马宝,破胡国柱。以功,予世职拜他勒布喇哈番。卒。

太祖尝为故勋臣雅巴海祈天:“乞转生朕家!”又为布哈孙、朗格等八人祈曰:“宥其微失!”太祖未举兵以前,有族难,侍者帕海死之,似即雅巴海。布哈孙等事不著。

巴笃理,世居佟佳,以地为氏。天命初,与其弟蒙阿图来归。太祖命编所属为二牛录,使兄弟分领其众,隶满洲正白旗。太祖察巴笃理才,使为扎尔固齐,积战功,授游击。十年,明发兵航海至旅顺,缮完故城,驻军以守。巴笃理从贝勒莽尔古泰攻之,城下,尽歼明兵。十一年,明将毛文龙遣兵夜袭萨尔浒城,城兵炮矢交发,明兵退,结营。巴笃理率兵自山而下,大呼乘敌,敌溃走,追斩二百余级。

天聪三年,从伐明,克遵化有功。太宗亲酌金卮劳之,进二等参将。四年正月,从贝勒济尔哈朗守永平。三月,明将张宏谟率兵来侵,甲喇额真图鲁什以四十人先,巴笃理与噶布什贤噶喇昂邦屯布禄以百人继,伏起,屯布禄败走,巴笃理与图鲁什殿,力战,其弟课约马著矢且踣,巴笃理斩敌兵,夺马授其弟,殪三十余人,敌乃退。五月,明兵围滦州,贝勒阿敏守永平,不即赴援,城垂破,乃遣巴笃理率兵赴之,乘夜突围入城。方议并力坚守,敌发巨炮焚城楼,守将纳穆泰等度力不能支,弃城依阿敏,阿敏亦弃永平东还。廷议诸将罪,以巴笃理突围赴援,释勿论。

五年,授礼部承政。六年,使朝鲜,定职定贡数。八年八月,太宗自将伐明,巴笃理从,至应州,命与贝勒阿巴泰等取灵丘县王家庄。巴笃理督军攻堡,既被创,犹奋击,中流矢,卒。太宗闻之泣下,曰:“此朕旧臣,转战数十年,效命疆场,深可惜也!”恤赠三等副将。

顺治十三年，追谥敏壮。子卓罗，自有传。

蒙阿图，自牛录额真，累擢梅勒额真坐私立屯庄，罢。天聪三年，从伐明，败敌于遵化。寻命帅师伐瓦尔喀，俘其众三千。逾年师还，上自出郊宴劳。授游击世职，擢工部承政。崇德三年，以老解职，召见，谕之曰：“尔等旧臣，朕见之辄心喜，可不时来见也！”未几，卒。

国初诸将，事太祖创业复佐太宗从征伐而战死者，劳萨、图鲁什功最高，巴笃理、穆克谭、纳尔特与相亚，达珠瑚为俘所贼。顺治中，皆追谥。纳特事具其父《雅希禅传》中。

穆克谭，戴佳氏，世居杭洞，隶哈达。穆克谭从其父兄率众来归，授牛录额真。从太祖征伐，战必陷阵，攻则先登，赐号“巴图鲁”有查海胡色者，叛太祖归哈达，穆克谭从其父兄追之，战，其父兄皆死。从子厄尔诺亦叛归哈达，穆克谭单骑逐斩之。旗制定，隶满洲镶蓝旗。天命元年，从伐瓦尔喀，战败，诸将孟库噶哈皆走，舒赛、阿尔虎达将为敌得，穆克谭与燕布里等八人冲敌阵，援之出。师还，太祖遣孟库噶哈，夺所获畀穆克谭。六年，从伐明，攻耀州，先登，克之，命戍焉。蒙古人海色与其众叛去，我师追之，战不利，穆克谭策马大呼，直前刺杀海色，余悉溃。以功授二等副将。太宗即位，各旗设调遣大臣，以穆克谭佐本旗。天聪元年四月，从伐朝鲜。六月，阿山、阿达海兄弟叛，将归明，贝勒阿敏夜帅师追之，穆克谭从，射阿达海，阿达海力战，抽刀斫穆克谭坠马，几殆，卒挟以俱还。五年，从伐明，围大凌河，穆克谭以本旗兵从固山额真宗室篇古当西南。城兵出挑战，图赖先进，穆克谭从之，薄濠，舍骑步战，将追敌入濠。城上炮矢竞发，城兵续出，奋拒力战，殁于阵。太宗惜之，曰：“穆克谭我旧臣，不值于此毕命也！”赠一等副将，世袭。顺治间，追谥忠勇，立碑墓道。子爱音塔穆。

爱音塔穆袭父爵，兼领穆克谭旧辖牛录，益壮丁五十。顺治初，从入关破李自成。旋从豫亲王多铎徇河南，与梅勒额真沙尔瑚达屡败贼，逐贼至潼关，为殿，贼自后来袭，三至三却，爱音塔穆功也。二年,河南既平,从定江南。六年八月,从郑亲王济尔哈朗下湖广。时明桂王由榔驻武冈,湖南诸郡县半为明守。爱音塔穆帅师自长沙而南,克宝,庆击马进忠、王进才皆有功。自成将刘体纯与其党袁宗第等屯洪江为十寨,缘沅江拒守。爱音塔穆与尚书阿哈尼堪督军渡江,连破贼寨,贼溃,遂与阿哈尼堪驻守沅州。十二月,贼将王强来犯,与阿哈尼堪共击却之。九年,遇恩诏,累进二等精奇尼哈番。十一月,从靖南将军珠玛喇略广东,时明将李定国攻新会,平南王尚可喜赴援,定国有众四万,列象炮,据山峪,方相持。爱音塔穆等师至,合击大破之,逐北二十余里,定国遁去。十二年闰五月,论功,进一等精奇尼哈番。康熙十九年,卒。

子公图,袭。三十五年,从抚远大将军费扬古征噶尔丹昭莫多,战胜,进三等伯。子永泰,降袭二等精奇尼哈番,乾隆元年,改一等子,世袭。

达珠瑚,兆佳氏,先世居讷殷。祖达尔楚,国初来归。旗制定,隶满洲正蓝旗。达珠瑚初任牛录额真。从太祖伐乌喇,斩级四千。从克西林屯,俘其人以归。追者至,还击败之,斩级五千。从伐叶赫,斩级三百,俘五十人。遇明人越境采参,斩三十人,俘六人。敌侵宁古塔,出战,斩其将及兵百,获甲百副、马三百匹。授三等副将。天命十一年,伐东海瓦尔喀部,又伐卦尔察部,皆有功。太宗即位,设十六大臣,伊逊及达珠瑚佐镶黄旗。天聪元年,太宗伐朝鲜,克义州,留兵驻守,命达珠瑚分将之。旋复帅师伐瓦尔喀。师还,为俘卒所贼。八年,以其子翁阿岱袭三等梅勒章京。太宗复遣将伐瓦尔喀,因诫之曰:"前遣达珠瑚,以疏见害。念其从事久,有劳,方令袭世职。汝曹未能如达珠瑚之功,倘不自慎,欲凯例外恩,不可得也。"顺治间,追谥襄敏。

翁阿岱袭职为甲喇章京。从伐虎尔哈,加半个前程。累迁都察院参政、正蓝旗梅勒额真。时方攻锦州急,命与梅勒额真多积礼帅师屯戍,讯遁逃。崇德六年,从围锦州,与明总督洪承畴战,屡胜。寻进攻松山,力战,没于阵。赉白金千两,进一等梅勒章京。无子,以弟之子济木布袭。康熙间,降袭一等阿思哈尼哈番。乾隆元年,改一等男,世袭。

　　论曰:国之将兴,必有熊罴之士,不二心之臣,致身事主,蹈死不反顾,乃能拓土破敌,弼成大业。扬古利负大将才略,功视额亦都、费英东伯仲间;劳萨、图鲁什骁勇冠军,战必将选锋陷阵;若拜山三世效忠,西喇布、达音布、巴笃理等以死勤事,亦其亚也。观太祖祈天之语,惓惓于旧将;太宗以达珠瑚为戒,又以恭衮不从令,虽阵亡,犹付吏议。其申军律,惜将材,恩威兼尽,开国基于是矣。

清史稿卷二二七
列传第一四

常书
弟扬书　　常书子察哈喇　　孙叶玺
曾孙辰布禄　　察哈喇子富喇克塔　　扬书子达尔汉

达尔汉子鄂罗塞臣　　康果礼　　弟喀克都哩
哈哈纳　　哈哈纳弟绰和诺　　绰和诺从子富喀禅　　叶克书

叶克书子道喇　　博尔晋　　子特锦　　孙玛沁

曾孙康喀喇　　雅希禅　　子恭衮　　纳尔特　　拉笃浑
舒赛　　舒赛子西兰　　西兰子席特库　　景固勒岱

景固勒岱从弟崇阿　　扬善　　弟伊逊　　纳都祜

从弟武赖　　冷格里　　子穆成格　　冷格里弟穆泰

从弟谭布　　萨穆什喀　　弟雅赖

洪尼雅喀　　子武拉禅　　洪尼雅喀弟萨苏喀

阿山

　　常书,郭络罗氏。与其弟扬书,同为苏克苏浒河部沾河寨长。太
祖起孤露,奋复祖父仇,归罪尼堪外兰,未遽讼言仇明也。明庇尼堪
外兰,宣言将筑城甲班,使为满洲主。于是旁近诸部及太祖族人,皆

欲害太祖，附尼堪外兰。苏克苏浒河部萨尔浒城长诺米纳有兄曰瓜喇，忤尼堪外兰，尼堪外兰潜于明，见诘治。诺米纳与常书、扬书及同部嘉木湖寨长噶哈善哈思虎相为谋曰："与其倚此等人，何如附爱新觉罗宁古塔贝勒乎？"遂相率归太祖。太祖椎牛祭天，将与盟，常书等言于太祖曰："我等率先来归，幸爱如手足，毋以编氓遇我！"乃盟。既而诺米纳贰于尼堪外兰，常书等请于太祖诱而杀之。

太祖以同母女弟妻扬书、噶哈善哈思虎，是岁癸未。明年正月，太祖从叔龙敦，构太祖异母弟萨木占，邀噶哈善哈思虎杀诸途。太祖闻，大怒，欲收其骨；族昆弟皆与龙敦谋，不肯往。太祖率近侍数人行，太祖族叔棱敦尼之曰："同族皆仇汝，否则汝女弟之夫何至见杀？宜勿往。"太祖勿听，环甲跃马，登城南横巘，引弓疾驰。向城大呼曰："有害我者速出！"闻者惮太祖英武，不敢出，遂收其骨以归，移置室中，解所御冠履衣服以敛，厚葬之。遂帅师讨萨木占及其党讷申、万济汉等，为噶哈善哈思虎复仇。

常书兄弟事太祖，分领其故部，为牛录额真。旗制定，隶满洲镶黄旗，旋改隶镶白旗。常书兄弟皆卒于太祖朝，扬书之丧，太祖亲临焉。常书子布哈图、察哈喇，并为牛录额真，改隶镶白旗。布哈图事迹无所表见。

察哈喇事太宗。各旗设调遣大臣，察哈喇与焉，佐正红旗。天聪三年，从上伐明，取遵化，薄明都。四年二月，师还。命署固山额真，与范文程率蒙古兵守遵化。四月，与武纳格设谋，即樵采地设伏败敌，获马二百余。明将合马步军四千攻大安口，复与武纳格整兵奋击，尽歼之。五月，明兵复滦州。贝勒阿敏等谋弃诸城，引兵出边，令察哈喇弃遵化。会明兵已逼，察哈喇与鄂本兑等突围出，全师以还。五年五月，偕总兵官冷格里、喀克笃礼伐明南海岛，师次海滨，掠敌舟以渡，舟未足，驻师待之。明兵渡海来击，牛录额真穆世屯战死。察哈喇督兵力战，别遣人沉其舟，敌还求舟不得，溺者大半。六年五月，上伐明，略归化城，将渡河，与承政车尔格以兵五百为前锋，具舟济师。十一月，及承政巴笃理使朝鲜，定职贡岁额。九年，从贝勒多铎攻明锦州,与固山额真阿山、甲喇额真吴拜等以兵四百为前锋,渡大凌河,遇明兵三千,相向列阵。使告多铎督诸军继至,明兵溃,察哈喇等分道迫击,俘馘无算。逾年,卒。

布哈图有子曰叶玺,事太宗。崇德三年,从睿亲王多尔衮伐明,自青山口毁边墙入,破蓟辽总督吴阿衡军。五年,从围锦州。顺治元年,从武英亲王阿济格西征。二年,破李自成兵于延安,移军下江南,至安陆,获敌舰四,复与护军统领哈宁阿泛江击贼,至富池口,水陆屡战皆捷。三年四月,苏尼特部腾机思等叛入喀尔喀,叶玺从多铎等讨之,追至布尔哈图山,俘七人,降二十五户。七月,师自图拉河西行,至扎济市拉克,遇喀尔喀土谢图汗二子率兵二万御,战,没于阵。叶玺时官巴牙喇甲喇章京,事闻,赠巴牙喇纛章京,予世职拜他喇布勒哈番。

布哈图有孙曰辰布禄,初任牛录额真,兼工部理事官。崇德三年,从多尔衮伐明,克阳信。顺治三年,从定西大将军和洛辉击贺珍汉中,从肃亲王豪格讨张献忠,皆有功,授拜他喇布勒哈番。十三年,从讨郑成功,败其将陈六御等于舟山,进三等阿达哈哈番。十七年,卒。

察哈喇有子曰富喇克塔,任牛录额真、都察院理事官。崇德八年,迁工部参政。顺治元年四月,授正蓝旗满洲梅勒额真,旋擢本旗蒙古固山额真。从睿亲王多尔衮入关破李自成,追至庆都,授牛录章京世职。从豫亲王多铎攻潼关,自成将刘宗敏据山为阵,富喇克塔与都统拜音图发炮击之,溃。二年,从下江南,与马喇希等为前锋,克扬州。三年,从贝勒博洛定浙江,克处州。略福建,与都统汉岱克分水关,趋泉州,下抚州及所领县三,加半个前程。五年二月,坐事,解固山额真。寻从征南大将军谭泰讨金声桓,败贼于九江,得战舰百余。与何洛会以偏师截饷道,得粮艘二百,遂攻南昌。声桓及王得仁以兵七万守隘,富喇克塔以舟二十为前锋,薄城力战。明年,贼平。师还,卒于军,进一等阿达哈哈番。

扬书有子曰达尔汉,太祖甥也。改隶镶蓝旗。初为牛录额真。

太祖妻以女,为额驸。积战功,授一等副将世职。太宗即位,列八大臣,领镶黄旗。从大贝勒代善伐扎鲁特部,单骑逐敌,获其台吉。复伐栋揆部,俘塔布囊古穆楚赫尔、杜喀尔、代青多尔济三人及其子,进三等总兵官。天聪元年,从伐朝鲜、克义、定安三州,斩其府尹李莞等。朝鲜国王李倧请行成,使与纳穆泰等莅盟。师还,上赐宴劳之。复从伐明,攻锦州,有功。贝勒阿巴泰以赐宴不得与大贝勒同坐,属达尔汉代奏,上使劝谕之。复宴,阿巴泰又以为言,乃解达尔汉固山额真示意,旋命复任。三年,从伐明,围遵化,率所部攻城西迤北,克之。四年,蒙古敖汉、奈曼诸部攻昌黎,不克,命达尔汉与喀克笃礼等以兵千人往会攻,城未下,焚近郭庐舍而还。五年七月,从伐明,围大凌河城,率所部攻城北迤东,浚濠筑垒,与冷格里等环城固守。八月,城人以步骑五百出战,达尔汉率八十人击败之。越日,敌复出挑战,达尔汉督所部邀击,明兵堕壕死者百余人。

六年,从伐察哈尔,师次哈纳崖。达尔汉从者盗马,遁入察哈尔,告师至,林丹汗举部西奔,驱归化城富家渡黄河西遁。达尔汉坐降一等副将。七年,明将孔有德来降,达尔汉与篇古屯兵江岸守其舟。八年,复从伐察哈尔,遂略明边,自上方堡毁边墙入,经朔州,分兵至宣府右卫。是岁,命免功臣徭役,达尔汉与焉,并增牛录人户。九年,上遣诸贝勒伐明,略山西,命达尔汉及阿山等出屯,牵制明宁、锦诸道兵,使不得西援。道遇敌,击败之。斩明将刘应选,崇德元年五月,从武英郡王阿济格伐明,攻顺义,以所部先登,进一等总兵官。寻以顺义复失,论罚。六年,从郑亲王济尔哈朗等伐明,攻锦州,达尔汉坐济尔哈郎召议御敌不时至,嗾其僚争功,罢固山额真,夺世职。顺治元年,卒。

达尔汉有子曰鄂罗塞臣,事太宗,官甲喇章京,领摆牙喇兵。天聪三年,从伐明,薄燕京,与哈宁阿共破明经略袁崇焕营。太宗嘉其善战,授备御。四年,署固山额真。从贝勒阿巴泰等守永平,明兵自开平卫至,迎击,败之。五年,从伐明,围大凌河城,屡败城兵。八年,从贝勒萨哈廉略山西,明兵自崞县至,鄂罗塞臣从第三队先众击敌。累功，进二等阿达哈哈番。崇德元年，从伐朝鲜，与萨穆什喀等败其援兵。二年，授议政大臣。三年十月，从豫亲王多铎伐明，侵宁远、锦州。十一月，豫亲王至中后所，将与郑亲王济尔哈朗军会。明总兵祖大寿兵来袭，甲喇额真翁克等及从征土默特部兵先奔，鄂罗塞臣及哈宁阿等且战且退，士卒有死伤者。论罚，夺世职。

六年三月，从睿亲王多尔衮伐明，围锦州。六月，复从郑亲王济尔哈朗伐明，围锦州，祖大寿以步兵出战，左翼三旗骑兵避敌勿敢击，鄂罗塞臣与同官阿桑喜率摆牙喇兵直前奋击，大寿乃引去。肃亲王豪格庇三旗之未战者，睿亲王多尔衮和之，使诫鄂罗塞臣毋言战胜皆出摆牙喇兵，亦毋言战时未见骑兵，功罪置勿论。明年，事闻，上令多尔衮出白金五百，豪格出白金千，畀鄂罗塞臣，进二等阿达哈哈番，擢梅勒额真。八年，与参政巴都礼等定黑龙江。顺治二年，从讨李自成，克潼关，鄂罗塞臣先登。五年正月，命帅师驻沧州。十二月，从武英亲王阿济格讨姜瓖。六年七月，擢正蓝旗蒙古固山额真。寻兼任刑部侍郎。

鄂罗塞臣，公主子，世臣，从征伐有功。两遇恩诏，累进二等精奇尼哈番。七年，坐谳狱徇情，罢侍郎。八年，授都察院左都御史。寻命专任固山。十六年，与安南将军明安达礼帅师驻荆州。郑成功犯江宁，明安达礼、鄂罗塞臣以舟师赴援，成功败走。十七年，还京，仍任都统。康熙三年，卒，赠太子太保，谥敏果。子勒贝，自有传。

康果礼，先世居那木都鲁，以地为氏。岁庚戌，太祖命额亦都将千人，徇东海渥集部，降那木多鲁、绥芬、宁古塔、尼马察四路。康果礼时为绥芬路屯长，与其弟喀克都里及他屯长明安图巴颜、泰松阿、伊勒占、苏尔休、明安图巴颜子哈哈纳、绰和诺、泰松阿子叶克书等，凡十九辈，率丁壮千余来归。太祖为设宴，赉以金币，分其众为六牛录，以康果礼、喀克都里、伊勒占、苏尔休、哈哈纳、绰和诺世领牛录额真。

旋授康果礼三等总兵官。以贝勒穆尔哈齐女妻之，号"和硕额驸”.旗制定,隶满洲正白旗。天命三年,从上伐明,取抚顺,克抚安、三岔等十一堡,入雅鹘关,破清河。六年,复从伐明,下沈阳,树云梯先登,遂克其城。太宗即位,列十六大臣,佐正白旗。寻擢摆牙喇藟章京。天聪元年,从贝勒阿敏伐朝鲜。三年,从上伐明,入洪山口,克遵化,薄明都。上驻军德胜门外,明督师袁崇焕入援,壁于城东南。上命康果礼从诸贝勒击之,诸贝勒逐敌迫濠,康果礼与甲喇章京郎球、汉岱等不及濠而返,并坐削爵,罚锾,夺俘获。五年,卒。

子六,色虎德,继为牛录额真;迈色,为摆牙喇甲喇章京,从伐明,战塔山,没于阵;赖塔,自有传。

喀克都里,与康果里同隶满洲正白旗。初授三等总兵官。太宗即位,列八大臣,领正白旗。天聪元年,从伐朝鲜,有功。三年,上伐明,围遵化,八固山环城而攻,分隔列阵。喀克都里所部兵萨木哈图,树云梯先登,众继之,城遂拔。上嘉喀克都里造攻具如法,督兵先诸军登城,亲酌金卮奖劳,进二等总兵官,赐号噶思哈巴图鲁,言其勇敢善战,疾如飞鸟也。

萨木哈图亦赐“巴图鲁”号,授备御世职。四年正月,上复伐明,克永平,明兵溃走昌黎。上遣敖汉、奈曼、巴林、扎鲁特诸部兵攻之,命喀克都里与固山额真达尔汉等将千人继往为助,守坚不能下,焚附城庐舍,引还。上既录遵化功,察萨木哈图猛士,心爱惜之,戒喀克都里毋使更先登。及攻昌黎,萨木哈图运木筑栅,复树云梯欲登,闻上命罢攻,乃止。上以喀克都里不恤战士,深诘责之。

五年五月,与固山额真冷格里分率左右翼步、骑兵伐明,规取南海岛,征舟于朝鲜,不至,师次海滨,不能渡,引还。明兵邀战,屡击败之,多所俘获。八月,上复伐明,围大凌河城,喀克都里率所部军城东北,城人食尽,祖大寿以城降,引还。六年,从上伐察哈尔,与诸将分道并入,籍所俘人户及帛、马、牛、羊以献,赐赉有差。七年,上询诸贝勒大臣伐明及朝鲜、察哈尔宜何先,喀克都里言:“宜先伐明,以承天佑、协人情,且利在神速,攻其不备。”上嘉纳之。

八年,喀克都里家人讦喀克都里将亡归瓦尔喀,以财货藏那木都鲁故屯。上曰："喀克都里安有此？果欲负朕，天必鉴之！"以讦者付喀克都里杀之，逾数月，喀克都里卒。其兄康果礼妻，故贝勒舒尔哈齐女，言喀克都里谋亡去事不诬，诸子坐此不得绍封。

哈哈纳，亦那木都鲁氏，明安图巴颜子也。隶满洲镶红旗。初与伊勒占、苏尔休同授备御。太祖妻以宗女。寻从伐乌喇，被数创，力战败敌。上命将所部出驻赛明吉，未至，其戍兵叛亡，守将玛尔图追弗及。哈哈纳闻之，兼程疾进，斩三百余级，收男妇五百余以还。上赐以所得叛渠及鞍马、弓矢。天命四年三月，明经略杨镐部诸将四路来攻，上督诸贝勒出御，破之，遂进克开原、铁岭。哈哈纳皆在军有功。六年，从攻辽阳，与博尔晋伺敌城下，败其援兵；复分攻沙岭城，破援兵自广宁至者。太宗即位，设各旗调遣大臣，以哈哈纳佐镶红旗。天聪八年，帅师略锦州，进攻宁远，明兵骤至，哈哈纳马殆，徒步益奋击，卒破明兵。城海州，明兵来争，哈哈纳以所部首当敌，敌溃走。复援耀州，解其围，逐敌，获马三十。崇德元年，从武英郡王阿济格伐明，入长城，克昌平、涿州。创发，病废，致仕。寻卒。

子费扬古，事圣祖。以佐领从军，讨吴三桂。师次荆州，战宜昌，战永兴，皆捷；攻常宁、耒阳，先驱。累迁镶红旗汉军副都统。卒。

绰和诺，亦隶镶红旗。其初归太祖，别率所部百人偕，太祖赉予甚厚。从太祖征伐，临阵衷绵甲，奋起直前，所向披靡。岁辛亥，从何和礼伐呼尔哈部，克扎库塔城。天命四年，击明总兵马林尚间崖。六年，取沈阳、辽阳，并有功，授游击。帅师戍科木索、宁古塔。有就善者，戕守吏，率众掠辎重亡去，绰和诺追及海滨，斩就善，并歼其党，上命以所获辎重犒之。太宗即位，列十六大臣，佐镶红旗。天聪五年，从上伐明，围大凌河城。明监军道张春、总兵吴襄等率兵万余自锦州来援，绰和诺先众迎击，力战，没于阵。上厚恤其家，进世职一等参将。无子，其兄翁格尼袭，以新附呼尔哈百人益所辖牛录。旋以翁格尼才不胜，改授其子富喀禅。

富喀禅初以摆牙喇壮达事太宗。大凌河之役，深入敌阵，绰和诺战死，富喀禅亦被创堕马，裹创步战，搴敌纛；摆牙喇壮达瑶奎亦堕马,富喀禅复前援,与俱归。八年,攻大同,复被创,仍奋进克敌寨。是岁代其父为牛录额真,袭职。崇德元年,从伐朝鲜。三年,授工部理事官,兼甲喇章京。从豫亲王多铎伐明,攻宁远,败敌中后所城西。

顺治初,从入关击李自成,加半个前程。三年,授西安驻防总管。自成余党刘文炳、郭君镇等掠延安、庆阳。四年三月,富喀禅帅师讨之,逐贼三水,斩君镇;别遣游击胡来觐、守备徐国崇等逐文炳至宜君蓝庄沟,获之,俘斩其党略尽。

五年,回民米喇印、丁国栋等陷河州为乱,富喀禅与总督孟乔芳遣兵攻讨,诸回皆受抚,而喇印复叛,陷甘州。富喀禅帅师进攻,深沟高垒相持,贼出城来犯,战辄胜,并歼其樵采者。城既下,馘喇印。国栋又与缠回土伦泰等陷肃州,遣副将马宁、张勇讨平之。

六年,姜瓖以大同叛,旁近郡县皆陷。富喀禅遣诸将根特、杜敏赴援,战猗氏,获瓖所署监军道卫登方;战合水,斩瓖将刘宏才。论功,遇恩诏,累进一等阿思哈尼哈番。圣祖即位,改西安驻防总管为将军,富喀禅任事如故。时自成余党李来亨、郝摇旗、袁宗第等屯归州、兴山间。康熙二年,上遣将往讨,命富喀禅与总督李国英、副都统杜敏等会师,战于陈家坡,贼溃遁,进至黄草坡,复大败之,进三等精奇尼哈番。五年,卒。子穆成额,自有传。

叶克书,辉和氏,尼玛察部长泰松阿子也。归太祖,授牛录额真,隶满洲正红旗。天命六年,从伐明,攻辽阳,敌背城而阵,叶克书冲锋突击;攻沙岭,先众杀敌。累功授三等副将。太宗即位,列十六大臣,佐正红旗。天聪五年,授兵部承政。六年,授固山额真。八年八月,从贝勒代善伐明,入得胜堡;略大同,下诸城堡;西至黄河,合军朔州。十一月,考满,进二等副将世职。九年,贝勒多尔衮伐明,自大同入边,分兵授叶克书,从贝勒多铎屯宁远、锦州间,缀明援师,斩明将刘应选,俘其偏裨。

崇德元年,从武英郡王阿济格伐明,自延庆入边,克十二城。师还,坐所部失伍及攘获、擅杀诸罪,罢官,削世职,仍领牛录。二年正月,太宗伐朝鲜,命从承政尼堪等帅师伐瓦尔喀,师出会宁,击败朝鲜兵。十一月,从参政星讷伐卦尔察,至黑龙江,俘获甚众。三年,师还,上特遣大臣迎劳。寻授兵部右参政。四年七月,授梅勒额真。十一月,从承政索海等帅师伐索伦。五年四月,复任固山额真。七月,授牛录章京世职。

复从睿亲王多尔衮伐明,围锦州,与固山额真图尔格率所部三百人为伏城西南乌欣河,捕城人出牧者。敌兵千余逆战,叶克书马中矢蹶,图尔格驰救之,上马复战,杀敌。比还,敌潜蹑其后,叶克书收兵还击,敌溃。以功进三等甲喇章京。六年九月,从贝勒杜度伐明,围锦州,与固山额真谭泰、阿山等凿壕环守,击明总督洪承畴于松山。十一月,从贝勒阿巴泰等伐明,师至黄崖口,叶克书与谭泰定策分两道夹击,入边薄长城,麾军先登;攻蓟州,败明总兵白腾蛟、白广恩诸军。寻遣兵攻孟家台,陷敌,坐罢官,夺世职。

顺治元年三月,世祖复命为梅勒额真,帅师驻宁远。四月,率步兵从入关击李自成,身被三十一创,毁一目,战弥厉,大破贼军。二年,从肃亲王豪格略山东,贼渠十余辈据满家洞,凭险为巢,凡二百五十一窟,叶克书与尚书车尔格合兵搜剿,歼其渠,悉堙诸窟,以功累进二等阿达哈哈番。三年,授镇守盛京总管,恩诏进三等阿思哈呢哈番。十四年,坐昭陵总管钟奈有罪,失不劾,罢官,夺世职。十五年,卒。子道喇。

道喇以摆牙喇兵从征伐,积功至摆牙喇甲喇章京。崇德三年,从伐明。五年,围锦州,战松山、杏山,皆有功。顺治元年,调噶布什贤甲喇章京。睿亲王多尔衮与李自成战于一片石,从噶喇昂邦鄂硕当自成将唐通,通大败。入关逐贼,战安肃、庆都,乘胜蹑击,斩馘甚众。寻从固山额真叶臣略山西,至汾州,败自成将白辉。授牛录章京世职。三年,从顺承郡王勒克德浑攻荆州,击走李锦。五年,从大将军谭泰下江西,讨金声桓,五败贼,获所署总兵以下。九年,擢正红旗梅勒额真。十年,从靖南将军哈哈木复潮州,讨郝尚久。旋帅师驻荆州。十四年,授本旗蒙古固山额真。十六年,从信郡王多尼平云南,攻元江土司,克其城。累功,并遇恩诏,进一等阿达哈哈番。

康熙初,以老乞致仕,徙居盛京。十二年,圣祖加恩诸老臣,加太子少傅。二十一年,幸盛京,召见赐坐,侍茶酒,优赉。二十二年九月,卒,年八十一,谥勤襄。以弟之孙伊济纳袭职。叶克书次子夏穆善,第三子瑚叶,皆有战功,授世职:夏穆善二等阿达哈哈番,瑚叶三等阿达哈哈番。

博尔晋,世居完颜,以地为氏。太祖初起兵,有挟丁口来归者,籍为牛录,即使为牛录额真,领其众。顺治间,定官名皆汉语,谓之"世管佐领"。博尔晋领牛录,隶满洲镶红旗,寻授侍卫。岁癸巳,太祖侵哈达,略富尔佳齐寨,博尔晋与族弟西喇布从。西喇布被二矢死,博尔晋拔其矢还射,殪发矢者西忒库,为西喇布报仇。

天命六年,授扎尔固齐。城萨尔浒,命博尔晋董其役。役竟,从伐明,攻沈阳,击败明总兵贺世贤、陈策。沈阳下,进攻辽阳,明总兵李怀信、侯世禄、蔡国柱、姜弼、董仲葵合军五万,屯城东南五里,左翼四旗与战,大破之。城兵自西门出援,博尔晋方奉命诇敌,傍城行,遂合两红旗兵邀击,明兵败,入城争门,相蹂践死者枕籍。会左翼四旗兵已登埤,博尔晋麾众毕登,辽阳亦下。复分兵拔沙岭,击败明广宁援军。八年,与达音布、雅希禅帅师伐扎鲁特部,其贝勒昂安突走,达音布战死,博尔晋与雅希禅奋进,斩昂安,俘其孥。师还,上优赉之。十年,擢梅勒额真。将兵二千伐东海虎尔哈部,收五百户以归,上郊迎宴劳。

太宗即位,列八大臣,领镶红旗,兼侍卫如故。天聪元年正月,从伐朝鲜。五月,上自将围锦州,屯城西二里。博尔晋自沈阳帅师至,败明兵,追至宁远城下尽歼之。叙先后战功,授一等副将。旋卒。以失敕书,子孙不得袭。康熙三年,其子特锦疏请立碑纪绩,部议无左证,持不可,圣祖以博尔晋事太祖,勤劳夙著,特诏许之,并追谥忠直。特锦及博尔晋孙玛沁曾孙康喀喇,皆有战绩。

特锦,博尔晋第四子也。初任牛录额真。天聪八年,授牛录章京世职。崇德五年，从郑亲王济尔哈朗帅师屯田义州。蒙古多罗特部苏班代等降明，居杏山西五里台，使通款，上命郑亲王移师迎护。明总兵祖大寿、吴三桂、刘周智屯杏山拒战，特锦以偏师击败之。六年，从伐明，围松山，攻宁远，皆力战败敌。

顺治初，从入关，逐李自成至庆都，与梅勒额真和讬合军大败之，进三等甲喇章京，任兵部理事官。考满，进二等甲喇章京。三年，从肃亲王豪格下四川，讨张献忠，战三水，败其将胡敬德；复战礼县，败其将高汝砺。献忠死西充，余贼负山，将断我兵后，特锦击之走；又战马湖，破其将杨正。六年，从讨姜瓖，略寿阳，贼犯两蓝旗分地，徇汾州，贼七千夜击两红旗军垒，特锦连击败之。平辽、辽州、榆社以次悉平。

七年，擢兵部侍郎，兼镶红旗蒙古梅勒额真，进三等阿思哈尼哈番。十二年，擢兵本旗蒙古固山额真、议政大臣。十五年，从信郡王多尼征贵州、云南，进二等。十八年，转本旗满洲都统。康熙十一年，卒，谥襄壮。

玛沁，博尔晋孙。父本托辉，博尔晋长子。官牛录额真，兼都察院理事官。崇德三年，以摆牙喇甲喇章京从贝勒岳讬伐明，自墙子岭入边，明蓟辽总督吴阿衡以马步兵六千来援，玛沁与劳萨等率兵击败之，获其马及炮。六年，从围锦州，败敌于松山。顺治初，从入关，破流贼，授牛录章京世职。五年，擢镶红旗蒙古副统都。七年，恩诏加半个前程。寻从郑亲王济尔哈朗征湖广，至衡州，疾，卒。无子，以兄子康喀喇袭。

康喀喇，博尔晋曾孙。初为二等侍卫。顺治四年，苏尼特部腾机思与其弟腾机特叛，康喀喇从豫亲王多铎帅师往讨，大破之，阵斩腾机特。进二等阿达哈哈番。十五年，从宁南大将军洛托征贵州，康熙十年，迁护军参领。十二年，吴三桂反，顺承郡王勒尔锦帅师讨之，康喀喇将护军从。十三年，攻岳州，战荆河口，战城陵矶，破三桂将吴应麒。十六年，攻长沙，复茶陵，战攸县，破三桂将王辉。十七年，取耒阳，下常宁、新宁诸县，又克郴州，康喀喇皆在行间。二十五年,授镶红旗满洲副都统。二十九年,从裕亲王福全征噶尔丹。三十年,卒。

雅希禅,先世居马佳,以地为氏。父尼玛禅,当太祖兵初起,从其兄赫东额率五十余户来归,任牛录额真。雅希禅事太祖,积战功,授备御,为扎尔固齐。天命四年,蒙古喀尔喀五部遣使请盟,太祖命额克星格、绰护尔、雅希禅、库尔缠、希福往莅。是岁,从上御明师,战于界凡,雅希禅先众克敌,复击明总兵马林于尚间岩,破其中坚,以功进二等参将。七年,从上克辽阳,进三等副将。及沙岭之战,为敌所创,战败,降一等参将。八年,从贝勒阿巴泰等伐札鲁特部,与达音布、博尔晋率兵逼贝勒昂安寨,昂安以其孥行,达音布战死,雅希禅与博尔晋共击杀昂安。寻卒。顺治十二年,世祖追录太祖、太宗诸将,赐谥勒碑,雅希禅谥敏果。子三:恭衮、纳尔特、拉笃浑。

恭衮袭职,坐事,析世职为二备御,与其弟纳尔特分袭。崇德三年,授刑部副理事官。四年,从伐索伦,阵没。部议恭衮不从军令,乃为敌所戕,当夺世职,籍家产三之一,上念其父雅希禅有功,特贳之。

纳尔特,初从太宗伐明,败敌小凌河。复自大同入边,选善射者使纳尔特将之,攻克小石城。既,袭备御。复从围锦州,屡败敌松山、杏山。崇德七年,授刑部参政,兼梅勒额真。师方攻松山,松山明兵夜遁,纳尔特与摆牙喇纛章京鳌拜,驰塔山南海滨,先敌至,蓐食以待。夜击明兵,达旦,明兵据山巅,纳尔特率所部冒矢石仰攻,明兵败走,乘胜逐之,明兵入水死者甚众。八年,从伐明,初入边,击败明守将。师度浑河,方筑梁,明兵千余起挠之,纳尔特击之走。复败明援兵于三河,进略山东,克武定。师还,将出边,明将以步兵追蹑,谋劫炮,纳尔特与固山额真准塔还击,破之,赐白金五百。九月,复从郑亲王济尔哈朗伐明,攻宁远,明总兵吴三桂出拒,纳尔特力战,阵没,赠游击。

拉笃浑从父兄在军,战比有功。恭衮战死,袭备御。崇德六年,从伐明，围锦州，阵没，加半个前程。

舒赛，世居萨克达，以地为氏。归太祖，隶满洲镶蓝旗。天命四年，从太祖御明师，与雅希禅等攻马林于尚间岩，以功授备御。寻从伐瓦尔喀，俘获甚众，进二等参将。太宗即位，列十六大臣，佐镶蓝旗。天聪元年，从伐朝鲜，师还，命与固山额真阿山等帅师戍义州。八年，上自将伐明，郑亲王济尔哈朗居守，舒赛与梅勒额真蒙阿图等副之。舒赛善战，攻城辄被棉甲先登，太祖嘉其勇，又虑其轻进，温谕诫止之。舒赛益感奋，先后克十六城。太宗特敕旌其功，进三等梅勒章京。崇德六年十月，卒。顺治十二年，追谥壮敏。

子西兰，初任牛录章京，授备御世职。顺治元年，以摆牙喇甲喇章京从豫亲王多铎讨李自成，攻潼关，三战皆胜。二年，从贝勒博洛定江南，下松江，徇福建，克平和。论功，遇恩诏，进三等阿达哈哈番。七年，卒。

西兰子席特库，崇德六年，袭大父舒赛世职三等梅勒章京。八年，授甲喇额真。从伐明，攻前屯卫，以炮克城，斩明总兵李辅明。顺治初，从入关，进略山西，佐固山额真叶臣等克太原。二年，从英亲王阿济格徇陕西，败贼延安。自成走湖广，蹑击至安陆，与鳌拜等屡破敌，进二等梅勒章京。四年，改二等阿思哈尼哈番。五年四月，卒。乾隆间，定封二等男。

景固勒岱，扎库塔氏。初居呼尔哈部，乌喇招之，不往。太祖遣将伐东海渥集部，景固勒岱徒步从军，攻取乌尔固辰路，俘馘甚众。寻挈孥及诸兄弟率所属三十户来归，隶满洲正白旗，任牛录额真。天命三年，从上伐明，入鸦鹘关，攻克清河城，擢甲喇额真，仍兼领牛录。上规取辽、沈，景固勒岱并在军有功。天聪八年五月，授世职二甲等喇章京。十二月，命与甲喇额真吴巴海率兵四千伐瓦尔喀部，降其屯长芬达里及所属五百余户，俘阿库里尼满部千余人，获貂、虎、狐、貉、舍利狲、獭、青鼠诸毛磊之属。九年六月，师还，上令礼部诸臣宴劳，以所获分赉将士，进世职一等甲喇章京。崇德二年，从武英郡王阿济格攻明皮岛，克之，赉裘服、鞍、马、银、布、驼、牛诸物。顺治初,恩诏,累进二等阿思哈尼哈番。十一年八月,卒,谥忠直。

从弟崇阿,任牛录额真。天聪八年,从伐明,徇大同,略回雁堡。崇德元年,从伐朝鲜,败敌桃山村。六年,从伐明,围锦州,入其郛,巷战。七年,从伐明,败敌浑河之滨,入山东,至寿光。顺治初,从入关。二年,从下浙江,拔湖州,进取福建,败敌福宁。五年,从讨金声桓,败王得仁于南昌。从讨李成栋,破其军,六年,战南康,围信丰,蹙成栋赴水死。累功,遇恩诏,进一等阿达哈哈番。十八年,卒。

扬善,瓜尔佳氏,费英东弟音达户齐之子也。费英东诸弟:音达户齐、吴尔汉、郎格、卫齐,皆事太祖,隶镶黄旗;而音达户齐诸子:扬善、伊逊、钟金、吉赛、纳都祜、吉逊,改隶镶白旗。

扬善亦连事太祖,授备御。太宗即位,旗设调遣大臣二,扬善佐镶黄旗,寻授巴牙喇纛章京。天聪三年,从伐明,受上方略,冲锋攻坚,所至有功。五年,攻大凌河,与明监军道张春战,冒矢石陷阵,胸腕皆被创,进游击,擢内大臣。六年,从伐察哈尔,林丹汗既遁,其部众有遁入明境沙河堡者,使扬善赍书索以归。崇德二年,略大同,蒙古有被掠者,悉取以还,授议政大臣。

顺治初,肃亲王豪格得罪,都统何洛会诬告扬善及其子罗硕谄附豪格为乱。罗硕能通满、汉、蒙古文字,太宗召直文馆,授内国史院学士、噶布什贤章京,兼刑部理事官。至是,父子俱弃市。世祖亲政,诛何洛会,复扬善世职,以其孙霍罗袭。

伊逊,音达户齐第三子。太宗即位,列十六大臣,佐镶黄旗。天聪三年,从伐明,攻遵化,伊逊先登,中炮伤臂,太宗亲临视,授游击,寻迁兵部承政。七年,偕英俄尔岱使朝鲜,定互市约。崇德二年,坐事,罢。三年,复为兵部承政。四年,命与工部承政萨穆什喀等伐虎尔哈部,分兵循喇里阐,下兀库尔城,设伏铎陈城,败敌,斩七十级。师还,坐为博穆博果尔所袭,亡辎重、士卒,论罚。八年,卒。顺治十二年,追谥襄壮,建碑纪绩。子噶达浑,孙沙尔布,相继袭职。

纳都祜，音达户齐第八子。顺治初，任护军参领。从入关，破李自成，克潼关，定西安。移师下江南，追明福王至芜湖。并有俘馘，授半个前程，三年，从讨腾机思，土谢图汗、硕罗汗拒战，皆击败之。五年，从讨金声桓，有功。八年，擢正白旗梅勒额真，改副都御史，进拜他喇布喇哈番。双以伊逊无嗣，纳都祜当并袭，复遇恩诏，核改一等阿思哈尼哈番兼拖沙喇哈番。十四年，都察院请更定世职袭次，上疑其徇私，坐罢官。十七年，卒。无子，以钟金孙贵钦、吉赛子卢柏赫分袭。

武赖，吴尔汉子也。隶满洲镶黄旗。天聪四年，与布尔堪等将精兵百人略明边，渡大凌河，驰斩俘获甚众。八年，任甲喇额真。九年，擢固山额真，领正蓝旗。崇德元年七月，从武英郡王阿济格伐明，明遵化三屯营守备率众来窥伺，尽歼之。师还，坐出边不收后队，诳言阿济格逼胁，临阵败走，罚白金四百。十二月，上自将伐朝鲜，武赖从，与豫亲王多铎共击败诸道援兵。复与固山额真谭泰等率阿礼哈超哈兵攻汉城，树云梯以登，守陴者奔窜，尽收其辎重牲畜以归。三年，从贝勒岳讬伐明，至山东，击败明内官冯永盛、总兵侯永禄等，经董家口，敌兵千余，依山为阵，武赖与战屡捷，犁其垒。明将复率兵要我军辎重，武赖与准塔击破之，遂乘胜行略地。以功，授牛录章京。五年，从睿亲王多尔衮伐明，刘禾锦州，明兵出拒，武赖追击，迫使入城，遂略松山。八年，从贝勒阿巴泰伐明，至浑河，击败明兵。师还，经密云，明兵以火器断归路，武赖与固山额真鳌拜奋勇驰突，明兵溃走；度塞，复败敌，整军出边。以功加半个前程。顺治初，入关破李自成，三诏，进至一等阿思哈尼哈番。以老乞休。寻卒，谥康毅，建碑纪绩。

卫齐子鳌拜，郎格孙席卜臣，皆别有传。

冷格里，舒穆禄氏，满洲正黄旗人，扬古利弟也。少事太祖，从征伐。叙功，自备御累进一等副将。明将毛文龙分兵自朝鲜义州城西渡鸭绿江，入海岛中，辟田以耕。天命九年秋八月，上命冷格里将左翼兵、吴善将右翼兵袭击之。道得谍，知明兵昼渡江棱于岛，夜还屯江岸。冷格里夜引兵自山蹊潜行，平旦，度明兵已渡江，即疾驰，揭支流以济。入岛，明将卒皆惊，奔溃，追斩五百余级，余众争舟，多堕水死，焚岛中积聚而还。

太宗即位，以其弟纳穆泰为八大臣领本旗，而冷格里列十六大臣佐之。蒙古扎鲁特部贰于明，大贝勒代善等帅师讨之，冷格里及甲喇额真阿山将六百人为前锋，略喀尔喀巴林部，逐守卒，纵火燎原，张军势，转战而前，获扎鲁特部贝勒巴克等十四人，俘二百七十一，掠驼、马、牛、羊三千九百四十有二。师还，上率诸贝勒大臣迎劳，进三等总兵官。

天聪元年，从贝勒阿敏等伐朝鲜，夜引兵八十人袭明边，一夕入六墩，尽俘其墩卒，遂袭义州，克之。论功，进一等总兵官。三年二月，明兵自海岛移屯朝鲜铁山，冷格里率精兵攻之，多所斩馘。九月，从扬古利率兵逐逃人雅尔古，遇毛文龙部卒以采参至者，俘数十人以还。四年，纳穆泰以弃滦州黜，擢冷格里为八大臣，领本旗。五年五月，与喀克笃礼分将左右翼兵伐南海岛，有功。八月，太宗伐明，冷格里从，围大凌河城，冷格里以所部军于城西北。

上招明总兵祖大寿降，大寿未决，先使裨将韩栋出谒，出冷格里所守门。冷格里令军士戎服执戟，立营门内外，示栋军容。栋既谒上还，将入城，冷格里呵使止门外，问姓名，审形貌，然后令人。栋具以语大寿，大寿怵我军严整，乃决降。

七年六月，从贝勒岳讬等将右翼兵伐明，取旅顺，师还，上迎劳如初。是年冬，冷格里有疾，十二月，上亲至其第视疾。八年正月，卒。上临其丧，哭之恸，驾还，设幄于丹墀，坐而欢息，漏下二鼓始入宫。明年，上行幸，道经其墓，下马酹而哭之。顺治十二年，追谥武襄。

子穆成格。天聪四年，从伐明，克永平四城。薄明都，明侍郎刘之纶率兵出御，战败，所将兵尽歼，之纶匿石岩下，穆成格射杀之。八年，袭一等总兵官，寻改一等昂邦章京。官至刑部左参政。卒，子穆赫林，袭。顺治初，改一等精奇尼哈番。恩诏，累进一等伯。康熙中，其孙吉当阿袭，复为一等精奇尼哈番。乾隆间，定封一等子。

纳穆泰，扬古利幼弟，其母襁负来归者也。少从太祖征伐。太宗即位，擢为八大臣，领本旗，以笃义贝勒巴雅喇子拜音图及其兄冷格里为十六大臣佐之。天聪元年，从伐朝鲜。三年冬，从伐明，攻遵化，率所部军其城西北。四年春，复克永平，降迁安，下滦州，是为永平四城。师还，命贝勒阿敏督诸将戍守，纳穆泰与图尔格、库尔缠、高鸿中率正黄、正红、镶白三旗分守滦州。

明经略孙承宗锐意复四城，四月，遣兵攻滦州，不能克而退。五月，监军道张春、监纪官邱禾嘉，总兵祖大寿、马世龙、杨绍基，副将祖大乐、祖可法、张弘谟、刘天禄、曹恭诚、孟韬悉众来攻，纳穆泰与图尔格分门而守，矢石竞发，出精锐绕城搏战，驱敌出壕外。敌复突至，攻纳穆泰所守门，焚城楼，或执蘲缘云梯先登，我兵阿玉什斩之。夺其蘲，敌稍却，求援于阿敏。阿敏守永平，使巴笃礼以数百人往，夜突围入城。敌以炮攻，我兵不能御，守四日夜，弃城奔永平就阿敏。阿敏旋引师还，永平四城复入于明。纳穆泰坐论死，上命宥之，夺官，籍其家。

五年，将兵入明边逐逋，斩六人，执九人以归。明宁远人张士粹来降，诡言明筑大凌河城，使纳穆泰与图尔格将千人往诇之，还言士粹等言妄，悉诛之。寻擢兵部承政，授游击世职。复与图尔格略锦州、松山。八年，改官制，授固山额真、三等甲喇章京。秋，从上伐明，自上方堡入，八月，克灵邱县王家庄，先登有功。九年二月，命贝勒多尔衮将万人，收察哈尔林丹汗子额尔克孔果尔额哲，纳穆泰将右翼，图尔格将左翼。师还，入明境，自平鲁卫略代州，至崞县出边，纳穆泰、图尔格以兵千人殿。明总兵祖大寿率马步兵三千人追至，图尔格奋击破之；溃兵合马步五百余据台为阵，纳穆泰麾兵围攻，尽歼其众，获人畜七万六千二百。叙功，加三等梅勒章京。十月，卒。上欲临其丧，诸贝勒谏止，赐御服以敛。顺治四年，改世职三等阿思哈尼哈番。三传，降袭。扬古利从弟谭泰，自有传。

　　谭泰弟谭布，天聪初，为巴牙喇甲喇章京。五年，从伐明，围大凌河，城人出樵采，率先邀击，斩三人，俘二人，复与希福等击败明援兵自锦州至者。崇德三年，授议政大臣。四年十一月，与萨穆什喀、索海等伐索伦部，取道虎尔哈部，攻雅克萨城，得丁壮三百余。索伦部长博穆博果尔迎战，击却之，护所俘以归。授牛录章京，赐貂皮及人户。五年，擢十六大臣。时我兵屯田义州，谭布及觉善率兵为卫，明兵骤至，残屯丁，论罚如例。六年，伐明，围锦州。明总兵祖大寿以步卒出战，谭布冲坚力战，复败其骑卒，斩材官一以徇。明总督洪承畴来援，谭布从其兄谭泰迎战，敌骑至，谭布屡奋战挫敌。以功，加半个前程。祖大寿既降，上命诸大臣与较射，赏诸中侯者，谭布赐驼一。八年正月，复与觉善戍锦州。九月，从郑亲王济尔哈朗伐明，略宁远。

　　顺治元年，从入关，击李自成，追至庆都，进二等甲喇章京。二年，从饶余郡王阿巴泰镇山东，与准塔徇徐州，击败明军，得舟五百余、炮五十有七。时豫亲王多铎下江南，自泗州渡河趋扬州，而明总兵刘泽清、总漕田仰犹保淮安，谭布与准塔师至清江浦，泽清、仰皆走，遂定淮安，下如皋、通州，抚辑附近诸州县。进一等甲喇章京，加半个前程。三年，从肃亲王豪格击张献忠。

　　六年，从端重亲王博洛讨姜瓖，围大同。瓖潜结援贼倚北山缀我军，而自纠众出城为夹击。谭布与鳌拜、车尔布等先破贼援，还击瓖，迫使入城，斩殪甚众；又分兵徇太原、平阳、汾州。论功，遇恩诏，累进一等阿思哈尼哈番。八年三月，授工部尚书。是年八月，谭泰诛，诏兄弟毋连坐。寻罢尚书，复为三等阿思哈尼哈番。康熙四年，卒。

　　萨穆什喀，佟佳氏，扈尔汉第三弟也。隶满洲正白旗。少从太祖转战，积功授游击。尝以十二人逐敌山麓，斩百人，获五十三人，马、牛、羊千计。太宗即位，列十六大臣，佐镶白旗。

　　天聪四年，从伐明，攻滦州。七年，复从贝勒岳讬等伐明，规取旅顺。时师自陆行，皆乘马，萨穆什喀曰："师潜进，安用乘马为?"乃率众舍马徒行。至水次，岳讬勉萨穆什喀努力，萨穆什喀对曰："如贝勒言。此城誓必下，不空归也!"遂与白奇超哈章京巴奇兰以舟先，身被百创，战益厉，遂破旅顺。师还，太宗郊劳，亲酌金卮以赐，进一等参将。八年，授甲喇额真。从贝勒杜兰戍海州。十二月，命副巴奇兰伐黑龙江虎尔哈部，降其众，取其地。九年四月，师还。加三等梅勒章京，授白奇超哈章京。

崇德元年，从武英郡王阿济格等伐明，入长城，与额驸苏纳帅师攻容城，先登，克之。三年，授议政大臣。复从武英郡王阿济格攻皮岛，督摆牙喇兵渡江，先至岸，与固山额真阿山、叶臣等共攻克之，斩其守将沈世魁，进二等。七月，授工部承政。

四年，与刑部承政索海分将左右翼伐索伦部，部人达尔布尼、阿哈木都户、白库都、汉必尔代据厄库尔城拒我师，萨穆什喀合左右翼攻克之。进攻铎陈，未下，牛录额真萨必图等引兵助攻，铎陈、阿撒津二城兵潜山邀战，萨穆什喀设伏败之，斩七十人。五年，师还，上郊劳赐宴。吏议萨穆什喀伐索伦，得三屯，复叛，其长博穆博果尔掠正蓝旗辎重，坐视不救，当削职、籍没，上命削职，贳籍没。萨穆什喀陈辨："博穆博果尔掠辎重，率兵追击里许，乃与右翼索海等兵遇，索海等攘功。"上命王、贝勒、议政大臣勘核，以萨穆什喀言妄，论死，上特宥之。复追论戍海州时备不严，屯丁敌杀，论罚锾。

七年，从伐明，攻锦州，敌犯塞，萨穆什喀力战，敌三至三却。锦州下，复授世职牛录章京。八年，卒。子罗什，袭职。

雅赖，扈尔汉第七弟也。事太祖，从伐乌喇，略地朝鲜，数被创。从攻辽东，破蒙古兵。从伐察哈尔，先登杀敌。天聪三年五月，与甲喇额真罗璧等将千人略明新城路，遇毛文龙旧部采参者，斩六十人，毁其舟。九月，从扬古利逐逃人雅尔古，复遇文龙部众，杀九千六百余人，获千总三及从者十六。十一月，太宗伐明，薄明都，袁崇焕来援，攻摆牙喇兵，城兵出应，雅赖力战却之。五年，从攻大凌河，屡胜。尝单骑入敌阵，出战死者尸。七年，取旅顺口，与萨穆什喀同舟先济,敌据岸列阵以拒。雅赖超跃登岸,大呼曰:"雅赖先登矣!"遂入敌阵。黎明,与敌战,入城被创,战益奋,我兵或少隙,辄手刃之。城下,授世职备御,崇德二年,授议政大臣。八年,加半个前程。顺治初,从入关,击李自成。二年,从破自成兵潼关,定河南、江南。论功,遇恩诏,进一等阿思哈尼哈番兼拖沙喇哈番。八年三月,擢户部尚书。四月,坐驻防河间,牛录额真硕尔对讦告发饷不均,罢,并削拖沙喇哈番。康熙三年,卒。乾隆初,定封三等男。

洪尼雅喀,吴扎库氏,世居噶哈里。太祖初起时,扈伦诸部方强,乌喇尤横肆,闻洪尼雅喀以材武豪于所部,劫其孥,迫使归附。洪尼雅喀既偕往,念乌喇贝勒不足事,中途弃走;与弟萨苏喀、萨穆唐阿率其族四十人归太祖。授牛录额真,俾领其众,隶满洲镶红旗。天命三年,从伐明有功,擢甲喇额真。天聪二年,太宗自将伐明,攻锦州。师薄城,洪尼雅喀先登,毁其堞,坠伤足,敌迫之,将执而絷焉,季弟萨穆唐阿以壮达从军,驰护斗死,洪尼雅喀乃免。八年五月,授世职三等甲喇章京。寻卒。子武拉禅。

武拉禅袭世职。顺治元年,授摆牙喇甲喇额真。十月,从豫亲王多铎西讨李自成。十二月,至潼关,甫立营,贼掩至,击却之。二年,从端重亲王博洛下浙江,趋平湖,败敌,获战舰,进略杭州,马士英、方国安拥众来攻,武拉禅与战于赭山、于朱桥、于范村,屡胜。四年,授镶红旗蒙古梅勒额真。五年正月,增设沧州、大名驻防,命武拉禅以梅勒额真驻大名。金声桓为乱,从征南大将军谭泰攻南昌,五合五胜。声桓以步骑七万拒战,率本旗兵合击,大破之。声桓既死,剿余寇于袁州,击败明将朱翊铋,定府一、县二。

六年七月,有赵凤冈者,为乱于畿南,武拉禅讨之,斩凤冈,歼其众千人;别遣甲喇额真哈其哈等击贼宝山村,获其渠田东楼、杨牌子。七年五月,授刑部侍郎。叙功,遇恩诏,世职屡进,寻定为二等阿思哈尼番。十二年,从宁海大将军宜尔德攻舟山,明将陈六御等以三万人拒战,武拉禅督蠡奋击。以功,进一等阿思哈尼哈番。复以恩诏,加拖沙喇哈番。十六年,领侍卫内大臣额尔克戴青家奴欧侍卫阿拉那于市,武拉祥勘狱,反罪阿拉那,坐枉抑,削所加拖沙喇哈番。十七年,以病免。康熙六年十月,卒。

萨苏喀,洪尼雅喀仲弟也。事太祖,授摆牙喇甲喇额真。天命七年,从太祖伐明,攻广宁,战于沙岭。我师有都尔根者,马蹶,敌骑三共取之,两刃交下,萨苏喀驰入敌阵,跃马大呼,斩一人,排一人扑地,遂翼之出,无敢逼者。天聪三年,从太宗伐明,薄明都,萨苏喀为前驱侦敌。五年,师围大凌河城,城兵突出,萨苏喀率兵追击,及壕而返;城兵寻复出,又击败之。八年二月,略明前屯卫,从噶什布贤噶喇昂邦劳萨击败宁远兵,获马二十有二。六月,师至大同,以三十人侦左卫,敌三百屯城外,奋击,敌溃走,逐之至城下,斩获甚众。九年,从贝勒多尔衮招察哈尔林丹汗子额哲,进略明边。固山额真图尔格设伏败敌,敌溃走,萨苏喀蹑其后,斩级最,授半个前程。寻擢礼部参政。崇德二年,与甲喇额真丹岱等以八十人略明边,次清河,敌七百屯守,与战大胜,获纛二、马二十余。五年,围锦州,守木鲁河。六年,围松山。八年,攻宁远,取中后所、前屯卫,战比有功。顺治初,擢镶红旗满洲梅勒额真。从入关,击李自成,与梅勒额真和讬共驱入敌营,中炮没,赠三等甲喇章京。

阿山,伊尔根觉罗氏,世居穆溪。父阿尔塔什,率阿山及诸子阿达海、济尔垓、噶赖,以七村附太祖。太祖妻以同族女兄弟,号“额驸”,而以阿山等属贝勒代善。代善置闲散,觖望,与诸弟及其子塞赫等逃之明。上收其孥,贝勒阿敏以兵追之,射殪阿山二子,阿山亦被创,兄弟相失。穆克谭追射阿达海,阿达海斫穆克谭,坠马几死,遂夺其马,与阿山等入明边,寻复自归。太祖问其故,对曰:“举族相投,矢效命疆场,岂直充厮役乎?”乃置诸左右。旗制定,隶满洲正蓝旗。

天命六年,从伐辽阳,授二等参将。太宗即位,旗置大臣一为将,其次将置大臣二为佐,又其次置大臣二备调遣。使阿山佐正白旗,阿达海与同旗备调遣。是岁,贝勒代善等帅师扎鲁特部,上令阿山与冷格里以兵六百入喀尔喀巴林部逐逻卒,纵火张军威。师还,进三等副将。

天聪元年,从伐朝鲜,克义州。阿达海坐匿太祖御用兜鍪,鞭五十。又违上命,为贝勒多铎媒聘国舅阿布泰女,论死,上宥之,命夺官,籍其家之半。阿达海托言捕鱼,以十骑逾赫图阿喇城遁,克彻尼追之还。阿达海私语从人曰:“我欲乱箭射杀克彻尼,如尔辈何!”语闻,上命诛之。

三年秋,阿山复与弟噶赖子塞赫及阿达海子查塔、莫洛浑奔明宁远,上收其孥,遣兵往追之,阿山等将入明境,遣从者先,明守塞兵执而杀之。阿山等惧,复还,请罪,上复宥之,还其孥,使复职。阿山乃讦雅荪与同谋,雅荪者起微贱,以叶赫攻兀扎鲁城时,战有功,太祖宠任之,雅荪矢言殉太祖。太祖崩,不果殉,临丧慢。至是,鞫得实,遂坐诛。

冬,从上伐明,克洪山口城,薄明都,军于城东南,阿山与图鲁什周视敌营,请速进攻,上命即夜漏三下列阵,诘旦遂战,大破明军,陈斩武经略满桂等。四年,攻永平,上命阿山及叶臣选部下猛士二十四人,乘夜挟云梯以攻,谕曰:“登梯当令四人先分立梯端二旁,次令四人登,又次令十六人相继上,又次则尔曹督其后,复令各旗出将一兵千人助攻。”次日,日加寅,薄城树梯,犯矢石奋战。俄,城上炮裂药发,敌兵自惊扰,阿山督所部冒火锐上,诸军继进,遂克其城。

五年,攻大凌河,率锐骑逻锦州、松山,俘明兵,明守将出援,与劳萨、图鲁什以三百人败其众二千,斩百余级,获纛三。上劳以金卮,寻授固山额真。六年,上自将伐察哈尔,阿山与梅勒额真布尔吉方行边,闻上至四拉木伦河,帅师来会,上命率精骑三百助图鲁什为前驱。察哈尔汗遁去,上引还,复命阿山等帅师防边。七年,与布尔吉侦鹿岛,多所俘获。八年,与图鲁什略锦州,贝勒岳讬谓图鲁什曰:“军中调遣,当就阿山商权,勿违其言。”既,复从伐察哈尔,斩蒙古逃人。追录克永平功,进三等昂邦章京,免徭役;并分以虎尔哈俘百人,隶所领牛录。

九年,师入明边,略山西,明兵自山海关赴援。上命贝勒多铎军广宁,阿山与固山额真石廷柱率噶布什贤兵四百前驱趋锦州,明副将刘应选等以兵三千五百人来御,遇于大凌河。将战,多铎后军骤至,自山而下,士马腾踔,军容甚盛,明兵惊沮。阿山突起掩击,我师从之,陈斩应选,歼其兵五百,克台堡一。师还,赐良马、铠甲。

崇德元年,从武英郡王阿济格伐明,下雕鹗、长安岭二城,率本旗兵独克东安县。师还,明兵来追,阿山殿,击斩略尽。二年,取皮岛,与叶臣将左翼舟师攻其西北隅,先登,斩守将沈世魁,进一等昂邦章京世职。六年八月,复围锦州,城兵突围出攻我师,松山守将潜谋夺火器,阿山迭击败之。七年十月,复从贝勒阿巴泰伐明,入墙子岭,转战至兖州。师还,赉银币。

顺治元年,从入关,击李自成,自成败走,阿山偕左翼梅勒额真阿哈尼堪、右翼固山额真马喇希,济薄津击破之,克平阳。以功,进三等公。二年,豫亲王多铎自陕西移师下江南,阿山及诸将从。与马喇希等取淮河桥,渡淮拔扬州;率舟师溯江上,克江宁,获明福王。江南既定,从贝勒博洛、固山额真拜音图徇浙江,师次杭州,明潞王常涝降,嘉兴、湖州、绍兴、宁波、严州皆下。师还,赉金银、鞍马。

阿山自太宗时,屡坐事被论,辄贷之。三年,坐妄听巫者言,罪所部,被讦,罢官,夺世职。旋复授一等昂邦章京。四年,改一等精奇尼哈番。旋卒。乾隆初,定封一等男。从弟阿尔津,自有传。

论曰:太祖时,邻近诸部族归附,常书兄弟最先,康果礼等最众,其子孙皆能以骁勇自效。博尔晋,雅希禅杀敌致果,盖劳萨、图鲁什之亚也。杨善、冷格里、萨穆什喀皆有战绩,非藉父兄显者。洪尼雅喀尤以材武名。阿山屡去复归,诛弟而用兄,驾驭枭桀,惟恩与法,握其要矣。

清史稿卷二二八
列传第一五

额尔德尼 喀盖子武书 布善 布善子夸扎
达海　尼堪　库尔缠 弟库拜
英俄尔岱　满达尔汉 弟马福塔
明安达礼

　　额而德尼，纳喇氏，世居都英额。少明敏，兼通蒙古、汉文。太祖时来归，隶正黄旗满洲。从伐蒙古诸部，能因其土俗、语言、文字宣示意旨，招纳降附。赐号"巴克什"。

　　满洲初起时，犹用蒙古文字，两国语言异，必移译而成文，国人以为不便。太祖起兵之十六年，岁己亥二月辛亥朔，召巴克什额尔德尼、札尔固齐噶盖使制国书。额尔德尼、噶盖辞以夙习蒙古文字，未易更制。上曰："汉人诵汉文，未习汉字者皆知之；蒙古人诵蒙古文，未习蒙古字者皆知之。我国语必译为蒙古语，始成文可诵；则未习蒙古语者，不能知也。奈何以我国语制字为难，而以习他国语为易耶？"额尔德尼、噶盖请更制之法，上曰："是不难。但以蒙古字协我国语音，联属为句，因文以见义可矣。"于是制国书，行于国中。满洲有文字自此始。

　　天命三年，从伐明，取抚顺，师还，明总兵张承荫自广宁率众蹑我师后，额尔德尼偕诸将还击，斩承荫。叙功，授副将。太宗时，额尔德尼已前卒,尝谕文馆诸臣,欢为一代杰出。顺治十一年,追谥文成。子萨哈连,官至銮仪卫冠军使。赐姓赫舍里,改入大学士希福族中。

噶盖,伊尔根觉罗氏,世居呼纳赫。后棣满洲镶黄旗。太祖以为札尔固齐,位亚费英东。岁癸巳闰十一月,命与额亦都、安费扬古将千人攻纳殷佛多和山寨,斩其酋搜稳寨克什。岁戊戌正月,命与台吉褚英、巴雅喇及费英东将千人伐安褚拉库路,降屯寨二十余。岁己亥,受命制国书。是年九月,命与费英东将二千人戍哈达。哈达贝勒孟格布禄贰于明,将执二将。二将以告,太祖遂灭哈达,以孟格布禄归。孟格布禄有逆谋,噶盖坐不觉察,并诛。子武善。

武善年十六,太祖念噶盖旧劳,授牛录额真。天命九年,明将毛文龙遣兵入海岛屯耕,太祖命武善与冷格里击之,歼其众。语详《冷格里传》。文龙复遣兵三百登海岸掠,武善与满都里率兵追击,斩裨将三,还所掠。太宗即位,列十六大臣,佐镶红旗。天聪八年,上遣诸将伐明,武善与阿山为后队,遵上方略,设伏败敌,授三等甲喇章京。崇德元年,询知明兵袭滨海醎场,上命武善与吏部参政吉恩哈驰援,击走明兵。三年正月,喀尔喀札萨克图窥归化城,上自将御之,武善与吴巴海从。吴巴海猝卒盗军糒,武善坐徇隐,夺世职。八月,授工部参政。时蒙古、瓦尔喀诸部皆附,使至,每以武善典其事。顺治元年,卒。

布善,武善弟。事太宗,授巴牙喇甲喇章京,兼牛录额真。录护巴牙喇纛章京,列议政大臣。崇德五年,从伐明,攻锦州,击败杏山骑兵。六年,复从伐明,攻松山,洪承畴以十三万人赴援,布善先众力战却敌。上度明兵众而饷不继,必引去,命诸将比翼列营,直抵海滨。入夜,明兵果引去,诸将截击,布善率兵穷追,斩获无算。八年,复从伐明,攻克前屯卫、中前所。顺治初,从入关,予牛录章京世职。二年,从征江南,卒于军。

夸札,布善子,袭职。遇恩诏,进二等阿达哈哈番。十七年,授护军参领,兼佐领。康熙十三年,从定南将军希尔根讨耿精忠,围抚州,屡破贼,贼弃城走。四年,从大将军安亲王岳乐讨吴三桂,其将夏国相屯莘乡,依山结寨。夸札率兵奋击,大破之,国相等弃资械走。十七年,迁护军统领。十八年,擢镶红旗蒙古都统。从安亲王攻武冈,军器辎重自水道进,贼截溪,夸札率兵驰击,贼却走。绿旗兵屯溪岸,贼舟垒集逼屯,夸札自陆赴援,道险,马不能行,乃率兵步行。贼据山梁,设鹿角,列火器以拒,夸札督兵直前,斩获甚众,贼水陆皆溃。十九年,命将湖广兵诣广西,参赞大将军简亲王喇布军务,讨叛将马承荫,克武宁,进取象州,围柳州,承荫降,进复庆远,广西平,还京。二十一年,卒。叙功,进一等阿达哈哈番。

达海,先世居觉尔察,以地为氏。祖博洛,太祖时来归。父艾密禅。旗制定,隶满洲正蓝旗。

达海幼慧,九岁即通满、汉文义。弱冠,太祖召直左右,与明通使命,若蒙古、朝鲜聘问往还,皆使属草;令于国中,有当兼用汉文者,皆使承命传宣:悉称太祖旨。旋命译《明会典》及《素书》、《三略》。太宗始置文馆,命分两直:达海及刚林、苏开、顾尔马浑、托布戚译汉字书籍;库尔缠、吴巴什、查素喀、胡球、詹霸记注国政。

天聪三年,上伐明,既击破满桂等四总兵军,遣达海赍书与明议和,明闭关拒勿纳;复命海达为书二通,一置得胜门外,一置安定门外,乃引师还。四年,复伐明,至沙河驿,命达海以汉语谕降。克永平,命达海持黄旗登城,以汉语谕军民,城中望见,皆罗跪呼“万岁”。降将孟乔芳、杨文魁、杨声远从贝勒阿巴泰入见,命达海以汉语慰劳。三屯营、汉儿庄既降,明兵袭三屯营,上虑汉儿庄复叛,命达海以汉语抚定之。是年,所译书成,授游击。五年七月,赐号“巴克什”。九月,复伐明,破大凌河,命达海以汉语招总兵祖大寿。上赐宴,复命传谕慰劳。十二月,定朝仪。

达海治国书,补额尔德尼、噶盖所未备,增为十二字头。六年三月,太宗谕达海曰:“十二字头无识别,上下字相同。幼学习之,寻常言语,犹易通晓;若人姓名及山川、土地,无文义可寻,必且舛误。尔其审度字旁加圈点,使音义分明,俾读者易晓。"达海承命寻绎,字旁回圈点。又以国书与汉字对音,补所未备,谓:"旧有十二字头为正字,新补为外字,犹不能尽协,则以两字合音为一字,较汉文翻切尤精当。"国书始大备。是年六月,达海病,逾月病亟。上闻,垂涕,遣侍臣往视,赐蟒缎,并谕当优恤其子。达海闻命感怆,已不能言,数日遂卒,年三十八。时方译《通鉴》、《六韬》、《孟子》、《三国志》、《大乘经》,皆未竟。

达海廉谨,在文馆久,为领袖。其卒也,当敛,求靴无完者。七年二月,以其长子雅秦降一等袭职,授备御。国初文臣无世职,有之自达海始。十年,赐谥文成。康熙八年五月,圣祖从其孙禅布请,立碑纪绩。

达海子四,长子雅秦,以备御兼管佐领。崇德三年,从伐明,毁董家口边墙入,略明畿内,下山东,所向克捷。还,出青山口,遇明军,雅秦率步兵击败之。四年,从攻松山。六年,从围锦州,城兵突出犯我军,雅秦率所部兵御敌,皆有功。旋授吏部理事官。八年,调户部理事官。顺治元年四月,从入关,击败李自成。迭遇恩诏,进世职至二等阿思哈尼哈番。八年三月,授吏部侍郎。七月,擢国史院大学士。十月,卒。九年,上以恩诏进世职过滥,命改为一等阿达哈哈番兼拖沙喇哈番。予其子禅布袭职。康熙二十一年,圣祖巡方,命从官祭雅秦墓。

达海次子辰德,太宗尝召其兄弟,赐馔予币,命辰德勤习汉文,其后仕未显。

三子喇扣,康熙间,以前锋统领从讨吴三桂,战衡州,阵没,赠拖沙喇哈番。

四子常额,雅秦卒后,世祖特授学士,而雅秦子禅布,康熙初亦官秘书院学士,为达海请立碑。三桂既平之明年,圣祖谘诸大学士:"达海巴克什子孙有入仕者乎?"明珠对:"闻有孙为鸿胪寺官。"因下吏部录达海诸孙陈布禄等十二人引见,命授陈布禄刑部郎中。其后国子监祭酒阿理瑚请以达海从祀孔子庙,礼部尚书韩菼议不可,乃罢。

达海以增定国书，满洲群推为圣人。其子孙：男子系紫带，亚于宗姓；女子不选秀女。

尼堪，纳喇氏，世居松阿里乌喇。太祖时来归，赐号"巴克什"。旗制定，隶满洲镶白旗。初以说降蒙古科尔沁部，授备御。天命十年，偕侍卫博尔晋等率师伐虎尔哈部，收五百户以还，上郊劳赐宴。

天聪初，擢一等侍卫。从太宗伐明，攻锦州，有功。七年，从诸贝勒按狱蒙古诸部，牛录额真阿什达尔汉以所赍敕二十道付尼堪，尼堪以授从者，失其九。所司论劾，罚如律。蒿齐忒部台吉额林等来归，命尼堪往迎。八年正月，收其部落户口、牲畜以还。七月，上伐明，道遇察哈尔部众来归，命尼堪还盛京安置。时郑亲王济尔哈朗留守，使尼堪偕卦尔察、席特库率兵十二人侦明兵。明兵适至，奋击败之，逐至辽河，凡三战，斩馘百余，明兵引退。九年，从贝勒岳讬戍归化城，土默特部私与明通，岳讬使尼堪及参领阿尔津伺塞上，得明使四辈、土默特使十辈，皆执以归。寻与英俄尔岱等使朝鲜。

崇德元年六月，授理蕃院承政。二年正月，太宗伐朝鲜，既克其都，命尼堪及吉思哈、叶克舒帅师并护科尔沁、扎鲁特、敖汉、奈曼诸部兵伐瓦尔喀，将出朝鲜境，朝鲜兵屯吉木海，阻师行，尼堪督兵进击，大破之，斩平壤巡抚。既，朝鲜兵二万余人复来追袭，尼堪等设伏诱敌，歼万余人。敌遁，据山巅立栅拒守，师围之三日，遂下。降哈忙城巡抚及总兵副使以下官，获牲畜、布帛诸物无算。进略瓦尔喀部，以所获畀蒙古诸部兵，寻引师还。复偕阿什达尔汉使科尔沁、巴林、扎鲁特、喀喇沁诸部颁敕诏，会诸部王贝勒清庶狱。三年五月，坐谳狱科尔沁失实，解任。七月，授理蕃院右参政。四年，伐明，征蒙古诸部兵，兵至不如额，命尼堪使科尔沁、喀喇沁、土默特诸部诘责。五年四月，上以尼堪克副任使，授三等甲喇章京。复命安集索伦、郭尔罗斯两部新附之众，编为八牛录。七月，复命征蒙古诸部兵伐索伦，简其军实。

　　世祖定鼎,论功,进二等。顺治二年,从豫亲王多铎下河南,将
蒙古兵自南阳趋归德,降州一、县四。论功,进一等。三年,从多铎
讨苏尼特部,大破其众。四年,论功,进三等阿思哈尼哈番。迁理蕃
院尚书。六年,喀尔喀使至,馈睿亲王多尔衮马,巽亲王满达海以为
言,尼堪启王,王曰:“如例云何?”尼堪曰:“外蕃职贡,例不当馈诸
王。”王恶其语侵己,令内大臣议罪,夺其俸。三遇恩诏,进三等精奇
尼哈番,世袭。十年,上以尼堪老,进二等,致仕。十七年,卒。无子,
以其弟阿穆尔图、阿锡图,从子玛拉、兆资分袭世职。玛拉自有传。

　　库尔缠,钮祜禄氏,世居长白山。祖曰赖卢浑,父曰索塔兰。赖
卢浑先为哈达都督,索塔兰与所部来归。旗制定,隶属满洲镶红旗。
太祖以女妻索塔兰,生子四,库尔缠其次子也。天命元年,召直左
右。十一月,蒙古喀尔喀五部来议和,库尔缠赍书莅盟;九年二月,
复将命如科尔沁修好:皆称旨,授牛录章京。

　　太宗即位,伐扎鲁特部,库尔缠从,师还,上劳诸贝勒。饮至,达
海承旨问诸贝勒行军胜敌始末,库尔缠为诸贝勒具对,成礼。天聪
元年,伐朝鲜,库尔缠从,朝鲜王李倧请行成,库尔缠及副将刘兴祚
将命宣抚。倧既约降,库尔缠等还报,朝鲜诸将不知倧已约降也,以
步骑兵千人邀诸平壤,库尔缠集从者环甲突围出。朝鲜兵蹑其后,
库尔缠令从者前行,而以十骑殿,杀朝鲜兵三,疾驰六十里。朝鲜兵
三百骑继至,库尔缠率十骑凭隘为伏,击败之,斩朝鲜将四、兵五十
余,获马百,卒达沈阳。上复命赍谕至军中申军令,定盟誓而还。

　　三年四月,定文馆职守,命记注时政,备国史。四年正月,伐明,
库尔缠偕游击高鸿中先至滦州,设谋使启城门,师遂入。二月,师
还,库尔缠从诸将戍焉。五月,明监军道张春等来攻,库尔缠与牛录
额真党善等勒兵出战,奋稍逾堑,直趣敌阵。春等稍却,旋发火器焚
城楼,坏睥睨,库尔缠与党善还兵御之,敌不能登。都统图尔格等以
孤军无援,退保永平,敌围益急,库尔缠且守且战,屡有斩馘。旋从
贝勒阿敏等弃诸城,还都待罪。上以在滦州时能力战,特贳之。

　　库尔缠先以口语被讦。五年十一月，使朝鲜，以汉文作书遗朝鲜，受私馈。六年六月，使明得胜堡议和，以其人来，上召入见，屡失期。七年二月，上发库尔缠诸罪，并追议庇刘兴祚罪，论死。兴祚者开原人，见辱开原道，遂率其诸弟兴治等以降，太祖以国语名之曰爱塔。克辽东，授副将，领盖、复、金三州。兴祚婪，索民财畜，被讦解任，遂有叛志。事屡败，太宗屡覆盖之。兴祚使其弟兴贤逃归毛文龙，作书遗库尔缠，诡言且死，托以营葬，诳瞽者醉而缢杀之，焚其室逸去。库尔缠得书，视兴祚，见瞽者尸，以为兴祚也，持之恸，告于上，以其子五十袭职，为营葬。既而其弟兴治亦遁，诈渐露。兴祚、兴治去事文龙，文龙荐为参将。袁崇焕杀文龙，使兴治及陈继盛分将其兵。天聪四年，上攻永平，兴祚在敌中，袭我军中喀喇沁兵，杀数十人。使贝勒阿巴泰、济尔哈朗将五百人求兴祚。兴祚将趋山海关，阿巴泰遮其前，济尔哈朗迫其后，遂战，甲喇额真图鲁什获兴祚，杀之，执兴贤以归。库尔缠解衣瘗兴祚，上命发而磔之，库尔缠复窃收其遗骼。时兴治将兵驻皮岛，诸弟兴基、兴梁、兴沛、兴邦皆为偏裨。兴沛以游击守长山岛，上遣使招兴治等，讳言逻卒误杀兴祚；且令兴贤附书述上恩，赡其母及妻。使屡返，复遣护其妻以往，兴治亦屡答上书，自署“客国臣”，枝梧不得要领。会兴治为兴祚发丧，而继盛信谍言，疑未死，兴治忿，执杀继盛，因纵掠。明使黄龙镇皮岛，兴治复为乱，被杀。上亦杀兴贤及其诸子。库尔缠与兴祚善，未叛，屡为上言，终收其骨，卒以此及。上犹念其有劳，命毋籍其家。世祖定鼎燕京，诏视一品大臣例，予宅地、奴仆。

　　库尔缠弟库拜，初以小校事太祖，从伐明，取抚顺，战败追兵，复下辽、沈，命为牛录额真。天聪五年，从伐瓦尔喀，手被创，犹力战，克堡一。是年七月，初设六部，授吏部参政。叙功，授牛录章京世职。复以吏部考满，授三等甲喇章京。八年，从伐黑龙江诸部。九年，进二等甲喇章京。崇德元年，从伐朝鲜。追论伐瓦尔喀时夺部卒俘，复令部卒私猎，论罚，罢牛录章京。三年七月，更定官制，改吏部理事官。五年正月，卒。

英俄尔岱，他塔喇氏，世居扎库木。太祖时，从其祖岱图库哈理来归，授牛录额真，隶满洲正白旗。天命四年，从攻开原。有蒙古巴图鲁阿布尔者，素以骁勇名，降明为边将，出战，英俄尔岱驰斩之。六年，从克沈阳，授游击。从克辽阳，授二等参将。

天聪三年，从伐明，克遵化，太宗督诸军向明都，而令英俄尔岱及李思忠、范文程以兵八百守遵化。师既行，所下诸城堡石门驿、马兰峪、三屯营，大安口、罗文峪、汉儿庄、郭家峪、洪山口、潘家口、滦阳营皆复为明守。明兵夜薄遵化，英俄尔岱率兵击却之。平旦，明将以骑兵列阵待，英俄尔岱出战，明兵骤至，英俄尔岱麾其众悉锐奋击，明兵退，斩殿者五人，俘材官一，明兵宵奔。英俄尔岱以师从之，复歼骑卒百、步卒千余，以书谕诸城，罗文峪、三屯营、洪山口、汉儿庄、滦阳营五城复降。

五年七月，定官制，始设六部，以英俄尔岱为户部承政。七年，明故毛文龙部将孔有德、耿仲明自登州来降，使英俄尔岱及游击罗奇赍书征粮于朝鲜，朝鲜国王李倧使其臣朴禄报聘，言毛氏旧为敌，不愿输粮。太宗复以书谕，略言："毛氏将今归我国，以兵守其舟，当就便输以粮。"遣英俄尔岱及备御代松阿赍书复往，朝鲜乃输粮如指。八年五月，改进一等甲喇章京。

太宗自将伐察哈尔，察哈尔林丹汗走图白特，所部溃散。或得俘，言同行凡千余户，方苦无所归，上命英俄尔岱梅勒额真觉罗布尔吉将二千人往迹之。英俄尔岱等行遇蒙古头人侯痕巴图鲁率千户将来归，遣使谒上；复遇台吉布颜图，纵兵击杀之，斩二百余，俘四十以还。上以驼马及所俘，赉英俄尔岱及诸将士。既，布颜图部众奔诉于上，言："我曹自察哈尔来归，遇大军，乞降不见允，横被屠戮。"上怒，命尽夺所赉。英俄尔岱寻以考满进三等梅勒章京。

十年春，诸贝勒及蒙古诸部以太宗功德日隆，议上尊号，令英俄尔岱赍书使朝鲜喻意。既至，倧谢不延纳，令英俄尔岱诣所置议政府陈说，设兵昼夜环守使邸。英俄尔岱率诸从者夺民间马，突门而出。朝鲜王遣骑持报书追付英俄尔岱而别,以书诫其边臣令守界,英俄尔岱并夺之以闻。又遇明皮岛兵遮归路,击走之。

崇德改元,讨朝鲜,师克王都,倧出奔南汉城。二年春,上使英俄尔岱及马福塔赍敕诘责,朝鲜以书谢。师益进,薄南汉城,复使英俄而岱、马福塔招倧出城相见,倧答书始称臣,然犹逡巡不敢出。上诇知倧寄孥江华岛,命睿亲王多尔衮以偏师下之,获其妃及诸子。倧乃出降,上留其二子为质,命英俄尔岱、马福塔送其妃及诸戚属还王都。二月,班师,倧出送,命英俄尔岱、马福塔宣谕,仍送之还。旋授议政大臣。十月,复命英俄尔岱、马福塔赍敕印使朝鲜,封倧仍为朝鲜国王。四年,授固山额真。五年,上以倧缮城郭,积刍粮,欺罔巧饰,使英俄尔岱及鄂莫克图赍敕诘责,倧上表谢罪。

六年六月,睿亲王多尔衮复攻锦州,九月,贝勒多铎等围松山,英俄尔岱皆在行间。七年,复使朝鲜鞫狱,还奏称旨。八年,考满,进三等精奇尼哈番。顺治元年,从睿亲王多尔衮入关。是年,改承政为尚书,英俄尔岱仍任户部。二年,叙功,封三等公。三年,奏请禁民间私售马骡、军械、火器,以杜盗源,从之。四年,考满,进二等公。五年二月,卒。

英俄尔岱娶饶余郡王阿巴泰女,授和硕额驸。领户部十余年,既领固山,仍综部政。屡坐事论罚,而恩顾不稍衰。太宗尝谕群臣曰:"英俄尔岱性素执拗,其于本旗人亦偶有徇庇。朕思人鲜有令德,英俄尔岱能殚心部政,治事明决,朕甚嘉之。视诸部大臣不如英俄尔岱者多矣!"及睿亲王薨,得罪,夺英俄尔岱公爵,降精奇尼哈番。康熙间,辅臣鳌拜专政,陷大学士苏纳海等于死,以英俄尔岱与苏纳海同族,追论初授地不平、附睿亲王诸罪状,夺官。子宜图,官至内大臣,袭爵降三等精奇尼哈番。乾隆初,定封三等子。

满达尔汉,纳喇氏,先世居哈达。父雅虎,率十八户归太祖,太祖以为牛录额真,隶满洲正黄旗。擢扎尔固齐。与哈穆达尼伐东海卦尔察部,俘二千人以归,太祖郊劳,与宴。又克舒桑哈达,赐俘百。

既乞休,满达尔汉继为牛录额真。从太宗伐虎尔哈部,降五百余户。

天聪五年五月,上将伐明,规取海中诸岛,使满达尔汉与董纳密聘于朝鲜,且征舟焉。时朝鲜初附,未敢开罪于明,满达尔汉等至朝鲜,国王李倧谢不见,且以兵守馆。越三日,满达尔汉谓守者曰:"我奉命至此,何慢我不相见?我归矣!"遂与诸从者佩弓矢,策骑夺门出。倧使侍臣追及,请见,满达尔汉等乃入见,致使命而还。七月,授礼部参政。闰十一月,复与库尔缠等使朝鲜,诫毋纵其民越境采猎,毋匿逃人。并令岁馈当如例,倧乃引咎,愿如约。

八年,太宗自将伐明,攻大同,满达尔汉分兵克堡四、台一,又拔王家庄。以功,授世职牛录章京。寻擢礼部承政。复使朝鲜。崇德二年,从武英郡王阿济格伐明,克皮岛,赐白金、裘、马。顺治初,世祖定鼎京师,满达尔汉以老解部任,专领牛录。恩诏,进二等甲喇章京。三年,卒,谥敬敏。子阿哈丹,袭职。恩诏,进一等阿达哈哈番兼拖沙喇哈番。从征福建,击郑成功厦门,战死,恤赠三等阿思哈尼哈番。

马福塔,满达尔汉弟也。初授牛录额真,与满达尔汉分辖所属人户。天聪五年,授户部参政。八年三月,与户部承政英俄尔岱如朝鲜互市。五月,太宗自将伐明,马福塔从贝勒济尔哈朗等居守。九月,赍奏诣行营,道明铁山,明兵邀战,斩五人,俘一人;又刵一人,纵使还。寻擢户部承政。九年,与参政博尔惠使朝鲜。自是通使朝鲜,马福塔辄与。

崇德元年,复与英俄尔岱等使朝鲜,明皮岛兵遮道,击走之。九年,复如朝鲜义州监互市,得明逻卒,知明兵入碱场,因率百人蹑其后,明兵引去。值武英郡王阿济等伐明还,渡辽,具舟以济师。十二月,太宗自将伐朝鲜,命马福塔与劳萨率兵先驱。语详《劳萨传》。朝鲜国王李倧走保南汉山城,二年正月,师克朝鲜都,进攻南汉山城。马福塔两奉敕入城数倧罪,且谕降。倧先使其臣谢罪,寻率群僚出城谒上。二月,上班师,倧出送,命马福塔与英俄尔岱送倧还城。倧馈金,却之,以闻。四月,从武英郡王阿济格攻明皮岛,马福塔攻其北隅,督战败敌。六月,吏议马福塔从伐朝鲜,私以其子往,得俘获,先众赍还,又令朝鲜将与贝子硕托交结,罪当死,命罚锾以赎。十月,复命与英俄尔岱使朝鲜,册李倧为朝鲜国王。三年七月,更定官制,改户部左参政。四年六月,命与刑部参政巴哈纳使朝鲜,册倧妃赵氏为王妃。八月,其兄甲喇额真福尔丹从军退缩,伏法,籍其家畀马福塔。九月,复为户部承政。十一月,倧疏言立碑三田渡颂上恩,命与礼部参政超哈尔等往察视。五年二月,卒。

明安达礼,西鲁特氏,蒙古正白旗人,世居科尔沁。父博博图,率七十余户归太祖,即授牛录额真,领所属。天聪元年,从伐明,攻锦州,战死,予世职游击,以明安达礼袭,仍兼领录额真。

崇德三年,迁巴牙喇甲喇章京。从贝勒岳讬伐明,自密云东北毁边墙以入,与固山额真伊拜共击败明太监冯永盛兵,克南和县。六年,复从伐明,围锦州。明兵阵山巅,明安达礼率所部巴牙喇兵陷阵,明兵败走。既,又有骑兵自松山至,复击败之。师阻壕,以守城兵出争桥,明安达礼迫明兵使引入城。上自将击洪承畴,明安达礼战尤力,又败敌骑,进二等甲喇章京。七年冬,从贝勒阿巴泰伐明,攻蓟州,薄明都,击破明总督赵光抃。又与噶布什贤噶喇依昂邦阿山共击明兵自三河至者,遂进略山东。八年春,与明总兵白广恩、张登科、和应荐等战螺山,又与巴牙喇纛章京鳌拜共击明总督范志完,屡破敌。师还,赉白金。擢礼部参政,兼正白旗蒙古梅勒额真。

顺治元年,从入关,击李自成。二年,从英亲王阿济格西讨,战延安,七遇皆捷。抚凤翔等府三十余城,悉下。三年,调兵部侍郎。苏尼特腾机思叛,从豫亲王多铎帅师讨之,别将兵屯险要。腾机思遁走,明安达礼夜帅师乘之,及诸鄂特克山,战大胜,斩台吉茂海,复与镇国将军瓦克达等逐北,手斩十一人,获其辎重。复击败土谢图汗、硕类汗。

五年,擢正白旗蒙古都统。七年,授兵部尚书。九年,列议政大臣。论功,遇恩诏,累进二等精奇尼哈番。十年,坐徇总兵任珍擅杀,罢尚书,降一等阿达哈哈番兼拖沙喇哈番。十一年,帅师伐鄂罗斯,败敌黑龙江。十三年,授理藩院尚书。

十五年十二月,命为安南将军,帅师驻防荆州。十六年,郑成功入攻江宁,明安达礼帅师赴援。成功将杨文英等以舟千余泊三山峡,明安达礼击之,斩副将一,获其舟及诸攻具,成功引入海。上命明安达礼移师驻防舟山。十七年,召还,授兵部尚书。康熙三年,加太子太保。六年,调吏部尚书。引疾,致仕。八年,卒,谥敏果。

子都克,袭。从征噶尔丹有功,授拖沙喇哈番,合为三等阿思哈尼哈番。都克孙永安,降袭一等阿达哈哈番兼拖沙喇哈番。乾隆间,从征甘肃石峰堡乱回。官至山海关副都统。永安孙宪德,宪德子梦麟,自有传。

论曰:国必有所与立,文字其一也。因蒙古字而制国书,额尔德尼、噶盖创之,达海成之。尼堪等皆兼通蒙、汉文字,出当专对。造邦之始,抚绥之用广矣。英俄尔岱领户部,调兵食最久,见褒于太宗。明安达礼以折冲御侮之才,屡长兵部。盖皆有功于创业者,故比而次之。

清史稿卷二二九
列传第一六

明安　子昂洪　多尔济　恩格类　恩格类从子布当

布颜代　恩格德尔　子额尔克戴青

古尔布什　鄂齐尔桑　布尔喀图

弼喇什色尔格克　阿济拜　恩格图　鄂本兑

和济格尔　和济格尔子拜音达里　阿赖　布延

阿尔沙瑚　阿尔沙瑚兄子果尔沁　额琳奇岱青

德参济旺　多尔济达尔罕　奇塔特彻尔贝　洛哩

弟沙哩岱　奇塔特伟徵　奇塔特伟徵弟额尔格勒珠尔

喀兰图　扎克托会　袞楚克图英　珲津　沙尔布

　　明安，博尔济吉特氏。其先世元裔，为蒙古科尔沁兀鲁特部贝
勒。岁癸巳，叶赫贝勒布寨、纳林布禄纠九国之师来侵，明安与焉，
战败，明安乘骟马独身跳去，寻修好于太祖。上闻明安女贤，遣使往
聘，岁壬子正月，明安送女至，上具车服以迎，与宴成礼。
　　天命二年正月，明安来朝，上出郊百里迎诸富尔简冈，设宴慰
劳。明安献驼十、马牛皆百，上优礼之，日设宴。留一月，明安辞，赐
以四十户，甲币称是，送之三十里。七年二月壬午，明安及同部贝勒
兀尔宰图、锁诺木、绰乙喇札尔、达赖、密赛、拜音代、噶尔马、昂坤、

多尔济、顾禄、绰尔齐、奇笔他尔、布彦代、伊林齐、特灵、喀尔喀部贝勒石里胡那克,并诸台吉等三千余户,驱其牲畜来归,授三等总兵官,别立兀鲁特蒙古一旗。

天聪三年,与固山额真武纳格、额驸恩格德尔等伐察哈尔,降二千户。五年,从上伐明,围大凌河城。明总兵祖大寿出战,明安与固山额真和硕图等夹击,大败之。我师伪为明兵赴援状,诱大寿复出战,明安及两翼固山齐进奋击,大寿败却,寻率众降,明安得优赉。六年,从上伐察哈尔。师还,以俘获少,又违令不以隶户籍,擅以官牛与所属,复匿蒙古亡者,吏议当夺世职,上命罚锾以赎。寻以内附诸蒙古所行多违令,罢蒙古旗,俱散隶诸贝勒所领牛录,明安改隶满洲正黄旗。八年,改三等昂邦章京。顺治初,三遇恩诏,进二等伯。卒,谥忠顺。雍正间,追进一等侯,加封号恭诚。子昂洪、多尔济、绰尔济、纳穆生格、朗素。

昂洪初从父来归,授游击。天命十一年,从伐巴林、扎鲁特诸部;天聪五年,从伐明,攻大凌河:俱有功,超进三等副将,赐号达尔汉和硕齐。七年,卒。子鄂齐尔,袭。八年,改三等梅勒章京。顺治间,三以恩诏进,再以罪降,定为二等阿思哈尼哈番。存擢内大臣,管銮仪卫事。寻授领侍卫内大臣。十四年,卒,谥勤恪。乾隆初,定封三等男。

多尔济亦从父来归,授备御,尚主为额驸。天命十一年,从伐扎鲁特,有盗马遁者,多尔济逐得之。寻又从伐栋奎、克什克腾诸部,又从伐朝鲜,皆有功。天聪五年,始设六部,以多尔济为刑部承政,专理蒙古事。六年,以直上前失仪,又奉命选猎户不当,吏议夺世职,上宥之,罚白金百。八年,从伐明,攻大同,上命多尔济领中军,图鲁什、乌拜分率左右军,与明总兵曹文诏战,大破之,逐至城下,获马百。崇德二年,授内大臣,预议政。四年,从郑亲王济尔哈朗略锦州。六年,上伐明,驻军松山、杏山间,命多尔济与内大臣锡翰设伏高桥。明杏山兵千人,以粮不继潜遁,伏发,败之,逐至塔山,俘斩甚众。寻以围松山时,明总兵曹变蛟夜犯御营,多尔济不能御,议罪,系三日,罚白金五百,仍叙高桥功,进一等梅勒章京。顺治二年,以多尔济凤荷太宗恩厚,进三等昂邦章京。四年,改三等精奇尼哈番。五年,卒。

弟绰尔济,袭。坐事,削爵。弟纳穆生格,袭。从征福建,没于海,谥直勇。纳穆生格既卒,复以绰尔济袭。乾隆初,定三等子,多尔济三世从孙博清额袭。三十四年,改袭一等恭诚侯,为其四世祖明安后。

朗素,明安幼子,袭明安世职。传至孙马兰泰,雍正七年,上以明安旧劳,进一等恭诚侯,命署前锋统领。九年,讨准噶尔,授参赞大臣,疏言寇犯西尔哈昭,击之败退,擢领侍卫内大臣。召还,命在办理军机处行走。俄,察知在军恇怯,妄奏功,谪军前自效,逮京论斩,系狱。乾隆初,复授副都统。又以扈从行围后至,称疾不治事,发拉林披甲。

初,明安所与同部诸贝勒入朝请内附,皆授世职有差,琐诺木子穆赫林自有传。又有恩格类、布当叔侄与明安同时来归,布颜代归稍后,皆从征伐有战绩。

恩格类、布当,博尔济吉特氏。来归,恩格类授游击,布当授二等参将。天聪三年,太宗自将伐明,布当从攻遵化,与甲喇额真英俄尔岱合军力战,破明总兵赵率教,以功进三等梅勒章京。六年,散蒙古旗入满洲,恩格类、布当皆隶正蓝旗。崇德三年,授布当刑部右参政。四年,卒。布当弟色棱,袭恩格类世职。事太宗,伐明,克遵化,围锦州。事世祖,从入关破贼,击腾吉斯,并有功。进一等阿达哈哈番兼拖沙喇哈番。十二年,卒。

布颜代,博尔济吉特氏。初为蒙古乌鲁特贝子。天命七年,籍所辖户口自西拉塔喇来归,尚主为额驸,予二等参将世职,隶满洲镶红旗。十一年,太祖自将伐明,攻宁远,不克,偏师取觉华岛,布颜代率蒙古兵从固山额真武纳格破敌垒,歼其众,焚所积刍粮而还。

天聪元年,从伐朝鲜,师有功,分赐降户及所获马。三年,从伐明,入龙井关,克大安口,下遵化,薄明都,四遇敌,战皆胜。复击明兵卢沟桥，以七人先入敌阵，遂破之。四年春，师还，驻遵化，明兵击喀喇沁兵垒，布颜氏趋援却敌。寻与武纳格略地行山冈，遇敌，斩级四十余。五年，授礼部承政，兼右翼蒙古梅勒额真。从围大凌河，明兵出战，布颜代伤于矛，仍力战却敌，斩一人。六年，从略宣府、大同边外，收察哈尔部众。师还，以匿俘获，吏议削世职、罚锾、夺俘获及赐物，上命毋削世职。八年，上自将伐明，攻大同，布颜代与侍卫星纳等率蒙古巴牙喇兵八十人，经哈麻尔岭，收察哈尔部众。进次西拉木轮，降百余户；又进，遇察哈尔部俄尔塞图等以所属来降。还，与大军会。以功，进三等梅勒章京。九年，蒙古旗制定，以布颜代为镶红旗固山额真。

崇德元年，从武英郡王阿济格伐明，克昌平。师还出塞，明兵袭我后，布颜代为所败，坐罢固山额真世职，降一等甲喇章京，罚锾，夺俘获。顺治元年，以巴牙喇甲喇额真从入关，与梅勒额真和讬等逐李自成至庆都。寻从豫亲王多铎定陕西。二年，加半个前程。复从下江南，渡黄河，与明兵战，身被数伤，所乘马亦创，犹力战冲锋殁敌，遂以创卒，年六十有一。子鄂穆布，袭职。

恩格德尔，博尔济吉特氏。其先世元裔，为蒙古喀尔喀巴约特部长。当太祖初起兵时，喀尔喀裂为五部，巴约特其一也，恩格德尔父违尔汉巴图鲁，为其部贝勒，牧地曰西喇穆木伦。太祖起兵之十二年，岁甲午正月，喀尔喀部贝勒老萨、北科尔沁部贝勒明安始遣使来聘。又十一年，岁乙巳，恩格德尔来谒，献马二十。上优赉而遣之。明年，岁丙午冬十二月，恩格德尔率五部诸贝勒之使谒太祖，献驼马，奉表上尊号曰神武皇帝。自此蒙古诸部朝贡岁至。

天命元年，太祖初建国即皇帝位，距恩格德尔等初上尊号时十年矣。二年，恩格德尔来朝，上以贝勒舒尔哈齐女妻焉，号为"额驸"。三年夏四月，太祖始用兵于明，师次挖哄尊谟之野，恩格德尔与萨哈尔察国长萨哈连二额驸侍上，上与言金往事，因谕之曰："朕观古帝王转战劳苦，始致天位，亦未有能永享者。今朕此役，非欲觊天位而永享之也。但以明构怨于我，不得已而用兵耳。"

九年春正月，恩格德尔偕其妻郡主来朝，请率所部来归，上嘉其诚，与之盟，赐以敕："非叛逆，他罪皆得免。"命贝勒代善等帅师移所部至辽阳。既至，上郊劳，设宴县义站，赐恩格德尔及其弟莽果尔代雕鞍良马一、貂裘一、恩格德尔子囊孥克、门都、答哈，莽果尔代子满朱习礼猞猁狲裘一。既入城，赐田宅、金银、貂、猞猁狲、段疋、器用及耕作之具，复分平定堡民属焉。寻授恩格德尔、莽果尔代三等总兵官。旗制定，隶满洲正黄旗。

天聪三年，与武纳格等帅师伐察哈尔，降二千户。语详《武纳格传》。是年冬，从上伐明，入龙井关，克遵化，薄明都，上驻军德胜门外。明督师袁崇焕率总兵祖大寿军二万人，自宁远赴援，屯城东南。上令诸军进战，时恩格德尔与武纳格共将蒙古兵。恩格德尔率左翼，未成列，纵骑骤进，为所败，却走；武纳格以右翼突击，乃败敌。吏议恩格德尔当夺世职，上命贷之。四年春，克永平。恩格德尔行略地，遇明将将步卒三百，将战；复有骑兵三千自玉田城突出，恩格德尔阳退诱敌，敌稍前，疑有伏，还走；因追蹑其后，获马百。

五年，从围大凌河城。明监军道张春、总兵吴襄等军四万自锦州赴援，上亲督诸军击破之。初战，敌甚锐，蒙古兵右翼猛进，先入张春垒；左翼兵避矢石，进稍缓。吏议恩格德尔当夺世职，上复命贷之，罚鞍马一、白金百。崇德元年五月，卒。顺治十二年，追谥端顺，立碑纪功。

子额尔克戴青，初任侍卫，授三等甲喇章京。恩格德尔既卒，以额尔克戴青袭父爵，而以所授世职予其弟索尔噶。顺治二年，进二等昂邦章京。七年三月，遇恩诏，进三等侯。大学士刚林、祁充格等讽使附睿亲王多尔衮，当改入正白旗，额尔克戴青不从，旋构吏议，降二等精奇尼哈番。世祖亲政，嘉其持正无所阿，复进一等侯，列议政大臣，管銮仪卫，擢领侍卫内大臣。再遇恩诏，又以索尔噶卒，仍兼三等甲喇章京，三进至一等公。十年，坐谳狱有所徇，降二等公。十四年，加少保，兼太子太保。十六年，额尔克戴青仆殴侍卫于市，先发诬侍卫；谳实，额尔克戴青坐徇纵，削爵夺官，留内大臣衔。十八年六月，卒，谥勤良。

恩格德尔初封，是时从例改三等昂邦章京，其长子囊弩克当袭。囊弩克先以从军授二等甲喇章京，合为二等伯。康熙间，复为二等公，降袭一等侯。世宗时，特命袭三等公，加封号顺义，旋改奉义。乾隆九年，定封一等奉义侯。

莽果尔代初与恩格德尔同授三等总兵官，改三等昂邦章京。顺治初，从入关，破流贼。三遇恩诏，进一等伯。雍正间，降袭二等精奇尼哈番。乾隆初，定封一等子。

古尔布什，亦元裔，为喀尔喀台吉，与恩格德尔同牧西喇穆木伦。天命六年十一月，偕台吉莽果尔，率所属六百户，驱牲畜来归。太祖御殿，入谒与宴，各赐裘：貂三，猞猁狲、虎貉皆二，狐一；绿貂朝衣五，绿獭裘二，绿青鼠裘三，蟒衣九，蟒缎六，缎三十五，布五百，黄金十两，白金五百两，雕鞍一，鲨鞍七，玲珑撒袋一，撒袋实弓矢八，甲胄十，僮仆、牛马、田宅、杂具毕备。上以女妻古尔布什为额驸，赐名青卓礼克图，畀满洲、蒙古牛录各一，授一等总兵世职，隶满洲镶黄旗。

天聪五年，太宗自将伐明，围大凌河城。蒙古左翼兵战不力，古尔布什当夺世职，上特贳之，罚鞍马一、白金百两。寻擢兵部承政。崇德三年，更定官制，改兵部右参政。六年，从伐明，围锦州，败敌于宁远。七年，再围锦州，敌兵出战，古尔布什击走之。

古尔布什屡坐事论罚，至是以元妃丧，辅国公扎喀纳军中歌舞，吏议古尔布什不呵禁，不举劾，当夺世职、籍没，上复特贳之。顺治初，从入关，破流贼。复遇恩诏，累进一等精奇尼哈番。十八年正月，卒，谥敏襄。康熙间，降袭二等精奇尼哈番。乾隆八年，定封二等子。

莽果尔与古尔布什偕来，同被赏赉。太祖以族弟济白里女妻焉，亦授总兵。

　　鄂齐尔桑，博尔济吉特氏。蒙古扎鲁特部人。父巴克，为其部贝勒。天命四年，太祖既击败杨镐，取开原；七月，复克铁岭，即夕，巴克与喀尔喀部贝勒介赛等将万余人赴援，翌旦遂战，诸部师大败，获介赛等及巴克以归。七年正月，鄂齐尔桑入质，请释巴克，上许之。八年，巴克朝正旦，上悦，遣鄂齐尔桑与俱还。

　　太宗即位，以扎鲁特部败盟，贰于明，命贝勒代善、阿敏等将万人讨之，斩倡叛者贝勒吴尔寨图，获巴克及其二子，诸贝勒喇什希布、代青、桑噶尔寨等十四人以归。上命隶满洲镶黄旗，赐衣服器用。寻授鄂齐尔桑牛录额真。

　　天聪三年，从伐明，明步兵自蓟州至，与扬古利共击破之。五年，围大凌河城，败锦州援兵。八年，授世职三等甲喇章京。八月，复从伐明，攻大同。上命噶布什贤噶喇依昂邦图鲁什将左军，甲喇额真吴拜将右军，而以额驸多尔济与鄂齐尔桑并将中军，与明总兵曹文诏战，大破之，追至城下，获马百。崇德二年，擢内大臣。六年，从上伐明，攻松山，明总兵曹变蛟夜犯御营，诸将未御战者皆坐谴，上以鄂齐尔桑自蒙古来归，特免之。顺治二年正月，以其子喇玛思尚主，授固伦额驸。二月，进鄂齐尔桑三等梅勒章京。五年，卒，以其子楚勒袭，恩诏进二等。乾隆初，定封二等男。

　　太宗时，诸博尔济吉特之裔来归，为将有战功受封爵者，又有布尔喀图、弼喇什、色尔格克。

　　布尔喀图，初为喀喇沁部台吉。天聪三年六月，使入贡，九月，来朝。十月，太宗自将伐明，以布尔喀图尝如明朝贡，习知关隘，使为导。师入边，克龙井关，抚定罗文峪，分兵命布尔喀图戍焉。四年正月，明将丁启明等以三千人来攻，布尔喀图与战，明兵败，入堡。翌日进兵，克其堡，获启明及裨将三，俘馘甚众，赐号岱达尔汉。五年正月，以贝勒阿巴泰第四女妻焉。三月，从上伐察哈尔。察哈尔部众有降而复叛者，劫军中土默特部人畜，布尔喀图追击，斩逤者，足被创，寻挈所部来归。蒙古旗制定，隶正蓝旗。崇德元年六月，授一等昂邦章京。顺治元年，卒。子政珠勒，袭。恩诏累进一等伯。乾隆初,定封一等子。

弼喇什,亦喀喇沁部台吉。天聪二年二月,从其父贝勒布延谒太宗,请归附。八月,上自将伐察哈尔,征蒙古诸部兵,次绰洛郭尔。弼喇什从其汗拉斯喀布谒行在,献财币驼马,上悉却之,赐宴,与以甲胄,遂从上击察哈尔,战有功。旋又从贝勒岳讬伐栋奎部,与甲喇额真萨木什喀、牛录额真布颜、巴牙喇壮达博尔辉等同力战破敌,斩百余人。寻率所属人户来归。蒙古旗制定,隶镶红旗。上妻以宗女,命贝勒代善赡焉。弼喇什自陈贫乏,上赐以金。崇德元年,授世职三等昂邦章京。三年,与明通市张家口,命弼喇什莅焉。六年,复往莅。时诸王大臣各遣其属从,有盗礼亲王代善金者,弼喇什坐失囚,论罚。顺治三年,从豫亲王多铎逐腾机思,道卒。子多尔济,袭。改三等精奇尼哈番,恩诏进二等。乾隆初,定封三等子。

色尔格克,先世居喀喇彻哩克部。父阿拜岱巴图鲁,天聪间率众来归,授世职三等甲喇章京,隶正白旗。卒,以色尔格克袭,授一等侍卫。崇德元年,从伐朝鲜。朝鲜国王李倧保南汉山城,师从之,色尔格克登山,身被创,赉马三。五年,从郑亲王济尔哈朗等伐明,围锦州,色尔格克率侍卫二十人前搏战。有僧格依者,自蒙古降明,为将,善战,色尔格克击斩之。郑亲王使启心郎额尔赫图还,上其功。六年,复围锦州,令色尔格克选巴牙喇兵四十为伏以待敌,得明将一,夺甲与械,即以赐之。上自将御洪承畴,命诸将设伏高桥,色尔格克斩明兵七,复赉马二。又先众破敌骑。师围松山,为壕环其城,城兵出击乌真超哈分守地,色尔格克以巴牙喇兵三十人赴援,城兵引退。七年冬,从贝勒阿巴泰伐明,越明都攻临城。略山东,攻青州,皆力战,被创。

世祖即位,录阿拜岱巴图鲁旧勋及色尔格克战功,复遇恩诏,授二等阿思哈尼哈番,擢内大臣。康熙十二年,圣祖加恩诸旧臣,色尔格克加太子少保。二十年,卒,谥勤敏。乾隆初,定封二等男。

阿济拜,卓特氏,先世为蒙古巴林部人。旗制定,隶正蓝旗。初事太祖，授牛录额真。天命三年，太祖克抚顺。师还，明总兵张承荫自广宁袭师后，阿济拜从贝勒阿巴泰还击，破之。四年，破明总兵杜松于界凡。七年，败明兵于沙岭。阿济拜皆在行间。

　　天聪三年，太宗伐明，阿济拜以甲喇额真从，略通州，斩逻卒五，获马四；薄明都，与甲喇额真鄂罗塞臣等当袁崇焕，战胜。九年，上命巴牙喇纛额真布哈将八十人略明边，至宁远，俘九人，获马四、牛百余。还，出边六十里，明兵八千追至，布哈殿，战没，阿济拜与巴牙喇甲喇章京托克雅、哈谈巴图鲁等还击败敌，护所俘获以还。上命赉以牛马，予牛录章京世职。

　　顺治初，从入关，击李自成。阿济拜署梅勒额真，为后队。寻与固山额真伊拜逐寇山西，至泽州，数破贼垒，擢正蓝旗蒙古梅勒额真。二年，加半个前程。三年，从肃亲王豪格讨张献忠，道汉中，与固山额真巴哈纳击走叛将贺珍；徇秦州，与尚书星纳击败献忠将高汝砺，获马骡百余；进击献忠于西充，与巴牙喇纛额真阿尔津、苏拜连战皆捷。叙功，遇恩诏，累进一等阿达哈哈番兼拖沙喇哈番。九年八月，以老乞休，命解梅勒额真任。寻卒，谥忠勤。

　　恩格图，失其氏，蒙古科尔沁部人。自哈达挈家来归，授牛录额真。与甲喇额真阿岱出驻伊兰布里库，防蒙古游牧轶界，率十人巡徼，遇敌百人，追斩殆尽。闻明兵千余将攻海州，率三百人驰击，败之。天聪间，屡从太宗伐明，薄明都，击满柱军；攻遵化，破敌垒，入大安口：皆先众奋击。以功，予世职二等甲喇章京，擢兵部承政。蒙古旗制定，恩格图隶正红旗，即授本旗固山额真。

　　崇德元年，从伐明，与阿岱等为伏，歼明逻卒。复从伐朝鲜，薄其都城，与固山额真谭泰等树云梯以登。寻坐伐明时，战松山，正蓝、正白、镶白三旗营汛错乱，匿不劾；师还出塞，遇敌战败：罚锾，夺俘获。又坐伐朝鲜时，方食，上召不即赴，厮卒妄出，为朝鲜兵所杀，论罪，上命罚锾以赎。三年，从贝勒岳讬伐明，攻密云，距墙子岭五里，恩格图率兵先诸军越高峰，入边破敌。五年，从郑亲王济尔哈朗等伐明，围松山，明兵夜出劫营，恩格图率本旗兵击败之。六年，从上伐明,上命恩格图与噶什贤布噶喇依昂邦吴拜击明总督洪承畴,恩格图违上方略,遇敌不前。师还,吏议当褫职,命罚锾以赎。寻令与诸将更番戍松山。

顺治元年,从入关,击李自成,进一等甲喇章京,加半个前程。从豫亲王多铎西破贼,移师向江南,贼蹑我师后,恩格图殿,四战皆胜。寻破明将郑鸿逵于瓜洲,复自江南徇浙江,至杭州,破敌,获舟三十五。克嘉兴,下昆山。进三等梅勒章京。复自浙江徇福建,与固山额真汉岱共下府一、县五;与梅勒额真鄂罗塞臣共下府一、县八;战于分水关、于南靖:皆有功。四年,进一等阿思哈尼哈番。五年,讨江西叛将金声桓,卒于军。乾隆初,定封二等男。

鄂本兑,曼靖氏,其先为蒙古。入明为守备。天命六年,太祖取辽阳,鄂本兑以兵三十五、马六十出降。其后蒙古旗制定,隶正黄旗。七年,从伐广宁有功,授世职游击。天聪元年,太宗伐明,屯锦州,命额驸苏纳选蒙古将士御敌塔山西,鄂本兑与焉,敌以二千人至,奋击败之。上移师宁远,明总兵满桂阵于城东,鄂本兑率五牛录甲士破敌,进二等参将。二年,从上伐多罗特部,以二百人先驱,遇敌,敌稍北,复出精锐死战,我师且却,鄂本兑跃骑突前,敌败遁,上督贝勒并进,杀其台吉古鲁,俘获无算。进一等参将,擢右翼蒙古固山额真。

三年,从上伐明,明边将五道迎战,鄂本兑率所部兵击敌,斩参将一,获其纛,入大安口,遂进薄明都,克永平、滦州、遵化、迁安四城。上命鄂本兑与固山额真察哈喇等守遵化,贝勒阿敏驻永平,护诸将。明兵来攻,阿敏檄弃城引师退,敌已逼城下,鄂本兑以五十人出战,斩逻卒七人,获其马,遂与察哈喇等全军以还。鄂本兑为殿,明师追至,屡击却之,引出边,师无所损,进三等副将。五年,从上伐明,围大凌河,屯城西。敌出战,争已下诸台堡,鄂本兑与固山额真和硕图督兵并进,敌败退入城,迫逐之及壕,敌死者甚众。师还,得优赉。八年,改三等甲喇章京。九年正月,卒。康熙间,兄孙托克塔哈尔袭世职。从抚远大将军费扬古讨噶尔丹有功,进三等精奇尼哈番。乾隆初,定封二等男。

和济格尔,失其氏,蒙古乌鲁特部人。入明为千总。太祖取广宁,从石廷柱出降,授甲喇额真,隶乌真超哈。其后汉军旗制定,隶正白旗,并从汉姓为何氏。和济格尔事太祖,从伐巴林、栋奎诸部,有功。天聪三年,从伐明,诇敌蓟州,斩逻卒三,敌三百来攻,和济格尔冲锋入,斩百总一。五年,复从伐明,围大凌河,败锦州援兵;城兵出樵采,争台堡,并击败之。与敌战城下,我师执纛者坠壕,和济格尔掖之出,复以鸟枪殪敌兵三。八年,授世职牛录章京。崇德三年,复从贝勒岳讬伐明。四年,乌真超哈析置四固山、八梅勒,以和济格尔为镶白旗梅勒额真。五年,从围锦州,累败敌。六年,复从围锦州。敌自松山分踞高桥南三台,和济格尔以火器克之,歼敌百余。七年,从克塔山、杏山二城,加半个前程,授正白旗梅勒额真。八年,从克中后所、前屯卫二城,进一等甲喇章京。顺治三年二月,卒。

拜音达里,和济格尔子,袭二等阿达哈哈番。事圣祖,自参领擢宣化总兵官。十三年,耿精忠反,移拜音达里为随征福建总兵官,尚可喜请增兵戍广东,上命与福建巡抚杨熙驻广州。十五年,可喜子之信叛,拜音达里与熙督所部斩关突围出,会大军于赣州。上奖其忠勇,进一等。十九年,授驻防广州副都统。二十七年,迁广州将军。三十七年,卒,以其子何天培袭。

天培时已官参领,累迁江南京口将军。雍正初,命署江苏巡抚。入为兵部尚书,出为江宁将军;复入为正白旗汉军都统,署兵部尚书。六年五月,上以天培阿附年羹尧、隆科多下刑部逮治,拟斩监候。乾隆元年,赦出狱。寻卒。天培既得罪,以拜音达里曾孙何钧降袭二等阿达哈哈番。乾隆间,更名立柱。官至贵州提督。

阿赖,莽努特氏,世居喀尔喀部。太宗时,挈其孥来归,隶蒙古正黄旗。尝奉使阿禄部,降其部长,上嘉其能,赐号“达尔汉”,免赋役。率兵五百逐逃人,穷追数月,斩倡叛者四人,尽俘以还。又率兵攻喀木尼喀部,俘其部长叶雷,获户口牲畜无算。崇德九年,授一等甲喇章京,又半个前程。加赐号库鲁克特尔汉。寻授礼部左参政,正黄旗蒙古固山额真。从攻锦州，设伏杏山邀击，攻松山，败敌。顺治初，从固山额真叶臣徇山西，师还，赐白金三百；三年，从击腾机思；六年，讨姜瓖：皆有功，进二等阿思哈尼哈番。康熙十二年，加太子太保。十七年，卒，谥武壮。

布延，郭尔罗特氏，蒙古察哈尔部人。初在其部为塔布囊。天聪元年，偕昂坤杜棱来归，隶满洲正黄旗。从伐栋奎部，为导。从伐克什克腾部，首陷阵。再从甲喇额真图鲁什略明边，俘其逻卒，斩百余级，得樵车百余、骡驴以百数。复略十三站，斩十级，得把总一、马三。叙功，授世职牛录章京。九年，偕布哈塔布囊略宁远。既出边，明兵千余追至，布哈陷阵。哈谈巴图鲁还战，马中矢仆，布延赴援，与之马，力战败敌，赍俘一、马二、牛三，进世职三等甲喇章京。

崇德元年二月，命赍书投明边诸守将，历松棚路、潘家口、董家口、喜峰口致责言焉。五月，从伐明，薄明都，败明兵芦沟桥。三年二月，从伐喀尔喀部。七月，擢议政大臣，兼巴牙喇纛章京。九月，从伐明，自墙子岭入，败明兵，追击，得马八十七。四年，帅师戍乌欣河口。偕侍卫阿尔萨兰攻松山，布延为伏，斩二十一级。诇敌锦州，斩逻卒八，得马十二。五年，从睿亲王多尔衮围锦州，击败明步军。六年，从郑亲王济尔哈朗克锦州外城，与内大臣伊尔登战最力，赍百金，进世职二等甲喇章京。八月，上自将击洪承畴，其将曹变蛟夜袭上营，布延以内大臣严守御，论罚。七年二月，师击承畴，布延兵后至，当死，命论罚以赎。十一月，伐明，围蓟州。

顺治二年，世祖以诇布延旧臣，进世职一等甲喇章京。其从子乌纳海，先以战死，恤赠世职牛录章京，命布延并袭，进三等阿思哈尼哈番。八年，卒，次子茂奇塔特袭世职。

茂奇塔特，康熙三十五年，从征噶尔丹有功，加拖沙喇哈番，例进二等。乾隆初，定封二等男。

阿尔沙瑚，瓦三氏。初为察哈尔林丹汗护卫。林丹汗败走唐古特，阿尔沙瑚帅所属四十余户渡哈屯河来归，隶蒙古镶白旗，授世职游击。崇德三年，从伐明，自墙子岭入，屡败明兵，行略地至济南。四年三月，师还出塞，复击败太平寨明兵。五年，从伐索伦部，获部长博穆博果尔及其孥。六年，从伐明，围锦州。明以骑兵出松山，谋劫红衣炮，阿尔沙瑚力战却之，又败洪承畴所将步兵，以功进世职一等甲喇章。八年，卒，以兄子果尔沁袭。

果尔沁时已为牛录额真。从代朝鲜，尝以侍卫二十人败敌。顺治初，从入关，击李自成，加半个前程。再迁镶白旗蒙古梅勒章京，进世职二等阿思哈尼哈番。十七年，迁本旗固山额真。上命定西将军爱星阿帅师与吴三桂合兵逐明桂王由榔，以果尔沁为副，敕爱星阿军中机事皆俾果尔沁与议。十八年九月，师次大理，休马力。逾月，出腾越，道南甸、陇川、猛卯。十一月，薄木邦，明将白文选方据锡箔江为守。果尔沁与固山额真逊塔、巴牙喇纛章京毕力克图、费雅思哈，噶布什贤昂邦白尔赫图等。简精锐疾驰三百余里，至江滨。文选毁桥走茶山，令总兵官马宁以师从之，至猛养，文选降。师进次晚旧，得由榔以归。康熙三年，进一等阿思哈尼哈番兼拖沙喇哈番。寻列议政大臣，调本旗满洲都统。九年二月，卒，谥襄敏。乾隆初，定封二等男。

额琳奇岱青，博尔济吉特氏。居翁牛特部，为察哈尔部宰桑。林丹汗败走，所部皆溃，额琳奇岱青将来归；会宰桑多尔济塔苏尔海率所属游牧，与我师遇，倚山拒战，败遁，额琳奇岱青追及之，与谋偕降。天聪八年六月，上自将伐明，道塞外，师次波硕兑。额琳奇岱青、多尔济塔苏尔海及顾实、布颜代、塞冷等五宰桑率丁壮七百人及其孥二千口来归，上遣将护诣沈阳，厚赍之，分隶蒙古正白旗。崇德元年，授世职二等昂邦章京。三年，从伐明，自青山口入，越明都，略地山东，累战皆胜。六年，围锦州，与阿尔沙胡同功，进一等，世袭罔替。八年，卒。顺治间，追谥勤良。子札木素，袭。圣祖即位，加恩诸大臣旧自察哈尔来者，札木素与内大臣噶尔玛、散秩大臣沙哩岱等，并赐庄田、奴仆。康熙三年，授内大臣。六年，卒。乾隆初，定封一等子。

德参济旺,博尔济吉特氏,世居阿布罕。初为察哈尔部宰桑。林丹汗败走,以所属从。天聪八年,上自将伐明,略宣府,攻万全左卫,遂出尚方堡二十里驻军。时林丹汗走死大草滩,德参济旺与噶尔玛济农、多尼库鲁克、多尔济达尔汉诺颜号四大宰桑,挟林丹汗二福金,率丁壮二千人及其孥来归,遣三十人先奏上。上进次克蚌,命所司运米三百石以待。二福金及德参济旺等至,谒上行在,上与之宴,赐貂裘、鞍马、牛羊。还师。复宴新附诸臣,德参济旺等跪进酒,上曰:"朕本不饮酒,念尔曹诚意,当尽此一卮。"复酌酒遍赐之,并赍甲胄、衣裘、授世职一等昂邦章京,隶蒙古正黄旗。九年六月,察哈尔台吉琐诺木来降,上召宴,德参济旺与焉。上因言:"察哈尔倾覆,尔诸臣来归,朕皆预知。"德参济旺奏曰:"圣谕及此,洵有如神之鉴也!"顺治二年,坐事,降三等。三年,从豫亲王多铎北讨腾机思,鄂特克山之役,及破土谢图汗,德参济旺皆与有功焉。语详《奇塔特彻尔贝传》。复进一等。是岁,改一等精奇尼哈番。五年八月,卒。乾隆初,定封一等子。

多尔济达尔罕,博尔济吉特氏,居翁牛行,为察哈尔部宰桑。与德参济旺等同降,隶蒙古镶黄旗。崇德元年,授世职一等梅勒章京,以为都察院承政。三年,更定官制,改参政。六年,上自将击洪承畴,命多尔济达尔罕偕承政阿什达尔罕度善地驻军,并察诸军斩级多寡,还报称旨,擢内大臣,仍兼参政。七年七月,祖大寿来降,上幸牧马所,命诸内大臣与较射,赏中的者,多尔济达尔罕得驼一。十月,从饶余贝勒阿巴泰伐明,行略地,自蓟州至于兖州。师还,上言:"师自兖州还,右翼诸固山不遵贝勒期约,先左翼诸军出塞。赖上威灵慑敌,我军纵横如行无人地,得全师以还。万一有失,悔何及?"请论罚,上为停右翼诸军赏。顺治间,上推太宗旧恩,并考满,进三等精奇尼哈番,复授都察院承政。七年,命以内大臣与议政,恩诏一等,兼拖沙喇哈番。十七年四月,卒,谥顺僖。乾隆初,定封三等子。

奇塔特彻尔贝,哈尔图特氏。初为察哈尔部宰桑。林丹汗败,奇塔特彻尔贝以四百户保哈屯河。天聪八年十一月,上使招焉,渡河次西拉木轮，旋从使者来归，上厚赉之，隶蒙古正蓝旗。林丹汗有八大福金，掌高尔土门固山事福金，其一也。林丹汗殂，所部宰桑衮出克僧格妻焉。上以衮出克僧格叛主，夺福金畀奇塔特彻尔贝。

崇德元年，授世职三等昂邦章京。三年九月，从伐明，自青山口入，越明都，略山东。明年，师还，以所部牛录额真珠额文经三屯营，率兵役掠敌粮，战死。奇塔特彻尔贝未及援，罚纳马。九月，从伐明，薄宁远，以火攻击却明兵。六年，围锦州，破洪承畴。既，复与阿尔沙瑚共击败明兵来劫炮者及承畴所将步兵，进世职二等昂邦章京。

顺治初，从入关，逐李自成，至庆都。三年，从豫亲王多铎北讨腾机思，师次英噶尔察克山，闻腾机思在滚葛鲁台，疾驰逐之，至鄂特克山，获其孥。土谢图汗以六万人次扎济布拉，为腾机思声援，奇塔特彻尔贝等率所部击之，败走，逐北三十余里。诘旦，硕类汗复以二万人至，复击之，亦败走。以功进一等。康熙三年，卒。子鄂诺勒，袭。十八年，鄂诺勒以参领从护军统领莽吉图南讨郑锦，卒于军。

洛哩，鄂尔沁氏。初为察哈尔林丹汗护卫。天聪六年，太宗自将伐察哈尔，林丹汗走死，洛哩持元初巴斯巴喇嘛所铸嘛哈噶拉金佛，率百余人来归。隶蒙古正黄旗，授世职一等参将。崇德三年，从贝勒岳讬伐明，自墙子岭毁边墙入，击败明总督吴阿衡。六年，从伐明，围锦州，城兵出战，左翼之旗，巴和利兵击之不利，退入壕，明师环之，遍洛哩分守地。洛哩力战，没于阵，恤赠三等梅勒章京。

洛哩兄沙济，弟乌班和硕齐、沙哩岱。沙济袭洛哩遗爵。乌班和硕齐当林丹汗走死，别率七十人来归，授游击。卒，以其弟沙哩岱袭。顺治初，沙哩岱以牛录额真从睿亲王多尔衮入关击李自成，复从豫亲王多铎讨腾机思，击败土谢图汗、硕类汗，进二等阿达哈哈番。寻沙济亦卒，沙哩岱兼袭，合为二等精奇尼哈番，授散秩大臣。顺治十八年，圣祖即位，加恩诸大臣旧自察哈尔来归者，沙哩岱及内大臣噶尔玛、散秩大臣札木素等，并赐庄田、奴仆。康熙元年，卒。乾隆初，定封二等子。

太宗时诸将自蒙古来归以战死者,又有奇塔特伟徵、巴赖都尔莽奈、巴赖都尔莽奈子阿南达、孙阿喇纳,皆有声绩,自有传。其事世祖战死,则有衮楚克图英、珲津、沙尔布。

奇塔特伟徵、博尔济吉特氏,鄂尔多斯哈尔济农族人也。世居克鲁伦。太宗时,与其弟额尔格勒珠尔、喀兰图、扎克托会率所属来归,隶蒙古正黄旗。天聪八年正月,上遣蒙古军略锡尔哈、锡伯图,收察哈尔流散部众,奇塔特伟徵与岱青塔布囊斩七十三人,降百余人,获马驼数十。五月,上自将伐明,次古尔班图勒噶,命蒙古军别出间道,与大军会锡喇乌苏河,奇塔特伟徵行遇察哈尔五人将遁入阿禄部,擒以献。九年五月,从贝勒多铎伐明,次宁远。奇塔特伟徵时为噶布什贤噶喇昂邦,率所部前驱,至大凌河西,明将刘应选、赵国志将七千人迎战,我兵寡,奇塔特伟徵力战,没于阵,恤赠三等梅勒章京。

额尔格勒珠尔,崇德间,屡从伐明,徇山东,围锦州,战松山,皆有功。顺治间,从入关、击李自成,予世职牛录章京,加半个前程。卒,无子,以喀兰图子察珲袭。

喀兰图,崇德间为一等侍卫。顺治初,世祖推太宗旧恩,复屡遇恩诏,世职累进二等阿达哈哈番。睿亲王多尔衮摄政,请上幸其第,喀兰图方退直,闻上扈从无多人,即持弓矢趋诣左右防卫。及世祖亲政,敕奖喀兰图忠笃,赐金帛、鞍马、庄田,命以其族改隶满洲正黄旗,进世职一等。寻以上行围扈从愆迟,复为二等。事圣祖,累官理蕃院尚书。乞老,授内大臣,加太子太保。卒,谥敏壮。子察珲兼袭,合为三等阿思哈尼哈番。康熙十三年,安亲王岳乐讨吴三桂,次袁州,与吴三桂将马宝占钤冈山,死之。进二等。

扎克托会,事太宗,授正黄旗蒙古梅勒额真。从伐朝鲜,坐所部战舰不时至,解官。寻以追叙来归功,累遇恩诏,授世职一等阿达哈哈番兼拖沙喇哈番。卒,子锡喇布,袭。顺治间,从靖南将军珠玛喇徇广东,击明将李定国,战于新会,锡喇布力战破敌,进三等阿思哈尼哈番。

衮楚克图英，和勒依忒氏。初为察哈尔宰桑。林丹汗败走，部众皆溃散。天聪八年，太宗自大同还师，屯尚方堡，衮楚克图英将二百余人，与故宰桑德参济旺等来归。蒙古旗制定，隶正红旗，授甲喇额真。崇德元年，授世职一等梅勒章京。二年，坐事，降一等甲喇章京。三年，从伐明，入墙子岭，明兵自密云至，衮楚克图英引避，当谴，上以降将贷之，收其牲畜，分畀诸自察哈尔降者。六年，复从伐明，围锦州，战松山。八年，略宁远，屡击败明兵。顺治初，从入关，击李自成，与固山额真恩格图合军力战败贼。二年，进三等梅勒章京。三年，从讨张献忠，屡战皆胜。六年正月，从讨姜瓖，攻大同，城兵出劫土默特营，衮楚克图英赴援，中流矢，没于阵，进二等阿思哈尼哈番。乾隆初，定封二等男，衮楚克图英六世孙望吉尔袭。从讨霍集占兄弟，战死叶尔羌，赠一等男。

珲津，萨尔图氏，世居敖汉部。太宗收敖汉，珲津从众来归，行失道，入明锦州。崇德六年，我师围锦州，珲津与蒙古台吉诺木齐、武巴什等缒城出降，授世职牛录章京，隶蒙古镶蓝旗。旋授甲喇额真。顺治初，从入关，击李自成，署梅勒额真。督后队，有功，加半个前程。六月，与固山额真觉罗巴哈纳略山东。七月，移师徇山西，自成将陈永福据太原，珲津单骑行城下，城兵骤出，击之，败走，遂克太原，其属州县十有五皆下，赉白金。二年，与固山额真都雷逐自成至九江口，得其舟。三年，从肃亲王豪格讨张献忠，时叛将贺珍据汉中，以二千人守鸡头关，拒我师。珲津率右翼兵从贝勒尼堪击之，败走，遂进兵入四川，与固山额真巴特玛等击献忠，屡战皆捷。

献忠既诛，复与巴牙喇甲喇额真希尔根定涪州，以功进三等阿达哈哈番，真除蒙古镶蓝旗梅勒额真。复从郑亲王济尔哈朗徇湖广，时自成余众降于明，分屯宝庆、沅州诸郡县。六年，珲津与噶布什贤噶喇依昂邦努山、梅勒额真拜音岱等攻克宝庆，徇沅州，破敌于洪江，斩所署总兵二、副将四、兵二千余，得舟九。师还，进一等阿达哈哈番兼拖沙喇哈番。十五年，从信郡王多尼下云南。十六年四月，克永昌。师渡潞江，明将李定国为伏磨盘山。师至，破其栅，珲津与固山额真沙尔布率众深入,伏起,遂战死。谥壮勤。

沙尔布,博尔济吉特氏。崇德二年,自察哈尔率百余丁来归,授牛录额真,即使辖其众,隶蒙古镶白旗。寻擢一等侍卫。至顺治九年,三迁,授本旗固山额真。恩诏予世职拖沙喇哈番。十年十一月,命与宁南大将军陈泰帅师守湖南。十二年,明将刘文秀、卢明臣、冯双礼等将数万人分道侵岳州、武昌,沙尔布与巴牙喇纛章京苏克萨哈设伏邀击,大败之。敌复攻常德,舟千余蔽江而下,沙尔布督军截击,六战皆捷,纵火焚其舟。明臣赴水死,双礼被创遁,文秀走桃源。沙尔布与巴牙喇纛章京都尔德等以师从之,文秀走贵州。十五年,从多尼下云南。明年,与珲津同战死,谥襄壮,进世职拜他喇布勒哈番。乾隆间,高宗命八旗世职先世以死事恤叙,袭次已满者,皆予恩骑尉,世袭罔替,沙尔布等皆与焉。

论曰:蒙古喀尔喀、科尔沁诸部,东与扈伦四部接。太祖兵初起,一战知不敌,率先归附。明安、恩格德尔皆申以姻盟,赏延于世。鄂齐尔桑初为质子,恩礼与相亚。阿济拜等于蒙古为庶姓,皆以功受赏。察哈尔林丹汗庭,西处宣、大边外,大宗乘其衰,以兵收之。布延等有战绩,而洛哩诸人效命疆场,尤有足多者。最初蒙古来附,即隶满洲;有自明至者,又入汉军。天聪九年,定蒙古旗制,先已籍满洲、汉军者,亦不复追改也。

清史稿卷二三〇
列传第一七

武理堪 子吴拜　苏拜　苏拜子和讬
武纳格 子德穆图　齐墨克图
阿什达尔汉 苏纳　固三泰
固三泰子明阿图　明阿图子赛弼翰　瑚什布
瑚什布子穆彻纳 ## 鄂莫克图 喀山
喀山子纳海　安达立　绰拜布丹　孙达哩
吉思哈 弟吉普喀达　吴巴海 ## 康喀勒
兄子和讬　玛拉　兄孙通嘉　萨弼翰

　　武理堪，瓜尔佳氏，世居义屯。父伊兰柱，徙居哈达费德里。太祖初起，武理堪来归。岁癸巳，叶赫纠九部之师，三道来侵，上遣武理堪出东路侦敌。武理堪出虎拦哈达新城，行将百里，方度岭，群鸦竞噪，若阻其行者，武理堪心异之，度行且与敌左，驰归告上，上命改道自札喀路向浑河部。武理堪行，薄暮至浑河，敌方屯北岸会食，爨火密如星。武理堪得叶赫逻卒一，言敌兵三万，将夜度沙济岭而进，遂挟以还报，时夜方半，上命旦日出师。武理堪虑我军怵敌众，言曰："敌虽众，心不一谁能御我？"及战，遂破诸路兵。
　　旗制定，武理堪隶满洲正白旗，分辖丁户为牛录额真。出从征

伐,率选锋前驱,为噶布什贤噶喇昂邦,天命四年,明经略杨镐合诸
镇兵四道来侵,太祖督诸贝勒帅师御之。既败,其三道,独总兵李如
柏出鸦鹘关,未与我师遇,镐檄使引还。武理堪方率二十骑逻虎拦
山,见如柏军行山麓。乃令诸骑立马山巅,鸣螺,脱帽系弓末,挥且
噪,若指挥伏兵者,如柏军望而愕顾。武理堪遂纵骑疾驰下,斩四十
人,获马五十匹,如柏军夺路走,相蹂藉死者复千余。武理堪寻卒,
太祖叹曰:“武理堪从朕摧锋陷阵,几死者数矣!”乃录其二子吴拜、
苏拜。

　　吴拜,年十六,从太祖伐明,略抚顺,遇敌辄奋斗,矢中额不顾。
尝从太祖猎,有熊突围出,跃上峻岭,太祖遥望见一人跃马射熊,贯
胸而坠。上顾待臣雅荪曰:“是非吴拜不能。”遣视之,吴拜也。因谕
诸皇子曰:“吴拜之勇,今共见之矣!”遂授待卫。天命四年,从伐叶
赫,负重创,力战不退,师还,赐良马。明总兵毛文龙诱我新附之众
实皮岛。吴拜循徼三日,获逋八十余,射杀文龙使者,还告上。时吴
拜已代父为牛录额真,上命以所获隶所辖牛录。六年,从伐明,破明
军于南寿山。授备御。既克辽阳,以俘获分隶诸将,上以吴拜能继
父志,年少建功,命视一等大臣,隶千人。十一年,蒙古巴林部贝勒
囊努兔背盟掠境上,上遣将讨之,吴拜从,谍者为敌困,援之出,殪
敌百人。

　　太宗即位,列十六大臣,佐厢白旗。命逐蒙古亡去者,至都尔
弼。蒙古亡去者十五人,拒战,吴拜既被创,仍奋击,尽斩之。太宗
谕诸大臣曰:“是固先帝数喜许者!”赏特厚。天聪四年,伐明,取永
平、滦州等四城,吴拜从贝勒阿敏守永平。阿敏引还,吴拜当坐罪逮
系,以尝率摆牙喇兵援滦州,夜入敌营,太宗命贳之,释其缚。寻授
噶布什贤甲喇章京,五年,从伐明,围大凌河城,与甲喇章京苏达喇
诣锦州侦敌。六年,从伐察哈尔,率精骑前驱,道遇蒙古亡去者,击
杀之,察哈尔林丹汗西奔土默特部。师还,取归化城,上命吴拜抚辑
降者。

　　八年,伐明,攻大同,多尔济将中军,图鲁什将左军,吴拜将右

军,明总兵曹文诏迎战,击败之,复与甲喇章京席特库设伏宣府,获明守备一,歼其游骑。寻与承政阿什达尔汉等招林丹汗子额哲来归,九年五月,明屯军大凌河西,吴拜与固山额真阿山石廷柱、图赖要其归路,斩明副将刘应选,获游击曹得功及守备三,歼步骑五百余,复攻克松山城南堡。师还,进三等甲喇章京。是时,上遣诸贝勒分道伐明,命吴拜等帅师驻上都城旧址,侦军事。崇德元年,复命与劳萨等赍书投明边吏。

冬,征朝鲜,命与与承政马福塔等率兵三百为前驱,袭朝鲜都城,朝鲜王倧走南汉山城。师进,吴拜与劳萨击破朝鲜援兵,斩二百余级。二年,授噶布什贤噶喇昂邦,列议政大臣。甲喇章京丹岱、阿尔济等如土默特互市,将还,命吴拜率将校至归化城迎护,遇明逻卒十六人,斩其十五,获马十九,俘一,以还。

三年四月,略宁远,逐敌坠壕,斩馘甚众。八月率兵八十人至红山口,遇明兵,斩其裨将。复击走罗文峪骑兵五百,夺其纛获马四十,歼密云步兵百余。五年,与劳萨率兵过中后所,略海滨,斩级二百,获马骡牲畜。我师攻锦州,命吴拜驻军要隘为策应,屡败敌兵。六年春,以攻锦州勿克,论统师王贝勒罪,吴拜坐罚锾。秋,上自将攻松山,明兵败走,吴拜未邀击,逮击,旋命释之。七年,从贝勒阿巴泰入明边,败敌丰润、三河、静海,至于青州。八年,从郑亲王济尔哈郎取明中后所、前屯卫。十一月,复授正白旗梅勒额真。顺治初,从入关,击李自成。二年,解梅勒额真,授内大臣。三年,从豫亲王多铎讨苏尼特部长腾机思。四年,与辅国公巩阿岱、内大臣何洛会帅师戍宣府。论功,遇恩诏,累进二等伯。

苏拜,年十五,从太祖伐蒙古有功,授侍卫,兼领牛录额真。天聪间,从军收察哈尔林丹汗子额哲,遂入明边,攻代州,明兵三百自崞县赴援,苏拜争先当敌,明兵溃走。崇德元年,从伐朝鲜,破敌桃山村。三年,授摆牙喇甲喇章京。从贝勒岳讬伐明,自墙子岭入,越明都,击败明太监冯永盛。四年,围锦州,苏拜屡击败明援兵自松山、杏山至者。又与固山额真图尔格等伏兵乌忻河口,多所俘获,敌千余蹑师后,击却之,获其辎重。六年,复围锦州,败松山骑兵,又败明总督洪承畴所将步兵,予世职牛录章京,兼半个前程。七年,从贝勒阿巴泰伐明,败敌,克乐安、昌邑。八年,师还,进三等甲喇章京。

顺治初,从入关,击李自成。世祖既定鼎,命将分道讨自成。以豫亲王多铎为定国大将军,出山西、河南。英亲王阿济格为靖远大将军。道塞外土默特、鄂尔多斯诸部入边,南取西安,苏拜佐阿济格军。方冬,度黄河,凿冰以济。明年春,至榆林。自成兵夜袭蒙古军,苏拜与摆牙喇纛章京彻尔布赴援,贼败走,还军遇伏,复击却之。攻延安,七战皆胜。自成走湖广,追之至安陆,屡破贼垒,俘馘无算,三年,摄摆牙喇纛章京。从肃亲王豪格讨张献忠,败献忠将高汝砺于三寨山,进击献忠于西充。贼攻正蓝旗营,二苏拜与杂尔汉共援之,大破贼兵。五年,师还,援摆牙喇纛章京。论功,遇恩诏,累进二等精奇尼哈番。

八年正月,吴拜、苏拜及内大臣洛什、博尔辉发英亲王阿济格罪状,吴拜进三等侯,苏拜进一等精奇尼哈番加拖沙喇哈番。二月,洛什、博尔辉以谄媚诸王、造言构衅。论死。吴拜兄弟坐削爵,夺官,籍没。苏拜又坐阿徇睿亲王多尔衮,论死,上特宥之。九年,起苏拜为正白旗梅勒额真。十三年,擢,内大臣。十五年,上念吴拜兄弟事太祖、太宗有战功,复授吴拜世职一等精奇尼哈番,苏拜一等阿思哈尼哈番。寻授二苏拜领侍卫内大臣。康熙三年十二月,苏拜卒,谥勤喜。四年四月,吴拜卒,年七十,谥果壮。吴拜子郎谈,自有传。

苏拜第三子和讬,康熙间以侍卫征讨王辅臣,战平凉城北,杀贼甚众。从征讨吴三桂,战攸县,败三桂将王国佐等。战永兴,败三桂将胡国柱等。十九年,自广西进兵攻石门坎、黄草坝,薄云南省城,败吴世璠将胡国柄、刘起龙等,皆在功。官至护军参领,予世职骑都尉加一云骑尉。五十二年,卒。

武纳格,博尔济吉特氏,隶蒙古正白旗。其先盖出自蒙古,而居于叶赫。太祖创业,武纳格以七十二人来归。有勇略,通蒙、汉文,赐号"巴克什"。岁癸丑，从征伐乌喇有功，授三等副将。天命十一年，太祖伐明，围宁远城未下，命武纳格别将兵攻觉华岛。明参将姚抚民将兵四万倚岛列屯，凿冰为壕，袤十五里，卫以盾。武纳格督军争壕，首排盾迳入，尽歼其众，焚所储刍粮及舟二千余，进三等总兵官。

太宗即位，武纳格总管蒙古军，位亚扬古利、李永芳，在八大臣上，旋以蒙古军益众，分左、右二营，武纳格与鄂本兑同为固山额真。天聪三年春，与额驸苏纳等率蒙古军，益以满洲骁卒八十人，伐察哈尔，降其边境二千户。军中流言降者啁我师寡将为变，于是尽歼其男子，惟二台吉得免，俘其孥八千。太宗责武纳格等杀降非义，夺所给牲畜，命以所俘分隶二翼，赡之毋失所。冬，从太宗伐明，入龙井关，克遵化，进薄明都，明督师袁崇焕自宁远来援，左翼蒙古兵迎战不能胜，武纳格麾右翼蒙古兵继进，遂败敌。赐俘获之半以犒其军，寻克固安。四年春，克永平，明将以三千骑自玉田至，武纳格遣兵击之走，获马百余。行略丰润，还，闻明兵四千攻大安口城急，与察哈喇赴援，解其围。又就军士行樵，设伏致敌，斩获无算。

五年秋，复从伐明，明总兵祖大寿守大凌河城，杏山守将与大寿书，谋携军弃城相就，武纳格获以献，得其情，于是环城筑垒凿壕，为久困计，武纳格统蒙古兵屯城东南，大台纵兵出攻我所下，台堡，武纳格与贝勒阿济格等率兵夹攻，歼敌过半，自是城兵不复出。六年夏，与阿济格招抚大同、宣府边外察哈尔部众。七年秋，与贝勒阿巴泰等侵明，攻山海关，有所俘获。师还，明兵追袭，武纳格为殿，力战却之。太宗谕诸贝勒大臣曰："武纳格所在建功，今又为殿败敌。人臣为国，当如是也！"

八年五月，改蒙古军左、右营为左右翼，以武纳格为左翼固山额真。定诸将功次，武纳格以一等昂帮章京世袭，旋进三等公。是年，太宗复率诸贝勒分道伐明，命武纳格统蒙古军为策应，入独石口，越兴安岭，经保安州，至应州，与大军会，道收察哈尔千余户，所过诸州县，或攻或抚，悉称上意，闰八月，自得胜堡班师，收蒙古逃人自阳和入者四百七十人。九月，喀尔喀部众为察哈尔所袭杀，命将百人往诇，斩二十余人而还。九年二月，卒。子德穆图，齐墨克图、广泰。

德穆图，武纳格长子也。初任牛录额真。崇德三年正月，擢户部承政。七月，更定官制，改右参政。四年，从上代明，围松山，树云梯攻城。会明兵自锦州赴援，德穆图度不能克，弃云梯引还，罪当死，上特贷之，论罚。寻兼任梅勒额真。六年，从郑亲王济尔哈郎伐明，围锦州。蒙古贝勒诺木齐等守外城，约降，郑亲王令德穆图迎之。诺木齐率所部与明兵战，德穆图以其子阿桑喜出我师克外城，诺木齐方始来归。德穆图诡言诺木齐父子皆所拔出，论罚，籍家产之半，罢参政、梅勒额真，俾专领牛录。七年，从贝勒阿巴泰伐明，自蓟州入边，薄明都，略山东。顺治元年，从入关击流贼，授拜他喇布勒哈番。二年，从豫亲王多铎攻潼关，遂定江南。败明将郑鸿逵于瓜洲，与都统马喇希徇常州，与明将黄蜚等遇，再战皆捷。分兵下宜兴、昆山诸县，加拖沙喇哈番。复任本旗蒙古副都统，三进一等阿达哈哈番。九年，卒。

齐墨克图，武纳格次子。早岁屡从行陈，略宁远，败明兵。武纳格既卒，以广泰袭世职，从伐明，坐违令不前，夺世职。以齐墨克图降袭一等阿思哈尼哈番。复从伐明，与沙尔虎达等率逻卒至锦州，明兵五百来追，还击败之。获马六十及其纛。太宗伐明，三围锦州，齐墨克图皆在军中，遇城兵出战，骤马截击，阵斩十人。攻洪承畴所将步卒，掩杀甚众。又败敌援兵。八年三月，与阿尔津、哈宁阿等伐黑龙江，围都里屯，克之。又降大小噶尔达苏、能吉尔三屯师。赉貂皮、银币。十一月，擢梅勒额真，佐本旗。顺治初，从入关，加拜他喇布勒哈番。合为三等精奇尼哈番。三年，从定西大将军何洛会击破叛将贺珍。五年，卒，复以广泰袭一等阿思哈尼哈番，别以齐墨克图子萨哈炳分袭拜他喇布勒哈番。广泰遇恩诏，进二等精奇尼哈番。乾隆初，定封三等子。

阿什达尔汉，纳喇氏，与叶赫贝勒金台石同族，为兄弟，太宗诸舅也。太祖灭叶赫，阿什达尔汉率所属来归，授牛录额真，隶满州正白旗。天命六年二月，征伐明，攻奉集堡，围其城，阿什达尔汉先诸将奋进，三月，攻辽阳，复先登，克之。授一等参将，敕免死一次。

太宗嗣位，以阿什达尔汉典朝鲜、蒙古诸属部，尝奉使富谕。天聪六年，明边吏遣使议和，上命阿什达尔汉及白格、龙什等报聘。既盟而归，白格言阿什达尔汉及龙什等受明边吏馈，命夺入宫。六年，从贝勒济尔哈郎、萨哈璘如蒙古鞫鞫，赍敕二十道，失其九，论罚。十一月，复以定律令颁布蒙古诸部。

八年五月，上自将伐察哈尔林丹汗，命征兵科尔沁部，会于宣府左卫。林丹汗西遁，道死。所属额尔德尼囊苏等以其众降。上命阿什达尔汉及吴拜等挟额尔德尼囊苏诇林丹汗子额哲所在。九月，率来降台吉寨冷等还，并报复有祁他特等率千人而来者，踵相接也。旋命至春科尔大会蒙古诸部，分划牧地，使各有封守，复与诸贝勒亭平其狱讼。十一月，还报称旨，令专辖一牛录。九年二月，从贝勒多尔衮等将万人取额哲。四月，师至托里图。多尔衮等遵上所授方略，遣阿什达尔汉及金台石孙南褚谕额哲母。额哲母，金台石女孙也，阿什达尔汉为其族尊行，额哲遂从其母举部来降。当我军未至，有鄂尔多斯济农图巴者招额哲，与盟而去。阿什达尔汉侦知之，追及图巴，令悉归额哲之馈。又率兵入明边，略宣府、大同，入山西境，多所俘获。师还，上亲迎劳之。

崇德元年六月，授都察院承政。上御崇政殿，侍臣巴图鲁詹，额尔克戴青后至，阿什达尔汉责其慢，叱出之。十月，与希福使察哈尔、喀尔喀、科尔沁诸部，申明律令。十二月，从伐朝鲜，国王李倧走保南汉山城，豫亲王多铎帅师追之，围城。朝鲜诸道援兵合万八千人，树二栅城外，悉众出战，阿什达尔汉及贝子硕托率精骑锐进，大破其军。朝鲜别将以五千人屯山麓为声援，复分兵百，循河而南，阿什达尔汉驰击尽歼之。攻破其垒，余众皆溃。二年正月，倧请降。论功，进三等副将，世袭。寻复使科尔沁、巴林、扎鲁特、喀喇沁、土默特、禄诸部,颁赦,且谳狱。明年五月,部议阿什达尔汉谳狱失平,受蒙古诸部馈,命罢承政,夺所馈入官。七月,复授都察院承政。

五年,与参政祖可法等疏论时事,略言:"皇上欲恢张治道,深思笃行之。今诸国景附,朝廷清明,而诸王以下至诸固山额真,彼此瞻顾,第念身家,莫肯一心为国。有所论列。不知果无可言耶,抑有所畏忌而不敢言耶,夫刑所以防民之奸,骪于法则丽于刑,此不可宥也。今刑部断狱不依本律,诸臣有坐者,或从重论,辄削其职。臣思诸臣历战陈,出死力,蒙恩授官。一旦有过,岂可不论重轻而遽削其职乎?臣等窃思先时简选议事十人,今皆不称职,宜罢斥。令甲战死者将吏得世职,兵则恤其妻孥。今又未尽行,惟皇上裁察。"疏入,上嘉纳之。

六年,从伐明,上督诸军围松山。明总兵曹变蛟屯乳峰山,乘夜弃寨,率步骑直犯御营,诸将力战却之。阿什达尔汉未至,论罪,罢承政,降世职为牛录章京。寻卒。太祖诸臣自叶赫来归者,苏纳、固三泰、瑚什布皆与金台石同族。

苏纳当叶赫未亡,弃兄弟归太祖,太祖妻以女,为额驸,编所属人户为牛录,使领牛录额真。隶正白旗。天命四年,太祖灭叶赫,命苏纳收其戚属隶所领牛录。十年,授甲喇额真。录战功,赐敕免死四次。寻擢梅勒额真。

天聪元年,太宗自将伐明,攻锦州,以贝勒莽古尔泰等将偏师屯塔山,卫饷道。命苏纳选八旗蒙古精锐别屯塔山西路,截明兵。明兵二千人至,苏纳领蓏进击,败之,乘胜逐敌,多所俘斩,获马百五十。三年春,命与武纳格将兵伐察哈尔,以杀降见诘责。十月,复与武纳格将兵逐蒙古亡击者。语并见《武纳格传》。五年,授摆牙喇蓏章京,擢兵部承政。从伐明,围大凌河城,败城兵及锦州援兵,授备御世职。八年,考满,进三等甲喇章京。免徭役。九年,以隐匿壮丁,削世职。七月,定蒙古旗制,以苏纳领镶白旗。

崇德元年,从武英郡王阿济格伐明,薄明都,攻雕鹗、长安、昌平诸城隘,五十六战皆捷,复与萨穆什喀共攻容城,克之。师还,以先出边,后队为敌乘,溃败,夺所俘获。十二月,从伐朝鲜,朝鲜将以步骑兵千余御战,苏纳及吴塔齐等邀击,大破之,俘其将。二年,吏义苏纳坐朝鲜国王朝行在,乱班释甲,又离大军先还,论罚。三年,又坐有所徇隐,论罚,罢固山额真,仍领牛录。顺治五年,卒,世祖追录苏纳旧劳,复原职。子苏克萨哈,自有传。

固三泰归太祖,太祖妻以女,为额驸。领牛录,隶满洲镶蓝旗。从伐明,战于广宁,单骑入敌阵,身被数创,战愈力,师乘之,遂败敌,授副将世职。太宗即位,为八大臣,领本旗。天聪元年三月,从贝勒阿敏伐朝鲜有功,师还,上郊劳。三年,上自将伐明,攻遵化,固三泰本旗兵攻其西南,克之。四年,上命固三泰达尔汉等助攻昌黎,语详《达尔汉传》。复命与高鸿中、库尔缠等下滦州,藉其仓库银谷以闻。五年,上幸文馆,览达海所译武经,因谕群臣曰:"为将当恤士。朕闻额附固三泰与敌战士,有死者,以绳系紧其足曳归,蔑视若此,何以得其死力乎?"寻命解固山额真。九年,诏免徭役,并增赐人户,俾专领牛录。顺治初,卒。

子明阿图。睿亲王多尔衮帅师入关,明阿图摄梅勒额真为殿。累官都察院理事官、厢蓝旗蒙古副都统,授三等阿达哈哈番。顺治八年,卒。

明阿图子赛弼翰,初为简亲王济度护卫。康熙四年,授护军参领。从护军统领瑚里布西御吴三桂将吴之茂,克阳平、朝阳诸关。趋保宁讨王辅臣,克秦州。从平南将军赖塔南讨郑锦,战漳州,败锦将刘国轩等。诛吴世璠,定云南。累官厢蓝旗满洲副都统,授拜他喇布勒哈番。二十九年,卒。

瑚什布与固三泰同隶厢蓝旗,领牛录。寻任侍卫,兼甲喇额真。天聪三年,从伐通古索尔和部,身被七创,战益力,斩敌将,授备御世职。八年,从伐明,攻大同与图鲁什等击败明总兵祖大弼。攻万全左卫,击败明总兵曹文诏。复设伏邀击,斩三十余级,俘四人。九年,定蒙古旗制,瑚什布领镶蓝旗。崇德元年,从武英郡王阿济格伐明,越明都,克定兴,师还,部议出边时不为殿,为敌所乘,士卒战死者十人，罚白金六百，夺世职，罢固山额真，专领牛录。三年，授理藩院副理事官。顺治四年，复世职。遇恩诏，进二等阿达哈哈番。七年，卒。

子穆撒纳。顺治间，官护军参领。从豫亲王多铎征苏尼特部腾吉思，败喀尔喀兵，从武英亲王阿济格讨姜瓖，败其将刘伟思等。攻宁武关，败宜孟援兵。至左卫城，战于吴家峪。从靖南将军珠玛喇定广东，败李定国于新会。累进三等阿达哈哈番。十三年，卒。

鄂莫克图，纳喇氏。自叶赫归太祖，隶满洲正蓝旗。初为摆牙喇壮达。天聪元年正月，从伐朝鲜，克义州，五月，上自将伐明，攻宁远。明总兵满桂陈于城东，鄂克莫图垂从诸将进战，殪敌。三年，从贝勒岳讬伐明，攻保安州，先登，克之，赐号"巴图鲁"，授备御世职，任甲喇章京。八年，征伐黑龙江虎尔哈部，计俘，为诸甲喇章京冠。崇德二年，复从伐卦尔察部，计俘如伐虎尔哈部时。

三年七月，授兵部理事官。九月，从睿亲王多尔衮伐明，自青山口入边，越明都，击败明太监冯永盛，克临潼关，略地至济南。四年七月，上遣使如明，命与努山等率兵护使者以行。五年，授噶什贤布噶喇昂帮。征伐明，围锦州，击败明总兵祖大寿。六年，复围锦州，击败明经略洪承畴。语见《喀山传》。上军松山、杏山间，明军自松山溃遁，骑兵走杏山，步兵走塔山，鄂莫克图先后邀击，并有斩获。七年，复从围杏山，分兵略宁远，掠牲畜。明总兵吴三桂以兵蹑我师后，我师击之，败走，复益兵觇我师全，鄂莫克图与战，穷追至连山，敌骑自沙河犯我师牧地，复奋击破之。锦州既下，进二等参将。

顺治元，从入关，败贼安肃，追之至庆都。寻率前锋兵徇山西，败贼绛州渡口。二年，从英亲王阿济格定陕西，败贼延安。李自成走湖广。追之至安陆，屡破贼垒，得战舰三十，授一等甲章京。三年，从肃亲王豪格下四川，败贼汉中。逐张献忠至西充，与护军统领白尔赫图等屡战皆捷，加授半个前程。遇恩诏，进一等阿思哈尼哈番。十一年，授正蓝旗满洲副都统。十三年，致仕。康熙十二年，卒，年七十八。乾隆初，定封一等男。

喀山，纳喇氏，世居苏完。当叶赫未灭，挈家归太祖，隶满州镶蓝旗，授牛录额真。屡从伐明，下辽、沈有功，予游击世职。天命九年，明总兵毛文龙以兵百人劫额驸康果礼庄，喀山率所部御之，斩二裨将，歼其众。天聪六年，从伐察哈尔，与劳萨、吴拜率精锐前驱。林丹汗遁走。八年，进三等梅勒章京。目失明，辞牛录。顺治初，进二等昂帮章京。寻改二等精奇尼哈番。十二年，卒，谥敏壮。

子纳海。初以喀山病目，命代领牛录。旋授噶什贤布甲喇额真。从伐明，与席特库等以步兵四千击败明阳和骑兵，斩级二百，获马六十余。复设伏宣府，捕明逻骑。九年，复从伐明，攻大同，命与布丹等驻上都城故址，诇军事。寻命与鄂莫克图等赍书谕明边守将，历喜峰口、潘家口、董家口诸隘，及还，斩逻卒百余。

崇德二年，命与席特库赍书谕明锦州守将祖大寿，自广宁入边，获逻卒十二，斩其九，纵二人使赍谕以往，俘一人以还。四年，从武英郡王阿济格伐明锦州，还报捷。复从上攻松山，明兵出战，击却之。祖大寿遣兵自宁远乘舟趋杏山，将入城。纳海与瑚密色、索浑将兵击其后，斩级五十。获甲四十、舟一。又与瑚密色、席特库等行略地，俘采薪者二十二人，牛、羊、羸马无算。五年，从伐明，围锦州，敌筑台城外，纳海与色赫、布丹、苏尔德将骑兵驰击，斩四十人，复逐斩刈草者四十二人，敌来犯，屡击却之。与色赫等略小凌河，斩祖大寿所遣蒙古十七人。

六年，明总督洪承畴集各道兵赴援，次松山，与吴拜击败其骑兵。上自将攻松山，敌自杏山走塔山。与鄂莫克图帅师邀击，追至笔架山，斩级四百俘二十八，得纛六，获马二百余。七年，锦州下。叙功，予半个前程，命摄嘞什贤布噶喇昂邦。从贝勒阿巴泰伐明，自黄崖口入长城，趋蓟州，败明总兵白腾蛟、白广恩，遂略山东。明年，师还。以右翼诸将不俟左翼军至，先出边，功不叙。顺治初，遇恩诏。进三等阿达哈哈番。及喀山卒，兼袭二等精奇尼哈番，例进二等伯。雍正中，从孙奇山，降袭一等阿思哈尼哈番。乾隆元年，定封一等男。

安达立,纳喇氏。自叶赫归太祖,隶满洲正红旗。太祖遣兵徇铁岭,刈其禾,有蒙古人降于明,出拒,安达立击之走。事太宗,从贝勒萨哈璘驻牛庄。师攻永平。叶臣率二十四人冒矢石先登,安达立其一也。师还,从图鲁什侦敌建昌,夜战,甲士有中矢坠马者,援之出,擢噶什贤布章京。从伐明,攻崞县,率所部先登。复以四十人伏忻口,败敌,得纛三、马五十余。出边,图尔格击敌溃窜,安达立邀击,迫敌入壕,所杀伤过当。天聪九年,授牛录章世职,擢正红旗蒙古梅勒额真。

崇德三年,从贝勒岳讬伐明,将至墙子岭,闻明军备甚固,安达立与固山额真恩格图率所部趋岭右。陟高峰间道入边,击败明军。越燕京,略山东。明年,师自青山口出边,复击败明军。五年,围锦州,屡战皆捷。六年,复围锦州,洪承畴援师至,与战,破三营,至暮,敌溃,翼日得战,又击却之。叙功,加半个前程。寻卒。

子阿积赖,袭职。顺治初,从入关,逐李自志成,战于庆都。又从叶臣徇山西,署正红旗蒙古梅勒额真。又从英亲王阿济格攻延安,逐自成至武昌。窜入九宫山,率师搜剿,歼其徒甚众。四年,兼任刑部理事官。五年,署巴牙喇纛章京。从郑亲王济尔哈郎征湖南,分兵徇道州,攻永安关。叙功,进一等阿达哈哈番兼拖沙喇哈番。卒。

绰拜,巴林氏。自叶赫归太祖,隶蒙古镶白旗,为牛录额真。天聪八年,授世职牛录章京。九年,与吴巴海伐瓦尔喀部,深入额赫库伦、额埒岳索诸地。进三等甲喇章京。崇德三年,兼任户部理事官。从睿亲王多尔衮伐明,徇山东,至济南,敌骑千余拒战,何洛会先众奋击,遂克其城。七年,从肃亲王豪格围是总督洪承畴于松山,承畴遣兵夜越壕攻镶黄旗营,击却之。八年,进二等。顺治初,从入关,破流贼,进一等。四年,加拖沙喇哈番。五年,授参领。从征南大将谭泰讨叛将金声桓,克饶州、南昌,师还,赍白金千、马四十。七年,迁仓场侍郎。八年,授镶白旗蒙古梅勒额真。兼工部侍郎。擢本旗固山额真,进一等阿思哈尼哈番。九年十二月,卒。

布丹,富察氏。自叶赫归太祖,隶满洲正红旗,授牛录额真。寻迁甲喇额真,领摆牙喇兵。天聪八年,从伐明,克万全左卫城,先登,授半个前程。九年,从贝勒多铎伐明,攻锦州,师还,明兵骤至,固山额真石廷柱所部有陷陈不能出者,布丹破阵援之出。旋命与纳海等诇军事。崇德元年,从武英郡王阿济格伐明,破雕鹗、长安二隘,皆先登,与苏纳同功。转战至涿州,师还,明兵出居庸关,设伏邀我军辎重,击破之。四年,与沙尔瑚达等将土默特兵二百,略宁远北境,以数骑挑战,敌坚壁不出,乃俘其樵者以归。五年,围锦州,杀敌。语见《纳海传》。六年,与明兵战松山、杏山,屡胜。锦州下,进牛录章京世职。七年冬,复与纳海等从贝勒阿巴泰伐明,顺治初,从入关,破流贼。叙功,并遇恩诏,进一等阿达哈哈番。九年,擢正红旗蒙古副都统。十一年,卒,谥毅勤。

孙达哩,鲁布哩氏。太祖取叶赫,以其民分属八旗,孙达哩隶正黄旗。选充骁骑,遇战必先,中创不为却,屡得优赉。崇德三年,从睿亲王多尔衮伐明,入自青山口,越明都,转战至山东,攻济南,先登第一,赐号"巴图鲁",授二等参将,领牛录额真。顺治间,累进二等阿思哈尼哈番,迁摆牙喇纛章京。从穆里玛、图海讨李自成余党李来亨、袁宗第等,破茅麓山。有功。十二年,加太子少傅。十四年四月,卒,谥果壮。

吉思哈,乌苏氏,世居瓦尔喀冯佳屯。初属乌喇,见其贝勒不足事,与弟吉普喀达归太祖,并授牛录额真,隶满洲正白旗。旋改隶镶白旗。天命四年,从伐明有功,授游击世职。六年,以甲喇额真帅师围辽阳,树云梯先登。天聪八年,太宗追录其功,进二等参将。是年,与甲喇额真吴巴海伐东海虎尔喀部,俘一千五百有奇,及牲畜辎重。九年,与梅勒额真巴奇兰等伐黑龙江,收二千人以还,进一等参将。崇德元年,太宗自将伐朝鲜,闻明兵入硪场,遣吉思哈率兵蹑其后,击败之。二年,师既克朝鲜都城。上命旗出甲士十,并简科尔沁、敖汉、奈曼、扎鲁特、乌拉特诸部兵，俾吉思哈及理藩院承政尼堪为将，自朝鲜伐瓦尔喀，因击破朝鲜军，斩平壤巡抚，进略瓦尔喀，奏捷称旨。语详《尼堪传》。累迁至吏部参政。三年四月，卒。子吉瞻，袭。

吉鲁喀达，吉思哈弟也。天命四年，授游击。六年，任甲喇额真。从伐明，攻奉集堡，明总兵李秉诚赴援，师与战，明兵走入城，师从之，至壕，城上发巨炮，吉普喀达中炮卒。天聪八年，赠二等参将。子爪尔察，袭。

吴巴海，瓜尔佳氏，自乌喇归太祖。太祖讨尼堪外兰，吴巴海实从。隶满州镶蓝旗，授牛录额真。天聪元年四月，从贝勒阿敏伐朝鲜，攻义州，与梅勒额真阿山、穆克谭等先登，克之。五月，从太宗伐明，攻锦州，敌来犯，我师少却，吴巴海为殿，督战败敌。五年，与梅勒额真蒙阿图伐瓦尔喀，略额黑库伦、额勒约索二部，收降人数千，上郊劳，赐宴，赐号“巴图鲁”。六年，从伐察哈尔，林丹汗西遁，上命吴巴海逐逋逃，斩察哈尔兵五，获其马及牲畜。旋率师伐乌札喇，部署所将兵四道并进，会敌方渔于握里河，吴巴海挥骑直前，斩三百余人，得其辎重。七年，与牛录额真郎格如朝鲜互市，得瓦尔喀部长族属十五人以归。八年，与吉思哈伐东海虎尔哈部。语详《吉思哈传》。十二月，复与牛录额真景固尔岱将四百人伐瓦尔喀，降屯长分得里，收阿库里尼满部众千余。师还，上命大臣迎劳。以所获赍之。

九年，从贝勒岳讬率师镇归化城。土默特人讦部长博硕克图，谓其子阴遣使与明通，岳讬遣吴巴海及甲喇额真阿尔津等四人要诸途，毛罕私以告，喀尔喀人潜遁，吴巴海迫获之，并得明使。毛罕者，博硕克图子乳母之夫也，初从土默特来降，既而有叛志，号博硕克图子为汗，自号贝勒。吴巴海既执喀尔喀使人，遂杀毛罕。十年，授梅勒额真，世职一等甲喇章京。

崇德元年六月，进三等梅勒章京，移镇宁古塔。十二月，喀木尼汉部叶雷等叛，将其孥俱亡，吴巴海部兵逐之。行数十日无所见，见宿雁三，射之，一雁负矢飞且坠，往取之，见遗火，知逃者自此过。蹑其迹,及之于温多,获其孥。叶雷入山,追及围之,谕使降,不可,射之。叶雷将注矢,有狐起于前,触叶雷弓,弓坠,遂射杀叶雷及其从者。师还,太宗命诸固山额真迎劳。二年,叙功,进三等昂拜章京,赐衣服、仆马庄田。三年,与梅勒额真吴善帅师戍归化城,旋坐匿罪人、徇厮养卒盗米,罢梅勒额真,谕罚。四年,卒。分世职为一等甲喇章京者一,为牛录章京者二,授其子弟。

康喀勒,纳喇氏,辉发贝勒王机砮之孙也,太祖时,偕从兄通贵率族属来归,隶满洲镶红旗,授牛录额真。天聪六年,从伐察哈尔部。八年正月,上以察哈尔林丹汗西遁,其部众流散锡尔哈、锡伯图,命康喀勒与岱青塔布囊等率蒙古及诸部驻牧兵往取以归。五月,授世职牛录章京。崇德三年,兼刑部副理事官。五年,擢镶红旗蒙古梅勒额真。六年,从伐明,围锦州,并攻松山城。七年,松山、锦州皆下,复克塔山城。寻追论攻松山避敌、克塔山与固山额真叶臣争功,罪当死,太宗特贳之。

顺治初,从入关,击李自成,加半个前程。寻从豫亲王多铎下江南,与固山额真准塔自徐州水陆并进,次清河。明总兵刘泽清遣部将马花豹、张思义等率战舰千余、兵数万,屯黄淮口。康喀勒与游击范炳、吉天相等发炮毁其舟,分兵追击,泽清走,淮安下。复与梅勒额真谭布击明总漕田仰,仰方屯湖口桥,以三千人迎战,击破之。又战于三里桥,逐至海岸,获舟八十。又战于如皋,攻通州,以云梯克其城,旁近诸县皆下,二年十一月,授镇守江宁梅勒额真。时江北未定,群桀聚为乱,江宁有谍为内应者,康喀勒与驻防总管巴山先期捕治,杀三千人而定。已而明潞安王朱谊石集众二万,分三道来攻,康喀勒等击却之。三年,以功进三等甲喇章京,世袭。四年,改三等阿达哈哈番。旋卒。子洛多,袭职。

和手,康喀勒从兄之子也。顺治元年,以噶什布贤甲喇章京从入关,破李自成潼关,移兵下江宁。复从贝勒博洛徇浙江,破明总兵方国安等于杭州。复略福建,所向克捷。攻汀州,先登,克其城。论功，并遇恩诏，授拜他喇布勒哈番兼拖沙喇哈番。世袭。十一年，从征云南，击败明将白文选，取进永昌，夺澜沧江铁索桥。康熙九年，卒。

玛拉，和托弟也，顺治十二年，以三等侍卫署甲喇额真。从固山额真伊勒德攻舟山。从摆牙喇纛章京穆成额破郑成功兵于泉州。十六年，从安南将军达素击成功厦门，皆有功。康熙二十二年，卒。

通嘉，康喀勒兄孙。初袭其父莽佳三等阿达哈哈番。顺治十八年，以护军参领从靖东将军济什喀讨山东贼于七。于七据栖霞、岠嵎山为乱，其党吕思曲、俞三等以数千人拒战，通嘉击败之，贼遂以平。康熙六年，改前锋参领。十四年，从信郡王鄂托讨察哈尔布尔尼，师至达禄。布尔尼为伏山谷间，通嘉督所部尽击杀之，布尔尼以三十骑遁。以功加拖沙喇哈番。旋坐事削。十八年，以护军统领征讨吴三桂，破谭宏于云阳。二十三年，迁本旗蒙古都统。二十四年，卒。

萨璧翰，亦纳喇氏。父三檀，自辉发率属归太祖，授牛录额真，隶满洲正蓝旗。卒，萨璧翰与其兄萨珠瑚并授牛录额真。太宗即位，以萨璧翰列十六大臣，佐正蓝旗。天聪五年，擢户部承政，八月，上自将伐明，围大凌河，城兵出御，萨璧翰与战，舍马而步，逐敌薄壕。城上发炮矢，甲士巴逊没于陈，萨璧翰力战，入敌陈，取其尸还。八年五月，上自将伐察哈尔，贝勒济尔哈郎居守，萨璧翰与梅勒额真蒙阿图副之。考满，授世职甲喇章京。崇德二年，从伐朝鲜，取皮岛。师还，萨璧翰与其兄萨珠瑚发贝子硕托以厮役冒甲士请恤，坐论罚，萨璧翰初隶硕托，至是命改隶饶余贝勒阿巴泰。旋以萨璧翰从子侍卫吴达礼从伐朝鲜，私役甲士，坐夺世职。三年，改吏部右参政。四年，授议政大臣。六年八月，从伐明，攻锦州，明援兵自松山至，诱战，萨璧翰被创，卒于军。

子汉楚哈、哈尔沁，皆授牛录额真。哈尔沁从讨吴三桂，从讨噶尔丹，皆有功，授拖沙哈番。汉楚哈子哈尔弼，授一等护卫，从击郑成功，战厦门，殁于阵，亦授拖沙喇哈番。

　　论曰：太祖初起，扈伦四部与为敌，四部之豪俊，先后来归。武理堪等自哈达、武纳格阿、什达尔汉、鄂莫克图等自叶赫，吉思哈等自乌喇，康喀勒等自辉发，皆能效奔走，立名氏。武纳格其先出自蒙古，遂为"白奇超哈"统帅，勋绩尤着。四部有才而不能用，太祖股肱爪牙取于敌有余。国之兴亡，虽曰天命，岂非人事哉？

清史稿卷二三一
列传第一八

佟养性 孙国瑶　李永芳

石廷柱　马光远 弟光辉

李思忠 子荫祖　荫祖子钠　金玉和

子维城　王一屏　一屏子国光　国光子永誉　孙得功
张士彦　士彦子朝璘　金砺

　　佟养性，辽东人。先世本满洲，居冬佳，以地为氏。有达尔哈齐者，入明边为商，自开原徙抚顺，遂家焉。天命建元，太祖日益盛强。养性潜输款，为明边吏所察，置之狱。脱出，归太祖。太祖妻以宗女，号"施吾理额驸"授三等副将。从克辽东，进二等总兵官。

　　太祖用兵于明，明边吏民归者，籍丁壮为兵。至太祖天聪间，始别置一军，国语号"乌真超哈"。五年正月，命养性为昂帮章京，谕曰："汉人军民诸政，付尔总理，各官受节制。尔其殚厥忠，简善黜恶，恤兵抚民，毋徇亲故，毋蔑疏远。昔廉颇、蔺相如共为将相，以争班秩，几至嫌衅。赖相如舍私奉国，能使令名焜耀于今日。尔尚克效之！"又谕诸汉官曰："汉人军民诸政，命额驸养性总理，各官受节制。其有势豪嫉妒不从命者，非特藐养性，是轻国礼、亵法令也，必谴毋赦！如能谨守约束，先公后私，一意为国，则尔曹令名亦永垂后世矣。"

　　世岁，初铸炮，使养性为监。炮成，铭其上曰："天祐助威大将军。"凡四十具。师行则车载以从,养性掌焉。八月,上伐明,围大凌河城。养性率所部载炮越走锦州道为营,击城西台,台兵降。又击城南,坏睥睨。翼日,击城东台,台圮,台兵夜遁,尽歼之。九月,明兵出关援锦州,上遣亲军迎击,养性以所部兵五百从,敌溃遁。明监军道张春合诸路兵援大凌河,夜战,上督骑兵击破之。方追奔,明溃兵复阵,上命养性屯敌垒东,发炮敌垒。十月,攻子章台,发炮击台上堞,台兵多死者。十一月,祖大寿以大凌河降,上命尽籍城中所储枪炮弹药付养性。寻率兵坠明所置台壕,自大凌河至于广宁。

六年春正月,上幸城北演武场阅兵,养性率所部乌真超哈试炮,摆甲列陈,军容甚肃。上嘉养性能治军。因追奖大凌河战功,赐雕鞍良马一、白金百,遂遍及诸将,自石廷柱以下皆有赐,设宴以劳之。养性疏言:"新编汉兵,马步三千有奇,宜尽籍汉民为兵,有事持火器而战,无事则为农。火器攻城,非炮不克,三眼枪、佛朗机鸟枪特城守器耳,宜增铸大炮。兵食未足,宜令民广开垦,无力者官畀牛若种,获则以十一偿。"四月,上自将伐察哈尔,命与贝勒阿巴泰、杜度大臣扬古利、伊尔登留守。七月,卒。顺治间,追谥勤惠。

子普汉,改袭二等昂邦章京。卒,以弟六十袭。崇德四年,汉军旗制定,隶汉军正蓝旗。顺治四年,改二等精奇尼哈番。迁恩诏,累进三等伯。

国瑶,六十子也,袭爵。康熙九年,授本旗副都统。十二年,吴三桂反,特命国瑶为勋阳提督,帅师镇抚。十三年,襄阳总兵杨来嘉以谷城叛附三桂,勋阳副将洪福应来嘉,劫部兵千余攻国瑶。国瑶率游击杜英、佟大年以建丁三百拒战,福退,复至,苦战数日,斩二百余级,福败遁。事闻,加左都督。十四年,福挟诸叛将分五道来犯,复击败之,逐战泥河口、板桥河,斩其将林跃等七辈、兵数百人。

十五年,四川叛将谭洪与福等复分道来犯,洪屯勋江北,福掠郧江南,相声援。国瑶分兵御之。战坪沟、战黄畈、战九里冈,又渡郧江战江南岸,皆胜,焚其舟及械,斩获无算。福复遣众伏郧江两岸,以三十余舟顺江下,泊琵琶滩,逼郧阳运道为寨。国瑶及将军噶尔汉、抚治杨茂勋等率水陆兵大破之,战陡岭,福败走,运道复通。叙功,加一等。

十六年,以捐俸赉军赈难民,加太子少保。十七年,进讨来嘉、福,战于房县,获其将五十二辈、印十二、札牌二十四,遂克其城,进复保康。十八年,与噶尔汉等攻兴安,久而不下,命削战陡岭所叙加一等。六月,授福建将军。二十八年,卒,谥忠悫。乾隆初,定封二等子。达尔哈齐子养真,自有传。

李永芳,辽东铁岭人。在明官抚顺所游击。太祖克乌喇,乌喇贝勒布占泰走叶赫。太祖伐叶赫。叶赫诉于明。明使告太祖,诚毋侵叶赫。太祖以书与明,言叶赫渝盟悔婚,复匿布占泰,不得已而用兵,躬诣抚顺所,永芳迎三里外,导入教场,太祖出书畀永芳,乃引师还。

后三岁为天命元年,又三岁,始用兵于明。四月甲辰昧爽,师至抚顺所,遂合围,执明兵一,使持书谕永芳曰:"明发兵疆外卫叶赫,我乃以师至,汝一游击耳,战亦岂能胜? 今谕汝降者,汝降,则我即日深入。汝不降,是误我深入期也。汝多才智,识时务,我国方求才,稍足备任使,犹将举而用之,与为婚媾,况汝者有不加以宠荣与我一等大臣同列者乎? 汝若欲战,我矢岂能识汝? 既不能胜,死复何益? 且汝出城降,我兵不复入,汝士卒皆安堵。若我师入城,男妇老弱必且惊溃,亦大不利于汝民矣。勿谓我恫喝,不可信也。汝思区区一城且不能下,安用与师? 失此弗图,悔无及已。降不降,汝熟计之。毋不忍一时之忿,违我言而偾事也。"永芳得书,立城南门上请降,而仍令军士备守具。上命树云梯以攻,不移时,师登陴,斩守备王命印等。永芳冠带乘马出降,固山真额阿敦引永芳下马,匍匐谒上,上于马上以礼答之,传谕勿杀城中人,东州、马根单二城及沿边诸台堡五百余悉下。是日,上驻抚顺,明日,命坠其城,乃还。编降民千户,迁之赫图阿喇。命依明制设大小官属,授永芳三等副将,辖其众,以上第七子贝勒阿巴泰女妻焉。太祖伐明取边城,自抚顺始。

明边将降太祖,亦自永芳始。

是年七月,上复伐明,拔清河。四年克铁岭。六年,下辽、沈。永芳皆从,以功授三等总兵官。明巡抚王化贞及诸边将屡遣谍招永芳,永芳辄执奏。上嘉奖敕免死三次。

太宗即位,以朝鲜与明将毛文龙相应援,纳逋逃,命贝勒阿敏等帅师讨之,永芳从。上谕阿敏曰:"朝鲜理当讨,然非必欲取之。凡事相机度而行"。克义州,分兵攻铁山,击走文龙,进下定州、安州,次平壤,其官民皆遁,遂渡大同江。朝鲜王李倧使赍书迎师,诸贝勒答书历数其罪,许以遣大臣莅盟,当斑师。使既行,师复进,次黄州,倧使驰告已遣大臣莅盟。阿敏欲遂攻其都城,诸贝勒谓宜待所遣大臣至,永芳进曰:"我等奉上命,仗义而行。前与朝鲜书,许以遣大臣莅盟当班师,今食言不义。盍暂驻待之?"诸贝勒皆是其言,阿敏怒,叱永芳曰:"尔蛮奴,何多言!我岂不能杀尔耶?"师再进,次平山,倧所遣大臣至师,卒如永芳议。遣刘兴祚、库尔二缠如倧所,莅盟而还。

八年,永芳卒,有子九人。汉军旗制定,隶正蓝旗汉军。次子李率泰,自有传。

第三子刚阿泰,顺治初,官宣府总兵。时姜瓖为乱,山西北境诸州县土冠蜂起,瓖既平,所部窜匿代州、定襄、繁峙寺台山中,刚阿泰先后逐捕,诸山砦悉平。旋以属吏侵镶劾罢。

第五子巴颜,天聪八年袭父爵,例改三等昂帮章京。崇德间,以参领从太宗征科尔沁。围锦州,与洪承畴战松山城下,皆有功。七年,定汉军八旗,以巴颜为正蓝旗固山额真。八年九月,从郑亲王济尔哈郎等征宁远,拔中后所、前屯卫。顺治元年,进二等昂章京。旋与固山额真石廷柱剿冠昌平,与固山额真叶臣徇直隶饶阳,河南怀庆,山西泽州、潞安诸府县,师还,赐白金五百。二年,从定西大将军和洛辉自陕西徇四川,流冠孙守法、贺珍犯西安,再战大破之,逐至黑水峪,斩守法。又破流冠一只虎于商州,克延安诸路山寨。四年,例改二等精奇尼哈番。五年,进一等精奇尼哈番。讨叛将姜瓖,从睿亲王多尔衮复浑源州。从英亲王阿济格复左卫。从巽亲王满达海复朔州、汾州及太谷诸县。巴颜在军将左翼挟火器以攻,所向皆克。八年,叙平姜瓖功,复遇恩诏,进一等伯。九年,卒。乾隆间,定封号曰昭信。四十年正月,命以其族改隶镶黄旗。

石廷柱,辽东人。先世居苏完,姓瓜尔佳氏。明成化间,有布哈者,为建州左卫指挥。布哈生阿尔松阿,嘉靖中袭职。阿尔松阿生石翰,移家辽东,遂以石为氏。石翰子三:国柱、天柱、廷柱。万历之季,廷柱为广宁守备,天柱为千总。太祖师至。巡抚王化真走入关,天柱先与诸生郭肇基出谒,且曰:"吾曹已守城门矣。"翌日入城,廷柱从众降,授世职游击,俾辖降众。

蒙古巴林部贝勒囊努克背盟劫掠,廷柱从上讨之,取其寨,收牲畜以还,进三等副将。天聪三年,太宗命率兵搜剿明故毛文龙所辖诸岛,敌自石城岛来犯,击斩二百人,俘十九人。寻从上伐明,薄明都。四年,师还,至沙河驿,廷柱与达海谕城中军民出降。又与达海千人诇汉儿庄汉儿庄,与三屯营、喜峰口诸堡先已降而复叛,至是复降。

五年,明总兵祖大寿筑城大凌河,上自将围之。大寿穷蹙,使从子泽润射书请降,并乞上令廷柱往议。廷柱与达海至城南,先使姜桂诇大寿,桂故明千总。为我军所俘。大寿使游击韩栋从桂出迎廷柱,并以其义子可法为质。廷柱乃逾濠与语,大寿言决降,惟乞速取锦州,俾妻子得相见。廷柱以告,上复遣廷柱谕指,大寿乃降。是时佟养性为乌真超哈昂邦章京,廷柱为副。六年,养性卒,廷柱代为昂邦章京。从伐察哈尔,多斩获。七年,从贝勒岳托伐明,攻旅顺,师还,上酌金卮以劳,进三等总兵官。八年,从伐明,攻应州,克石家村堡。九年,复从伐明,与明兵战大凌河西,斩明副将刘应选,获游击曹得功等。

崇德元年,上自将伐朝鲜,命廷柱帅所部整兵械,储粮糒,挟火器以从。二年,即定朝鲜,还攻皮岛,廷柱与户部承政马福塔攻其北隅。寻追论朝鲜王李倧谒上时廷柱乱班释甲，及纵士卒违法妄行罪，解任，罚锾，夺赏赉。是年分乌真超哈为左右翼，以廷柱为左翼固山额真。三年，上与诸臣论兵事，举吕尚相勖，廷柱言："吕尚制阃外专生杀，故所向有功。今臣等若有过下部逮讯，虽牛录以下亦当比肩对簿，其何以堪？"诸臣以其言戆，请下刑部议罪论死，上命宥之。是年十月，从伐明，攻锦州，克城外诸屯堡，进破城旁台。台上余敌兵潜自间道走，廷柱弗追击。部议降爵罚锾，上复命宥之。

四年二月，上自将伐明，乌真超哈诸将孔有德、耿仲明、尚可喜、马光远及廷柱皆率所部从。上驻军松山，命廷柱攻城南台，毁其堞，台兵不能御，守将王昌功等四十余人出降。上登松山南冈度地形，命廷柱从。可喜以炮攻城南门之左，廷柱与光远先取城西南隅台，诸将继进，攻城，城堞皆尽，会以日暮罢。明日攻益急，城兵守御甚固。我兵缘云南梯上不能入，死者二十余人，廷柱兄子达尔汉亦被创。上召询诸将，皆谓攻必克。次日复集议，有德、仲明、可喜、光远欲凿地道以攻，廷柱持不可。上责廷柱曰："尔为主将，惴怯无斗志，与诸将异议。尔岂因兄子被创，故惊怖不欲战耶？"廷柱惶恐，对曰："臣昔尝巡逻至此，知地中有水石不可穿，且亦不能越壕而过，故不敢不言。今众皆谓可攻，臣焉敢独异？"乃与有德等鸠役于城南凿地道。初，祖大寿既降，请得入锦州，乃复叛，为明守。至是闻松山急，遣蒙古兵三百乘夜入城，诇得我军谋，多为备，地道不能达，乃罢攻。师还，部议廷柱攻城不尽力，当罢任罚锾，上仍命宥之。时乌真超哈复析为八旗，合二旗为一固山，于是汉军旗制始定。廷柱隶正白旗。

六年七月，廷柱上言："锦州为辽左首镇，我师筑垒浚濠，誓必剪灭，以策进取，诚至计也。第明恃大寿为保障，我师围之急，彼必益发援兵，并力一战。宜及此时简精锐，分布各旗屯田所，遇警即并进。如敌已立营，以炮环击，伺其稍动，我师即突起乘之，转战过锦州，至松山、杏山间，敌必败走，则锦州破矣。锦州既破，关外八城闻而震动。昔年克沈阳，辽阳从之下，克沙岭，广宁亦从之下。此其明征也。近闻喀尔喀扎萨克图扬言取归化，恐阴欲取鄂尔多斯。臣拟令鄂尔多斯移牧黄河南，使与归化相接，彼此策应。仍选才勇将士挟火器戍焉，而令王贝勒帅师道宣、大略应州、雁门。归化有警，轻骑倍道赴援。明所恃为辽东援者，不过宣大、陕西榆林、甘肃宁夏诸路。我师西入，诸路自顾不遑，岂能复出援辽哉？此一举而两得也。明援兵自宁远至松山，所赍行粮不过六七日，其锋少挫，势必速退。即宿留数日，终且托粮尽而返。宜设伏于高桥险狭处，凿壕截击，仍发劲兵缀其后，使进退无路，则彼援兵皆折而降我矣。我师遇敌步兵，每奋勇陷陈，彼军多火器，恐致伤夷。宜诇敌远离城郭，或凭据高阜，水竭粮匮，乃环而攻之。夜则凿壕以守，昼则发炮以击。不一二日，势且生变，其毙可坐俟也。洪承畴书生耳，所统援辽诸镇，皆乌合亡命，外张声势，内实恇慑。如大寿为我师所破，承畴与诸将纵得脱去，亦东市就僇而已。彼闻上恩豢降将，或慕义纳款，亦未可料。今明灾异迭见，流寇方炽，乘时应运，定鼎中原，机不可失。"疏入，上深嘉之。九月，师围松山，敌夜犯廷柱营，廷柱力御，斩十余级，获刀甲、枪炮无算，进二等昂邦章京。七年，定汉军八旗，置八固山，以廷柱为镶红旗固山额真。

顺治元年四月，从师入关，破李自成，五月，与固山额真巴颜等平昌平土寇。六月，与固山额真巴哈纳帅师抚定山东诸郡县。七月移师会固山额真叶臣共克太原。山西、河南悉平。师还，赐白金五百两，进一等昂邦章京。四年，改一等精奇尼哈番。六年，从讨叛将姜瓖，复浑源、太谷、朔州、汾州。十二年五月，授镇海将军。驻防京口。十四年二月，以老乞休，加少保兼太子太保。致仕，进三等伯，世袭。十八年二月，卒，赠少傅兼太子太傅，谥忠勇，立碑记绩。

廷柱兄国柱，亦自广宁降，与天柱先后授三等副将。廷柱六子，三子华善，四子石林，自有传。

马光远，顺天大兴人。明建昌参将。天聪四年，我师克永平，光远以所部降，命隶正蓝旗，授梅勒额真，赐冠服、鞍马。五年，上复伐明,围大凌河,光远,从招城南台降,得百总一、男妇五十余,即畀光远育焉。

六年十一月,光远疏言:"六部既设,当建内阁,选清正练达二三臣为总裁,日黎明入阁。八家固山、六部承政,有事诣阁集议,请上指挥。"并议置六科,立八道言官。翌日再疏,申言六科职掌。七年正月,乌真超哈昂邦章京佟养性及光远合疏言:"上及诸贝勒豢汉官恩厚,臣等等叨冒首领。上有命,敢不竭心力。臣有罪,听诸臣弹劾。诸汉官或抗令欺公,诳言误事,委避偷安,玩法科敛,臣等当弹劾,不敢避忌。惟虑诸汉官茹怨,以蜚语中臣等,臣等得罪,虽死不知其故。乞上及诸贝勒鉴臣等意,今后有过失,即时处分。有谗言,即时质问,俾金邪不得行其险慝。"三月,光远疏陈整饬军政,省戎器,视牧马,习炮,治炮车,节火药,谨城守,制火箭,建藏炮储药之局,赡铸炮造药之役,厚养炮兵,凡十事。七月,上命旧隶满洲户下汉人十丁授棉甲一,得千五百八十人。命光远等统之,分补旧甲喇缺额。时孔有德、耿仲明来降,克旅顺。光远言:"有德等初来,登来、旅顺并各岛兵舰随至江口不敢归,畏明法也。今旅顺既失,江口兵舰必退保登莱,宜急遗水师逐彼舟后,乘风而西。上亲帅师取山海,进攻北京,不半载大事可定。"十月,授一等总兵官。八年三月,疏请出帅:"一自蓟东入,一自八里铺趋山海关,内外夹攻,先取其水关,则山海关易下也。既克山海关,还取祖大寿,整旅而西,进攻北京,塞冲要,阻运道,不数月必有内变。但乞上于出师之日,戒谕将士,毋杀,毋淫,毋掠货财,毋焚庐舍。四方闻之。皆引领而归上矣。"四月,改一等昂邦章京。九年七月,甄别辖治汉人各官,以各堡户丁增减行赏罚,丁减初额三之一者削世职为民。光远疏言:"各官功次不等,皆蒙敕赐世袭,得之至艰。今以养人不如法,皆罢为民,众情擎惧。乞恩从重议罚,而毋遽夺世职,令戴罪视事,使功不如使过。臣为王法持平,敢昧死以请。"梅勒额真张存仁亦以为言,上从之。十年四月,诸臣劝进,汉将列孔有德、耿仲明、尚可喜,石廷柱及光远,凡五人。

崇德元年十二月，从伐朝鲜，克平壤、江华岛。二年八月，分乌真超哈为两翼，置固山额真二。以廷柱辖左翼，光远辖右翼。三年，上伐明，攻锦州，乌真超哈运火器为前驱。寻与有德以火器克台五，复与廷柱克李云屯、柏土屯、郭家堡、开州、井家堡，俘七百有三，得牲畜称是。光远率甲喇额真郎绍贞围攻锦州城旁台，敌遁，不追击，上诘之，光远妄辩，当夺职，上命罚锾。四年，上复伐明，光远以所部克松山西南隅台。降其将杨文选，攻城不克。语详《石廷柱传》。师还，数其罪而罢之。又以庇所部参将李世昌铸炮子不中程，论死，上物宥之。六月，析乌真超哈为八旗，置固山额真四，复起光远为正黄、镶黄两旗固山额真。汉军旗制定，光远隶镶黄旗。顺治四年，以老病乞休。康熙二年，卒，谥诚顺。以弟之子思文袭爵。恩诏进三等伯。乾隆初，定封一等子。

光辉，光远弟。明武举。与其兄光先从光远来降。天聪七年，授光先二等参将，光辉游击。崇德三年，任户部理事官。以贷官商物不偿，罢官，夺世职。四年六月，汉军旗制定，授镶黄旗梅勒额真。六年，兼任吏部。七年，以从克杏山城，复世职。师已克锦州，命光辉从固山额真孟乔芳诣锦州监铸炮。八年，以从克中后、前屯卫二城，进一等甲喇章京。

世祖入关定鼎，参政改侍郎，光辉仍贰吏部。四年，考满，加拖沙喇哈番。五年，从征南大将军谭泰讨江西叛将金声桓，声桓既诛，谭将承制授光辉江西提督，光辉辞。既，谭泰欲以都察院理事官纪国先为都司，国先亦辞。谭泰劾国先，辞连光辉，吏议从重比，上命罢光辉梅勒额真、侍郎，降世职为拜他喇布勒哈尼哈番。七年，复任梅勒额真。八年，上命追录光辉军功，屡遇恩诏，累进三等阿思哈番。五月，授户部侍郎。十月，命以兵部尚书、右副都御史总督直隶、山东、河南三行省。十年九月，胶州总兵海时行叛，为暴来、沂间，光辉帅师讨之。时行走宿迁，师从之，复走永城。光辉会漕运总督沈文奎帅师自灵璧向永城，战洪河集西，大破之，缚时行同归。以功加级，任子。十一年，甄别诸督抚，加太子少保，以老病乞休。十二年七月,卒,谥忠靖。

光先,顺治间遇恩诏,亦授三等阿思哈尼哈番,官山西左布政使。

李思忠,字葵阳,铁岭人。父如梃,明辽东总兵官宁远伯成梁族子也,仕明为太原同知,罢归居抚顺。太祖天命三年,始用兵于明,克抚顺,得思忠,如梃徙还铁岭。明年,师下铁岭,如梃及弟如梓子一忠、存忠死之。六年,定辽阳,敕思忠收其族人,俾复故业,即授牛录额真,予世职备御。寻以获谍,进游击。

天聪三年,太宗自将伐明,取永平等四城。师还,贝勒阿敏护诸将分守,察哈喇以蒙古兵守遵化,思忠及甲喇额真英固勒岱等为之佐。既而明将射尚忠等来攻,思忠与战,敌三进三却。阿敏议弃四城东还,檄察哈喇合军出塞。时尚忠攻遵化正急,发火箭焚我军火器,我军方恇扰,思忠戒无轻动,徐结阵出城,挟降吏四人以俱,身为殿,出塞无一亡失。师还,上遣阿敏等,以思忠力战,贷勿罪。五年,从固山额真楞格里等伐明,攻南海岛,未至,遇明兵茨榆坨,俘十一人,得舟五。明兵争舟,思忠与战,炮伤额,勿却,卒败明兵,进二等参将。九年,察汉官所领城堡户口盈耗,思忠辖沙河堡郎塞,增丁百十有三,上嘉赏,赐狐裘一袭,进三等梅勒章京。寻命驻盖州。崇德二年,命修辽阳诸城,思忠疏言:“盖州处边,士卒任防守,余丁足以耕。今弃农就役,工窳而农亦废。请俟诸城工竟,庀役造砖从事。”上允其请。七年,汉军旗制定,隶正黄旗。

顺治元年,从豫亲王多铎徇陕西,破潼关。下江南,克扬州,抚定江北州县凡十。三年二月,命以梅勒额真戍西安,三月,擢陕西提督。恩诏,累进一等阿思哈尼哈番兼拖沙喇哈番。十一年,致仕。十四年七月,卒。

思忠子五,第三子显祖袭爵,世祖赐名塞白理,授二等侍卫、甲喇额真。康熙初,授随征江南左路总兵官,迁广东水师提督,改浙江提督。耿精忠叛,自福建侵浙江,塞白理疏请分兵援台州,防宁波。

寻从贝子傅喇塔击走精忠将曾养性。十四年九月，卒于军。乾隆初，定封三等男。

荫祖，思忠次子。事世祖，自荫生授户部员外郎。三迁兵部侍郎。顺治十一年，直隶灾，命与尚书巴哈纳等治赈。寻授兵部尚书，右副都御史，总督直隶、山东河南三行省。疏请蠲被灾诸州县秋粮招流民还故里，当随地安集，以时予赈，毋使道殣。又疏言："直隶滨海北塘、涧河、黑洋诸地，宜分兵驻守。"时议禁海船，鱼盐米麦不能转输，请官为编号，讥其出入，则商民皆便。并下部议行。

十四年四月，疏发河南管河道方大猷贪婪状，上切责河道总督杨方兴失觉，夺大猷官，鞫治谕死。有高鼎者，据五台山为乱，出三岔口扰真定，荫祖遣井陉道陈安国谕降，悉散其党。疏言："太行天下险，三岔居其冲，林密山深，藏奸甚易。自鼎降，其党散在民间，虽戍以兵，视营垒为传舍。当置游击一，定额兵六百，专司守御。"上从之。

是岁荫祖年才二十有九，会湖南北用兵，上察荫祖才，加太子太保，移督湖广。师方徇贵州，故李自成诸将郝永忠、袁宗第、刘体纯、李来亨辈挟十余万人降于明，居郧、襄间，扰馕道。荫祖请选襄阳水师及均、黄、汉阳诸营兵二千有戍谷城，地扼上游。选武昌洞庭营兵千人戍九谿，断通蜀道。十五年，汉阳、天门、潜江、沔阳诸郡县水灾，上命荫祖治赈，民赖以得拯。

十六年，经略大学士洪承畴疏请发湖北提镇标兵六千人戍云南，祖以承畴已发湖广兵万三千五百有奇，湖南新收降人数万，郧、襄间流贼未殄，留兵不宜复发，请敕承畴就滇中召募，下部议行。复疏议："讨永忠等，请敕四川总督李国英帅师驻重庆，扼巫峡，阻达州。西安将军富喀禅帅师趋兴安。河南协剿兵诣襄阳合军。臣督诸军分出彝陵、襄阳、郧阳，三道深入期一举灭贼。"疏既上，会郑成功犯江南，诏将军明安达哩将荆州驻防兵赴援，部议缓师期。十七年，以疾乞罢。康熙三年，卒。祀直隶、山东、河南、湖广名宦。

锎，荫祖子。事圣祖，自佐领授兵部员外郎。十三年，以参将从征吴三桂,再迁御史。二十七年,湖广夏逢龙为乱,上授钠湖北按察使。累擢兵部侍郎。三十五年,上亲征噶尔丹,命与左都御史于成龙等督饷。三十七年,授山东巡抚,以疾辞,改授安微巡抚。三十九年,疾未瘳,被弹事罢。四十二年,山东饥,钠请往助赈,卒于赈所。

金玉和,辽东人。仕明为开原千总。太祖克开原,玉和降,授甲喇额真,予世职三等副将。汉军旗制定,隶正黄旗。天聪五年,擢礼部承政。六年,上阅兵,玉和与额驸佟养性等率所辖乌真超哈撼甲列阵试炮,上赉以鞍马。八年,考绩,进二等副将,崇德元年,坐与吏部参政李延庚互举子弟,罢官,降世职三等甲喇章京。二年,从武英郡王阿济格伐明皮岛,以水师战不利,玉和不赴援,论死,上特宥之但削世职。四年,复授甲喇额真。六年,从围明锦州,屡败敌。敌夜攻壕堑,击却之,斩级五十。七年,锦州下,并克塔山,予世职牛录章京。八年,从郑亲王济尔哈郎伐明宁远,与国光同克前屯卫、中后所二城。顺治元年,擢工部参政。叙宁远功,进三等甲喇章京。既入关,迁梅勒额真。从军河南署怀庆总兵官。时李自窜陕西,余党掠河南犯济源县城,玉和帅师往援,至则城已陷,夜半遇贼,力战中流矢,没于阵。河南巡抚罗乡锦疏报得玉和遗骸于柏乡西,请赐恤,进二等梅勒章京。乾隆初,定封二等男。

金维城,玉和子也。崇德初,师攻锦州,维城以甲喇额真奉命与梅勒额真金厉督饷,屡从伐明有功。克中后所、关前屯卫二城,维城亦在行间。累官正白旗汉军梅勒额真,兼兵部参政,世职至牛录章京。从入关,改兵部侍郎,兼梅勒额真如故,四年,改拜他喇布勒哈番。考绩,加拖沙剌哈番。复从定湖广,同克武冈、沅州、靖州,进一等阿达哈哈番。调正黄旗汉军梅勒额真。十年,坐总兵任珍行赇罢官,降世职为三等。十五年,卒。

子世砺,康熙间,以佐领从平南大将军赉塔征福建,败敌江东桥。郑成功将刘国轩攻漳州,世砺战死,予世职拖沙喇哈番。

太祖克开原,玉和与同官王一屏、戴集宾、白奇策、守堡百总戴一位降。下广宁,游击孙得功,守备张垣彦、黄进、石廷柱、千总郎绍贞、陆国志、石天柱降。收辽河诸城堡,参将刘世勋,游击罗万言、何世廷、阎印,都司金砺、刘式章、李维龙、王有功、陈尚智,备御朱世勋黄宗鲁,中军王志高,守堡闵云龙、俞鸿渐、郑登、崔进忠、李诗、徐镇静、郑维翰、臧国祚、周元勋、王国泰,各以所守城堡来降。玉和、一屏、得功、士彦、廷柱、砺皆以有功授世职。廷柱自有传。

王一屏,先世本满洲,姓完颜氏。初降,授牛录额真。汉军旗制定,隶正红旗。天聪八年,授世职三等甲喇章京。旋卒。

子国光,以牛录额真兼户部理事官,袭职。擢正红旗汉军梅勒额真,兼户部参政。八年,从郑亲王济尔哈郎伐明,克前屯卫、中后所二城,进二等甲喇章京。顺治元年,改户部侍郎。兼梅勒额真如故。从定西大将军和洛辉御寇西安。考满,进一等阿达哈哈番。迁本旗固山额真。六年,从英亲王阿济格讨叛将姜瓖,克左卫、朔州、汾州、太谷四城。叙功,遇恩诏,累进一等阿思哈尼哈番。十年,从定远大将军、贝勒屯齐征湖广,败击明将李定国、孙可望。十二年,从宁海大将军伊勒德援浙江,击败明将郑成功、张名振。十三年二月,援两广总督,谕奖其才品,赐蟒服、鞍马,加太子太保。十五年,以疾解任。十八年,圣祖即位,授镇海将军。帅师镇潮州。康熙三年,与平南王尚可喜会师讨碣石叛将苏利,师至海丰,侦破敌伏,迳灯笼山。苏利乘我军未成列,以万余人搏战,我军左右夹击,贼溃遁。薄碣石卫城,环攻拔之,斩苏利及所部陈英、李慧等,遂歼其余党。五年,还京,仍任本旗都统。九年,卒,谥襄壮。

子永誉,字孝扬,袭爵。十二年,授河南提督。河北总兵蔡禄叛应吴三桂,内大臣阿密达帅师讨之。上命永誉如怀庆,拊循士卒,因请留驻镇抚。旋设安庆提督,以授永誉。耿精忠将宋标,方自饶州犯徽州,十四年,永誉督兵驻建德,令参将傅尔学破标于余干,俘标,磔于市。寻移驻徽州,十四年,永誉督兵驻建德,令参将傅尔学破标于余干,俘标,十七年,江西平,改永誉江南提督,驻松江。十九年,迁广东将军。二十年,疏言:"广东濒海,陆路两镇,请各以一营改练水师。"二十二年,复请留满洲兵四千驻防广东省城。皆如所议行。二十七年,授本旗都统。二十三年三月,命定北将军瓦岱帅师屯张家口,诇噶尔丹,以永誉与都统喀岱等参赞军务。三十五年,上亲征噶尔丹,分汉军为四营,永誉帅正黄、正红二旗出中路,噶尔丹不战遁。永誉与平北将军马斯喀督兵追蹑,侦噶尔丹行远,乃还。三十六年,从上至宁夏,命督饷运,贮黄河西岸,闻噶尔丹窜死,罢,还。四十三年,卒。乾隆十八年,命其族改隶满洲正红、镶白二旗。

孙得功,在明为广宁巡抚王化贞中军游击,化贞倚得功为心膂。太祖围西平堡,刘渠等赴援,令得功从。渠等战死。得功潜纳款于太祖,还言师已薄城,城人惊溃。化贞走入关,得功与进、绍贞、国志等,率士民出城东三里望昌冈,具乘舆,设鼓乐,执旗张盖,迎太祖入驻巡抚署,士民皆夹道俯伏呼万岁。时天命七年正月庚申,月之二十四日也。上授得功游击,隶镶白旗,辖降众,移驻义州。天聪六年十月,提功疏言:"上命修城,天寒土冻,徒劳民力而不能坚固,请俟春融。又上发帑畀官兵市布制冬衣,官已足用,兵人给银五钱六分,得布不足以为衣,乞恩使人得市布一二疋,官兵均沾上泽。"七年四月,又疏言:"禁淡巴菰,令未能行。步兵皆用火器,尤宜申谕戒革。上令民输粮,因禁百谷不得入市,贫民无所得食,则宜任民便。"天聪八年,追叙提功广宁功,授三等梅勒章京。旋卒,以其子孙有光袭。汉军旗制定,改隶正白旗。以从克前屯卫、中后所及顺治间讨姜瓖有功,并遇恩诏,进三等精奇尼哈番。卒。乾隆初,定封一等男。得功次子思克,自有传。

张士彦,化贞中军守备。太祖兵至,化贞走入关,士彦降。汉军旗制定,隶正蓝旗。天聪八年,与一屏同授三等甲喇章京。旋乞休。

子朝璘,袭职。崇德七年,授牛录额真,从贝勒阿巴泰伐明,败敌于胶州。八年,与国光同功,进二等甲喇章京,迁兵部理事官。顺治二年,从豫亲王多铎下江南,克扬州、江阴率兵戍苏州,击败明将黄斐。四年,从恭顺王孔有德等平湖南,破明将刘承胤于夕阳桥,克武冈。复破明将张先璧于黔阳,克沅州。六年,从讨姜瓖,复与国光同功。考满,遇恩诏,进一等阿思哈尼哈番,授正蓝旗汉军梅勒额真。十年,授都察院左副都御史。十三年,迁户部侍郎。寻出为江西巡抚。江西当金声桓乱后,民少田芜,御史笪重光请蠲赋,下朝璘议。朝璘疏言:"田亩荒芜,惟从容劝垦,则熟者恒熟,荒者不终荒。若急于征赋,则始以荒为熟,渐至熟者仍荒,非足国恤民计也。南昌、瑞州二府新垦田四十余顷,请三年后起科。未垦二千余顷,请与豁除。"上允其请。十五年,加兵部尚书衔。十八年,擢江西总督。康熙二年,右布政使王庭疏请减南昌府属浮粮,下朝璘议。朝璘疏言:"江西重赋,自陈友谅始,明世因之。前巡抚蔡士英请减袁、瑞二府赋额,未及南昌。南昌诸州县,惟武宁为友谅乡里,赋额循元、宋之旧。他六县一州,请敕部核减。"户部核上南昌府属浮粮银十二万五千有奇,米十四万九千有奇,上命悉蠲之。三年,朝璘疏言:"吉安旧食粤盐,远且阻,请改食淮盐。"下所司从之。四年,以江西总督省入江南,解任。五年,授福建总督。六年,以老疾乞休。越十余年卒。

　金砺,辽东人。明武进士,为镇武堡都司。初降,授甲喇额真,予世职三等副将。天聪五年,始设六部,以砺为兵承政。六年,上阅兵,与玉和等并赐鞍马。调户部承政。八年,考绩,进二等梅勒章京。崇德二年,从伐明,攻皮岛,甲喇额真巴雅尔图等先入敌陈,砺与副将高鸿中所将水师不进,前军以是败,坐论死,上以砺与鸿中来归有功。特宥之。四年,汉军旗制定,砺隶镶红旗,复为甲喇额真。五年,授吏部参政。六年,擢固山额真。迭克松山、塔山、前屯卫、中后所,授世职三等甲喇章京。顺治元年,从入关,五月,与梅勒额真李率泰安集天津乱民。六月,复与固山额真叶臣宣抚山西。时李自成西遁,其将陈永福犹据太原,砺与叶臣潜往觇焉,城兵骤出,砺击败之,督本旗兵发炮克其城。师还,赐白金四百两,进世职二等甲喇章京。二年,从顺承郡王勒克德浑征湖广,明将马进忠降复叛,砺与固山额真刘之源击进忠武昌,夺战舰六十余,遂下湖南,战衡州,斩明将黄朝宣。复战长沙,斩明将杨国栋。师还,赐黄金二十两、白金四百两,进世职一等阿达哈哈番。

六月,授平南将军,镇浙江。遇恩诏,加拖沙喇哈番。明鲁王以海及其臣阮进、张名振屯舟山,砺与梅勒额真吴汝玠等率兵自宁波出定海,会总督陈锦破获进于横洋,遂克舟山,名振拥以海出走。九年,郑成功攻漳州,命砺帅师赴援,至泉州,成功退屯江东桥。砺自长泰进屯漳州城北,分兵万松关为犄角,七战皆胜,漳州围解、海澄、南靖、漳浦诸县悉定。叙功,遇恩诏,进一等阿思哈哈番兼拖沙喇哈番。十一年,授陕西四川总督。十三年,引年乞休,加太子太保致仕。康熙元年,卒。

论曰:养性、廷柱先世本满洲,怀旧来归,申以婚媾。永芳附最先,思忠为辽左右族,皆蒙宠遇,各有贤子,振其家声。光远初佐养性,后与廷柱分将汉军,罢而复起。玉和战死。同时诸降将有绩效,赏延于世,或其子显者,得以类从。后先奔走,才亦盛矣。

清史稿卷二三二
列传第一九

希福 <small>子帅颜保　曾孙嵩寿</small>　范文程
<small>子承勋　承斌　孙时绎　时捷　时绥　时纪　曾孙宜恒</small>
<small>四世孙建中</small>　宁完我　鲍承先

希福，赫舍里氏。世居都英额，再迁哈达。太祖既灭哈达，希福从其兄硕色率所部来归。居有顷，以希福兼通满、汉、蒙古文字，召直文馆。屡奉使蒙古诸部，赐号“巴克什”。旗制定，隶满洲正黄旗。

天聪二年，太宗伐察哈尔，以希福使科尔沁征兵，土谢图额驸，奥巴止之曰：“寇骑塞路，行将安之，即有失，谁执其咎”？希福曰：“君命安得辞，死则死耳，事不可误也。”遂行。再宿，达上所，复命曰：“科尔沁兵不赴征，土谢图额驸奥巴方率所部行掠，掠竟乃来耳”。上怒，使希福再往，以壮士八人从。行四昼夜，道遇敌，击杀三十余人，卒至科尔沁，以其兵来会。明年，奥巴来朝，上命希福与馆臣库尔禅辈责让之，奥巴服罪，上驼马以谢。叙功，授备御。从伐明，薄明都，败明兵于城下。攻大凌河，援兵自锦州至，与谭泰争先奋击，破之。师还，又力战败追兵，进游击。

崇德元年，改文馆为内三院，希福为内国史院承政。寻授内弘文院大学士，进二等甲喇章京。二年，请禁造言惑众，违者罪之，著为令。三年，偕大学士范文程建言定部院官制。希福虽以文学事上，官内院，管机务，然常出使察哈尔、喀尔喀、科尔沁诸部，编户口，置牛录，颁法律，亭平狱讼。时或诣军前宣示机宜，相度形势，核诸将战阀,行赏,谕上德意于诸降人,每还奏,未尝不称旨也。顺治元年,译辽、金、元三史成,奏进,世祖恩赉有加。

希福故与谭泰有隙,屡诮其衰惰。谭泰匿附摄政睿亲王多尔衮,因与其弟谭布构希福妄传王语,谓堂餐过侈,诋谩诸大臣,搆衅乱政,罪当死。王命罢官削世职,并籍其家。八年二月,世祖亲政,雪其枉,仍授内弘文院大学士,复世职。九年,世祖以希福事太祖、太宗,衔命驰驱,殚心力。暨定鼎燕京,希福方削籍,功未赏,乃一岁三进为三等精奇尼哈番,世袭。是年十一月,卒,赠太保,谥文简。长子奇塔特,袭职。乾隆初,定封三等子。

帅颜保,希福次子。康熙初,圣祖念希福事先朝久,躬预佐命,用大学士范文程、额色黑例,超授内国史院学士。八年六月,迁吏部侍郎。七月,授漕运总督。九月,疏言:“淮安水陆孔道,乃十五里中为关者三,板闸有钞关,淮安有仓税,隶户部。清江有税厂,隶工部。胥役繁冗,商民耗资失时,请减三为一,合并税额,省胥役,便商民”。下部议,户部言仓税并钞关便。工部言税厂征船料诸税,葺治漕船,并钞关不便。上心韪帅颜保言,下九卿科道再议,卒如所请。九年正月,疏言:“淮、扬被水,高邮、宿迁、桃源、盐城、赣榆灾尤重。旧逋漕米,例当荐征,民力不能胜。”下部议,请改折,仍补征,上以诸县频岁被灾,民重困,下部再议,免旧逋漕米三万一千石有奇。十二年正月,偕河道总督王光裕疏请漕连毕事,当复旧例,举劾所属文武官吏。既得请,疏荐山东粮道迟日巽、河南粮道范周、无锡知县吴兴祚等,劾溧阳知县王锡范等。十三年,吴三桂兵犯江西,十月,命帅颜保帅所部移镇南南昌。十二月,安亲王岳乐师至,命罢还。十七年,岳乐进军湖南,复命镇南昌。九月,移吉安。十八年三月,招降吴三桂部将五十余、兵万余。十九年八月,逮尚之信勘治,命帅颜保移镇雄、韶州。十月,命罢还。二十年五月,迁工部尚书。十二月,移礼部尚书。二十三年十二月,卒。子赫奕,自侍卫累迁工部尚书。

嵩寿,希福曾孙。雍正元年进士,选庶吉士,授编修。乾隆二年,册封安南国王黎维祎,以侍读充正使,赐一品服。累擢内阁学士。十四年,颁诏朝鲜,擢礼部侍郎。十九年,袭一等子爵。二十年,卒。

范文程,字宪斗,宋观文殿大学士高平公纯仁十七世孙也。其先世,明初自江西谪沈阳,遂为沈阳人,居抚顺所。曾祖锪,正德间进士,官至兵部尚书,《明史》有传。

文程少好读书,颖敏沉毅,与其兄文寀并为沈阳县学生员,天命三年,太祖既下抚顺,文寀、文程共谒太祖。太祖伟文程,与语,器之,知为锪曾孙,顾谓诸贝勒曰:"此名臣后也,善遇之"!上伐明,取辽阳,度三岔攻西平,下广宁,文程皆在行间。

太宗即位,召直左右。天聪三年,复从伐明。入蓟门,克遵化。文程别将偏师徇潘家口、马兰峪、三屯营、马栏关、大安口,凡五城皆下。既,明围我师大安口,文程以火器进攻,围解。太宗自将略永平,留文程守遵化,敌掩至,文程率先力战,敌败走。以功授世职游击。五年,师围大凌河,降其城,而蒙古降卒有阴戕其将叛去者,上怒甚,文程从容进说,贷死者五百余人。时明别将壁西山之巅,独负险坚守未下,文程单骑抵其垒,谕以利害,乃请降。上悦,以降人尽赐文程。

六年,从上略明边,文程与同直文馆宁完我、马国柱上疏论兵事,以为入宣、大不若攻山海,及师至归化城,上策深入,召文程等与谋。文程等疏言:"察我军情状,志皆在深入。当直抵北京决和否,毁山海关水门而归,以张军威,若计所从入,惟雁门为便,道既无阻,道旁居民富庶,可资以为粮。上如虑师无名,当显谕其民,察哈尔汗远遁,所部归于我,道远不可以徒行,来与尔国议和,假尔马以济我新附之众。和议成,偿马值。不成,异日兴师,荷天之宠,版图归我,凡军兴而扰及者,当量免税数年。此所谓堂堂正正之师也。否则,作书抵近边诸将吏,使以议和请于其主,为期决进止。彼朝臣内挠,边将外诱,迁延逾所期,我师即乘衅而入。我师进,利在深入。否,利有速归。半途而返,无益也。"疏入,上深嘉纳之。

七年,孔有德等使通款,而明兵迫之急,上命文程从诸贝勒帅师赴援。文程宣上德意，有德等遂以所部来归。自是破旅顺，收平岛，讨朝鲜，抚定蒙古，文程皆与谋。

崇德元年，改文馆为内三院，以文程为秘书院大学士，进职二等甲喇章京。初，旗制既定，设固山额真。诸臣议首推文程，上曰："范章京才诚胜此，然固山职一军耳，朕方资为心膂。其别议之。"文程所典皆机密事，每入对，必漏下数十刻始出。或未及食息，复召入。上重文程，每议政，必曰："范章京知否"？脱有未当，曰："何不与范章京议之"？众曰："范亦云尔"。上辄署可。文程尝以疾在告，庶务填委。命待范章京病已裁决。抚谕各国书敕，皆文程视草。初，上犹省鉴，后乃不复详审，曰："汝当无谬也。文程迎父楠侍养，尝入侍上食，有珍味，文程私念父所未尝，逡巡不下箸。上察其意，即命彻馔以赐楠，文程再拜谢。

世祖即位，命隶镶黄旗。睿亲王多尔衮帅师伐明，文程上书言："中原百姓蹇离丧乱，备极荼毒，思择令主，以图乐业。曩者弃遵化，屠永平，两次深入而复返。彼必以我为无大志，惟金帛子女是图，因怀疑贰。今当申严纪律，秋毫勿犯，宣谕进取中原之意，官仍其职，民复其业，录贤能，恤无告。大河以北，可传檄定也。"及流贼李自成破明都，报至，文程方养疴盖州汤泉，驿召决策，文程曰："闯寇涂炭中原，戕厥君后，此必讨之贼也。虽雍众百万，横行无惮，其败道有三：逼殒其主，天怒矣。刑辱缙绅，拷劫财赀，士忿矣。掠人货，淫人妇，炎人庐舍，民恨矣。备此三败，行之以骄，可一战破也。我国上下同心，兵甲选练，声罪以临之，恤其士夫，拯其黎庶。兵以义动。何功不成？"又曰："好生者天之德也，古未有嗜杀而行天下者。国家止欲帝关东则已，若将统一区夏，非义安百姓不可。"次日，驰赴军中草檄，谕明吏民言："义师为尔复君父仇，非杀尔百姓，今所诛者惟闯贼，吏来归，复其位，民来归，复其业。师行以律，必不汝害。"檄皆署文程官阶、姓氏。

既克明，都百度草创，用文程议，为明庄烈愍皇帝发丧，安抚孑遗，举用废官，搜求隐逸，甄考文献，更定律令，广开言路，招集诸曹胥吏,征求册籍。明季赋额屡加,册皆毁于寇,惟万历时故籍存,或欲下直省求新册,文程曰:"即此为额,犹虑病民,其可更求乎"? 于是议遂定。论功,并遇恩诏,进一等阿思哈尼哈番加拖沙喇哈番。赐号"巴克什"。复进二等精奇尼哈番。

顺治二年,江南既定,文程上疏言:"治天下得民心,士为秀民。士心得,则民心得矣。请再行乡、会试,广其登进。"从之。五年正月,定内三院为文臣班首,命文程及刚林、祁充格用珠项、玉带。七年,睿亲王多尔衮卒。八年,大学士刚林、祁充格以附睿亲王妄改《太祖实录》,坐死。文程与同官当连坐,上以文程不附睿亲王,命但夺官论赎。是岁即复官。九年,遇恩诏,复进世职一等精奇尼哈番,授议政大臣,监修《太宗实录》。

时直省钱粮多不如额一岁至阙四百余万赋亏饷绌。文程疏言:"湖广、江西、河南、山东、陕西五省乱久民稀,请兴屯,设道二,同知四,令督抚选属吏廉能敏干者任之,以选吏当否为督抚功罪。官吏俸廪。初年出兴屯母财,次年以所获偿。自后皆出所获,官增而俸不费。屯用牛,若谷种,若农器,听与屯道发州县仓库以具。屯始驻兵,地荒芜多而水道便者,以次及其余。地无主,若有主而弃不耕,皆为官屯。民愿耕而财不足,官佐以牛若谷种,分所获三之一,三年后为民业。编保甲,使助守望,绝奸宄。若无财,官畀以佣值。民将逭饥,流亡当大集。初年所获粮草,听屯吏储留,出陈易新,为次年母财。有余,畀近屯驻军,勿为额以取盈。三年所获浸多,就舟车运以馈饷。毋烦屯吏,毋役屯民,毋用屯牛。屯所在州县吏受兴屯道指挥,屯吏称其职,三岁进二秩,视边俸;不职,责抚按纠举。有所徇,则并坐:所谓信赏必罚也。"上深韪其议。

十年,复与同官疏:"请敕部院三品以上大臣,各举所知,毋问满、汉新旧,毋泥官秩高下。毋避亲疏恩怨,举惟其才,各具专疏,胪举实迹,置御前以时召对。察其论议,核其行事,并视其举主为何如人,则其人堪任与否,上早所深鉴,待阙简用。称职,量效之大小,举主同其赏。不称职,量罪之大小,举主同其罚。"上特允所请。

上勤于政治，屡幸内院，进诸臣从容咨访。文程每以班首承旨，陈对称上意。尝值端阳，诸臣散直差早，上曰："乘藉天休，猥图安乐，人表尽然。特欲逸必先劳，俾国家大定，其乐方永。不然，乐亦暂耳。"复言："人孰无过，能改之为美。成汤盛德，改过不吝。若明武宗嬉游无度，诿罪于其臣，岂修己治人之道耶"？文程因奏："君明臣良，必交勉释回，始克荷天休，济国事"。上曰："善。自今以往，朕有过即改。卿等亦宜黾勉，毋忘启沃可也。"上尝命遣官莅各省恤刑，文程言："前此遣满、汉大臣巡方，虑扰民，故罢。今四方水旱灾伤，民劳未息，宜罢遣使。见禁重囚，令各省巡抚详勘，有可矜疑，奏闻裁定。"上从之。文程论政，务简要持大体，多类是。

十一年八月，上加恩辅政诸臣，特加文程少保兼太子太保，文程疏谢，因自陈衰病，乞休。九月，上降温谕，进太傅兼太子太师，致仕。上以文程祖宗朝旧臣，有大功于国家，礼遇甚厚，文程疾，尝亲调药饵以赐。遣画工就第图其象，藏之内府，赍御用服物，多不胜纪。又以文程形貌颀伟，命特制衣冠，求其称体。圣祖即位，特命祭告太宗山陵，伏地哀恸不能起。康熙五年八月庚戌，卒，年七十。上亲为文，遣礼部侍郎黄机谕祭，赐葬怀柔红螺山，立碑纪绩，谥文肃，御书祠额曰"元辅高风"。文程子承荫、承谟、承勋、承斌、承烈、承祚，承谟自有传。

承勋字苏公，文程第三子也。以任子历官御史、郎中，康熙十九年，谭弘叛，圣祖命承勋与郎中额尔赫图如彝陵，趣将军噶尔汉战，并督湖广转粟运军。二十年，师进攻云南，命趣军督饷如故。二十二年，还京，监崇文门税。二十三年，上命九卿举廉吏，承勋与焉，迁内阁学士。二十四年，授广西巡抚，疏免容县、郁林州追征陷贼后逋赋，定诸属征米，本折兼纳。二县，并增，设县七。二十七年，湖广兵乱，云南时岁铸钱，钱雍积，军饷十之三皆予钱，军勿便。会移左协寻甸，遂鼓噪为变，省城兵亦将起应，承勋诛其渠二十一人，乱乃弭。遂疏罢云南铸钱，以银供饷。二十八年，番阿所杀土目鲁姐走匿东川土妇安氏所，恒出掠为民害。事闻，上命郎中温葆会承勋等如东川㮤安氏献阿所,斩之。

云南自吴三桂乱后,康熙二十一年讫二十七年,逋屯赋当补征,承勋疏请分年附征,上命悉蠲之。二十九年,疏定云南秋粮,本折兼纳,贵州提督、马三奇请军饷折银,承勋疏言:"折贱困兵,折贵病民,宜以时损益。秋成,各府察市值,本折兼纳。"三十一年,疏设永北镇,罢洱海营,增置大理府城守将吏。三十二年,入觐。

三十三年,迁都察院左都御史,六月,江南江西总督傅拉塔卒,上难其人,以授承勋。并谕:"承勋坚定平易,当胜此任。"承勋上官,疏移凤阳关。监督驻正阳关江西民纳粮,出资俾吏输省城,谓之脚价,寻以违列追入官,承勋疏请罢追,部议不可,上特允其请。江南地卑湿,仓谷易朽蚀,承勋疏请"江苏、安徽诸州县,岁春夏间,以仓谷十二三平粜出陈易新"。又以江南赋重,疏请州县经征分数,视续完多寡为轻重。康熙十八年后逋赋分年附征,俾宽吏议,纾民力。皆如议行。三十五年,淮、扬、徐诸府灾,疏请发省仓米十万石,续借京口留漕凤仓存麦,治赈,民赖以全。三十八年,授兵部尚书。三十九年,命监修高家堰堤工。四十三年,工成,加太子太保。五十三年,卒。

承勋初授广西巡抚,入辞,上诫之曰:"汝父兄皆为国宣力,汝当洁已爱民,毋信幕僚,沽名妄作。"及自云贵总督入觐:上方谒孝陵,承勋迎谒朱峪口,上曰:"汝父兄先朝旧臣,汝兄复尽节。朕见汝因思汝兄,心为轸戚。不见汝八九年,汝鬓发遂皓白如此。郊外苦寒,以朕所御貂冠、貂褂、狐白裘赐汝。汝且勿更衣,虑中风寒。明日可服以谢。"圣祖推文程、承谟旧恩,因厚遇承勋如是。

时绎,承勋子。雍正初,自佐领三迁为马兰镇总兵。四年,命署两江总督。是年,迁正蓝旗汉军都统。五年,移镶白旗汉军都统,并署总督如故。十二月,时绎疏:"请自雍正六年始,江苏、安徽各州县应征丁银,均均地亩内征收。"地丁并征始此。六年,授户部尚书,仍署总督,时绎在官。当收请就通州运河入海处,作涵洞以时蓄泄。规扬州水利。浚海口,疏车路、白塗、海沟诸水,泰州运盐河为之堤。盐城、如皋诸水入海处，为之闸若涵洞。厘两淮盐政，增漕标庙湾、盐城二营兵吏。皆下部议行。上以苏、松诸处多盗，时绎缉盗才绌，命以江苏七府五州盗案属浙江总督李卫。卫名捕江宁民张云如以符咒惑众谋不轨，而时绎尝与往还，卫因论劾。八年，命尚书李永升会鞫得实，诛云如，解时绎任。召还京，命董理太平峪吉地。旋复命协理河东河务，河东总督田文镜复以误工论劾，谕曰："朕以范时绎为勋臣后，加以擢用。朱鸿绪尝奏时绎廉，至日用不能给，朕深为动念，优与养廉。后知时绎例所当得，未尝不取。朕犹令增糈，盖欲遂成其廉，使弹心力于封疆也。顾时绎祖私交，容奸宄，朕复密谕李卫善为保全。且范氏为大僚者，惟时绎及其从弟时捷，勋臣后裔，渐至零落，朕心不忍，所以委曲成全之者至矣。复命协理河务，岂意伏汛危急，时绎安坐于旁，置国事弁髦，视民命草芥。负恩瘝职，他人尚不可，况时绎乎？"逮治，部议坐云如狱论斩，上复特宥之，授镶蓝旗汉军副都统。十年，授工部尚书，兼镶黄旗汉军都统。十二年，罢尚书，十三年，复以侍卫保柱劾行贿，下部议罪，寻遇赦。乾隆六年，卒。

承斌，文程第四子，袭一等精奇尼哈番，卒。

时捷，承斌子。自参领再迁为陕西、宁夏总兵。五十七年，署陕甘提督，雍正元年，授陕西巡抚。三年，迁镶白旗汉军都统。五年，年羹尧得罪，世宗以羹尧尝举时捷，及羹尧败，事连时捷，罢都统，授侍卫。八年，授散秩五臣，护陵寝。是时，时捷从兄时绎以协理河东河务误工罢黜，世宗以文程诸孙无为大僚者，命时捷署古北口提督，直隶总兵官听节制，诏勉以改过，旋移陕西固原提督。乾隆元年，例改一等子。二年，以病召还，授散秩大臣。三年，卒。

建中，时捷孙，袭一等男。自副参领再迁副都统、侍郎。嘉庆四年，授户部尚书，署正黄旗汉军都统。寻改都察院左都御史，出为杭州将军。五年，卒，谥恪慎。

时绥，文程诸孙。雍正间，自笔帖式累迁至户部郎中。乾隆初，复累迁至湖北布政使十六年署湖南巡抚疏言湘阴益阳诸县察有私垦千余顷皆濒洞庭,岁旱方获,请缓升科,洞庭诸私垸窒水道,劝禁增筑。报可。十八,年移江西巡抚,病免。二十一年,起授户部侍郎,署都统,请赴西路屯田。二十四年,副都统定长劾时绥役兵渔利,遣使就讞,时绥未尝役兵,特其仆从藉事求利,命夺官,交定长责自效。二十六年,授头等侍卫,迁镶蓝旗汉军副都统、吏部侍郎、哈尔沙尔办事。三十一年,迁左都御史,仍留哈尔沙尔办事。三十二,授湖北巡抚。入对,上以时绥弱不能任封疆。三十三年,复授都统、左都御史。三十五年,迁工部尚书。明年,罢。四十七年。卒。

时纪,亦文程诸孙。乾隆初,以任子授工部员外郎。四迁,署广东按察使。二十五年。俸满入观,谕范氏无大僚,授镶红旗汉军副都统。二十六年,授工部侍郎。二十七年,疏请就京南诸州县开田植稻,下直隶总督方观承察土宜酌行。屡移仓场、户部、礼部诸侍郎。四十二年,以年衰改副都统。寻卒。

宜恒,时绥子。乾隆中,自銮仪卫、整仪卫,五迁,为福建福宁镇总兵。四十七年,授正蓝旗汉军副都统。五十七年,授工部侍郎。嘉庆元年,迁户部尚书。二年,卒。

文程曾孙行又有宜清,乾隆间官盛京工部侍郎。四世诸孙建丰,嘉庆时官吏部侍郎,皆以汉军任满缺,一时称异数云。

宁完我,字公甫,辽阳人。天命间来归,给事贝勒萨哈廉家,隶汉军正红旗。天聪三年,太宗闻完我通文史,召令直文馆。完我入对,荐所知者与之同升,鲍承先其一也。寻授参将。四年,师克永平,命与达海宣谕安抚。又从攻大凌河及招抚察哈尔,皆有功,授世职备御。五年七月,初置六部,命儒臣赐号"榜式"得仍旧称,余称"笔帖式"。

完我遇事敢言,尝议定官制,辩服色。十二月,上疏言:"自古设官定职,非帝王好为铺张。虑国事无纲纪也,置六部;虑六部有偏私也,置六科;虑君心宜启沃也,置馆臣;虑下情或雍蔽也,置通政;数事相因,缺一不可。上不立言官,不过谓我国人人得以进言,何必言官。臣请明辩之,我国六部既立,曾见有一人抗颜论劾者否?似此寂寂,岂国中真无事耶,举国然诺浮沉,以狡滑为园活,以容隐为公道,以优柔退缩为雅重,上皇皇图治,亦何乐有此景象也?况今日秉政者,岂尽循理方正?属僚既不敢非长官,局外又谁敢议权贵?臣知国中事,上亦时得闻知,然不过犹古之告密,孰若置言官,与利除害,皆公言之之为愈耶?言官既设,君身尚许指摘,他人更何忌讳?苟不至贪污欺诳,任其尽言,勿为禁制,此古帝王明目达聪之妙术也。若谓南朝言官败坏,此自其君鉴别不明,非其初定制之不善也。我国"笔帖式,"汉言"书房",朝廷安所用书房?官生杂处,名器弗定。不置通政,则下情上壅,历精图治之谓何也?至若服制,尤陶容满、汉第一急事。上遇汉官,温慰垦至,而国人反陵轹之。汉官不能通满语,每以此被辱,有至伤心坠泪者,将何以招来远人,使成一体,故臣谓分别服色,所系至大,愿上勿再忽之也。臣等非才,惟耿介忠悃,至死不变。昨年副将高鸿中出领甲喇额真,臣具疏请留。今游击范文程又补刑曹,谅臣亦不得久居文馆。若臣等二三人皆去,岂复慷得慨为上尽言乎?"疏入,上颇韪之,命俟次第举行。

六年正月,完我疏言:"昨年十一月初九日,自大凌河旋师,上豫议今年进取,至诚恻怛,推心置腹,蔼然家人父子,臣敢不殚精毕思,用效驽钝。臣闻千里而战,虽胜亦败。近年将士贪欺之习,大异于先帝时,更张而转移之。上固切切在念,而曾未显斡旋之术。人心不炼,必不得指臂相使之用。分军驻防,万难调停,虽诸葛复生,无能为也。又况蜂虿有毒,肘腋患生,疑贰之祖大寿,率宁、锦疮痍之众,坐伺于数百里间,杞人之见,不得不虑及也。"三月,上决策自将伐察哈尔,而完我以为大凌河降卒思通,宜先图山海,还取锦州,因上疏谏。四月,师西出,度兴安岭,次都勒河,侦言林丹汗西走。完我与同值文馆范文程、马国柱合疏申前议,略言:"师已度兴安岭,察哈尔望风远遁,上威名显襮。臣度上且罢西征,转而南入。上怜士卒劳若。不能长驱直入,徒携子女、襄金帛而归,苟若是,大事去矣!昔者辽左之误,诿诸先帝。永平之失,诿诸二贝勒。今更将谁诱,信盖天下,然后能服天下。臣等为上筹之,以为当令从军蒙古,每人择头人三二辈,挟从者十余人,从上南入,余悉遣还部。然后严我法度,昭告有众,师行所经,戒杀戒掠,务种德树仁,宏我后来之路。今此出师,诸军士卖牛买马,典衣置装,离家益远,见财而不取,军心怠矣,取则又蹈覆辙。上岂不曰:'我历禁取财,其孰敢违?'上耳目所及,或不敢犯。耳目所不及,孰能保者?无问蒙古部长,及诸贝勒,稍稍扰民,怨归于上,此上所当深思者也。与其以长驱疲备之兵入宣、大,孰若留精锐有余之力取山海,臣等明知失上旨,但既见及此,不容箝口也。"是时上已决用兵于宣、大,五月,上驻归化城,召完我等计事。完我等疏论机宜,语详《文程传》。翌日,上谕蒙古诸部及诸勒贝申军律,盖采完我待前疏所陈也。

七年正月,完我疏言:"近日朝鲜交益疏,南朝和未定,沈城不可以常都,兵事不可以久缓,机会不可以再失。汉高祖屡败,何为而帝?项羽横行天下,何为而亡?袁绍用河北之众,何为而败?昭烈屡遭困难,何为而终霸?无他,能用谋不能用谋,能乘机不能乘机而已。夫天下大器也,可以智取,不可以力争,臣请以棋喻,能者战守攻取,素熟于胸中,百局而百不负。至于取天下,是何等事,而可以草草侥幸耶?自古君臣相需,先帝时,达拉哈辖五大臣,知有上不知有人,知有国不知有家,故先帝以数十人起,克成大业。上今环观国中,如五大臣者有机人耶?每侍上治事,不闻谏争,但有唯阿。惟务苟且,不肯任劳怨。于国何利?于上何益?钓饵激劝,振刷转移,臣望上于旦暮间也。古人有言:'骐骥之局促,不如驽马之安步。孟贲之狐疑,不如庸夫之必至。虽有尧、舜之智,吟而不言,不如暗哑之指挥。'此言贵能行之。臣谨昧死上言,惟上裁择。"

完我他所献替,如论译书,谓:"自《金史》外,当兼译《孝经》、《学》、《庸》、《论》、《孟》、《通鉴》诸籍。"论试士,谓:"我国贪惰之俗,牢不可破,不当只以笔舌取人,试前宜刷陋习,试后宜察素行。且六部中,满、汉官吏及大凌河将备,当悉令入试,既可觇此等人才调,且令此等人皆自科目出,庶同贵此途不相冰炭也。"论六部治事,谓:“六部本循明制,汉承政皆墨守《大明会典》,宜参酌彼此,殚心竭思,就今日规模,别立会典。务去因循之习,渐就中国之制度,庶异日既得中原,不至于自扰。昔汉继秦而王,萧何任造律,叔孙通任制礼。彼犹是人也,前无所因,尚能造律制礼,今既有成法乃不能通其变,则又何也,六部汉承政宜人置一通事,上亦宜以译者侍左右,俾时召对,毋使以不通满语自诿。”完我疏屡上,上每采其议。完我又尝疏荐李率泰、陈锦,皆至大用。惟论用兵,力主自宁、锦直攻山海关,不愿出宣、大。孔有德、耿仲明降时,完我疏言当收其兵入乌真超哈,继又言有德、仲明暴戾无才,其兵多矿徒,食尽且为盗,皆未当上旨。

九年二月,范文程上言荐举太滥,举主虽不连坐,亦当议罚。完我亦疏请功罪皆当并议,略言:“上令官民皆得荐举,本欲得才以任事,乃无知者假此幸进,两部已四五十人,其滥可见。当行连坐法,所举得人,举主同其赏。所举失人,举主同其罪。如有末路改节,许举主自陈,贷其罪。如采此法,臣度不三日,请罢举者十当八九。其有留者,不问皆真才矣。”上并嘉纳。

完我久预机务,遇事敢言,累进世职二等甲喇章京,袭六次,赐庄田、奴仆,上骎骎倚任,顾喜酒纵博。初从上伐明,命助守永平,以博为礼部参政李伯龙及游击佟整所劾,上为诫谕,宥之。十年二月,复坐与大凌河降将甲喇章京刘士英博,为士英奴所讦,削世职,尽夺所赐,仍令给事萨哈廉家。是年改元崇德,以文馆为内三院,希福、文程、承先皆为大学士,完我以罪废不得与。

及世祖定鼎京师,起完我为学士。顺治二年五月,授内宏文院大学士,充明史总裁。是年及三年、六年,并充会试总裁。又命监修《太宗实录》,译《三国志》、《洪武宝训》诸书,复授二等阿达哈哈番。五年二月,大学士刚林、祁充格得罪,完我以知睿亲王改《太宗实录》未启奏,当夺职,郑亲王济两哈郎等覆谳,以为无罪,得免。三月调内国史院大学士,命班位禄秩从满洲大学士例。寻授议政大臣。

十一年三月,疏劾大学士陈名夏结党怀奸,胪举名夏涂抹票拟稿簿,删改谕旨,庇护同党,纵子掖臣为害乡里,凡七事。复言:"从古奸臣贼子,党不成则计不行。何则?无真才、无实事、无显功,故必结党为之虚誉。欲党之成,附己者虽恶必护。异己者虽美必仇,行之久而入党者多。若非审察乡评舆论,按其行事,则党固莫可破矣。臣窃自念,壮年孟浪疏庸,辜负先帝,一废十年。皇上定鼎,始得随入禁地,谨守臣职,又复十年,忍性缄口。然愚直性生,遇事勃发,埋轮补衮,虽不敢行。若夫附党营私以图富贵,臣宁死不为也。皇上不以臣衰老,列诸满大臣。圣寿召入深宫,亲赐御酒。臣非土木,敢不尽心力图报。名夏奸乱日甚,当党局日成,人鉴张煊而莫敢言,臣不惮舍残躯以报圣主。"名夏坐是谴死。八月,加太子太保。十三年,加少傅兼太子太傅。

十五年九月,以老乞休,温谕命致仕。康熙元年正月,圣祖念完我事太宗、世祖有劳,命官一子为学士。四年四月,卒,谥文毅。雍正六年七月,世宗命孙完我子孙,得曾孙兰,以骁骑校待缺,赐宅,予白金五百。

鲍承先,山西应州人,明万历间,积官至参将。泰昌元年,从总兵贺世贤、李秉诚守沈阳城,迁开原东路统领新勇营副将,城守如故。经略熊廷弼疏请奖砺诸将,承先预焉,加都督金事衔。是岁为天命五年。太祖已克开原,乃自懿路、蒲路河二路进兵向沈阳。承先偕世贤、秉诚出城,分汛驻守,见太祖兵至,皆不战退。上令左翼兵逐承先等,迫沈阳城北,斩百余级而去。七年三月,上克沈阳、辽阳,世贤战死,承先退保广宁。八年正月,克西平堡,承先从秉诚败及总兵刘渠、祁秉忠等自广宁赴援,渠、秉忠战死,承先与箫诚败走,全军尽殪。巡抚王化贞弃广宁走入关,游击孙得功等以广宁降。承先窜匿数日,从众出降,仍授副将。

天聪三年,太宗自将伐明,自龙井关入边,承先从郑亲王济尔哈郎略马兰峪,屡败明兵,承先以书招其守将来降。师进薄明都,承先复招降牧马厂太监,获其马赢以济师。明经略袁崇焕以二万人自宁远入援,屯广渠门外,凭险设伏。贝勒豪格督兵出其右,战屡胜。是时承先以宁完我荐直文馆,翌日,上诫诸军勿进攻,召承先及副将高鸿中授以秘计,使近陈获明内监系所并坐,故相耳语云:"今日撤兵乃上计也。顷见上单骑向敌,有二人自敌中来,见上,语良久乃去。意衰经略有密约,此事可立就矣。"内监杨某佯卧窃听,越日,纵之归,以告明帝,遂杀崇焕。

四年,师克永平,承先从,以书谕迁安诸绅朱坚台、卜文焕以城降,遂取滦州。上命承先与副将白格率厢黄、厢蓝二旗兵守迁安,立台堡五,明兵来攻,力战却之。明监军道张春、总兵祖大寿等合诸军攻滦州,贝勒阿敏令承先以守迁安兵守永平。及滦州破,阿敏弃永平,率诸将出冷口,东还沈阳。上命定诸将弃地罪,以承先、白格守迁安,完城退敌,释弗问。五年,从攻大凌河,降翟堡。

六月十一,上询文馆诸臣,考各部启心郎优绌以为黜陟。承先与宁完我、范文程疏言:"当察其建言,或实心为国。或巧言塞责,以为去留。"七年五月,孔有德、耿仲明来降,泊舟镇江。承先疏言:"用舟师攻明宜急进,否则明亦广练舟师以御。即不能为功。"七月,既克旅顺,承先复请移镇江诸舰泊盖州,收旁近诸岛,以仁义抚其人。

八年五月,上伐明大同,明总督张宗衡、总兵曾文诏等遣承先子韬赍书请和。初,承先降,明人执韬系应州狱,至是出之,使以书来,山行,遇土谢图济农兵,夺其骑,斫韬及从者,皆死。兵去,韬复苏。有冯国珍者,送韬至贝勒代善,营令与承先相见,遂使入谒上。上见韬创甚,留军中,遣国珍赍书还。

九年正月,承先疏言:"臣窃见元帅孔有德、总兵耿仲明为其属员请敕,上许其自行给札。帝王开国,首重名器,上下之分,自有定礼。倘欲加意招来远人,可谕吏部奏请给札,使恩出上裁。"上不谓然,谕曰:"元师率众航海为远来,厥功匪小。任贤勿贰,载在《虞书》。朕推诚等下,前旨已行,岂可食言,承先败走乞降,今尚列诸功臣,给敕恩养,岂远来归顺诸将吏反谓无功,朕此言亦非责承先也,彼以诚入告,朕亦以诚开示之耳。"

旋自察哈尔得元传国玺,承先请命工部制玺函,卜吉日,躬率群臣郊迎入宫,仍以得玺敕示满、汉、蒙古上从之。既,承先与文馆诸臣随诸贝勒文武将吏请上尊号。崇德元年,改文馆为内三院,承先授内秘书院大学士。三年改吏部右参政。四年,汉军八旗制定,承先隶正红旗。五年,从郑亲王济尔哈郎等围明锦州,令防守衮塔。耕时明兵伤我农民。承先退避不及援,坐论死,上宥之。寻以病解任。顺治元年,世祖定鼎燕京,承先从入关,赐银币、鞍马。二年,卒,命大学士范文程视含敛。

子敬,授三等阿思哈尼哈番。官河北总兵。康熙四年,剿流贼郝摇旗,纵不追,坐降四级。复起为大同总兵。入为銮仪卫銮仪使。卒。

高鸿中与承先同直文馆。克永不平四城,承先助守迁安,而令鸿中助守滦州,盖使文馆诸臣习武事。旋以鸿中领甲喇真。天聪五年,设六部,授刑部承政。六年,疏论刑部事当厘正者四,谓:"诸臣敕书赐免死,有罪宜先去'免死'字,更有罪乃追敕书,不当遽议削夺。诸臣坐罪辄罚锾,非古制。且罚锾视职崇庳。不问罪轻重,宜有定程。满民有罪待谳,所属牛录若家主,辄与谳狱吏同坐。辨论纷扰,拟严定以罪。著为令。刑曹谳狱,满、汉官会谳,民不便,宜令满官主满民狱讼,汉官主汉民狱讼。"旋复条奏时政,上谕文馆诸臣曰:"上书建言,固不可禁遏。鸿中疏多言古人过失,昔元成吉思皇帝子罕代以刀削桋柳为鞭。曰:'我国,父皇所定。此桋柳鞭,乃我所手创也。'其臣俄齐尔塞臣曰:'非先帝鸠工制此刀,则经桋柳岂能以指削以齿啮耶?凡此土地人民一节诸政,皆先帝所创立。'今榜式等当以此等事相启迪,毋妄议前人为也。"既又疏论兵,略谓:"上策宜薄明都,中策先取山海。当申军令,毋辱妇女,毋妄杀人,毋贪财物。有以离家久得财多而劝还师者,上毋所惑。"九年,以所属户口耗减,坐黜。

论曰：太祖时，儒臣未置官署。天聪三年，命诸儒臣分两直，译曰："文馆"，亦曰："书房"。置官署矣，而尚未有专官，诸儒臣皆授参将、游击，号榜式。未授官者曰"秀才"，亦曰"相公"。崇德改元，设内三院，希福、文程、承先及刚林授大学士，是为命相之始。希福屡奉使，履险效忱，抚辑属部。文程定大计，左右赞襄，佐命勋最高。完我忠义耿耿。历挫折而不挠，终蒙主契。承先发完我荐直文馆，而先完我入相，参预军画。间除敌帅，皆有经纶。草昧之绩，视萧、曹、房、杜、殆无不及也。

清史稿卷二三三
列传第二〇

图尔格　兄彻尔格　　伊尔登　弟超哈尔

超哈尔子额赫里　巴奇兰　岱松阿

岱松阿子阿纳海　巴汉　齐尔格申　巴都里

巴都里从子海都　托克雅　叶臣　子车尔布

苏鲁迈　苏鲁迈子翁尔济　鄂洛顺　翁鄂洛

珠玛喇　瓦尔喀珠玛喇

瓦尔喀珠玛喇弟伊玛喇

　　图尔格,满洲镶白旗人,额亦都第八子也。少从太祖征伐,积功授世职参将。尚和硕公主。太宗即位,八旗各设大臣二,备调遣,亦号"十六大臣"以图尔格佐镶白旗。寻迁本旗山额真,列八大臣。天聪元年,上伐明,图尔格率所部从攻锦州,不克,坠大小凌河二城而还。二年,追录其父额亦都功,进世职总兵官。
　　三年,从伐明,克遵化。四年,上还师,命贝勒阿敏护诸将屯永平,而图尔格与正黄旗固山额真纳穆泰,正红旗调遣大臣汤古岱,榜式库尔缠、高鸿中守滦州。明监军道张春,总兵官祖大寿、马世龙、杨绍基等,合军来攻,图尔格与纳穆泰、汤古岱分地设汛以守。明兵攻纳穆泰急,图尔格分兵授裨将阿玉什使赴援。明兵举火,火将及城楼，有执纛者乘云梯以登，阿玉什挥刀斩之，夺其纛，明兵稍却。阿敏闻明兵攻滦州，遣巴都礼以数百人赴之，夜三鼓，突围入，明兵发巨炮。城圮，城楼焚。图尔格等守四日，度不能御，率所部夜弃城，为散队溃围出，会雨，明兵截击，死者四百余人。至永平，阿敏遂尽弃诸城，引师出塞，令图尔格为殿。师还，命收诸将议罪，上诘责图尔格、纳穆泰等，汤古岱因引罪请死。上曰："汝等不能全师归，陷于彼为敌所杀，归至此朕又杀之，于朕复何益？且汝等既携俘获人畜而还，何不收我士卒与之俱来？彼等何辜，忍令其呼天抢地以死！"也图尔格坐削总兵官，解固山额真。

五年，初设六部，起图尔格为吏部承政。上自将伐明，攻大凌河督诸军合围，令图尔格从正白旗固山额真喀克笃礼当城东迤北。城兵出攻城南炮台，图尔格不及骑，徒步击走之。略松山，大凌河旋下。八年，与固山额真谭泰帅师略锦州。上自将伐明，命贝勒济尔哈朗留守，使图尔格帅师屯彰武台河口，防敌自沿海至。既，又使与梅勒额真劳萨帅师出边，渡辽河，循张古台河驻军，卫蒙古诸部。

是时察哈尔部林丹汗死，其子额哲不能驭其众，诸宰桑皆来降。九年，命贝勒多尔衮等为帅，纳穆泰将右翼，图尔格将左翼，徇察哈尔，至其庭，额哲遂降。师还，略明边，自平鲁卫入塞，蹸代州乘胜至忻口，遇伏，败之，逐北至崞县，歼明兵。还过平鲁卫，明兵邀于途，图尔格战，陷阵，得数百级，明兵引入城，不敢出。图尔格度追师且，至设伏以待，与纳穆泰将千人为殿。明将祖大寿等以三千人赴战，图尔格返兵步战力冲其中坚，伏起夹击，明兵大奔，乃徐引兵出塞。十年，叙世职一等梅勒章京。

崇德元年，复授镶白旗固山额真。从武英郡王阿济格伐明，图尔格率所部自坤都入边，会于延庆，遂深入，克十六城。攻昌平，下雄县，图尔格皆先登。旋坐女为贝勒尼堪福晋诈取仆女为女，事发，贷死夺官。八月，复命摄固山额真。四年，上命睿亲王多尔衮为奉命大将军，率师伐明，图尔格从，击破明太监冯永盛、总兵候世禄军。复与固山额真拜音图败明兵于董家口，毁边墙，夺青山关入，下四城。

五年,从多尔衮帅师攻锦州,取其禾,屡击败明兵。又与固山额真叶克书将三百人伏乌忻河口,伺城兵出牧,驱牲畜以归。明兵千余人逐战,叶克书马中矢蹶,敌将兵焉,图尔格射敌殪,翼叶克书上马,拼力击敌,敌败去复至,凡六合,图尔格身中二十余创,犹殿后力战,护所俘还。叙功,复进世职三等昂邦章京,寻授内大臣。六年,太宗自将伐明,困洪承畴松山,图尔格从。明总兵曹变蛟夜犯御营,兵至仓卒,守营大臣侍卫皆未集,图尔格首发矢殪二人,与弟伊尔登宗室锡翰督亲军攒射,变蛟中创败去,复从诸贝勒邀击明败兵,战于塔山,为伏于高桥,杀敌无算。

七年十月,上命饶余贝勒阿巴泰为奉命大将军,以图尔格副之,帅师伐明。左翼道界岭口,右翼破石城、雁门二关,并深入,越明都,自畿南徇山东,南极兖州,克府三州十八、县六十七,获明鲁王以派及乐陵、阳信、东原、安邱、滋阳五郡王,他宗室官属千余人。遇敌三十九战皆胜,俘三十六万九千、驼马骡驴牛羊五十五万一千三百有奇,得黄金万二千、白金二百二十万有奇,珠缎衣裘称是。八年六月,师还,赐白金千五百。世祖即位,叙功,进三等公。顺治二年二月,卒。九年,谥忠义。配享太庙,立碑墓道。雍正九年,定封三等果毅公,世袭。

子武尔格,从征皮岛,战死。科布梭,袭三等昂邦章京。贝子屯齐等讦郑亲王济尔哈朗诸罪状,因及太宗崩时图尔格等共谒肃亲王豪格,将奉以嗣位,而以上为太子。王大臣议追夺图尔格公爵,命但削科布梭世职。科布梭亦讦其父当太宗崩时,以与白旗诸王有隙,命三牛录护军具甲胄弓矢卫其门,其祖母,其父,及其从父遏必隆。又当尝叱辱格格,格格,遏必隆妻也。语详《遏必隆传》。顺治八年,上亲政,命科布梭袭三等公,恩诏进二等。九年,追论科布梭妄讦其父,削爵。遏必隆兼袭进一等公,自有传。

兄彻尔格,隶满洲镶黄旗人。幼事太祖,从征伐有劳,授备御,进游击。天命十年四月,上命王善、达珠瑚及彻尔格率千五百人伐瓦尔喀部,王善,上族弟也。师大捷,多所俘获。及还,上先五日出郊猎于避荫,四日乃罢猎,至木户角洛,与师会。王善等人谒,行抱见礼。以酒二百瓮并出猎所获兽百余飨从征士卒,并及降人。还至沈阳北冈,复以酒四百瓮、牛羊四十,列四百筵为大宴。即入城,又赐从征者人白金五两。寻进彻尔格三等总兵官。

太宗即位,设八大臣,彻尔格领镶白旗。天聪元年正月,从贝勒阿敏等伐朝鲜,师还。寻解固山额真授其弟图尔格。二年五月,从贝勒阿巴泰等伐明,堕锦州、杏山、高桥三城,五年七月,初设六部,授刑部承政,寻迁兵部承政。七年八月,命与刑部承政索海侦明边,至锦州,斩七级,获把总一、兵九。十月,明副将尚可喜来降,上命彻尔格侦其踪迹。八年正月,奏言:"可喜行且至,道违马不给,请诸牛录凡有马四者,借二以给用。"崇德二年四月,从武英郡王阿济格等攻皮岛,师还,以屡违军令,削爵罢官。三年七月,更定部院官制,起授工部左参政。五年二月,擢户部承政。八年,考满,复授牛录章京世职。世祖定鼎燕京,加半个前程。顺治二年二月,卒。

子陈泰、法固达、拉哈达。陈泰、拉哈达自有传。法固达袭世职,进三等阿达哈哈番,寻卒。

伊尔登,额亦都第十子,与图尔格同旗。幼,太祖育之宫中,长授侍卫。屡从征伐,城界凡、萨尔浒,皆有劳,赉蟒服,授世职游击,累进三等副将,太宗即位,各旗置大臣二备调遣,伊尔登与其兄图尔格同佐镶白旗。寻命帅师戍国南界。天聪三年九月,攻獐子岛,岛故明将毛文龙所辖,文龙为袁崇焕所杀。伊尔登帅师行略地,得舟四,沉之,俘其人以归。十月,从伐明,攻龙井关,堕其水门入,斩明将易爱、王遵臣,尽歼其众。攻遵化,败明山海关援兵,斩其将赵率教,薄明都。四年,克永平、滦州、遵化诸城。师还,进一等副将。图尔格罢固山额真,以授伊尔登。五年八月,攻大凌河城,伊尔登当城东迤南,深沟坚垒,环而守之,卒以破敌。六年,上自将伐察哈尔,命与贝勒阿巴泰等留守。

七年六月,上以伐明若朝鲜若察哈尔三者何先,谕诸贝勒大臣各陈所见。时上留诸军驻山海关外屯田,诸贝勒大臣皆请先用兵于明。伊尔登亦言:"与其顿兵关外,不若径入内地。察诸城孰可攻者,多率步兵具梯牌,乘机摧陷,何坚不克?况蓄锐已久,人有战心,及时而用之,所谓事半而功倍也。"七月,上命从贝勒岳托、德格类等取旅顺,与固山额真叶臣将二千五百人戍焉。八年,上自将伐明,自上方堡入,命伊尔登从贝勒阿济格、多尔衮、多铎等帅师自巴颜朱尔格入龙门,与上军会宣府,击败明兵,得马百余。攻保安,克之,进拔灵邱。伊尔登忤诸贝勒,又与固山额真贝子篇古等相诋诽,下法司集谳,坐夺世职,并罢固山额真,复授图尔格,仍罚锾。寻从豫亲王多铎伐朝鲜,师还,复从武英郡王阿济格攻皮岛,坐先军蒇渡江,复罚锾。崇德三年,起授巴牙喇纛章京。四年春,从武英郡王阿济格伐明,伊尔登以三十人行略地,败明兵千人,掠其马。上自将大军驻锦州。四月,阿济格以其师会攻松山、杏山,诇知明总兵祖大寿、太监高起潜将二千人出战,我师为伏以待,敌逡巡不前。伊尔登以四十人纡道致敌,且战且却,伏发合击,大败明兵。六月,命充议政大臣,兼内大臣。

六年六月,从郑亲王济尔哈朗围锦州,明总兵洪承畴以师赴援,屯松山西北。郑亲王令右翼军击之,战不利,退保乳峰山。敌入两红旗、两蓝旗军地,固山额真叶臣等敛兵不与争。伊尔登将多尔机辖与恭顺王孔有德及蒙古敖汉、奈曼、察哈尔诸部兵御敌,跃马突陈,纵横驰击,身被数创不少却,马踣,易之,三战益奋,明兵凡四合围,卒溃围出。上嘉其勇,复世职三等梅勒章京,赐白金四百。

八月,上自将御洪承畴,陈师松山、杏山间,命诸贝勒大臣分道截击明兵。伊尔登与公塔瞻率巴牙喇兵为伏于高桥,甫出营,遇明兵千人自杏山潜出,击斩之,遂至高桥。又遇明兵六百余人自杏山南奔塔山。伏起,明兵燔焉。上移营逼松山,明将曹变蛟夜犯御营,图尔格率先射敌,伊尔登与内大臣宗室锡翰整兵拒战,变蛟败遁。上命侍卫大臣疏防及战不利者皆罚锾,赏御敌将士,伊尔登得优赉。

世祖定燕京，论功，遇恩诏，累进二等伯。十三年，以老致仕。上旌伊尔登功，命得乘马入朝辄召对赐食。图其象，一藏内库，一畀其家。康熙二年，卒，谥忠直。

伊尔登勇冠诸军，尤长于应变，潜机制敌，诸宿将皆弗触及。子前卒孙噶都袭，官至镶黄旗蒙古副都统、领侍卫内大臣。乾隆初，定封一等男。

超哈尔，彻尔格弟、与同旗。幼事太祖，授牛录额真。天聪八年，予牛录章京世职。九年，与牛录额真纳海、巴雅、彰屯等赍书诣喜峰口、潘家口、董家口诸处谕明守边将吏，还遇戍卒邀战，斩获百余人，抉巴牙喇甲喇章京。崇德元年，从武英郡王阿济格伐明，将入边，遇逻卒，迎战，俘二人，获马四。薄明都，夺炮以击敌，杀百余人。转战至芦沟桥，再遇敌，战皆胜。二年，列议政大臣。三年七月，更定部院官制，授礼部左参政。

九月，从睿亲王多尔衮伐明，自青石口入边，会师涿州，超哈尔率所部攻任邱，穴地坠其城，趋赵北口，明兵毁桥，师不得渡，乃骑出水西袭明兵后。明兵大败。南略山东，从克济南。四年春，师还，出边，超哈尔殿，败明兵于太平寨。五年，转兵部右参政。六年，从郑亲王济尔哈郎伐明，围锦州，城兵出战，超哈尔率所部奋击，逐入郭，力战没于陈。太宗深惜之，赐白金六百一十两，进世职二等甲喇章京。顺治间，追谥果壮，立碑纪绩。子格黑礼、额赫里。格黑礼袭世职，凡四年而卒。

额赫里以牛录额真袭世职，寻迁甲喇额真。从郑视王济尔哈朗徇湖广，屡败明兵。师还，授京城中城理事官，迁都察院理事官。累进二等阿思哈尼哈番。顺治九年，命帅师戍江宁。郑成功侵福建，驻军海澄。平南将军金砺请益师进剿，上命额里将千五百人以往，与金历会师击成功，大破之，遂攻海澄，复败成功兵。十二年，擢兵部侍郎。以功进一等阿思哈尼哈番。十六年，成功兵逼江宁，给事中杨雍建劾枢臣失职。明年，甄别部院诸臣，上以额赫里弗任劳怨，解任，降二等阿思哈尼哈番。康熙初，复为兵部侍郎。擢工部尚书，卒。

子英素袭。从征准噶尔有功，进三等阿思哈尼哈番。卒，子郎保仍袭三等阿思哈尼哈番。从大将军傅丹征准噶尔，和通呼尔之败，郎保殉焉，恤进二等阿思哈尼哈番。

巴奇兰，纳剌氏，世居伊巴丹，旗制定，隶满洲镶红旗。太祖兵初起，巴奇兰率众来归。屡从征伐，沙岭之役，率五牛录兵当前锋，败敌。天命十一年，从攻宁远，克觉华岛，授游击。太宗即位，各旗设调遣大臣二，巴奇兰佐正黄旗。

天聪三年，从伐明，薄明都驻军城北，击败明总兵满桂等。七年，从伐明，攻旅顺口。巴奇兰率白厅超哈兵与镶白旗固山额真萨穆什喀方舟而前，敌负崖，战甚力，巴奇兰被数创，冒矢石奋击，且号于众曰："孰能先登吾襮其功于上前！"于是牛录额真雍舜、珠马喇超距登崖，巴奇兰督众兵从之上，敌殊死战，我军少却。巴奇兰疾呼曰："敌兵败矣！"士卒皆勇跃腾藉入，遂克之，进三等副将。

八年五月，太宗自将伐明，贝勒济尔哈郎留守，巴奇兰副之。十二月，命偕萨穆什喀分将左右翼兵伐虎尔哈诸部，师行，上谕之曰："此行道殊远，慎毋惮劳。得俘，抚以善言，与共甘苦。携以还，皆可为我用。汝曹当善体朕意。"九年五月，师还，上御殿设宴，亲酌金卮劳之，分赉所获牲畜，命籍降人二千余户俾安业，进一等梅勒章京。十年二月，病创溃，卒，赠三等昂邦章京。乾隆初，定封三等子。巴奇兰伐虎尔哈诸部，牛录额真岱松阿实从。

岱松阿，佟佳氏，世居雅尔湖。旗制定，隶满洲正红旗。初亦逮事太祖。天聪二年，从伐明锦州，下十三站以东二十余台。七年，命与甲喇额真英俄尔岱使朝鲜。语见《英俄尔岱传》。八年予牛录章京世职。及巴奇兰等师还，有功，加半个前程。崇德元年，从英亲王阿济格伐明，徇昌平。二年，戍海州，击明兵旅顺口，得舟二，俘七人，斩二人，命赉银布。六年，卒。

阿纳海，岱松阿子，袭职，授牛隶额真。顺沼二年，从击李自成，逐至富池口，掠其舟。三年，从击张献忠。师至西安，叛将贺珍以马步二千人拒守鸡头关，阿纳海与巴牙喇纛章京鳌拜等击破贼垒，遂徇四川，屡破献忠兵。五年，授工部理事官，寻兼任甲喇额真。六年，从讨叛将姜瓖。攻大同，掘堑环城，城兵出战，阿纳海及固山额真噶达浑与战屡胜。叙功，并遇恩诏，累进一等阿达哈哈番。十八年，从靖东将军济席哈讨山东土寇于七，败其党乔玉季于连山，贼夜出，阿纳海与战，中创卒，进三等阿思哈尼哈番。

巴汉，亦岱松阿子，袭职。康熙十三年，以参领从副都统硕塔、穆森等讨耿精忠。次安庆，闻建德陷，巴汉率兵诇之。至赤头关，精忠兵出战，击之溃，遂导诸军攻克之。十一月，精忠兵四千余攻南康，巴汉从硕塔、穆森等击败之，斩千余，尽收其械。十六年，从镇南将军莽依图、江宁将军额楚等讨吴三桂，自广东徇广西，破三桂将蒋雄于树梓虚。十八年，三桂将吴世宗攻南宁，巴汉从莽依图等赴援，世琮屯新宁州西山下，列鹿角为阵，巴汉与战，多所俘馘，世琮负伤引去。南宁围解。二十年，从征南大将军赖塔进兵，败三桂将何继祖等于西隆州，夺石门坎、黄草坝诸隘，遂趋曲靖。会湖南、四川两路兵，进克云南，复从都统希福击三桂将马宝、巴养无元等于楚雄乌木山。二十五年，论功，进一等阿思哈尼哈番。二十九年三月，卒。

齐尔格申，世居宁古塔，以地为氏。兄纳林率百余人归太祖，太祖命籍其众为牛录，以为牛录额真。旗制定，隶满洲镶白旗。纳林卒，齐尔格申代为牛录额真，率所部屯达卜逊木城。明兵攻耀州，齐尔格申赴援，败之淤泥河，还驻平山。海滨鬻盐者千人，具舟将出海，齐尔格申夜袭之。千人皆殪。明锦州守者以兵至，齐尔格申与战，面中枪，战愈力，明兵败去。

天聪六年，修盖州城，移民以实之，命齐尔格申与梅勒额真石国柱、甲喇额真雅什塔等师师戍焉。入年，授世职牛录章京。盖州与明为界，诸新附多亡去归于明。齐尔格申将兵行海滨，值明兵以舟迎逃入，已入海。齐尔格申涉水追射，殪舟中执枪者及逃人一，遂跃入其舟，获明备御一、逻卒十有三。又将兵视北新渡口，谍言明兵以舟五十余泊岛中，命为伏以待，明兵二十余入岛伐木，伏发，尽获之。明兵以舟泛于海，有二人遥呼曰："我逃人也，谁敢逐我者？"齐尔格申乘小舟逐之，斩一人，俘一人，余舟明兵皆惊溃。

崇德元年，以齐尔格申出戍能称职，赐良马。五月，从武英郡王阿济格伐明，薄大同，徇延庆，有所俘获。世祖朝为福陵总管。顺治七年，授世职拖沙喇哈番。齐尔格申从弟多尼喀，以攻莱阳先登，赐号"巴图鲁"，授世职牛录章京，加半个前程，至是卒，以齐尔格申兼袭为一等阿达哈哈番，复以恩诏进三等阿思哈尼哈番。康熙十二年，卒。

巴都里，性佳氏，满洲镶蓝旗人。父刚格，当太祖时率其族来归。巴都里屡从战伐，授牛录额真，兼甲喇额真。天聪八年，从伐明，攻大同，与宗室拜音图为导，未入边，得察哈尔宰桑四，擢巴牙喇纛章京，崇德元年，从伐朝鲜，巴都里与巴牙喇纛章京巩阿岱围南汉山城，屡败敌。二年，从上猎叶赫，巴都哩及哈宁阿所部行列不整，上严诘责之。三年，从伐明。明年，从济南还，师出青山口，明师追至，巴都里率所部还战，巴牙喇兵有被创坠马者，令他兵护以归，弃于道，坐罚锾。六年，授兵部参政，兼任镶蓝旗满洲梅勒额真。八年，与梅勒额真鄂罗塞臣伐黑龙江，降图瑚勒禅诸臣。师还，予世职半个前程，迁镶蓝旗满洲固山额真。卒。

海都，其从弟杭嘉子也，袭职。恩诏，进拜他喇布勒哈番兼拖沙喇哈番。顺治间，从击明将孙可望、李定国、白文选，皆有功。康熙中，署护军统领。征讨吴三桂，卒于军。叙功，进三等阿达哈哈番。

托克雅，先世居瑚尔哈，以地为氏。兄纳罕泰，为瑚尔哈部屯长，天命四年，将其戚属及所部百余户来归，太祖使迎劳赐宴，赉袭服、奴仆、田宅、器用、牛马。旗制定，隶满洲正红旗。寻授纳罕泰扎尔固齐，托克雅牛录额真。天聪三年，迁巴牙喇甲喇章京。从伐明，入自龙井关,遇明三屯营逻卒,斩五人,获马七。护粮以行,明兵来劫,复斩数人,获纛一。遂与大军会,从克遵化。五年三月,与甲喇额真榜素等将百人略锦州。八月,围大凌河城,移屯断锦州、松山道。明兵自锦州至,击却之,逐至城下,俘馘甚众。八年,从伐明,攻大同,归还出尚方堡,察哈尔诸宰桑来归,上命托克雅率师护降人以还。叙功,授甲喇章京世职。九年,战于宁远与阿济拜等败敌。语详《阿济拜传》。崇德三年八月,从贝勒岳托伐明,越明都趋山东,围临邑,托克雅以云梯攻克其城赍马及白金。四年六月,擢正红旗蒙古梅勒额真。六年,从围锦州,与明总督洪阿畴战,当敌炮,被数创。七年,解梅勒额真任。顺治元年,起为陵寝总管。二年九月,卒,年六十有三。

叶臣,完颜氏,世居兆佳。归太祖。旗制定,隶满洲镶红旗。天命四年,从伐明,攻铁岭,蒙古兵助守拒战,奋击破之。六年,复从伐明,克辽阳,以功授游击。太宗位即,各旗置调遣大臣二,叶臣佐镶红旗。

天聪元年,从贝勒阿敏伐朝鲜,以六十人阑入明边。俘逻卒痤六。攻义州,与牛录额真艾博先登,以功授二等参将。率兵戍蒙古,捕斩逋逃,进三等副将。四年,从太宗伐明,攻永平,上命叶臣与副将阿山选部下壮士二十四人,树云梯先登。语详《阿山传》。城既克,上嘉叹,且谕教诸将曰:“他日复攻城,毋令先登。骁将,当共惜之!”进三等总兵官,授议政大臣。谕以政有阙失,当尽言,叶臣对曰:“臣受恩重,愿罄所知入告,但恐臣识未逮耳。”五年授镶红旗固山额真。从伐明,围大凌河城,叶臣以所部当城西迤南。城兵出劓我垒,叶臣与额驸和硕图等督兵夹击,歼敌过半。

七年六月,上命诸贝勒大臣陈时政,时有议直击山海关者,叶臣疏言:“今我师方聚,宜先往大同、宣府觇察哈而尔踪迹,近则攻之。若远即入明边,进逼明都。伐木为梯,昼夜环攻,即不遽克,亦足以威敌。”上韪其言。是月,从贝勒岳托、德格类等攻明旅顺口,斩获无算。八月，从贝勒代善自喀拉鄂博入得胜堡，略大同，西至黄河，击败明朔州骑兵。崇德元年五月，从武英郡王阿济格等伐明，既入边，分兵下安州。又合攻宝坻，穴其城，克之。十二月，从上伐朝鲜，与诸固山额真率阿礼哈超哈兵入其王都。二年四月，从阿济格攻明皮岛，与阿山督白奇超哈兵乘小舟攻岛西北隅，麾兵先进，斩明总兵沈世奎岛下。师还进一等总兵官。四年，从贝勒岳托等伐明，入青山口，略太平寨。岳托令每旗遣梅勒章京一，每牛录简甲士三，使叶臣与固山额真谭泰为将，攻克其关，遇敌十三战皆胜，得马六十。七年，命代贝勒陈巴泰戍锦州。

顺治元年，从入关，率师徇山西。师所经行，自直隶饶阳至河南怀庆，傍近诸府县悉下，进克太原，先后定府九、州二十七、县一百四十一，署置官吏，安辑居民。明将李际遇屯河南境，依山为寨。唐通、董学礼降李自成，拥众扰边。叶臣皆招使来降，山西底定。师还定州，土寇有自号扫地王，纠徒党剽掠，叶臣遣兵讨平之。比至京，坐擅毁禁垣，屏其功不录，但赐白金六百。二年，豫亲王多铎定江南。七月，命贝勒勒克德浑为平南大将军，以叶臣佐之代，多铎镇抚。并命大学士洪承畴招抚南方诸行省，敕满洲诸军会叶臣调遣，有不顺命者，叶臣发兵搜捕，辄奏绩。十一月，以自成余党一只虎等出没武昌、襄阳、荆州诸府，命叶臣从勒克德浑移师剿除。三年十月，师还，赐黄金三十、白金五百。四年，改一等精奇尼哈番。五年，卒，是年七月，定封二等精奇尼哈番，以长子车尔布袭。复兼一拖沙喇哈番，以第五子车赫图袭。

车尔布初官甲喇额真。崇德六年，从攻锦州，与诸将共为伏，破明兵，擢巴喇纛章京。从入关，击李自成，追及于安肃，复追及于庆都，歼贼甚众，授世职拜他喇布勒哈番。既，复从英亲王阿济格西讨自成，师出塞，道土默特、鄂尔多斯。入塞度黄河，凿冰以济。顺治二年春，师至榆林，贼夜袭蒙古军，车尔布与牛录额真苏拜往援，破敌，还军遇伏，复纵击却之，与固山额真伊拜拊循旁近诸府县。师进围延安，与梅勒额真罗壁战败城兵。自成走湖广，车尔布与巴牙喇蘽章京鳌拜以师从之,攻安陆,得舟八十。复与巴牙喇甲喇章京,噶达浑逐贼九宫山,败其骑兵,自成死。师还,授议政大臣,加一拖沙喇哈番。

三年,从肃亲王豪格讨张献忠,屡战皆捷,与贝勒尼堪等徇遵义,虁州诸府县。寻以巴牙喇蘽章京哈宁阿被围,车尔布未及援,降拖沙喇哈番,辍其赏及既袭父爵。六年,姜瓖以大同叛,车尔布从英亲王阿济格帅师讨之。瓖出攻镶红旗营,车尔布率巴牙喇兵御之,瓖败走。瓖党自阻马、得胜二路分兵循北山逼我军,瓖复以城兵出战,鳌拜率先当贼,车尔布与梅勒额真谭布合兵继进,遂歼瓖兵。两遇恩诏,累进三等伯。十二年十二月,命与宁海大将军伊尔德率师徇浙江,击斩明鲁王将王长树、王光祚、沈尔序等。与伊尔德自宁波航定海,分三路进攻,敌万余,列舟二百,战败。逐之,至衡水洋,斩思、六御,获其将林德等百余人,遂克舟山。语互见《伊尔德传》。以功进一等伯,兼拖沙喇哈番。十五年十二月,命与安南将军明安在理戍贵州,十六年二月,复命移驻荆州。八月,郑成功入攻江宁,车尔布与明安达理自荆州赴援,循江而下,击败成功将杨文英,斩其裨将,获舟及诸攻具。十七年十一月,师还。十八年,改镶红旗蒙古都统。康熙三年,以久疾解都统,降三等伯。七年三月,卒。乾隆十四年,定封号曰威靖。

初,从叶臣攻永平,先登凡二十四人,苏鲁迈其一也。

苏鲁迈,嵩佳氏,满洲正蓝旗人,世居栋鄂部。父逊札哩,归太祖,太祖录其长子苏巴海,授牛录章京。天命三年,苏鲁迈从伐明,攻抚顺,树云梯先登。六年,授牛录额真。复从伐明,取沈阳、辽阳。天聪元年,从阿敏伐朝鲜,攻义州,苏鲁迈以二十人先诸军登城。三年,从太祖伐明,攻克洪山口城。予世职备御。其从叶臣攻永平也,城上火器发,苏鲁迈面中枪,不退。敌炮裂自焚,冒火援云梯上,城遂下。上遣医视创,赐号"巴图鲁",赉牲畜、布帛,进世职游击。复从伐明,取旅顺,略宁远,战必先众,恒以被创受赏。崇德元年,从武英郡王阿济格伐明,将入边,攻雕鄂城,炮伤口,因以残疾家居。顺治间,恩诏,累进三等阿思哈尼哈番。康熙元年十一月,卒,谥勤勇。苏鲁迈子苏尔济、逊哈、三塔哈、鄂洛顺、翁鄂略。

苏尔济,顺治初以噶尔什布贤辖从入关,与噶布什贤喇勒依昂邦锡特库击败李自成将唐通于一片石。三年,从端重亲王博洛徇福建,败明将姜正希于汀州,予世职拜他勒布喇哈番。七年,卒。

鄂洛顺,事圣祖。以二等护卫从建威将军佛尼埒讨吴三桂,败其将高定。以前锋统领从裕亲王福全击噶尔丹。有功,累迁江宁将军。卒。

翁鄂洛,事圣祖。从征南大将军赉塔讨吴世璠,师自广西入,战石门坎,败其将何继祖。再战黄草坝,复败继祖,获詹养、王有功。薄云南,歼胡国柄,逐捕马宝、巴养元等。以功进三等阿达哈哈番。卒。

珠玛喇,碧鲁氏,世居叶赫。太祖时,率所部虎尔哈人来归。旗制定,隶满洲镶白旗,授牛录额真。天聪三年,从伐明,次遵化,击败明兵。后三日,太宗临视遵化,明兵自山海关至,将入城,珠玛喇以逻卒十人御之,所击杀甚众。薄明都,遇明总兵满桂、黑云龙、麻登云、孙祖寿诸军入大红门,与额驸杨古利、甲喇额真音达户齐击之,明兵左次,旋克永平。复攻昌黎,先登,被六创,以功授备御,寻坐事夺世职。五年,从围大凌河城,明监军道张春赴援,珠玛喇与甲喇额真鄂诺迷战,破其前锋。

六年,从伐察哈尔,次穆鲁哈岱,获布延图台吉,歼其从者百余,俘其孥。七年,从贝勒德格类、岳托攻旅顺口,将巴牙喇兵十人,以舟登击瓮城。巴奇兰既令于众,珠玛喇与牛录额真雍舜超跃而上,大声自名曰:"珠玛喇登城矣!"被三创,不少却,卒拔其城。上闻,嘉叹,亲酌金卮以赐,复世职,九年,从贝勒多铎伐明,围锦州,夜设云梯以攻,被创甚。

崇德元年,从伐朝鲜,力战,克山寨。从伐明,败明总兵,取四县。三年,授兵部理事官。从伐明,围锦州,明兵屯庆宁北苔峙山,珠玛喇别将四十人破其寨。又招降别军屯骆驼山及大凌河北山诸寨。六年，命与甲喇额真喜福监张家口互市。事毕，所司劾珠玛喇以私财为市，且索马蒙古。论死，上命宽之，复夺世职，输所市物入官。寻从郑亲王济尔哈朗复围锦州，敌将夺我军炮，珠玛喇击之退。既，复至，珠玛喇射殪敌，敌乃溃。七年，与噶布什贤噶喇依昂邦沙尔虎达伐虎尔哈部，降喀尔喀木等十屯，俘壮丁千余及牲畜、辎重以归，上命迎劳。

顺治初，珠玛喇以甲喇额真从入关，击李自成。寻授正蓝旗满洲梅勒额真、兵部侍朗、复世职。二年十一月，与梅勒额真和托等帅师驻防杭州，珠玛喇将右翼。马士英、方国安等自严州侵余杭，珠玛喇击之走。还，未至杭州三十里，遇土寇，复击破之。国安等仍以数万人分屯江东诸山及杭州郊外朱桥、范村诸地，珠玛喇与总兵田雄、副将张杰等分兵逐捕。三年，率师徇福建，与巴牙喇纛章京敦拜击破明兵。五年，从征南大将军谭泰讨叛将金声桓于江西，与固山额真何洛会及沙尔虎达等屡败声桓兵，焚其舟千三百有奇，下九江及其属县凡六。迁正白旗蒙古固山额真、吏部尚书。世职累进三等阿思哈尼哈番。

十年冬，坐选授山东驿道房之骐尝占籍青州不详勘，罢尚书。十一年，明将李定国等寇广东，命珠玛喇为靖南将军，副以敦拜，率师讨之。方攻新会，尚可喜、耿继茂等军于三水，扼险列屯。珠玛喇至，与合军击敌，战于珊洲，斩副将一，获裨将十余。馘一百五十余级，师至新会，定国所将步骑卒四万，分据山险列炮，以象为阵。珠玛喇督将士力战，定国兵既却，复出兵四千余人自山上驰下，我师力御败之，夺其山定国兵乃遁。十二年二月，定国走高州，珠玛喇遣梅勒额真毕力克图、鄂拜等以师从之，战于兴业，再战于横州，定国渡江焚其桥，我师蹑其后，三战皆胜。定国走入安隆，珠玛喇与尚可喜等复高州、雷州、廉州三府及所属州三、县八。又克广西境州二、县四，凡二十二城。得象十六、马二百有奇，他器械称是，上赐敕奖励。九月，师还，入见，上谕大学十冯铨等曰：“珠玛喇率师征广东捷归，年方五十。壮年能立功，为有福也！”赐茶慰劳。部议进一等阿思哈尼哈番兼一拖沙喇哈番。上以珠玛喇等击破定国,雪衡州、桂林之愤,功高不当循常格,命再议,进三等精奇尼哈番。十五年,致仕。康熙元年,卒,谥襄敏。

瓦尔喀珠玛喇,那木都鲁氏,居瓦尔喀部浑春地。祖察礼,率族归太祖。旗制定,隶满洲正白旗。珠玛喇方少时,即从太祖征伐,授牛录额真。以同时有碧鲁珠玛喇,命缀地于名以为别。

天聪八年,授世职牛录章京。尝率噶布什贤兵十人,逐得蒙古亡者四十三人,上特予优赉。崇德二年,与牛录额真喀凯等分道伐瓦尔喀部,徇额勒约索、额黑库伦、僧库勒诸路,俘获甚众。以功加半个前程。三年,授吏部理事官。四年三月,徒贝勒岳托伐明,攻故城,夜以云梯登,克之。明总兵侯世禄师赴援,珠玛喇徒步突敌军。力战,世禄败去。珠玛喇创甚,明太监高起潜师复至,负创战尤力,起潜亦败去。十月,从略锦州,败明兵,入边到太平寨,明兵严陈以待,珠玛喇徒步大呼,入阵斫鹿角,中创不稍却,明兵大溃。十一月,从承政索海萨穆什克伐索伦部,珠玛喇俘十有九人。道攻虎尔哈部雅克寨,焚其郛,牛录额真和托先登,珠玛喇继之,克其城。师还,次黑龙江之滨,虎尔哈溃兵复合,乌鲁苏屯酋博穆博果尔以六十人击正蓝旗后队,珠玛喇与索海设伏掩击,歼敌略尽。以功进三等甲喇章京。

六年,从伐明,围锦州,击败松山骑卒。明总督洪承畴赴援,营松山西北,我师与战,右翼败。敌萃于左翼,珠玛剌力战,炮伤领,踣且绝,上深悼之,赐褫以敛。后三日复苏,上闻喜甚,令加意休养,毋即从军,命监造盛京塔,塔成,厚赉之。旋令率师戍锦州,明兵来攻,战竟夜,敌败去,斩四十余级,得云梯及军械。累进一等甲喇章京。

顺治初,从入关,击李自成,平马山口土寇,以功加半个前程。二年十月,调户部理事官。十一月,与固山额真巴颜等帅师会定西大将军何洛会西讨张献忠。三年,肃亲王豪格代何洛会督诸军向阶州,闻献忠兵屯礼县南,遣珠玛喇分兵击之,献忠兵惊窜。复与巴牙喇纛章京鳌拜进兵西充,献忠死,乃还师。六年,从讨叛将姜瓖,次左衞。瓖兵屯城外迎战，珠玛喇击之走，城遂下。逐贼宁武关，瓖兵置炮山冈以拒，珠玛喇与甲喇额真乌库礼疾驰据冈脊，破其垒，瓖所置总兵刘伟以关降。师还。擢正白旗梅勒额真。世职累进一等阿思哈尼哈番。十年三月，卒，祀四川名宦。

伊玛喇，其弟也。肃亲王定四川，伊玛喇以巴牙喇侍卫从，师次保宁，献忠将赵云桂来攻。伊玛喇登城射中云桂目，贼骇走，师从之，大捷，即袭其兄世职，授甲喇额真。康熙十三年，从扬威将军阿密达讨叛将王辅臣。十四年五月，克宁州，九月，进攻平凉，未至八里，辅臣率万余人出拒，伊玛从贝勒洞鄂与战，辅臣败入城。十五年，从抚远大将军图海复攻平凉，至城北虎山墩诇贼，贼合步骑猝至，伊玛喇奋战，贼败去。事平，师还。二十七年，乞休。三十四年五月，卒，亦祀四川名宦。世宗即位，命禄战功未受赏者，加伊玛喇拖沙喇哈番。

论曰：太宗与明战，下大凌河，克锦州，皆以全力争。壬午之师，间道深入数千里，如行无人之境，为前此所未有，则图尔格之绩也。以是战多踵为功宗，伊尔登、巴奇兰、齐尔格申辈皆骁武，从太宗征伐，搴旗陷阵。而叶臣、珠玛喇入关后，又以凤将力战策勋。大业将成，群才翊运连，盛矣！

清史稿卷二三四
列传第二一

孔有德 全节　**耿仲明** 子继茂

继茂子昭忠　聚忠　**尚可喜** 子之孝

沈志祥 兄子永忠　永忠子瑞　**祖大寿**

子泽润　泽溥　泽洪　泽洪子良璧　大寿养子可法

从子泽远

　　孔有德，辽东人。太祖克辽东，与乡人耿仲明奔皮岛，明总兵毛文龙录置部下，善遇之。袁崇焕杀文龙，分其兵属副将陈继盛等。有德与仲明走依登州巡抚孙元化为步兵左营参将。

　　天聪五年，太宗伐明，围大凌河城。元化遣有德以八百骑赴援，次吴桥，大雨雪，众无所得食，则出行掠。李九成者，亦文龙步将，与有德同归元化，元化使赍银市马塞上，银尽耗，惧罪。其子应元在有德军，九成还就应元，咻有德谋为变。所部陈继功、李尚友、曹得功等五十余人，纠众数千，掠临邑，陵商河，奸齐东、围德平，破新城，恣焚杀甚酷。元化及山东巡抚余大成皆力主抚，檄所过郡县毋邀击，有德因伪请降。明年正月，率众迳至登州，仲明与都司陈光福及杜承功、曹德纯、吴进兴等十五人为内应，夕举火，导有德入自东门，城遂陷。元化自刭不殊，有德等以元化故有恩，纵使航海去。旅顺副将陈有时、广禄岛副将毛承禄亦叛应有德，势益张。有德自号都元帅，铸印置官属，九成为副元帅，仲明、有时、承禄、光福为总兵官,应元为副将,四出攻掠。明以徐从治为山东巡抚,谢琏为登莱巡抚,并驻莱州。有德等进陷黄县、平度,遂攻莱州,从治中炮死城上。有德复伪请降,诱琏出,杀之。庄烈帝命侍郎朱大典督师讨有德,援平度,斩有时,至昌邑,有德逆战,大败,复黄县。有德等退保登州。

登州城东西南皆距山,北临海,城北复有水城通海舶。大典督诸军筑长围困之,九成出战死,明师攻益急。有德乃谋来降,以子女玉帛出海,仲明单舸殿,以旅顺,明总兵黄龙以水师邀击,擒承禄、光福歼应元,斩级千余。有德等退屯双岛龙安塘,食尽,遣所置游击张文焕、都司杨谨、千总李政明以男妇百人泛海至盖州,盖州戍将石廷柱、雅什哈护使谒上,具言有德等举兵始未,且请降。上谕范文程、罗什、刚林预策安置。有德等复遣所置副将曹绍中、刘承祖等奉疏,言将自镇江登陆,上命贝勒济尔哈朗、阿济格、杜度帅师迓之。朝鲜发兵助明师,要有德等鸭绿江口。济尔哈朗等兵至江岸,严陈相对,敌师不敢逼。有德等舟数百,载将士、枪炮、辎重及其孥毕登,三贝勒为设宴,上使副将金玉和传谕慰劳。

天聪七年六月,有德、仲明入谒,上率诸贝勒出德盛门十里至浑河岸,为设宴,亲举金卮酌酒饮之,赐蟒袍、貂裘、撒袋、鞍马,有德、仲明亦上金银及金玉诸器、采段、衣服。越二日,复召入宫赐宴,授有德都元帅,仲明总兵官,赐敕印,即从所署置也,命率所部驻东京,号令、鼓吹、仪卫皆如旧,惟刑人、出兵当以闻。有德等怨黄龙,必欲报之。会闻龙发水师逐贼鸭绿江,旅顺无备,上命贝勒岳托、德格类帅师袭之,以有德率为导。龙数战皆败,遂自杀,克其城。有德等兵入占官吏富民廨宅,多收俘获。岳托、德格类闻于上,上置不问。有德坠马伤手,与仲明留辽阳,诏慰之曰:“都元帅远道从戎,良亦劳苦。行间诸事,实获朕心。招抚山民,尤大有裨益。不谓劳顿之身,又遭衔橛之失。亟闻痊可,用慰朕怀。”别敕令旗纛用皂色,并诫军士以时演习枪炮、弓矢。马以牌,甲胄以带,皆书满洲字为识别。有德、仲明旋入朝,上诫毋馈遗贝勒大臣。八年,朝元日,命有德、仲明与八和硕贝勒同列第一班,遣官为营第,疏辞不允。

有德、仲明军驻辽阳，官吏经其地，必躬迎款宴。上复诚谕之，谓："尔等即朕子弟，款接诸臣理有未当。今后非贝勒，毋更迎宴。尔等偕至者如有困穷，当加爱养。尔等或遣使诣盛京，当令使者告礼部，礼部与馆饩。不然，尔等新附，亲知尚少，使来无居无食，不重困乎？"及尚可喜来降，上遇之亚有德、仲明。命更定旗制，以白镶皂，号有德、仲明军为天祐兵，可喜军为天助兵。国语谓汉军"乌真超哈"，有德等自将所部不相属。八月，从上伐明，自大同入边，有德遣所部黑成功、佟延以八十人击败明兵代州城西，获马二十。九年，有德等为部将请敕，上命自给札。鲍承先疏论当令吏部给札付，上不允。有德等仍录所部副将以下请敕，上曰："尔等初来归，朕许尔等黜陟部将。今复给敕，是背前言。朕非谓尔等无功不当畀敕书也，虑失信耳。"因赐有德、仲明、可喜人缎一、貂皮六十，副将以下白金有差。有德以新附者日众，偕仲明输粮佐饷，上却之。

崇德元年夏四月，上受宽温仁圣皇帝尊号，有德从诸贝勒奉宝以进，封恭顺王。十二月，上自将伐朝鲜，命有德等从贝勒杜度护辎重继后。二年二月，既下江华岛，命有德等从贝子硕托以水师取皮岛。师还，有言其部众违法妄行者，上命申严约束，毋蹈故辙。三年，从攻锦州，有德等以炮攻下戚家堡、石家堡及锦州城西台，降大福堡。又以炮攻下大台一，俘男妇三百七十九，尽戮其男子。又以炮攻五里河台，台隅圯，明守将李计友、李惟观乃率其众出降，皆籍为民，勿杀。四年，从攻松山，以炮击城东隅台，台上药发，自燔，歼其余众，又降道旁台二。上至松山，使有德等以炮攻其南郛，有德当郭门，仲明居右，马光远佐之。可喜居左，石廷柱佐之。自夜漏下至次日晡，城堞尽毁。明守将金国凤即夜缮治，守甚固，有德议穴地攻之，不克。六年，率兵更番围锦州，破明师杏山。七年，松山、锦州相继下。时析乌真超哈为八旗，有德等请以所部隶焉，乃分属正红旗。八年，从取中后所、前屯卫。

顺治元年，从睿亲王多尔衮入关，追击李自成至庆都，九月，上至京师，赐有德等貂蟒朝衣。十月，上御皇极门大宴，复赐鞍马。旋命有德从定国大将军豫亲王多铎西讨李自成。

二年，陕西既定，移师下江南，克扬州，取明南京，攻江阴，有德皆有劳。八月，师还，赐绣朝衣一袭、马二、黄金百、白金万。命还镇辽阳，简士马待征发。

三年五月，谕兵部召有德等率所部会京师。八月，授有德平南大将军，率仲明、可喜及续顺公沈志祥、右翼固山额真金砺、左翼梅勒额真屯泰率师南征，策自湖广下江西赣南入广东，谕诸将悉受有德节制。是时明桂王称号，湖广总督何腾蛟驻湘阴，诸将李赤心、黄朝宣、刘承胤、袁宗第、王进才、马进忠等分屯湖南北，号"十三镇"，大抵自成余党及左良玉旧部。

四年春，有德师至，进击自长沙走湖北，腾蛟亦弃湘阴单骑奔衡州。有德遣梅勒额真卓罗、蓝拜等蹑进才，与所部水师遇，击败之。有德进次湘潭，朝宣以十三万人屯燕子窝。有德率蓝拜等将水师，可喜及卓罗等将陆师，分道并入，破明将徐松节。朝宣走衡州，有德以师从之，获朝宣。有德令仲明、金砺、卓罗等将水师还诣攻沙，明将杨国栋以二千人屯天津湖，巴牙喇甲喇章京张国柱、札萨蓝等与战，国栋自牛皮滩遁去。有德令金砺留衡州，复与仲明及卓罗等率师越熊飞岭克祁阳，遂破宝庆，击杀明鲁王世子乾生，总兵黄晋、李茂功、吴兴等。时明桂王居武冈，倚承胤为守。有德夜发宝广，前队梅勒章京黑成功等败敌，焚木城，夺门入，明桂王走靖州，转徙入桂林，承胤出降。

有德始自长沙下祁阳也，闻郝摇旗围桂阳，令可喜及蓝拜等别将兵赴援。郝摇旗部卒千四百人屯翔凤铺，令巴牙喇蠹章京线国安、固山大苏朗等击破之，摇旗引去。至是国安等遂趋靖州，追明桂王。明总后萧旷、姚有性以万二千人守靖州，国安师薄城，夺门入，获旷、有性等，又破明侍郎盖光英军。蓝拜略黔阳，进攻沅州，明将张宣弼以三万人出战，我兵奋击，遂克其城。自出师至此，凡获明宗室桂王子尔珠等二十七人，降明将自承胤以下四十七人，偏裨二千余人，马步兵六万八千有奇。捷闻，赐有德黄金二百五十两，仲明、可喜各二百,志祥百,将士赉白金有差。

五年春,复进克辰州,湖南诸郡县悉定。又旁取贵州黎平府、广西全州,招降铜仁、全州、兴安、灌阳苗峒二百九十有奇,复获明宗室荣王子松等四十余人,及所置总兵以下诸将吏甚众。上命有德班师,至京师,宴劳,赐黑狐、紫貂、冠服、采帛、鞍马、黄金二百、白金二千。

六年五月,改封有德定南王,授金册金印,令将旧兵三千一百、新增兵万六千九百,合为二万人,征广西,设隋征总兵官一、左右翼总兵官各一,以授马蛟麟、线国安、曹得先。同时仲明、可喜各将万人征广东,但设左右翼,制杀于有德。自有德师还,湖南诸郡县复为赤心、进才、宗第等侵据,上命郑亲王济尔哈朗为定远大将军,帅师讨之,克长沙、宝庆、衡州诸府,获腾蛟。而进忠犹据武冈,与曹志建、郑思爱、刘禄、胡光荣、林国瑞、黄顺祖、向文明等为寇靖、永、郴诸州,窥宝庆。

十月,有德师至衡州,遣副将董英、何进胜击思爱,战于燕子窝,擒斩之。进克永州,击走明将胡一青。七年春,复进破龙虎关,歼志建,遂攻武冈,阵获禄、光荣等。进忠负创走,克其城,并下靖州。复进战兴宁,获顺祖、国瑞,招文明等以五万人降。师入广西境,克全州。十二月,遂拔桂林,明桂王走南宁,留守大学士瞿式耜死之,斩靖江王以下四百七十三人,降将吏一百四十七人。桂林、平乐诸属县皆下。

八年春正月,有德奏移藩属驻桂林,遣蛟麟、国安取梧州、柳州,略旁近诸州县。有德进驻宾阳,复遣国安等分三道进取,定思恩、庆远,明将陈邦傅以浔州来降。明桂王走广南,南宁亦下。

九年四月,有德疏言:"臣荷先帝节录微劳,锡以王爵。恭遇圣主当阳,两奥八闽未入版图,臣谬辱廷推,驻防闽海。同时有固辞奥西之役者,盖以其地最荒僻,民少山多,百蛮杂处,诸孽环集,底定难预期也。臣自念受恩至渥,必远辟岩疆,始敢伸首邱凤原,故毅然以奥西为请,受命以来,道过湖南,伏莽蔓延,六郡拮据,一载咸与扫除,乃进征奥西,仰藉威灵,所向克捷。贼党或审或降,虽土司瑶、伶、狼、僮,古称叛顺靡常者,亦渐次招来,受我戎索,奥西底定。臣生长北方,与南荒烟瘴不习。解衣自视,刀箭瘢痕,宛如刻划。雨之夕,骨痛痰涌,一昏几绝。臣年迈子幼,乞恩敕能臣受代,俾臣得昌觐天颜,优游终老。”疏入,得旨:“鉴王奏,悉知功苦。但南疆未尽宁谧还须少留,以俟大康。”

五月,有德率轻兵出河池,向贵州,留师柳州为后援。是时张献忠将孙可望降于明,窥伺楚、粤,有德请敕剿抚。将军续顺公沈永忠驻沅州,扼门户。时国安擢广西提督,马雄为左翼总兵,全节为右翼总兵,分守南宁、庆远、梧州。未几,明将李定国、冯双礼自黎平出靖州,马进忠自镇远出沅州,会于武冈。永忠使乞援,有德遣兵赴之,至全州。永忠已弃宝庆,退保湘潭,有德因还桂林。七月,定国自西延大埠取间道疾驱击破全州军,薄桂林,驱象攻城。城兵寡,定国昼夜环攻,有德躬守陴,矢中额,仍指挥击敌。敌夺城北山俯攻,有德令其孥以火殉,遂自经,妻白氏、李氏皆死于火。事闻,谥有德武壮。十一年六月,有德女四贞以其丧还京师,上命亲王以下、阿思哈尼哈番以上,汉官尚书以下、三品官以上,郊迎,赐白金四千,官为营葬,立碑纪绩。寻复命建祠,祀春秋,以白氏、李氏配。

有德子廷训,为定国所掠,越六年,乃杀之。及我师克桂林,随征总兵李茹春求得遗骼,以其死事状上闻,命予恤。四贞至京师,赐白金万,视和硕格格食俸,旋嫁有德部将孙龙子延龄,延龄叛应吴三桂,自有传。国安、雄皆附延龄为乱,附见延龄传。

节,广宁人。在明官参将。从有德降,授甲喇额真。有德既克桂林,以节为右翼总兵。克庆远,使节戍焉。降宜山、河池、思恩、荔浦诸县。九年七月,有德遣兵援宝庆,令节移屯梧州。闻定国兵且至,复令节移屯平乐。节方至柳州,定国已破桂林,柳州副将郑元勋等叛降定国,谋袭节。节间道走梧州,与国安、雄合军。定国来攻,我师战而败,节负重伤溃围出,乘舟至肇庆。可喜遣水师助节,乃还定梧州、藤县、浔州。十年正月,复平乐。马雄守梧州,而与国安共击破明将陈经猷、王应龙，遂克桂林。明将胡一青、龙韬、杨振威以数万人屯阳朔、永福间，节屡战破之。叙功，加都督，进三等精奇尼哈番。移屯武宣，平象州，获明将韦文有、罗天舜。

十二年，移屯荔浦。时明宗室盛浓、盛添，明将李茂先、龚瑞屯富川，纠土寇王心、蒋乾相等及瑶、僮为乱，跨湖南、贵州界，依山结寨，为可望、定国声援。节与国安等迭遣兵击之，获盛浓、盛添，诸瑶、僮百九十二寨皆下。十五年，上命国安征贵州，奏请令节移屯柳州。十六年，复督兵讨茂先、瑞，战融县，获茂先。战怀远，瑞降。康熙元年，改右翼总兵为左江镇总兵，即以命节。七年七月，卒，赠太子少保。

方定国破桂林也，节妻温氏率妾婢自经，子成忠，年十一，被掠去。及洪承畴定贵州，得之降将赵三才所。至是，袭三等精奇尼哈番。

从有德降者，又有李尚友、徐元勋、胡琏、曹绍中、孟应春，皆受世职梅勒章京，分隶正黄、镶黄二旗。

耿仲明，字云台，辽东人。初事明总兵毛文龙，文龙死，走登州依巡抚孙元化，皆与孔有德俱，元化以仲明为中军参将。时总兵黄龙镇皮岛，所部有李梅者，仲明党也，通洋。事觉，龙系之狱。仲明弟都司仲裕在龙军，率部卒假索饷名，围龙廨，拥之至演武场，折股去耳鼻，将杀之，诸将为救免。龙乃执仲裕，疏请罪仲明。元化劾龙蚀饷致兵哗。明庄烈帝命充为事官，而核仲明主使状。会有德已叛，还攻登州，仲明遂纠诸将同籍辽东者为内应。城陷，推有德为帅，受署置，称总兵官。天津裨将孙应龙自夸与仲明兄弟善，能令缚有德以降。巡抚郑宗周使将二千人自海道往。仲明伪为有德首，绐之开水城，延使入，猝斩之，歼其众，得巨舰，以为舟师。明师攻登州急，天聪七年五月，从有德来降，上礼遇优异，授以总兵官，号其兵曰天祐兵。语并详有德传。

仲明侵渔所部，所部诉于有德。有德因劾仲明，仲明引咎，请以所部赴诉者移属有德。上敕奖有德，令善抚之，亦谕仲明善抚部下，毋念旧恶。即日并召入宫赐宴。越数日，又使赐羊酒，且谕之曰："朕闻诸汉官从尔等教场角射，设筵飨尔等，意尔等必欲相酬报。尔等去家远，可即以此羊酒藉教场为答宴也。"旋命与有德同驻辽阳。崇德元年，封仲明怀顺王。上屡出师伐明，讨朝鲜，仲明皆从。七年八月，命隶正黄旗。九月，所部甲喇额真石明雄评仲明匿所获松山、杏山人户。有逃人被法，仲明为收葬设祭。复安杀无辜，鞫实，罚仲明明白金千两。八年十一月，甲喇额真宋国辅、潘孝及明雄谋杀仲明，仲明以闻，鞫实，斩国辅等，籍其家畀仲明。顺治初，从睿视王多尔衮入关，复从豫亲王多铎西讨李自成，移师定江南。三年，有德为平南大将军，帅师南征，仲明等以所部从。与明将杨国栋战于牛皮滩，大破之。克衡州、祁阳、武冈诸郡县。获明将刘肇基。皆仲明功也。六年，改封靖南王，赐金册金印。

　　仲明自降后，屡出征伐，恒与有德俱，未尝独将，是岁始与有德分道出师，有德征广西，仲明与尚可喜征广东。仲明将旧兵二千五百、新增兵七千五百，合为万人，以徐得功为左翼总兵，连得成为右翼总兵。师既行，刑部奏论仲明部下梅勒章京陈绍宗等纵部卒匿逃人，罪当死。上因谕仲明、察随征将士携逃人以往者，械归毋隐。仲明察得三百余人械归，上疏请罪，吏议当夺爵，上命宽之，绍宗等亦贷死。仲明未闻命，十一月次吉安，自经死。

　　子继茂，顺治初授世职昂邦章京。仲明死，继茂在军中，代领其众，请袭爵，睿亲王方摄政，持不可。继茂从可喜俱南，定广东诸郡县。语见可喜传。八年，世祖亲政，继茂嗣为王。九年，李定国陷桂林，孔有德死事。上闻报，命定远大将军敬谨亲王尼堪自湖南移师赴之，敕可喜、继茂俟尼堪至，合军进攻，而继茂先已与可喜遣兵赴援，复梧州及旁近诸郡。十年，潮州总兵郝尚久据城叛，继茂与靖南将军喀喀木、总兵吴六奇合军讨之，围城逾月，城将王立功为内应，树云梯以登，尚久入井死，余贼尽歼。潮州及饶平、揭阳、澄海、普宁诸县悉平，十一年二月，命内翰林秘书院学士郎廷佐赍敕慰劳，赐白金三千,分赉将士。是岁李定国徇高雷、廉三府、进犯新会。继茂、可喜与靖南将军珠玛喇合军进击,再战皆捷。定国还据南宁,复出攻横州,继茂自梧州帅师赴之,解横州围。进攻南宁,定国走安隆,获明将李先芳,斩裨将杜纪等。十三年,赐敕纪功,增藩俸岁千金。

初,继茂与可喜攻下广州,怒其民力守,尽歼其丁壮。即城中驻兵牧马。营靖南、平南二藩府,东西相望,继茂尤汰侈,广征材木,采石高要七星岩,工役无艺。复创设市井私税,民咸苦之。广东左布政使胡章自山东赴官,途中上疏,言:"臣闻靖南王耿继茂、平南王尚可喜所部将士,掠辱士绅妇女,占居布政使官廨,并擅署置官吏。臣思古封建之制,天子使吏治其国而纳其贡税焉,不得暴彼民也。二王以功受封,宜仰体圣明忧民至意,以安百姓,乃所为如是,臣安敢畏威缄默?乞敕二王还官廨,释俘虏。"继茂奏辩,可喜亦有疏自白,章坐诬论绞,上命贷死夺官。逾年,高要知县杨雍建内迁给事中,疏陈广东滥役、私税诸大害,谓:"一省不堪两藩,请量移他省。"朝议令继茂移镇桂林,未行。十六年三月,上命移四川。十七年七月,改命移福建。

时明将郑成功据金门,窥伺闽、浙,继茂既移镇,与总督李率泰协谋征剿。康熙元年,成功死,子锦代领其军。上命继茂相机剿抚。继茂疏报:"自顺治十八年讫元年,招降将吏二百九十、兵四千三百三十四、家口四百六十七。"其后成功弟世袭、兄子缵绪及所置都督郑庚先后出降,复得将吏七百有奇、兵七千六百有奇。二年十月,继茂与率泰督兵渡海克厦门,水师提督施琅以荷兰夹板船来会,乘胜取浯屿、金门二岛。锦与其将周全斌等走铜山,复入犯云霄、陆鳌诸卫,总兵王进功与战,大破之。三年三月,继茂复与率泰及海澄公黄梧合军,自八尺门出海克铜山,锦以数十舟走台湾。捷闻,上嘉其功,复增岁俸千金。十年正月,疏陈疾剧,乞以长子精忠代治藩政,上允其请。五月,卒,谥忠敏。精忠嗣为王,别有传。

昭忠,继茂次子。聚忠继茂第三子。顺治间先后入侍世祖,授昭忠一等精奇尼哈番,以贝子苏布图女妻焉。昭忠例得多罗额驸,进秩视和硕额驸，聚忠尚柔喜公主，为和硕额驸，同加太子少保，旋又同进太子太保。康熙十三年，精忠叛，昭忠、聚忠率子姓请死，紧于家待命，逾年贳其罪，复秩如故。十四年，命聚忠赍敕招精忠，精忠拒不纳。十五年，精忠降，授昭忠镇平将军，驻福州，代精忠治藩政。藩下参领徐鸿弼等讦精忠降后尚蓄逆谋，昭忠具有闻，并劾助逆曾养性等十余人。上以精忠在军，未即发。十七年，命昭忠以其祖父之丧还葬盖平。十九年，召精忠诣京师，昭忠、聚忠疏劾精忠背恩为乱，违母周氏训，蹙迫以死，诬祖仲明与吴三桂在山海关时先有成约，请予显戮。寻命聚忠诣福州，议徙藩兵。聚忠疏陈藩兵当尽徙，称旨，命以精忠家属还京师。精忠既诛，昭忠、聚忠疏陈家属众多，艰于养赡，请如汉军例，披甲食粮。下部议，编五佐领，隶汉军正黄旗。二十五年，昭忠卒，谥勤喜。二十六年，聚忠卒，谥愨敏。

尚可喜，辽东人。父学礼，明东江游击，战没楼子山。明庄烈帝崇祯三年，擢副总兵黄龙为东江总兵官，驻皮岛，可喜隶部下。皮岛兵乱，龙不能制，可喜率兵斩乱者，事乃定。后二年，孔有德等叛明，陷登州，旅顺副将陈有时、广鹿岛副将毛承禄皆往从之。龙遣可喜及金声桓等抚定诸岛。有德党高成友者据旅顺，断关、宁、天津援师，龙令游击李维鸾偕可喜等击走之，即移军驻其地。旋以可喜为广鹿岛副将。明年秋七月，有德等以我师攻旅顺，龙兵败，自杀，部将尚可义战死，盖可喜兄弟行也。明以沈世奎代龙为总兵，部校王庭瑞、袁安邦等构可喜，诬以罪。世奎檄可喜诣皮岛，可喜诇得其情，遂还据广鹿岛。

天聪七年十月，遣部校卢可用、金玉奎谒上乞降。上报使，赐以貂皮，并令车尔格等侦可喜踪迹。八年正月，可喜举兵略定长山、石城二岛，行且至，上命诸贝勒集满、汉、蒙古诸臣谕曰：“广鹿岛尚副将携民来归，非以我国衣食有余也。承天眷佑，彼自来附。八家贝勒已出粟四千石，凡积粟之家，当量出佐饷，仍予以值。”二月，命贝勒多尔衮、萨哈廉往迓。三月，可喜至海州，上降敕慰劳。攻旅顺时，获可喜戚属二十七人,至是,命归诸可喜。四月,可喜入朝,上迎十里外,拜天毕,御黄幄,可喜遥行五拜礼,进至上前再拜,抱上膝以见,所部将士以次罗拜,可喜跪进赆。上与宴,赐蟒衣、鞓带、帽靴、玄狐裘、雕鞍、马、驼、羊,命诸贝勒以次设宴。旋授可喜总兵官,赐敕印,可用、玉奎皆为甲喇章京,号其军曰天助兵,命驻海州。

寻从伐明,自宣化入边,略代州。崇德元年四月,封智顺王。十二月,从伐朝鲜。二年,朝鲜降。从贝勒硕托帅师克皮岛,斩世奎,师还,赉蟒服、黄白金。可喜家僮讦可喜私得人户、金帛、牲畜,法司以奏。上曰:“此岂王自得,必散于众兵耳。其勿问。”三年,从伐明,攻锦州,屡攻下台堡,更番驻牧,敌至辄击败之。七年,锦州下,赐所俘及降户。可喜与有德等疏请以所部属乌真超哈,分隶镶蓝旗。八年,从伐明,取中后所、前屯卫诸城。

顺治元年,从入关,击李自成,追至庆都,斩自成将谷可成等,十月,命从英亲王阿济格西讨自成,出边自榆林趋绥德,二年二月,师次米脂。自成兄子锦犹据延安,用可喜议,令诸军分道进,锦走,克其城。会豫亲王多铎已破潼关,定西安,上命可喜从英亲王追击自成,分兵克郧阳,荆州、襄阳诸郡,降自成将王光恩、苗时化等。复与英亲王合军下九江,闻自成窜死九宫山,乃班师,赐可喜绣朝衣一袭、马二,还镇海州。

三年八月,授有德为平南大将军,征湖广,命可喜率所部兵偕行。师次湘潭,明将黄朝宣以十三万人屯燕子窝,可喜与梅勒章京卓罗等自陆路进击,败明将徐松节,遂逐斩朝宣。既,闻,郝摇旗攻桂阳急,可喜与梅勒章京蓝拜帅师赴援。郝摇旗以千四百人屯翔凤铺,巴牙喇纛章京线国安等与战,郝摇旗败走,桂阳围解。湖南既定,师还,与有德等同赐冠服、金币、鞍马。

六年五月,改封平南王,赐金册金印。旋命率旧兵二千三百、新增兵七千七百,合万人,与耿仲明同征广东,以许尔显为左翼总兵官,班志富为右翼总兵官。仲明所部匿逃人,事发,因谕有德等检校军中得逃人悉送京师,仲明惧罪自裁。吏议可喜亦坐夺爵,上命纳白金四千以赎。时明桂王驻肇庆，两广尚为明守。是岁除夕，可喜潜兵袭南雄，城兵三千出西门迎战，击败之，立云梯以登。明守将江起龙弃城走，斩其部将杨级、董洪信、郑国林等三十余人、兵六千有奇。

七年正月，进克韶州。明守将罗成耀闻南雄破，已先遁，明桂王走梧州，复进下英德、清远、从化诸县，明将吴六奇等迎降。二月，师薄广州。广州城三面临水，李成栋之叛，于城西筑两翼。令传城外为炮台，水环其下。成栋死信丰，子元胤、建捷代将，元胤留肇庆，建捷守广州。可喜令攻城，阻水不能进，乃凿深壕，筑坚垒，为长围困之。建捷拒战甚力，暑雨郁蒸，我师弓矢皆解胶，久相持不下。元胤与明将陈邦傅等分道援广州，邦傅与杜永和等以万余人自清远赴战，可喜击败之，获裨将魏廷相等，明水师总兵梁标相来降，得战船百五十助攻。复招潮州守将郝尚久、惠州守将黄应杰，皆以其城降，遣将士戍焉。围合十阅月，永和部将范承恩助守广州，约内应，决礁台下水，可喜令诸军皆舍骑藉薪行淖中以济，遂得炮台。据城西楼堞发炮击城西北隅，城圮，师毕登，克广州，俘承恩等，斩六千余级，逐余众迫海宾，溺死者甚众。明将宋裕昆自肇庆率所部来降。八年春，可喜遣尔显等收肇庆，并下罗定，部将徐成功克高州。梁标相叛，遣兵讨平之。

九年春正月，可喜与继茂帅师南下，降明将蔡奎，遂入廉州，遣部将吕应学等攻克钦州，战于灵山获元胤及明将袁胜、周朝，陈明益阳王、明将上官星拱。师将下雷、琼、永和及明西平王缚明将李明忠以降。于是高、雷、廉、琼四府皆定。七月，李定国陷桂林，有德死之。梧州、南宁、平乐、浔州、横州皆复为明，东略化州、吴川。可喜遣兵与有德部将提督线国安，总兵马雄、全节，合军以进，广西诸郡县以次收复。十年八月，可喜别遣兵克化州、吴川。

十一年冬，定国以万余人侵广东，扰高、雷、廉三府境，深入陷高明，分兵攻肇庆，围新会，可喜与继茂疏请发禁旅为援。上已先命珠玛喇为靖南将军，帅师援广东。可喜等师次三水，遣兵援肇庆，破定国兵于四会河口，待珠玛喇师至合军击定国。战于珊洲，斩定国裨将一，俘十余人，馘百五十余，进薄新会。定国与其将吴子圣阻山而军，马步兵分屯岭隘，可喜麾兵急击。夺径以登，斩获甚众。定国走，新会围解。可喜与继茂督军攻高明，定国遣兵御战，获其将武君喜等三十余人，斩三百余级，得马嬴、军械无算。可喜遣梅勒章京毕力克图等逐定国，战于兴业，定国败走。复及于横州江，歼马步兵甚众，获象二。定国度江焚桥引去，广东高、雷、廉三府，广西横州诸州县悉平。十三年四月，又克揭阳、晋宁、澄海三县。闰五月，赐敕纪功，增岁俸千两，并赉貂裘、鞍马。自是明桂王徙云南，定国等不复侵广东，数岁无兵事。可喜与继茂并开府广州，所部颇放恣为民害，自左布政胡章以论可喜等得罪，无复言者。

十七年，移继茂福建，可喜专镇广东。广东初定，又以令徙濒海居民，民失业去为盗。有邓耀者据龙门，入掠雷阳。又有肖国隆，与其徒洪彪、周祥、劳泰、陈期新等分据恩平、开平、阳江、阳春诸山寨。掠广州诸属县，并及肇庆。可喜先后遣兵讨之，耀走死，斩彪、祥、泰、期新及其徒千五百人，国隆投水死。又有周玉，故延户，自号恢粤将军，缯船数百，三帆八橹，冲浪若飞，习水战。成功兵至，辄助剽掠。康熙二年，可喜遣兵讨之，获玉，焚其舟。四年，碣石总兵苏利叛，可喜遣潮州总兵许龙以舟师进击，利出降。玉余党谭琳高窜掳东涌海岛，蛋户黄明初等济以米粮。可喜遣部将佟养谟击琳高，舒云护等捕明初，皆就诛。

初，可喜遣长子之信入侍。十年十一月，疏言有疾，请令还广东暂领军事，上允其请。十二年二月，遣侍卫古德、米哈纳使广东劳军。赉御用貂帽、团龙天马裘、蓝蟒狐腋袍各一袭，束带一围，赐可喜。三月，可喜疏乞归老海城，谕曰："王自航海归诚效力，累朝镇守粤东，宣劳岁久。览奏，年已七十，欲归老辽东，恭谨能知大体，朕深嘉悦。"下议政王大臣及户、兵二部集议，议尽撤所部移驻海城。于是吴三桂、耿精忠相继上章乞撤藩，上皆允其请，分遣朝臣料量藩兵移徙，具舟役刍糗、臭，户部尚书梁清标如广东。十一月，三桂反，命罢撤平南,靖南二藩,召清标还。

十三年,精忠及定南王孔有德婿孙延龄反应三桂。三月,可喜疏言:"延龄檄并举三藩,精忠复叛,臣与精忠为婚姻,不能不踧踖于中。臣叨忝王爵,年已七十余,虽至愚岂肯向逆贼求富贵乎,惟知矢志捐躯,保固岭南,以表臣始终之诚。"上温旨嘉奖,并命与总督金光祖同心合力筹战守。四月,潮州总兵刘进忠叛应三桂,可喜遣次子都统之孝帅师讨之。疏言:"诸子中惟之孝端慎宽厚,可继臣职。"上即命之孝袭王爵,之孝辞。可喜复疏言:"三桂遣兵二万人屯黄沙河,若与延龄兵合,势益猖獗,请遣将合军进讨。"上授副都统根特平寇将军。自江西帅师赴广东,与可喜合军进讨,并命兵部以各道进兵状移告可喜。五月,上敕奖可喜忠贞,并谕与光祖等策讨延龄。十月,可喜讨平广州土寇李三、官七。上命广东督、抚、提、镇俱听可喜节制,遴补将吏,调遣兵马,均得便宜从事。根特自长沙下广西,卒于军,上复授安亲王岳乐为定远平寇大将军,率禁旅赴广东。三桂、精忠方连兵寇江西,安亲王师至,转战不能遽达。十二月,复命镇南将复尼雅翰率所部协守广东。

十四年正月,进封可喜平南亲王,以之孝袭爵,并授平南大将军。广东当寇冲,盗贼并起,博罗、河源、长宁、增城、从化诸县先后告警,可喜辄分兵剿定。总兵张星耀等战乐昌,俘斩千余。副将李印香等战碣石、白沙湖诸处,毁敌舟百余,皆下部叙功。郑锦自台湾以兵攻海澄,进围漳州,可喜疏闻,复请发重兵策应。尼雅翰亦言:"可喜年衰,臣才短,设有警,虑不支。"上命前锋统领觉罗舒恕自江西帅师援广东,旋代尼雅翰为镇南将军。

先是,之孝讨进忠,复程乡、大埔诸县,遂克潮州。郑锦遣其将刘国轩以万人赴之,势复张。之孝退保惠州,叛将祖泽清引延龄将马雄、三桂将王宏勋等入高州,并陷雷、廉二郡。可喜疏言:"广东十郡失其四,将军舒恕、总督金光祖退保肇庆,事势危急,请敕安亲王赴广东办贼。"上方责安亲王定江西即下长沙取三桂,扬威大将军简亲王喇布自江宁移师屯南昌,遂命简亲王发兵应可喜。师未至,十五年正月,锦攻陷漳州,三桂兵逼肇庆。可喜初请以长子之信袭爵,继恶之信酗酒嗜杀,请更授次子之孝。之信阴通三桂,三桂兵日迫。之孝与进忠相持,上敕还广州,不时至,二月,之信以兵围可喜第,叛。可喜卧疾不能制,愤甚,自经,左右救之苏,疾益甚。十月卒。可喜疾呕,犹服太宗所赐朝衣,遗令葬海城。十六年。之信降,上敕部恤可喜,谥曰敬。及之信既诛,二十年五月,之孝乞迎可喜丧归葬。九月,丧至,遣大臣觉罗塔达、学士库勒纳、侍卫敦柱至丁字沽亲奠,谕曰:"王素矢忠贞,若从人人尽能如王,天下安得有事,每念王怀诚事主,至老尔笃,朕甚悼焉!"可喜诸子,之信自有传。

之孝初授可喜藩下都统,袭平南亲王。授平南大将军,帅师讨刘进忠。上敕还广州,未闻命,之信叛,胁之孝罢惠州军,之孝还广州侍可喜疾,及可喜卒,从之信居广州。之信降,遣之孝还京师,上命以内大臣入直,秩视一品。食正一品俸。之孝请自效,授宣议将军,驻南昌,募兵诣简亲王军听调遣,击吴三桂军吉安、赣州间,降其将林兴隆、五国赞等。进次汀州,复击破其将杨一豹、江机。江西定,召还京师,留所募兵编入绿旗营。之信诛,上贷之孝毋连坐,以内大臣入直如故。二十二年,奏乞守陵,议政大臣等劾削职。三十五年正月,卒。

之隆,可喜第七子。官至领侍卫内大臣。圣祖既诛之信,命有司还可喜海城田宅,置佐领二,以其一为可喜守墓,从之隆请也。

沈志祥,辽东人。毛文龙所部有沈世奎者,本市僧,倚女为文龙妾,横行岛中。累迁副总兵。及黄龙败没,明以世奎代龙为总兵官,镇东江。时旅顺已破,尚可喜又以广鹿岛降,世奎势孤甚。后三年,太宗伐朝鲜,因移师克皮皮岛,世奎战败,率舟师走,我师从之,副总兵金日观战死。登莱总兵陈洪范来援,不敢进,世奎亦战死,志祥其从子也,时官副将,收溃兵保石城岛,欲得世奎敕印,监军者靳弗予,遂自称总兵,明发兵讨之。

崇德二年九月,太宗遗使赍书招志祥。三年二月,志祥遣所部将吴朝佐、金光裕诣盛京上疏请降，时上方出猎奎屯布喇克，留守诸王与宴，使贝勒杜度等转粟迓志祥。志祥自黄石岛至安山城，杜度等令驻沙河堡待命。从志祥降者，副将九、参将八、游击十八、都司三十一、守备三十、千总四十、诸生二、军民二千五百有奇。上猎还，命学士胡球、承政马福塔等劳志祥，且令于铁岭、抚顺自择屯军所。志祥言愿驻抚顺，畀以车骑，令率所携军民往。至，复为具屋宇，庀服物，俾得安处。七月，上闻志祥所携军民有亡去者，遣学士罗硕等谕其众曰：“尔曹航海来归，以朕能育尔曹也。朕不能育尔曹，任尔曹亡去未晚。尔曹初至，朕适出猎，故未及加恩，尔曹何去之速也！朕蒙天眷，朝鲜已平，蒙古、瓦尔喀诸部皆附，惟明仅存。倘天复垂佑，以明畀我，尔曹将安之！尔曹虽逃，为诸边逻卒所得，不免于杀戮，朕心实所不忍。今后毋更逃，有贫不能自给者，朕为抚育之。”志祥入谒上，上御崇政殿爰朝，授志祥总兵官，赉蟒衣，凉帽，玲珑鞓带、貂、猞猁狲、狐、豹裘、各一袭、撒袋、弓、矢、雕鞍、甲、胄、驼、马。初宴礼部，再宴宫中，命诸贝勒各与宴。及还镇，遣官送五里外，复赐宴。四年正月，封续顺公。九月，授志祥兄子永忠及所部许天宠等二十八人世职。六年十月，命率所部助围锦州。七年，师还，分赐俘获。旋与孔有德等合疏请以所部属乌真超哈，志祥隶正白旗。顺治元年，从入关，逐李自成，至庆都。上至京师，赐志祥等貂蟒朝衣。十月，上御皇极门宴凯旋诸王大臣，志祥与焉，复赐鞍马。三年，授孔有德平南大将军，征湖广，志祥率所部从。五年，湖南定，赐志祥黄金百、白金二千。寻卒，无子。

永忠，其兄子也，袭爵。五月，有德及耿仲明、尚可喜复分道出师征两广，亦命永忠率部将总兵官许天宠、郝效忠等徇湖南。六年，效忠遣参将马如松将兵御孙可望，战于托口，俘其将李应元等。八年，天宠及阿达哈哈番张彦宏、护军统领宋文科等击败明师，获明将席世贤等一百七人，降牛万才等二百五十六人、兵一万八千有奇。可望等攻陷沅州，效忠遣守备吴进功等分屯要隘为备，复亲将兵攻下黎平，屯四乡所。可望诇我兵寡，骤以兵至，效忠力战，马蹶被执，不屈，死。效忠，辽东人。明副将，属左良玉军。良玉死，从其子梦庚来降，隶汉军正白旗，授三等阿达哈哈番。至是，永忠以死事状闻，上命予恤。

永忠退保湘潭，敕令激厉将士，相度险要，以同心并力，坚守疆土，毋轻战，毋退缩。旋闻桂林陷，孔有德战死，复敕令留屯宝庆，与总兵柯永盛合军固守。十年二月，授永忠剿抚湖南将军。镇湖南。十一年，孙可望兵入湖南，沅、靖、武冈诸州皆陷，进攻辰、永。永忠还军长沙。给事中魏裔介劾："永忠手握重兵，望风宵遁，乞亟赐罢斥，毋俾误及封疆。"十二年，议政王大臣议永忠丧师失地罪，当斩，来降有功，免死夺爵，上从其议。十七年，复命永忠为挂印将军，镇广东。康熙初，命驻潮州。旋卒。

瑞，永忠子。方永忠之黜也，以从弟永兴袭爵。永兴卒，以瑞袭爵。时瑞方八岁，所部副都统邓广明驻潮州如故。十三年，潮州总兵官刘进忠叛应三桂，瑞部兵与巷战三日，进忠引郑锦兵入城，执瑞、广明，驱将卒家属二千余人徙福建，置诸漳浦。十六年，复执瑞送台湾。康亲王杰书师定福建，疏言："瑞所部及其孥无所统属，应令有地得以总集。"上命副都统张梦吉、宋文科统其众驻潮州，同将军赖塔等协守，当给俸饷，令督饷侍郎达都视旧例从厚。梦吉等寻疏请送孥留京师，杰书又请以所部分隶督、抚、提、镇，而处其孥于山西诸省。圣祖谕谓："瑞及所部官兵素怀忠义，特以众寡不敌，为贼所协。"令驻潮州如故。

锦得瑞，爵以侯。瑞不愿附锦，谋待我师至为内应。二十年十一月，锦将朱友以瑞谋告锦，锦遂幽瑞，瑞及妻郑皆自杀，锦尽杀其奴。台湾平，圣祖闻瑞死事状，下廷臣议，求其族，以瑞从侄沈熊昭袭爵。

祖大寿，字复宇，辽东人。仕明为靖东营游击。经略熊廷弼奏奖忠勤诸将，大寿与焉。天启初，广宁巡抚王化贞以为中军游击。广宁破，大寿走觉华岛。大学士孙承宗出督师，以大寿佐参将金冠守岛。承宗用参政道袁崇焕议，城宁远，令为高广，大寿董其役。方竟，太祖师至，穴地而攻，大寿佐城守，发巨炮伤数百人。太祖攻不下，偏师略觉华岛，斩冠，殪士卒万余。太宗即位，伐明，略宁远，崇焕令大寿将精兵四千人绕出我师后，总兵满桂、尤世威等以兵来赴，战宁远城下。会溽暑，我师移攻锦州，不克，遂引还。明人谓之宁锦大捷。

明庄烈帝立，用崇焕督师，擢大寿前锋总兵，挂征辽前锋将军印，驻锦州。太宗尝与大寿书，议遣使吊明熹宗之丧，且贺新君，大寿答书拒之。越二年，太宗伐明，薄明都。崇焕率大寿入卫，庄烈帝召见平台，慰劳，令列营城东南拒战。崇焕中太宗间，朝臣复论其“引敌协和”，庄烈帝意移，复召入诘责，缚下狱。大寿在侧股栗，惧并诛，出，又闻满桂为武经略，统宁远将卒，不肯受节制，遂帅所部东走。毁山海关出，远近大震。庄烈帝取崇焕狱中书招之，孙承宗亦使抚慰，密令上章自列，请立功赎崇焕罪。大寿如其言，庄烈帝优旨答之。明年春，我师克永平等四城，太宗闻大寿族人居永平三十里村，命往收之，得大寿兄子一、子二及其戚属，授宅居之，以兵监焉。师出塞，贝勒阿敏等护诸将戍四城。承宗令大寿与山西总兵马世龙、山东总兵杨肇基会师率副将祖大乐、祖可法、张弘谟、刘天禄、曹慕诚、孟发等攻滦州。滦州下，遂逼永平，阿敏等弃四城引兵还。大寿复驻锦州。

又明年七月，大寿督兵城大凌河。太宗策及其工未竟攻之，自将渡辽河，出广宁大道，贝勒德格类等率偏师出义州。八月，师至城下，上曰：“攻城虑多伤士卒，不若为长围困之，城兵出，我则与战。援师至，我则迎击。”乃分命诸贝勒诸将环城而军，冷格里当城北迤西，达尔汉当城北迤东，阿巴泰在其后。觉罗塞勒当城正南，莽古尔泰、德格类在其后。篇古当城南迤西，济尔哈郎在其后；武纳格当城南迤东，喀克笃礼当城东迤北，多铎在其后；伊尔登当城东迤南，多尔衮在其后；和硕图当城西迤北，代善在其后。鄂本兑当城正西，叶臣当城西迤南，岳托在其后。诸蒙古贝勒各率所部弥其隙。佟养性率乌真超哈载炮跨锦州大道而营，诸将各就分地周城为濠，深广各丈许。濠外为墙，高丈许，施睥睨，距墙内五丈又为濠，广五尺，深七尺五寸。营外又各为濠，深广皆五尺。上陟城南冈顾谓降将麻登云、黑云龙曰："明善射精兵尽在此城。关内兵强弱，朕所素悉。"登云对曰："此城之兵，犹枪之有锋，锋挫柄存，亦复何济？"上命射书城中，招蒙古兵出降。诸将攻抚城外诸台堡，以次悉下。城兵出樵采，辄为我军擒馘。围合十余日，上以书谕大寿，言愿与明媾和，大寿置不报。

明援师自松山至，阿山、劳萨、图鲁什击败之。自锦州至，贝勒阿济格等击败之。九月，辽东巡抚邱禾嘉，总兵官吴襄、宋伟，合军七千人赴援，上亲率贝勒多铎及图鲁什等以巴牙喇兵二百渡小凌河，乘锐击破之。围合已月余，上度大寿必期援师至，出城兵夹攻，乃令厮卒去城十里所，发炮树帜，骤马扬尘，若为援兵自锦州至者，而亲率马巴牙喇兵入山为伏。大寿果以城兵出攻城西南隅台，篇古、叶臣及蒙古诸贝勒督所部御战。上亲率巴牙喇兵自山上腾跃下。大寿知坠计，急收兵入城，死伤百余人。自是闭城不复出。越数日，明监军道张春及襄、伟等合马步兵四万来援，渡小凌河，为严陈徐进，上与贝勒代善等以二万人御之。上率两翼骑兵直入敌营，发矢射明军。明军发枪炮，上督骑兵纵横驰突，矢雨集，明军遂败。襄先奔，佟养性屯敌营东发炮。黑云起天际，风从西来，明军纵火势甚炽，将逼我陈，忽骤雨，反风向明军，明军益乱。右翼兵入春营，逐北三十余里，获春及副将张弘谟、杨华徵、薛大湖、参将姜新等三十三人，斩副将张吉甫、满库、王之敬，襄等皆遁走。

十月，上复使招大寿，并命弘谟等各以己意为书劝降，大寿率将吏见使者城外，曰："我宁死于此，不能降也！"上复与大寿书谕降，许以不杀。旋有王世龙者，越城出降，言城中粮竭，商贾诸杂役多死，存者人相食，马毙殆尽。参将王景又以子章台降。我师克傍城诸堡，收糗粮，葺壕垒。大寿欲突围，不得出。上复遣姜新招大寿，大寿见新于城外，遣游击韩栋与新偕还，栋怵我师严整，归以白大寿,大寿始决降。遂令其子可法出质,要石廷柱往议。上遣库尔缠、龙什、宁完我与廷柱偕。廷柱度壕见大寿,大寿曰:"人安得不死?今不能忠于国,亦欲全身保妻子耳。我妻子在锦州,上将以何策俾我得与妻子相见耶?"上复令廷柱与达海往谕,即令大寿遣计。大寿遣其中军副将施大勇来,言降后欲率从者诈逃入锦州,伺隙以城献。是时大凌河诸将皆愿降,独副将何可纲不从,大寿乃令掖以出城杀之。大寿使以誓书至,上率诸贝勒誓曰:"明朝总兵祖大寿,副将刘天禄、张存仁、祖泽洪、祖泽润、祖可法、曹恭诚、韩大勋、孙定辽、裴国珍、陈邦选、李云、邓长春、刘毓英、窦承武、参将游击吴良弼、高光辉、刘士英、盛忠、祖泽远、胡宏先、祖克勇、祖邦武、施大勇、夏得胜、李一忠、刘良臣、张可范、萧永祚、韩栋、段学孔、张廉、吴奉成、方一元、涂应乾、陈变武、方献可、刘武元、杨名世等,今以大凌河城降。凡此将吏兵民罔或诛夷,将吏兵民亦罔或祚虞。有违此盟,天必谴之!"誓毕,上使龙什告大寿,大寿即日出谒,上与语良久,定取锦州策,以御服黑狐帽、貂裘、金玲珑鞓带、缎靴、雕鞍、白马赐之。

次日,命贝勒阿巴泰等将四千人为汉装,从大寿取锦州,会大雾,不果行。又次日为十一月朔,大寿以从子泽远及从者二十六人入锦州,石廷柱、库尔缠送之。夜渡小凌河,徒步去。上令大凌河将吏兵民剃发,敛军中余粟分赍之。方大凌河筑城时,军士、工役、商贾都三万余人,至是存万一千六百八十二人,马三十有二。后数日,大寿自锦州:"传语诸裨将前日行伧猝,从者少。抚按御防严,客军众,未得即举事。"又遣使以告上,上报以书,诫毋忘前约。命坠大凌河城,引师还,至沈阳。命达海传谕慰诸降将,大寿诸子孙赐宅以居,厚抚之。用贝勒岳托议,将以雪辽东、永平多杀谤也。

天寿初入锦州,诡言突围出,辽东巡抚邱禾嘉知其纳款状,密闻于朝。庄烈帝羁縻之因为用,置勿问,惟以蒙古将桑噶尔塞等赴援,战不力,败又先奔,令大寿诛之。桑噶尔塞等将执大寿来降,大寿与之盟乃定。庄烈帝召大寿入朝,使三至,辞不往。上自大凌河师还,略宣府,克旅顺。居二年,遣阿山、谭泰、图尔格先后徇锦州。又明年,上使贝勒多铎帅师攻锦州,多铎令阿山、石廷柱、图赖、吴拜、郎球、察哈喇等以四百人前驱。大寿令副将刘应选、穆禄、吴三桂、参将桑噶尔塞、张国忠、王命世、支明显将二千七百人出御,松山城守副将刘成功、赵国志率八百人来会。阿山等与遇大凌河西,多铎引后军自山下,尘起蔽天,应选等军溃,歼五百人,获游击曹得功等,得马二百余、甲胄无算。多铎旋引军还。

又明年,改元崇德,行封赏,授泽润三等昂邦章京,泽洪、可法一等梅勒章京,予世袭敕书,设都察院、六部、满、汉、蒙古各置承政皆授诸降将,可法、张存仁都察院泽洪吏部,韩大勋户部,姜新礼部,泽润兵部,李云刑部,裴国珍工部。三年,更定部院官制,但置满承政。诸降将改授左右参政,并以邓长春代大勋,陈邦选代新。是时上北抚喀尔喀,南定朝鲜,敕大寿使密陈进兵策,大寿不报。

三年十月,上自将伐明,率郑亲王济尔哈郎豫亲王多铎出宁远、锦州大道。睿亲王多尔衮为左翼,自青山关入。贝勒岳托为右翼,自墙子岭入。大寿方屯中后所,以兵袭多铎,土默特之众先奔,多铎师败绩。次日,与济尔哈合兵出。大寿敛兵不复战,上亲率师至中后所,使谕大寿曰:“自大凌河别后,今已数载。朕不惮辛苦而来,冀与将军相见。至于去留,终不相强。曩则释之,今乃诱而留之,何以取信于天下乎?将军虽屡与我兵相角,为将固应尔,朕绝不以此介意。将军勿自疑!”次日,又纵俘赍敕往曰:“曩大凌河释汝,朕之诸臣每谓朕昧于知人。今将军宜出城相见,若怀疑惧,朕与将军可各将亲信一二人于中途面语。朕欲相见者,盖为朕解嘲,亦使将军子侄及大凌河诸将吏谓将军能践言也。”大寿终不敢出。石廷柱、马光远、孔有德等攻克旁近诸台堡,上乃命还师。左右翼深入,师大捷。

四年二月,上复自将伐明,以武英郡王阿济格为前锋,亲督军围松山,分兵攻连山、塔山、杏山。明庄烈帝方召大寿入援,大寿甫行,我师至,乃还守宁远。时泽远守杏山,大寿遣部将三、兵九百自水道赴援，半入城。我噶什布贤兵蹑其后，纵击，得舟一，杀五十人。上遣使至锦州谕大寿妻，令以利害导大寿来降。大寿选蒙、汉兵各三百，授祖克勇及副将杨震、徐昌永等取道边外趋锦州，至乌欣河口。阿尔萨兰以满、蒙兵一百六十戍焉，与战，获震，斩级八十四，得马百五十。克勇等依山为寨，上亲督巴和喇兵破其寨，斩昌永，获克勇斩级三百一十一，得马四百一十一。我兵攻松山，不克，会左右翼师还，上命罢攻还盛京。大寿复入锦州。是岁屡出师略锦州、宁远、松山、杏山，皆未竟攻，得俘获即引退。

五年三月，命郑亲王济尔哈郎、贝勒多铎率师屯田义州。五月，上幸义州视师，蒙古苏班代等牧杏山城西，使请降，上命济尔哈朗等率巴牙喇兵千五百人往还逛。大寿侦我师寡，令游击戴明与松山总兵吴三桂、杏山总兵刘周智合兵七千人邀击，济尔哈朗引退致敌，还击，大败之。上亲阅锦州，城攻城东五里台、城北晒马台，皆下，刈其禾而还。上命多尔衮、济尔哈朗等将兵更番攻锦州。六年三月，济尔哈朗令诸军环城而营，大寿令蒙古守陴。逻卒至城下，蒙古兵自城上呼与语曰："我城中积粟可支二三年，尔曹为长围，岂遂足困我乎？"逻卒曰："我师围不解，自二三年至四五年，尔曹复何取食？"蒙古兵闻之皆惧。贝勒诺木齐等遂遣使约降，启郭东门纳我师。及期，大寿闻变，以兵出子城，蒙古兵与战，我师逼城外，蒙古兵乘绳，援以登，吹角夹攻，大寿退保子城。我师入其郛，得裨将十余及蒙、汉民男妇五千三百六十七人。明援兵自杏山至，济尔哈朗为二覆，败明兵，斩级一百七十，俘四千三百七十四人，得马百十六、甲七十六。

五月，洪承畴督军来援。六月，多尔衮番代。上遣学士罗硕以泽润等书招大寿。七月，上自将破明师，降承畴。语见《承畴传》。大寿弟总兵大乐，游击大名、大成从承畴军，被获，上命释大成，纵之入锦州。大寿使诇军，言得见大乐，当降，即令相见，大寿再使请盟。济尔哈朗怒曰："城且夕可下，安用盟为？"趣攻之。大寿乃遣泽远及其中军葛勋诣我师引罪。翌日，大寿率将吏出降，即日诸固山额真率兵入城,实崇德七年三月初八日也。上闻捷,使济尔哈朗、多尔衮慰谕大寿,并令招杏山、塔山二城降,济尔哈朗、多尔衮帅师驻焉。

阿济格、阿达礼等以大寿等还,上御崇政殿召见,大寿谢死罪,上曰:"尔背我为尔主,为尔妻子宗族耳。朕尝语内院诸臣,谓祖大寿必不能死,后且复降,然朕决不加诛。往事已毕,自后能竭力事朕则善矣。"又谕译远曰:"尔不复来归,视大寿耳。曩朕莅视杏山,尔明知为朕,而特举炮,岂非背恩,尔举炮能伤几人也?朕见人过,即为明言,不复省念。大寿且无责,尔复何诛?尔年方少壮,努力战陈可已。"译远感激泣下。六月,乌真超哈分设八旗,以泽润为正黄旗固山额真,可法、泽洪、国珍、泽远为正黄、正红、镶蓝、镶白诸旗梅勒额真。大凌河降将初但领部院,至是始以典军。大寿隶正黄旗,命仍为总兵,上遇之厚,赐赉优渥。存仁上言:"大寿悔盟负约,势穷来归。即欲生之。以不杀足矣,勿宜复任使。"降将顾用极且谓其反覆,虑蹈大凌河故辙。上方欲宠大寿讽明诸边将,使大寿书招明宁远总兵吴三桂,三桂,大寿甥也,答书不从。大寿因疏请发兵取中后所。收三桂家族。

八年十月,济尔哈朗帅师伐明,克中后所,并取前屯衞、中前所。明年,世祖定鼎京师,大寿从入关。子泽溥在明官左都督,至是亦降。十三年,大寿卒。

大寿初未有子,抚从子泽润为后。其后举三子,泽溥、泽洪、泽清、泽清叛应吴三桂,语见《三桂传》。

泽润初授三等昂邦章京。顺治中,以从征叛将姜瓖,并遇恩诏,进一等精奇尼哈番又一拖沙喇哈番。从阿尔津帅师镇湖南,卒于军。乾隆初,定封二等子兼一云骑尉。

泽溥初,降授一等侍卫。累迁福建总督,乞休,卒。

泽洪分隶镶黄旗。顺治元年,改参政为侍郎,泽洪仍任吏部。入关追击李自成,斩其将陈永福。克太原,复击败叛将贺珍、姜瓖。叙功,并遇恩诏,累进一等精奇尼哈番,兼授内弘文院学士。以疾解任,卒。

子良璧，袭爵，授参领，兼佐领，从裕亲王福全征噶尔丹，擢西安副都统。复从抚远大将军费扬古出西路讨噶尔丹，驻翁吉督饷。噶尔丹从子丹济拉袭翁吉，良璧击之，败走。迁福州将军，署福州总督，卒。乾隆初定封一等男兼一云骑尉。

可法，大寿养子。初质于我师。及降，授副将隶正黄旗。顺治初，从入关，击走李自成，命以右都督充河南卫辉总兵。自成兵掠济源、怀庆，总兵金玉和战死，可法赴援力战，自成兵乃引去。进都督，充镇守湖广总兵，驻武昌。以疾解任，卒，谥顺僖。

泽远，顺治间，积功，并遇恩诏，授世职一等阿达哈哈番。累迁湖广总督，加太子太保。京察左迁。寻卒。

论曰：有德、仲明，毛文龙部曲。可喜，东江偏将志祥又文龙部曲之余也。文龙不死，诸人者非明边将之良欤？大寿大凌河既败，锦州复守，相持至十年，明兵能力援，奸疆可尽守也。太宗抚有德等，恩纪盩厔，终收绩效。其于大寿。不惟不加罪，并谓其"能久守者，读书明理之效。"推诚以得人，节善以励众，其诸为兴王之度也欤！

图赖　准塔　伊尔德　努山　阿济格尼堪　佟图赖

图赖，费英东第七子也。初隶厢黄旗，后与兄纳盖、弟苏完颜改属正黄旗。天聪元年，太宗伐明，略宁远二年，伐察哈尔，图赖皆从。三年，复伐明，薄明都，明大同总兵满桂入援，屯德胜门，图赖与战，所杀伤甚众。师还，授世职备御。四年，从贝勒阿敏守永平，明兵救滦州，阿敏遣巴都礼赴援，图赖及梅勒额真阿山皆在行。及阿敏弃永平，出边，明将率步卒百人追击，图赖以十六人殿，还战，尽歼之，进世职游击。

五年，上伐明，围大凌河城，命巴牙喇纛章京扬善、巩阿岱等驻军壕外，待敌度壕即与战，而令图赖与南褚、哈克萨哈当两旗间，卫樵采。城兵出挑战，图赖锐入陈，达尔汉以所部继，贝勒多尔衮亦督兵进，我师薄壕，舍骑步战，敌阻壕与城上兵争发炮矢。师退，副将穆克谭、屯布禄，备御多贝、戈里等皆战死，图赖亦被创。上怒曰：“图赖轻进，诸军从之入，朕弟亦冲锋而进，有不测，将磔尔等食之！敌如狐处穴，更将焉往？朕兵天所授，皇考所遗，欲善用之，勿使劳苦。穆克谭我旧臣，死非其地，岂不可惜？”因诫诸臣毋视图赖创，扬古利、巩阿岱偕往存问。上复切责之。明监军道张春等以四万人来援，次长山，上率诸贝勒御之，图赖当右翼，跃马突阵，敌溃走，遂覆其师。

七年，从攻旅顺口。八年，从伐明，徇大同，攻朔州，拔灵邱，进世职二等。旋追论攻朔州时越界出略，又不赴期会地，夺俘获入官。九年，授巴牙喇纛章京，从贝勒多铎等伐明。多铎既入广宁，令图赖与固山额真阿山等以四百人为前锋向锦州，击杀明将刘应选，破其军。师还，以功得优赉。崇德二年，授议政大臣。三年，上命睿亲王多尔衮、贝勒岳托率师分道伐明。图赖从岳托为前驱，逾墙子岭入边，克十一台，遂南略山东。明将以八千人拒战，蒙古阿蓝泰旁却，图赖方督所部驰击，敌百绮突至，图赖搏战陷坚，敌败去。明大学士刘宇亮缀我师而北至通州，图赖与固山额真谭泰击破之，拔四城，进三等梅勒章京。六年，从郑亲王济尔哈朗等伐明，围锦州，明总兵祖大寿为明守，蒙古吴巴什、诺木齐等谋内应，事泄，大寿以兵攻吴巴什等，图赖入其郛，力战，援诺木齐出。先后破杏山、松山援兵，遂督乌真超哈拔塔山、杏山二城，进一等梅勒章京。师还，追论攻锦州时巴牙喇兵有怯退者，图赖当罚锾，上命宽之。八年，从伐明，拔中后所、前屯卫，进三等昂邦章京。

顺治元年，从睿亲王多尔衮帅师伐明，明将吴三桂迎师。四月戊寅，师距山海关十里，李自成遣将唐通率数百骑出关，是夕遇于一片石，图赖督巴牙喇兵与战，通败走。己卯，入关，从大军击破自成。自成还京师西遁，图赖复从诸军追击，败之于庆都。二年，叙功，超授三等公。时图赖从定国大将军豫亲王多铎西讨自成，豫亲王师自怀庆而南，图赖至孟津，率精兵渡河，明守将黄士欣等皆走，降濒河寨堡十五。

明总兵许定国等以所部来附，进薄潼关。自成将刘宗闵据山为陈拒我师。噶布什贤章京努山、鄂硕等率兵向敌，敌迎战，图赖率百四十骑直前掩杀，一以当百，俘馘过半。是岁正月，自成将刘芳亮以千余人出关觇我师，图赖与阿济格尼堪等令正黄、正红、厢白、厢红、厢蓝等五旗各牛录出巴牙喇兵，率以击敌，大败之。自成闻败，亲率马步兵拒战，又征厢黄、正蓝、正白三旗兵相助，贼连夕攻我垒，皆败走，遂破潼关。

　　陕西既定,豫亲王移师下江南。四月至扬州,令图赖与拜音图、阿山等攻之,克其城,执明大学士史可法杀之。进攻明南京,复令图赖与拜音图、阿山率舟师列江西岸助攻。南京既下,从贝勒尼堪等逐明福王至芜湖。福王登舟,将渡江,图赖扼江断渡,明将田雄、马得功以福王降。师还,图赖上书摄政睿亲王,略言:“图赖昔年事太宗,王之所知也。今图赖事上,亦犹昔事太宗时。不避诸王贝勒嫌怨,见有异心,不为容默。大臣以下、牛录章京以上,亦不为隐恶。图赖誓于天,必尽忠事上。图赖不过失,王若不言,恐不免于罪戾。王幸毋姑息,不我教诫也!”

　　初,图赖在军,固山额真谭泰方从英亲王阿济格西征,遣使告图赖曰:“我军道迂险,故后至。请留南京畀我军取之。”图赖以其语告豫亲王,别作书遣塞尔特报索尼,将使索尼启摄政王。塞尔特以书示牛录希思翰,希思翰虑书,达谭泰且得罪,令沉诸河。图赖至京师,诘塞尔特索前书,塞尔特诡言已达索尼。事闻于摄政王。三年正月,下诸大臣审勘。将罪索尼。摄政王亲鞫塞尔特,始自承沉书状。摄政王坐午门议谭泰罪,三日犹未决。图赖诘王,语甚历,摄政王怒曰:“尔亦过妄矣!曩逐流贼至庆都,议分道进兵。因诸将争先。尔诮让肃、豫、英诸亲王,不顾而唾。今又以语凌我。似此怒色疾声,将逞威于谁乎?予与诸王非先帝子弟乎!”语毕,遂还邸。诸王因执图赖将罪之,王复返曰:“图赖虽声色过历,然非退有后言者。且为我矢勤效忠,无他咎也。”命解其缚。狱既定,侍卫阿里马私诮图赖庇索尼,图赖以告摄政王,王令捕阿里马及其二弟索泥岱、锁宁。阿里马故骁勇,与索泥岱拔刀拒。皆杀之。而释锁宁。寻授本旗固山额真。

　　二月,以贝勒博洛为征南大将军,图赖副之,帅师徇浙江、福建。五月,论破流贼及定河南、江南功,进图赖一等公。是月,师至杭州、明鲁王驻绍兴,其将方国安等屯钱塘江东岸,绵亘二百里,舣舟拒我军。我军舟未具,会潮落沙涨,图赖率诸将士策马自上流迳渡,江广十余里,人马无溺者。国安望见,惊,弃战舰走还绍兴,将劫鲁王以降,鲁王走台州,图赖师从之,获其将武景科等。进克金华,杀明督师大学士朱大典。七月,复进克衢州,杀明蜀王盛浓及明将吴凯、项鸣斯等。浙江平。八月,博洛令诸军分道入福建,图赖自衢州出仙霞关,击破明大学士黄鸣骏等。师度岭,克浦城,分遣署巴牙喇纛章京杜尔德、噶布什贤章京拜尹岱等攻克建宁、延平诸府。明唐王自延平走汀州,复遣巴牙喇纛章京阿济格尼堪、杜尔德等帅师追击,克其城,执唐王及其宗室诸王送福州。明将姜正希以二万人夜袭汀州,已登陴我军出御,击杀过半,别军自广信出分水关,克崇安。共抚定兴化、漳州、泉州诸府。福建平。师还,至金华,图赖卒于军。子辉塞,袭爵。贝子屯齐等讦郑亲王尔哈郎,因及图赖尝谋立肃亲王豪格,及上即位,复附和郑亲王,辉塞坐夺爵。八年,上亲政,念图赖旧功,命配享太庙,谥昭勋,立碑纪绩,辉塞复袭爵。雍正九年三月,定封一等雄勇公。

准塔,满洲正白旗人,扈尔汉第四子也。天聪间,授世职牛录章京,官甲喇额真。尝与鳌拜共率师略明锦州,复与劳萨共率师迎护察哈尔来降诸宰。桑崇德二年四月,从武英郡王阿济格攻明皮岛,敌守坚。阿济格集诸将问策,准塔与鳌拜曰:“我二人誓必克之!不克,不复见王”。遂先众连舟渡海,举火招诸军,敌倚堡为陈以拒,与鳌拜犯矢石力战,卒取其岛。论功,进世职三等梅勒章京,袭十二次,赐号“巴图鲁”,敕增纪其绩。

三年八月,授蒙古固山额真。九月,从扬武大将军贝勒岳托等伐明,攻密云墙子岭,准塔先据岭,导军毁边墙以入,击败明太监冯永盛、总兵侯世禄等。又与武赖败三屯营援兵,复进战于董家口,破敌,行略地,克城二。师还,进世职二等梅勒章京。六年二月,从睿亲王多尔衮攻锦州,以阿王指,遣士卒归,又离城远驻,议罪,当夺官籍没。上命罚锾以赎。八月,上自将攻锦州,九月,还盛京,命准塔从贝勒杜度等为长围困之。七年三月,锦州既下,上命贝勒阿巴泰率师留戍。旋令准塔与固山额真叶臣等番代。

先是围锦州时,城兵出犯厢黄旗汛地,巴牙喇兵退入壕内,王贝勒等袒不举,准塔坐阿附,议罪当罚锾,上命贷之,十月,从阿巴泰、图尔格帅师伐明,略山东、与叶克书等分兵攻孟家台,不克,士卒有死者,准塔又妄称尝陷阵。师还,议罪,夺巴图鲁号,降世职一等甲喇章京,仍罚锾。十二月,复命镇锦州。

顺治元年,从睿亲王多尔衮入关,击李自成,遂至庆都,大破之。又与谭泰等率噶布什贤兵逐至真定,又破之。自成焚辎重,仓皇西走,于是京师以北、居庸关内外诸城堡,及畿南诸州县悉定。论功,复三等梅勒章京。

二年正月,以饶余郡王阿巴泰为帅,准塔将左翼,谭布将右翼,帅师徇山东。二月,闻明福王遣兵渡河,阿巴泰令准塔等迎战。明兵方攻沛县李家楼,马步二十余屯徐州,距城十五里,准塔师破其垒,斩其将六,明兵赴河死者无算,遂克徐州。五月,复自徐州南下,明总兵刘泽清遣其将高佑以舟师攻宿迁,击破之,进次清河县。黄河自西来,至县境,淮水及清河皆入焉。泽清遣其将马化豹、张忠义等将兵四万、舟千余,据三水交汇处,连营十里。准塔遣梅勒章京康喀赖,游击范炳、吉天相等率兵渡清河,结营相拒,发炮击敌舟。复遣都司楚进功将步兵六百人屯黄河北岸,鸣炮相应。又分其兵为二:一出清河上游,一隔水,击破明马步军;兵复合,逐入淮安界,斩其将三。师次清江浦,泽清引去,明将吏柏永馥、范鸣珂出降,遂克淮安。

明新昌王入海据云台山,纠众陷兴化,准塔遣将击斩之,通州、如皋、泰兴诸城皆下。凤阳、庐州亦降。凡降明将吏二百十三,得舟五百余、马九百余、骆驼二十五、炮一百二十。捷闻,进准塔三等昂邦章京,复"巴图鲁"号,命以固山额真镇守庐、凤、淮阳诸处。准塔帅师巡行诸州县,安抚居民,设置官吏。江、淮间悉定,泽清寻亦以所部降。

三年正月,从肃亲王豪格帅师徇陕西。时叛将贺珍据汉中,武大定、石国玺等分屯徽、阶诸州,遥与相应。豪格师自西安向汉中,珍走西乡。七月,令准塔与贝子满达海等攻大定、国玺等,大定、国玺等以其众七百人降。十一月,豪格击张献忠于西充,准塔指挥诸军合战,俘馘甚众。四年八月,复与贝勒尼堪、贝勒满达海等分兵下遵义、夔州、茂州、荣昌、富顺、内江、资阳诸郡县。四川平,师还。寻卒。论功,进世职一等精奇尼哈番。十二年,追谥襄毅,立碑纪绩。

准塔无子,弟阿拉密,袭。遇恩诏,进三等伯。康熙中,准塔兄子舒书降袭一等精奇尼哈番。乾隆初,定封一等子。

伊尔德,满洲正黄旗人,扬古利族侄也。天聪三年,从扬古利率师入明边,略锦州、宁远。既,复从攻北京。师还,败山海关援兵于滦州,出塞为前驱,斩明兵守隘者。五年,从围大凌河城,城兵突出,伊尔德冲锋杀敌。逐敌迫壕,乃引还。敌骑挟弓矢将犯御营,伊尔德驰斩之。秋,复略前屯卫,将十五人,捕敌军逻卒。值别将噶思哈为敌困,夺击,援之出,积功,授世职备御。寻擢巴牙喇纛章京。

崇德二年,从贝勒阿巴泰筑都尔弼城,将巴牙喇兵四百人护工役。五年,从围锦州,敌出战,伊尔德领纛追击,败之。督屯田锦州、松山间,明人纵牧于野,伊尔德设伏飆欣河。驱其牧牲畜以归。敌袭我军后,伊尔德还击,斩获无算。超进世职三等梅勒章京。屡坐事当削世职,命罚锾以赎。七年,复从围锦州,明兵来夺炮,击败之,进一等。

顺治元年,命驻防锦州。二年,加半个前程。世祖召伊尔德,命从豫亲王多铎南征,与尚书宗室谨岱等将蒙古兵自南阳下归德,招抚甚众。至扬州,获战舰百余,渡江先驱,破南京,明福王由崧走芜湖,与固山额真阿哈尼堪等追击,败明将黄得功。三年,进世职一等昂邦章京。六年,偕大将军谭泰讨叛将金声桓。下南昌,诛声桓。师进,叛将李成栋陷信丰,攻克之,成栋夜遁,马蹶,溺水死。分兵定抚州、建州昌,破其将杨奇盛。江西悉平。师还,复移剿保定土冦。论功,进世职一等精奇尼哈番。八年,巴牙喇纛章京鳌拜讦伊尔德值上幸内苑擅令门直员役更番,私减守门护军额数,又嫉忌鳌拜等,鞫实，论死，上贷之，命降世职一级，罚锾以赎。寻授本旗固山额真。九年，三遇恩诏，累进一等伯兼拖沙喇哈番。从敬谨亲王尼堪征湖南，师败绩，王没于阵。十一年，师还，论罪，夺职籍没。

初，明鲁王以海与其将阮进等据舟山，以海走入海。至是其将陈六御、阮思等复据舟山为寇。十二年，上授伊尔德宁海大将军。率师讨之。六御等遣所置总兵王长树、毛光祚、沈尔序等登陆掠大岚山。伊尔德遣巴牙喇纛额真车尔布、梅勒额真硕禄古、总兵张承恩引兵趋夏关，抵斗门，连击败之，斩长树等。而自率师攻宁波，乘舟趋定海，分三道并进。六御等列舟望江口山下以待，伊尔德挥众进击，败之。追至衡水洋，斩六御等，遂取舟山。十四年，师还，上命贝勒杜兰等效劳，复世取，论功进一等伯。

十五年，从信郡王多尼南征，自贵阳至盘江，击斩明将，进克云南，十八年，卒于军，谥襄敏。

孙巴珲岱，袭。自散秩大臣迁正黄旗满洲都统。夏逢龙之乱，出为荆州将军。圣祖征噶尔丹，参赞大将军马斯喀军务。卒，谥恪恭。子马哈达，降二等伯，世袭。乾隆中，加封号宣义。

努山，扎库塔氏，世居鄂时里。父塔克都，归太祖，太祖命籍其众为牛录，以其长子瑚什屯为牛录额真。旗制定，隶满洲正黄旗。积功，授世职游击。卒，无子，以努山子浑岱为后，袭职，而努山代为牛录额真。从征伐，辄先驱觇敌。有功，授噶布什贤章京。太宗嘉其能，以瑚什屯世职改命努山，谕曰："弟之子不若弟亲也。"时为天聪八年五月。

寻从伐明，攻大同，努山与甲喇额真席特库、纳海执逻卒以献。崇德元年，率甲士行边，至冷口，遇明兵逻卒十四，斩三人，俘一人，获马十余。三年，从贝勒岳托伐明，将入边，遇明兵，斩四十人，俘三人。发明兵所置火药。度墙子岭，明总兵吴阿衡将六千人迎战，击之败。与噶布什贤噶喇依昂邦劳萨逐明兵，获马数十及攻具。薄明都，破明兵为伏者，而自设伏道侧，挑明太监高起潜战，伏起夹击，多所俘馘。即夕，起潜袭噶布什贤兵，努山与席特库及甲喇额真鄂克合兵战，起潜兵败走，逐北，迫会通河，明兵多人水死，遂次涿州。分道从睿亲王多尔衮徇山东，克济南，师还，出塞，复与劳萨共败明兵。

六年七月，与侍卫穆章等诇敌董家口、喜峰口，遇明兵，斩百余人，俘四人，从围锦州，是时上自将驻军松山、杏山道中，明兵击噶布什贤兵，努山力战，斩五十二人，获马三十。明总督洪承畴出战，努山与劳萨等阵而前，战良久王贝勒等各以所部合战，大破明兵。十月，擢噶布什贤噶喇依昂邦。是时武英郡王阿济格驻军杏山河岸，上命努山济师。敌骑千自宁远至，猝与努山值，惊溃，努山逐之，至连山，斩二十人，获马三十有二。七年三月，与噶布什贤噶喇依昂邦吴拜共略宁远，敌骑五十自中后所至，率噶布什贤兵纵击，明兵四百人来援，并击败之。薄宁远，守者背城陈，努山等与战，俘二十三人，进世职二等甲喇章京。八年，上以贝勒阿巴泰等略山东未还，命努山率甲喇额真四、侍卫四、兵九十至界领口，诇师行距边远近，遇明兵，斩守备一、兵三百余，俘数十人，获马赢二百余。八月，与巴牙喇纛章京阿济格尼堪帅师戍锦州。

顺治元年，世祖既定鼎，命努山将左翼噶布什贤兵从豫亲王多铎西讨李自成，自成兵出潼关拒战，努山自间道剿其垒，斩杀过半，自成兵溃走。二年，移师定河南，下扬州，克明南京。明福王由崧走芜湖，努山与诸将以师从之，得福王以归。三年，从贝勒博洛徇浙江，明总兵方国安屯钱塘江东岸，以舟师出战。努山从固山额真图赖自上游渡，击国安，败之，尽得其舟。进略福建，击斩明巡抚杨廷清、李暄芳，时巴牙喇纛章京都尔德等攻下建宁、延平诸府，明唐王聿键走汀州，努山驰七昼夜追及之，唐王入城守，令锐卒以巨木撞其门，后军继至，遂克之。

五年，从郑亲王济尔哈朗定湖广。明桂王由榔据广西，其总督何腾蛟，总兵王进才、马进忠、袁宗第等，分屯湖南诸郡邑。六年正月，努山至长沙，时席特库亦迁噶布什贤噶喇依昂邦，将右翼噶布

什贤兵，共简精锐攻湘潭，与固山额真阿济格尼堪等破北门入，腾
蛟死之。四月，兵部尚书阿哈尼堪等徇宝庆，未至七十里，进才、进
忠合军出御，努山令所部舍骑步战，明兵败，薄城东门，进才等弃城
走，逐之至武冈，歼进忠所将步兵三千，破进才及宗第等寨十余，分
克沅州、靖州。再进克全州，斩明阁部杨熬及副将以下四十余。累
进二等阿思哈尼番。十三年，擢内大臣。十五年，卒。

阿济格尼堪，满洲正白旗人，达音布子。达音布战死，长子阿哈
堪袭三等甲喇章京，旋卒。阿济格尼堪继袭，授甲喇额真。从太宗
伐察哈尔。自大同入明境，与雅赖共击败明兵于崞县。崇德元年，
从太宗伐朝鲜，击败明宁远守边兵。三年，从贝勒岳托伐明，击破总
兵侯世禄，得其印及骑。四年，擢巴牙喇纛章京。从肃亲王豪格攻
锦州，设伏于连山，俘五人，获马七。

六年，从郑亲王济尔哈朗攻锦州，以七十人为伏，败敌。进攻杏
山，领纛直入敌垒，敌大溃。时锦州有蒙古诸木齐等愿降，明总兵祖
大寿发其谋，以兵围之，不得出。阿济格尼堪诇知之，乘夜薄城，力
战先登，入其郛，援诸木齐等皆出。进攻松山，战屡捷。上以阿济格
尼堪少年能杀敌，进一等参将，赉白金四百。是年八月，明总督洪承
畴集诸镇兵救锦州，上自将屯松山、杏山道中，绝饷道。明总兵吴三
桂、唐通等皆潜引去。上召阿济格堪亲授策，与鳌拜等追击，大败
之。八年八月，命戍锦州。九月，郑亲王取中后所、前屯卫，阿济格
尼堪率所部及蒙古兵攻中前所，拔其城，俘明溃兵，无得脱者，加半
个前程。

顺治元年四月，从睿亲王多尔衮入关，破李自成，追至庆都，进
一等梅勒章京。十月，从豫亲王多铎师师西讨自成，渡孟津，薄潼
关。贼凿重壕为固，自成将刘方亮率千余人出拒，阿济格尼堪与图
赖、阿尔津等奋战。方亮败退。至夜，复来犯，阿济格尼堪力战却之，
连破贼二垒，遂摩兵逾濠，冒矢石先登，贼惊溃降窜，师入关。二年
正月，克西安，自成自商州入湖广。

豫亲王移师下江南，四月，至淮安，遣阿济格尼堪率所部趋扬州，屯城北，与亲军合攻，城遂下，获战舰二百余。渡江克明南都，追击明福王由崧于芜湖，败其舟师，进三等昂邦章京。三年，从端重亲王博洛定浙江，徇金华、衢州，破仙霞关，略建宁、延平。明唐王聿键走汀州，阿济格尼堪与都尔德进击至城下，率精锐先登，遂克汀州。其总兵姜正希以二万人赴援，阿济格尼堪出御，所杀伤过半，进一等精奇尼哈番，赐敕世袭。五年，授正白旗满洲都统。

六年，郑亲王济尔哈朗征湖广，以阿济格尼堪参赞军事。是时明总督何腾蛟，总兵王进才、马进忠等，守湖南，腾蛟军湘潭，进才、进忠军宝庆。阿济格尼堪至长沙，与兵部尚书阿哈尼堪为前锋，攻湘潭破北门入，执腾蛟。逐明溃兵至湘乡，尽歼之，遂趋宝庆。未至七十里，进才、进忠合军拒战，阿济格尼堪令步骑番进，薄宝庆东郭，进才等败遁。遂下沅、靖，进克全州。七年正月，师还，进三等伯，赉白金五百，授议政大臣。四月，卒，谥勇敏。乾隆间，加封号襄宁。子宜理布，自有传。

佟图赖，汉军镶黄旗人。父养真。太祖克抚顺，养真以从弟养性已降，挈其族来归。从攻辽阳以功授世职游击。命驻镇江，守将陈良策以城叛，养真及长子丰年皆死。

佟图赖初名盛年，其次子也，袭世职，事太宗。天聪五年，从攻大凌河，破明监军道张春兵，进世职二等参将。崇德三年，授兵部右参政。五年，从攻锦州，取白官儿屯台。六年，复从攻锦州，取金塔口三台。七年，从攻松山，明师以骑兵突陈，将夺我师炮，佟图赖击却之。又败其步兵，取塔山、杏山诸台，遂克其城二，以功进世职一等。是岁始分汉军为八旗，授正蓝固山额真。师出略明边，佟图赖与固山额真李国翰等奏请直取燕京，上以“未取关外四城，何能即克山海”，优旨开谕之。八年，从郑亲王济尔哈朗收前屯卫、中后所二城，加半个前程。

顺治元年，从入关，调镶白旗，与固山额真巴哈纳、石廷柱等招降山东府四、州七、县三十二。复移师下太原,招降山西府九、州二十七、县一百四十一。师还,赐白金四百。寻从豫亲王多铎西讨李自成,定河南。二年,移师徇江南,先后克扬州,嘉兴。皆在行,进世职二等梅勒章京,赐蟒服、黄金三十、白金千五百。五年,授定南将军,与固山额真刘之源率左翼汉军驻宝庆。时马进忠等寇衡、湘、辰、永间,陷宝庆。佟图赖师至,克之。

六年,郑亲王济尔哈朗徇湖广,佟图赖与固山额真硕詹等分兵趋衡州,阵斩明将陶养用,拔其城。时明将胡一清犹屯城南为七营,乘胜疾击破之。逐一清,战于望公岭山谷口,又破之。一清走入广西境,距全州三十里,立六营自保,与努山、阿济格尼堪合军奋击,破之,遂下全州。师还,驻衡州。明兵犯常宁,遣牛录额真陈天谟等驰援,破明兵石鼓洞,斩其渠。八年,师还,宴劳。授礼部侍郎。复调正蓝旗固山额真。世职累进至三等精奇尼哈番。十三年,以疾乞休,世祖命加太子太保致仕。十五年,卒,赐祭葬,赠少保,仍兼太子太保,谥勤襄。

康熙间,以孝康章皇后推恩所生,赠一等公,并命改隶满洲。世宗即位,追封佟养正一等公,谥忠烈,与佟图赖并加太师。养真改曰养正,避世宗嫌名也。

论曰:图赖忠鲠类父,督师南征,破福、唐二王,三江、闽、浙,以次底定,仍世侑飨,允哉!准塔绥徕畿辅,戡定江、淮。伊尔德横海杀敌,破鲁王余众,功与相并。努山、阿济格尼堪、佟图赖佐定江表,又合军徇湘南。戮力佐创业,绩亦伟矣!

清史稿卷二三六
列传第二三

陈泰　阿尔津　李国翰

子海而图　桑额　　**卓布泰**　弟巴哈

卓罗　四世孙永庆　爱星阿　子富善

逊塔　子马锡泰　从弟都而德

　　陈泰,满洲镶黄旗人,额亦都孙,彻尔格子也。初授巴牙喇甲喇章京。从伐明,攻锦州,明兵自宁远来援。陈泰先众直入敌,阵斩执纛者,得纛以归。天聪三年,从太宗伐明薄明都,屯德胜门外,攻袁崇焕垒,遇伏,奋击,多所俘馘。五年,从围大凌河城,明监军道张春赴援,陈泰设伏,禽其逻卒,复以军战,歼敌。

　　崇德元年,从伐朝鲜,与梅勒额真萨穆什喀夜袭破黄州守将营。三年,伐明,败明兵于丰润,攻太监冯永盛、总兵侯世禄营,援之。又以巴牙喇兵三十败明骑卒百余。五年,从围锦州,攻杏山,败敌兵,获牲畜。六年,复围锦州,败松山兵。我兵出樵采,为敌困,陈泰率兵六援之出,敌袭和后队,迭战破敌,遂克其郛。予世职,自牛录章京进三等甲喇章京。七年,复围锦州,掘堑困松山。明兵夜犯正黄旗蒙古营,赴援,击之走。八年,从伐明,败总兵马科于浑河,筑浮桥济师。明总督范志完拒战,击败之。下山东,陈泰以偏师克东河、汶上宁阳三县,进世职二等。

顺治元年，从入关，击破李自成，进世职一等。四年，授礼部侍郎。从平南大将军孔有德征湖广，战荆州，击破流贼一只虎，时明鲁王遣其将邓彩，阮进等寇福建，先后陷府三州一县二十七。上授陈泰靖南将军，与梅勒额真栋阿赉率师讨之，击破鲁王将曹大镐、张耀星，克同安、平和二县。五年三月，复克兴化。彩遁入海，复克长乐、连江，获所置总督顾世臣等十一人，斩之。鲁王所陷诸府州县以次尽复，福建平。师还，授巴牙喇纛章京，进二等阿思哈尼哈番。遇恩诏，累进三等精奇尼哈番兼拜他喇布勒哈番。迁刑部尚书。八年，移吏部尚书，授国史院大学士。以加上皇太后尊号恩诏误增赦款罢任，并以吏部恩诏升袭过滥，降世职一等阿达哈哈番。九年，起礼部尚书，充会试主考，授镶黄旗满洲固山额真，特命进世职二等精奇尼哈番。

十年，上以湖广未定，大学士洪承畴再出经略，至军，疏言："孙可望等战湖南，郝摇旗、一只虎等扰湖北。湖南驻重兵，各郡穷远。不免首尾难顾。"上授陈泰定南靖寇大将军，与固山额真蓝拜、济席哈，巴牙喇纛章京苏克萨哈等统兵镇湖南。临行，上谕之曰："师行有一定纪律，大小将佐，为国尽力，岂致挫衄？上毋藐视主帅，下当抚砺士卒，能爱众而得其心，遇敌未有不争先效命者也。"十一年，复授吏部尚书。十二年，孙可望遣其将刘文秀、卢明臣，冯双礼等以舟师六万分犯岳州、武昌。文秀引精兵攻常德，陈泰遣苏克萨哈设伏以待。甲喇额真呼尼牙罗和当前锋，挫敌。甲喇额真苏拜、希福等以舟师迎击，大军继进，三合三胜。敌复列舰拒战，伏起，纵火焚其舟，敌大败，别遣兵击敌德山下。师进次龙阳，敌集二千人来犯，我兵奋击，溃奔，明臣赴水死。双礼被创，与文秀并遁。降所置裨将四十余、兵三千余。论功，进一等精奇尼哈番兼拖沙喇哈番。未几，卒于军。

师还，明年正月，世祖宴请诸将，追悼陈泰，挥泪酹酒，论学士麻勒吉、侍卫觉罗塔大："日大将军班师，还朕将亲酹酒以慰劳之。不幸中道弃捐，不复相见，尔等以觞奠大将军灵次，抒朕追悼。"诸将及侍从皆感涕。赐祭葬，谥忠襄。乾隆初，定封一等子。

阿尔津，伊尔根觉罗氏。父高马塔，与从子阿山归太祖，官侍卫。旗制定，与阿山同隶正蓝旗。阿山自有传。

阿尔津积战功，授甲喇额真，世职二等参将。天聪四年，从固山额真纳穆泰等守滦州。纳穆泰等引还，论罪，上以阿尔津力战杀敌，特贳之。九年，伐察哈尔，阿尔津从贝勒岳托驻归化城。博硕克图汗子阴结喀尔喀等部贰于明，阿尔津获其使者，进世职一等甲喇章京。

崇德元年，上自将伐朝鲜，朝鲜国王李倧走南汉山城，阿尔津简精骑追蹑破其援兵。二年，略铁山，获明逻卒。授议政大臣，领巴牙喇纛章京。三年，从豫亲王多铎伐明，过中后所，明将祖大寿发兵追袭，阿尔津为殿，战不力，所部多战死者，又弃其骨不收，坐削世职，籍家产之半，仍领巴牙喇纛章京如故。五年，从围锦州，以离城远驻，坐罚锾。六年，攻松山，击明总督洪承畴军，克台一，垒三，歼守台敌兵，出我师被围者。上嘉奖其善战，复授三等甲喇章京。七年，从伐明，攻宁远。八年，与巴牙喇纛章京哈宁阿等伐虎尔哈部，下七屯，俘获无算。

顺治元年，从入关，击李自成，追及于安肃，大破之，进二等甲喇章京。兼半个前程。寻从豫亲王多铎西破潼关，还定江南，进三等梅勒章京。三年，与巴牙喇纛章京鳌拜等徇汉中，击叛将贺珍，破流贼张献忠，进攻叙州，所向克捷。五年，进一等阿思哈尼哈番。寻率师定宣化叛兵。八年，与固山额真克清等发武英亲王阿济格罪状，语详《阿济格传》。叙功，遇恩诏，进一等精奇尼哈番兼拖沙喇哈番。九年，授西安将军，镇汉中。寻改授定南将军，移师徇湖广。十一年，自巴牙喇纛章京迁固山额真。

十二年八月，授宁南靖寇大将军，与固山额真卓罗等率师驻荆州。时土寇姚黄等据归州，出没宜昌、襄阳间，阿尔津督兵搜捕，安集兵民，枝江、松滋诸县悉定。十三年，与卓罗等率师渡江，十月，克辰州。宝庆、永顺诸土司率官吏，具版籍，诣军前降。时云南、贵州尚为明守，阿尔津议移常德镇兵守辰州，别移兵屯常德为应援，自辰州下沅、靖，进取滇、黔。经略大学士洪承畴与异议，事闻，上召阿尔津还京师，以宗室罗托代之。

十五年正月，授信郡王多尼为安远靖寇大将军，征云南，命阿尔津率本旗兵以从。五月，卒于军，赠太子太保，谥端果。乾隆初，定封三等子。

李国翰，汉军镶蓝旗人，其先居清河。父继学初为商，从明经略杨镐军，堂通便于我。天命六年，克辽阳，继学来归授都司。以副将刘兴祚焚贿，劾罢之。屡获明谍，捕逃人，授世职三等副将。请老，国翰袭世职。事太宗，授侍卫，赐号，黑尔根侍卫天聪三年，从伐明，薄明都。远攻永平，战先众。五年，围大凌河，城兵突出，国翰督兵击之退。明兵自锦州赴援，又击之，败走。九年，以善拊循所领人户，进世职二等梅勒章京。崇德三年，授刑部理事官。从伐明，入边，明兵千余据山列阵，国翰督兵奋击，败之，获马四十。进克墙子岭，转战至山东，克济南。师还，攻庆都、获鹿，发炮毁其垣。四年，授镶蓝旗汉军梅勒额真。五年，从攻锦州，克吕洪山台。七年，攻下塔山、杏山，擢镶蓝旗汉军固山额真。八年，从克前屯卫、中后所。世职累进三等昂邦章京。

顺治元年，从入关，国翰与固山额真刘之源、祖泽润等率兵剿饶阳土寇康文斗、郭壮畿等，师进征山西。时李自成走陕西，其党犹分据太原、平阳诸府，国翰与固山额真叶臣谋曰：“自成新败，贼无固志，当以大兵直捣太原。太原既下，分道略定诸郡县，余贼非降即就馘耳。”乃合兵进拔太原，分道略定诸郡县。师还，赉白金五百。寻又从大将军英亲王阿济格征陕西，自成走湖广，师从之，战应山，进攻武昌，与固山额真全砺等夺舟数百。

二年，命偕固山额真巴颜率兵下四川，次西安，叛将贺珍自汉中来犯，国翰与驻防西安内大臣和洛辉分兵夹击，大破之，进世职二等。三年,大将军肃亲王豪格师至,令国翰与巴颜逐捕延安余寇,寇保张果老崖,掘壕困之,乘夜攻克其寨,歼其渠,获马二百余。遂从肃亲王下四川,歼张献忠,复率兵渡涪江,击破献忠将袁韬,进世职一等。

五年四月,授定西将军,同平西王吴三桂镇汉中。六年,明宗室朱森滏与其将赵荣贵以万余人犯阶州,国翰督兵赴援,战必先众陷陈。诸将请曰:"将军任讨贼之重,奈何轻身犯锋镝,脱有不戒,忧及全军。"国翰曰:"吾固知此,然贼锋颇锐,战不利,势将蔓延。吾故以力战挫其锋。明之失机,率由主兵者怯战耗时,贼以坐大。覆辙可复蹈耶?"遂战,阵斩森滏、荣贵。复击破其将王永强,斩级数千,获驼马数百,复宜君、同官、薄城、宜川、安塞、清涧等县。上深嘉嘉奖其勇略,谕以"自后但发纵指示,不必身先士卒",叛将姜瓖据大同,其将刘登楼、张凤翼、任一贵、谢汝德、万铼等分据附近诸郡县,国翰遣兵会剿,歼贼甚众,抚定河东。进克府谷,擒斩所置经略高有才以下三百余人,降其将郝自德等,进一等伯。

九年,与三桂督兵复成都、嘉定,遣将徇重庆、叙州,皆下。明将王复臣等纠猓猡万余犯保宁,列象阵攻城,国翰自绵州赴援,督兵横击敌,阵斩复臣,击其众。捷闻,进三等侯,紫貂冠服、铠金甲胄、橐鞭、鞍马。十年,以四川平,命与三桂还镇汉中。十四年,明将谭文等与自成余汉刘二虎等为寇,陷重庆,使所置督都督杜子香守之。十五年,国翰与三桂进讨之,自西充下合州,子香迎战,败遁,复重庆,道桐梓趋遵义。明将李定国遣其将刘正国等据险拒战,击之溃,自水西走云南,取遵义及所属州县。复进克开州,并招降水西土司。时大将军罗托、经略洪承畴已取贵阳,国翰还驻遵义,策会师取云南。七月,卒天军。丧至京,命内大臣致奠,赠太子太保,谥敏壮,侯爵袭三次,循例改袭三等伯。乾隆中,加封号懋烈。

海尔图,国翰长子,初从国翰军击贺珍,破袁韬,皆在行,授兵部理事官、牛录额真。擢镶蓝旗汉军梅勒额真,授户部侍郎,坐事罢。迁本旗固山额真。康熙初,袭三等侯爵定西将军贝勒董鄂讨叛将王辅臣，命海尔图运炮赴军前，并参赞军务。寻以运炮迟误，解参赞，留驻凤翔，从征云南、贵，二十年，卒于军。

桑额，国翰第三子，康熙初，自参领擢宁夏总兵。迁云南提督，未上官，吴三桂反，留驻荆州。改湖广提督，移守武昌。从攻岳州，师进城陵矶，发炮沉敌舰，加右都督。三桂兵自洞庭湖出，桑额击之却，逐至岳州城下，三桂兵引去，收万容、石首、安乡诸县，加左都督。诏趣进师，复以桑额为云南提督，奏改湖广提标兵为云南提标，率这进克辰龙关，克辰州、沅州。复进克镇远、平越，下贵阳，趋鸡公背。三桂兵焚铁索桥走，桑额督土司沙起龙等筑浮桥济师，旋从大将军贝勒彰泰攻下云南省城，其将马宝、胡国柱自四川还救，桑额与副都统托岱等破宝于楚雄，宝走降。又与都统希福困国柱于永昌，国柱自经死。云南平。

初，桑额标兵中道有溃散者，上遣左都御史哲勒肯按治，疏言标兵家口在武昌，无资养瞻，逃回者千余人。上切责桑额不恤士卒，部议夺职，命留任，叙功复职。二十五年，卒。

卓布泰，瓜尔佳氏，满洲镶黄旗人。父卫齐，费英东第九弟。事太祖，从特尔晋等率兵伐虎尔哈，得五百户以归，授世职备御。天聪初，从太宗伐明，略遵化，进世职游击。上统大军出征，每令卫齐留守盛京，任八门提督。卒。顺治间，追谥端勤。子鳌拜，有自传。

卓布泰，其次子也。事太宗授牛录额真。崇德四年，从承政萨木什喀索海伐瑚尔哈部，铎陈、阿萨津二城以兵四百逆战，卓布泰与牛录额真萨弼图率甲士九十人击败之，斩级五十。敌后与索伦部长博穆博果尔合兵以拒，卓布泰先邀击，俘六十父人。二年，擢甲喇额真。六年，从伐明，围锦州，明总督洪承畴屯山口拒守。卓布泰与梅勒额真翁阿岱迎战，明兵败走，大军合击，复与翁阿岱力战破敌。师还，敌蹑我后，翁阿岱中创仆，卓布泰还歼敌，掖翁阿岱乘马归。七年，从伐明，徇山东至青州，屡败明兵。明将张登科、和应荐等合八镇兵来拒，卓布泰率兵奋击，大破之，复乘夜袭破余兵。八年，师还，赉白金，兼任兵部理事官。顺治元年，偕甲喇额真沙尔瑚达略黑龙江克图瑚勒禅城，俘二百余人。

是冬，从大将军豫亲王多铎西讨李自成，次潼关与固山额真恩格图等迭战破敌。二年，进克西安，自成走湖广，与巴牙喇纛章京敦拜、阿尔津等追击，歼敌骑三百。移师下江南，从贝勒博洛徇浙江，败敌于杭州，于海宁、于平湖，得战舰百余。三年，复从徇福建，署梅勒额真。次延平，明唐王聿键走汀州，师从之，卓布泰别将兵攻克福州。叙功并考满，进世职三等阿达哈哈番。

五年，从郑亲王济尔哈朗下湖广。六年，复署梅勒额真，与固山额真佟图赖等自湘潭进克衡州。明将胡一清以步骑万余踞城南山冈，列七营，与佟图赖合攻之，溃走，复进克道、靖州。师还，优赉，授刑部侍郎。累擢内大臣、镶黄旗满洲固山额真，进世职二等阿思哈尼哈番。

十四年，授征南将军，率师至广西会湖南、四川两军规取云、贵。十五年九月，师次独山，与信郡王多尼及吴三桂会约师期，语详《洪承畴传》卓布泰率兵自都匀进次盘江，明兵闻师至，沉舟，潜匿山谷中。卓布泰用土司岑继鲁言，度下流取所沈舟中夜济师。明将李承爵以万余人屯凉水井，师进击破之。攻双河口山寨。明将李定国以象陈拒战，击溃之。定国悉众为三十营，列栅固守，卓布泰分军为三队，张左右翼以进，再战皆胜，追奔四十余里，获其象、马。闻明兵尚坚守铁索桥，乃自普安间道进罗平，会信郡王等军攻克云南省城，明桂王奔永昌。十六年二月，从贝勒尚善等进军镇南，破白文选于玉龙关，渡澜沧江，取永昌，明桂王奔腾越，师复进，渡潞江。定国以六千人伏磨盘山，卓布泰分兵为八队，以火器发其伏，掩击，斩杀过半，遂克腾越。明桂王奔缅甸，卓布泰乘胜追击，越南甸至猛卯而还。捷闻，赉蟒服、鞍马。

康熙元年二月，师还，上命内大臣迎劳。寻追论在军勘将士功罪不实，与议政王贝勒争辩语怨望，论绞籍没，上命宽之，夺世职，罢都统。三年，复世职。八年，复以弟鳌拜得罪，夺世职。十六年，再复世职。十七年，卒，谥武襄。

巴哈，卓布泰弟，事太宗，以一等侍卫授议政大臣。顺治初，入
关，从肃亲王豪格征张献忠有功，世职累进一等甲喇章京。睿亲王
讨姜瓖，巴哈请从征，王勿许，拂衣起，坐论死，命罚锾以赎。睿亲王
摄政，巴哈兄弟独不附。肃亲王卒于狱，子富绶尚幼，尚书宗室巩阿
岱议杀之，巴哈及内大臣哈什屯持不可，乃止。巩阿岱因与弟锡翰
及讷大臣西讷布库等欲构陷以罪，闻上嘉其勤劳，议乃寝。世祖亲
政，使证巩阿岱等罪状，皆坐诛。复命为议政大臣，世职累进一等阿
思哈尼哈番，加少傅兼太子太傅，授领侍卫内大臣。鳌拜得罪，坐罢
官夺世职，卒。

苏勒达，巴哈子。事圣祖，授侍卫。累迁镶黄旗蒙古都统、领侍
卫内大臣。上亲征噶尔丹，从行，赞议进击，复扈上巡行塞北，赐内
廐马。卒，谥恪僖。

卓罗，满洲正白旗人，巴笃理子也，卓罗袭三等副将，兼任牛录
额真。崇德三年，从伐明，薄明都，明太监杨永盛出战，卓罗以三百
人击败之，遂进略山东。四年，围锦州，入其郛，获守备一。六年，复
围锦州，击败明总督洪承畴。八年，授刑部参政。

顺治初，从入关，破李自成，进世职一等梅勒章京，擢正白旗梅
勒额真。三年，从大将军顺承郡王勒克德浑下湖广，败自成党一只
虎于荆州。师还，赉黄金十两、白金三百两。是时明桂王由榔驻武
冈，其将王进才等分守长沙、衡州、宝庆。大将军恭顺王孔有德等收
湖南诸郡县，命卓罗及梅勒额真兰拜率师益有德。四年，自岳州趋
长沙，进才弃城走，卓罗等追击败之。遂与智顺王尚可喜共击败明
总兵徐松节，率舟师还长沙。遣甲喇额真张国柱、札苏蓝等以偏师
击败明总兵杨国栋于天心湖。卓罗会有德下祁阳，道熊罴岭，克其
城，进攻武冈，击败明将刘承胤于夕阳桥，承胤降。明桂王走桂林，
遂取武冈。五年，师还，上赉如自荆州还时。累擢吏部尚书，兼镶白
旗满洲固山额真，进一等精奇尼哈番兼拖沙喇哈番。九年十一月，

授靖南将军,下广东。旋以广东垂定,罢。

十二年八月,命与固山额真阿尔津帅师屯荆州,时张献忠将孙可望、李定国、白文选等降于明,屯辰州。十三年八月,卓罗与啊尔津道丰州、常德,下辰州,可望焚舟夜遁。卓罗与梅勒额真泰什哈、巴牙喇纛章京费雅思哈等率兵渡江攻之,遂克辰州。十四年,可望诣长沙降,定国、文选等从明桂王入云南。

十五年,规取云南,吴三桂自四川,征南将军卓布泰自广西,卓罗从信郡王多尼自湖南,三道并进。十六年正月,合攻云南,克之,屡败文选、定国兵,收永昌、腾越,追击至南甸。命卓罗守云南,赉蟒服、鞍马。明桂王奔缅甸,定国屯孟艮,以印札招元江土司那嵩。十月,卓罗与噶什布贤噶喇昂邦白尔赫图等共击之,克其城,那嵩自焚死。十八年,定西将军爱星阿与三桂帅师入缅甸,卓罗仍守云南。缅甸执明桂王诣军,云南平。康熙元年,召卓罗振旅还京,进二等伯。七年,卒,谥忠襄。乾隆间,定封号曰昭毅。

永庆,卓罗四世孙,乾隆间,以护军参领降袭三等伯。旋擢副都统。从征准噶尔有功,加云骑尉,仍进二等伯。出为乌鲁木齐副都统。迁江宁将军,移绥远城将军。召还,擢礼部尚书。罢,授内大臣。嘉庆十年七月,卒,谥敬僖。旋以在绥远城尝受赇,事露,夺谥。

爱星阿,满洲正黄旗人,扬古利孙也。父塔瞻,袭封一等公,卒,爱星阿袭封。世祖念扬古利旧劳,命加给三等阿达哈哈番俸,八年,授领侍卫内大臣。

明桂王由榔与其将沐天波等奔缅甸,李定国居孟艮,白文选屯木邦,皆在云南边外。上命吴三桂镇云南,三桂疏请发兵入缅甸取由榔。十七年,授爱星阿定西将军,与都统卓罗、果尔钦、孙塔,护军统领毕力克图、费雅思哈,前锋统领白尔赫图率禁旅会三桂南征。十八年,师行,闻世祖大行,三桂犹豫不进。爱星阿曰:"君命不可弃。"督兵先行,三日,三桂乃发。九月,师次大理,休兵秣马。逾月,出腾越,道南甸、陇川、猛卯。十一月,至木邦,获文选将冯国恩,讯知文选屯锡箔江滨,定国与不协,走景线。爱星阿令白尔赫图等简精锐,疾驰三百余里至江滨。文选已毁桥走茶山。大军至,结筏以济,遣总兵马宁、沈应时追之。爱星阿与三桂督师趋缅甸,时缅甸酋尽杀桂王从官天波以下数十人,密使人守之,谋禽以归我师。十二月,师次旧晚坡,去其庭六十里,缅甸使诣军前请遣兵薄城,当以桂王献。爱星阿遣白尔赫图将前锋百人进,次兰鸠江滨,复令毕国克图等将护军二百人继其后,缅甸以舟载桂王及其孥并故从官妻女献军前。宁、应时追文选及于猛养,文选度不能脱,遂降,定国走死猛猎。捷闻圣祖谕嘉奖,命以爱星阿所俘获畀三桂区处,振旅还京师。加太保兼太子太保,敕书增纪军功。

康熙三年二月,卒,谥敬康。

子富善,袭。授领侍卫内大臣。圣祖亲征噶尔丹,富善将镶红旗兵扈上出中路,进次克鲁伦河,阅选驼马,征输刍粟,皆当上意。师还,加太子太保。卒,乾隆初,追谥恭懿。

逊塔,满洲镶蓝旗人,安费杨古孙也。父硕尔辉。安费杨古既卒,太祖以所属人户分编牛录,授硕尔辉牛录额真。卒,逊塔嗣。太宗嘉其能,予世职牛录章京。崇德三年,授户部副理事官。是冬伐明,贝勒岳托将右翼自墙子岭入边,逊塔署甲喇额真,从噶布什贤噶喇依昂邦席特等击破明总督吴阿衡军,遂越明都,略山东,明年春,师出边,明兵蹑我后,逊塔从巴牙纛章京图赖等奋战却之。明兵侵喀喇沁营,逊塔移兵赴援,明兵溃走。六年,围锦州,明总督洪承畴赴援,屯松山,逊塔与甲喇额真蓝拜率兵击之,破三垒。明兵乘阴雨犯我师右翼,复与蓝拜步战却敌。八年,授甲喇额真。

顺治元年,从入关,破李自成,进世职三等甲喇章京。三年,从大将军肃亲王豪格西讨张献忠,道汉中,与固山额真巴哈纳等击破叛将贺珍进次西充。献忠率其徒拒战,逊塔与固山额真李国翰等迭击破之。五年,师还,兼任刑部理事官。命率师驻防淮安。六年,莒州土寇曹良臣破海州,知州张懋勋、州同李士麟死之,逊塔督兵赴援,良臣走保马鬐山,进击破之。时设浙淮盐务理事、兼户部侍郎衔,上以命逊塔,驻扬州。七年,改督理漕运户部侍郎,仍驻淮安。八年,官裁,逊塔还京,授镶蓝旗满洲梅勒额真。遇恩诏,进世职三等阿思哈尼哈番。

十三年,授工部尚书。十五年,监修坛殿工成,进世职二等。寻兼授镶蓝旗蒙古固山额真,十七年,罢尚书,专任都统。旋命从定西大将军爱星阿率师下云南,明年十一月,会师木邦,趋缅甸,得明桂王以归。叙功,进世职一等拖沙喇哈番。四年,调本旗满洲都统。十二月,卒,谥忠襄。

子马锡泰,袭世职,授佐领,兼前锋参领。康熙间,从信郡王鄂札征察哈尔布尔尼,师次达禄,布尔尼屯山冈,列火器拒战,马锡泰率前锋薄险,四战皆捷,进世职三等精奇尼哈番,又从讨吴三桂,迁本旗满洲副都统。自湖广出广西,下云南,石门坎、黄草坝诸战,皆在行间。进破云南省城,逐贼楚雄,降三桂将马宝,毛养元等。师还,进世职一等。卒,孙德彝,降袭一等阿思哈尼哈番。乾隆初,定封一等男。

都尔德,亦安费扬古孙。父阿尔岱,以牛录额真事太宗,驻耀州,御明兵有功。从功大凌河,战死,赠世职备御,都尔德袭。顺治初,授刑部理事官。从入关,击李自成,署巴牙喇纛章京。从豫亲王多铎西征,战陕州,督兵陟山拔其垒,复破敌潼关。寻自河南下江南,逐明福王由崧至芜湖,截江而战,大败之。复从端重亲王博洛定浙江,徇福建,偕巴牙喇纛章京阿济格尼堪攻汀州,破明唐王聿键。复从郑亲王济尔哈朗略湖广,讨李自成余党李锦等。师还,真除巴牙喇纛章京,授议政大臣,世职累进一等阿思哈尼哈番。康熙三年,卒,赐祭葬,谥忠襄。

论曰:顺治初,取福、唐二王,不再期而定。桂王势更蹙,以有闯、献余众死寇力战,支柱十余年。陈泰定湖北,兵力至常、岳,阿尔津继之,奄有湖南。李国翰略四川,贵州,卓布泰下云南,卓罗从信郡王为之佐。爱星阿继之，逊塔为之佐。与吴三桂合军深入缅甸取桂王。明宗至是始尽熠矣。

清史稿卷二三七
列传第二四

洪承畴 夏成德　　孟乔芳 张文衡
张存仁

　　洪承畴,字亨九,福建南安人。明万历四十四年进士。累迁陕西布政使参政。崇祯初,流贼大起,明庄烈帝以承畴能军。迁延绥巡抚、陕西三边总督,屡击斩贼渠,加太子太保,兵部尚书,兼督河南、山、陕、川、湖军务。时诸贼渠高迎祥最强,号闯王,李自成属焉,承畴与战,败绩。庄烈帝擢卢象升总理河北、河南、山、陕、川、湖军务,令承畴专督关中,复与自成战临潼关,六破之,迎祥就俘。自成号闯王,分道八四川,承畴与屡战辄胜。自成还走潼关,承畴使总兵曹变蛟设伏邀击,自成大败,以十八骑走商洛。关中贼略尽。是岁为崇德三年。

　　太宗伐明,师薄明都,庄烈帝征承畴入卫。明年春,移承畴总督蓟、辽军务,帅秦兵以东,授变蛟东协总兵、王廷臣辽东总兵、白广恩援剿总兵,与山海马科、宁远吴三桂二镇合军,复命宣府杨国柱大同王朴、密云唐通各以其兵至,凡八总兵,兵十三万,马四万,咸隶承畴。太宗师下大凌河,祖大寿入锦州为明守,松山、杏山、塔山三城相与犄角。承畴至军,庄烈帝遣职方郎中张若麒趣战,乃进次松山,国柱战死,以山西总兵李辅明代。

　　六年八月,太宗自将御之。上度松山、杏山间,自乌忻河南山至海,当大道立营。承畴及辽东巡抚邱民仰率诸将驻松山城北乳峰山,步兵分屯乳峰山至松山道中为七营,马兵分屯松山东、西、北三方,战败,移步兵近松山城为营,复战又败。上诫诸将曰:"今夕明师其遁!"命诸军当分地为汛以守,敌遁,视其众寡。遣兵追击,至塔山而止,分遣诸将截塔山、杏山道及桑噶尔寨堡,又自小凌河西直抵海滨,绝归路,是夜三桂、朴、通科、广恩、辅明皆率所部循海引退,为我师掩杀,死者不可胜计。承畴、民仰率将吏入松山城守,上移军松山,议合围。变蛟夜弃乳峰山寨,悉引所部马步兵犯镶黄旗汛地者一,犯正黄旗汛地者四,直攻上营,殊死战,变蛟中创,奔还松山。三桂、朴引余兵入杏山。上遣诸将为伏于高桥及桑噶尔寨堡,明兵自杏山出奔宁远,遇伏,殪强半。三桂、朴权以身免。承畴师十三万,死五万有奇,诸将溃遁,惟变蛟、廷臣以残兵万余从。

城围既合,上以敕谕承畴降。九月,上远盛京,命贝勒多铎等留护诸军。承畴悉众突围,攻镶黄旗摆牙喇阿礼哈超哈,战败,不能出。十月,命肃郡王豪格、公满达海驻松山。十二月,承畴闻关内援师且至,复遣将以兵六千夜出攻正红旗摆牙喇阿礼哈超哈及正黄旗蒙古营,战败,城闭不得入,强半降我师。余众溃走杏山,道遇伏,死。庄烈帝初以杨绳武督师援承畴,绳武卒,以范志完代,皆畏我师强,宿留不进。承畴被围阅六月,食且尽。明年二月,松山城守副将夏成德使其弟景海通款,以子舒为质。我师夜就所守堞树云梯阿山部卒班布里阿、何洛会部卒罗洛科先登,遂克其城,获承畴、民仰、变蛟、廷臣及诸将吏,降残卒三千里有奇。时为崇德七年二月壬戌。上命杀民仰、变蛟、廷臣,而送承畴盛京。

上欲收承畴为用,命范文程谕降。承畴方科跣谩骂,文程徐与语,泛及今古事,梁间尘偶落,著承畴衣,承畴拂去之。文程遽归,告上曰:"承畴必不死,惜其衣,况其身乎?"上自临视,解所御貂裘衣之,曰:"先生得无寒乎?"承畴瞠视久,叹曰:"真命世之主也!"乃叩头请降。上大悦,即日赏赉无算,置酒陈百戏,诸将或不悦,曰:"上何待承畴之重也?"上进诸将曰:"吾曹栉风沐雨数十年,将欲何为"?诸将曰:"欲得中原耳。"上笑曰:"譬诸行道,吾等皆瞽。今获一导者,吾安得不乐?"

居月余,都察院参政张存仁上言:"承畴欢然幸生,宜令削发备任使。"五月,上御崇政殿,召承畴及诸降将祖大寿等入见。承畴跪大清门外,奏言:"臣为明将兵十三万援锦州,上至而兵败。臣入守松山,城破被获,自分当死,上不杀而恩育焉。今令朝见,臣知罪,不敢遽入。"上使谕曰:"承畴言诚是。尔时与我交战,各为其主,朕岂介意?且朕所以战胜明兵,遂克松山、锦州诸城,皆天也。天道也好生,故朕亦恩尔。尔知朕恩,当尽力以事朕。朕莫获张春,亦尝遇以恩,彼不能死明,又不能事朕,卒无所成而死,尔毋彼若也!"承畴等乃入朝见,命上殿坐,赐茶。上语承畴曰:"朕观尔明主,宗室被俘,置若罔闻。将帅力战见获,或力屈而降,必诛其妻子,否亦没为奴。此书制乎,抑新制乎?"承畴对曰:"旧无此制。尔日诸朝臣各陈所见以闻于上,始若此尔。"上因欢谓:"君暗臣蔽,遂多枉杀。将帅以力战没敌,斥府库财赎而还之可也,奈何罪其孥?其虐无辜亦甚矣!"承畴垂涕叩首曰:"上此谕真至仁之言也!"上还宫,命宴承畴等于殿上。宴毕,使大学士希福等谕曰:"朕方有元妃之丧,未躬赐宴。尔等勿以为意!"承畴等复叩首谢。庄烈帝初闻承畴死,予祭十六坛,建祠都城外,与邱民仰并列。庄烈帝将亲临奠,俄闻承畴降,乃止。承畴既降,隶镶黄旗汉军太宗遇之厚。然终太宗世,未尝命以官。顺治元年四月,睿亲王多尔衮帅师伐明,承畴。从既定京师,命承畴仍以太子太保、兵部尚书兼右副都御史,同内院官佐理机务。旋与同官冯铨启睿亲王,复明内阁故事,题奏皆下内阁拟旨,分下六科,钞发各部院。九月,上至京师,与铨及谢升奏定郊庙乐章。

二年,豫亲王多铎帅师下江南。闰六月,命承畴以原官总督军务,招抚江南各省,铸"招抚南方总督军务大学士"印,赐敕便宜行事。是时明唐王聿键称号福建其大学士黄道周率师道广信、衢州向徽州,左佥都御史金声家休宁,募乡兵十余万屯绩溪,诸宗姓高安王常淇保徽州,蕲水王术锃子常㴉自号樊山王屯潜山、太湖间由产号金华王据饶州,谊石号乐安王、谊泇号瑞安王分屯溧阳、金坛、兴化诸县，荆本彻以舟师驻太湖，败，复入崇明，皆为明守。承畴至官，招抚江南宁国、微州、江西南昌、南康、九江、瑞州、抚州、饶州、临江、吉安、广信、建昌、袁州诸府。十月，遣提督张天禄，总兵卜从从善、李仲兴、刘泽泳等攻破绩溪。十二月，进破道周于婺源，声、道周见获，皆不屈，送江宁杀之。总兵李成栋破崇明，本彻走入海，杀其将李守库、徐君美。三年二月，遣总兵马得功、卜从善等击破司空寨，斩守寨石应连、应璧等五人，获常粜。

既，谊石、谊劝合兵二万犯江宁。承畴先事诛内应西沟池万德华、郭世彦、尤居等八十余人。谊石等攻神策门，分兵出朝阳、太平二门，截谊石等后，乃启神策门出城兵奋击，破之，追及摄山，斩馘无算。承畴疏请还京，以江南未大定，不允，赐其妻白金百、貂皮二百。八月，征南大将军贝勒博洛克金华，获谊石。九月，谊泗复犯江宁，承畴出御追获谊泗及所置经略韦尔韬、总兵杨三贯、夏含章。十二月，天禄搜婺源严坑山，获常淇及所置监军道江于东、职方司许文禄等。四年二月，从善及总兵黄鼎攻宿松，获谊泗弟瑞昌王谊贵及所置军师赵正，下饶州，获由产及其族人常泽、常沘、常涫，并请命斩之。江南众郡县以次定。

明鲁王以海转徙浙、闽海中，号“监国”，明诸遗臣犹密与相闻。是年四月，明给事中陈子龙家华亭，阴受鲁王官，谋集太湖溃兵举事。承畴遣章京索卜图往捕，子龙投水死。是月，柘林游击陈可获谍者谢尧文，得鲁王敕封承畴国公，江宁巡抚土国宝为侯，又得鲁王将黄斌卿与承畴、国宝书，镇守江宁昂邦章京巴山、张大猷以闻。上奖巴山等严察乱萌，命与承畴会鞫谍者，别敕慰谕承畴。

粤僧函可者，为故明尚书韩日缵子，日缵于承畴为师生。函可将还里，乞承畴界以印牌护行出城，守者讥察箧中，得文字触忌讳。巴山、张大猷以闻，承畴疏引咎，部议当夺职，上命贳之。

承畴闻父丧，请解任守制，上许承畴请急归，命治丧毕入内院治事。五年四月，还京师。六年，加少傅兼太子太傅，疏请定会推督、抚、提、镇行保举连坐法。得旨：“自后用督、抚、提、镇、内院九卿咸举所知。得人者赏，误举者连坐。"

八年闰二月，命管都察院左都御史。寻甄别诸御史为六等，魏琯等二十二人差用，陈昌言等二人内升，张煊等十一人外转，王世功等十七人外调，降黜有差。煊疏劾吏部尚书陈名夏，因及承畴尝与名及尚书陈之遴集火神庙，屏左右密议逃叛，承畴又尝私送其母归里。疏入，上方狩塞外，巽亲王满达海居守，集诸王大臣会鞫。承畴言："火神庙集议，即议甄别诸御史定等差，非有他也。"并以送母未请旨引罪。名夏。亦列辩，因坐煊诬奏，论死，未几，上雪煊冤，黜名夏因谕："承畴火神庙集议，事虽可疑，难以悬拟，送母归原籍未奏闻，为亲甘罪，情尚可原。留任责后效。"九年五月，承畴闻母丧，命入直如故，私居持服，赐其母祭葬。九月，达赖喇嘛来朝，上将幸代噶待喇嘛至入观。承畴及大学士陈之遴疏谏，上为罢行，并遣内大臣索尼传谕曰："卿等以贤能赞密勿，有所见闻，当以时入告。朕生长深宫，无自洞悉民隐。凡有所奏，可行即行，纵不可行，朕亦不尔责也。"

十年正月，调内翰林弘库院大学士。明桂王由榔称号肇庆，频年转战，兵燹地蹙，至是居安隆所，云南、贵州二省尚为明守。诸将李定国、孙可望等四出侵略，南攻湖南南境诸州县，东陷桂林，西据成都，兵连不得息。五月，上授承畴太保兼太子太师、内翰林国史院大学士，兵部尚书兼都察院右副都御史，经略湖广、广东、广西、云南、贵州等处地方，总督军务兼理粮饷。敕谕抚镇以下咸听节制，攻守便宜行事。满兵当留当撤，即行具奏。命内院以特假便宜条款详列敕书，宣示中外，并允承畴疏荐，起原任大学士李率泰督两广。以江西寇未尽，命承畴兼领，铸"经略大学士"印授之。临发，赐蟒朝衣、冠带、靴袜、松石嵌撒袋、弓矢。马五、鞍辔二，诸将李本深等八十七人朝衣、冠带、撒袋、弓矢、刀马、鞍辔有差。

承畴至军，疏言："湖南驻重兵足备防剿，而各郡辽远，兵力所不及。郝摇旗、一只虎等窃伏湖北荆、襄诸郡，倘南窥澧、岳，则我军腹背受敌。臣与督臣、议臣宜往来长沙四应调度。督臣率提标兵驻荆州,别遣兵增武昌城守,以壮声援。"又疏言:"桂林虽复,李国军距桂林仅二百里,满洲援剿官兵岂能定留?克复州县,何以分守?又使孙可望调我兵出援,潜自靖、沅截粤西险道。则我首尾难顾。置孤军于徼外,其危易见。臣已分兵驰赴,俾佐战守,且当亲历衡、永,察机宜以闻。"十二月,上授固山额真陈泰为定南靖寇大将军。及固山额真蓝拜、济席哈摆牙喇纛章京苏克萨哈等率师镇湖南,十一年二月,命靖南王耿继茂率所部自广州移镇桂林:皆承畴疏发之也。

是岁孙可望劫桂王,杀大学士吴贞毓等,方内讧。十二年六月,可望遣刘文秀攻常德,分兵使卢明臣、冯双礼攻武昌、岳州。承畴、陈泰遣苏克萨哈迎击,破之。明臣坠水死。文秀、双礼皆走贵州。陈泰旋卒于军,以固山额真阿尔津为宁南靖寇大将军,率固山额真卓罗、祖泽润等分驻荆州、长沙。十三年,考满,加太傅,仍兼太子太师。李定国奉明桂王入云南,湖广无兵事。阿尔津议以重兵驻辰州,谋自沅、靖入滇、黔,承畴与异议。上召阿尔津还京师,以宗室罗托代。十四年,可望叛其主,举兵攻云南,与定国战而败。十一月,诣长沙降。时上已允承畴解任还京师养疴,至是命承畴留任,督所部与罗托等规取贵州,并命平西大将军吴三桂自四川、征南将军卓布泰自广西分道入。

十五年正月,复命信郡王多尼为安远靖寇大将军,帅师南征,于是承畴与罗讬会师常德,道沅州、靖州、入贵州境,克镇远。卓布泰招南丹、那地、抚宁诸土司,下独山州,会克贵阳。三桂亦自重庆取遵义进攻开州、桐梓,以其师来会。承畴上疏筹军食,言:"贵州诸府、州、县、卫所仅留空城,即有余粮,兵过辄罄。惟省仓存米七千余石,谷四千余石,足支一月粮。臣所部兵,令分驻镇远、偏桥、兴隆、清平、平越诸处。降兵暂驻三五日,改屯天柱、会同、黔阳诸县及湖南沅州。四川兵驻遵义,广西兵驻独山,使分地就粮。闻信郡王大兵自六月初发荆州,需粮多且倍蓰。贵州山深地寒,收获皆在九月。臣方遣吏劝谕军民须纳今岁秋粮之半,并檄下沅州运粮储镇远。又令常德道府具布囊、梭套、木架、绳索,思南、石阡诸府、州、卫所及诸土司募夫役,具工糒,以赴军兴"。九月,授武英殿大学士。

信郡王多尼师至,驻平越杨老堡,承畴、三桂、卓布泰皆会,议多尼军出中路,经关岭铁索桥至云南省城,行一千余里。三桂军自遵义,经七星关,凡一千五百余里。先中路十日行,卓布泰以南宁方有寇,自贵州、广西边境平浪、永顺坝、威透山,出安隆所、黄草坝、罗平州,凡一千八百余里,先四川兵十五日行。既定议,承畴还贵阳,与罗托驻守,遣提督张勇等从多尼军。明将李定国等拒战皆败,明桂王奔永昌。十六年正月乙未,三路师会,克云南省城,明桂王奔缅甸。承畴如云南,疏言:"云南险远,请如元、明故事,以王公坐镇。"上以命三桂。

三月,承畴至云南,疏言:"信郡王令贝子尚善及三桂等追剿至永昌、腾越。明将贺九义,李成爵、李如碧、廖鱼、邹自贵、马得鸣辈收集溃兵,分遁沅江、顺宁、云龙、澜沧、丽江,处处窥伺。民间遭兵火,重以饥馑,近永昌诸处被祸更烈,周数百里杳无人烟,省城米价石至十三两有奇。诸军就粮宜良、富民、罗次、姚安、宾川、临安、新兴、澂江、陆凉诸处。上明察万里,自有宸断,俾边臣得以遵奉。"疏入,上命户部发帑三十万,以十五万赈两省贫民,十五万命承畴收贮,备军饷不给。

八月,承畴疏言:"兵部密咨令速攻缅甸。臣受任经略,目击民生凋敝,及土司降卒尚怀观望,以为须先安内,乃可剿外。李定国等窜伏孟浪诸处,山川险阻,兼瘴毒为害,必待霜降始消,明年二月青草将生,瘴即复起,其间可以用师不过四月,虑未能穷追。定国等觊自景东、沅江复入广西,要结诸土司,私授札印,歃血为盟。若闻我师西进,必且避宝就虚,合力内犯。我军相隔已远,不能回顾,省城留兵,亦未遑堵御:致定国等纵逸,所关非细。臣审度时势,权其轻重,谓今岁秋冬宜暂停进兵,俾云南迤西残黎,稍藉秋收以延余喘,明年尽力春耕,渐图生聚。我军亦得养锐蓄威,居中制外,俾定国等不能窥动静以潜逃,诸土司不能伺间隙以思逞。绝残兵之勾结,断降卒之反侧,则饥饱劳逸皆在于我。定国等潜藏边界,无居无食,瘴疠相侵，内变易生，机有可俟。是时刍粮辇备，苗、蛮辑服，调发将卒，次第齐集，然后进兵，庶为一劳永逸、安内剿外长计。"疏下议政王、贝勒、大臣会议，如所请暂停进兵。

十月，以目疾乞解任，命回京调理。明年，三桂进兵攻缅甸，获明桂王以归。语见《三桂传》。圣祖即位，承畴乞致仕，予三等阿达哈哈番世职。康熙四年二月，卒，谥文襄。子士钦，顺治十二年进士，官至太常寺少卿。

夏成德，广宁人。既，以松山降，隶正白旗汉军。顺治初，授三等昂邦章京。其弟景海授一等甲喇章京。出为山东沂水总兵，尝疏请收沂州明大学士张四知等财产，又越职乞颁方印，皆不得请。旋以纵所部越境暴掠，与青州道韩方昭互揭，还京师，卒。乾隆初，定封三等子。

孟乔芳，字心亭，直隶永平人。父国用，明宁夏总兵官。乔芳仕明为副将，坐事罢，家居。

天聪四年，太宗克永平，乔芳及知县张养初、家居兵备道白养粹、罢职副将杨文魁、游击杨声远等十五人出降，命以养粹为巡抚，养初为知府，乔芳、文魁仍为副将，率降兵从诸贝勒城守。上移军向山海关诸贝勒率乔芳、文魁、声远入谒行营，上召三人者酌以金卮，且谕之曰："朕不似尔明主，凡我臣僚，皆令侍坐，吐衷曲，同饮食也。乔芳使诇阳和，而明总兵祖大寿亦使诣乔芳诇我师，乔芳缚以献。五月，明兵取滦州，贝勒阿敏乘永平出塞。濒发屠城民，诸降官养粹、养初等死者十一人，乔芳、文魁、声远及郎中陈此心得免。乔芳从师还，隶乌真超哈为牛录额真。五年七月，置六部，以乔芳为刑部汉承政，授世职二等参将。

崇德三年，更定官制，改左参政。四年，乌真超哈析置八旗四固山，以乔芳兼领正红、镶红两旗梅勒额真。七年，从伐明，克塔山城。乌真超哈八旗复析置八固山，改镶红旗梅勒额真，遂为汉军镶红旗人。八年，或诉贝勒罗洛浑家人夺金，乔芳置不问，坐瞻徇，降世职三等甲喇章京。旋以从克前屯卫、中后所二城，加半个前程。

　　顺治元年，入关，改左侍郎。从诸军西讨。二年四月，以兵部右侍郎兼右副都御史，总督陕西三边。时张献忠尚据四川，关中群盗并起，叛将贺珍躏汉中、兴安诸府。是年冬，武大定叛固原，徒党甚众。初，上命内大臣何洛会帅师镇西安，至是就拜定西大将军，遣固山额真巴颜、李国翰将禁旅济师。三年，复敕定远大将军肃亲王豪格帅师督诸将自汉中、兴安入四川取献忠，乔芳于其间亦分遣所部四出捕治。初上官，长安民胡守龙者挟左道惑民，妄改元清光，将为乱，乔芳遣副将陈德捕诛守龙，散其胁徒。三年春，贺珍与其徒孙守法、胡向化等以七万人攻西安，何洛会主城守，乔芳遣德军西门，副将任珍军北门，往来冲突，会李国翰师至，贺珍败走。是年十月，肃亲王豪格师既入川，乔芳亦遣总兵官范苏等攻献忠部众，为伏好溪第沟子，战白水、青川，屡破之。复以反间杀其渠况益勤等，遂收龙安。

　　四年五月，乔芳帅师出驻固原，讨大定之党，分遣诸将任珍击斩白天爵等，刘芳名攻宁夏，俘王元、焦浴，陈德攻镇原，降姬蛟、王总管，于是固原西北悉定。复遣珍、德及副将马宁、王平徇兴安，讨贺珍之党，战荞麦山，再战板桥，斩胡向宸，困椒沟，破药箭寨，斩孙守法，破漫营山寨，擒米国珍、李世英，于是兴安定。四年秋，马德乱宁夏，复遣马宁会宁夏兵共讨之。战乱麻川，逐至河儿坪，斩德。又遣张勇、刘友元攻铁角城，复战安家川，擒贺宏器；攻李明义寨，擒明义，于是环庆亦定。乃益遣陈德、王平等招降青觜寨渠折自明，三十六寨渠王希荣，辘轳寨渠高一祥，击斩天峰寨渠张贵人，于是关中群盗垂尽。五年四月，流贼一朵云、马上飞等攻西乡，乔芳遣任珍等讨之，斩所署监军许不惑，凡千余级，生致其渠。

　　河西回米喇印、丁国栋挟明延长王识锋为乱，既陷甘、凉，渡河东，残岷兰、洮、河诸州，薄巩昌。乔芳帅师出驻秦州，遣赵光瑞、马宁等赴援，城兵出，夹击，斩百余级。宁等复战广武坡，逐北七十余里，斩三千余级，巩昌围解。喇印、国栋之党数百人，分扰临洮、岷州内官营。乔芳部勒诸将,令张勇、陈万略向临洮、马宁、刘友元取内官营,赵光瑞、佟透徇岷、洮、河三州。勇等败贼马韩山,斩级七百,进复临洮。光瑞等败贼梅川,得其渠丁光射,斩级三千。岷、洮河三州皆下。宁等直击内官营,斩级八百。喇印、国栋之徒退据兰州。闰四月,乔芳与侍郎额塞率师自巩昌薄兰州。勇败贼马家坪,获识镇、与宁光瑞会师兰州城下,攻拔之。别遣光瑞克旧洮州,其渠丁嘉升走死,师渡河。七月,定凉州。八月,攻甘州,乔芳遣张勇夜攻城,而与昂邦章京傅喀禅及宁、光瑞等为继。喇印等食尽,皆出降。

六年,征诸道兵下四川。喇印降后授副将,在兰州军中,觊镇兵惮远征,因恧中军参蒋国泰,戕甘肃巡抚张文衡等,据甘州以叛。国栋亦攻陷凉、肃二州。乔芳帅师自兰州渡河而西,与傅喀禅等会师合围,攻不下,深沟坚垒以困之。喇印等食尽夜遁,乔芳遣兵追及之水泉,击杀喇印。国栋复与缠头回土伦泰等据肃州,号伦泰王,而国栋自署总兵官,城守,出掠武威、张掖、酒泉。会平阳盗渠虞允、韩昭宣等应大同叛将姜瓖为乱,以三十万人陷蒲州,上命乔芳与额塞还军御之。乔芳留勇、宁等围肃州,率师遂东。八月,师自潼关济,督协领根特、副将赵光瑞等克蒲州,斩级七千。进次宁晋,瓖将白璋等六千人往攻荣河。光瑞等击破之,斩级二千有奇。璋北走,师从之,迫河,贼多人水死,遂击斩璋。余贼入孙吉镇,歼焉。复进向猗氏,行十余里,瓖所置监军道卫登芳以数千人依山拒我师,其将张万全又以四千人助战。光瑞等击斩万全,乃还攻,获登芳,斩其将王国贤等三十余人、级三千有奇。又令章京杜敏等攻解州,破其渠边王张五、党自成等。荣河、猗氏,解州皆下,杜敏等歼余寇。根特等又破所置都督郭中杰于侯马驿。九月,光瑞等进克运城,斩允、昭宣。瓖之徒内犯者皆尽诛。十一月,勇、宁克肃州,诛国栋、伦泰及其党黑承印等,斩五千余级。河西平。

七年二月,论功,加兵部尚书,进世职一等阿达哈哈番。十二月,乔芳遣任珍击斩兴安寇何可亭。八年,遣赵光瑞等讨北山寇刘宏才,战保安,禽其军师苗惠民,战合水,禽斩宏才。八年,遣游击陈明顺等击败雒南寇何柴山,游击仰九明诇紫阳山寇孙守金,复令光瑞等会兴安镇兵击斩守金及其徒翘兴宁、赵定国、谢天奇等,犁其寨。

乔芳督陕西十年,破灭群盗,降其协从,前后十七万六千有奇。奖拔诸将,不限资格,如张勇、马宁、赵光瑞、陈德、狄应魁、刘友元辈,皆自偏裨至专阃。诸寇既殄,疏言:"陕西寇剧,多荒田,请蠲其赋。分兵徕民,行屯田法。"乃遣诸将白士麟等分屯延庆、平固诸地,岁得粟四万二千石有奇,以佐军糈恩诏累进三等阿思哈尼哈番,加太子太保。

十年二月,命兼督四川兵马钱粮,疏言:"陕西七镇及督抚各标为兵九万八千有奇,合满洲四旗及平西王吴三桂、固山额真李国翰两军,岁饷三百六十万而弱,而陕西赋入一百八十六万,不足者殆半,后将难继。甘肃处边远兴安界,三省兵当循旧额。延绥、宁夏、固原、临巩四镇镇留三千人。庆阳协五百人,余五千五百人可省也。汉羌既驻三桂、国翰两军,宜裁总兵官。兴镇置副,留千人,阳平关、黑水峪、汉阴县各五百人,余二千五百人可省也。提督驻省会,留二千人,余二千人亦可省也。各道标兵悉令屯田,延镇、定边、神木三道无屯田,止用守兵,计所省又二千余人。都省兵一万二千人,省饷岁三十一万。今四川未定,当令右路总兵官马宁率精兵三千驻保宁,以步兵五千分驻保宁拖北广元、昭化间,以屯田为持久。三桂驻汉中,相为犄角,规取四川。"既,复疏言:"师进取四川,宜随在留兵驻防,以树干城。谋生聚。师行,当人给马三、伴丁一,携甲仗,以利攸往。"上褒其谋当。

十月,西宁回谋为乱,遣狄应魁捕治,得其渠祁敖、牙固子等以归。乔芳屡乞退,至是以疾告,加少保,召还京师。十二月,命未至而乔芳卒,谥忠毅。太宗拔用诸降将,从入关,出领方面,乔芳绩最显,张存仁亚焉。圣祖尝诫汉军诸官吏,因曰:"祖宗定鼎初,委任汉军诸官吏,与满洲一体。其间颇有宣猷效力如乔芳、存仁辈,朝廷亦得其用"云。

张文衡,辽东开平卫人,明诸生。天聪八年闰八月,太宗自将伐明,入宣府。文衡自大同诣军前求见,言在明为代王参谋。明诸臣方尚贪酷,虐民罔上,必有圣主应天而兴,故徒步上谒。旋疏言:"大同城小而坚,师攻当先关而后城,攻关宜穴地。宣府城大破,宜决洋河灌之。"九年正月,复疏策进取,言明文武将吏皆以赂得,无谋无勇,又以贪故,饷减器窳兵不用命。所以能拒我者,不过畏杀、畏掠、畏父母妻子离散,乃倚火器以死御我。今宣大新被兵,山、陕、川、湖陷于流贼。贼半天下,兵亦半天下。惟东南无事,又困于新饷。上不及此时进兵,明不恒弱,我不恒强,节短势险,人有鼎立之志。岂非自失其机,反贻异日忧乎?愿上毋负天生上之心也。"疏入,上曰:"待朕思之。"二月,遣贝勒多尔衮帅师收察哈尔。文衡又言:"宜率蒙古入偏峁,略太原,假中国物力以富蒙古,且张军威,并可近招流贼,并力并进。"上授文衡秘书院副理事官,赐田宅、银币,以大臣雅希禅礼女妻。焉隶厢黄旗汉军。

顺治元年,出为山东青州知府。初上官,总兵官柯永盛以戍青州之兵徇高密,而侍郎王鳌永以招抚至,主饷。赵应元者,从李自成为旗鼓,觇青州兵寡,阳就鳌永降,请置孥于城。既入,遂执杀鳌永。文衡见应元,为好语,具疏请留镇。应元喜,劫库金,群酗。会梅勒额真和托、李率泰率禁旅略登、莱,道青州,营城西北。文衡恚应元出谒和托等,慰劳遣还,密令兵从入,夜起戮应元及其党数十人。青州平。

二年,移淮安府知府。豫亲王多铎下扬州,道淮安,文衡请禁将吏母扰市,臭糗粮刍秣应期立办。三迁,巡抚甘肃。五年二月上官,逾月而遭米喇印之乱。变未作,喇印诡言要文衡造其家集议。文衡行未至。贼环射杀。之总兵刘良臣,副将毛镔、潘云腾,游击黄得成、金印,都司王之儁,守备胡大年、李廷试、李承泽、陈九功皆死。参将翟大有与战,没于陈。贼挟西宁道副使林维造至北关,搇杀之。越日,陷凉州,戕西宁道参议张鹏翼。贼四出侵掠,破巩昌,戕临兵备道李絮飞,破岷州,戕知州杜懋哲、王札,破兰州,戕同知赵冲学,知州赵翀，训导白旗、国学锦，破临洮，戕同知徐养奇，破渭源，戕知县李湄，战通渭，围子山，知县周盛时被创死。事平，皆赠恤如例。

张存仁，辽阳人。明宁远副将，与总兵祖大寿同守大凌河。天聪五年，太宗自将攻大凌河，从大寿山出降，仍授副将。六年正月，存仁与副将张洪谟、参将高光辉游击方献可合疏请乘时进，参将姜新别疏请令副将祖可法、刘天禄先取松、杏二城，则锦州自下。七年五月，新复请进兵，洪谟等及新皆大凌河降将也。

崇德元年五月，始设都察院，班六部。上以存仁为承政，并授世职一等梅勒章京。越数日，存仁上言："臣自归国，默察诸臣贤否，政事得失，但不敢出位妄论列。今上创立此官，而以命臣。臣而正直，后之人正直必有过于臣者，臣而邪佞，后之人邪佞亦必有甚于臣者。所虑臣本心而行事，人不敢弹劾而臣弹劾之，人不敢更张而臣更张之，举国必共攻臣，使臣上无以报主恩，下无以伸己志，获戾滋甚。臣虽愚，岂不知随众然诺，其事甚易，发奸摘伏，其事甚难。诚见不如此，不足以尽职。敢于受任之始，沥诚以请：如臣苟且塞责，畏首畏尾，请以负君之罪杀臣，如臣假公行私，瞻顾情面，请以欺君之罪杀臣，如臣贪财受贿，私家利己，请以贪婪之罪杀臣。苟臣无此三罪，而奸邪诬陷，亦原上申乾断，以儆谗嫉。"上曰："此或知有其人而为是言，朕素不听谗，惟亲见者始信之。且朕志定于上。而诸臣蒙泽于下，纵有奸邪，孰能售其术哉？"越数日，以阿什达尔汉为都察满承政，尼堪为蒙古承政，并增祖可法为汉承政，上御清宁宫，阿什达尔汉等前奏事，上因谕曰："朕有过，亲王以下坏法乱纪，民左道惑众，皆当不时以闻。若举细而遗大，非中直也。"可法对曰："臣等惟上是惧，他复何忌，有闻必以奏。"存仁曰："可法言非是。臣诚忠直为国，上前且犯颜直谏，况分人乎？"上曰："然。人果正直，天地鬼神不能摇动，人主焉得而夺之？"是岁，都察院劾刑部承政郎球贪污，论罪，劾工部夺民居授降人，复别造宅赏民，劳民非制。上以诸臣多未更事，事事加罪，反令惶惑，但诚毋更违令。

　　三年正月，可法、存仁疏言："礼部行考试，令奴仆不得与。上前岁试士，奴仆有中式者，别以人畀其主。今忽更此制，臣等窃谓奴仆宜令与试，但限以十人为额。苟十人皆才，何惜以十人易之。"上曰："昔取辽东，良民多为奴仆，朕令诸王下至民家，皆察而出之，复为良民。又许应试，少通文艺，拔为儒生。今满洲家奴仆，非先时滥占者比。或有一二诸生。非攻城破敌血战而得，即以战死被赉。昨岁克皮岛，满洲官兵争效命，汉官兵坐视不救。此行所得之人，苟无故夺之，彼死战之劳，捐躯之义，何忍弃也？若别以人相易，易者无罪，强令为奴，独非人乎？尔等但爱汉，人不知惜满州有功将士及见易而为奴者也。"可法、存仁引罪谢。既，复论户部承政韩大勋盗帑，大勋坐夺职。四月，疏请敕户部立四柱年册，再疏请诛大勋，又劾吏部、刑部复用贼吏违旨坏法，皆与可法合疏上，上皆嘉纳之。三年，更定官制，可法、存仁皆改都察院右参政。汉军旗制定，隶镶蓝旗。

　　大寿既降，复入锦州为明守，攻数年不克。五年正月，存仁疏请屯兵广宁，扼宁远、锦州门户。四月，又疏言："臣观今日情势，锦州所必争。但略地得利易，围城见功难。愿上振军心，与之坚持。截彼调察，禁我逃亡。远不过一岁，近不过一月，当有机可乘。兵法全城为上，盖贵得人得地，不贵得空城也。我师压境，彼必弃锦州，保宁远，再急，彼必弃宁远，保山海关。大寿跋扈畏罪，岂肯轻去其窟？事缓则计持久，事急则虑身家。大寿背恩失信，人皆以为无颜再降。臣深知其心无定，惟便是图，急则悉置不原。况彼所恃者蒙古耳，今蒙三多慕化而来，彼必疑而防之。防之严则思离，离则思变。伏愿以屯耕为本务，率精锐薄城，普檄蒙古，纵俘宣谕，未有不相率出降者。此攻心之策，得人得地之术也。"十二月，复言："兵事有时、有形、有势，三者变化无定，而用之在人。松山、杏山塔山三城，乃锦州之羽翼，宁远之咽喉。塔山城倚西山之麓，自其岭发炮俯击，城易破也，既得此城，羽翼折，咽喉塞矣。兵法困坚城者，必留其隙。锦州虽不甚坚，当留山海关以为之隙。锦州辽兵少，西兵多，一人负箭人，群惊而思遁。能善用巧，山海关可下。"疏未并言鸟真超哈每遇番上，辄令奴仆代，上为申禁。

六年，师屡破明兵松山、杏山间，存仁复疏请相机度势，以时进兵。七年，既克锦州，存仁请招吴三桂降。上颁御札抚谕，并命存仁遗以私书，略言："明运将终，重臣大师就俘归命，将军祖氏甥，虽欲逃罪，无以自明。大厦将倾，一木不能支，纵苟延岁月，智竭力穷，终蹈舅氏故辙。何若未困先降，勋名俱重？"六月，鸟真超哈八旗始分置八固山，授存仁镶蓝旗梅勒额真。八年，从郑亲王济尔哈朗取前屯卫、中后所，加半个前程。

顺治元年，从入关，与固山额真叶臣率师徇山西，下府六、州二十四、县一百三十一，遂克太原。又从豫亲王多铎略河南，下江南，督所部以炮战，屡有克捷。二年六月，从贝勒博洛定浙江，以存仁领浙江总督。兵后民流亡，存仁集士绅使抚谕，民复其所。七月，疏言："近有剃发之令，民或假此号召为逆。若反形既著，重劳大兵，莫若速遣提学，开科取士，下令免积逋，减额赋，使读书者希仕进，力田者逭追呼，则莫肯相从为逆矣。"得旨，谓"诚安民急务也"，令新定诸行省皆准恩诏施行。

十一月，授兵部右侍郎，兼都察院右副都御史，总督浙江、福建。时明鲁王以海保绍兴，号"监国"，其将方国安镇严州。故明福王由崧倚大学士马士英，用以亡国，士英走依国安。是岁九月，国安自富阳渡钱塘江窥杭州，存仁遣副将张杰、王定国率师御之，斩四千余级。国安退保富阳，又令定国出屯余杭，遇国安兵，与战，自关头至小岭，逐北二十里斩国安子士衍。十月，士英复以兵至，去杭州十里为垒五。平南大将军贝勒勒克德浑帅师赴之，未至，士英引去，存仁与总兵官田雄追击之，斩五百余级。十一月，士英、国安复以兵至，存仁与梅勒额真季什哈及雄等帅师击之，敌溺江者无算。十二月，士英、国安屯赭山，掠朱桥、范村诸处。存仁与梅勒额真朱玛喇及雄、杰等分兵与战，国安所将水师数万人歼焉，余众俘馘殆尽。三年二月，有姚志卓者，为乱于昌化，与国安相应。存仁遣杰等击走志卓，复昌化。五月，叙功，进三等昂邦章京，六月，遣副将张国勋等破敌太湖，获士英等，戮之。十一月，存仁请设水师五千，备钱塘江御海寇。四年五月，遣副将满进忠等收福州镇东卫，破海寇周崔芝，遣副将李绣援浦城，逐崔芝党岑本高。十二月，遣副将马成龙等破敌处州，克景宁、云和、龙泉三县。五年正月，明宜春王议衍率众自江西入福建，保汀州山寨，总兵官于永绶击破之。二月，分兵克连城、顺昌、将乐三县，获明侍郎赵士冕、总兵黄钟灵等。存仁自至浙江，屡以疾乞休。至是始得请，受代以去。

六年八月，起授兵部尚书，兼右副都御史，总督直隶、山东、河南三行省，巡抚保定诸府，提督紫金诸关，兼领海防。盗发榆圆，为大名诸县害。存仁闻归德侯方域才，贻书咨治盗策，方域具以对。存仁用其计，盗悉平。七年，上令疆吏考校诸守令，以文艺最高下。存仁出按诸府县，廉能吏有一二语通晓，即注上考，非然者文虽工亦乙之。监司请其故，存仁曰："我武臣也，上命我校文，我第考实，文有伪，实难欺也。况诸守令多从龙之士，未尝教之，遽以文艺校短长，不寒廉能吏心乎？"屡遇恩诏，进一等精奇尼哈番兼拖沙喇哈番。九年，卒，赠太子太保，谥忠勤，祀直隶、山东、河南、浙江、福建五行省名宦。乾隆初，定封三等子。

存仁弟子瑞午，康熙间为福建邵武府知府。耿精忠叛，徇诸郡邑，瑞午不为下，死之。子玘、瑛、珍、光、玳、瑜，子妇王、李皆从死。事定，赠瑞午太仆寺卿。存仁孙遂，康熙间以佐领从军，郑成功将刘国轩攻海澄，战死，赠拖沙喇哈番。

论曰：国初诸王大政，皆定自太祖、太宗朝。世谓承畴实成之，诬矣。承畴再出经略，江南、湖广以逮滇、黔，皆所勘定。桂王既入缅甸，不欲穷追，以是罢兵柄。孟乔芳抚绥陇右，在当日疆臣中树绩最烈。张存仁通达公方，洞达政本。二人皆明将。明世武臣，未有改文秩任节钺者，而二人建树顾如此。资格固不足以限人欤，抑所遭之时异也？

清史稿卷二三八
列传第二五

蒋赫德　额色赫　车克
觉罗巴哈纳　宋权　傅以渐
吕宫　成克巩　金之俊 谢陛
胡世安　# 王永吉　党崇雅 卫周祚
高尔俨　张端

　　蒋赫德,初名元恒,遵化人。天聪三年,太宗伐明,克遵化,选儒生俊秀者入文馆,元恒与焉,赐名赫德。崇德元年,授秘书院副理事官,予四户。汉军旗制定,隶镶白旗。顺治二年,擢国史馆学士。九年,朝鲜国王李淏奏国内外奸徒谋不轨,已伏其辜,命与侍郎伊勒都赍敕往慰问。十一年,抉国史院大学士。十二年,诏诸大臣陈时务,疏言:“察吏乃可安民,除害乃可兴利,今百姓大害,莫甚于贪官蠹吏。惩治之法,惟恃督抚纠劾,以其确知属吏之贤不肖也。近每见各督抚弹章,指事列款,赃迹累累。及奉旨勘谳,计赃科罪,不及十之二三。不曰‘事属子虚’,则曰‘衙役作敝’。即坐衙役者,又多引杂犯律例,听其赎免,何所惩惮而不肆行其志乎?其始官胥朋比,虐取瓜分。事败,官嫁名于吏以觊燃灰,吏假资于官以成展脱。究之官吏优游,两获无恙,纠劾虽行,竟成故事。请严饬各督抚,纠劾勘谳,覆奏时,必全述原参疏语,某款不实,或开报虚构,或承问故纵,穷源质讯,是非不容并立,实系衙役诈骗,按律坐以应得之罪,不许折赎,则贪蠹清而民苏矣。"得旨,下所司严饬行。旋加太子太保。

十五年,改文华殿大学士,兼礼部尚书。十六年,加少保。命赍册封朝鲜国王李淏,侍读硕博辉副之。蒋赫德屡充殿试读卷官,教习庶吉士。修辑《明史》、《太宗实录》,充副总裁;《太祖、太宗圣训》充总裁。译《三国志》,成,赐鞍马。十七年,引疾乞休。康熙元年,起为弘文院大学士。二年,调国史院。九的,卒,谥文端。

蒋赫德初为明诸生,尝应乡试,夜闻明远楼鼓声,曰:"此颓败之气,国安能久?"不终试而去。遍游九边,曰:"王气在辽、沈,将有圣人出,吾蓄才以待可也。"旋为太宗赏拔,卒致通显。

额色赫,富察氏,满洲镶白旗人,世居讷殷。祖莽吉图,当太祖时,从其兄孟古慎郭和来归。

额色赫事太宗,从征伐,自巴牙喇壮达授兵部理事官。天聪九年,从梅勒额真巴奇兰伐黑龙江部,使还奏捷。崇德三年,擢秘书院学士。五年,睿亲王多尔衮率师围锦州,命额色赫赍敕谕机宜。会固山额真图尔格败明兵于木轮河,使还奏捷。六年,命与图尔格及大学士范文程、刚林如锦州,按诸将离城远驻,遣兵还家,睿亲王以下坐降罚有差。明总督洪承畴以援师至,上又命额色赫诣军前授诸将方略,还奏敌势甚张,当益兵。上遂自将击破明军。既克锦州,又命宣谕慰抚祖大寿及同降诸将士。八年,从贝勒阿巴泰伐明,略山东,下兖州,同甲喇额真穆成格等奏捷。

顺治元年,从入关,授世职牛录章京,加半个前程。五年,迁刑部启心郎。八年,擢国史院大学士,世职累进一等阿达哈哈番。十三年,命往朝鲜谳狱。十五年,改保和殿大学士。额色赫再主会试,修《太宗实录》,辑太祖《太宗圣训》,纂《资政要览》,并充总裁官,累加少师兼太子太师。十八年,卒,谥文恪。

车克，瓜尔佳氏，满洲镶白旗人，世居苏完。祖克尔素，太祖时来归。父席尔那，任牛录额真，卒，车克嗣，兼巴牙喇辖。

天聪八年，从上伐明，自大同趋怀远，薄左卫城，与巴牙喇纛章京图鲁什等设伏，败明将曹文诏骑兵。略代州，至五台山，还，遇明将祖大弼兵，击败之。崇德三年，授户部副理事官。承政韩大勋私取库金，事发，车克坐贮库时未记档，论死，命罚锾以赎，仍留部。寻兼任甲喇额真。五年，从郑亲王济尔哈朗围锦州，令车克与噶布什贤噶喇依昂邦劳萨以三百人伏高桥北，坐纵敌，籍家财之半。六年，复从攻锦州，击破明总督洪承畴步兵。

顺治元年，从入关，击李自成，授世职牛录章京。考绩，加半个前程。五年，擢户部侍郎。从英亲王阿济格讨姜瓖，师下大同，令车克援太原，与巡抚祝世昌谋，遣兵歼瓖将刘迁、万铼等。七年，兼任正白旗满洲梅勒额真。世职，累进二等阿达哈哈番。八年，改都察院参政，驻防河间，佐领硕尔对讦户部给饷不均，事具《巴哈纳传》。车克亦坐降世职拖沙喇哈番。旋擢户部尚书。十年，复世职。十一年，加太子太保。十二年擢秘书院大学士，进少保。十三年，复进少傅兼太子太傅，领户部尚书。十四年，考满，加少师兼太子太师。十六年，命赴江南督造战舰。十七年，命与安南将军宗室罗托率师驻福建，防郑成功。

圣祖即位，召还，调吏部尚书。有阿那库者，与兄金布争产，上命均分之。即，又与本旗佐领吉詹争言，吉詹坐阿那库违上旨。牒户部，车克移刑部，坐阿那库罪绞。阿那库妻击登闻鼓讼冤，命覆勘，车克当夺官，命削加衔。康熙元年，复授秘书院大学士。六年，以疾乞休。十年，卒，谥文端。

觉罗巴哈纳，满洲镶白旗人，景祖第三兄索长阿四世孙也。年十七从军，佐太宗征伐有功。天聪八年，授世职牛录章京。九年，命免功臣徭役，分设牛录，巴哈纳与焉。崇德三年，授刑部理事官。四年，擢参政，兼正蓝旗满洲梅勒额真。七年，以刑部勘将佐功罪失平，夺世职。

顺治元年，擢正蓝旗满洲固山额真，与固山额真石廷柱徇霸州、沧州、德州、临清，皆下。移师山西，会固山额真叶臣，招降明总督李化熙等。师自汾州趋平阳，与廷柱击破明兵，至黑龙关，降裨将三、卒六千余，赉白金，进世职三等甲喇章京。三年，从肃亲王豪格下四川，讨张献忠，分兵定遵义，夔州、茂州，斩所置吏数百，降卒数千，尽得其马骡辎重，余寇悉平。师还，以勘甲喇章京希尔根军功失实，又肃亲王欲以机赛为巴牙喇纛章京不当，巴哈纳与索浑未阻止，且共为奏，议夺官，命降世职拜他喇布勒哈番。寻擢户部尚书。

八年，世祖亲政，巴哈纳奏事毕，上问民间疾苦及国家无益之费，巴哈纳举临清采砖及通州五闸运漕二事以对。上命即永行停止。寻兼正白旗满洲固山额真。驻防河间牛录额真硕尔对讦告户部发饷不均，下法司鞫问，部议巴哈纳阿附睿亲王，厚白旗，薄黄旗。时方治睿亲王狱，坐巴哈纳罪至死，上命宽之，削世职，夺官，籍其家三之二。

九年，起授刑部尚书。十一年，同诸大臣分赈畿辅，赐敕印以行。累进少傅兼太子太傅。十二年，授弘文院大学士。十五年，改中和殿大学士。十八年，复设内三院，又改秘书院大学士。康熙元年，兼镶白旗满洲固山额真。五年，卒。时鳌拜擅政，巴哈纳与不洽，恤不行。圣祖亲政，其子巴什以请，赠少师兼太子太师，谥敏壮。

宋权，字元平，河南商邱人。明天启五年进士。官顺天巡抚，驻密云。受事甫三日，李自成陷京师，权计杀自成将黄锭等。睿亲王师入关，籍所部以降，命巡抚如故。权疏言：“君主御宇十有七年，宵衣旰食，声色玩好一无所嗜。不幸有君无臣，酿成大乱。幸逢圣主，歼乱复仇，祭葬以礼。倘蒙敕议庙号，以光万世，则仁至义尽，天下咸颂，四海可传檄而定。明朝军需浩繁，致有加派，有司假公济私，明征外有暗征，公派外有私派，民困已极。请照万历初年为正额，其余加增悉予蠲免。勤求上理，宜育贤才。臣所知者，如王永吉、方大猷、杨毓楫、朱继祚、叶廷桂等,均济时舟楫,惟上召而用之。"得旨嘉纳。寻又荐宝坻进士杜立德等十一人。

时权仍驻密云,抚治二十余州县,兼领军事。旋以遵化当冲要,命权移驻,先后击降自成党数千。丰润盗起,权捕治,以未获其渠,疏请罢斥,温旨慰留。寻疏陈祖军、民壮之害,言:"明制祖传军籍,隶在营路;选取民壮,隶在州县。身故则勾子孙,子孙绝则勾宗族,宗族尽则勾戚属,流离逃窜,乱由此阶。请特沛恩纶,除兹秕政。"又有私刻顺天巡抚印伪为纠举咨文投部者,事觉,逮治。权疏言:"用舍者君人之权,黜陟者铨枢之政,荐劾者抚按之职。请饬各省抚按,有关用舍大典,必具疏请,不须以咨文从事,则百敝俱清。"疏入,并如所请,著为令。

畿辅既平,诏拨近京荒田及明贵戚内监废庄,划为旗地,民田错杂,别给官田互易。权疏言:"农民甫得易换之田,庐舍无依,耕重未备,请蠲租三年。"又迭疏请蠲蓟州田租一年,除密云荒地逃丁派征钱粮,兴三协屯政,守兵一予田十亩。俱下部议行。有诏优恤绿旗阵亡兵家属,权请特遣部臣莅视散给,俾沾实惠。

三年,擢国史院大学士。五年,遭母丧,请终制,命如常入直,私居持服。六年,假归葬亲。寻加太子太保。七年,还朝。时议用明例,遣御史巡方,权力持以为不可。八年,条陈时政,又言宜复设巡按。给事中陈调元、王廷谏等劾权前后持两端,且追劾其母丧未除,入闱主试,下部议,权老病宜罢归,遂命致仕。九年,卒。部议权被论至仕,祭葬宜杀礼。上以权诛自成党有功,赐祭葬如例,赠少保兼太子太保,谥文康。子荦,自有传。

傅以渐,字于磐,山东聊城人。顺治三年一甲一名进士,授弘文院修撰。八年,迁国史院侍讲。九年,迁左庶子。十年,历秘书院侍讲学士、少詹事,擢国史院学士。十一年,授秘书院大学士。十二年,诏陈时务,条上安民三事。加太子太保。改国史院大学士。先后充《明史》《太宗实录》纂修,《太祖、太宗圣训》并《通鉴》总裁。又命作

《资政要览》后序,撰《内则衍义》,复核《赋役全书》。十四年,命以渐及庶子曹本荣修《易经通注》。十五年,偕学士李霨主会试。考官入围,例得携书籍,言官请申禁,以渐请仍旧例,许之。入闱病咯血,请另简,命力疾料理。寻加少保,改武英殿大学士,兼兵部尚书。旋乞假还里,累疏乞休。十八年,解任。康熙四年,卒。

吕宫,字长音,江南武进人。顺治四年一甲一名进士,授秘书院修撰。九年,加右中允。十年二月,上幸内院,召宫与侍讲法若真。编修程芳朝、黄机,命撰《柳下惠不以三公易其介论》。宫论有曰:"伊、周、卫、霍,争介不介。"上喜曰:"此三公语。"列第一。寻谕吏部:"翰林升转,旧例论资俸,亦论才品。吕宫文章简明,气度闲雅,遇学士员缺,即行推补。"寻授秘书院学士。闰六月,迁吏部侍郎。十二月,超授宏文院大学士。言官请禁江、浙签富户运白粮并织造报充机户,部议已有例禁,宫复请严饬督抚察究。

大学士陈名夏得罪,十一年,给事中王士祯、御史王秉乾劾宫为名夏党。宫引罪乞罢。上命省改。初,平西王吴三桂专镇,渐跋扈。宫与名夏及大学士冯铨、成克巩荐御史郝浴,命巡按四川。至是,浴露章劾三桂,三桂疏辩,上为罢浴,宫与铨、克巩皆坐误举,镌二级留任。

宫以病乞假,上遣医疗治,问病状。疏言:"乞假已三月,禀体怯弱,人道俱绝,仅能僵卧兀坐。乞宽期调治。"御史姜图南劾疏语亵嫚,杨义复劾其旷职。宫亦累疏乞罢。十二年,以修《资政要览》书成,加太子太保。宫复疏申请,赐貂裘、蟒缎、鞍马,命驰驿回籍,俟病痊召用。十三年,敕存问,赐羊酒。十七年,诏大学士、尚书自陈,宫不具疏,左都御史魏裔介劾宫"一病六年,闻问杳然,忘君负恩"。上以宫请告无自陈例,谕毋苛求。十八年,世祖崩,宫赴都哭临,病益殆,还里。康熙三年,卒。

成克巩,字子固,直隶大名人。父基命,明大学士。克巩崇祯十六年进士,改庶吉士。避乱里居。

顺治二年,以左庶子李若琳荐,授国史院检讨。五年,迁秘书院侍读学士,寻擢弘文院学士。九年,迁吏部侍郎。十年,擢本部尚书。疏言:"臣部四司,分省设官,原以咨访本省官评。请令各司人注一簿,详列本省各官贤否,参以抚按举劾,备要缺推选。督抚旧无考成,请令疏列事迹,消弭盗贼,开垦荒田,清理钱粮,纠除贪悍,定为四则,以别赏罚。文选推升,既从制签。但地方繁、简、冲、僻不同,如江南苏松等郡积弊之区,非初任邑令所能振刷。请取卓异官,或升或调,通融补授。行之有效,即加优擢,亦于选法无碍。"章下所司。寻擢秘书院大学士。以补御史郝浴失人,镌二级。十二年,命还所降级。

十二年,加太子太保。左都御史缺员,命克巩暂摄,并谕俟得其人,仍回内院。疏言:"用人为治平之急务,而大僚尤重。今通政使李日芳、甘肃巡抚周文叶、陕西巡抚陈极新皆衰老昏庸,亟当更易。财用困乏,宜定丈量编审之期。学校冒滥,宜严考贡入学之额。任枢密者,遇封疆失事,不得借行查以滋推诿。司刑宪者,于棍徒诈害,不得宽反坐以长刁风。又若修筑河工,宜核冒销,杜侵帑。此数事皆当振刷,以图实政。"上深韪之。

给事中孙光祀劾左通政吴达兄逵叛逆,下法司勘拟。克巩疏论左都御史龚鼎孳与达同乡,徇隐不举,鼎孳疏辩不知逵为达弟,坐夺俸。寻命克巩回内院。十五年,加少保,改保和殿大学士,兼户部尚书。十六年,加少傅兼太子太傅。十七年,遵例自陈,谕不必求罢。

部推浙江布政参议李昌祚擢大理寺少卿。先是扬州乱民李之春事发,其党亦有名李昌祚者,克巩与大学士刘正宗票拟未陈明。又在吏部时,荐周亮工,擢至福建布政使,坐赃败。克巩疏引罪。左都御史魏裔介劾正宗,语连克巩,并及昌祚、亮工事,克巩疏辩,上责其巧饰,下王大臣议,罪当夺官。世祖初,以克巩世家子,知故事,不次擢用,值讲筵,命内臣将画工就邸舍图其象以进,居常或中夜出片纸作国书,询时事,克巩占对惟谨。至是,谕责其依违附和,凡事因人,仍宽之,命任事如故。

十八年,圣祖即位,复为国史院大学士。康熙元年,调秘书院大学士。二年,乞休回籍。

克巩迭主乡、会试,称得士,汤斌、马世俊、张玉书、严我斯、梁化凤等,皆出其门。历充《太宗实录》、《太祖、太宗圣训》总裁,屡得优赉。二十六年,太皇太后崩,赴临。三十年,卒,年八十四。子亮,编修;光,武昌守道。

金之俊,字岂凡,江南吴江人。明万历四十七年进士,官至兵部侍郎。睿亲王定京师,命仍故官。疏请先蠲畿甸田租以慰民望。又言:"土寇率众降者,宜赦罪勿论。缚渠来献,分别叙功。就抚之众,宜编保甲,令安故业。无恒产者,别为区划。"寻奏荐丁魁楚、丁启睿、线国安、房可壮、左懋泰、郝绚等,又劾通州道郑辉优游养寇,三关总兵郝之润纵兵肆掠,俱宜罢斥。并请趣畿南北巡按及监司以下官赴任,禁止满洲官役额外需索驿递夫马。疏入,皆采行。

顺治二年,以京师米贵,疏言:"大兵直取江南,应令漕督及漕御史赴任。金陵底定,举行漕政。"诏速议行,因复上漕政八事,疏下所司。寻调吏部侍郎。三年,疏请酌定进士铨选之制。五年,擢工部尚书。六年,乞假归,加太子太保。七年,还朝。八年,调兵部,加少保兼太子太保。十年,调左都御史。疏言:"审拟盗犯,请用正律,不宜概行籍没,致累无辜。"又疏言:"直省提学,例以佥事道分遣。畿辅为首善之区,江南人才之会,请以翰林官简用。"均报可。寻迁吏部尚书,授国史院大学士。

十二年,之俊病,乞休,上不允,遣画工就邸画其象。十三年,谕诸大臣曰:"君臣之义,终始相维。尔等今兵毋以引年请归为念。尔等岂忍违朕,朕亦何忍使尔等告归?昨岁之俊病甚,朕遣人图其容,念彼已老,惟恐不复相见,不胜眷恋。朕简用之人,欲皓首相依,不忍离也。"之俊泣谢。十五年,改中和殿大学士,兼吏部尚书。同校定律例。十六年,诏立明壮烈帝碑。命之俊撰文。寻加太保兼太子太师,复乞假归。十七年,自陈乞罢,温谕敦召,未至,加太傅。十八年,复改秘书院大学士。之俊自归后。屡以衰老乞休。康熙元年,始允致仕。

之俊家居,有为匿名帖榜其门以谤之者。之俊白总督郎廷佐穷治之。牵累不决。事闻,上不直所为,以律禁收审匿名帖,镌廷佐二级,之俊削太傅衔。九年,卒,谥文通。

谢升,山东德州人。明万历三十年进士,官至建极殿大学士,兼吏部尚书,加少保兼太子太保。崇祯之季,明帝欲与我议和,升泄其语,罢归里。李自成入京师,升与明御史赵继鼎、卢世㴶逐自成所置吏,奉明宗室香河知县师钦城守。寻奉表来归,授师钦知州,命升以建极殿大学士管吏部尚书。升至京师,改命与诸大学士共理机务。二年,卒,赠太傅,谥清义。

胡世安,四川井研人。明崇祯元年进士,官至少詹事。顺治初,授原官,四迁礼部尚书。十五年,授武英殿大学士,兼兵部尚书。圣祖即位,与之俊同改秘书院大学士。以疾乞休,累加少师兼太子太师。康熙二年,卒。

王永吉,字修之,江南高邮人。明天启间进士,官至蓟辽总督。顺治二年,以顺天巡抚宋权荐,授大理寺卿。四年,擢工部侍郎。永吉疏辞,上责其博虚名,特允之,并谕永不录用。居数年,有诏起用废员,复诣京师,吏部疏荐,八年,授户部侍郎。条奏各卫所屯地分上、中、下三等,请拨上田给运丁;各项抵色银请仍令官收官解,本色物料动支折价采买;洲田丈量累民,请以芦课并入州县考成,五年一次丈量;皆见采择。

永吉家居,究心黄河下游淤雍为害,当议修泾河闸,浚射阳湖。九年,疏言:“黄水自邳、宿下至清河口,淮、泗之水聚于洪泽湖,亦出清河口。二水交会,淮、泗弱势,不能敌黄。折而南趋四百余里,出瓜洲、仪真方能达江。一线运河,收束甚紧,即有大小闸洞宣泄,海口不开,下流雍滞,以致河堤十年九决。海口在兴化、泰州、盐城境内，辄为附近居民镇塞，乞敕河、漕重臣相度疏浚，复其故道。淮、泗消则黄河势亦减。

时河以北诸省患水，而江以南又苦旱，屡诏蠲赈，而湖广、四川、闽、广诸镇待饷甚急。永吉疏请下廷臣筹足饷救荒之策，上命永吉详具以闻。永吉因言："各省兵有罪革占冒，马亦有老病弱毙，十汰其二。以百万之饷计之，岁可省二十万。即以裁省之项，酌定直省灾伤分数，则兵清而赋亦减。"上嘉纳之。

畿辅奸民，每藉投充旗下，横行觖法。永吉疏陈其害，谓："上干国法，下失人心，请敕禁王大臣滥收人投旗，以息诸弊。"十年，擢兵部尚书。十一年，与刑部尚书觉罗巴哈纳等分赈直隶八府。转都察院左都御史，擢秘书院大学士。

永吉在兵部，鞫德州诸生吕煌匿逃人行贿，谳未当，下王大臣诘问，永吉厉声争辩。事闻上，谕曰："永吉破格超擢，当竭力为国，乃因诘问，辄至忿怒，岂欲效陈名夏故态耶？"左授仓场侍郎。十二年，仍授国史院大学士。寻加太子太保，领吏部尚书。

十四年夏，旱，疏请"下直省督、抚、按诸臣清厘庶狱，如有殊常枉屈，奏请上裁。赎徒以下，保释宁家"。下所司议行旋以地震具疏引咎，上复责其博虚名。十五年，以兄子树德科场关节事发，左授太常寺少卿，迁左副都御史。十六年，卒。上以永吉勤劳素著，命予优恤，赠少保兼太子太保、吏部尚书，谥文通。

党崇雅，陕西宝鸡人，明天启五年进士，官至户部侍郎。顺治元年，以天津总督骆养性荐，授原官，调刑部。疏言："旧制，大逆大盗，决不待时，余俱监候秋后处决，未尝一罹死刑，辄弃于市。请凡罪人照例区别，以昭钦恤。新制未定，并乞暂用《明律》。俟新例颁行，画一遵守。"二年，复疏言："流寇暴虐，今剿灭殆尽。恐寇党株连，下民未获宁止。请速颁恩赦。督、抚、司、道及府、州、县各官，简用务在得人，庶可广皇仁，布实政。"并得旨允行。骆养性被讦贪婪通贼，辞连崇雅，谳不实，免议。给事中庄宪祖劾崇雅衰庸，崇雅疏乞罢，留之。五年，擢尚书，六年，加太子太保。八年，调户部，加少保。十年，引疾告归，命仍支原俸。旋召还。十一年，授国史院大学士。十三年，复以老乞休，加少傅兼太子太傅。入谢，上见其老，赐御服，谕曰："卿今还里，服朕赐衣，如见朕也！"临行，复召见，赐茶，慰以温语，命大学士车克送之。十三年，敕存问。康熙五年，卒。明福王时，定从贼案，崇雅与卫周祚、高尔俨皆与。

卫周祚，山西曲沃人。明崇祯进士，官户部郎中，顺治元年，授吏部郎中。再迁刑部侍郎。疏言："各省逮捕土寇，坐辄数十人，请饬鞫讯得实，具狱词解部。京师多讦讼，请严反坐罪。功臣犯法，请复收赎之令。"调吏部，疏言："六部司属，请每岁令堂官纠举黜陟。""疆圉新辟，招民百名，即授知县，暂委各官，即予本职，乃一时权宜计。请试以文义，有不娴者，招民改武职，暂委授佐杂。"皆下部议行。擢尚书。历工、吏二部。十五年，授文渊阁大学士，兼刑部尚书，改国史院。以葬兄周胤乞假还。复起授保和殿大学士，兼户部尚书。以疾乞休。十四年，卒，谥文清。周祚居乡谨厚，圣祖称之。西巡，遣大臣酹其墓。

周胤，明崇祯七年进士，官御史。顺治初，授原官。官至兵部侍郎。

高尔俨，直隶静海人。明崇祯十二年进士，官编修。顺治初，授秘书院侍讲学士。迁侍郎，历礼、吏二部，擢吏部尚书，加太子太保。九年，为御史吴达所论，乞罢。旋起补弘文院大学士。十二年，卒，赠少保，谥文端。

张端，山东掖县人。父忻，明天启五年进士，官至刑部尚书。端，明崇祯十六年进士，改庶吉士。李自成入京师，端从忻皆降。顺治初，忻皆降。顺治初，忻以养性荐，授天津巡抚。端亦以荐授弘文院检讨。三迁为礼部侍郎。十年，授国史院大学士。十一年，卒，赠太子太保，谥文安。忻以静海土寇乱罢，后端卒。

养性，崇祯时官锦衣卫都指挥使，颇用事。大学士吴甡成，周延儒死，皆有力。来降，授总督。寻坐事罢，仍加太子太傅，左都督，进太子太师。求自效，授浙江掌印都司。卒。

　　论曰：世祖既亲政，锐意求治，诸臣在相位，宜有闳规硕划足以辅新运者。如蒋赫德请惩贪蠹，权首请田赋循万历旧额，并罢祖军、民壮；永吉议清兵额、恤灾伤，痛陈投旗之害。之俊、崇雅郑重断狱：可谓能举其大矣。若巴哈纳以细事塞明问，以渐、宫以巍科虚特擢，及额色赫、车克辈，皆鲜所建白。要其谨身奉上，亦一代风气所由始也。

清史稿卷二三九
列传第二六

沈文奎　李栖凤 马鸣佩
马国柱 罗绣锦　绣锦弟绘锦　雷兴　王来用
丁文盛 子思孔　祝世昌

　　沈文奎，浙江会稽人。少寄育外家王氏，因其姓。年二十，为明诸生，北游遵化。天聪三年，太宗伐明，下遵化，文奎降。从贝勒豪格以归，命值文馆。汉军旗制定，隶镶白旗。六年六月，上自将伐察哈尔，因略宣府边外。明文武大吏请盟，上还师。八月丁卯，召文奎及同值文馆诸生孙应时、江云深入宫赐馔，命策和议成否。文奎等皆言明政日紊，中原盗贼蜂起，民困于离乱。劝上宣布仁义，用贤养民，乘时吊伐。文奎等退，各具疏陈所见。

　　文奎疏言：“先帝用兵之初，势若破竹，盖以执北关之衅，名正言顺。其后多疑好杀，百姓离心，皆曰利我子女玉帛耳。上宽仁大度，推心置人。令师次宣、大，长驱而入，谁复敢当？乃以片言之故，卷甲休兵。大信已著，宜乘时遣使，略逊其辞，以践张家口之约。夫不利人之危，仁也。不乘人之乱，勇也。有失旧约，信也。一举而三美归焉。或谓南朝首吾王封，次论地土人民，和必不成。臣谓和否不在南朝，在上意定不定耳。且和而成，我坐收其利，以待天时。和而不成，或蓟镇，或宣、大，或山海，乘时深入，诞告于众，曰：‘幽燕本金故地，陵墓在房山，吾第复吾故疆耳。’师行毋杀人，毋劫掠，则

彼民必怨其君之不和,而信我无他志矣。大凌河降夷,上赦之刀斧
之下,复加以恩育,其所以去者,皆父母妻子牵其念耳。文王王政,
罪不及孥。执杀逃亡,已正国法。岂可因兄及弟,因父及子,以一降
夷而使众降夷自危,且使凡自大凌河降者,人人坐疑,非上明白宣
谕,上下睽违,终不能释也。我国衣冠无制,贪而富者,即氓隶,冠裳
埒王侯。清而贫者,即高官,服饰同仆从。乞上独断,定衣冠之制,
使主权尊,民志定,贤愚金奋,国日以强。”

云深疏言:“南朝未能决和,宜倍道径取山海。山海既破,八城
折入于我,再与画界议好,和乃可定。”

应时疏言:“用兵当先足民。年来国用不舒,今岁又被灾,十室
九空,宜乘时究方略,转虚为盈,此宜急议者也。八门征税,正税外
有羡银,税一两非增三四分不收,朘削穷民脂血,此宜严核者也。六
部公廨已毕工,人人当尽心力为上治事,否则不惟负上,抑且负此
巨室,此宜申饬者也。大凌河新夷,固自取灭亡,然边防严则逋逃何
自越,此亦申饬者也。”

是岁近明边蒙古部民逃入沙河堡,明兵索还。文奎、应时疏中
曰“降夷”,曰“新夷”,盖谓是也。

九月,文奎复疏言:“臣自入国后,见上封事者多矣,而无劝上
勤学问者。上喜阅《三国志》,此一隅之见,偏而不全。帝王治平之
道,奥在《四书》,迹详史籍。宜选笔帖式通文义者,秀才老成者,分
任多译讲解,日进《四书》二章,《通鉴》一章。上听政之暇,日知月
积,身体力行,操约而施博,行易而效捷。上无曰“此难能”,更无曰
“乃公从马上得之”,乌用此迂儒之常谈,而付之一哂也。上用人亦
宜详审,臣第就书房言之。书房出纳章奏,即南朝之通政司出。自
达海卒,龙什罢,五榜式不通汉字,三汉官又无责成。秀才八九,哄
然而来,群然而散。遇有章奏,彼此相诿,动淹旬月。上方求言,而
令喉舌不通,是何异欲其入而闭之门乎?宜量才委用,或分任俾责
有所专,或独任俾事有所总。至笔帖式通文义者,惟恩国泰一人,宜
再择一二以助不逮。立簿籍,定期会,使大事不过五,小事不过十,

分而任之。课勤惰，察能否，而从以赏罚，则政柄不摇，贤愚并励矣。"

七年七月，疏言："图事功者，以得人为先务。顷闻开科取士，诚开创急事也。然臣以为非抡才之完策，上宜发明谕，不拘族类，不限贵贱，不分新旧，有才能者许自荐，知人有才能者许保举。自荐者择有智识之臣，畀以抡选，而严挟私徇情之罚。保举者不避父子兄弟，但令立状记籍，异日考其功罪，与同赏罚，然后亲加省试，量才录用。有技能则超擢，无才行则责谴。奴隶工商，有善必取。显官贵戚，有恶必惩。招以真心实意，歆以高爵厚录，绳以严刑重罚。好荣恶辱，人情所同。虽不能拔十得五，于千百中得数人，而已足为用矣。"崇德元年，甄别文馆诸臣，文奎列第二，赐人户、牲畜，授内弘文院学士。七年八月，以醉乘马犯卤簿，论死，上宥之，仍命断酒。

顺治元年，世祖定鼎，七月，命为副都御史，巡抚保定。时畿南未定，保定、大名、真定所属诸州县，盗千百并起，焚掠为民害。文奎到官，驻真定，训练所部兵，与巡按卫周胤谋捕治，盗渠赵崇阳等数百人降。有韩国璧者，为盗宁晋泊，拒官军。文奎即用崇阳捕斩国璧，歼其徒。遂分部总兵王燝、守备刘文选等将兵逐贼。燝等讨灭香炉、乔家二寨，戮其渠钱子亮、赵建英。文选等攻深州，戮其渠于小安。攻晋州，戮其马数全。于是冀州郭世先、保定李库、内黄李君相、顺德袁三才数十渠魁，并就俘戮。散其协从，录骁勇置部下。畿南渐定。州县吏征赋仍明季旧习，优免多则蚀赋，摊派行则厉民，文奎疏请悉从正额。宁晋泊地肥而赋轻，豪右竞占，遣赋为州县吏累，文奎疏请招民分耕纳赋。二年正月，疏言畿南民重困，岁贡绵丝诸品，皆求诸他行省，请改折色。二月，又论诸卫所地纳赋丁入保甲，皆当属州县吏，并见采择。李联芳、张戍轩等为盗南皮、盐山间。四月，遣都司杨澄、守备徐景山捕治，戮联芳等九十三人。

寻命加兵部右侍郎，总督陕西。五月，改命总督淮、扬漕运。淮、扬群盗，高进忠、魏用通、高升三人者为之魁，复有丰报国、司邦基挟明宗室新昌王，与相应为乱。文奎遣游击裴应旸等击斩用通，总兵王天宠亦击破升，报国、邦基为其徒缚诣江宁以降。进忠走崇明，亦降。十二月，复令总兵孔希贵、苏希乐逐盗如皋，得其渠于锡藩、刘一雄。三年八月，又与淮徐道张兆雄发兵击斩邳州盗杨秉孝、王君实等。江、淮间始稍安。十月，疏请禁革苏、松诸府征漕积弊，悉去官户、儒户、济农仓诸名，著为令。四年正月，以擅免荒田赋，又渎请明陵祀典，夺职。

五年十二月，起为内弘文院学士。六年，充会试总裁。八年，大学士刚林、祁充格得罪，文奎以知睿亲王多尔衮令改实录不上言，当坐，上命免议。四月，复命以兵部侍郎、左副都御史，总督漕运，巡抚凤阳。请复姓沈氏。七月。疏请慎选运官，清核舍余，合选殷丁，清勾黄快，皆漕政大端，凡四事。十年，率师讨胶州叛将海时行。十一年，遣兵捕朱周祺，清通、泰滨海逋寇。江北庐、凤、淮、扬诸府灾，文奎请蠲赋，户部议未定，冬尽未启征。九月，文奎坐督运愆迟，左迁陕西督粮道。寻卒。

与文奎同时以诸生直文馆者，云深、应时同被召对。又有李栖凤、杨方兴、高士俊、马国柱、马鸣佩、雷兴辈，盖皆文奎疏中所谓秀才八九者也。栖凤、方兴、国柱、鸣佩、兴自有传。云深后不著。应时为启心郎，以祝世昌请毋以俘妇为妓，为改疏稿，坐死。士俊尝上疏谓："上定例一丁予田五日，衣令于此出，力役于此出。民已苦不足，况以绳量田，名五日，实止二三日。将吏复占沃地，役民以耕，宜禁革。民间贷金，当视金多寡定取息重轻，其有逾度者，宜坐罪。"日者，满洲以计田，士俊用当时语也。士俊入关后，尝为湖广巡抚，收长沙，克衡州、常德，有劳。

方上召文奎等策议和成否，亦谕吏民令建言。有胡贡明者，疏言："我国与南朝未尝无内外君臣之分。今既议和，当遣使修表，姑听其区划。如不欲为之下，遂图大事，必如汉高祖而后可。"因谓鼓舞用人，养百姓，立法令，收人心，皆未若汉高祖。贡明先尝上疏请更养人旧例，略言："太祖时方草创，土地、人民，财用皆与诸贝勒均之。今尚沿此习，上名虽有国，实不只正黄旗一贝勒耷。一人寸土，上与诸贝勒互不相容。十羊九牧，即有中原不可以为治。出师得财，当以三属上，七分异诸贝勒。得人聚而赎之，视其贤不贤，厚薄予夺，权得以自操，而人心亦归于一。"至是又别疏申前说，并反复言养豪杰当破格，如高祖之于"三杰"。上觉先疏，颇韪其语，谓后出师当用汝议。览后疏，责其语冗。贡复上疏抗辩。七年，又有扈应元者，疏诋汉官但求名利，语近戆，略如贡明。别疏陈七事，谓备荒宜储粮；编丁宜恤老幼；筑城建关宜不妨农业；出师宜选公正廉能吏，拊循新下郡邑；取士宜尚德行；求言宜置谏官；乘机取天下，在人心不在火器。上览其疏，于论筑城建关，疑勿善也，不竟阅。应元亦上疏抗辩。

贡明隶镶红旗，亦诸生。应元隶正白旗。自署"隐士"。

李栖凤，字瑞梧，广宁人，本贯陕西武威。父维新，仕明为四川总兵官。尝官蓟、辽，家焉。马鸣佩，字润甫，辽阳人，本贯山东蓬莱。其先世尝为辽东保义副将，因占籍辽阳左卫。栖凤、鸣佩皆以诸生来归，事及宗，并值文馆。崇德元年，甄别文馆诸臣，栖凤、鸣佩俱列二等，赐人户、牲畜。汉军旗制定，同隶镶红旗。世祖定鼎，授栖凤山东东昌道，鸣佩山西冀南道。顺治二年，收湖广，移栖凤上荆南道，鸣佩下湖南道。

方栖凤值文馆，治事勤慎，达海等闻于上。上命司撰拟，迭写国书。达海卒，栖凤言文馆无专责，楼贮官文书，人得窃视，虑有漏言。上召王文奎等咨和议成否，栖凤上疏言："臣侍文馆几七年，今上与南朝议和，谋及群臣。臣愚以为时政有可惜者二，当速图者六。先帝劳心力、训练劲旅以遗上，上当法先帝赏罚出独断，有功虽贱虽仇必赏，有罪虽贵虽亲必罚。若不振奋鼓舞，必且习为泄泄，弛已成之业。此可惜者一也。上天姿英敏，诚大有为之君也。臣见诸臣章奏，辄曰"上宽仁大度"，此则谀耳。创国之君，不欲过刻，亦不欲过宽。用人听言，审察其可否，中夜而思，如何使人畏，如何使人喜，而后可以驱使。倘信虚誉而毗于仁厚，必误上英敏矣。此可惜者二也。

民以食为天。今岁水且蝗，米值骤昂。上宜速出师攻关外八城，八城为我有，岂复虑我民之枵腹耶？一失此机，民无食且流散，国亦稍稍衰矣。当速图者一也。上旧得人民，兵农工役，物物皆备。惟频岁役民筑城，此毁彼建，不得休，民未必无怨。昨闻大凌河西夷复加诛戮，奈何先与之誓而后又杀之也？今宜罢非时之工，广养人之惠。当速图者二也。南朝东西支梧，奔命不遑，势必且南迁。祖大寿与上尝有盟约，当急遣使游说，乘机进兵，迟则失时。当速图者三也。君虽圣，必赖贤臣以调燮之。近虽有二三骨鲠之臣，位卑禄薄，信任未专。如永平道张春，在彼中号有谋略，上宜隆以礼遇，心虽金石，将为我熔。我国虽边鄙，未始无才，重赏之下，必有勇夫。当速图者四也。诸臣多请制定衣冠，尚未允行。夫所谓衣冠，岂必如南朝纱帽圆领而后可？但能别尊卑，差贵贱，即是制度。国体威严视斯，人心系恋视斯，纲纪法度，风移俗易，莫不视斯。当速图者五也。达海竭心力奉上，及其卒，敛乃无輤，其廉若此，未闻上破格矜恤。总兵布三取辽阳首功，先帝赐敕免死，今以事夺官，且下之狱，不过以愚直得罪。功过贪廉，自古无全才，不可拘于一，当速图者六也。"调为上荆南道参政。明年六月，迁湖广右布政使。

十月，命以右副都御史巡抚安徽。吴继、程国柱等为寇休宁、婺源间，栖凤檄总兵李仲兴、许汉鼎等帅师捕治，获所置总兵江乌、郑恩祥，降张天麒、江周等千人。其党赵正挟明瑞昌王谊贵攻宿松，栖凤率总兵卜从善、冷允登御之洿池，斩千级，获谊贵及正子捷应、弟允升。招抚江南大学士洪承畴上其事。旋坐属县滥征赋不举劾，左迁。

六年，复自浙江嘉湖道参议，授右佥都御史，巡抚广西。明桂王由榔遣兵略广东诸郡县，尚可喜、耿继茂军驻广州，栖凤驻南雄，为具储粮。七年，合兵克韶州，并破雷州、廉州诸寨。八年，明将曾志建侵韶州，栖凤令南韶道林嗣琛、游击张玮等击之，斩二千余级。九年，遣副将先启玉等攻钦州，获叛将李成栋子元胤。十年，明将李定国自梧州侵肇庆，栖凤遣兵败之龙顶冈。寻分遣总兵徐成功、吴进功等复罗定州东安县。捷闻，上手书"知方略"。三字以赐。又遣副将陈武、李之珍徇高州，至沙江。敌循江岸列寨，师渡江纵击，获所置副将姚奇、中军余元玑等。克化州、吴川县，焚其垒，歼敌。以功进兵部右侍郎。

十五年三月，考满，加兵部尚书。六月，命总督两广。时明桂王走云南，其将陈奇策及明江夏王蕴钥、德阳王俨锦等据上思州，旁掠诸县，栖凤令总兵栗养志等讨之，获奇策等。又剿抚那锦板强诸寨，定太平、思恩诸府。十七年，加太子少保。十八年九月，分设广东、广西两总督，栖凤督广东。十二月，以老乞休。康熙三年正月，卒。

鸣佩，天聪三年，授工部启心郎，仍直文馆。六年，与同罗绣锦疏论输粮令，语详《绣锦传》。崇德八年，授半个前程。顺治三年，自下湖南道参政授户部侍郎衔，总督江南粮储兼理钱法。疏言钱法首禁私铸，犯必诛，并请设钱法道专其责。江南军饷不足，请留关税佐之，皆议行。八年，入为户部侍郎。十年，改总督仓场侍郎。

十一年二月，命以兵部左侍郎兼右副都御史，总督宣、大、山西，劝垦宣府、大同荒地三千余顷。盗发平阳，鸣佩令副将许占魁等捕治，分兵扼隘，诛其渠张五等二百八十余人，降其党九十余。

十月，加兵部尚书，移督江南、江西。时郑成功为寇海上，陈其纶、汪龙等为明将。号为侯、伯，据郡县，遥应成功。鸣佩檄总兵胡有升等攻其纶瑞金，破大柏山寨。其纶走宁都天心寨，寨民获以献。复获龙九江，并击破成功之徒胡宁等。未几，明将张名振以舟师侵崇明。鸣佩亦以舟师御之，名振败走。得其副将林正礼等。复周历松江、崇明诸郡邑，视形势，疏陈水陆攻守之策。会给事中张玉治言江宁提督当移驻苏州，吴淞宜增兵。上令鸣佩核议。鸣佩请令江宁提督分兵守刘河、福山，苏松提督驻吴淞，不烦更增兵，但令与江宁提督互策守御为犄角。得旨，如所议。十二月，名振兵复侵崇明，以舟师断海港，官军莫能渡。鸣佩密令民束草削柿，佐军焚敌舟，俘馘无算，名振夜引去。十三年正月，降所置总兵顾忠、副将黄忠、董礼等百余人。顾忠故剧盗，号"纲仓顾三"，善水战，至是降，敌益沮。复率参将吴守祖等出海，至浙江独山破敌。分兵讨吉安、赣州盗，败之上坪。讨徽州盗，剿花桥诸寨。闰五月，以目疾乞罢，进三等阿达哈哈番。康熙五年正月，卒。

鸣佩尝荐梁化凤有大将才，及成功入攻江宁，赖化凤破敌。栖凤、鸣佩子弟皆才。栖凤弟栖凰，漕运总督，加太子太保，栖鹃、栖鸾总兵；栖鸣，广东提督，子镇鼎，亦官广东提督，加太子太保。鸣佩子雄镇，自有传。

马国柱，辽阳人。天聪间，以诸生直文馆。六年，诸生胡贡明请更养人旧例，语附见《沈文奎传》。国柱上疏，谓："以家喻国，上犹祖父，诸贝勒犹子弟，而人则妻孥也。祖父重持家，子弟喜便嬖，好恶不同，不能迫而从也。我国正直者多贫贱，贪佞者多富贵。正诎而邪申，欲国之兴得乎？宜采贡明议，无分新旧人，悉养于上。如疑八家分人而赡为先帝旧例，试思先帝时虽曰分赡，而厚薄予夺操之一人。今昔相较，果何如乎？况善继志者谓之大孝。先帝至今日，亦当更旧习。苟益于国，何有于小嫌？且利于八家，而上独擅焉，诚不可也。今养人乃劳事，虽专之，庸何伤？"

先是，国柱与高鸿中、鲍承先、宁完我、范文程等合疏请置言官，是疏并申言之。而诸上书言时事者扈应元、徐明远、许世昌、仇震疏中往往及是。应元事见《沈文奎传》。明远明兵部吏，自永平降，隶镶黄旗。疏并请禁交结，定法度，立管屯将吏考课黜陟之制，禁管台将吏掊克士卒，禁八门监权不得用重秤，豁流亡户籍，录闲冗吏，革耋良人为妓。世昌，正红旗牛录章京。疏并请定先帝谥号，建中书府。震、明武进士、都督佥事。疏自署"俘臣"，并请译书史，申法律，简贤才，与明通和。

八年，太宗命礼部设科取士，中式为举人，国柱与焉，直文馆如故。崇德初，始置都察院。三年，授国柱理事官。汉军旗制定。隶正白旗。顺治元年，从入关，授左佥都御史，师已定大同、代州。七月,命国柱以右副都御史辽抚山西,道昌平,出居庸关,至代州任事。师自忻州克太原,国柱进驻太原。师行,任策应。汾州、平阳、潞安、泽州诸府以次底定。李自成将李过、高一功走保绥德,国柱疏请分兵东西夹击,使贼首尾不相应。上韪其议。二年,遣游击杨捷击斩阳曲盗阎汝龙,别将讨岚县盗高九英,降四十余寨。交城盗梁自雨、河曲盗李俊与九英犄角,国柱复分兵捕治。国柱抚山西年余,捕诛自成余孽击伏民间者,安集抚循,民渐复业。客军数往来,苦供亿繁,国柱悉心措置,民不知兵。十月,擢兼兵部侍郎,总督宣、大。

四年七月,加兵部尚书,移督江南、江西、河南三行省。五年正月,安庆乱者冯洪图陷巢县,掠无为州。国柱令按察使土国宝从侍郎鄂屯帅师讨之。获洪图及其党蒋懋修、钟武等。江西总兵金声桓叛,其将潘永禧犯徽州。国柱遣满洲驻防官兵击破之,复祁门、黟二县。上命征南大将军谭泰帅师讨声桓,克九江、南康、饶州等府。明尚书余应桂据都昌,出没鄱阳湖。国柱令副将杨捷等从谭泰攻克都昌,获应桂。复击败其将邓应龙等于武宁。十月,广东叛将李成栋自南雄侵赣州。国柱遣将与江西巡抚刘武元合兵击杀之。

六年,有王定安者,为乱于湖广,陷罗田,结英山盗陈元等掠霍山。国柱遣中军副将朱运亨等击之,战于三尖山,元者引去。又令总兵卜从善剿白云、梅家、英寮诸寨。明石城王统锜率五千余人自金紫寨赴援,倚山列阵,从善与战,俘馘甚众,获所置总兵孔文灿、副将方学达等。国柱复率师会江宁昂邦章京巴山、提督张大猷讨六安盗,围将军寨,击斩其渠张福环,降所置总兵王俊、副将霍维伦等。安微境诸弄兵者,往往依山结寨相望,至是始尽。

明鲁王以海在舟山,其将吴凯据大兰山为声援。上命国柱策剿抚。国柱知宁波诸生方圣时与以海臣严我公友,使为游说,我公遂降,国柱护送京师。上遣赍敕招凯,国柱复寓书焉。凯与其将顾奇勋。姜君献、陈德芝等降。七年,加太子少保。

九年七月,有张自盛者,为乱于福建,阑入江西境,保大觉岩。国柱檄提督刘光弼击斩所置总兵李全等,遂获自盛。十一年正月,明将张名振攻崇明、刘河、吴淞。国柱募水师,遣总兵王璟、副将张恩达分将之,败之于靖江,复败之于泰兴,毁其舟,名振引去。二月,有赖龙者,为乱于湖广,号“红头贼”,自桂东侵江西境,国柱与湖广总督祖泽远合兵攻桂东,得龙,乱乃定。复加太子太保。旋致仕。国柱初至江南,驻防兵与民不相习,国柱善为抚戢,令行禁止,兵民相安。康熙三年二月。卒。

天聪八年,举人凡十六人,汉人习汉书者,齐国儒、朱灿然、罗绣锦、梁正大、雷兴、马国柱、王金柱、来用,得八人。国柱及绣锦、兴、来用入关后,皆至督抚,而国柱、绣锦、兴又同值文馆。

绣锦,亦辽阳人,以诸生来归。天聪五年,与马鸣佩同授工部启心郎。六年,上以大凌河新附人众,计国中无问官民,计口储粮,有余悉输官,视市值记籍,徐为之偿。有余粮不输者,许家人告发。绣锦、鸣佩疏言:“民有余粮,孰肯输之官?纵令首告,有仇则讦,无仇则隐,所得必少。且民不敢以粮入市,新人粮不足及旧人之无粮者,皆无所于籴。不若出令,无问满、汉、蒙古官生军民,人输粮一斗。有粮者固易办,无粮者人出银二三钱,籴以输官,亦无大损。其有余粮原输官者,将以升赏。此两便之术也。”崇德元年五月,授内国史院学士。纂《太祖实录》成,得优赉。汉军旗制定,隶镶蓝旗。七年,兼牛录额真。

顺治元年,从入关,七月,命以右副都御史,巡抚河南。时李自成西走,其党掠卫辉、怀庆间,而原武、新乡诸县盗竟起。绣锦至官,与总兵官祖可法等谋防御,疏言:“自成之众二万余,攻怀庆甚急。明尚书张缙彦产等拥兵河上。副将郭光辅、参将郝尚周不应征调,叛而为寇。明兵在南,流寇在西,请发兵靖乱。”上已令豫亲王多铎为定国大将军,帅师南征,令取道河南捕治群寇。绣锦亦遣卫辉参将越士忠等攻破娄儿寺盗寨,擒其渠。绣锦请以河北荒地万余亩令守兵屯垦。得旨俞允。

二年十一月,擢兼兵部右侍郎,总督湖广、四川。湖南诸州县尚为明守,自成从子锦拥众降于明,侵湖北。绣锦至荆州,锦率众来攻。顺承郡王勒克德浑自江宁来援，锦败走。勒克德浑师还，锦又至。绣锦帅师御之，锦复败走。有胡公绪者，据天门八百洲，四出焚掠，戕署盐道周世庆。绣锦遣中军副将唐国臣、署总兵杨文富等分道讨之，获公绪，毁其巢。三年六月，遣总兵官徐勇击破麻城山寨，获其渠梅增周文江。岳州署总兵官高蛟龙等击斩满大壮，获龙见明等。九月，明总督何腾蛟寇岳州，绣锦遣将御之，多所斩获。十月，遣总兵郑维等定彝陵、枝江、宜都三州县。

四年，定南大将军恭顺王孔有德等略湖庆，取攻沙、衡州、宝庆、辰州诸府。绣锦条奏增设镇协，下部议行。王光泰以郧阳叛，上命侍郎喀喀木帅师讨之，绣锦与合兵克郧阳，光泰走四川。五年，金声桓以江西叛，湖南骚动，常德、武冈、辰、沅诸府州复入于明。绣锦疏留喀喀木驻荆州，而分遣总兵徐勇、马蛟麟等分守要隘，屡败明将马进忠等。上复命郑亲王济尔哈朗共率师徇湖南，渐收诸郡县。绣锦疏请移降卒腹地，毋使师还后复为余孽煽诱。上嘉纳其言。九年七月，赠兵部尚书。

弟绘锦，自通政司理事官再迁，终贵州巡抚。

兴亦辽东人。太祖时，以诸生选直文馆。事太宗，授秘书院副理事官。崇德间，迁都察院理事官。汉军旗制定，隶正黄旗。顺治元年十月，命以右副都御史巡抚天津。李联芳、张成轩为乱沧州、南皮间，兴与总兵娄光先帅师讨之。成轩等将遁出海，师已扼海口，乃惊溃，投水死者强半。兴复遣兵捕治，斩渠宥协，盗尽散。疏言大沽海口为神京门户，请置战船为备。下所司议行。二年四月，移巡抚陕西。陕西方被兵，民多流亡，兴招来抚绥，疏述其状。上旌以冠服、裘马。三年，肃亲王豪格帅师自陕西徇四川，师未至，有孙守法者，为乱于兴安。贺珍又以汉中叛。兴移潼关兵戍商州，密檄汉羌道胡全才为备，待师至，悉戡定。兴疏请龙州置兵，临洮、巩昌留屯军防边，皆报可。四年四月，以疾乞罢。十年八月，复起巡抚河南。未上，卒。赠兵部侍郎。

来用，亦隶镶蓝旗。授工部启心郎。顺治初，再迁山西布政使。

三年,师略四川。三月,授来用户部右侍郎,总督山西、川、陕粮饷,驻西安。疏言陕西兵后民困,请蠲荒征熟。山西铜缺,铸钱多,定值过低,商不前,请酌增。四年,疏言汉南遭贺珍乱,蹂躏荒残,请恩赈,并敕部储备肃亲王还师饷糈。五年,疏言河西回乱,运河阻,诸军南讨,请发尖广漕供饷。又言汉中屯军岁饷数十万,请专设饷司,皆如所请。六年,疏言兵出镇,赡其孥如所食糈。司兵者请自离伍日起,司饷者请自到军日起,持异议,请定例划一。部议以应征日起,中途逃亡,不得滥与。八年正月,御史聂玠劾来用专倚中军王桢,自隳职业,部议左迁,援赦免。七月,裁缺。九年,命巡抚顺天。十年,移驻河间。十一年,以定南王孔有德丧归,其属吏或格诏书不出迎,坐左迁。十四年,改授河南大梁道。寻卒。

丁文盛,广宁人。初为明诸生。天命六年,归太祖。天聪间,授兵部启心郎。七年正月,偕同官赵福星疏言:“师行戒毋扰民,子女玉帛,秋毫无犯,但发仓库以佐军兴。攻关东八城,当先其易者,后其难者。舍宁、锦、前卫,但得其他小城,因粮以度师,进攻山海。旧制编民为兵,十丁而取一,当令诸甲喇及领屯将吏,慎选年事盛强、身家相称者,毋许以他人代。永平炮兵衣令不足,宜择其技精者授千总,督演习,食糈视铸炮之工。哈喇沁降者置辽河外,虑且逃亡,宜移屯腹地。”

及孔有德、耿仲明来降,五月,文盛、福星上疏请水陆并进,攻山海,取旅顺。并言:“毛师来归,令金、汉官吏出羊、鸡、鹅、米、肉以赡其兵。臣虑新人未必肥,而旧人已不胜瘠。复使市马,力忧不能举。若用八门税,一二月已足。”孔有德等,毛文龙部曲,文龙尝使冒其姓,故是时犹称毛帅。及旅顺既下,七月,文盛、福星复请城旅顺,加意防守。考绩,授世职牛录章京。

顺治初,从入关,授山东登莱兵备道参政。二年六月,授右佥都御史,巡抚山东。淮县盗张广为乱,以数千人攻莱州。文盛令游击冯武乡等讨之,战三埠,再战红山口,斩广党尼思齐、赵明春。广走平度,游击杨遇明逐之,及于徐里疃,射广殪,歼其徒。明季马政弛,驿马缺,求诸氏。文盛疏请以余存驿站银市马。明季增牙税及他杂税,文盛疏请罢。临清、东昌、平山诸卫置兵五千人,虚额逾半。文盛疏请减,留二千人,节饷令州县募壮丁逐捕盗贼,别疏又请教有司清刑狱,禁狱卒毋虐囚。皆下部议行。三年,盗发茌平、高唐诸县。文盛请兵,上遣副都统觉善率师捕治。四年,文盛被弹事不胜任,左迁河南按察使,稍迁福建布政使。七年,卒。

文盛子思孔,字景行。顺治九年进士,选庶吉士。四迁,授陕西汉羌道副使。康熙二年,巡抚贾汉复劾思孔追胥役蚀粮草逾限,左迁河南开封府同知。思孔诣通政使自列胥役蚀粮草,狱瘐家罄。事上巡抚,巡抚久乃入告未尝逾限,下总督白如梅勘实。复授直隶通蓟道。直隶未设布政、按察两司,八年,巡抚金世德请增置保定守道领钱谷,以授思孔。再迁江南布政使。时吴三桂乱方定,师行江西,湖广,思孔主馈运,应期不愆。禁旅还自福建,庀役具舟,科量悉当。修苏州府学,置育婴堂、养济院,诸政皆举。二十一年,遇大计,总督于成龙以思孔督赋未中程,不得举卓异,特疏荐廉能,上命准卓异。二十二年,擢偏沅巡抚。偏沅所领七郡,溪山环互,民、僚杂处,反侧初定,余孽每煽乱。思孔抚其渠,群盗渐散。复岳麓书院,御书旌楣。

二十七年,移抚河南,方上,而有夏逢龙之乱,复移抚湖北。逢龙私自署置千总胡耀乾,参将李廷秀,马兵周凯,万金镒皆号总兵,守备林德号副将。上命振武将军瓦岱帅师讨之,趣思孔诣荆州主饷。思孔以武昌仓库皆陷贼,诸军饷乏,乃发河南库帑,护诣襄阳,诸军资以济,疏报称旨。七月,瓦岱师至,蹙贼黄州,诛逢龙,而耀乾等尚据武昌拒命。思孔至汉口,具舟渡江,单骑叩汉阳门,呼耀乾出见,耀乾等遂降。思孔入武昌,数耀乾等罪而诛之,并戮所置巡抚傅尔学、布政娄方顺、驿道金奇功,凡八人。武昌遂定。九月,复设湖广总督,以命思孔。陈龙越八者,逢龙之徒也,二十八年五月,谋为变,期夜半。思孔晡始闻,执陈龙越八戮于市,他悉不问。设水师,分戍武昌、荆州、岳州、常德。尝岁饥,便宜发帑市米江西,平值以籴。

三十三年四月，移督云、贵。八月，卒。

祝世昌，辽阳人。先世在明初授辽阳定边前卫世袭指挥，十数传至世昌，为镇江城游击。天命六年，太祖克辽阳，世昌率三百余人来降，仍授游击，统其众。命董筑沈阳、辽阳、海州三城，事竟，授沈阳城守昂邦章京。

天聪五年，从征大凌河。六年，太宗阅乌真超哈兵，赉诸将，世昌与焉。寻迁礼部承政，授世职参将。七年七月，克旅顺。世昌疏请大举伐明，谓"攻城当专用红衣炮，国中新归三十余具，沈阳留四具，城守已足，余悉载军中。炮多则糜药亦多，药局制药，硝丁淋硝虑不足于用。旅顺新获硝磺，宜以其半送沈阳制药。师行克城邑，当得练达谨慎之吏，不求小利、不贪财贿，乃能戢民心、保疆圉，宜预选令从军备任使。用兵当兼奇正，轻兵先发，夺人畜，掠储峙，然后整军挟红衣炮自大道徐进。"上寻遣贝勒阿巴泰等将二千人略山海关外，未深下，引还。

崇德七年，疏请禁俘良家妇孥入乐户，上谕都察院承政张存仁、祖可法曰："世昌岂不知朕禁乐户？而为此疏，不过徇汉人，藉此要誉耳。朕度世昌身在我国，心犹向明。世昌果忠于明，明以元功臣田、刘、张三姓之裔隶乐户，世昌何不闻有言乎？朕视满、蒙、汉若一体，尔等同心辅国，譬诸五味，贵调剂得宜。若各相庇护，是犹碱苦酸辛不得其和。尔等徇世昌而不举劾，咎在尔等。曾子曰：'吾日三省吾身。'尔等能如曾之省身。则何过之有？"旋命固山额真石廷柱，马光远与诸汉官会鞫，坐世昌死。其弟世荫同居，知其事，启心郎孙应时为改疏稿，皆死。礼部承政甲喇章京姜新、甲喇章京马光先见疏稿称善，当夺职坐罚。上命诛应时，而贷世昌、世荫，徙边外席北。新解承政，与光先皆赎罪。

顺治二年，召还，隶汉军镶红旗。四年七月，授右副都御史，巡抚山西。时盗发盂、五台、永宁、静乐诸县，世昌遣兵捕治。五年十二月，上遣英亲王阿济格等戍大同备边，总兵官姜瓖疑见诛，遂叛。世昌檄诸县兵还守省城，瓖遣兵陷朔州、岢岚，攻代州急。世昌帅师赴援，疏请发禁旅出居庸取大同，分兵出紫荆关，至代州济师。上命阿济格等讨瓖，别遣敬谨亲王尼堪等帅师镇太原。六年正月，瓖将姚举等掠平原驿，戕冀宁道王昌龄，下忻州。固山额真库鲁克、达尔汉、阿赖等破举众石岭关，举弃忻州走。既，复袭陷宁武，万锦踞偏关，刘迁破繁峙、静乐及交城东关。世昌疏趣援，尼堪师至，出攻宁武，逾月未下，移师向大同。瓖党以其是攻陷保德、交城、石楼、永和诸县，世昌复请发禁旅守太原、曲沃。李建泰以大学士罢归。谋应瓖叛，世昌得其手书以闻。会瓖为其将杨振威所杀，以大同降，师讨定汾、绛、潞安、永宁、宁乡诸州县。建泰与瓖将李大猷等入太平，师从之。建泰等亦降。是岁平阳盗卢允、韩昭宣为乱。攻陷州县，应瓖。陕西总督孟乔芳将兵击破之。世昌以闻。山西底定。七年，卒，谥喜靖。

天聪间，有徐明远者，疏陈时事，因言："军中得良家妇，上悉令归故夫。此诚如天之仁，禹、汤、文、武殆莫能过。臣窃见遵化、永平俘得良家妇，其主贪利，辄鬻入乐户，得无损上仁声？且乐户既多，诱民游冶，损财物，耗精血，于国无益。买良为贱，古著于令甲，今岂可任其所为而不之禁乎？"明远盖自永平降者，事互见《张存仁传》。世昌继以为言，乃得罪。

论曰：顺治初，诸督抚多自文馆出。盖国方新造，用满臣于民阁，用汉臣又与政地阁，惟文馆诸臣本为汉人，而侍直既久，情事相浃，政令皆民闻，为最宜也。文盛、世昌未尝直文馆，而自太祖朝已来附，抒谠效忱，遂与文奎、栖凤、国柱辈分领疆圻，各著声绩。天聪间诸言时政者，并以类附见。当时章奏，流传盖戡，经纶草昧，毋俾终湮也。

清史稿卷二四〇
列传第二七

李国英　刘武元　库礼
胡全才　申朝纪 马之先 刘宏遇
于时跃 苏宏祖 　吴景道 李日芃
刘清泰 佟岱 秦世祯　陈锦

　　李国英，汉军正红旗人，初籍辽东。仕明隶左良玉部下，官至总兵。顺治二年，与良玉子梦庚来降。三年，从肃亲王豪格下四川，讨张献忠，授成都总兵。五年，擢四川巡抚。

　　献忠既灭，其将孙可望、刘文秀等降于明，分遣所部王命臣等窜川南，谭洪、谭文、谭诣、杨展、刘惟明等窜川东，与李自成旧部郝摇旗、李来亨、袁宗第、刘二虎、邢十万、马超等遥为声援。洪犯保宁，国英声击败之。命臣据顺庆，国英分兵三道，水陆并进，克其城，获其将李大德、朱朝国等。邢十万、马超所据地近保宁，国英偕总兵惠应诏讨之，获其将胡敬，复潼川，逐之至绵州，获所置吏吕济民等。寻招惟明、展来降，遂下绵州。六年，进复安县，克彰明，破关山县，徇石泉。有谢光祖者，据寨抗，师行，遣兵破斩之。七年，遣副将曹纯忠、刘汉臣徇川北诸郡县，设伏击斩寇渠老铁匠、黄鹞子。九年，可望、文秀大举寇保宁，横列十五里，势张甚。国英督兵捣其中坚，别遣兵出，间道击其后，大破之。授世职二等阿达哈哈番。

十一年，加兵部尚书。时可望等破成都，重庆、夔州、嘉定皆为明守。吴三桂、李国翰驻军汉中，国英请敕进兵。十三年，加太子太保。十四年，擢陕西四川总督。三桂等自汉中下重庆，遂趋贵州。文、洪、诣、二虎等分屯忠州、万县，合军攻重庆，总兵陈廷俊、严自明御之，败走。文又合十三家兵逼重庆。国英自保宁赴援，次合江，诣杀文以降。国英入城安抚，洪亦与其将郝承裔、陈达先后出降。文所部犹据涪、忠二州，国英遣总兵王明德击破之。十七年，承裔据雅州复叛，国英督兵至嘉定，分三道进剿。破竹箐关入，承裔走黎州，追获之。十八年，川、陕各设总督，命国英专辖四川。

康熙元年，明石泉王奉铨攻叙州，国英讨平之。时摇旗、来亨、二虎、宗第等据茅麓山，掠四川、湖广、陕西错壤诸州县。议三省合军讨之，国英疏言：“贼巢横据险要，我师进攻，未能联合。宜豫会师期，分道并入，使贼三路受敌，彼此不暇兼顾。一路既平，就近会师，贼可尽歼。”上命将军穆里玛、图海将禁旅讨之，国英与西安将军富喀禅、副都统都敏会剿。明年，督兵进巫山，趋陈家坡，破二虎垒。二虎走死，摇旗、宗第夜遁。总兵梁加琦、佐领巴达世逐之至黄草坪，获摇旗，宗第及所置吏洪育鳌等。又遣总兵李良桢破小夹寨，获明东安王盛浪，叛将贺珍子道宁以所部降。四年，疏言：“全川底定，裁留通省兵四万五千名，以马二、步一战守各半定额。”从之。五年，卒，谥勤襄。七年，追叙国英功，授世职一等阿思哈尼哈番。

孙永升，袭职。雍正间，官南阳总兵。坐事戍军台。世宗念国英前劳，召还，洊擢至工部尚书。以永升从子时敏袭职。乾隆初，定封一等男。

刘武元，字镇藩，汉军镶红旗人，初籍辽东。仕明官游击，佐祖大寿守大凌河。天聪五年，从大寿出降。崇德六年，授刑部参政。顺治元年，改授甲喇额真，予世职三等甲喇章京。二年，授天津兵备道。三年，擢南赣巡抚。四年，遣副将刘伯禄、徐启仁等剿捕瑞金、石城、兴国、龙南、宁都、上犹诸县土寇，克鱼骨、莲花、丁田、钩刀嘴诸寨,斩其渠叶南芝、刘志谕、刘飞等。

五年正月,金声桓、王得仁以南昌叛、江西诸郡县皆附,外连闽、奥、赣州介其间。武元召诸将歃血誓,得仁以二十万人来攻,启仁出降,围合。武元城守三月,粮尽,斥家财佐军,历士卒奋战,遂破得仁兵。得仁退屯东山,引武元空城出战,将设伏邀击。武元知其谋,天未明,兵数百持炬为前驱,得仁兵望见,伏尽出,力战,得仁中创遁。声桓闻我师至九江,谋退保南昌,武元出奇兵袭其后,败之大湖港,斩获无算。

十月,叛将李成栋复来攻,众号百万。武元先出兵数百挠之,夜缒城出死士劫破十余垒,遂令诸将分兵东、西、南三门出战,大破之,成栋以数骑走。叙功,加右都御史,兼兵部侍郎,赐紫貂冠服、甲胄、佩刀、鞍马。六年,征南大将军谭泰既克南昌,遣梅勒额真觉善等与武元会师,克信丰,成栋宵遁,堕水死。武元分遣副将先启玉、参将鲍虎、游击左云龙等捕成栋余党,定瑞金、雩都崇义诸县。进攻梅岭,破木城五,获成栋将刘治国。

七年,平南王尚可喜徇广东,师自南安入。武元遣副将栗养志以兵从,克南雄、韶州二府。又遣副将高进库,游击杨健、洪起元等剿宁都土寇彭顺庆,副将杨遇明,刘伯禄,贾熊、董天用等剿大庾土寇罗荣。顺庆应声桓为乱,自号军门,窥伺郡邑。荣自明季倡乱楚、奥间,自号五军都督,聚众数万,阻山结寨二十余,四出劫掠,至是皆就戮。叙功,加太子太保、兵部尚书。遇恩诏,进世职一等阿达哈哈番又一拖沙喇哈番。十年,引疾还京。十一年,卒,赠少保,谥明靖。

汇,武元长子,袭职。疏请追叙武元赣州全城功,进二等阿思哈尼哈番。官至副都统。

浩,武元次子。康熙间,官广西寻州知府。孙延龄叛,城陷被戕,并及其子中枢、中梁、中柱、中楫。事闻,赠太仆卿。

库礼,喜塔腊氏,满洲正白旗人。太祖创业初,其四世祖昂果都理巴颜来归。库礼事太宗。

崇德初，征朝鲜兵从征伐，命库礼将其军。五年，睿亲王多尔衮等伐明，围锦州。上遣户部参政硕詹使朝鲜，发水师五千人。米万斛诣大凌河，库礼与梅勒额真洪尼哈将三十人导。六年，从郑亲王济尔哈朗围锦州。克其郛，斩八百余级。复与噶布什贤噶喇依昂邦萨穆什喀攻松山北崖，库礼以朝鲜兵二百余先登。科尔沁部人或降于明，发炮中库礼手，库礼不为动，督战益力，卒破明兵。攻松山，明兵击正红、镶蓝二旗分守地。库礼与左翼将领勒卜忒击之。明兵引却。以功授世职牛录章京，赉所获牲畜。七年，擢户部参政。

顺治初，改户部侍郎。论定都功，加半个前程。旋坐阿豫亲王多铎指，集视八旗子女，论罚锾。二年，命如淮安总理漕储。四年九月，盐城土寇窃发，库礼与漕运总督杨声远亲往抚慰。未几，其渠周文山等以八百人夜袭淮安，自夹城东门缺口入，攻库礼官廨。库礼率中军张大治、旗鼓王国印将帐下卒数十人御之，其妻尽出廨储矢，仆婢赉送助战，众皆一当百，自丑至辰，所杀伤过当。文山等溃走，逐斩百八十余级，尽收其印札、军械，城赖以全。

有称明益王者，奉唐王聿键隆武号，屯庙湾，有众数千，舟百余，将攻淮安。库礼与声远等计，设伏以待。敌舟扬帆直上，至车家桥，伏发，水陆夹击，敌死者过半，余众走还庙弯，固山额真张大猷、巡抚陈之龙以师从之，敌据刘庄场，为屯凡十，以次剿抚，旬日乃尽定。考满进三等阿达哈哈番。寻召还。

七年，致仕，复进一等阿达哈哈番，加拖沙喇哈番。卒，谥喜恪。

胡全才，山西文水人，明崇祯进士，官兵部主事。顺治元年，固山额真叶臣定山西，疏荐，起原官。二年，自郎中授陕西汉羌道，驻汉中。时叛将贺珍为乱，全才上官，抚绥凋瘵，安集流亡。招明将赵光远部曲齐升、王明德、李世勋等来降，尽收其军械，与知府杨可经等练士卒，聚刍粮为备。珍突至围城，升等奋勇溃击，世勋中流矢死。城守三十余日，援师至，珍遁走，汉中得全。工部侍郎赵京仕疏言汉中重地,宜设巡抚,且荐全才才称任。

三年,擢宁夏巡抚。四年,疏请颁本朝律典及性理、《通鉴》诸书,令士子诵习。又疏言:"宁夏旧额兵三万有奇,设总兵及中军副将分统之。其后兵裁及半,罢中军副将。往者总兵应征发,叛将王元遂乘隙戕巡抚焦安民为乱。宜复旧制,广兵额,设中军,调征兴庆副将马宁尝擒斩王元,请仍补斯缺。下部议,并如所请。元党马德既降复叛,全才与总兵刘芳名发兵讨诛之。语详《芳名传》。是岁山、陕蝗见,全才为扑蝗法授州县吏,蝗至,如法捕辄尽,不伤稼。因以其法上闻,命传示诸直省。

初,全才任汉羌道时,令凡受贺珍札付者,许自首,仍予札饷付如其官。旋揭告汉羌总兵尤可望苛罚冒饷,藏匿伪官。可望即以擅给札付讦全才,并坐罢。全才诣部自陈,部议以全才功大罪小,复除江西南道。

十年,经略洪承畴奏荐,令从征湖南。寻命抚治郧阳,提督军务。李自成将郝摇旗、刘体纯等降于明,及明桂王走南徼,遂屯聚房、竹群山间为盗。全才分兵扼冲要,驰察谷城、南漳诸地形势,檄诸将进讨,战屡胜。十三年,明桂王所置总兵李企晟入郧阳,与摇旗等合。全才遣诸将朱光祚等密捕之,执企晟。旋擢湖广总督,卒官,赠兵部尚书,谥勤毅。

申朝纪,汉军镶蓝旗人,初籍辽东。天聪八年,授刑部启心郎。文馆朱延庆疏陈时事,荐朝纪温雅正直,练达世务,处家俭,守身约,讷言敏行,足任鸿钜。崇德元年,赐人户、牲畜。

顺治元年,授河南河北道,驻怀庆。李自成之党二万余来犯,朝纪登陴守御,昼夜不少懈,有渠乘白马薄壕,麾众攻城。朝纪举炮殪之,贼悉惊窜。二年,迁江南布政使,擢山西巡抚。三年,疏言:"驿递累民,始自明季,计粮养马,按亩役夫。臣禁革驿递滥应、里甲私派。请饬勒石各驿,永远遵守,俾毋蹈前辙。"又疏言:"各省驿站银旧额十五万有奇。明季裁充兵饷。驿费不足,辄私派于民。请敕部复原额。"又疏言:"《赋役全书》应裁、应留诸项,请核实详酌,俾有司不得私征滥派。"疏并下部议行。四年,阳城民王希尧、贾国昌等以邪教倡乱,朝纪遣中军都司白璧同冀南道武延祚率兵捕治,悉诛希尧、国昌等。汾州营卒李本清、任兴等据永宁铜柱寨为乱,朝纪赴汾州,遣冀宁道王昌龄等率兵捕治,获本清等,焚其寨。宁乡民杨春畅等复以左道据冷泉寨为乱,朝纪遣平阳副将范承宗等讨平之。擢宣大山西总督。五年,卒。

延庆,汉军镶黄旗人。入关,官至江西巡抚。

顺治间,治山、陕著绩效者,又有马之先、刘宏遇。

马之先,汉军镶蓝旗人,初籍金州卫。顺治初,以诸生授昌平知州。四迁至湖广布政使。七年,授江西巡抚。土寇王才据终南山肆掠,之先遣游击陈明顺等自子午镇进剿,才窜走,败之高关峪,又败之化羊峪,获才。又捕治诸盗何紫山、孙守金、唐珍玉等。十一年,自成余党刘二虎、郝摇旗等侵入陕西境,之先与汉兴总兵赵光兴发兵三道迎击,破小广峪寨,斩其将傅奇。迁宣大山西总督。十三年,调川陕总督,加兵部尚书,入觐,上谕之曰:"陕西天下咽喉,尔当视孟乔芳倍加勤慎,方克有济。"十四年,卒,谥勤僖。

刘宏遇,汉军正蓝旗人,初籍辽东。与弟奇遇,并以诸生入祖大寿幕,佐军谘。天命间,太祖伐明,次三岔河。宏遇与奇遇挈家来归,籍明诸边兵马数目,并画战守事陈奏。上曰:"得广宁,当官汝。"久之未用。崇德元年,上疏乞自效,命大学士范文程等试之,授弘文院副理事官。

顺治元年,译辽、金、元三史成,赐白金、鞍马。寻授工部理事官,迁山西朔州道。二年,与副将侯大节等捕治蒋家峪、黑草嘴土寇,擢陕西布政使。五年,授安徽巡抚。金声桓叛江西,皖北盗蜂起。宏遇如池州,分遣镇将逐捕盗渠王贰甫等,移驻安庆,与总督马国柱捕治英山、霍山、潜山诸盗,得其渠孔文灿等,余盗悉平。六年,裁缺召还。

七年，授山西巡抚。时姜瓖乱初定，其党窜匿保德、五台、府谷诸县山谷间。宏遇请免逋赋，甦驿困，矜恤诸死事家。又疏言："兵后民田荒芜殆尽，前此师讨姜瓖，竭蹶供刍粮。今捕治余寇，日需输輓。值二麦未收，秋禾遇蝗灾，农失耕时。"得旨，下所司蠲赈。又与总督佟养量、总兵刚阿泰剿五台山寇刘永忠、高鼎，降陕西土寇杨茂。

宏遇抚山西四年，建忠烈祠祀守土诸臣死姜瓖乱者，并修太原、阳曲学宫，筑汾河诸堤，山西民诵其惠。旋以捕治土寇未入奏即籍没，给事中张瑃论宏遇专擅，寻奉诏甄别督抚，宏遇左授福建督粮道。十八年，卒。

于时跃，汉军正白旗人，初籍广宁。顺治二年，以诸生授安微合肥知县。寻迁河南怀庆知府。四年，擢河南道。灵宝、卢氏二县寇发，时跃与副将寇徽音、游击孔国养等入山捕治，破其寨，斩寇渠刘芳、张进泽、张三桂等，寇乃平。七年，迁山西按察使。时跃善听讼，讼至即定讞，民称之曰"于不落"。九年，迁山西布政使。坐在陕西荐举属吏失当，左迁。经略洪承畴荐其才，命赴军前效用。寻复荐补湖广驿盐道。

十二年，超擢广西巡抚。明宗人盛浓、盛添据富川，结土寇王心、蒋乾相等，勾集瑶、僮，窥旁近郡县。时跃会提督线国安、总兵全节讨平之。十三年，明将龙韬屯柳州，时跃密约国安与定南王护卫李茹春、总兵温如珍等。督兵攻之，陈斩韬，逐北三十余里，余众悉遁。十四年，师下云南，时跃疏请宾州设兵防守，并分屯柳州备策应，下所司议行。明桂王由榔号召诸降附土寇，假以公侯，分掳郡县，郁林则李胜、李乔华，怀集则何奎豹、李盛功，富川、贺县则马宝、梁忠，南宁、太平则贺凡仪、曹友，并倚险为巢，四出侵掠。僮寇罗法达、廖仁伦等复扰临桂、永福、荔浦、修仁诸县。时跃亲督兵捕治，所陷城邑次第克复。叙加都察院副都御史。十八年，擢广西总督。明德阳王至潯走安南，时跃招使来降。叙功，加右都御史。康熙二年,卒。

苏宏祖,汉军正红旗人,初籍辽阳。崇德三年,以举人授户部启心郎,赐朝衣一袭,免丁四。八年,考满,授世职牛录章京。顺治初,授河南河北道。累迁陕西布政使。世职累进三等阿达哈哈番。十年,坐计典失实,左授福建福宁道。十三年,迁左佥都御史。十五年,授南赣巡抚。十七年,雩都寇发,宏祖斥资造火器,遣兵捣其巢,擒其渠李玉廷。别有土寇谢上逵、罗一鉴、徐黄毛等据广东平远五指石,界连闽、赣。宏祖发兵讨之,上逵诈降,潜走匿红畬。宏祖遣将李宗韬以计擒斩一鉴、黄毛等七人,夜进兵,逐贼至柑子窝中木溪,毁五指石寨,攻红畬。贼缚上逵献,斩之。十八年,遣游击王把什捕治广昌土寇。乘雨攻不备,破滴水、羊石二寨,斩千余级,擒其渠幸连升、萧来信。康熙元年,甄别督抚,宏祖解任。三年,卒。

吴景道,汉军正黄旗人,初籍辽东广宁卫。天聪间,授吏部启心郎。崇德元年,改都察院理事官。疏劾刑部理事官郎位贪污不法状,鞫实,黜郎位追赃贷死。郎位衔景道甚,诱都察院笔帖式李民表与同居,讦景道,鞫虚,民表坐诛,籍郎位半产。景道以不察民表违禁移居他旗,罚如例。景道疏论睿亲王多尔衮专擅,坐夺官。

顺治二年,起授河南布政使,擢巡抚。时河北初定,河南五府余寇未靖。宝丰宋养气、新野陈蛟、商城黄景运等各聚数千人,侵掠城邑。景道檄总兵高第、副将沈朝华等分道捕治,诛养气等。四年,郧阳土寇王光泰率千余人犯淅川,景道遣参将尤见等与总兵张应祥合兵击却之。五年,罗山土寇张其伦据鸡笼山寨,出掠。景道遣都司朱国强、佟文焕等督兵讨之,破寨,擒戮其伦,并其党朱智明、赵虎山等。曹县土寇范慎行等煽宁陵、商邱、考城、虞城,仪封、兰阳、祥符、封邱诸县土寇,并起为盗,屯黄河北岸。景道檄第督兵讨之,寇退保长垣。第以师从之,寇走兰阳。景道遣文焕督兵追击,斩千余级。薄曹县,寇列栅拒守。景道檄总兵孔希贵自卫辉道肥城,断寇东走路。游击赵世泰、都司韩进等率精骑分道夹击,战于东明,歼寇数千,获慎行诛之,余众悉溃散。叙功,加兵部侍郎。七年,进尚书。八年,商州土寇何紫山等掠卢氏,夜袭世泰营。第督兵扼击,走商南。景道檄应祥督兵讨之,寇尽歼。九年,以塞汴河决口,与河道总督杨方兴同赐鞍马、冠服。十年,以老疾乞休。十三年,卒,赠太子太保,谥懿僖。

李日芃,汉军正蓝旗人,初籍辽阳。太宗时,命以诸生入内院理事,赐五户。顺治元年,授永平知府。三年,迁霸州兵备道。授知州张儒策,谕降土寇李振宇等数百人。擢佥都御史。四年,加右副都御史。授操江巡抚。金声桓以江西叛,日芃亲督兵屯小孤山磨盘洲,令同知赵廷臣、参将汪义、游击袁诚等迎击。五年,战于彭泽。得舟二十余,寇中炮及溺死者无算。六年,裁安徽巡抚,命日芃摄其事。土寇余尚鉴挟勾明宗室统锜勾声桓余党据险为二十余寨,掠桐城、潜山、太湖诸县。日芃遣副将梁大用等督兵讨之,克皖涧寨,进围飞旗寨,断水道,分兵四路合击,拔之。又破桃围等寨,擒戮统锜、尚鉴,余大小和山等十八寨皆降。九年,加兵部侍郎。十年,讨平徽州赤岭土寇张惟良。十一年,甄别直省督抚,加兵部尚书。明将张名振屡自海入江犯镇江,瓜州,劫漕艘。日芃令于镇江檀家洲测江水,浅则植椿,深则编筏,瓖以铁索,阻来舟。两岸置炮,南自镇江至圌山,北自瓜洲至三江口,建新堤,设大桥,通巡兵往来。令圌山、瓜洲等四营守备更番督水师防御。五里置一汛,讥察祥密。诸寇匿江为薮。俘斩略尽。十二年,加太子太保。旋卒,谥忠敏。

刘清泰,汉军正红旗人,初籍辽阳,名朝卿,以诸生归太宗,赐今名。崇德六年,试一等,入内院办事。顺治二年,擢弘文院学士。九年,充会试副考官。授浙江、福建总督。

时郑成功据厦门,陷漳浦、海澄、南靖诸县。上命其父芝龙作书,敕清泰谕降。十年二月,清泰疏劾巡抚张学圣、巡道黄澍、总兵马得功前此侦成功赴粤,潜袭厦门,攫其家资,致成功修怨,连陷城邑,学圣等并坐黜。三月,清泰得成功报芝龙书,略言就抚后,愿得浙东、岭南地驻兵。清泰疏上闻，并论成功语浮夸，议抚当详慎。上嘉奖其远虑。五月，平南将军金砺攻海澄，以饷不继，还军漳浦。会上敕封成功海澄公，畀以泉、漳、惠、潮四郡地，遂罢兵。清泰请驻军浦城备不虞，从之。十一年，疏言："成功虽降，不剃发，其党逼掠如故，降无实意。宜发禁旅赴福建，驻要地，资策应。"下诸王大臣议。清泰旋以病乞假，还驻杭州。成功发兵攻陷漳、泉，上授郑亲王世子济度为定远大将军，率师讨之。左都御史龚鼎孳疏劾清泰当金砺攻海澄，不能同心合力，及招抚未定，又不控扼险要，致海疆被陷，坐夺官。

十八年，圣祖即位，起秘书院学士，授河南总督。康熙三年，以报垦荒地万余顷，加兵部尚书。四年，以疾致仕。卒。

佟岱，汉军正蓝旗人，先世居佟佳。父佟三，归太祖，任梅勒额真。佟岱，与兄养量同授牛录额真。养量，顺治初官至宣大总督，驻阳和，有惠于民。佟岱，崇德元年，从伐朝鲜，以纵掠降民坐死。命夺官，罚锾以赎。三年，授吏部副理事官，兼甲喇额真。六年，师围锦州。七年，攻塔山、杏山皆在行。擢正蓝旗汉军梅勒额真。八年，从克前屯卫、中后所，予世职牛录章京。

顺治元年，从克太原。二年，从讨李自成，师自陕西徇湖广，遂下江南。与总兵金声桓驻守九江，定南康、南昌、瑞州、袁州诸县府，以所俘获奏闻。因疏言："故明钟祥王慈若等衰残废弃，或存其余喘，彰我朝浩荡之仁。"得旨："故明诸王赴京朝见。"旋令摄湖广总督。三年，还京，授兵部侍郎。复从征湖南，自岳州进长沙，战衡州，克宝广后、武冈。六年，复从讨姜瓖，拔浑源、左卫、朔州、汾州、太谷诸城。世职累进一等阿达哈哈番兼拖沙喇哈番。历户、吏诸部。

十一年，代清泰为浙江福建总督。疏请申海禁，断接济，片帆不和出海，违者罪至死。十二年，成功陷舟山。十三年，复陷台州。佟岱与巡抚秦世祯不协，互劾。上为移世祯操江巡抚，召佟岱还京，以李率泰代。佟岱不即行，复疏自叙剿抚功，上责其冒功恋禄，下李率表等按状，夺官，留军功三等阿达哈哈番。卒。

秦世祯，汉军正蓝旗人，初籍广宁。顺治二年，以贡生除直隶文安知县。三年，行取授御史，疏请画一各省裁免赋役，从之。四年，巡按浙江。八年，甄别台员，列一等。寻命巡按江南。世祯察淮、扬各郡蠹役害民，严治其罪。徒党聚盟，仇诉告者，世祯执为首者系之狱，疏上其事，并言惩蠹于事后，不若使不为蠹。请饬督抚以下至州县，毋于经制外滥设胥役，并定年限，毋令久充。上从之。

时方大兵后，田亩淆乱，官为丈量，胥役因缘为奸。世祯令编列《鱼鳞册》，使民自丈量，赢缩胥复其旧，荒垦皆有别。州县征赋，民或逾额输纳，世祯限夏税五月，秋量九月，先给《易知单》，示以科则定数。又令每甲汇列赋额及输户为《滚单》，使里长按户递传，输赋则填注。先行之苏州，民以为便，条列以闻，通行诸府。又以征银设柜，有司奉行不实，请增司府印封，立日收簿，输户自封投柜验数书之簿。又请革金点粮长之例，改官收官兑。并下部，著为令。巡抚土国宝贪酷病民，以世祯劾，罢。

十年，还京，迁大理寺丞。十一年，擢浙江巡抚，疏请增造战舰，精选水师。别疏言沿海渔舟，往往通寇，请按保甲法，以二十五舟为一队，无事听采捕，有事助守御，并议行。十二年，与佟岱互劾，调操江巡抚，解佟岱任，命暂管总督。寻以李率泰等疏论成功陷舟山，世祯不能辞咎，与佟岱并夺官，卒。

陈锦，字天章，汉军正蓝旗人，初籍锦州。仕明官大凌河都司。崇德间来降，予世职牛录章京，加半个前程。汉军旗制定，授牛录额真。

顺治元年，自内院副理事官授登莱巡抚。青州土寇杨威、秦尚行结明将刘泽清为乱，锦遣兵讨平之。二年，土寇张广焚掠掖、潍诸县，遣兵击败之。广降于泽清，复寇平度，犯莱州。锦遣兵捕治，授策设伏徐家疃，射杀广，尽歼其众。擢操江总督，与招抚大学士洪承畴并驻江宁。三年，明瑞昌王谊石等密结城人为乱，锦与承畴诇知之，闭城捕治诸为乱者。谊石以兵至，击破之。四年，疏言："圌山为镇江咽喉,江宁门户。宜建立炮台;置兵备。江北要口设台亦如之。两岸兵船接哨分防,沿江设烽墩,使声势相通。”章下部议行。

　　迁浙江福建总督。郑成功为寇,据延平将军寨,地高险,俯瞰诸县,攻不能破。锦命垒土高与寨等,乘以登陴,遂克之。岁大饥,锦遣兵次第收复,抚辑流亡,民赖以安。五年,成功将郑彩以舟师入据长乐、连江诸县。锦与靖南将军陈泰等分兵收复。师进次兴化,斩成功将顾世臣等十一人。六年,遣总兵张应萝、马得功等复罗源、永春、德化、福安诸城。江西山寇侵延平,陷大田、尤溪,锦遣兵收复,获明新建王由榠等。七年,疏请进攻舟山。八年,锦与固山额真金历、刘之源,提督田雄等会师,以大舰随潮出,败明兵横洋,获其将阮进。乘雾攻舟山,明鲁王以海出走,遂克之,坠其城,置定关总兵,驻师守焉。九年,成功寇漳浦、平和,锦督兵赴援,战江东桥,败绩。左次同安,贼夜入其帐,刺中要害,遂卒,赠兵部尚书。

　　论曰:国初民志未壹,诸依山海险阻而起者,往往自托于明遗,要之为民害,廓清摧陷,封疆之责也。国英定四川,合师讨茅簏山,绩最高。武元守赣州,库礼守淮安,全才守汉中,御寇全城,亦其亚也。朝纪等捕治土寇,皆能勤其官者。若清泰策郑成功,谓挟怨而叛,殊不中事理。锦屡胜而挫,遽为何人所贼,防卫亦稍疏矣。

清史稿卷二四一
列传第二八

科尔昆　觉善　甘都　谭拜
法谭　席特库　蓝拜　鄂硕
伊拜　弟库尔阐　阿哈尼堪　星讷
褚库

　　科尔昆，阿颜觉罗氏，满洲正蓝旗人，世居瓦瑚木。祖翰，太祖时来归。父硕色，官牛录额真。

　　科尔昆，初为贝革阿巴泰护卫。事太宗，未冠，从伐察哈尔、朝鲜皆有功，令隶噶布什贤。崇德五年，从伐明，围锦州。明兵数万屯松山，科尔昆与牛录额真索浑、巴牙喇甲喇章京瑚里布挑战，败之。明总督洪承畴、总兵祖大寿合兵十余万迎战。科尔昆与索浑等陷陈，殪骁骑数。十六年，从英亲王阿济格伐明，驻杏山。明兵数千自宁远至，科尔昆先众驰击，逐敌至连山，马中流矢仆，科尔昆跃起殪敌骑，夺马，乘以还。从英亲王视濠，敌猝至，索浑陷围中，科尔昆单骑翼以出。明兵数千自沙河所至，侵牧地，率噶布什贤兵击破这。七年，从贝勒阿巴泰伐明，次丰润，破明军。次河西务，与巴牙喇甲章京鄂硕将数十骑侦敌，敌将将射，科尔昆先发，贯其臂，逐之，从马上相搏，同坠水，敌将顾有力，握科尔昆胄，抑使入水，科尔昆捶其胫而蹈，执以归。八年，授牛录额真，兼兵部理事官。

顺治元年，入关，击破李自成，逐之至庆都。从固山额真叶臣攻太原，设伏歼敌。又从英亲王阿济格讨自成湖广，屡靡敌垒。叙功，授世职牛录章京。三年，从肃并王豪格西讨张献忠，次汉中，击破叛将贺珍。进击献忠，战西充凤凰山，大破之。献忠既殪，复与辅国公岳乐、尚书巴哈纳等歼其余党。师还，累进二等阿达哈哈番。

六年，授噶布什贤章京。从郑亲王济尔哈朗征湖广，破湘潭，下宝庆，武冈，分兵趋沅州。与巴牙喇甲喇章京白尔赫图以数十骑先驱，白尔赫图陷陈失其马，科尔昆夺敌马掖之上，并马突围出。复纵骑奋击破敌，进沅州，自道州出龙虎关。进世职一等，兼拖沙喇哈番。

九年，从敬谨亲王尼堪徇衡州，明将李定国列象陈迎战。科尔昆语巴牙喇甲喇章京西伯臣曰：“象不畏矢石，惟鼻脆，吾为君射之。”矢再发，贯象鼻，象奔，师从之。追奔数十里。敬谨亲王闻胜，轻骑疾进，遇伏战没，科尔昆三入围。求得王遗骸。师进次宝庆。明将孙可望以数万人屯山巅，科尔昆兵奋击，可望溃走。贝勒屯齐遣学士硕岱与科尔昆还奏军事，疏言王战没事。闻，下议政王、贝勒、大臣会勘，科尔昆言不知疏云何，郑亲王呵之。科尔昆大言曰：“臣自髫龀侍太祖，弱冠事太宗，转战二十余年，今奏事不明，死其分。奈何轻相侮？”上察其无罪，命宽之。但夺世职。十三年，擢巴牙喇纛章京。

十四年，从大将军罗托下贵州。即定贵阳，令科尔昆以五千人取黄平，梅勒额真玛尔赛副之。明将白文选据七星关，科尔昆令玛尔赛将二千人出万奇岭大道，诱文选出降，伪败数十里，文选蹑其后，科尔昆将三千人自间道疾趋，出文选军后，玛尔赛还战，文选败走，克黄平，师还。

康熙元年，出定义州土寇。二年，从将军穆里玛、图海下湖广，讨李自成余党李来亨等。图海出归州，穆里玛出宜昌，科尔昆与噶布什贤噶喇依昂邦赖塔将五千人先驱，迭战皆胜。次茅麓山，郝永忠以数万人与来亨合，拒战。科尔昆升山觇之，俟隙纵击，破之。夜设伏，来亨以万余人击我军，伏发，败走。明日复战，来亨兵以大刀、藤牌护陈，我师张两翼，科尔昆捣其中坚，陈溃。来亨倚谭家砦屯粮，计持久。科尔昆分兵破石坪，进围砦。其将李嗣名出战，中流矢死。科尔昆断其后道，十余日，其将高必玉等出降。科尔昆还与穆里玛合军，图海亦至，令满洲兵守隘，绿旗兵为长围困之。来亨自经死，余党悉降。自成余党至是乃尽殄。师还，授世职拖沙喇哈番。

科尔昆从征伐，常为军锋。康介，嫉恶远势。鳌拜专政，科尔昆独不附。八年，卒。子巢可托，官至盛京刑部侍郎。

觉善，李佳氏，满洲正红旗人，世居萨尔浒。父通果，归太祖，授牛录额真。卒，觉善嗣。灭叶赫，克沈阳、辽阳，皆在行间，授世职备御，擢甲喇额真。

天聪三年，从太宗伐明，下永平四城，佐固山额真纳穆泰等守滦州。明兵来攻，围合。觉善勒兵出战，夺稍逾堑，与甲喇额真阿尔津、牛录额真库尔缠趋击，明兵溃奔，俄复集迫城下。觉善击却之。明兵发石坏城堞，觉善力御，明兵不能登，凡五败明兵。阿敏弃永平出关，纳穆泰等亦突围走，明兵阻道，力击败之。师还，与诸将待罪，上以觉善力守城，既出犹杀敌，释其缚，进世职游击。五年，上自将围大凌河，明兵自锦州骤至，屯小凌河岸。上遣偏师渡河迎击，兵不盈二百，觉善奋入陈，陷重围，力战得出。我兵别队与明兵战，有军校为明兵所得，援之归。明监军道张春、总兵吴襄将步骑四万距大凌河十五里驻军。觉善从贝勒硕托以右翼兵直蹦春垒，明兵败挫，进世职二等甲喇章京。

崇德五年，授正红旗梅勒额真，驻防义州。六年，人攻锦州，坐攻围不力，罚锾。上攻锦州，自将军松山、杏山间，明兵薄我军，谋夺炮。觉善以所部御之，明兵败走。师围松山，掘堑立营。明兵夜来侵，复战却之。八年，与梅勒额真谭布等驻锦州。又从郑亲王济尔哈朗伐明，攻宁远。明总后吴三桂邀战，却之。进攻关前屯卫，明兵出战，蒙古兵稍却，觉善督右翼兵奋击，大破之。遂克其城。

顺治元年,从入关,击李自成,觉善创于炮,仍奋战。二年,进世职一等。从顺承郡王勒克德浑南征,次江宁。自成余党一只虎等寇湖北,命移师讨之。三年,师次石首,令与固山额真叶臣等率精锐徇荆州,破敌,分剿远安、南漳、宜昌,悉定。师还,赐黄金十两、白金三百两。山东土寇扰恩、齐河、平阴诸县,命觉善率兵讨之,斩其渠扫地王,其众万余歼焉。

五年,从大将军谭泰讨叛将金声桓。七月,师薄南昌,至六年正月,克之。移师讨叛将李成栋,攻信丰,觉善督所部竖云梯先登,拔其城,师还,次赣州,复分兵戡定新喻、安福诸县。叙功,并遇恩诏,世职累进二等阿思哈尼哈番,赐号"巴图鲁"。七年,从睿亲王畋于中后所,坐私出射猎,降一等阿达哈哈番兼拖沙喇哈番。八年,上亲政,复世职,擢都察院左都御史。寻命仍专领梅勒事,进世职三等精奇尼哈番。十五年,以老病乞罢。康熙三年,卒,谥敏勇。乾隆初,定封三等男。子吉勒塔布,自有传。

甘都,先世自叶赫徙居巴林,因氏巴林。太祖时率子弟来归,授牛录额真。旗制定,隶蒙古镶蓝旗。天聪元年,从伐明,次宁远。明兵屯城北山冈,甘都手大纛直前,击破之。三年,复从伐明,克大安口,复败明兵于玉田。上自将取永平四城,克遵化,甘都与焉。即命佐察哈喇等驻守。四年,师弃遵化出边,甘都殿,击败追兵。八年,予世职三等甲喇章京,授兵部对参政。

崇德三年,考满,进二等甲喇章京。寻更定部院官制,改兵部理事官。冬,从贝勒岳托等伐明,击败明太监高起潜,越明都,徇山东,克济南。四年,春,师还,道蠡县,复克其城。以功进一等甲喇章京。五年,从索海等代索伦部,索伦兵五百,据掛喇尔屯拒战。甘都及理事官喀喀木督兵破栅入,斩级二百,俘二百三十人以归。六年,从伐明,围锦州。明总督洪承畴屯松山,屡以步骑出战,甘都辄击败之。恭顺王长史徐胜芳为敌困,甘都突入阵,援之出。七年,锦州下,以功加半个前程。

顺治元年，从入关，破李自成。复从豫亲王多铎徇陕西，克潼关，取西安。二年五月，移师定江南，复与固山额真恩格图、玛喇布等下宜兴、昆山诸县，进三等梅勒章京。三年，从端重亲王博洛略浙东，逐明将方国安至黄岩。国安入城守，围合。甘都察国安势蹙，撤围纵使出，击之，国安兵大溃，城遂拔。师入福建，甘都先众克分水关，逐明唐王聿键至汀州，降漳州及漳平县。五年，命署巴牙喇纛章京。从征南大将军谭泰徇江西，讨叛将金声桓。七年三月，进二等阿思哈尼哈番。寻卒于军。

谭拜，他塔喇氏，满洲正白旗人。父阿敦寻，事太祖。天命元年正月朔旦，太祖始建号，诸贝勒大臣上表，阿敦与额尔德尼侍左右，受表，额尔德尼跪展读如礼。阿敦领固山额真。太祖初，征取抚顺，李永芳出降，阿敦引谒太祖。厥后事不著。

谭拜事太宗，天聪五年，以牛录额真从伐明，围大凌河城。祖大寿城守，遣百余骑突围出。谭拜与巴牙喇甲喇章京布颜图追斩三十余人，获马二十有四。八年，授世职牛录章京，迁甲喇额真。九年，从伐察哈尔，收降人，遂伐明代州。谭拜与噶布什贤章京苏尔德、安达立将四十人伏忻口，明逻卒三百经所伏地，斩馘过半。

崇德元年，从伐明，薄明都，北趋芦沟桥，再败明兵。二年，与甲喇额真丹岱、萨苏喀等将四十人略明边。次清河。明兵七百拒守，击之溃，搴纛二，并获其马。三年，从贝勒岳托伐明，入墙子岭，攻丰润，击明兵，多坠壕死，复攻破太监冯永盛诸军。四年，从略锦州，率巴牙喇兵破明兵于城南。以功加半个前程。五年，授兵部参政。六年，兼任正白旗蒙古梅勒额真。七年冬，从伐明山东，克利津。八年春，出边，以所部击败明总督赵光抃、范志完，总兵吴三桂、白广恩诸军。师还，赉白金，以功进三等甲喇章京。顺治初，从入关。三年，擢兵部尚书。寻从肃亲王豪格西讨张献忠，道陕西，与固山额真玛希等击败叛将贺珍。下四川，屡破献忠兵。复与固山额真李国翰渡涪江败献忠将袁韬。四年，调吏部尚书。旋歼献忠。入关后，世职四进至二等阿思哈尼哈番。七年三月，卒。子玛尔赛，附鳌拜，语见《鳌拜传》。孙多奇辉，降袭三等。乾隆初，定封三等男。

法谭，亦他塔拉喇氏，满洲正红旗人，世居瓦尔喀。初以巴牙喇壮达从灭叶赫，取辽阳，授牛录额真。天聪三年，从攻宁远，败明兵于城北山冈。七年，取旅顺。崇德三年，从伐明，败密云步卒，趣山东，克郯城。四年，从伐虎尔哈部，克雅屯萨城。六年，从围锦州，御明总督洪承畴兵于松山，逐敌至塔山，击之，多赴海死。八年，从攻宁远，克前屯卫、中后所。顺治元年，擢甲喇额真。兼工部理事官。从入关，破李自成。从顺承郡王勒克德浑逐自成湖广，其兄子锦犯荆州，法谭以精骑蹂之，斩获甚众。降自成弟孜及其将田见秀等。世职累进一等阿达哈哈番，兼拖沙喇哈番。五年，授右翼步军总尉。康熙元年，以疾致仕。卒。

席特库，佟佳氏，满洲镶蓝旗人。父努颜，率族属归太祖，授牛录额真。卒。席特库嗣。事太宗，擢噶布什贤章京，率兵出锦州，得明谍，明兵自耀州至，席特库赴援却敌，从围大凌河，裨将多贝陈没，席特库入陈，以其尸还。明兵自宁远来援，与战，一卒坠马，席特库领纛入阵援以出。

六年，与巴牙剌甲喇章京鳌拜等略明边。八年，与噶布什贤章京图鲁什诇敌锦州、松山，皆有俘馘。察哈尔部人有散入席尔哈、席伯图者，上命席特库与蒙古布哈塔布囊等逐捕，斩七十余级，得其户口、牲畜。寻与卦尔察尼堪以二十骑往济农城侦明兵，至西拉木轮河，遇降明蒙古百人，席特库设伏尽歼之。二人逸而奔，席特库射殪其一，一为我国谍者所获。上嘉席特库少胜多，赐甲胄旌之。

复从大贝勒代善略大同，败明兵。自阳和转战，趣天城、左卫，徇宣府，与噶布什贤章京吴拜设伏破敌，进世职三等甲喇章京。九年，从贝勒多尔衮略山西，自平鲁卫入宁武关，击败明兵，复与甲喇额真布额真布颜等诇明兵锦州，与噶布什贤噶喇依昂邦劳萨等蹑明兵冷口。

崇德三年，从贝勒岳托伐明，入墙子岭。明兵自密云突出，与劳萨分兵击败之，得巨炮二十。复击败明总督吴阿衡，攻真定，破太监高起潜兵，追至运粮河。敌夜犯本旗营，偕牛录额真俄兑等力战却敌。六年，从郑亲王济尔哈朗围锦州，明兵自杏山赴援，郑亲王设伏，令席特库以噶布什贤兵诱敌，伏发还击，大破之。明总督洪承畴出松山拒战，席特库与劳萨力战破敌。师复围锦州，承畴以三十万人赴援。席特库与噶布什贤八章京迎战，击败其将王朴等。承畴退塔山，我师蹑击屡胜。复退杏山，席特库纵横驰突，追至笔架山。斩四进余级，得马二百四十有奇，获蠹六。明兵自松山、杏山二城潜遁，席特库与噶布什贤章京布尔逊追击，斩数百人，得其驼马。七年，克松山，从豫郡王多铎伐明，明兵自宁远至，击却之。以功进世职二等甲喇章京。旋率兵自界岭口毁边墙入，败山海关明兵。将攻蓟州，明总兵白腾蛟、白广恩合军赴援，席特库与噶布什贤章京瑚里布督兵奋击，破陈斩将，得马六百有奇。

顺治元年，从入关，破李自成将唐通于一片石。固山额真叶臣徇山西，上命席特库益其军，至绛州，渡河，下汾州、平阳，降自成将康元勋，进攻黑龙关，降明将及其兵三千人。二年，移师略湖广，逐自成至安陆，斩四百余级，夺其战舰，进世职一等。

三年，从豫亲王讨苏尼特部腾机思，次土喇河。土谢图等部以兵遮道，席特库督兵追击，斩获无算，迭进一等阿思哈尼哈番。康熙五年，卒。

蓝拜，亦佟佳氏，满洲镶蓝旗人。父噶哈，太祖时来归，授牛录额真。蓝拜事太宗，天聪八年，授巴牙喇甲喇章京。从固山额真阿山略锦州，又从噶布什贤噶喇依昂邦劳萨率兵迎察哈尔部众之来归者。寻擢梅勒额真。崇德四年，以不称职解任。寻命偕承政萨穆什喀、索海征索伦部，仍领梅勒事，道虎尔哈部攻克雅克萨城，索伦部长博穆博果尔迎战，与索海设伏夹击，大破之，以功授世职牛录章京，赐貂皮及所获人户。六年，从郑亲王济尔哈朗围锦州，明兵来夺炮,击却之。擢兵部参政。明总督洪承畴援锦州,蓝拜与诸将进击,破三营。敌乘雨侵右翼,蓝拜及甲喇额真逊塔等与战,敌败走。寻调礼部。

顺治元年,从入关,进世职三等甲喇章京。三年,复授梅勒额真。从大将军孔有德征湖南,明桂王由榔据武冈,其总督何腾蛟遣其将王进才,黄朝宣、张先璧等拒战。有德至长沙,击走进才,令蓝拜与梅勒额真卓罗追击,殪其众过半。下湘潭,朝宣屯燕子窝,蓝拜与梅勒额真佟岱乘舰至泸口,督兵破其营。寻从尚可喜援桂阳,还师攻道州。又与可喜合军攻沅州。先璧自黔阳出,扼隘为五营,蓝拜率先与战斩七千余级,遂薄城,先璧又以三万人拒战,败溃,遂克之,赐黄白金,进世职二等。六年,兼任礼部侍郎。八年,擢固山额真,兼工部尚书。九年,调刑部。寻命罢尚书,专领固山事。累进世职二等阿思哈尼哈番。

十年,命率兵镇湖南。明将孙可望等出峡窥湖北,蓝拜督兵防御,敌不能犯。十三年,召还。上亲劳以酒,谕曰:“尔等为朕宣力年久矣。今见尔等形貌癯瘠,朕心恻然!”寻以老病乞罢,加太子太保。康熙四年,卒。

鄂硕,栋鄂氏,满洲正白旗人。祖枪布,太祖时率四百人来归,赐名鲁克素,子锡罕,授世职备御。天聪初,从伐朝鲜,先驱战没。

鄂硕,锡罕子也。太宗以锡罕死事,进世职游击,以鄂硕袭。八年,从贝勒多铎伐明,攻前屯卫,斩逻卒。又从噶布什贤噶喇依昂邦劳萨率将士迎察哈尔部来归者。授牛录额真。九年,招察哈尔部伐明,自朔州至崞县,斩逻卒。自平鲁卫出边,明兵邀战,鄂硕与固山额真图尔格击却之。进世职二等甲喇章京,擢巴牙喇甲喇章京。

崇德元年,与劳萨将百人侦明边,至冷口,斩逻卒,得马十五。二年,护甲喇额真丹岱等与土默特互市,赴归化城,斩明逻卒。三年,从睿亲王多尔衮伐明,自青山口入边,击败明太监高起潜兵。四年,与噶布什贤章京沙尔虎达将土默特兵三百略宁远,挑战。明兵坚壁不出,得其樵采者以还。

五年,从围锦州,以噶布什贤兵败敌骑。明总督洪承畴赴援,上营松山、杏山闻,命吴拜等以偏师营高桥东。鄂硕诇明兵自杏山溃出,告吴拜,吴拜未进击,明兵复入城。上以鄂硕不亲击责之。六年,复围锦州,分兵略宁远,遇明兵六百骑,击破之,得纛二,马六十余。七年,从伐明,自界岭口入边,败明总督范志完军丰润。明兵自密云出,劫我辎重,奋击却之,遂越明都趋山东。师出边,明总明吴三桂邀战,复击之溃,追斩数十级,得纛三、逻卒二十九、马二百余。

顺治初,从入关,逐李自成至庆都,从豫亲王多铎讨之。自成据潼关,倚山为寨,鄂硕与噶布什贤噶喇依昂邦努山攻拔之。二年,移师南征,鄂硕将噶布什贤兵先驱,至睢宁,败明兵。从端重亲王博洛下苏州。击明巡抚杨文驄舟师,得战舰二十五。趋杭州,败明鲁王以海兵,获总兵一。复与巴牙喇纛章京哈宁阿克湖州。世职累进二等阿思哈尼哈番。六年,擢镶白旗满洲梅勒额真。从郑亲王济尔哈朗征湖广。师还,赉白金三百。八年,授巴牙喇纛章京。十三年,擢内大臣。世职累进一等精奇尼哈番。十四年,以其女册封皇贵妃,进三等伯。十四年,卒,赠三等侯,谥刚毅。子费扬古,自有传。

罗硕,鄂硕兄也。初授刑部理事官。从入关,擢甲喇额真。顺治六年,姜瓖叛,命梅勒额真卦喇驻军太原。瓖遣兵陷青源,与卦喇分道击之,瓖兵弃城走,斩五千余级。瓖遣兵犯太原,从端重亲王博洛破贼垒,斩万余级。其徒围绛州,扰浮山,迭战胜之。八年,擢工部侍郎。进世职三等阿思哈尼哈番。九年,从征湖南,失利,夺官,降世职。寻授大理寺卿。十七年,以从女追册端敬皇后,授一等阿思哈尼哈番。康熙四年,卒。

鄂尔多,罗硕孙。初授侍卫,累迁至侍郎,历户、刑二部。授内务总管,擢尚书,历兵、户、吏三部。卒,谥敏恪。

伊拜,赫舍里氏,世居斋谷。父拜思哈,归太祖,授牛录额真。旗制定,隶满洲正蓝旗。卒,伊拜与其兄宜巴里、弟库尔阐分辖所属,为牛录额真。太宗即位，察哈尔部贝勒图尔济来归，命伊拜迎犒。天聪八年，上自将伐明，命伊拜征科尔沁部兵，予世职半个前程。九年，迁蒙古正白旗固山额真。

崇德元年，从伐明，入长城，攻克昌平等州县，俘获甚众。三年九月，从伐明，入青山口，薄明都，徇山东，五年，从伐明，围锦州。明兵自杏山、松山赴援，城兵出战，伊拜屡败之。六年，复围锦州，破明兵，进世职牛录章京。洪承畴赴援，上自将击之，命诸将分屯要隘，要明兵，伊拜与梅勒额真谭拜等依杏山而营。明兵败走，伊拜逐击至塔山，明兵多赴水死。七年，遂破承畴，下锦州，命伊拜戍杏山。八年，复命与辅国公篇古戍锦州。是时军纪严，将士有过，辄论罚，伊拜屡坐罚锾、罚马。

顺治元年，调蒙古正蓝旗固山额真。从入关，击李自成。寻与固山额真叶臣等徇山西，克太原，抚定旁近州县。师还，赉白金三百。二年，从英亲王阿济格徇陕西，逐自成至武昌，屡击破贼垒。三年，进三等阿达哈哈番。五年，从郑亲王济尔哈郎徇湖南，时衡州、宝庆诸府尚为明守。六年，师克湘潭，伊拜与固山额真佟图赖等分兵向衡州，未至三十里，明兵千余人据桥立寨，伊拜与侍郎硕詹击之溃，薄城，战屡胜，斩明将陶养用，遂克衡州。别军略宝庆及辰、沅、靖、武冈诸州，皆定。师还，赉白金三百。寻请老，授议政大臣。进一等阿思哈尼哈番。十五年，卒，赠太子太保，谥勤直。第三子费扬武，袭世职。

库尔阐，天聪间，以牛录额真从伐黑龙江，有功，予世职半个前程。崇德三年，授都察院理事官，兼甲喇额真。五年，从伐索伦部，与其部长博穆博果尔力战，却之。从睿亲王多尔衮围锦州，攻松山，战有功。六年，擢都察院参政。复从围锦州，明兵自松山来，将夺军中炮，库尔阐击却之。率师依山为寨，明兵复来攻，势甚猛，工部承政萨穆什喀欲遣兵助战，库尔阐辞焉，独以所部迎战，斩四十一级，得云梯、枪炮、甲盾、旗帜，进世职牛录章京。八年，迁蒙古正蓝旗梅勒额真。

顺治初，从入关，逐李自成至庆都，加半个前程。旋从豫亲王多铎破自成潼关，累进二等甲喇章京。四年，命帅师驻防济南。淄川寇发，库尔阐遣兵讨之。部议责库尔阐不亲赴，当罚锾，尽削其官职，上但命倍其罚。五年，迁都察院承政，寻仍改参政。六年，从谭泰讨金声桓江西，卒军，进一等阿达哈哈番。

阿哈尼堪，富察氏，满洲镶黄旗人，世居叶赫。天命时，曾祖椿布伦，偕兄楚隆阿、弟昂古里来归。阿哈尼堪初授牛录额真。天聪九年，同蒙古两黄旗将领布哈、阿济拜略明宁远，明兵千人追至，还击，败之。崇德二年，从征朝鲜，取江华岛。五年，从承政萨穆什喀、索海伐虎尔哈部，克雅克萨城。博穆博果尔以乌喇哈兵六千来袭正蓝旗后队，索海设伏击之，阿哈尼堪与焉。又攻卦喇尔，先入屯，授世职牛录章京。擢礼部参政。六年，从伐明，围锦州击败松山援兵。又与固山额真宗室拜音图败明总督洪承畴兵。松山守将夜袭我军，又遣步兵犯正黄旗蒙古汛地，阿哈尼堪击却之。擢镶黄旗梅勒额真。

顺治元年，从入关击李自成。世祖将迁都燕京，命内大臣何洛会镇盛京，阿哈尼堪与梅勒额真硕詹将左右翼为之佐。寻命偕固山额真阿山等率兵之蒲州，助剿流寇。二年，进世职三等甲喇章京。大将军豫亲王多铎南征，命阿哈尼堪会师自河南下江南攻扬州。明兵来援，率甲喇额真班代等连战皆捷，与固山额真玛喇希克常熟。三年，从豫亲王北讨蒙古苏尼特部，腾机思遁走，追击，斩百余级，俘获无算，进世职一等。四年，擢兵部尚书。

六年，郑亲王济尔哈朗师略湖广，阿哈尼堪与固山额真刘之源别将兵趋宝庆。明将王进才、马进忠城守。师夜薄城，平旦，明兵出战，急击歼之。遂克宝庆。明将马有志等九营屯南山，阿哈尼堪乘胜奋进，陈斩有志等。师徇洪江，又破袁崇第十营，克沅州，师复进，留阿哈尼堪驻守。明将王强等来攻，阿哈尼堪遣署巴牙喇纛章京都尔德等迎击，战沅水上，大破之，斩裨将三、兵七百余。七年，师还，赐白金三百。调礼部尚书,加世职拖沙喇哈番。

睿亲王遣迎朝鲜王弟,阿哈尼堪启巽亲王满达海等,以甲喇额真恩德代行。事觉,下王大臣会勘,论死。得旨,夺世职,罚锾以赎。寻复职世职,累进一等阿思哈尼哈番。八年,卒。

星讷,觉尔察氏,满洲正白旗人。初事太祖,授二等侍卫,兼牛录额真。从伐明,次塔山北,遇蒙古兵四百,射杀其渠。事太宗,伐察哈尔,以二十人侦敌张家口,遇明兵,御之四昼夜,俟贝勒阿济格军至,益兵二百击破之。察哈尔部多尔济苏尔海倚山立寨,列火器拒守。星讷率巴牙喇兵先登破敌。天聪八年,复从上伐察哈尔,星讷佐额驸布颜代率蒙古兵进哈麻尔岭,招其部俄尔塞图等来降。移师伐明,与席特库等略大同。论功,予世职半个前程,授刑部参政。

崇德三年,与承政叶克舒伐黑龙江,师有功,其兄辛泰、弟西尔图战没,当得世职,合为三等甲喇章京。寻坐事降理事官。四年,授巴牙喇甲喇章京,兼议政大臣。寻卷梅勒额真。六年,授工部参政。八年,擢承政。

顺治元年,从入关,改尚书,进世职一等。三年,从讨张献忠,师还,加太子少保。六年,从讨姜瓖,攻大同。瓖以精锐出战,填堑毁垣。星讷督将士持短兵,力战却之。瓖背城为陈,星讷督将士直压其垒,师乘之,歼其精锐略尽。进世职二等阿思哈尼哈番。

八年,英亲王阿济格得罪,星讷故为王属,坐夺官,削世职,籍家产之半。寻复授工部尚书、议政大臣。十年,以老致仕。十四年,星讷自讼军功,复世职一等阿达哈哈番,兼拖沙喇哈番。康熙十三年,卒,谥敏襄。

褚库,萨尔图氏,满洲镶黄旗人,先世居札鲁特。祖柏德,迁居叶赫,来归。天聪四年,师围大凌河,褚库年十七,从军。明军中蒙古将彻济格突陈,褚库迎击,生获以归。复伐明,攻万全左卫,褚库先登,颈被创,犹力战破其城。论功,授世职备御,赐号"巴图鲁"。授牛录额真,兼甲喇额真,崇德三年,授吏部理事官。

顺治元年，入关，从英亲王阿济格讨李自成，略湖广，自成将吴伯益以三千人拒战。褚库击之，败走。三年从肃亲王豪格讨张献忠，略陕西，与尚书星讷击献忠将高汝历等，遂下四川，屡败献忠兵。六年，从讨姜瓖，围大同，败瓖将杨振威。师还，坐直宿失印钥，解理事官。九年，从固山额真噶达浑征鄂尔都斯部，与其部长多尔济战贺兰山，俘获甚众。世职累进二等阿达哈哈番。

十三年，郑成功攻福州，时郑亲王世子济度率师次漳州，遣梅勒额真阿克善与褚库别将兵赴援。成功以战舰二百自乌龙江来犯，褚库督兵迎战，逐至大江口，得舟十二。成功又以千余人屯江岸，褚库督兵奋击，斩二百余级。康熙二年，擢正红旗蒙古副都统，进世职一等。七年以老乞休。十四年，卒，谥襄壮。

论曰：科尔昆、觉善、甘都逮事太祖，谭拜以下诸将，则太宗所驱策，入关后四征不庭，成一统之业，皆与有功焉。科尔昆尤忠直，与席特库、褚库并以骁武搴旗陷阵。干城腹心，由此其选矣。

清史稿卷二四二
列传第二九

觉罗果科 觉罗阿克善 敦拜 哈宁阿
硕詹　硕詹子达色　济席哈 弟费雅思哈
噶达浑 费扬武　爱松古　兴鼐
兴鼐兄孙哈尔奇　达素 喀尔塔喇
塔喀尔喇子赫特赫

　　觉罗果科，满洲镶白旗人，未详其属籍。事太宗，授巴牙喇甲喇章京。崇德六年，从伐明，围锦州，分兵屯杏山河岸。明兵自宁远至，果科与噶布什贤噶喇依昂邦努山击破之。逐至连山，斩级三十，得马三十二。七年，与努山略宁远，明兵自中后所犯我牧地，击之溃遁。八年，复与努山至界岭口诇明兵，与战，斩裨将一、步骑三百余。

　　顺治元年，从入关，击李自成，追至庆都。二年，从英亲王阿济格下陕西，克绥德。自成兄子锦据延安，果科与巴牙喇纛章京希尔根三战皆捷。自成奔湖广，师从之，次安陆，迭击败之，得舟八十。三年，从肃亲王豪格讨张献忠，经汉中，击叛将贺珍，进次西充。破献忠，复与希尔根搜剿余寇。五年，从郑亲王济尔哈朗下湖南，授巴牙喇甲喇章京。攻湘潭，明总督何腾蛟城守，果科与噶布什贤章京瑚沙破西门入。寻与固山额真佟图赖率兵趋衡州，击破明兵，攻拔石桥寨，又击破明将周进唐、胡一清等，逐一清至全州。师还，授刑部理事官。

十一年，授工部侍郎，叙功，遇恩诏，并以监修坛庙，世职累进二等阿达哈哈番。十七年，擢工部尚书。十八年，卒。追坐修仓糜费，罚锾，降世职拖沙喇哈番。圣祖亲政，其子萨尔布诉枉，复拜他喇布勒哈番。

觉罗阿克善，满洲正黄旗人，景祖兄索长阿三世孙。事太宗，授甲喇额真。崇德六年，围锦州，与果科同在行，击败明总兵吴三桂及松山、杏山援军。师还，明兵袭梅勒额真索海军，阿克善与巴牙喇纛章京伊尔德赴援，击却之，又屡击败总督洪承畴军。授半个前程。八年，从郑亲王济尔哈朗伐明，攻宁远，分兵攻前屯卫，先登，克其城。

顺治元年，从入关。七年，擢正黄旗满洲梅勒额真，兼工部侍郎。八年，调兵部，叙功，并迁恩诏，进世职一等阿达哈哈番。九年，与固山额真噶达浑征蒙古鄂尔斯部，歼其众于贺兰山。总兵任珍杀其孥，贿兵部寝勿治，事发，阿克善罢侍郎，降世职拜他喇布勒哈番，兼拖沙喇哈番。十一年，暂署都察院左都御史。从征湖广，战湘潭，常德、龙阳，屡捷。

十三年，从郑亲王世子济度讨郑成功，师次乌龙江，水险不可渡，乃间道趋福州，分兵令牛录额真褚库先驱击成功，署巴牙喇纛章京伊色克图击成功舟师，遂至福州。谍言成功舟三百泊乌龙江，阿克善等水陆合击，逐敌至三江口，斩其将林祖兰等，俘获甚众。十四年，成功兵侵罗源，阿克善督兵赴援，力战死之，进世职三等阿达哈哈番。

敦拜，富察氏，满洲正黄旗人，先世居沙济。父本科理，归太祖。尝从鄂佛洛总管达赖讨朱舍事部长尤额楞，有功，赐号"苏赫巴图鲁"，授牛录额真。卒，敦拜嗣。天命十一年，从太祖攻宁远，先驱，败城兵。师还，敌骑追射，敦拜还击却敌，殿而归。

天聪八年，授世职牛录章京。崇德五年，擢巴牙喇纛章京。从郑亲王济尔哈朗围锦州，城兵出诱战，敦拜突入敌队中，斩三人，众悉遁。明兵自自杏山再来犯,皆战却之。六年,复围锦州,明兵松山攻两红旗及蒙古军。敦拜御敌力战,斩二百余级,得云梯十四。七年,加半个前程。八年,与巴喇纛章京阿济格尼堪率师驻锦州。

顺治元年,从入关,击李自成,逐之至庆都。二年,进世职二等甲喇章京。大将军豫亲王多铎南征,敦拜将巴牙喇兵从。次陕州,破自成将刘方亮,方亮兵夜袭营,复击败之。克潼关,定西安。自成走商州,入湖广。敦拜与巴牙喇纛章京阿尔津等追斩三百余级。从豫亲王下江南,克扬州,薄明南都。追明福王至鞠湖,与阿尔津、图赖等截江口,击破明将黄得功,得明福王以归。三年,进世职一等。从端重亲王博洛自浙江徇福建,与梅勒额真珠玛喇合军破敌。五年,从大将谭泰讨金声桓,攻九江,破王得仁军,克之,抚临江郡县。

六年,剿畿南土寇,斩其渠,献、雄、任邱、宝坻诸县悉定。七年,进世职三等阿思哈尼哈番。寻从睿亲王畋于中后所,坐私出猎,降世职一等阿达哈哈番。八年,上亲政,复世职。九年,进二等。

十一年,明将李定国犯广东,命佐将军珠玛喇讨之,克新会,逐之至横州江岸,定国引去。师还,世职一等精奇尼哈番。以病乞休,加太子太保。十四年,起为盛京总管。十七年,卒,谥襄壮。乾隆初,定封一等男。

富察之族,有哈宁阿、硕詹、济席哈、费雅斯哈,皆以武功显。

哈宁阿,满洲镶白旗人,世居额宜湖。父阿尔图山,率其族攻萨齐库城,杀其部长喀穆苏尼堪,抚降三百余人,以归太祖,授牛录额真。既,复分其众别编一牛录,以命哈宁阿。天聪二年,从贝勒岳托等伐明,略锦州,攻松山、杏山、高桥诸台堡,战甚力,授巴牙喇纛章京。三年,从伐明、薄明都,与袁崇焕战广渠门外,以功授世职备御。五年,从攻大凌河。八年,从攻大同,哈宁阿先驱,至小西城,树云梯以攻,克之,复将二十人出战,败敌兵三百。九年,与承政图尔格入明边。师还,道平鲁卫,明兵蹑师后,还击败之,逐薄濠,多所斩馘,进二等甲喇章京。

崇德元年,从攻皮岛。二年,授议政大臣。三年,从豫亲王多铎如锦州会师,道中后所。祖大寿以轻骑掩我师,甲喇额真翁克及土默特兵先奔,哈宁阿且战且退,士卒有死者,论罪当死。上贷之,命夺世职,籍家产之半。四年,复以庀牛录额真阿兰太失律,论罪当死,上复贷之。六年,从围锦州,屡败敌。明总督洪承畴赴援,上督诸军环松山而营,度明师且遁,遣诸将分地为伏以待。哈宁阿与巴牙喇纛章京鳌拜阵于海滨,夜初更,明师循海走,哈宁阿等起掩击,明师蹂藉,死者甚众。寻进攻松山,屡败敌。八年三月,与巴牙喇纛章京阿尔津伐虎尔哈部,俘男妇二千五百有奇,获牲畜、貂皮无算。师还,上厚赉之。

顺治元年,从入关,击李自成,战庆都,再战真定,自成焚辎重走。二年,复授世职三等甲喇章京。逐贼绥德,徇延安,战破城兵。南逐自成,战安陆,得舟八十。复与谭泰合兵下江南,战江上,夺敌舟。逐敌至富池口,敌据江岸为陈,复击之败。三年二月,从顺承郡王勒克德浑略湖广,破明将吴汝义,降其众。四月,进二等甲喇章京。五月,从肃亲王豪格讨叛将贺珍,取汉中,逐贼至秦州。珍党武大定据三寨山,山势峻不可攻,师围之。会其将周克德、石国玺皆乞降,克德遣其子导师自僻径登,国玺为内应,哈宁阿与梅勒额真阿拉善、署巴牙喇纛章京噶达浑将六百人破垒入,贼皆自投崖下,斩杀略尽。进讨张献忠,徇夔州、茂州、资州、遵义,皆下。五年,师还,进一等阿达哈哈番。寻卒。

硕詹,满洲正红旗人,世居纳殷。父舒穆禄,归太祖,授牛录额真。卒,硕詹嗣,寻兼甲喇额真。天聪五年,与甲喇额真杭什木、沙尔虎达等略明边,遇逻卒,斩其三,俘其五及逻卒长。八年,授世职牛录章京。崇德元年,从伐朝鲜,攻江华岛,硕詹舟越朝鲜战舰,继牛录额真阿哈尼堪以登,率众合围,降其城,加半个前程。三年,兼刑部理事官,从伐明,深入山东,克禹城、平阴。四年,师还,明兵袭我后军,与巴图鲁尼哈里等击却之。进世职三等甲喇章京。擢户部参政。五年,师伐明,命硕詹如朝鲜征粮及水师助战。从围锦州,甲喇额真禧福率甲士二十四驻守骆驼山，明兵四百夜劫营，硕詹赴援，斩二百余级，得马十六。七年，领本旗梅勒额真。

顺治元年，从入关，改侍郎。上将迁都燕京，命硕詹统右翼兵留守盛京。寻复命从豫亲王多铎南征，自河南徇陕西，遂移师定江南。叙功，世职累进一等阿达哈哈番，兼拖沙喇哈番。五年，从郑亲王济尔哈朗征湖南，偕都统佟图赖等师出湘潭，明兵阻桥立寨，与固山额真伊拜、巴牙喇甲喇章京觉罗果科共击下之，斩其将陶养用，衡州平。师还，赍白金三百，进世职一等阿思哈尼哈番。

八年，坐户部给镶不均，降世职一等阿达哈番。九年，以老病罢。十年，命复世职。康熙二年，卒，谥明敏。以其孙达色、法色分袭世职，并授二等阿达哈番。

达色以参领从征福建，战屡捷。郑锦将刘国轩众万余犯海澄，达色赴援，冒枪炮力战，闻城陷，自经死。加拖沙喇哈番。法色兼袭，复合为一等阿思哈尼哈番，兼拖沙喇哈番。子明宝，雍正间，从征西藏，有功，进三等精奇尼哈番。乾隆初，改三等子。子德成，降袭三等男。

济席哈，亦富察氏，满洲正黄旗人。父本科里，官牛录额真。济席哈初亦授牛录额真。崇德四年，擢巴牙喇纛章京。五年，从伐明，围锦州。明兵自松山至，邀战，与甲喇额真布丹、希尔根等击却之。寻驻义州护屯田，上诫诸将固守营垒。勿与明兵战。明兵犯镶蓝旗营，济席哈越镶红旗营助战，以擅离汛地，夺官，籍其家三之一。旋与梅勒额真席特库伐索伦部，得其部长博穆博果尔以归。六年，师还，与宴劳。七年，授正红旗蒙古梅勒额真。八年，兼户部参政。

顺治元年，从入关，击李自成，追之至庆都。叙功，授世职拜他喇布勒哈番。二年，从端重亲王博洛下浙江，既克杭州，以梅勒额真驻守。明大学士马士英、总兵方国安据严州，屡来犯，济席哈督兵御之，五战皆捷。还京。授工部侍郎，加世职拖沙喇哈番。

五年，命率兵驻东昌。寻以郑彩寇福建，命从将军陈泰南征，克长乐、连江、同安、平和诸县,进世职二等阿达哈哈番。七年,调刑部,擢尚书,进世职三等阿思哈尼哈番。九年,授正红旗蒙古固山额真。十年,解尚书。胶州总兵海时行叛,命与梅勒额真瑚沙讨之,未至,时行走宿州降。诏移兵镇湖南。十一年,召还。

十四年,命率梅勒额真四、巴牙喇甲喇章京八,从大将军贝子罗讬征云南。十五年,命佐将军卓布泰,师进次都匀,击败明将李定国。会师,克云南。十七年,以勘从征将士功罪不实,降一等阿思哈尼哈番。十八年,授靖东将军,讨捕霞土寇于七,击破所据岠嵎山寨,七窜入海。康熙元年,卒。六十年,以其子西安副都统阿禄疏请,追谥勇壮。

费雅思哈,济席哈弟也。初以巴牙喇壮达事太宗。天聪六年,从伐察哈尔,分兵略大同,至朔州,城兵出战,费雅思哈与甲喇额真道喇等击败之。崇德三年,署巴牙喇纛章京,从贝勒岳讬伐明,败密云步兵。五年,师围锦州,明兵自松山、杏山赴援。费雅思哈御战皆捷。六年,复围锦州,同甲喇额真哈宁阿击敌城下,射殪三人,明总督洪承畴步队自松山至,费雅思哈力战却敌。

顺治元年,从入关,击李自成,追败之庆都,授巴牙喇甲喇章京。从英亲王阿济格西讨,二年春,次榆林,自成兵夜袭营,与巴牙喇纛章京车尔布等击之走,追自成至武昌,屡破其垒。又以舟师邀击富池口,得舟三十。三十年,从肃亲王豪格讨张献忠,道西安,分兵徇邠州。其渠胡敬德以千余人据三水西北山冈,费雅思哈与巴牙喇章京噶达浑破其垒,复与固山额真巴哈纳击叛将贺珍于鸡头关。师下四川,屡战皆捷。正蓝旗兵为贼困,与噶达浑趋援,贼走。叙功,授世职拜他喇布勒哈番,兼拖沙喇哈番。

六年,从英亲王讨叛将姜瓖,掘堑围城。瓖兵步骑万余来犯,费雅思哈先众迎战,瓖兵不得入城。瓖兵分踞左卫,陷汾州,窥太原,费雅思哈率巴牙喇兵伺击,会师围大同,瓖党斩以降,进世职一等阿达哈哈番。十三年,擢巴牙喇瓖章京。寻命率兵驻防湖南。明将孙可望据辰州,费雅思哈与固山额真卓罗、梅勒额真泰什哈等,自沣州、常德进征,可望弃城遁,纵火焚舟,阻我师。费雅思哈取其未焚者以济师,蹑击至沪溪,歼敌甚众。十八年,从将军爱星阿入缅甸,得明桂王以归,师还,进世职三等阿思哈尼哈番。十一年,卒,谥喜恪。子素丹,自有传。

噶达浑,纳喇氏,满洲正红旗人,世居哈达。其先有约兰者,当太祖时,率其子懋巴里等来归。天聪二年,噶达浑以巴牙喇甲喇章京从太宗伐多罗特部,有功。八年,从伐明,略山西,克应州。崇德五年,从伐明,略中后所。睿亲王多尔衮等率师围锦州,令领纛先进,败杏山骑兵,设伏松山,斩十余级。明兵营岭上,击破之。又从噶布什贤噶喇依昂邦劳萨追击至北冈。七年,从豫亲王多铎攻宁远,明兵蹑我后,噶达浑先众还击,明兵溃走。师还,有巴牙喇兵达哈塔者,被创,仆,掖以归。

顺治元年,擢巴牙喇纛章京。从入关,击李自成,授世职拜他喇布勒哈番。二年,从英亲王阿济格击自成至九宫山,三败之。三年,从肃亲王豪格下四川,次西安,分兵讨叛将贺珍,徇邠州,其党胡敬德屯三水,噶达浑与梅勒额真和讬直入,破其垒。高汝历、武大定等屯三寨山,复与巴牙喇纛章京苏拜、哈宁阿,梅勒额真阿拉善击败之,督步卒搜剿岩谷。大定等据山岭,其徒左右迎战,噶达浑与巴牙喇纛章京阿尔津夺战,挫其锋。大定等兵攻正蓝旗营,哈宁阿陷围中,噶达浑与阿尔津、苏拜疾驰赴援,围乃解。擢户部侍郎。五年,调吏部,进世职三等阿达哈哈番。

英亲王阿济格讨叛将姜瓖,噶达浑与阿拉善济师,七战皆捷。克代州,进复浑源。六年,兼本旗蒙古固山额真。七年,世祖亲政,擢户部尚书,进世职二等。改都察院左都御史,寻还为尚书。率师征鄂尔多斯部,获部长多尔济,歼其众于贺兰山,进世职三等阿思哈尼哈番,调满州固山额真、兵部尚书。十年,进世职二等。世职吕忠行贿事发,部议引赦例贷其罪,坐降世职一等阿达哈哈番。

大将军郑亲王世子济度讨郑成功,命噶达浑佐之,敕济度调遣官兵，毋令噶达浑离左右。克海澄，水陆并进，复福州，遂下泉州，攻惠安海港卫套及闽安镇，大捷。十四年，师还。卒，赠太子太保，谥敏壮。同族有费扬武、爱松古、兴鼐。

费扬武，满洲正蓝旗人。初自巴牙喇壮达累迁甲喇额真。崇德七年，从饶余贝勒阿巴泰伐明，入塞，击败明总兵马科，越明都。略山东，次胶州，明兵千余屯城外，费扬武力战破之。攻滨州，以云梯先登。出塞，明总督范志完、总兵吴三桂等分道要我师。费扬武先后与战皆胜，护所俘获还。

顺治初，从入关，击李自成，败其骑兵。寻署巴牙喇纛章京。从豫亲王多铎西讨自成，次潼关，破自成将刘宗敏。二年，从定江南，攻扬州，得舟二百余。攻明南都，败其步兵。逐明福王至燕湖，与明总兵黄得功战，得舟三十有一。旋从端重亲王博洛下浙江，破明马士英军于杭州，生致明总兵一，分兵定海宁、平湖土寇。又与明总兵王之仁战，得舟十有六。授议政大臣，予世职甲喇章京，加半个前程。四年，从军福建。卒。

爱松古，满洲镶白旗人。太祖时，自叶赫来归，屡从征伐。崇德元年，命与察汉喇嘛等赴明边杀虎口互市。复遣往科尔沁征兵。三年，初设理藩院，授副理事官。寻自归化城导厄鲁特部长墨尔根戴青来归。再坐事鞭责。

顺治元年，授牛录额真。从固山额真叶臣徇山西。时李自成西走，其将陈永福据太原，发炮攻城圮，永福突围走。爱松古以蒙古兵战，多斩馘，得马千余。又逐自成将马骕至河滨，得舟十五。二年，从围延安，城兵出战，击却之，以八骑蹑自成，获其拏。

三年，从豫亲王多铎讨苏尼特部长腾机思，将蒙古兵三百先驱扼隘，师继进，腾机思遁走，从侍郎尼堪、梅勒额真明安达时里乘夜追击，得其辎重。斩台吉茂海，遂渡图喇河，土谢图汗以二万人拒战。从镇国将军瓦克达等败其骑兵。叙功，授世职拖沙喇哈番。

五年，命率蒙古兵六百驻太原，击斩泾阳寇李阳，败交城寇王豪明，时叛将姜瓖据大同，其党刘迁以万余人犯代州，爱松古驰往守御,迁众傅云梯乘城,钩致其梯九,斩级三百。迁众穴城,城上发矢石,迁众多殪,乃走繁畤。六年,复来袭,有为应者,引入郛,爱松阿婴城守十余日,端重亲王博洛师至,击斩其渠郭芳,卷遁去。乃还驻太原。瓘党十余万来犯,爱松古与巡抚祝世昌谋遣兵赴清源余沟防御,不使逼城下。端重亲王师自晋阳至,破贼。累擢镶白旗蒙古梅勒额真,世职累进二等阿达哈哈番。九年,从敬谨亲王尼堪南征,王没于阵。爱松古不及救,降世职拜他喇布勒哈番,兼拖沙喇哈番。十六年,致仕。康熙十四年,卒。

子讷青,以三等侍卫从讨郑成功,至厦门,卒于军。

兴彌,满洲镶白旗人,父素巴海,自哈达率二百人来归,太祖编牛录,授其长子莽果,兴彌其第三子也。事太宗,天聪八年,授世职牛录章京。崇德元年,从英亲王阿济格伐明,佐固山额真达尔罕攻顺义,先登,加半个前程。三年,授工部理事官。考满,进世职三等甲喇章京。顺治元年,从入关,西讨李自成。自成之徒自延安出犯,截击,大破之。逐自成至武昌,蹑之至富池口,列阵河岸,与巴牙喇纛章京哈宁阿、甲喇额真希尔根击之溃。移军江南,与巴牙喇甲喇额真布克沙败明将黄蜚于池州,斩级二百,得舟十二。三年,从讨苏尼特部长腾机思,战败士谢图汗、硕类汗二部兵。擢工部侍郎,累进世职二等阿思哈尼哈番。十五年,以勘罗源战败将士有所徇,夺官,削世职。十八年,圣祖即位,复授一等阿达哈哈番,兼拖沙喇哈番。康熙三年,卒。

哈尔奇,莽果孙也。顺治十六年,以巴牙喇壮达从军。郑成功内犯,自荆州援江宁,破成功将杨文英。署巴牙喇甲喇章京。讨耿精忠,迭战败其将杨益茂于九江、邵联登于建昌,又败吴三桂将夏国相于萍乡、谢胜先于浏阳、吴国贵于武冈。叙功,授拖沙喇哈番。卒。

达素,章佳氏,满洲镶黄旗人,先世居费雅朗阿。天聪五年,以巴牙喇壮达从伐明,围大凌河。明兵来援,与巴牙喇壮达鳌拜同击却之。略明边,斩敌骑。师还,擢巴牙喇甲喇额真。

崇德五年,从围锦州,败杏山明兵。六年,复围锦州,明兵数十人据塔山,列火器拒守。达素率六骑弛而上,尽斩之。复率兵邀击,明兵走海岸。溺死者无算。七年,从徇宁远,败明骑兵。八年,从巴牙喇纛章京阿尔津等伐虎尔哈部,克博和理城,又招降能吉尔、大噶尔达苏诸屯。

顺治元年,从入关,击李自成。从固山额真巴哈纳等徇山西,克绛州,逐贼至黄河,贼以舟济,达素督兵射之,贼多坠水死。二年,从英亲王阿济格下湖广,讨自成,克安陆、武昌,逐之至富池口,贼营对岸,达素先诸将冲击,多所俘获。二年,从肃亲王豪格讨张献忠,道汉中,击破贺珍,下四川,屡战皆捷。积战功,授世职拜他喇布勒哈番兼拖沙喇哈番。

六年,从英亲王阿济格讨姜瓖,战于右卫,贼大至,达素压力前搏击,飞矢及其喉,手足皆创,坠马。军校欲负以退,卫曰:"死则死耳,何避为?"裹创督兵复战,瓖兵败却。世职累进一等阿达哈哈番。

九年,从敬谨亲王尼堪征湖南,次衡州。贝勒屯齐令别将兵诇敌宝庆,遇敌,击败之。进攻全州,破寨五,斩所置文武吏九及其徒四千余。复兴安、灌阳,复斩定国将倪兆龙。敬谨亲王没于阵,将佐俱坐罪,达素以别将兵克敌,得免议。十一年,擢巴牙喇纛章京。十三年,擢内大臣。十六年,郑成功内犯江宁,授达素安南将军,同固山额真索浑、巴牙喇纛章京赖塔等率师赴援,至则成功已败走,移师赴福建。十八年,召还。康熙八年,鳌拜败,达素为所引用,坐罢官。寻复世职。卒。同族有喀尔塔喇。

喀尔塔喇,满洲镶白旗人,先世亦居费雅朗阿。父图尔坤詹,当太祖时,率五子及所部百余户来归,授牛录额真。卒,喀尔塔喇嗣,事太宗。崇德三年,以巴牙喇甲喇章京从豫亲王多铎伐明,略宁远,将入边,破明兵。及还,又连败之。六年,从围锦州,城兵出犯镶黄旗分守壕堑,坐退避,罪当死,上命罚锾以赎。

顺治元年,从入关,击李自成,将本旗败其骑兵,逐之至庆都,尽歼其后队。旋从固山额真巴哈纳等徇怀庆,入山西境,破贼黄河渡口,逐之至榆林。二年,自成走湖广,移师从之。与巴牙喇甲喇章京鳌拜攻克安陆,督兵进剿,毁其垒,得舟六十余。

五年,从大将军谭泰讨金声桓,师次童子渡。声桓兵据水而陈,方舟为梁,喀尔塔喇夺以度师,分兵趋饶州。声桓遣别将以三千人迎战,喀尔塔喇与甲喇额真巴郎等击败之,克饶州,进次南昌,营甫定,声桓兵出战,奋战,挫其锋。师合围,喀尔塔喇屯江岸,声桓兵以舟运粮入城,喀尔塔喇邀击,得舟八,又纵火焚舟七百余,师次城北。喀尔塔喇与甲喇额真民泰分兵攻城南。六年春,克南昌。

九年,擢巴牙喇纛章京。从敬谨亲王尼堪征湖南衡州。乘胜疾进,遇伏,力战,与王同没于阵。喀尔塔喇积战功,世职累进一等哈达哈哈番,恤进三等阿思哈尼哈番,谥忠壮。

子赫特赫,袭。十六年,以甲喇额真从讨郑成功,攻厦门,战死。予世职拜他喇布勒哈番。

论曰:满洲诸大家多以地为氏,往往氏同而所自出异。战绩既著,门材遂张。济席哈、达素尝专将,虽所当非大敌,或未与敌遇,要其才望必有足以胜此任者。果科等皆以裨佐树绩行间,勋阀所存,亦不得而略焉。

清史稿卷二四三
列传第三〇

沙尔虎达 <small>子巴海　安珠瑚</small>　刘之源

<small>吴守进</small>　巴山 <small>张大猷</small>　喀喀木

梁化凤 <small>子鼐</small>　刘芳名　胡有升

杨名高 <small>刘光弼　刘仲锦</small>

　　沙尔虎达，瓜尔佳氏，其先苏完部人，居虎尔哈。太祖时，从其父桂勒赫来归，授牛录额真。天命初，从伐瓦尔喀部，有功，授世职备御，天聪元年，太宗自将伐明，攻大凌河，围锦州，沙尔虎达以噶布什贤章京从，屡战辄胜。三年，复从伐明，拔遵化，薄明都，沙尔虎达战郭外，败明兵，进世职游击。自是数奉命与噶布什贤章京劳萨等率游骑入明边，往来松山、杏山间，获明逻卒十八及牙将为逻卒监者，并得牲畜、器械甚夥。大凌河城下，明将祖大寿降，既，复入锦州为明守，上遣诸将略锦州，使沙尔虎达悬书十三站山坡谕大寿。九年，与白奇超哈将领巴兰奇等徇黑龙江，加半个前程。冬复略锦州，还，献俘，命分赉将士。
　　崇德元年，从伐朝鲜，破敌南汉山城。二年，列议政大臣。甲喇额真丹岱，阿尔津等如土默特互市，上虑明兵要诸途，命沙尔虎达师师诣归化城护行。三年，与噶布什贤噶喇依昂邦吴拜将八十人行边，至红山口，遇明兵斩裨将二，击走明骑兵自罗文峪至者，塞其蠹,得马四十。又破明步兵自密云至者,斩百余级。四年,上自将伐明,沙尔虎达将噶布什贤兵自义州向锦州,复将土默特兵二百人入宁远北境,与甲喇额真苏尔德、鄂硕,布丹为伏,以数骑致明师,明师坚壁不应,乃掠其采薪者以归。五年,进世职二等甲喇章京。

六年三月,从睿亲王多尔衮围锦州,坐从王令离城远驻,当夺职,籍家产之半,上命罚锾。八月,迁噶布什贤噶喇依昂邦。上自将御洪承畴,部分诸将击敌,赐沙尔虎达马。使将所部屯高桥东界,谕曰:"敌败当自杏山西台截大道蹑击之,毋使入城。"且诫之曰:"汝平日行不逮言,今当自勉!"既战,明师败,沙尔虎达违节制,纵溃兵二百余入城。上命系而问之,沙尔虎达稽首对曰:"杀臣只一死,宥当效命。"上乃宥之,降授甲喇额真。七年,与珠玛喇率师伐虎尔哈部,降喀尔喀木等十七人、户千余,得马羸牲畜。师还,宴劳,赉布帛有差。

顺治元年,伐库尔喀,伐黑龙江皆有功。复从击李自成破潼关。二年,从攻江宁,下杭州,进世职一等甲喇章京。四年,授梅勒额真。帅师屯东昌,讨平土寇丁维岳、张尧中,加半个前程。五年,从讨江西叛将金声桓。迁巴牙喇纛额真,复为议政大臣。六年定河间土寇。七年,调镶蓝旗满洲梅勒额真。累进一等阿思哈尼哈番。九年七月,命帅师驻防宁古塔。十年,擢固山额真。仍留镇,赐冠服、鞍马。十五年七月,俄罗斯寇边,沙尔虎达击之走。多所俘馘。十六年,卒,谥襄壮。以其子巴海袭。

巴海初以牛录额真事世祖,累迁秘书院侍读学士。既袭世职,上谕吏部曰:"宁古塔边地,沙尔虎达驻防久,得人心,巴海勤慎,堪代其父。授宁古塔总管。"十七年,俄罗斯复寇边,巴海与梅勒章京尼哈里等帅师至黑龙江、松花江交汇处,诇敌在飞牙喀西境,即疾趋使犬部界,分部舟师,潜伏江隈。俄罗斯人以舟至,伏起合击,我师有五舟战不利。既,俄罗斯人败,并舟走,巴海逐战,斩六十余级。俄罗斯人入水死者甚众,得其舟枪炮若他械,因降飞牙喀百二十余户。叙功,加拖沙喇哈番。明年,以巴海奏捷讳未言有五舟战不利,尽削原袭及功加世职。

康熙元年,改设黑龙江将军,仍以命巴海。十年,上东巡,诣盛京,巴海朝行在。上问宁古塔及瓦尔喀、虎尔哈诸部风俗,巴海具以对。谕曰:"朕初闻尔能,今侍左右,益知尔矣。飞牙喀、赫哲虽服我,然其性暴戾,当迪以教化。俄罗斯尤其当慎防。训练士马,整备器械,毋坠其狡谋。尔应边方重任,当黾勉报知遇。

边外有墨尔哲之族,累世输贡,巴海招之降。其长扎努喀布克托等请内徙,巴海请徙置宁古塔近地置佐领四十,以授扎努喀布克及其族属,分领其众,号为"新满洲"。十三年冬,巴海率诸佐领入觐,上锡予有差,赐巴海黑狐裘、貂朝衣各一袭。十七年,敕奖巴海及副都统安珠瑚抚辑新满洲有劳,予世职一等阿达哈哈番。兼拖沙喇哈番。

二十一年,巴海疏言官兵捕采葠者,当视所得多寡行赏。上为下部议,并非采参者毋妄捕。是岁,上复东巡,诣盛京,幸吉林,察官兵劳苦。既还京师,谕巴海罢采鹰、捕鲟鳇诸役。二十二年,以报田禾欠收不实,部议夺官,削世职,上犹念巴海抚辑新满洲有劳。命罢将军,降三等阿达哈哈番。二十三年,授镶蓝旗蒙古都统,列议政大臣。三十五年,卒。子四格,袭职。

安珠瑚,瓜尔佳氏,满洲正黄旗人,先世居苏完。父阿喇穆任牛录额真。顺治元年,从入关,击李自成,战死,授世职半个前程。安珠瑚袭职,遇恩诏,累进三等阿达哈哈番。擢甲喇额真,兼刑部郎中。从大将军伊尔德攻舟山,从将军济什哈讨莱州土寇于七,皆有功。康熙六年,授宁古塔副都统。十五年,增设吉林乌喇副都统,以命安珠瑚,佐巴海抚新满洲,进世职如巴海。十七年,擢盛京将军。二十一年,上东巡,见边界多战骨暴露,谕安珠瑚篝察收瘗。二十二年,以疾乞休,上责安珠瑚失职,夺官,发吉林乌拉效力,二十四年,授索伦总管。二十五年,卒。安珠瑚入对,尝言所辖士兵皆藐视之。上知其庸懦,其卒,命削其世职。

　　刘之源，汉军镶黄旗人。天聪九年，授甲喇额真。崇德五年，从上伐明，攻锦州，距城东五里发炮坠其台。复列炮城北击晾马台，殪明兵。寻代马光远为正黄、镶黄二旗汉军固山额真。六年，从睿亲王多尔衮围松山，发炮坠台四，获明将王希贤、崔定国、杨重镇等，又斩裨将三。七年，从郑亲王济尔哈朗围塔山，列炮城西，毁其垣二十余丈，歼城兵，坠杏山城北台，又击毁其垣，城兵惧，乃出降。授世职二等甲喇章京。分设汉军八旗，之源仍领镶黄旗。八年，从郑亲王攻克中后所，斩明将吴良弼、王国安等。进攻前屯卫。发炮坠其城。进世职一等。

　　顺治元年，从入关，命与固山额真李国翰剿定畿南余寇。复从固山额真叶臣等西征，克太原。又与固山额真巴哈纳自汾州逐寇至平阳，斩馘四千余。山西寇始尽。师还，优赉。二年，从顺承郡王勒克德浑下湖广，讨李自成，与国翰合师破应山。降将马进忠复叛，与固山额真金砺击败之武昌，得舟六十余，遂徇湖北。五年，授定南将军，从郑亲王再下湖广。六年攻湘潭，明总督何腾蛟分三队出战。之源分兵应之，败明兵。克其城，获腾蛟。夜督兵逐进忠，平明靡其垒。复进克宝庆，并破南山坡九垒，斩明将马有志、胡进玉等，进忠跳而免。又击破明将袁宗第于洪江、王永强于便水驿。叙功，遇恩诏，世职累进一等阿哈尼哈番，兼拖沙喇哈番。

　　八年，与金砺驻防杭州。明大学士张肯堂与其将阮进、张名振雍鲁王以海屯舟山，之源与总督陈锦、总兵田雄合师攻之，破明兵于横山洋，获进。逼螺头门，肯堂城守十余日，师以云梯登，肯堂及鲁王诸臣李向中、吴钟峦、朱承佑等纵火自焚死。名振以鲁王遁三盘岛，之源遣总兵马进宝等追击破之，焚其积聚。复败之于沙埕，收各屿户口八千五百余，悉令归农。论功，进三等精奇尼哈番。

　　十六年八月，授镇海大将军，驻防镇江。疏言：“京口百川洪流，江南财赋自此转运北输。近因郑成功入犯，几至横截运道。宜先练习水师，以资防御。防海策有三：出海会哨，勿使入江，上也。遁塘拒敌，勿使登陆，中也，列陈备兵，勿使近城，斯下矣。雇练水师当先造船,火器、水手、舵工,百无一备,何以御贼?"上敕兵部下总督郎廷佐制备。十七年,疏言:"京口水师造船二百,募水手、舵工八千余,一时难以集事。沿海民有双桅沙船,造作坚固,其人熟于洋面水道,请查验船堪用者予收用,船户给以粮饷。旧设战船低小,不必修补。边海炮台、烽墩、桥路,请敕督抚下沿海州县修葺高广。"下兵部,并从之。寻得成功遣谍与提督马逢知关通状,疏闻,命侍郎尼满会之源鞫实,逢知坐诛。

康熙三年,召还京,仍任都统。四年,以病乞休,加太子太保,致仕,以其子光代为都统。鳌拜得罪,之源、光坐党附,夺官论死,上命宽之。之源寻卒。妻胡叩阍,诉之源功罪足相当,诏复官,并予三等精奇尼哈番,仍以光袭。三传,降袭三等阿思哈尼哈番,乾隆初,定封三等男。

吴守进,汉军正红旗人,初籍辽阳。太祖时来归,从征伐有劳,授世职游击。天聪五年,授户部承政。八年,考满,进世职一等甲喇章京。时始设汉军世管牛录额真,命守进兼任。崇德三年,改左参政。四年,坐赇,论罪至死,命贷之,削世职,解参政,籍其家之半,仍摄正红旗汉军梅勒额真。旋真除。

六年,从睿亲王多尔衮、武英郡王阿济格攻锦州,守进发炮克塔山四台,获明将王希贤、崔定国等,多所斩馘。七年,擢本旗固山额真。率师攻松山、杏山,明兵屯吕洪山口,与固山额真金砺击破之。明兵保杏山侧二台,复与固山额真刘之源击破之,遂拔杏山。寻命与梅勒额真马光辉等诣锦州铸炮。八年,从攻宁远,取中后所、前屯卫。

顺治元年,众入关,复授世职二等甲喇章京。从固山额真叶臣徇山西,克太原。复从豫亲王破李自成,下江南,败明师,克扬州、江阴复进破嘉兴。叙功,进一等。四年,授定西将军,驻汉中。五年,卒。子国柄袭。从征湖广,官梅勒额真,加世职拖沙喇哈番。

巴山,瓜尔佳氏,满洲镶黄旗人,世居哈达。祖巴岱,国初率众来归,授世管牛录额真。再传至巴山。天聪五年,从太宗伐明,围大凌河。城兵出战,梅勒额真屯布禄、牛录额真朗格等战没,巴山驰入阵,以其尸还。六年,从伐察哈尔,其部人窜入大同,往取之。师还,巴山与承政图尔格殿,明兵追袭,设伏邀击,斩馘甚众。八年,授世职牛录章京。寻擢甲喇额真。

崇德元年,从上伐朝鲜,与甲喇额真屯泰等先众破敌。三年,兼任工部理事官。从贝勒岳讬伐明,自墙子岭入边,薄明都,击败明太监冯永盛兵。攻钜鹿,率所部以云梯先登,克之。加半个前程。五年,与承攻卦萨穆什喀、索海等伐虎尔哈部,攻掛喇尔屯。七年,从奉国将军巴布泰率师驻锦州。

顺治元年,从入关,督所部步兵击败李自成,擢工部侍郎,进世职三等阿达哈哈番。二年,授梅勒额真,镇守江宁。三年,命总督管江宁驻防满洲兵,特置总督粮储兼理钱法,驻江宁,以协领鄂屯兼任,加户部侍郎,以重其事。时江北诸山寨并起,号为明守。江宁民有谋为应者,巴山诇知之,捕斩三十人。未几,明潞安王谊石以二万人分三道攻江宁,巴山会招抚大学士洪承畴等督兵御之,谊石败走。语详《承畴传》。明故左通政嘉定侯峒曾以二年死难,四年,其子元静通表鲁王以海,取敕书及其将黄斌卿致承畴书以归。柘林游击陈可得之,有内杀巴、张二将语,指巴山及提督张大猷也。事闻,上以敌谋设间,诏慰承畴,而谕奖巴山及大猷“严察乱萌,公忠尽职”。

六年,江南总督马国柱讨六安山寇,巴山及大猷以师会,斩其渠张福寰,诸寨悉平。进三等阿思哈尼哈番。是岁裁总督粮储钱法,不复置。九年,将军金砺讨郑成功,请益师,部议调江宁驻防兵二百,鄂屯与理事官额赫纳、乌库理率以行,攻海澄。成功兵劫我军炮,鄂屯与额赫纳击却之。成功兵十余万逆战,鄂屯督兵纵击,成功兵退,断桥。鄂屯与乌库理策马迳渡,成功兵溃,破其垒数十,降数千人。寻召巴山还京,以喀喀木代。十一年,复录江宁平寇功,进世职二等。康熙十二年,卒。

子舒恕，袭世职。从大学士图海讨王辅臣，次平凉城北虎山墩，击败辅臣兵。复从都统穆占讨吴三桂，击败三桂兵于松滋，进围云南，屡败吴世番将胡国柄、刘坯龙、黄明等，又困其将马宝。巴养元等于乌木山，论功，进世职一等。卒，子长清，改袭一等阿达哈哈番。

张大猷，汉军镶黄旗人，初籍辽阳。太祖克辽阳大猷以千总自广宁来降，授牛录额真。天聪初，明边将遣谍招我新附之众，大猷发其事。太宗嘉之，予世职游击。崇德三年，授刑部理事官。寻擢汉军梅勒额真。四年，更定汉军旗制，授镶黄旗梅勒额真。五年，从睿亲王多尔衮围锦州，率本旗兵攻五里台及凉马山、马家湖，皆下，又克金塔口台。六年，从郑亲王济尔哈朗围锦州，明骑兵自松山至，谋夺炮，大猷击却之。复与固山额真刘之源等攻克塔山、杏山及附近诸台。论功，进二等甲喇章京。七年，迁兵部参政。十月，从贝勒阿巴泰伐明，筑桥浑河济师，击破明总督范阿衡军。八年，攻宁远，取中后所、前屯卫，进世职一等。

顺治元年，从固山额真叶臣徇山西，克太原，与固山额真李国翰抚定诸郡县。二年，师定江南，与固山额真吴守进下浙江，次石门，兵自杭州夜来袭，却之。还克嘉兴。三年命与巴山率兵镇守江宁，总管汉军及绿旗兵。旋授提督江南总兵官。论功，进世职三等梅勒章京。六年，同讨张福寰。总督马国柱奏大猷身先士卒、履险摧锋，功第一，进世职三等精奇尼哈番。九年，卒。三传，降袭三等阿思哈尼番。乾隆初，定封三等男。

喀喀木，萨哈尔察氏，满洲镶黄旗人，先世居乌喇部。父塘阿礼，当太祖时，率百人来归，授牛录额真。从伐辽东有功，予世职游击。从伐瓦尔喀，射熊，为所伤，卒。喀喀木嗣，领牛录。崇德三年，授吏部理事官。五年，从伐虎尔哈部，敌据栅拒战，喀喀木督兵破栅，斩级二百，俘一百三十。七年，从伐明，攻松山，本旗将领失律未察举，降世职牛录章京。八年，擢吏部参政。顺治元年，署梅勒额真。从入关，加半个前程。寻改侍郎。四年，复世职三等甲喇章京。郧阳总兵王光恩坐事逮系,其弟光泰叛据郧阳,提督孙定辽战死,势甚张。上命喀喀木率兵讨之,师将薄郧阳光泰遁走。喀喀木与副将王平率师逐捕,战房县,斩级千余。光泰走四川,喀喀木驻军郧阳。

五年,金声桓自江西窥湖广总督罗绣锦疏请留喀喀木驻荆州。六年,召还。七年,授镶黄旗梅勒额真,世职累进三等阿思哈尼哈番。八年。命与固山额真噶达浑等率兵讨蒙古鄂尔多斯部长多尔济。九年,师出宁夏,至贺兰山,击斩多尔济,并歼其部众,俘其余以归,得马驼数百、牛千余、羊万余。

寻命代巴山为镇守江宁总管。十年,明将李定国兵犯广东,潮州总兵郝尚久叛应之。授喀喀木靖南将军,率师会靖南王耿继茂讨尚久。围逾月,督兵以云梯登,尚久入井死,潮州及旁近州县皆定。还驻江宁。

十六年,郑成功大举入犯,破镇江,复陷瓜洲,溯江上。喀喀木与总督郎廷佐、提督管效忠谋御敌,檄总兵梁化凤赴援。会梅勒额真噶褚哈、玛尔赛自贵州旋师,遄江东道江宁,入城同守。喀喀木曰:“贼势盛,宜乘其未集先击之。”简精锐逆击。成功前军为少却,得舟二十余。俄,成功兵大至,连营八十有三,舟蔽江。喀喀木昼夜防守。化凤援兵至,乃议使绿旗兵先乙出战,化凤出仪凤门,效忠出钟阜门,夹击,破成掳白土山列阵,乃分兵左右仰攻,与化凤率精锐捣其中坚,获其将甘辉及裨佐数人,斩馘无算,成功兵溃。走出海。事闻,部议失镇江、州当议罪,上以。授其子喇扬阿一等达哈哈番,兼拖沙喇哈番。

梁化凤,字翀天,陕西长安县人。顺治三年,武进士。四年,授山西高山卫守备。五年,从英亲王阿济格讨叛将姜瓖,克阳和城,擒瓖将郭二用。擢大同掌印都司。时大同、左卫、浑源、太原、汾、泽群盗竞起应瓖。六年,化凤攻大同,破北窑沟,寇据山岭,悬柴以火燔之,获其渠李义、张豹。攻浑源,徇韩村、玉合堡、张家堡,破贾庄,获其渠王平。乃克浑源,又获其渠方三、唐虎诛之。攻左卫,降云冈、高山二堡，遂合围。化凤中三矢，战愈力，寇以城降。叙功超加都金事，以副将推用。进攻太原，寇出战，化凤左臂中枪，矢集于髀，益奋斗，执所置巡抚姜建勋，乃克太原。进解平阳围，攻汾州，败其渠沈海。攻孝义，寇渠张尔德来援，与战大破之，乃克汾州，获尔德。海复以兵至，再战击败之，走潞安。迭下曹家堡、记古塞、善信堡。介休、平遥、祁、徐沟诸县悉降。进攻太谷，克之，获其渠苏升，乃克潞安。海走九仙台。拔长子，进攻九仙台，山峻，骑不得上。以火攻之，寇不支，海出降。进定泽州。是岁凡二十二战皆捷。七年，复歼余寇于牛鼻寨，获其渠袁忠。山西悉定。

八年，借补江南芜永营参将。讨平石皿、鹭鸶二湖盗，获其渠杨万科。十二年，擢浙江宁波副将。明将张名振屯崇明平洋沙，总督马国柱檄化凤署松总兵。名振攻高桥，化凤驰赴战，迭击败之，遂复平洋沙。十三年，真除苏松总兵。化凤以平洋沙悬隔海中，戍守不及，沿海筑坝十余里使内属，并引水灌田，俾海滨斥卤化为膏腴。

会郑成功攻崇明，遣谍疑众。化凤擒斩之，督兵迎战，获其将侯丁秀、宫龙、陈义等。又遣诸将设伏，斩其将陈正，缚致曾进等十一人。成功引去，七月，复大举入寇，连舟蔽江，号百万，陷镇江，直犯江宁，南北中梗。化凤将所部兵三千人疾驰赴援，升高瞭敌，见成功军不整，樵苏四出，军士浮后湖而嬉，乃率五百骑夜出神策门，破白土山敌垒。明日，督兵出仪凤门，提督管效忠出钟阜门，夹击搏战，拔巨蠹，毁其木寨，简骁勇乘屋，发火器，矢石杂下，成功兵奔溃，逐至龙江关，获其将余自新等。成功收余众，连屯白土山，众数十万。又明日，复与总管喀喀木等出师神策门，直攻白土山，督将士仰击，寇迎拒，殊死战。甘辉者成功骁将也。化凤入陈生获之。成功兵夺气，遂奔不可止，逐北斩馘。迫江上，化凤先遣别将焚其舟，成功兵自蹂藉及入江死者无算。成功遁入海。化凤策成功当还攻崇明，先遣别将为备。成功出海攻崇明，化凤自江宁还援。成功度不能克，括民舟将渡白茅口，化凤与相直，绝流迅击，炮石荡海波，成功复大败，跳而免。叙功，授世职三等阿达哈哈番，赐金甲、貂裘。

十七年,擢苏松提督,加太子太保、左都督。化凤疏言:"苏、松滨海,地袤八百余里,标兵止二千余。请酌调省兵三千八百,立六营,资捍御。"下部议,从之。十八年,上复录化凤功,进世职三等阿思尼哈番。寻裁江安庐凤提督,以化凤为江南提督。时议者以台湾未复,用广东、福建例,苏松滨海立界,徙居民于内地。化凤曰:"沿海设兵,赋拟弃之地以养之。国既足兵,民无发业,迁界何为?"奏入,上从其言。康熙十年,卒,赠少保,谥敏壮。圣祖巡西安,遣官祭其墓。乾隆初,定封三等男。

瞱,其次子也。以荫授川陕西督标左营游击。吴三桂乱起,总督哈占令瞱率兵驻黑水峪,败王辅臣之兵于观音堂。调兴安城守游击。从征汉中,战屡捷,克达州,加都督佥事。三年迁至福建陆路提督。四十五年,擢福建浙江总督。上南巡,书"旗常世美"字赐之。初,金世荣为总督,谓出洋大船易藏盗,奏定渔船不得用双桅,商船悉令改造,梁头不得过丈有八尺。瞱力言无益海疆,徒累于商民,上命弛其禁。四十七年,疏言嘉、湖诸水皆泄入太湖,通津要道,发帑疏治。支河于浅,劝民开浚。上谕支河劝民开浚,虑有司藉此私派,当并发帑疏治。四十九年,以母丧去官。五十三年,卒。

刘芳名,字孝五,汉军正白旗人,初籍宁夏。仕明至柳沟总兵。顺治元年,降,命仍原官。二年,调宁夏,赐白金、蟒服。时陕西初定,多盗,悍卒复伺隙谋乱。芳名抚绥训练,冀树威望,销乱萌。总督孟乔芳疏奖其才。武大定叛固原,贺珍叛汉中,师进讨,芳名皆有功。三年,方赴巩昌剿寇,宁夏兵遽变,戕巡抚焦安民。芳名驰还察知裨将王元、马德首乱,遣德署花马池副将,分元势。侦元将出城就寇渠洪大诰,芳名设伏,俟元至,伏发,元力拒,诸将樊朝臣、姜九成等夹击之,元败奔,副将马宁等追击,获以归。芳名别遣将搜斩大诰,德闻元诛而惧。四年春,芳名偕河东道马之先出师惠安,德乘间纠党劫军资,遁入山,合寇渠贺宏器等自红古城出口,袭破安定。螺山寇王一林戕参将张纪以应之,横行宁固、平庆间,芳名督所部兵进次乱麻川，破贼。复进次预望城，再破贼，斩一林，德以四骑走，追及之河儿坪，缚而磔之，乱乃定。授三等阿达哈哈番，擢四川提督，定西将军。寻命以右都督留镇宁夏。五年，讨平香山寇李彩。

马德之诛，副将刘登楼预有功。登楼居榆林宁塞，多力而狡。六年，以延安叛应姜瓖，易衣服，自署"大明招抚总督"，戕靖边道夏时芳，腾书致芳名。芳名以见污，怒，封其书示巡抚李鉴，鉴以闻。登楼西犯花马池，下兴武诸营堡，逼宁州。时定边屯蒙古札穆素叛逃贺兰山，芳名遣兵击破登楼，登楼走定边屯，结札穆素寇宁夏西境，犯河东，陷铁柱、惠安、汉伯诸堡。将犯灵州，会固山额真李国翰师至，乃定策：鉴守宁夏，御札穆素，芳名引兵东渡河，趋榆林，与登楼战于官团庄，大破之。登楼退据汉伯，师从之，绝其水道，遂合围。芳名督兵逼垒东南，当矢石冲。诸将进曰："当移数武避贼锋。"芳名历色叱之曰："死则死耳，何惧为？且士卒伤痍，而我避锋敌可乎？"士卒益奋，攻十二日，克之，斩登楼，余众悉降。

乱定，进世职二等。疏言："宁夏孤悬河外，延袤千里。镇兵屡征发，兵单力薄。请自后征发缺额，即令招捕备守御。"又请以减等罪人金发沿边，资生聚。皆下部议行。

十六年，调随征江南右路总兵，加左都督，率宁夏三营驻江宁。郑成功攻崇明，芳名与提督梁化凤共击败之。十七年，疏言："臣奉命剿贼，不意水土未服，受病难瘳。所携宁夏军士，训练有年，心膂相寄。今至南方，半为痢疟伤损。及臣未填沟壑，敢乞定限更调。"上报以优旨。旋卒于军，加太子太保，谥忠肃。命所部将士还宁夏本镇。

胡有升，锦州人。崇德元年，睿亲王多尔衮、豫亲王多铎率师攻锦州，有道人崔应时者，与州民张绍祯、门世文、世科、秦永福等谋以城降，使有升持书诣师，期内应。豫亲王与书赍还。明将诇知之，执应时等下狱。有升与绍祯、世文、世科、永福脱走来归，各赐冠服、鞍马、妻室、奴仆。授世职，有升得三等梅勒章京，隶汉军镶黄旗。屡从征伐。进二等。

顺治四年,授南赣总兵。五年,金声桓、王得仁以南昌叛,犯赣州。副将高进库出战而败,巡抚刘武元与巡道张凤仪分守城东西,有升率健卒循城策应。得仁兵穴城,将置火具仰攻,有升以石窒其窦。围三月,粮匮,有升出战,得仁败走。声桓闻征南大将军谭泰师至,引退,有升督兵追击,多所斩馘。未几,李成栋复来攻,有升乘成栋兵方凿壕,出战大破之。语互见《武元传》。初,柯永盛自南赣总兵迁湖广总督,请以镇兵二千自随。有升疏言:"赣地江湖关键,声桓乱未平,镇兵习水土,便征剿,宜遣还镇。"上从之。六年,声桓诛,成栋走死。谭泰师还,土寇犹未靖,上犹刘飞、龙南叶芝、石城邹华、零都彭顺庆、瑞金陈其纶,皆负固为乱,有升与武元分遣诸将次第讨平之。叙功,加左都督,赐紫貂冠服、甲胄、佩刀、鞍马,进世职三等精奇尼哈番。

十年,以尚可喜、耿继茂疏论有升功,复加太子少保。十七年,以老解官。康熙三年,武元子沆疏请加叙守赣州功,有升亦以请,进一等。九年,卒,子启泰袭,改隶正白旗。再传,降袭一等阿思哈尼哈番。乾隆初,定封一等男。

杨名高,汉军镶黄旗人,初籍辽东。太宗时,率其族百余人来归,授牛录额真。兼任兵部理事官。崇德间,屡从征伐,克塔山、杏山,击败明总督范志完,取前屯卫、中后所,皆在行。顺治元年,授世职牛录章京。二年迁甲喇额真。三年,擢都察院参政。

六年,授福建漳州提督。明新建王由模据大田,勾延平高峰诸土寇为乱。七年,名高率师破石矶巅,由模走永安,副将王爱臣追获之。高峰寨渠陈光等招德化土寇郑文荐来援,名高令副将韩尚亮等率师截击,围寨。光夺围走,名高督兵奋击,寇多堕壕死。师进次大田。寇溃走,败之龙门桥,擒其将郭奇、廖明正诸寨悉降。

寻又率师徇邵武,寇走入江西新城,名高分兵三道进。与总兵王之纲殿,逐寇三十余里,擒其将洪国玉、李安民、王恒美等,得牛马、枪炮无算。叙功,进世职二等阿达哈哈番。九年,郑成功自厦门陷长春、漳浦、海澄、南靖诸县,以二十余万人寇漳州,屯凤巢山。名高督兵击破之,成功退屯海澄,所陷诸县皆复。寻复出,陷漳州及所属诸县。给事中魏裔介劾名高怠玩,下总督佟岱按治,坐夺官。寻卒。

刘光弼,汉军镶蓝旗人,初籍辽阳,冒曹氏。天聪五年,命守耀州。率兵从太宗伐明,围大凌河,克城旁三台。城兵出战,光弼先众驰击,我兵有陷阵者,力援之出。明监军道张春、总兵吴襄等自锦州赴援,光弼驰入阵,斩其裨将。崇德五年,授甲喇额真。从攻锦州,与墨尔根辖李国翰同克吕洪山诸台。屡击败松山、杏山马步兵。明兵屯山口阻我师,与国翰督兵奋战,明兵引去。锦州既下,发炮攻克塔山、杏山两城,及附近台堡。叙功,予世职牛录章京。七年擢镶蓝旗汉军梅勒额真。八年,偕固山额真刘之源诣锦州督铸炮。寻从郑亲王济尔哈朗攻宁远,取前屯卫、中后所。

顺治元年,从入关,击李自成。旋从固山额真叶臣徇山西,克太原。三年,从端重亲王博洛下浙江,拔金华,进定福建。五年,授礼部侍郎。从大将军谭泰讨金声桓,克南昌,谭泰疏请以光弼署江西提督。六年,平广昌土寇,旋命真除。土寇张自盛、洪国玉等据湖东为乱。光弼督参将陈升等讨平之。其党董明魁、郭承民等皆降。遇恩诏,世职累进一等阿达哈哈番。十三年,赐鞍马、弓矢。十六年,以老病致仕。康熙十二年,卒。

刘仲锦,汉军正蓝旗人。初籍辽阳东宁卫。崇德五年,以牛录额真从睿亲王多尔衮等伐明,围锦州,骑兵千余出迎战。仲锦击破之,追薄城下始还。复击败松山、杏山、吕洪山口敌兵。七年,从郑亲王济尔哈朗等攻塔山,发炮击城圮,仲锦率所部兵先登,克之。进攻杏山,复发炮击城,毁其垣,城人遂降。叙功,予世职半个前程。八年,从巴牙喇纛章京阿尔津、哈宁阿等伐黑龙江虎尔哈部,克博和哩、诺尔噶勒、都里三屯,降大小噶勒达苏、绰库禅、能吉勒四屯。赐貂皮、白金。复从攻宁远,取中后所、前屯卫。进世职甲喇章京。

顺治元年,从入关,授户部理事官,兼甲喇额真。从固山额真叶臣等徇山西,克太原。又从英亲王阿济格西讨李自成,自陕西下湖广,败其将马进忠,得舟十一。五年,擢兵部侍郎。六年,从睿亲王讨姜瓖,攻浑源、左卫,进攻汾州,皆发红衣炮克之。七年,授山东临清总兵。加都督同知。世职累进一等阿达哈哈番,加拖沙喇哈番。十年,改福建右路总总兵,加左都督,驻泉州。十一年,以疾解任。旋卒。

论曰:满洲兵初入关,分驻都会,其后乃久屯。置总管。沙尔虎达招徕新满洲,刘之源、巴山、喀喀木镇抚江南,喀喀木合群力摧大敌,厥功尤著,汉兵入关后来附者,不复入乌真超哈。循旧制分设提镇。化凤援江宁,与喀喀木同功。芳名偕马之先守宁夏,有升佐刘武元守赣州,皆有殊绩。名高等以卿贰出专阃,亦能称其职者。若富喀禅镇西安,乌库理守盛京,皆见于他篇,故不复著。

清史稿卷二四四

列传第三一

赵开心　　杨义　　林起龙

朱克简 成性　　王命岳　　李森先

李呈祥 魏琯　　李祯　　季开生 弟振宜

张煊

　　赵开心,字灵伯,湖南长沙人。明崇祯进士,官至兵部员外郎。顺治元年,授陕西道监察御史。是岁有自称故明皇太子者,令故明贵妃袁氏及故东宫官属内监等视之,皆言不相识。开心及给事中朱徽疏请详审,下法司,自承为京师民杨玉。以开心疏言:"太子若存,明朝之幸。"论死,上命免之。二年,疏言:"刑部治庶狱,数日即结正。惟自别衙门发送者,恒不时谳决,久置狱中。请令所司五日一稽核,当鞫当释,勿使留滞。并请通饬诸行省抚按遵行。"从之。

　　寻命巡视南城。满洲兵初入关,畏痘,有染辄死。京师民有痘者,令移居出城,杜传染。有司行之急,婴稚辄弃掷。开心疏请四郊各定一村,移居者与屋宇聚处。旋又疏言:"立政之始,一事之得失,关天下万世之利害。疏奏不能尽陈,封章不敢频渎。乞时赐召对,霁颜听受。庶用人施政,悉奉宸断。"睿亲王摄政,入朝,朝臣皆跪迎,开心疏请敕礼部详定仪注。江、浙、湖广诸行省初定,开心疏请急置抚按,以时绥抚。并得旨俞允。擢左金都御史。三年,坐事,罢。

八年,召起原官。旋超擢左都御史。开心子而抃,为唐王时举人。九年,开心疏乞许而抃会试。礼部议不许,开心坐夺职,永不叙用。十年,谕曰:"开心有直名,畀风宪重任。不言国家大事,乃庇子渎奏,辜朕望实深。朕念开心大臣,一事差谬,遂永弃不用,心终未愜然。召还京。"开心至,疏论湖广巡抚迟日益、偏沅巡抚金廷献、郧襄巡抚赵兆麟所属寇盗充斥,剿抚无能。得旨,下部察议。又言:"江南诸行省,每因捕治叛逆,株连无辜。如常镇绅士王期升、路迈、蒋拱辰等,久锢狱中,虚实未辨。就一方一事,可推之他省。"上命确察以闻。时方考察京官,甄别翰林,开心疏论大学士冯铨、陈名夏等,各植门户,开朋党之渐。上命开心据实覆奏,未能实指其人,得旨申饬。旋授原官。

十一年,疏陈时政,请御经筵,亲奏对,遴贤才,原过误,许流徙自赎,重法司职掌。上以疏中有"屏斥畋游"语,谕曰:"讲武习兵,乃祖宗立国大法,何谓畋游?开心常谈浅见,沽名塞,责殊负委任。"寻以名夏获罪,责言官不先事举发,降补太仆寺卿。

十二年,迁户部侍郎。疏言:"畿甸流民载道,有司恐误留逃人,听其转徙。请暂宽隐匿逃人之罪,以免株连,俾流民得邀抚辑。"谕曰:"逃人之多,因有隐匿者,故立法不得不严,何谓株连?"因责开心沽誉,降补太仆寺寺丞。寻擢少卿,协理兵部督捕事。十三年,上以逃人多不获,所司督责不严,复降补鸿胪寺少卿。十六年,迁太仆寺少卿。康熙元年,擢总督仓场户部侍郎,加工部尚书衔。卒官。

杨义,山西洪洞人。明崇祯进士,官山东聊城知县。顺治元年,授河南汝阳知县。五年,行取,擢江西道御史巡,视两浙盐政。义疏请定行监擎验之法,遴选清廉有司照引盘验,御史亲临监擎。八年,睿亲王得罪,义劾工部侍郎李迎晙前官营缮郎中,监造王府,僭拟禁廷,不数年间,躐升华阢,请敕部治罪。以迎晙事在敕前,寝其议。复巡视长芦盐政,劾运使赵秉枢贪酷舞法,削籍逮治。

九年,督学江南。寻掌京畿道事。十一年,大学士陈名夏得罪,义因劾请告侍郎孙承泽党附名夏。下部,令承泽休致。吏部尚书刘正宗荐降调员外郎董国祥,拟授文选司郎中,义面诘正宗专擅,即具疏劾之。正宗得旨察议,国祥卒以赃败,谪徙尚阳堡。

十二年,条陈时政,言:"大学士吕宫久疾旷职,宜令归田,养大臣廉耻。""巡按既停阅城、审录诸事。督抚按期巡行,宜令简随从,慎关防,毋以扰民。""兵民匮乏,请令各州县廪生捐银准贡,以给满洲兵备鞍马器用,余赈被灾贫民。""谕旨严费等项,几半正粮。祈敕禁革。"会宫已得旨致仕,饬下所司议行。时议复设巡按,义奏请甄举才守兼优考试,请简不拘资俸。是岁四迁至刑部侍郎。十四年,调工部。十七年,调仓场侍郎,擢工部尚书。康熙元年,致仕。卒。

林起龙,顺天大兴人。顺治三年进士,授吏科给事中。疏请严禁白莲、大成、混元、无为等邪教。又疏请重守令,课以十五事,曰:"招流亡,垦荒莱,巡阡陌,劝树艺,稽户口,均赋税,轻徭役,除盗贼,抑豪强,惩衙蠹,赈灾患,济孤寡,浚沟池,治桥梁,兴学校。考其殿最,而大吏以时访察。"俱如所奏行。四年,劾山东巡抚丁文盛不能弭盗,并荐大理寺卿王永吉可代。部议以起龙有私,降二级外用。又坐劾登州道杨云鹤婪赃不实,夺官。

世祖亲政,召来京。十年,复原官。时军旅未靖,急转饷,不遑言积贮。起龙请救计臣筹画,先实京仓,次及近辅各直省,务使仓有储谷,备水旱,应调发。又言:"满洲兵昔在盛京,无饷而富。今在京师,有饷而贫。时地既迥异,法制宜更定。凡驻守征行,所需马匹、草束、军装、戎器,悉动官帑筹备,毋使拮据。"疏入,谕曰:"满洲兵建功最多,资生无策,十年来未有言及此者。起龙实心为国,忠诚可嘉。"下部议,以五品京堂用,起龙疏辞。

十一年,转刑科,加大理寺丞衔。疏言:"州县吏媚事上官,耗费不赀,请禁革。并请遣廉能大臣巡行各直省,体察利弊。"既,疏劾总河杨方兴及工部尚书刘昌,召方兴、昌相质,所劾皆不实。部议当杖流,上特宥之,左授光禄寺署正。十二年,迁大理寺寺丞。十三年,一岁中三迁,擢工部侍郎。十五年,改户部侍郎,总督仓场。

十六年,加太子少保,疏请更定绿旗兵制,略言:"有制之师,兵虽少,一以当十,饷愈省,兵愈强而国富。无制之师,兵虽多,万不敌千,饷愈费,兵愈弱而国贫。今绿营兵几六十万,而地方有事,即请满洲大兵,虽多仍不足用。推原其故,总绿将官赴任,召募家丁,随营开粮,军牢、伴当、吹手、轿夫,皆充兵数。甚有地方铺户子侄,充兵免徭。其月饷则归之本管,马兵克扣草料,驿递缺马,亦供营兵应付。是以马皆骨立,鞭策不前。又如弓箭、刀枪、盔甲、火器,俱钝弊朽坏,帐房、窝铺、雨衣、弓箭罩,则竟阙不具。春秋两操,不复举行。将不知分合奇正之势,兵不知坐作进退之法。徒空国帑,竭民膏,虽众何益?推其病有二,一则营兵原以戡乱,今乃责之捕盗。一则出饷养兵,原以备战守之用,今则加以克扣,兵丁所得,仅能存活,又不按月支发,贫乏何以自支?今诚抽练绿旗精兵二十万,养以四十万之饷,饷厚兵精,地方有警,战守有人。不过十年,可使库藏充溢。"下所司议行。十七年,加太子太保,兵部尚书,巡抚凤阳。时议惩官吏犯赃,视轻重科罪,不许纳赎。起龙疏请如旧例收赎充饷,下廷议,请从之。上曰:"立法止贪,今因济饷而贷法,如民生何?"绌起龙议不行。

圣祖即位,授起龙漕运总督,迭疏请免滨海移民田地赋额,浚淮城迤南运河,直达射阳湖,修筑济宁、临清诸处堤闸,并请禁运丁母病民,运弁母病丁,条议以上,皆从其请。又疏请禁运丁多携货物,稽滞漕运,定分地稽察例。六年,粮艘至济宁,运丁有多携货物者。事觉,总河卢崇峻疏陈起龙言江南漕储道既裁,总漕不任稽察,御史张志尹纠起龙不引罪。上以诘起龙,起龙谢失职,镌三级休致,卒。

嘉庆四年,仁宗亲政,阅《世祖实录》,得起龙更定绿营兵制疏,谕诸行省督抚整饬营伍,并以所言抽练精兵,是否可仿行,饬妥议具奏。诸行省督抚惮改作,议格不行。

朱克简,字敬可,江南宝应人。顺治四年进士,授内阁中书。五年,考授御史。八年,典广东乡试。十二年,巡按福建。福建八府一州,其五滨海。郑成功时入寇,民苦焚掠。克简至,申明军政,绸缪防御,请增兵防仙霞关。时兵部尚书王永吉疏请减兵额,汰营兵老弱,下诸行省。克简疏言:“福建内防山贼,外御海寇,省兵三万四千,不可复减。”上如其议。又疏论防海,略言:“用水师不难得其力,难得其心。漳、泉为郑成功故土,沿海多戚属,宜以连保法察其踪迹,考其身家,不使入伍。降者令归耕,或移置他军,使离旧巢,乃坚归志。水师战海中,破浪擒贼,当受上赏,宜著为令。水师用在舟,木、竹、钉铁、油、麻、棕叶,皆海之所无,一物不具,不可以为舟。宜设专官讥察,毋以资敌。”“宁化、崇安滨海要地,今俱为贼踞,当按形势增兵固守。”又立六规二十四约,与提督马成功、总兵王之纲等深相结纳,诸将咸奉令。

巡汀州,闻成功兵攻福州,即率汀州镇兵还援。成功兵引退。克简入城,曰:“寇知我援寡,且复来。”令完城垣,简卒伍为备。数日,成功兵复至。初,官军得成功兵辄诛之。克简令发不过五寸者贷死,编为民,得万余人,皆恩克简。至是助守城,发炮击寇,寇溃,遂出战,解围去。至漳州布政使详请征逋赋,克简力阻之,疏请蠲征,上从之。至福清,以闽安地当冲,设兵守之,连江、罗源、福清、长乐诸县要隘皆置泛。至兴化,见道有流民,与知府张彦珩议赈,活者万数千人。至泉州,令崇武、獭户、大盈诸隘皆置泛。至延平,知其地舟人多通寇,令循江诸州县设《循环簿》讥察。汀州、延平、建安三郡多伏戎,克简遣兵破其巢穴,离其党羽,次第皆就抚。迭疏请汰冗员,蠲盐课,恤驿困,皆报可。秩满,乞归。康熙三十二年,卒。

子约,以副贡生充教习,历知福安、南丰、费诸县,擢晋州,所至皆有惠政。

成性,字我存,江南和州人。顺治六年进士,授中书科中书。十四年,考授御史,巡按福建。疏言:“福建山海征剿,师旅繁兴,民穷地荒,条上四策:一曰严泛守。滨海地寥廓,不能遍防。臣愚以为宜设水师,求熟练舟楫、谙识水性之将吏,广选舵工水手,缭碇招斗,惟其能者,廪饷不为常格。以舟为家,铳械用其长技,操演习熟,庶几水师可成。泉州近贼巢,水师宜移石湖。崇武、石芝驻陆军为声援。惠安北有峰尾司,宜驻兵,为惠州藩篱。同安邻厦门,当于高浦设屯,刘五店置警炮,时出游骑巡视要隘。此又惠州之唇齿也。一曰分界址。有司禁遏接济,商阻物贵,民生穷蹙。臣愚以为先定禁例,若竹木、镴铁、硝磺、油、麻,毋许通贸。小民日用所需,宜听转运。惟滨海大道或捷径可通者,严立疆界。更定勾稽文法,以时比验。自泉州西出延平上游,去海甚远,百货交易,宜听民便。一曰辑降众。山海啸聚之徒,渐次来降。入伍者多,归耕者少。间有悍气未驯,凌轹乡里。居民亦负气不相下,讦讼不受理,则自相格斗。臣愚以为宜令解散宿怨,禁止罗织。新附之众,合者渐分,聚者渐散,近者渐远,庶可消弭反侧。一曰清营伍。府县编氓,既有保甲,诸营什伍,犹未整齐。臣愚以为当责成兵吏,自为版籍。略仿保甲之制,同居连坐。则军伍肃,盗源遏矣。"事下兵部议行。

既,又上疏言:"下游四府滨海,海徼无险阻可守,且又兵力所不及。宜令居民筑土堡,自备长枪鸟铳,习为团练。贼至,人自为守,家自为战,驰报附近将领,以兵赴援。久之使贼粮绝势穷,未有不瓦解者也。"又疏论盐场利弊,请裁上里、海口、牛田诸场,以福清知县领其事。十六年,报绩,授兵部主事。移疾归。

康熙七年,始出就官。十一年,授工科给事中。时议招募游民,开垦荒田。性疏言:"民贫不能耕,乃有荒田。游民既失业,安能开垦?请敕督抚令县官劝民开垦,无力者上布政司给牛种资钱。以本县之民,垦本县之田,官既易于稽察,朝廷本赍亦易于征收。"又迭疏请奖进廉吏,为国家培元气,密谕推举督学,以重人才根本之地。又疏陈民生十害,谓:"州县胥役挟持长吏,为衙蠹之害;官吏私交旧识,关说曲直,为抽丰之害;乡民钱粮讼狱,必投在城所主之户,听其侵蚀唆使,为歇家之害;大奸巨猾武断乡曲,为奸豪之害;督抚及司道胥吏干托有司,为上官胥吏之害;丞簿佐贰滥受讼牒,为佐贰之害；奸民诪张上控，株连蔓衍，为越诉之害；颜料本色，缘时价低昂，不载由单，任意苛敛，为杂派之害；百姓十室九空，无藉乘急取利，逐月合券，俗谓'印子钱'，利至十之七八，折没妻孥，为放债之害；邮传往来，强捉人夫，挽舟负舆，为纤夫之害。请下所在有司，每季书状，不蹈十害，申大吏按验。"又请饬督抚严饬所司，复社学，讲乡约，举节孝，立义冢，不力行者，不得与卓异。旋擢掌科。十五年，以疾乞归，家居三年。卒。

国初循明旧，御史出为巡按。七月罢，旋复设。八年，世祖亲政，特敕诚谕，并命都察院察访举劾。御太和殿，召新命诸巡按入见，赐坐宣谕。十七年，都察院复请罢，王大臣会议，安亲王及侍郎石申等议留，别疏上。又以御史陆光旭疏争，令再议，仍议罢不复设。巡按能举其职者，又有宁承勋按河南，请塞黄河决口。秦世桢按江苏，劾罢巡抚土国宝，最知名。承勋，大兴人，明天启举人，自礼部主事考选御史，官至大理寺右寺正。世桢自有传。

王命岳，字伯咨，福建晋江人。顺治十二年进士，改庶吉士。时云南、贵州未定，策问及之。命岳言："李定国贰于孙可望，当缓定国，行间使与可望相疑忌。我兵以守为战，以屯为守，视隙而动。"上异之，擢工科给事中。上《经国远图疏》，略言："今国家所最急者，财也。岁入千八百四十一万有奇，岁出二千二百六十一万有奇。出浮于入者，四百四十七万。国用所以不足，皆由养兵。各省镇满、汉官兵俸米、草豆，都计千八百三十八万有奇，师行刍秣有又百四十万，其在京王公百官俸薪、披甲俸饷不过二百万。是则岁费二千二百万，十分在养兵，一分在杂用也。臣愚以为今日不宜再议剥削以给兵饷，而当议就兵生饷之道。河南、山东、湖广、陕西、江南北、浙东西、江西、闽、广诸行省，迭经兵火水旱，田多荒废。宜令各省驻防官兵分地耕种，稍仿明洪武中屯田之法，初年有司给与牛种、耕具、饩粮，自次年后，兵皆自食其力，便可不费朝廷金钱，此其为利甚薄。古者郡县之兵，什伍相配，千百成旅，将帅因而辖之。乃者将帅多以仆从、厨役、优伶为兵，其实能操戈杀贼者十不得二三，故食粮有兵，充伍无兵。官去兵随，难议屯种。今当先定兵额，官有升降，兵无去来。平定各省及去贼二三百里外者，皆给地课耕。因人之力与地之宜，一岁便可生财至千余万。群情不为深虑，不过议节省某项，清察某项。譬如盘水，何益旱田？臣见今日因贼而设兵，因兵而措饷，因饷而病民。民复为贼，展转相因，深可隐忧。要在力破因循，断无不可核之兵，断无不可耕之田，断无不可生之财。"疏下各直省督抚，议格不行。

世祖恶贪吏，令犯赃十两以上籍没。命岳疏言："立法愈严，而纠贪不止，病在举劾不当。请敕吏部，督抚按举劾疏至，当参酌公论，果有贤者见毁，不肖者蒙誉，据实覆驳。如部臣耳目有限，科道臣皆得执奏。又按臣原有都察院考核甄别，督抚本重臣，言官恐外转为属吏，参劾绝少。请特敕责成，简别精实。每岁终仍命吏部、都察院考核督抚举劾当否，详具以闻。庶激励大法以倡率小廉。"转户科。再上疏论漕弊，大要谓："百姓为运官所苦，运官又自有其苦，不得不苦百姓。请革通仓需索，禁旗丁混抢，仓场督臣亲监河兑。"福建方用兵，时又苦旱。命岳疏陈六事，曰："缓征、买、粜劝赈、督催协饷、严治奸盗、安置投诚。"

十五年，调兵科。师下湖广，命岳复申屯田之议，请复明军卫屯田之制，设指挥、千百户等官，以劳久功多之臣膺其任，子孙世及。无漕之地，专固封疆；有漕之地，即使领运。新附之将，有功亦得拜官。量易其地，勿在本省。寻疏言："各省除荒之数，岁缩银五百五十万有奇。荒地以河南、山东为最多。请选清正御史，督察二省田地，率诸州县清丈，编造鱼鳞图册。他省除荒多者，如例均丈。"得旨举行。命岳又上清丈事宜十余条。

明桂王既出边，云南犹未平。命岳疏言："云南岁饷九百万，而一省正杂赋税都计十六万有奇，是以九百万营十六万之地也。云南原有旧屯万一千一百七十一顷有奇，科粮三十八万九千九百九十二石有奇。请敕巡抚袁懋功责成原军，换帖领种。暂发二十万金，买牛办种,借给军民。经年销算,必无亏损,又可收复科粮旧额。且官收额内,军余额外,每粟一石,价可三金,视今年每石十二金,已省饷费四分之三。庶几兵食兼足,不至竭天下之物力以奉一隅。”上可其奏,命发十万金买牛办种,修复旧屯。

命岳乞假归葬,还朝,疏言:“贼习于海战,我师皆北人,不谙水性。惟有堵截隘港,禁绝接济,严号令,轻徭赋,与民休息,使民不为贼,贼不得资。久之必有系丑献阙下者。”吏部以浙江右布政员尽忠迁广东左布政,命已下,命岳劾其贪秽,尽忠坐罢。康熙初,使广东还,迁刑科都给事中。时陈豹据南澳,尚为明守,命岳疏请招豹收南澳。寻以议狱未当,夺官。六年,畿辅旱,诏求直言。命岳家居,以天子方冲龄,宜览古今,广法戒,撰《千秋宝鉴》,书垂成,未进,卒。

李森先,字琳枝,山东掖县人。明崇祯进士。顺治二年,自国子监博士考选江西道监察御史。启睿亲王发大学士冯铨贪秽及其子源淮诸不法状,御史吴达、给事中许作梅、庄宪祖、杜立德、御史王守履、罗国士、邓孕槐、桑芸等先后论劾。睿亲王于重华殿集大学士、刑部、科道诸臣,召铨等面质,以为无实迹,语详《铨传》,责森先启请肆市语过当,夺官。世祖既亲政,铨罢去。九年十一月,大学士范文程以劾铨诸疏进,上阅之竟,曰:“诸臣劾铨诚当,何为以此罢?”文程曰:“诸臣劾大臣,无非为君国,上当思所以爱惜之。且使大臣而能钳制言官,非细故也。”越数日,上谕吏部,诸臣以劾铨罢者皆起用,森先补原官。

十三年,巡按江南,劾罢贪吏淮安推官李子燮、苏州推官杨昌龄,论如律。巡苏州,杖杀不法僧三遮、优王紫稼并为优张榜少年沈浚,一时震悚。淮安吏张屯臣坐侵蚀漕折银一百二十两有奇,例当追比,森先为疏请缓之。上责森先徇纵,夺官,逮至京讯鞫,事白,复原官。

十五年,应诏陈言,略曰:“上孜孜图治,求言诏屡下,而诸臣迟回观望者,皆以从前言事诸臣,一经惩创,则流徙永锢,相率以言为

戒耳。臣以为欲开言路,宜先宽言官之罚。如流徙谏臣李呈祥、季
开生、魏琯、李茵、郝浴、张鸣骏等,皆与恩诏因公讳误例相应。倘蒙
俯赐轸恤,使天下昭然知上宽宥直臣,在远不遗。凡有言责者,有不
洗心竭虑而兴起者乎?"上责其市恩徇情,夺官,下刑部议,流徙尚
阳堡。上仍宽之,复原官。寻命宗荒河南,用左都御史魏裔介言,给
敕印,未讫事而卒。

十七年,上命吏部开列建言得罪诸臣,其流徙者,举呈祥、琯、
茵、开生、及彭长庚、许尔安,凡六人。上命释呈祥、许琯、开生归葬。
余虽系建言,情罪不同,无可宽免。茵、开生自有传。长庚、尔安事
见《睿亲王传》。

呈祥,字吉津,山东霑化人。明崇祯进士,选庶吉士。顺治初,
授编修,累迁少詹事。十年二月,条陈部院衙门应裁去满官,专用汉
人。上谕大学士洪承畴等曰:"呈祥此奏甚不当。昔满臣赞理庶政,
弼成大业。彼时岂曾咨尔汉臣?朕满、汉一体眷遇,奈何反生异意
耶?"副都御史宜巴汉等因劾呈祥,夺官,下刑部,坐呈祥巧言乱政,
论斩。上命免死,流徙盛京。居八年,至是命释还,诣京师疏谢,遂
还里。康熙二十七年,卒。

琯,字昭华,山东寿光人。明崇祯进士,官御史。顺治二年,以
荐起原官,巡按甘肃。请开马市以柔远人,下部议行。凉州兵劫参
议道廨,捕得倡乱者二十余人。琯疏言西陲兵骄悍,由明季专事姑
息,养奸滋乱,宜用重典。上命悉诛之,并诏后有犯者首,从骈斩,著
为令。

四年,授江宁学政。七年,还京,掌河南道。八年,漕运总督吴
惟华请输银万,又括诸项羡余,得九万三千,请以助饷。琯疏言淮、
扬连年水旱,惟华输饷皆分派属吏,仍取自民间,乞赐察究。会巡漕
御史张中元发惟华贪黩状,逮治夺官。琯又劾郧阳抚治赵兆麟,甄
别文武属吏,荐举多至数十,纠劾仅一二微员。上为责兆麟,并诫诸
督抚不得劾微员塞责。九年,授顺天府府丞。

十二年,迁大理寺卿。八旗逃人初属兵部督捕,部议改归大理

寺。瑄疏言其不便，乃设兵部督捕侍郎专董其事。又言："逃人日多，以投充者众。本主私纵成习，听其他往，日久不还，概讼为逃人。逃人至再，罪止鞭百，而窝逃犹论斩，籍人口、财产给本主。与叛逆无异，非法之平。"下九卿议，改为流，免籍没。又言窝逃痎毙，妻子应免流徙，时遇热审，亦应一体减等。上责其市恩，下王大臣议瑄巧宽逃禁，当坐绞。上宽之，降授通政司参议。德州诸生吕煌窝逃事发，州官当坐罪，瑄持异议。王大臣劾瑄，因追议瑄前请热审减等为煌地，坐夺官，流徙辽阳，卒于戍所。上既许归葬，并宥其孥还故里。

诸与森先同时劾冯铨者：吴达，江南人。自刑部员外郎授御史。顺治二年七月，疏言："今日用人，皆取材于明季。抗直忤时，山林放弃，此明季所黜而今日当用者也。逆党权翼，贪墨败类，此明季所黜而今日不可不黜者也。持禄养交，倒行逆施，此明季未黜而今日不可不黜者也。定鼎初年，藉招徕为名，犹可兼收邪正。江南既定，人材毕集，若复泾渭不分，则君子气沮，宵小竞进。即如阮大铖、袁宏勋、徐复阳辈，联袂而至，岂可概加录用乎？至广开言路，尤为创业急务。乃动责回奏，是沮敢谏之气而塞后进之路也。即如赵开心论事爽剀，用其人矣，而所规切时政，果一一用之否耶？"得旨："朝廷用人，非曰诱之，若先既录用，后无罪而黜，是有疑心矣。屡饬回奏，欲求其实，非沮言路也。"疏寝不用。旋命巡按山东、湖南，官至太仆寺少卿。

桑芸，山西榆次人，自行人授御史，巡按顺天，累迁光禄寺卿。出为河南汝南道参政，督民垦荒土，除杂派，捕治巨猾毙杖下。累迁广东左布政。道卒。

又有许作梅，河南新乡人，亦以劾铨罢，复起官至太仆寺少卿。王守履，山西宁乡人，自工部郎中授御史，巡按湖北。罗国士，山东德州人，自礼部主事授御史，巡按顺天。庄宪祖，直隶东光人，以明进士起户科给事中。顺治三年新进士，除科道。宪祖与吏科都给事中向玉轩疏争，下刑部，并坐夺官。玉轩，四川通江人。邓孕槐，失其籍，自顺天府推官授御史，巡按江南。

李裀，字龙衮，山东高密人。顺治六年，以举人考授内院中书舍人。擢礼科给事中，转兵科。劾吏部郎中宋学洙典试河南，宿妓纳馈，鞫实，夺官。

八旗以俘获为奴仆，主遇之虐，辄亡去。汉民有愿隶八旗为奴仆者，谓之"投充"，主遇之虐，亦亡去。逃人法自此起。十一年，王大臣议，匿逃人者给其主为奴，两邻流徙，捕得在途复逃，解子亦流徙。上以其过严，命再议，仍如王大臣原议上。十二年，裀上疏极论其弊曰："皇上为中国主，其视天下皆为一家。必别为之名曰'东人'，又曰'旧人'，已歧而二之矣。谓满洲役使军伍，犹兵与民，不得不分。州县追摄逃亡，犹清勾逃兵，不得不严核，是已。然立法过重，株连太多，使海内无贫富良贱，皆惴惴莫必旦夕之命。人情汹惧，有伤元气，可为痛心者一也。法立而犯者众，当思其何利于隐匿而愍不畏死。此必有居东人为奇货，挟以为囮。殷实破家，奴婢为祸，名义荡尽，可为痛心者二也。犯法不贷，牵引不原，即大逆不道，无以加此。破一家即耗一家之贡赋，杀一人即伤一人之培养。十年生聚，十年教训，今乃用逃人法戕贼之乎？可为痛心者三也。人情不甚相远，使其居身得所，何苦相率而逃，况至三万之多？其非尽怀乡土、念亲戚明矣。不思恩义维系，但欲穷其所往，法愈峻，逃愈多，可为痛心者四也。自逮捕起解，至提赴质审，道路驿骚，鸡犬不宁。无论其中冤陷实繁，而瓜蔓相寻，市嚣银铛殆尽。日复一日，生齿雕残，谁复为皇上赤子？可为痛心者五也。又不特犯者为然，饥民流离，以讥察东人故，吏闭关，民扃户，无所投止。嗟此穷黎，朝廷方蠲租煮粥，衣而食之，奈何因逃人法迫而使毙？可为痛心者六也。妇女踯躅于郊原，老稚僵仆于沟壑。强有力者，犯霜露，冒雨雪，东西迫逐。势必铤而走险，今寇孽未靖，招抚不遑，本我赤子，乃驱之作贼乎？可为痛心者七也。臣谓与其严于既逃之后，何如严于未逃之先？今逃人三次始行正法，其初犯再犯，不过鞭责。请敕今后逃人初犯即论死，皇上好生如天，不忍杀之，当仿窃盗刺字之例，初逃再逃，皆于面臂刺字。则逃人敢逃,即逃人自不敢留矣。"疏入,留中。后十余日,下王大臣会议,金谓所奏虽于律无罪,然"七可痛",情由可恶,当论死。上弗许,改议杖,徙宁古塔。上命免杖,安置尚阳堡。逾年,卒。

上深知逃人法过苛重,绌王大臣议罪禊。十三年六月,谕曰:"朕念满洲官民人等,攻战勤劳,佐成大业。其家役使之人,皆获自艰辛,加之抚养。乃十余年间,背逃日众,隐匿尤多,特立严法。以一人之逃匿而株连数家,以无知之奴仆而累及官吏,皆念尔等数十年之劳苦,万不得已而设,非朕本怀也。尔等当思家人何以轻去,必非无因。尔能容彼身,彼自体尔心。若专恃严法,全不体恤,逃者仍众,何益之有?朕为万国主,犯法诸人,孰非天生烝民,朝廷赤子?今后宜体朕意省改,使奴仆充盈,安享富贵。"十五年五月,复谕曰:"督捕逃人事例,屡令会议,量情申法,衷诸平允。年来逃人未止,小民牵连,被害者多。闻有奸徒假冒逃人,诈害百姓,将殷实之家指为窝主,挟诈不已,告到督捕,冒主认领,指诡作真,种种诈伪,重为民害。如有旗下奸宄横行,许督抚逮捕,并本主治罪。"逃人祸自此渐熄。

季开生,字天中,江南泰兴人。顺治六年进士,改庶吉士。累迁礼科给事中。明将张名振犯上海,开生疏言防御海寇,宜远侦探,扼要害,备器械,严海禁,杜接济,密讥察。十一年,因地震,疏言:"地道不静,民不安也。民之不安,官失职也。官之失职,约有十端:一曰格诏旨,二曰轻民命,三曰纵属官,四曰庇胥吏,五曰重耗克,六曰纳馈遗,七曰广株连,八曰阁词讼,九曰失弹压,十曰玩纠劾。"分疏其目以上,章下所司。调兵科右给事中。

十二年秋,乾清宫成,发帑遣内监往江南采购陈设器皿,民间讹言往扬州买女子。开生上疏极谏。得旨:"太祖、太宗制度,宫中从无汉女。朕奉皇太后慈训,岂敢妄行,即太平后尚且不为,何况今日?朕虽不德,每思效法贤圣主,朝夕焦劳。若买女子入宫,成何如主耶?"因责开生肆诬沽直,下刑部杖赎,流尚阳堡。寻卒戍所。十七年,旱,下诏罪已,命吏部察谪降言官,论曰:"季开生建言,原从朕躬起见,准复官归葬,荫一子入监读书。"

弟振宜,字诜兮,顺治四年进士。授浙江兰溪知县,行取刑部主事,迁户部员外郎、郎中。十五年,考选浙江道御史。及上以旱下诏罪已,言十二、十三年间,时有过举。振宜疏言:"伏读上谕,兴革责之部院,条奏责之科道,而内阁诸臣阙焉未及。夫用人行政,其将用未用,将行未行之际,毫厘千里,间不容发。天颜咫尺,呼吸可通者,惟内阁诸臣。皇上亲政以来,忧勤惕厉,原未见有过举。皇上以为有过举矣,试问其时有言及者乎?则宰相之不言亦可见矣。皇上以心膂股肱寄之内阁诸臣,徒以票拟四五字了宰相事业,皇上纵不谴责,清夜扪心,恐有难以自慰者。"得旨:"阁臣不能尽言,初非其罪。前谕十二、十三年间过举,皆已行之事。朕心过失,即今岂能尽无,阁臣何由得知?部覆章奏,照拟票发,皆朕亲裁,亦非阁臣之咎。朕恒虑此心稍懈,诸臣其各加内省。"

左都御史魏裔介疏劾大学士刘正宗蠹国乱政,振宜亦疏举正宗树党纳贿诸罪状,正宗以是得罪。互见《正宗传》。振宜又疏言:"府库已竭,兵革方兴。云南守御,专任平西王,满兵抽十之四五驻湖南。郑成功为闽、浙、江南三省之患,当择地驻兵,绝其登陆。闽抚徐永桢、浙督赵国祚、浙抚史记功,军旅皆不娴习,宜简贤员以代其任。山东、河南辅翼京师,连年水旱,盗贼实繁。北直八府,白昼公行劫掠。明末流寇,殷鉴不远。蒙古阑入陕西洮、岷一带耕种,西宁抵宣、大,长城颓塌,防御空虚。国家中外一统,疆界原宜分明,何可听其出入不加讥察?"又请复六科封驳旧制,复以扬、徐近河诸县加派河夫为民间重累,疏请申禁,下部议行。寻命巡视河东盐政。乞归,卒。

顺治初以建言名者,又有给事中常若柱、张国宪。若柱疏言:"贼相牛金星弑君残民,抗拒王师,力尽始降,宜婴显戮。乃复玷列卿寺,觍颜朝右。其子铨同父作贼,冒滥为官,任湖广粮储道,赃私钜万,请将金星父子立正国法,以申公义,快人心。"得旨:"流贼伪官投诚者,多能效力。若柱此奏,殊不合理,应议处。"遂罢归。国宪疏言:"前朝厂卫之弊,如虎如狼,如鬼如蜮。今易锦衣为銮仪,此辈无能,逞其故智。乃臣闻有缉事员役在内院门首,访察赐画。赐画特典,内院重地,安所用其访察?城狐社鼠,小试其端。臣窃谓宜大为之防也。"疏入,下廷臣议禁止。得旨:"銮仪卫专司扈从,访役缉事,一概禁止。"厂卫之祸始息。若柱,陕西蒲城人。顺治四年进士,自庶吉士改户科给事中。国宪,顺天宛平人。顺治三年进士,除吏科给事中。

张煊,山西介休人。明崇祯间进士,自知县擢河南道御史。为大学士陈演所构,遣戍。顺治元年,荐起原官,以忧归。三年,复补浙江道御史,仍掌河南道事。六年,疏言:"有司朘削小民,督抚徇不以告。言官论劾,乃其职守。乞付廷臣公议,勿遽下狱对理。"上从之,谕:"惟挟仇诬陷,仍夺官治罪。自非然者,虽有不实,不得迳送刑部。"八年,疏言:"文武全才难得。近以武职改任督抚,恐政体民瘼未必晓畅,请还本职。"又言:"贪吏坐赃,多委诸吏役,遇赦辄复原官。请将援免诸人应左降者,调补间曹。应夺官者,勒令休致。"下部议行。

是年值计典,煊以河南道掌计册,劾御史李道昌、王士骥、金元正、匡兰兆、李允岩等巡方失职。时大学士洪承畴掌都察院,瓯别诸御史,议道昌降调,士骥等均夺官,并列煊外转。煊疏劾吏部尚书陈名夏,以故明修撰,谄事睿亲王,骤陟尚书,父为县民所杀,赐银归葬。名夏贪缘夺情,恤典空悬。因举紊乱铨序,把持计典,列十罪、二不法,并及名夏与洪承畴、陈之遴于火神庙屏左右密议,承畴送母回籍未先奏,亦非法。疏下王大臣勘奏。时上方出猎,巽亲王满达海等召名夏、承畴与煊质,名夏事俱实,承畴言火神庙集议,即为瓯别诸御史,送母回籍未先奏,当引罪。上还京,复命王大臣廷鞫,吏部尚书谭泰祖名夏,奏名夏事在赦前。煊奏多不实,且先为御史不言,今当外转,挟私诬蔑,罪当死,因坐绞。九年正月,谭泰得罪,上复发煊疏,命王大臣覆谳,名复坐夺官。语详《名夏传》。遂下诏雪煊冤,赠太常寺卿,赐祭葬。以赠官官其子基远,官至礼部侍郎。

　　论曰:国初言事侃侃,以开心为最。义、起龙皆用言事致显擢。克简巡方著声绩,命岳策屯田虽未用,要自有所见。森先、祖、开生以謇直蒙谴,独森先复起。煊死非罪,世尤哀之。然挟外转之嫌,授谗人以隙,与森先诸人不同矣。

清史稿卷二四五
列传第三二

刚林　祈充格　　冯铨　孙之獬　李若琳

陈名夏　陈之遴　刘正宗

张缙彦

　　刚林，瓜尔佳氏，字公茂，满洲正黄旗人，世居苏完。初来归，隶正蓝旗，属郡王阿达礼。授笔帖式，掌翻译汉文。天聪八年，以汉文应试，中式举人，命直文馆。崇德元年，授国史院大学士，与范文程、希福等参与政事。疏请重定部院承政以下官各五等。又疏请定试士之法，皆报可。太宗四征不庭，疆宇日辟。刚林屡奉使军前，宣布威德，咸称上旨。积功，授世职牛录章京。八年，阿达礼有罪，改隶正黄旗。

　　世祖定鼎，进世职二等甲喇章京。三年、四年，迭主会试。考满，进世职一等阿达哈哈番。五年，复进三等阿思哈尼哈番，赐号“巴克什”。六年，充《太宗实录》总裁，复主会试。疏请令六科录诸臣章奏并批答，月送史馆，备纂修国史，报可。八年，以编撰《明史》阙天启四年至七年实录，请敕悬赏购求。崇祯一朝事迹无考，其有野史、外传，并令访送。章下所司。

　　睿亲王多尔衮薨，得罪。刚林阿附睿亲王，参与移永平密谋，又与大学士祈充格擅改《太祖实录》，为睿亲王削匿罪愆，增载功绩，坐斩，籍没。

　　祈充格，乌苏氏，满洲镶白旗人，世居瓦尔喀。国初从其族吉思哈等来归。太宗时号"四贝勒",以祈充格娴习文史,令掌书记。天聪五年,初设六部,授礼部启心郎。八年,考绩,授牛录额真。崇德元年,睿亲王多尔衮伐明,攻锦州,命巩阿岱往济师,祈充格从师有功,还报捷。三年,睿亲王复伐明,太宗亲饯于郊。祈充格以不启豫亲王多铎从上出送,又于是日私往屯庄,坐死。命宽之,夺官,贯耳鞭责,以隶睿亲王。顺治二年,授弘文院大学士,充《明史》总裁官、册封朝鲜世子正使。四年,考满,加授牛录额真。六年,充《太宗实录》总裁官,与刚林等同主会试。八年,与刚林同诛。

冯铨,字振鹭,顺天涿州人。明万历进士,授检讨。诣事魏忠贤,累迁文渊阁大学士兼户部尚书,加少保兼太子太保,以微忤罢去。庄烈帝既诛忠贤,得铨罢官后寿忠贤百韵诗,论杖徙,赎为民。

顺治元年,睿亲王既定京师,以书征铨,铨闻命即至,赉冠服、鞍马、银币。令以大学士原衔入内院佐理机务,与大学士洪承畴疏请复明票拟旧制。又与大学士谢升等议定郊社、宗庙乐章。十月朔,世祖御皇极门受贺,给事中孙承泽疏纠朝班杂乱,语侵内院。铨与升、承畴乞罢,谕令益殚忠猷,以襄新治。

二年,授弘文院大学士兼礼部尚书。御史吴达劾铨向降将姜瓖索银三万,许以封拜,未称其意。内院政本所关,乃令其子源淮擅入,张宴欢饮。给事中许作梅、庄宪祖、杜立德,御史王守履、罗国士、邓孕槐、桑芸等亦交章劾铨得招抚侍郎江万绪金,为源淮贿招抚侍郎孙之獬充标下中军。礼部侍郎李若琳为铨党羽,庸懦无行。御史李森先疏继入,语尤峻,略谓:"明二百余年国祚,坏于忠贤,而忠贤当日杀戮贤良,通贿谋逆,皆成于铨。此通国共知者。请立彰大法,戮之于市。"疏并下刑部鞠问。刑部以所劾不实,启睿亲王。王集廷臣覆谳,以铨降后与之獬、若琳皆先薙发,之獬家男妇并改满装,诸臣遂谋陷害。王谓三人者皆恪遵本朝法度,诘责科道诸臣。给事中龚鼎孳言铨附忠贤作恶,铨亦反诘鼎孳尝降李自成。王问鼎孳:"铨语实否?"鼎孳曰:"岂惟鼎孳,魏征亦尝降唐太宗。"王因斥鼎孳,遂寝其事。以森先言过甚,夺官。互见《森先传》。

三年正月,铨疏言:"臣蒙特召入内院,列同官旧臣之前,臣固辞不敢,摄政王面谕:'国家尊贤敬客,卿其勿让!'今海宇渐平,制度略定。金台骏骨,暂示招徕。久假不归,实逾涯分。况叨承宠命,赐婚满洲,理当附籍满洲编氓之末。回绎尊贤敬客之谕,辗转悚惧,特恩改列范文程、刚林后。如以新旧为次,并当列祈充格、宁完我后。"得旨:"天下一统,满、汉无分别,内院职掌等级,原有成规,不必再定。"是年命典会试,列范文程、刚林后,宁完我前。四年,复典会试。六年,加少傅兼太子太傅。

八年,上亲核诸大臣功绩,谕:"铨先经吴达奏劾得叛将姜瓖贿,便当引去。乃隐忍居官,七年以来,无所建白,令致仕。李若琳恺险专擅,与铨朋比为奸,夺官,永不叙用。"铨既罢,代以陈名夏,坐事夺官。代以陈之遴,亦不久罢。上复召铨还,谕曰:"国家用人,使功不如使过。铨素有才学,博洽谙练,朕特召用,以观自新。"铨至,召见,又与承畴、文程等同夕对论翰林官贤否,上曰:"朕将亲试之!"铨奏曰:"南人优于文而行不符,北人短于文而行或善。今取文行兼优者用之可也。"上颔之。仍授弘文院大学士。以议总兵任珍罪坐欺饰论绞,上命宽之。铨入谢,奏对失旨,谕诫之。

龚鼎孳为左都御史,复劾铨,上命指实。鼎孳言铨罪过颇多,惟以密勿票拟,非如诸曹有实可指。上切责鼎孳。十二年,居母丧,命入直如故。寻加少师兼太子太师。十三年,上以铨衰老,加太保致仕,仍令在左右备顾问。铨疏请回籍,许之。十六年,改设内阁,命以原衔兼中和殿大学士。康熙十七年,卒,谥文敏。旋命削谥。

孙之獬,山东淄川人。明天启进士,授检讨,迁侍读。以争毁《三朝要典》入逆案,削籍。顺治元年,侍郎王鳌永招抚山东。土寇攻淄川,之獬斥家财守城。山东巡抚方大猷上其事,召诣京师,授礼部侍郎。二年,师克九江,之獬奏请往任招抚,从之,加兵部尚书衔以行。三年,召还。总兵金声桓劾之獬擅加副将高进库、刘一鹏总兵衔,市恩构衅。之獬议抚诸将怀观望,不力攻赣州。之獬疏辩,下兵部议,夺之獬官。四年,土寇复攻淄川,之獬佐城守,城破,死之,诸孙从死者七人,下吏部议恤。侍郎陈名夏、金之俊议复之獬官,予恤。马光辉及启心郎宁古里议之獬已削籍,不当予恤。两议上,命用光辉议。

李若琳,山东新城人。明天启进士,授检讨。顺治元年,起原官,累迁少詹事,兼国子监祭酒。詹事府裁,改翰林院侍读学士,兼祭酒如故。二年,请更定孔子神牌,复元制曰大成至圣文宣王,下礼部议定,称大成至圣先师。再迁礼部侍郎。五年,进尚书。六年,加太子太保。既罢归,未几卒。

陈名夏,字百史,江南溧阳人。明崇祯进士,官修撰,兼户、兵二科都给事中。降李自成。福王时,入从贼案。顺治二年,诣大名降。以保定巡抚王文奎荐,复原官。入谒睿亲王,请正大位。王曰:“本朝自有家法,非尔所知也。”旋超擢吏部侍郎,兼翰林院侍读学士。师定江南,九卿科道议南京设官。名夏言:“国家定鼎神京,居北制南。不当如前朝称都会,设官如诸行省。”疏入称旨。三年,居父丧,命夺情任事,请终制,赐白金五百,暂假归葬,仍给俸赡其孥在京者。五年,初设六部汉尚书,授名夏吏部尚书,加太子太保。八年,授弘文院大学士,进少保,兼太子太保。

名夏任吏部时,满尚书谭泰阿睿亲王,擅权,名夏附之乱政。睿亲王薨,是夏,御史张煊劾名夏结党行私,铨选不公,下王大臣会鞫。谭泰祖名夏,坐煊诬奏,论死。语详《煊传》。是时御史盛复选亦以劾名夏坐黜。迨秋,谭泰以罪诛。九年春,复命王大臣按煊所劾名夏罪状,名夏辨甚力。及屡见诘难,词穷,泣诉投诚有功,冀贷死。上曰:“此辗转矫诈之小人也,罪实难逭,但朕已有旨,凡与谭泰事干连者,皆赦勿问。若复罪名夏,是为不信。”因宥之,命夺官,仍给俸,发正黄旗,与闲散官随朝,谕令自新。

十年,复授秘书院大学士。吏部尚书员缺,侍郎孙承泽请以名夏兼摄。上责承泽以侍郎举大学士,非体。翼日,命名夏署吏部尚

书。上时幸内院，恒谕诸臣："满、汉一体，毋互结党与。"名夏或强辞
以对，上戒之曰："尔勿怙过，自贻伊戚。"诸大臣议总兵任珍罪，皆
以珍擅杀，其恚怨望，宜傅重比。名夏与陈之遴、金之俊等异议，坐
欺蒙，论死，复宽之。但镌秩罚俸，任事如故。十一年，大学士宁完
我劾之，略言："名夏屡蒙赦宥，尚复包藏祸心，尝谓臣曰：'留发复
衣冠，天下即太平。'其情叵测，名夏子掖臣，居乡暴恶，士民怨恨。
移居江宁，占入官园宅，关通纳贿，名夏明知故纵。名夏署吏部尚
书，破格擢其私交赵企先，给事中郭一鹗疏及之。名夏欲加罪行，以
刘正宗不平而止。浙江道员史儒纲为名夏姻家，坐事夺官逮问，名
夏必欲为之复官。给事中魏象枢与名夏姻家，有连坐事，应左迁，仅
票罚俸。护党市恩，于此可见。臣等职掌票拟，一字轻重，关系公私。
立簿注姓，以防推诿。名夏私自涂抹一百十四字。上命诘诚科道官
结党，名夏擅抹改，其欺罔类是。请敕大臣鞫实，法断施行。"疏下廷
臣会鞫，名夏辨诸款皆虚，惟"留发复衣冠"，实有其语。完我与正宗
共证名夏诸罪状皆实，谳成，论斩，上命改绞。掖臣逮治，杖戍。

陈之遴，字彦升，浙江海宁人。明崇祯进士，自编修迁中允。顺
治二年，来降，授秘书院侍读学士。五年，迁礼部侍郎。六年，加右
都御史。八年，擢礼部尚书。御史张煊劾大学士陈名夏，语涉之遴，
鞫不实，免议，加太子太保。九年，授弘文院大学士。

时捕治京师巨猾李应试，王大臣会鞫，之遴默不语。王大臣诘
之，之遴曰："上置应试于法则已，如或免死，则必受其害，是以不
言。"王大臣等以闻，上以诘之遴，疏引罪。上以之遴既悔过，宥之。
调户部尚书。议总兵任珍罪，与名夏及金之俊持异议，坐罪，宽贷如
名夏。十二年，奏请依律定满臣有罪籍没家产、降革世职之例，下所
司议行。复授弘文院大学士，加少保兼太子太保。

十三年，上幸南苑，召诸大臣入对，谕之遴曰："朕不念尔前罪，
屡申诘诚，尝以朕言告人乎？抑自思所行亦曾少改乎？"之遴奏曰：
"上教臣，臣安敢不改？特臣才疏学浅，不能仰报上恩。"上曰："朕非

不知之遴等朋党而用之，但欲资其才，故任以职。且时时教饬之者，亦冀其改过效忠耳。”因责左副都御史魏裔介等媕阿缄默，裔介退，具疏劾之遴植党营私。当上诘问，但云“才疏学浅”，良心已昧。并言之遴讽礼部尚书胡世安举知府沈令式，旋为总督李辉祖所劾，是为结党之据。给事中王桢又劾之遴市权豪纵，昨蒙诘责，不思闭阁省罪，即于次日遨游灵佑官，逍遥恣肆，罪不容诛。之遴疏引罪，有云：“南北各亲其亲，各友其友。”上益不怿，下吏部严议，命以原官发盛京居住。是冬，复命回京入旗。十五年，复坐贿结内监吴良辅，鞫实，论斩，命夺官，籍其家，流徙尚阳堡，死徙所。

刘正宗，字可宗，山东安邱人。明崇祯进士，自推官授编修。福王时，授中允。顺治二年，以荐起国史院编修。累迁秘书院学士。十四年，授吏部侍郎，擢弘文院大学士。吏部尚书缺员，谕以“正宗清正耿介，堪胜此任，加太子太保，管吏部尚书”。

御史杨义论部推越次。正宗与辨，执相诟詈。给事中周曾发，御史姜图南、祖建明交章劾之。御史张嘉复以正宗昏庸衰老，背公徇私，疏请罢斥。下部议，以无实据，寝其事。给事中朱徽复劾正宗擅拟佥事许宸迁通政司参议，不由会推，又未专疏题明。正宗以疏忽引咎，当罚俸，援恩诏以免。旋引疾乞休，不允。辞尚书，命以兼衔回内院，加少保兼太子太保。十四年，考满，进少傅兼太子太傅。十五年，改文华殿大学士。

十六年，上以正宗器量狭隘，终日务诗文，廷议辄以己意为是，降旨严饬，并谕曰：“朕委任大臣，期始终相成，以惬简拔初念。故不忍加罪，时加申戒。当痛改前非，称朕优容宽恕之意。”十七年，自陈乞罢，不允。左都御史魏裔介劾“正宗自陈奏内不叙上谕切责，无人臣礼。李昌祚叛案有名，票拟内升。先后荐董国祥、梁羽明，今皆事败，被劾不自检举。欺君之罪何辞？正宗与张缙彦为友，缙彦序正宗诗曰：‘将明之才’，诡谲尤不可解。正宗弟正学，为郑成功总兵，正宗嘱巡抚耿焞躐升中军。蠹国乱政，其事非一端。请乾断以杜祸

萌。"御史季振宜继劾，亦及国祥、正学，并正宗贪贿营利诸事。正宗
疏辨，略谓："李昌祚为叛党，裔介身为法司，何不早行纠参？例凡荐
举之官，在本任不职，追坐举主。国祥、羽明皆升任后得罪。缙彦序
臣诗有曰'将明之才'，臣诗稿见存，缙彦序未见此语。"疏入，上夺
正宗官，下王大臣会鞫。亦责裔介、振宜不早纠参，并夺官待质。旋
议上裔介、振宜劾正宗罪状鞫实者十一事，罪当绞。上斥"正宗性质
暴戾，器量偏浅，持论偏私，处事执谬。惟事沽名好胜，罔顾大体，罪
戾滋甚。从宽免死，籍家产之半入旗，不许回籍。"十八年，圣祖即
位，以世祖遗诏及正宗罪状，当置重典，愍其衰老，贷之。未几病卒。

张缙彦，河南新郑人。明崇祯进士，自知县行取授主事。再授
编修，擢兵部尚书。顺治元年，诣固山额真叶臣军前纳款，福王授以
总督，乃遁去。既，复受洪承畴招降。九年，以荐下吏部考核。十年，
授山东右布政。十五年，擢工部侍郎。十七年，甄别三品以上大臣，
降授江南徽宁道，裔介劾正宗，词连缙彦，夺官逮讯。御史萧震疏劾
缙彦编刻无声戏，自称"不死英雄"，惑人心，害风俗。王大臣会鞫，
论斩。上命贳死，籍其家，流徙宁古塔。寻死于戍所。

论曰：刚林相太宗，与范文程、希福并命，祈充格掌记室，于创
业宜皆有功。铨故明相，谙故事，与名夏皆善占对。名夏劝进虽不
用，以此邀峻擢。之遴、正宗各有所援引，知当时亦颇用事。际初运，
都高位，而不足以堪之。诛夷削夺，曾莫之惜。正宗倾名夏，亦不免
于罪，尤可鉴矣。

清史稿卷二四六
列传第三三

谭泰　何洛会　锡图库
博尔辉　冷僧机

　　谭泰,舒穆禄氏,满洲正黄旗人,扬古利从弟也。初授牛录额真。天聪八年,擢巴牙喇章京,与固山额真图尔格分统左右翼兵,略锦州。还从太宗伐明,自上方堡毁边墙以入,败明兵,克保安州。擢巴牙喇纛章京,令关白诸事。九年,扬古利赐第,侍卫宗室济马护欲得其旧居,扬古利不可。济马护属谭泰入奏,谭泰匿不以闻。济马护诉于上。上责谭泰曰:"尔为朕耳目,凡事当无隐。济马护乃朕叔父之子,其言尚不能达,民间劳苦嗟怨,何由得使朕知?尔恃宗族强盛,欺陵愚弱,朕所深恶!"下刑部质讯,夺官。寻复授本旗固山额真。崇德元年,从武英郡王阿济格等伐明,克延庆等十二城。进围定兴,先登有功。复与固山额真阿山等设伏,败明遵化三屯营守兵,尽歼之。师还,宴劳。复从上伐朝鲜,朝鲜王弃城走,谭泰率师入其城,尽收其辎重。从上逐朝鲜王至南汉城,受降而还。四年,从睿亲王多尔衮伐明,与固山额真叶臣自太平寨破青山口,与明兵十三战,皆捷。辅国将军巩阿岱,济马护兄也,谭泰与相诟于禁门,坐罚。

　　六年,从围锦州,谭泰将四百人自小凌河直抵海滨,绝明兵归路。与明总督洪承畴兵战,大败之。授世职二等参将。七年,从辅国公篇古等攻蓟州,击败明总兵白腾蛟、白广恩等,俘馘为诸军最。八年,命率锐卒与固山额真准塔更番戍锦州。顺治元年,从入关,逐破李自成于庆都。复将巴牙喇兵蹑击,至真定,大破之,叙功授一等公。

睿亲王摄政,谭泰与巴牙喇纛章京图赖、启心郎索尼并见信任。固山额真何洛会诬肃亲王豪格怨谭泰等不附己,讦之睿亲王。王谓谭泰忠,益信任之。大学士希福忤谭泰,希福欲易赐第,谭泰不可。希福诮之,益怒。其弟谭布以希福述睿亲王自言过误告谭泰,谭泰讦之法司,希福坐黜。二年,英亲王阿济格坐奏军事不实得罪,命谭泰与鳌拜等集众宣其罪。谭泰匿谕旨不以示众,索尼发其罪,降世职昂邦章京,夺官。谭泰怨索尼,讦索尼于内库牧马鼓琴及禁门桥下捕鱼,索尼亦坐黜。谭泰复起为本旗固山额真。

初,师下江南,谭泰自西安逐捕流寇,虑不与平江南功,使谓图赖曰:“我军道迂险,后至。今南京未下,请留待我军。”图赖书告索尼,使启睿亲王,或发觉之,惧谭泰得罪,毁其书勿使达索尼。图赖师还,诘索尼,发其事,王鞫赏书者,得状。谭泰又坐与妇翁固山额真阿山遣巫者治病。下廷臣议罪,论死,下狱,王使视之,并馈食焉。谭泰曰:“王若拯我,我杀身报王!”乃出之狱。五年,复原官。

金声桓叛江西,授谭泰征南大将军,率师讨之。声桓以步骑七万人抗我师,谭泰督诸军与战,次九江,大败声桓兵,获其舟以济师。攻南昌,为长围困之,数月,麾将士以云梯登,声桓中二矢,投水死。又破其将王得仁。南康、瑞州、临江、袁州并下。当声桓叛时,李成栋以广东应之,南昌围急,成栋赴援。谭泰师将至赣州,闻成栋入信丰,谭泰遣诸将乘胜袭击,成栋兵溃,溺水死,克信丰。别将徇抚州、建昌。江西悉处。师还,授一等精奇尼哈番。

七年,睿亲王薨,上命吏、刑、工三部增设满洲尚书各一,授谭泰吏部尚书。八年,世祖亲政,追论睿亲王罪状,大学士刚林、祈充格皆坐诛,罪不及谭泰。时图赖已卒,索尼方罪废,谭泰毁图赖墓室,泄旧忿。五月,御史张煊劾大学士陈名夏等,下王大臣会鞫。谭泰祖名夏,谳上,命未下,谭泰前奏,言煊劾皆虚,且所举诸事皆在赦前,煊以外转嫌,诬名夏等死罪,当反坐,煊遂见法。

谭泰愈纵恣。岳尔多其妻弟也，袭一等精奇尼哈番，为夺其族人法喀应袭一等阿思哈尼哈番合并为三等候。佟图赖其女弟之夫也，时金砺驻防杭州，妄称员缺，以佟图赖拟补。上自谭泰祖陈名夏构张煊，心厌恶之。是岁八月，下之诏责其专横，命执付狱，集廷臣议罪。鳌拜复讦谭泰阿附睿亲王及营私擅政诸状，谳皆实。王大臣议诛谭泰及其子孙。上命诛谭泰，籍其家，子孙贷连坐。

何洛会，失其氏，满洲镶白旗人。父阿吉赖，事太祖，从征战，官牛录额真。卒，何洛会嗣，兼巴牙喇甲喇章京。天聪八年，从伐明，略锦州。九年，诏免诸功臣徭役，何洛会与焉。崇德五年，授正黄旗蒙古固山额真。从睿亲王多尔衮伐明，围锦州。调满洲固山额真。七年，锦州既下，追论围锦州时何洛会匿鄂罗塞臣破阵功，当夺官，上宥之。

何洛会隶肃亲王豪格，颇见任使。世祖即位，睿亲王摄政，与肃亲王有隙。何洛会讦肃亲王与两黄旗大臣扬善、俄莫克图、伊成格、罗硕将谋乱，肃亲王坐削爵，扬善等皆弃市。赏何洛会告奸，籍俄莫克图、伊成格家畀之，授世职二等甲喇章京。寻从睿亲王入关，击李自成，逐至庆都。还，睿亲王令奉表迎世祖，擢内大臣，留守盛京，阿哈尼堪将左翼，硕詹将右翼，并于雄耀城、锦州、宁远、凤凰城、兴京、义州、新城、牛庄、岫岩城各置城守官，皆统于何洛会。

顺治二年，叙功，进世职一等。旋命率师驻防西安，道河南，讨定西平土寇刘洪起等。是岁十二月，授定西大将军，命自陕西徇四川。时自成将刘体纯等犯商州，叛将贺珍与其党孙守法、胡向宸等分据汉中、兴安。三年，珍以七万犯西安，何洛会督兵迎战，珍败走，复逐破之，并破体纯商州。

肃亲王从入关，破李自成，复爵。至是，上命为靖远大将军，下四川。召何洛会还京师。四年，命率师驻防宣府，仍授正黄旗满洲固山额真。五年，调镶白旗，命佐谭泰定江西，击破金声桓、王得仁、李成栋，事具《谭泰传》。师还，赐所获金银珠玉，进世职三等精奇尼哈番。

肃亲王师还，贝子屯齐等讦王诸悖妄状，何洛会复从而证之，遂坐夺爵，以幽系终。睿亲王取肃亲王福金，召肃亲王诸子入府校射。何洛会晋之曰："见此鬼魅，不觉心悸！"尚书谭泰闻其语。及睿亲王薨，世祖亲政，何洛会语贝子锡翰曰："两黄旗大臣与我相恶，我尝讦告肃亲王，今岂肯容我？"八年二月，苏克萨哈等讦睿亲王将率两白旗移驻永平，且私具上服御，及薨用敛，何洛会、罗什、博尔惠等皆知状。时罗什、博尔惠已先诛，执何洛会，下王大臣会鞫。谭泰、锡翰各以何洛会语告，又追论诬告肃亲王罪，与其兄胡锡并磔死，籍其家。

锡图库，乌札拉氏，满洲正白旗人，世居乌拉。兄福兰，当太祖时来归。授世职备御。卒，锡图库嗣，授牛录额真，兼巴牙喇甲喇章京。天聪四年，师克永平，锡图库与甲喇额真图鲁什等率兵循徼，得逻卒二、马十七。五年，诇敌大凌河，得二人以还。上伐明，围大凌河城，败锦州援兵，锡图库皆有功。六年，复从伐明，略宣府、大同边外，多所斩获。八年，复略蒙古锡尔哈、锡伯图诸地，斩七十余级，俘百余户及马驼，赍以所获，进世职一等甲喇章京。九年，偕噶布什贤噶喇依昂邦劳萨等略明边，入长城，攻代、朔诸州，多所斩获。

崇德元年，睿亲王多尔衮率师伐明，攻宁远，锡图库以二十人前驱，至中后所及山海关外诇敌，屡得逻卒，并获其马，又于前屯卫设伏败敌。喀木尼堪部叶类等盗科尔沁诸部马叛走，锡图库率巴牙喇壮达八人诣宁古塔，与梅勒额真吴巴海督兵追之。行数十日，及于温铎，招降不从，叶类潜遁，尽歼其党九十四人，俘妇女八十余，得马五十六，复逐捕叶类，入山，射之殪。师还，上遣大臣出迎五里，宴劳，进世职一等梅勒章京。

五年，命偕巴牙喇纛章京济什哈率师并征蒙古敖汉、奈曼、乌喇特诸部兵伐索伦部，败敌于甘河，擒部长博木博郭尔，籍千余户，得马数百。师还，赐宴北驿馆，进世职三等昂邦章京，旋授本旗梅勒额真。七年，从贝勒阿巴泰伐明，自蓟州越明都，下山东。师还，以先出边，部议当夺官，命宽之，罚白金百。八年，擢巴牙喇纛章京。

顺治元年，从睿亲王多尔衮伐明，败李自成将唐通于一片石，遂入山海关，屡战皆胜，败自成游骑于三河，追击至安肃。旋从固山额真叶臣等取太原，战于汾州、于绛州，屡破敌。二年，进二等精奇尼哈番。时自成犹据陕西，师自潼关、绥德南北两路入，锡图库率师与北路军会，败贼延安。自成走入湖广，锡图库移兵从之，自安陆至于荆门，屡击败自成兵。

三年，复从肃亲王豪格下四川，讨张献忠。五年，进世职一等。复从郑亲王济尔哈朗下湖南。六年，师次长沙，锡图库从左翼巴牙喇纛章京努三率兵前驱，攻湘潭。努三军北门，锡图库军四门，遂克之。进徇永兴，斩明将尹举智、杜贞明等。再进定宝庆，取全州，破明将焦琏。又移兵克永安关，取道州。师还，赐白金三百。

七年，睿王亲多尔衮薨。八年春，吴拜、洛什、博尔辉等讦英亲王阿济格将谋乱，鞫实，锡图库坐与谋，诛死，籍其家。

博尔辉，他塔喇氏，满洲正白旗人。初以巴牙喇壮达从征栋奎部，有俘馘。天聪三年，从太宗伐明，自龙井关入攻遵化。明总兵赵率教自山海关赴援，与战，博尔辉斩其副将，明兵惊溃。五年，擢巴牙喇甲喇章京，兼户部参政。复从伐明，与明兵遇宁远，击杀前队七人。八年，复从伐明，攻大同，明兵三千自龙门迎战，博尔辉与噶布什贤章京锡特库、牛录额真星讷等奋击破之。九年，命偕承政马福塔赍敕谕朝鲜国王。师出边招察哈尔部众，自归化经明边东还，博尔辉殿。明兵二百三十追击我师，博尔辉以二十人击却之，斩十人，俘一人，得马三。明兵从我师，有垂为所获者，博尔辉救之得脱。崇德元年，叙功，授世职牛录章京。三年，裁参政，专任巴牙喇甲喇章京。

顺治元年，兼任刑部理事官。从入关，击李自成，叙功，进世职二等甲喇章京。旋署巴牙喇纛章京。从顺承郡王勒克德浑下湖广，师至武昌。时自成将马进忠、王进才既降复叛,据岳州,令博尔辉率师讨之,次临湘,击败其兵。进攻岳州,进忠、进才走长沙,逐击败之,其将黑运昌以舟师降。师还,优赉。五年,真除巴牙喇纛章京,列议政大臣,进世职二等阿思哈尼哈番。

睿亲王摄政,诸王多与忤。郑亲王济尔哈朗降郡王,旋复爵。初以端重亲王博洛、敬谨亲王尼堪佐理事,亦以专擅降爵。博尔辉及诸大臣罗什、额克亲、吴拜、苏拜皆谨事睿亲王,从王猎喀喇城。王薨,丧还。英亲王阿济格为睿亲王同母兄,欲继王柄政,博尔惠等与阿尔津共发其罪,英亲王夺爵幽禁。赏诸告者,博尔惠进世职二等精奇尼哈番。博尔惠等传睿亲王遗言,复理事二王亲王爵,以告两黄旗大臣。居月余,命未下,博尔辉有疾,穆尔泰往视之,博尔辉以为言。穆尔泰告额尔德赫,额尔德赫告敬谨郡王尼堪,遂与端重郡王博洛诉于郑亲王。八年正月,复二王爵。越八日,执博尔辉等下狱,坐博尔辉、罗什动摇国事,蛊惑人心,论死,籍其家。额克亲削宗室籍,及吴拜、苏拜皆夺官为民。议上,得旨:"朕每闻刑人,殊不忍。二人罪当诛,姑宥死何如?"王大臣复以初议上,乃诛死。

冷僧机,纳喇氏,满洲正黄旗人,叶赫部长金台吉之族也。叶赫亡,来归,隶正蓝旗,属贝勒莽古尔泰。天聪元年,敖汉部长索诺木来归,尚公主为额驸,以冷僧机隶焉。莽古尔泰既卒,九年,冷僧机诣法司言莽古尔泰及贝勒德格类与公主及索诺木结党,设誓谋不轨。冷僧机与甲喇额真屯布禄、巴克什爱巴礼并下法司,鞫实,冷僧机以自首免罪,屯布禄、爱巴礼皆坐诛,籍其家以畀冷僧机,改隶正黄旗,授世职三等梅勒章京。

崇德二年,固山额真都类坐事下兵部待鞫,兵部参政穆尔泰令诸在系者避都类。或以告冷僧机,闻于上,穆尔泰及同官皆坐降罚,授冷僧机一等侍卫。七年,祖大寿来归,上幸牧马所,命内大臣侍卫与大寿等校射,中的者有所赐。冷僧机得驼一。世祖即位,授内大臣。顺治二年,进二等阿思哈尼哈番兼拖沙喇哈番。谭泰讦索尼,引冷僧机为证,谢未闻,坐徇庇,当削世职籍没,上贳之。旋进世职三等精奇尼哈番。

七年,睿亲王有疾,怨上未临视,冷僧机及贝子锡翰等奏请上临视,睿亲王坐以擅请降世职,恩诏复故,进一等伯。睿亲王薨,以豫亲王多铎子多尔博为后,袭爵。冷僧机言于上曰:“昔太宗登遐,两黄旗大臣誓立肃亲王。睿亲王定策奉上绍统,多尔博宜特见优遇。”又举侍卫罗什,罗什上为冷僧机乞恩。八年,郑亲王济尔哈朗等劾罗什蛊惑诸王,坐诛,辞连冷僧机。上因命诸大臣诘誓立肃亲王事,冷僧机穷,诸大臣兼发阿谀睿亲王诸罪,论斩籍没,命宽之。九年,追论冷僧机与贝子巩阿岱、锡翰,内大臣西讷布库等迎合睿亲王,乱国政,下王大臣鞫实,与巩阿岱、锡翰、西讷布库等并诛,籍其家。

论曰:定金声桓、王得仁之乱,谭泰专将,何洛会为之佐。锡图库、博尔辉亦久从征战有劳。睿亲王既薨,诸阿附者乃互相倾,何洛会之狱,谭泰证之;锡图库之诛,博尔辉等发之;转相排轧,同就诛夷。若冷僧机者,专事告讦,其及也亦宜矣。

清史稿卷二四七

列传第三四

彭而述　陆振芬　姚延著
毕振姬　方国栋　于朋举
王天鉴　赵廷标

彭而述，字子籛，河南邓州人。明崇祯进士，官阳曲知县，母忧归。顺治初，英亲王徇湖广，荐为提学佥事，迁永州道参议。孔有德定湖南，荐而述授贵州巡抚，予兵三千以行。次靖州，降将陈友龙叛，围州城，而述夜开西门出，营山下，选劲骑乘雾冲阵，贼溃且走，副将贺进才战死。城兵大噪，欲与友龙合，而述拔众退守宝庆，告有德益师，与贼相持紫阳河上。永州陷，劾免官。

久之，以尚书王永吉荐，命赴经略洪承畴长沙军前，陈黔、楚山川形势，战守方略，甚悉。承畴异之。补衡州兵备道副使。寻令营云南右布政事，调广西桂林道参政。獞酋莫扶豹聚众劫永宁，而述用始龙故土司覃法欧为乡导，檄永宁知府史赞勋募士兵数百人，遣裨将分道进，败扶豹于酉山，又败于麻冈，擒之。擢贵州按察使。

吴三桂征水西土司安坤，而述谋曰：“乌蒙、乌撒、镇雄、东川四府与水西为唇齿，土司陇安藩又与安氏婚媾。今四府虽名内附，狼子野心，势必顾惜其种类。以水西之强，而安藩与四府附之，安坤未易制也。莫如先定四府，鹹安藩，然后西南可无患。”三桂用其策，诛安坤，迁广西右布政使，三桂荐为云南左布政使。而述乞归，三桂留之，会有诏召，遂行，出会城三十里，一夕无疾卒。

陆振芬，字令远，江南华亭人。顺治六年进士。时两粤未平，廷议破格用人，即新进士中遴才除道府。振芬授广东惠潮道副使，从师南征。是冬，克南雄。七年春，度大庾岭，次韶州。韶州以南望风降，进规会城，既下，振芬与总兵郭虎率师赴惠州，剿抚归善、海丰诸寨。将至，诸寨窥兵寡，出拒。振芬选精锐数百人绕出其旁击之，获一队，诸寨皆惧。于是谕以祸福，降者踵至。至海丰，守者抗不下。振芬与虎驻五坡驿，他将自羊号岭会师合攻之，遂克其城。碣石卫亦降。

八年，抵潮州，上官，联结诸镇，检制土官，招集流亡，简省徭役，民始有更生之乐。乱甫定，用法严，郡县辄滥禁无辜。振芬与属吏约，期五十日清庶狱，囹圄为空。九年，会师复平远，总兵郝尚久故降将，阴持两端，闻将改授水师副总兵，结山海诸寇僭立帅府。振芬牒大吏策弭变，不应。十年春，尚久自署新泰候，举兵围道署。振芬谕以大义，不从，使告变。秋，固山兵至，振芬约为内应，引外兵入，诛尚久。事平，引疾归里，家居四十年乃卒。

姚延著，字象悬，浙江乌程人。顺治六年进士。除广西庆远知府。从师南征，调柳州，有守御功。又调平乐。迁广东岭南道副使，抚僮寨，擢江南按察使。

十六年，郑成功内犯，陷镇江，入攻江宁。延著佐总督郎廷佐缮守备，安辑危城，闾阎不扰。民间时有羊尾党，事发，株连数百人。延著谓廷佐曰：“寇在门，不可兴大狱，摇人心。”狱乃解。当事急，人多疑贰。民间有宿怨，辄诬以通敌。延著严治反坐者，多所全活。城民有升高而望者，逻者执之，总管喀喀木以为敌谍。延著力争，得不死。喀喀木部兵扰城市，延著捕得械毙之。吏卒私掠被难妇女，延著亲驻江干，召其家，遣还者一千七百人，以此怍喀喀木。事定叙功，擢河南左布政使。旋以忧归，而金坛狱起。

　　镇江之陷也，属县戒严。金坛知县任体坤集县中士大夫王重、袁大受等谋遣诸生十辈诣镇江乞缓兵。丹徒乱民王再兴兵起，复令书吏、耆民数十人送款，尽窃库帑以遁。喀喀木等击败成功，体坤乃复至县，赂重、大受诬大吏，谓士民送款，冀掩弃城罪。重、大受居乡多不法，为诸生所挠。至是欲以叛坐诸生，泄私怨，列姓名以上。巡按马胜声疏闻，下廷佐令延著鞫其狱。延著縶县吏李钟秀，讯得实，欲但坐体坤，余皆减罪。大受腾书京师为蜚语，欲并陷延著，御史冯班发其状。时侍郎尼满奉诏勘提督马逢知狱，命即讯，乃坐重、大受及诸士大夫集议者。诸生及书吏、耆民送款者皆斩，体坤以被逼迫减为绞。巡按何可化又疏劾延著谳从叛罪人史记青、管得胜傅轻比，又有王天福、韩王锡并纵不拟罪，与金坛狱并论，亦坐绞。时喀喀木主军事，新破敌，尤威重，素不慊于延著。民间谓延著之死，喀喀木实主之。就刑日，江宁为罢市，士民哭踊。丧归，数百里祭奠不绝，建祠鸡鸣山下私祀焉。

　　子淳耀，康熙六年进士，授内阁中书舍人。伏阙上书为延著讼冤。累擢湖广提学道佥事，坐事罢，未行，值叛卒夏逢龙之乱，誓死不为屈。事闻，复官，授岳常沣道副使。卒。

　　毕振姬，字亮四，山西高平人。顺治三年进士，授平阳教授。入为国子监助教，累迁刑部员外郎。曹事暇，独坐陋室，布被瓦盆，读书不稍倦。

　　十年，出为山东济南道参议。岁旱，流民踞山谷为盗，振姬昼夜驰二百里往谕之，悉就抚，全活者七千余人。泰山香税，岁羡余七千金，例充公使钱，振姬悉以佐饷。调广东驿传道佥事。时三藩使命往来络绎，胥吏乘以私派折价，民苦之。振姬一绳以法，阅数月，减船数百，减费七万有奇。调浙江金衢严道参政，擢广西按察使。所至以廉能闻。迁湖广布政使，乞病归。

　　康熙中，诏举博学鸿儒，左都御史魏裔介、副都御史刘楗疏荐之。十八年，命廷臣举清廉吏，裔介复疏言："振姬清操绝世，才略过人。请告十余年,躬耕百亩,读书不辍。"健亦言:"振姬居官不染一尘。归日一仆一马,了无长物,真学行兼优之人。"下部议,以振姬老,置勿用,寻卒。

方国栋,字干霄,顺天宛平人。顺治三年举人,授蠡县教谕,入为国子监助教,累擢至刑部郎中。

十六年,出为广东海北道佥事。海寇邓耀居岛中,时出剽掠。国栋以三千人分五道进剿,檄邻道出兵扼要隘,擒耀,解散余党。事平,雷、廉两部诸富人为贼所诬,械系者众。国栋察其冤,为辨雪。诸富人衰千金为报,国栋曰:"吾悯若无辜,奈何污我?"却之。

迁山西宁武道参议。康熙六年裁缺,改江南苏松常道参议。太湖堤岸倾圮,率吏民修葺,修沿海墩台及吴淞、刘河两闸,工费不扰民。师下闽、粤,征调旁午。国栋一意与民休息,每遇急征,从容部署。刍茭粮糗,预储以待,军兴无乏,闾左晏然。戒属吏无朘民,郡县稍稍加敛戢,不敢事剥削。

连岁用兵,度支不给,诏各省筹裕饷之策。国栋言:"古今生财之说,开与节二者而已。议开于今日,已无可加,当议节,自朝廷始。旧制,江南岁市布五万匹供宫府赍予,宜可罢,岁省帑金三万。"议上,报可。满洲兵驻防苏州,议筑营舍于王府基,当城中。国栋以兵民杂居难久安,持不可,乃改营南城隙地,民便之。宜兴善权山中寺僧与豪族争地,聚众焚寺杀僧,知县告乱,大吏将发兵。国栋单骑驰往,得首祸置法,余无所问。吴俗健讼,喜投匦告密。国栋辄不问,即有所案,亦从宽。驭吏严,而抚循士民具有恩意。十六年,卒。吴民思之,建祠虎丘山麓以祀。

于朋举,字襄子,江南金坛人。顺治六年进士,改庶吉士,散馆授检讨。十二年,出为河南睢陈道副使,政不扰民。郾城盗杀县官而逸,士民汹汹,谓城将受屠。朋举驰至,抚谕毋恐。营将以兵至,拒不使入城。大吏召朋举诘责,对曰:"郾城令,朋举妇翁也。岂不欲甘心是盗？独奈何苦良民！"大吏悟，止兵，亦得盗正其罪。

迁福建福宁道参政。兴化濒海，镇将所部皆群盗受抚者。有材官辱张氏仆，张氏以告。镇将挞材官，部卒大哗，毁张氏之室，欲劫镇将为乱。镇将避去，则缢被挞者寘张氏。谓其仆杀之。朋举甫到官，廉得首恶。猝缚至，集文武吏会鞫。健儿带刀环立瞋视。朋举从容曰："若曹干军法，罪重。念若曹约束无素，但用杀人律，罪有专属。"众乃泥首，言杀人者为张氏仆。朋举曰："若曹气焰何等，彼能于千百健儿中夺一人缢之耶？"召讯证者，俱吐实，诛三人而事定。泉州提督剿海盗，盗逸入兴化界，镇将获数百人。朋举视其尝薙发者，曰："此良民被陷，当宥。"有年少者，曰："童稚何知，又当宥。"全活甚众。

郑成功屯厦门，与漳州隔海相望。固山额真驻会城，遣兵戍漳州，番代岁四易，民苦供役。朋举请驻防无屡更，不许。固请展其期，岁再易，民稍苏息。擢四川按察使、山东右布政使。父忧归。

起授湖南布政使，上官，见胥吏至数百，曰："兵初罢，民方重困。此曹鲜衣美食，纵横市井间，何所取诸？"汰其十九，择谨愿者，取足供文书而已。数为大吏言地方利病，有司贤不肖积与之忤，被劾镌级，未行，而大吏以贪败。士民惜之。寻卒。

王天鉴，字近微，直隶万全人。顺治三年进士，授山东恩县知县。县接直隶界，自明季为盗薮，尝一岁七被寇。天鉴上官，谕父老曰："往岁寇至，县辄不守，由人无固志。自今勿复逃，视知县所向。"俄而寇大至，天鉴坐城，上从容指挥，寇疑有伏，逡巡去。于是葺楼橹，治城隍，严候望，时巡徼，守具大备。按行乡鄙，举团练，立砦十有九，桴鼓相闻，久之得步卒万八千，骑士三百。巡按御史疏闻，令天鉴自治兵。廉得境内贼渠数辈，夜突至其乡呼之出，贼错愕不能遁，皆诛之。寇据曹县，巡抚檄天鉴与诸道兵会剿，率所部为前锋，冒矢石深入，诸军踵之，复其城。尝以轻骑逐贼，日暮被围，短兵相接，手格杀数贼，溃围出，不失一骑。在恩四年，屡与寇战，俘馘无算。降者安抚之。寇远遁，招徕屯种，流亡复归，垦荒千八百顷。建书院，弦诵不辍，政声为山东最，上考，内迁礼部主事。十一年，始行藉田亲耕礼，天鉴参酌古今，悉合礼宜。累迁郎中。主山东乡试。十二年，出为陕西河西道参议，与属吏约，毋猎民枉法。

天鉴固长治兵，按籍讨军实，诫将弁毋以军糈肥私谷。性刚介负气，数忤上官。岁余，谢病归。绝迹公府，门下士或有馈遗，不受，曰：“饬箪笾，惜名节，足以报举主矣！”康熙初，大臣荐，不出，寻卒。

赵廷标，浙江钱塘人。顺治三年，以拔贡生授福建永定知县。广东大埔逸寇江龙以万余人犯县城。廷标城守。寇穴地入，潴池水以待，地炮不得发。树云梯乘城，于城上悬栅堕之。持三月，食垂尽。值立春，廷标张鼓乐，开城门，迎春东郊。寇疑有伏，引去。密遣兵间道往伏两山间，出不意夹击，败之。进至龙磜寨，捕斩略尽。

擢湖广衡州同知，署府事。蠲赋垦荒，流亡复业。岁大饥，赈恤有实惠。经略大学士洪承畴荐廷标，十七年，擢云南迤东道副使。安普诸番为土官所诱，竞作不靖。廷标设方略、行间，解散之，遂复维摩旧地。移檄谕宁州弥勒、巴盘、八甸，罢捕逐之令，令诸持田器者皆为良民，持兵者乃为贼。巡行安抚，诸路悉平。治迤东十八年。康熙中，调广东广肇南韶道副使。安普民、蛮闻其去，堙道塞城留之。慰谕再三，乃得行。

两粤八排诸山寇闻廷标来，望风解散。连州乱，至，立就抚。逾年以忧去。起湖南驿盐道副使。捕治剧寇，诛其渠，余悉纵归农。湖南方用兵，刍荛械仗，储峙供给，不误晷刻，民不困役。兼摄粮道。会湘东民变，巡抚韩世琦令廷标往抚之。单骑驰谕，皆悔泣听命，散遣之。事稍定，修岳麓书院，置田廪诸生。尝行部至衡州，父老罗拜车下，号以“慈母”。俄迁陕西粮储道参议。已病，值武昌兵变，军书至，犹强起视事。病笃乞归，至家卒。

论曰：自置督抚，而两司权轻，况于各道。然以贤者处之，奉职循理，视民之所急，弭乱解娆，亦足以为治。而述、振芬、振姬、天鉴皆有才略，根本尤在廉勤。延著、国栋、廷标当治乱用重之日，济之以宽仁。虽以是罢贬，甚或中危法，而一不自恤，是皆能举其职者。泽及于斯民，亦已多矣。

清史稿卷二四八
列传第三五

许定国 刘良佐　左梦庚 郝效忠
徐勇　卢光祖 田雄 马得功　张天禄
弟天福 孙可望 白文选

　　许定国，河南太康人。明崇祯间，官山西总兵官。李自成围开封，趣定国赴援，师次沁水，一夕师溃，逮治论死。寻复授援剿河南总兵官。福王时，驻军睢州。

　　顺治元年，豫亲王多铎下河南，次孟津，定国使请降。肃亲王豪格略山东，复上书请以其孥来附。肃亲王命遣子为质。二年，遣其子诣肃亲王军。明督师大学士史可法遣总兵高杰徇河南，次归德，闻定国已遣子纳款，招往会，不赴。杰乃与巡抚越其杰、巡按陈潜夫就定国睢州，定国不得已郊迎。其杰劝杰勿入城，杰轻定国，不听。既入，定国宴杰，侑以妓。杰酣，为定国刻行期，并微及遣子纳款事。定国益惧，中夜伏兵杀杰。明日，杰部攻定国屠城。定国走考城，遂来降。

　　豫亲王请以定国从征，留其孥曹县，命河道总督杨方兴厚赡之。定国妻邢有疾，乞还乡里，方兴为代奏。命暂居曹县，俟定国入观。豫亲王师还，定国诣京师，隶汉军镶白旗。三年，卒。五年，以来降功，授一等精奇番，子尔安袭。十二年，诏求言，尔安为睿亲王多尔衮讼功德，请修其墓。语详《睿亲王传》。坐煽惑，减死流宁古塔。弟尔吉袭。

史可法置江北四镇,杰与刘泽清、刘良佐、黄得功分领之。杰为定国所杀,得功战死芜湖。

刘良佐,直隶人。明总兵,预拥立福王。顺治二年,豫亲王下江南,良佐以兵十万来降。江南定,诣京师,隶汉军镶黄旗。五年,以来降功,授世职二等精奇尼哈番。从大将军谭泰讨金声桓。师还,授散秩大臣。十八年,授江南江安提督,加总管衔。寻改直隶提督,改左都督。康熙五年,以病乞休。六年,卒。刘泽清既降后叛,诛死。

左梦庚,山东临清人。父良玉,《明史》有传。良玉初授平贼将军,及封宁南伯,以平贼将军印授梦庚。福王时,良玉举兵自武昌东下,号“清君侧”。次九江,病卒。诸将推梦庚为帅。总督袁继咸御战,梦庚还驻池州,遣兵间道自彭泽下建德,遂取安庆。总兵黄得功破之铜陵,乃退保九江。

顺治二年,英亲王阿济格逐李自成至九江,梦庚率众降。师还,入觐,宴午门内,命隶汉军正黄旗。疏言:“部将卢光祖、李国英从入京师,余若张应祥、徐恩盛、郝效忠、金声桓、常登、徐勇、吴学礼、张应元、徐育贤俱奉英亲王调发防剿江西、湖广。诚恐诸将在外,踪迹未定,室家未安,讹惑之事,不可不筹。”命有司安插。五年,叙来降功,授一等精奇尼哈番。六年,从英亲王讨大同叛将姜瓖,攻左卫,克之。擢本旗固山额真。十一年,卒,谥庄敏。乾隆初,定封一等子。梦庚诸将,李国英最显,自有传。

郝效忠,辽东人,隶汉军正白旗。从英亲王定湖南,擢湖南右路总兵,加都督金事,授世职三等阿达哈哈番。孙可望陷沅州,效忠率师克黎平。可望兵骤至,力战,马蹶被执,不屈,遂见杀,赠都督同知。

徐勇,亦辽东人。英亲王檄署九江总兵,调黄州,捕治九江、黄州土寇。明唐王使招之,勇斩使以闻,命移镇长沙。金声桓叛,招勇,复斩其使。与李锦战江中,中矢,裹创战愈奋。贼攻城,设策守御,锦遁去。迎郑亲王师击破明大学士何腾蛟。复调辰常总兵，授世职一等阿达哈哈番兼拖沙喇哈番。明桂王遣将张光翠、张景春窥辰州。屯荔溪。勇督将士渡江战，击杀景春，擒裨将六，馘士卒数百，加左都督，进世职三等阿思哈尼哈番。桂王复遣白文选来攻，驱象为陈，破城，勇巷战死之，赠太子太保，进世职二等，谥忠节。以其兄子袭，入籍武昌卫。

卢光祖，辽东海州人，隶汉军镶蓝旗。从肃亲王下四川，破张献忠。授夔州总兵。击破明桂王将朱天麟等。取顺庆，屡捕治土寇。甘一爵、朱德从据邻水、天竺为乱。光祖督师讨之，战七昼夜，斩一爵、德从，降硐寨十余。以功授世职一等阿达哈哈番。孙可望破叙州，将军李国翰率师赴援，光祖殿，遇敌，战败，命立功自赎。寻改川北总兵。卒。金声桓既降复叛，诛死。

田雄，直隶宣化人。马得功，辽东人，仕明皆至总兵。顺治二年，豫亲王多铎下江南，明福王由崧走芜湖。巴牙喇纛章京图赖督兵截江断道，雄、得功缚福王及其妃来献。豫亲王令以原衔从征。寻授雄杭州总兵，得功镇江总兵。

雄佐总督张存仁、梅勒章京珠玛喇，驻军杭州。时明鲁王以海称"监国"绍兴，乘间渡钱塘江窥杭州，雄与存仁、珠玛喇等屡击破之。三年，擢浙江提督。六年，发李成栋逆书，加左都督。八年，叙来降功，授世职一等精奇尼哈番。

明鲁王与其臣阮进、张名振等据舟山，雄与固山额真金砺以舟师出海擒进，遂破舟山，隳其城。名振拥鲁王入海。十二年，进将阮思、陈六御等后据舟山，朝命宁海大将军伊尔德率师南征。雄预治战舰攻具，分兵遣裨将扼要隘，通声援，而以舟师会伊尔海击思以横洋、金塘为舟山要路，分兵击破之。张两翼夹击，歼其众无算，思赴水死。捷闻，加少傅兼太子太傅。十五年，疏请归旗籍，隶汉军镶黄旗。

郑成功兵扰浙境，陷遂安、平阳诸县。兵部劾雄，上命宽之。十六年,成功兵攻太平,击却之。复攻宁波,雄督战,分三路进剿。成功兵引退。十八年,进二等侯。康熙二年,卒,赠太傅,谥毅勇。

得功,亦隶汉军镶黄旗。江宁初定,明瑞昌王谊泐屯花山、龙潭间。三年,谋攻江宁,事泄,走镇江。得功获谊泐,诛之。寻以收劫盗入伍,降调。四年,大学士洪承畴请以得功署副将。从浙闽总督张存仁剿建宁、邵武山寇,克松溪、政和、建阳、崇安、光泽诸县,即令驻松溪。复克庆元、永春、德化诸县。六年,授右路总兵,加都督金事。克南安,破海寇林忠。复捕治兴化、仙游、惠安诸县海寇郑丹国等。

时郑成功据厦门,巡抚张尊圣诇成功方出,令得功攻厦门,克之。成功还救,复陷。遂围漳州,破海澄。得功退守泉州,与固山额真金砺会师解漳州围。以得功初克厦门贪取财物为成功所乘,命逮治,援赦免。十一年,叙前功,赐一品顶带,出镇泉州。得功自陈与雄同降,援雄例乞世职,授一等精奇尼哈番,加都督同知。

十三年,擢福建提督。林忠复据永春、德化、尤溪、大田诸县,巡抚宜永贵令得功率师讨之。师行,寇自闽安迳攻会城,得功引师还。与城兵夹击,围解。十四年,与浙闽总督李率泰等合兵克闽安。成功屡内犯,得功击却之。十八年,进三等侯。康熙元年,迁滨海居民内地,击败海寇阻民迁者。二年,师进攻厦门,得功克乌沙,以舟师出海。南风起,寇乘上流来战,得功奋击,没于陈。李率泰以闻,进一等侯,谥襄武。子三奇,袭爵,官至潮州总兵。乾隆十四年,定诸侯、伯封号,雄曰顺义,得功曰顺勤。

张天禄,陕西榆林人。明季与弟天福以义勇从军,积功至总兵。福王时,大学士史可法督师,令屯瓜洲为前锋。豫亲王师下江南。天禄、天福率所部三千人从赵之龙迎降,豫亲王令以原官从征,隶汉军镶黄旗。

明金都御史金声家休宁,受唐王命,纠乡勇十余万据徽州。贝勒博洛遣固山额真叶臣率师击之,天禄及总兵卜从善、李仲兴、刘泽泳并从。师自旌德入，战绩溪，获声及中军吴国祯、副将成有功、守备万全等，送江宁杀之。徽州平。

明大学士黄道周率兵犯徽州，天禄击之，斩其将程嗣圣等十余人，获总兵李尧光等。三年，战婺源，获道周，亦送江宁杀之。分兵出祁门、江湾、街口、黄源，四道逐捕道周余众。以功加都督同知，授徽宁池太总兵官。天禄屯徽州城外，依山为营。值雨，父老迎天禄入城。天禄曰："三军方在泥涂，何忍独安？"终不下山。军民皆称之。明嵩安王常淇纠众数千扰婺源。天禄率副将许汉鼎等击之，获常淇及监军江于东等。四年，授江南提督。五年，叙来降功，授世职三等阿达哈哈番。八年，进三等精奇尼哈番。

九年，郑成功围漳州，命天禄赴援，成功引退。天禄留驻延平，捕治山寇。十一年，明鲁王将张名振攻崇明，天禄还松江御战。名振既出海，复侵吴淞。我水师与战，败绩。江南总督马鸣佩劾天禄失舟师三百余及炮械，匿未报。闽浙总督佟泰劾天禄与名振通书，逮下刑部，谳通书无据，坐匿失炮械等，夺官，降世职三等阿达哈哈番。十六年，卒。

天福初降，从征昆山、嘉定。民不薙发，据城抗我师。天福与总兵李成栋讨平之。五年，授陕西汉羌总兵。叙来降及战功，授世职一等阿思哈尼哈番。明山阴王鼎济聚兵据毛坝关，署单一涵为元帅。六年，天福自汉中率师入山，获鼎济，一涵投崖死。参将王永祚叛延安，山寇刘宏才攻同官。天福先后讨平之。以病还京师，授散秩大臣。十七年，授本旗都统。康熙六年，卒。

赵之龙，江南虹县人。崇祯季，以忻城伯镇南京。福王立，与拥戴，干政。豫亲王师至，与魏国公徐九爵，保国公张国弼，隆平侯张拱召，临淮侯李祖述，怀宁侯孙维城，灵璧侯汤国祚，安远侯柳祚昌，永昌侯徐宏爵，定远侯邓文囿，项城伯常应俊，大兴伯邹存义，宁晋伯刘允报，南和伯方一元，东宁伯焦梦熊，安城伯张国才，洛中伯黄九鼎，成安伯郭祚永，驸马齐赞元，大学士王铎，尚书钱谦益，侍郎朱之臣、梁云构、李绰等迎降。之龙授世职三等阿思哈尼哈番，九爵等皆置勿用。铎等诣京师。先是北都降者多授原官，御史卢传言南都新人不得与旧臣比。铎至，命以尚书管宏文院学士，累擢至礼部尚书，卒，谥文安。谦益语在《文苑传》。

孙可望，陕西延长人。从张献忠为贼，与李定国、刘文秀、艾能奇并为献忠养子。献忠据四川，使分将其众。可望号"平东将军"。顺治三年，肃亲王豪格师定四川，献忠败死。可望与定国等率残众南窜，道重庆、綦江、遵义入贵阳。阿迷土司沙定洲乱云南，可望率众兼程赴之。定洲方攻楚雄，迎战大败，走归阿迷。可望入云南会城，遣定国徇迤东，而与文秀率兵西出，得副使杨畏知，相誓扶明室，与俱至楚雄，略迤西诸府。定国亦定迤东诸府。可望遂尽有云南，自号"平东王"，以干支纪年，铸钱曰"兴朝通宝。"时能奇已前死，可望并将其众。定国、文秀故等夷，不为可望下。可望假事杖定国，欲以威众，隙益深。

明桂王在肇庆，乃遣畏知奉表乞王封。桂王封可望景国公，赐名朝宗。使以敕印往，而桂王诸将争欲得可望为强援。堵胤锡驻梧州，承制改封平辽王。陈邦传守泗城，又矫命封秦王。可望乃不受景国公命。会我师克韶州，桂王走梧州。可望复遣使请封，议封澄江王。使者谓非秦不敢复命，大学士严起恒持不可，议中寝。可望袭贵阳，复遣文秀攻嘉定，入四川。我师定两广，桂王至南宁，乃遣使封可望冀王，可望犹不受。复使畏知诣桂王，而遣其将贺九仪等以五千人先驱，取起恒及诸臣阻秦封者尽杀之。桂王乃真封可望秦王，而留畏知授大学士。可望闻之怒，召至贵阳面数之，畏知以冠击可望，亦被杀。

桂王遣大学士文安之督师四川，将以招川中诸镇。可望遣兵伺于都匀，邀止之。可望将移桂王自近，挟以作威。桂王奔广南，可望遣兵迎入安隆所，改为安龙府，岁供银八千、米百石，穷迫不可堪。而马吉祥、庞天寿辈方欲戴可望行禅让。可望遂自设内阁六部等官，立太庙，定朝仪，改印文为八叠。桂王益忧惧。

　　初,定国自广西入湖广,兵益强,不复禀可望约束。会定国败于衡州,使召诣沅州议事,将以为罪而杀之。定国辞不赴。又自柳学士吴贞毓等,凡预谋者尽杀之。议移桂王贵阳,使其将白文选督行期。文选心不直可望,以情输桂王,以缓其行。俟定国至,奉桂王自安南卫走云南。时文秀守云南,亦怨可望,迎桂王入云南会城。可望举兵反桂王,以双礼留守,令文选统诸军前行。定国、文秀率师御之,次三岔河,夹水而军。文选轻骑奔定国。可望遣其将张胜、马宾等自寻甸间道袭云南,而自率劲卒击定国等。战方合,其将马惟兴先奔,遂大溃,定国遣文秀等追之。

　　可望至贵阳,双礼绐言追兵且至。可望知事去,将诣经略洪承畴请降,遣使先纳款。文秀等遣将杨武追之,及于沙子岭。承畴援兵至,乃得脱,将妻子诣长沙降。时顺治十四年十月也。诏封义王,慰谕之。寻遣学士麻勒吉等赍敕印册封。十五年,诣京师,命简亲王济度等郊迎,入觐,宴中和殿,赐白金万,官其部将陈杰、刘天瑞等百余人,命隶汉军正白旗。可望请从讨云南自效,下王大臣议,寝其奏。十七年,疏辞封爵,复慰谕之。寻卒,谥恪顺。

　　子征淇袭,未几卒。征淳袭,卒,谥顺悫。征灏请袭,御史孟雄飞疏言:“可望,献忠余党,久据滇、黔,负固不服。及为定国所败,穷蹙来归,滥膺非分。宜即停止,或以次降等。”下部议,降袭慕义公,官至兵部尚书,谥清端。子降袭一等阿达哈哈番。乾隆三十六年,命停袭。

　　文选,陕西吴堡人,亦从献忠为贼。献忠败,从可望入贵州。其缓桂王使得入云南也。桂王封为巩国公,令还贵阳慰谕可望,可望夺其兵,置军中。及将举兵,诸将说可望愿得文选为大将,可望使将前锋,遂降定国,可望以是败。桂王封文选巩昌王。

　　顺治十六年,我师下云南,定国战屡败,令文选为殿,战于玉龙关,文选复败,走木邦。桂王入缅甸,居赭硈。十七年,文选攻阿瓦弗克,与定国会师孟艮,再攻阿瓦,求出桂王,终不获。我师益深入。文选据锡箔,凭江拒守。我师出木邦,造筏将渡,文选奔茶山。总兵马宁将偏师追之,及于猛养,文选降。诏封承恩公,亦隶汉军正白旗。康熙元年,命予三等公俸。七年,加太子少师,十四年,卒。子绘,降袭一等精奇尼哈番。卒,停袭。

论曰:邦家新造,师行所至,逆者诛,顺者庸。虽其人叛故国,贼旧君,苟为利于我,固不能不以为功也。可望独以台官言降爵,终见削夺。唐通降自成,既复来归,授世职,康熙间即停袭,事又在其前。而定国、梦庚、雄辈及他诸降将,皆袭封如故。民间傅雄负福王出,王啮其项,遂溃死。雄死时,明亡已二十年。其言诚无稽,然民之所恶,盖亦可见矣。

清史稿卷二四九
列传第三六

索尼　苏克萨哈　苏纳海　朱昌祚
王登联　白尔赫图　遏必隆　子尹德
鳌拜　弟玛尔赛　班布尔善

　　索尼，赫舍里氏，满洲正黄旗人。父硕色，大学士希福兄也。太祖时，自哈达挈家来归。太祖以其兄弟父子并通国书及蒙、汉文字，命硕色与希福同直文馆，赐号"巴克什"。授索尼一等侍卫。从征界藩、栋鄂。天聪元年，从太宗攻锦州，侦敌宁远，并有功。

　　二年，上亲征喀尔喀，征兵外藩，科尔沁不至。命索尼与侍卫阿珠祜赍谕饬责土谢图额附奥巴。初，奥巴为台吉，入朝，太祖以贝勒舒尔哈齐女妻焉。既而奥巴屡背约，私与明通，复征兵不至。索尼受方略行，既入境，其部人馈以牲，索尼不受，曰："尔汗有异心，尔物岂可食耶？"时奥巴病足，索尼与阿珠祜见公主，以谕旨告。奥巴闻之，扶掖至，佯问曰："此为谁！"索尼曰："吾侪天使也！尔有罪，义当绝。今特以公主故，使来馈问耳。"奥巴顾左右趣具馔，索尼等不顾而出。奥巴恐，使台吉塞冷等请其事。索尼出玺书示之，即令从者先行。奥巴得书大惊，令所属大臣跽留，索尼责以大义，奥巴叩首悔罪，愿入朝。索尼与阿珠祜偕其大臣党阿赖先归奏状，帝甚悦。

　　三年，从大军入关，薄燕京。明督师袁崇焕赴援，列营城东南。贝勒豪格突入阵，敌兵蹙之，矢石如雨。索尼跃马驰入，斩杀甚众，拔豪格破围出。四年,谕降榛子镇、沙河驿,拔永平,守之。五年,擢吏部启心郎。从围大凌河。明兵自锦州来援,败之。六年,从征察哈尔,略大同,取阜台寨。寻予牛录章京世职,仍直内院。崇德八年,考绩,进三等甲喇章京。

太宗崩后五日,睿亲王多尔衮诣三官庙,召索尼议册立。索尼曰:"先帝有皇子在,必立其一。他非所知也。"是夕,巴牙喇纛章京图赖诣索尼,告以定立皇子。黎明,两黄旗大臣盟于大清门,令两旗巴牙喇兵张弓挟矢,环立宫殿,率以诣崇政殿。诸王大臣列坐东西庑,索尼及巴图鲁鄂拜首言立皇子,睿亲王令暂退。英郡王阿济格、豫亲王多铎劝睿亲王即帝位,睿亲王犹豫未允。豫亲王曰:"若不允,当立我。我名在太祖遗诏。"睿亲王曰:"肃亲王亦有名,不独王也。"豫亲王又曰:"不立我,论长当立礼亲王。"礼亲王曰:"睿亲王若允,我国之福。否则当立皇子。我老矣,能胜此耶?"乃定议奉世祖即位。索尼与谭泰、图赖、巩阿岱、锡翰、鄂拜盟于三官庙,誓辅幼主,六人如一体。都统何洛会等讦告肃亲王豪格,王坐废,诏褒索尼不附王,赐鞍马。

顺治元年,从睿亲王入关,定京师。二年,晋二等昂邦章京。睿亲王令解启心郎职,仍理部事。睿亲王方擅政,谭泰、巩阿岱、锡翰皆背盟附之,憾索尼不附。李自成之败也,焚宫殿西走。至是议修建,睿亲王亦营第,勾工庀材,工部给直偏厚,诸匠役皆急营王第。佟机言于王,王怒,欲杀之。索尼力言其无罪,王以是愈憾索尼。英亲王阿济格慢上,目为"八岁幼儿"。索尼以告睿亲王,请罪之。王不许。王尝召诸大臣议分封诸王,索尼持不可。巩阿岱、锡翰进曰:"索尼不欲王平天下乎?"请罪之。王亦不许。索尼发固山额真谭泰隐匿诏旨,谭泰坐削公爵,因讦索尼以内库漆琴与人,及使牧者秣马库院,兼从捕鱼禁门桥下,索尼遂坐罢。

三年,巴牙喇纛章京图赖劾谭泰怨望,词涉索尼。顺治初,大军分道剿贼西安。谭泰后至,无功。及移师江南,谭泰虑勿预,语图赖,甚怏怏。图赖遗书索尼,使启睿亲王,赍书者私发之,恐谭泰获罪,沉诸河。图赖发前事，逮讯赍书者塞尔特，诡云书已达索尼。诸大臣论索尼罪当斩，王亲鞠之。索尼曰："吾前发谭泰匿诏旨罪，顾匿图赖书以庇之乎？"王穷讯赍书者，事得白。寻复世职，然王与谭泰等憾索尼滋甚。五年，值清明，遣索尼祭昭陵，既行，贝子屯齐讦索尼与图赖等谋立肃亲王，论死，未减，夺官，籍其家，即安置昭陵。

八年，世祖亲政，特召还，复世职。累进一等伯世袭，擢内大臣，兼议政大臣、总管内务府。十七年，应诏上言，略谓："小民冤抑，有司不为详审者，请严察，使毋壅于上闻。犯罪发觉，其奉有严旨者，有司辄从重比，不无枉滥。请敕法司详慎，前议福建将士失律罪，在大将军止削一不世袭之拜他喇布勒哈番，而所属将领乃尽夺世职，轻重不平，有乖惩劝，请敕更正。开国诸臣，自拜他喇布勒哈番以上皆有功业，宜予世袭。其后恩诏所知，非有战功，请毋给世袭敕书。在外诸藩，风俗不齐，若必严以内定之例，恐反滋扰，请予以优容。大臣夺据行市。奸宄之徒，投托指引，以攘货财，四方商贾，负担来京，辄复勒价强买。诸王贝勒及大臣私引玉泉山水灌溉，泉流为之竭。边外木植，皆商人雇民采伐。今又为大臣私行强占，致商不聊生。大臣不殚心公事，惟饰宅第。皆请申禁。五城审事官，遇世族富家与穷民讼者，必罪穷民，曲意徇私，不思执法。请严饬毋得枉屈贿庇。"疏入，上以所奏皆实，饬议行。

十八年，世祖崩，遗诏以索尼与苏克萨哈、遏必隆、鳌拜同辅政。索尼闻命，跪告诸王贝勒，请共任国政。诸王贝勒皆曰："大行皇帝深知汝四大臣，委以国家重务，谁敢干预？"索尼等乃奏知皇太后，誓于上帝及大行皇帝前，其辞曰："先皇帝不以索尼、苏克萨哈、遏必隆、鳌拜等为庸劣，遗诏寄托，保翊冲主。索尼等誓协忠诚，共生死，辅佐政务。不私亲戚，不计怨仇，不听旁人及兄弟子侄教唆之言，不求无义之富贵，不私往来诸王贝勒等府受其馈遗，不结党羽，不受贿赂，惟以忠心仰报先皇帝大恩。若各为身谋，有违斯誓，上天殛罚，夺算凶诛。"誓讫，乃受事。

世祖定中国，既亲政，纪纲法度，循太祖、太宗遗制。亦颇取明旧典损益之,务使称国体。四辅臣为政,称旨谕诸王、贝勒、诸大臣,详考太祖、太宗成宪,勒为典章。引世祖遗诏谓:"不能仰法太祖、太宗,多所更张。今当率祖制,复旧章,以副先帝遗意。"乃改内阁翰林院还为内三院,复设理藩院,罢裁太常、光禄、鸿胪诸寺。他举措皆类是。而镶黄、正白两旗互易圈地,兴大狱。四辅臣称旨,亦谓太祖、太宗时,八旗庄田庐舍,依左右翼顺序分给。既入关,睿亲王多尔衮使镶黄旗处右翼之末,正白旗圈地本当属镶黄旗,今还与相易,亦以复旧制。

索尼故不慊苏克萨哈,顾见鳌拜势日张,与苏克萨哈不相容,内怵。又念年已老,多病,康熙六年三月,遂与苏克萨哈、遏必隆、鳌拜共为奏请上亲政。上未即允,而诏褒索尼忠,加授一等公,与前授一等伯并世袭,索尼辞,不许。六月,卒,谥文忠,赐祭葬有加礼。七月,乃下索尼等奏,上亲政,以第五子心裕袭一等伯,法保袭一等公。长子噶布喇官领侍卫内大臣,孝诚皇后父也。十三年,后崩,推恩所生,授一等公世袭。第三子索额图,自有传。

苏克萨哈,纳喇氏,满洲正白旗人。苏纳,叶赫贝勒金台什同族。太祖初创业,来归,命尚主为额附,授牛录额真。累进梅勒额真。天聪初,从太宗征锦州,贝勒莽古尔泰帅偏师卫塔山镶道,苏纳屯塔山西,明兵来攻,击破之。三年,与固山额真武纳格击察哈尔,入境,降其民二千户。闻降者将为变,尽歼其男子,俘妇女八千余,上责其妄杀。蒙古人有自察哈尔逃入明边者,命苏纳以百人逐之,所俘获相当。累进三等甲喇章京。坐隐匿丁壮,削职。寻授正白旗蒙古固山额真。崇德初,从伐明,攻雕鹗、长安诸岭及昌平诸城,五十六战皆捷。又攻破容城。及出边,后队溃,坐罚锾。又从伐朝鲜,击破朝鲜军,俘其将。以朝鲜王出谒时乱班释甲,又自他道还,坐罚锾。寻以谳狱有所徇,坐罢,仍专管牛录事。顺治五年,卒。

苏克萨哈初授牛录额真。崇德六年,从郑亲王济尔哈朗围锦州,明总督洪承畴师赴援,太宗亲帅大军蹙之。苏克萨哈战有功,授牛录章京世职,晋三等甲喇章京。顺治七年,世祖命追复苏纳世职,以苏克萨哈并袭为三等阿思哈尼哈番。寻授议政大臣,进一等,加拖沙喇哈番。苏克萨哈隶睿亲王多尔衮属下。王薨,苏克萨哈与王府护卫詹岱等讦王谋移驻永平诸逆状,及殡敛服色违制,王坐是追黜。是年,擢巴牙喇纛章京。

十年,孙可望寇湖广,命苏克萨哈偕固山额真辰泰禁旅出镇湖南,与经略洪承畴会剿。十二年,刘文秀遣其将卢明臣等分兵犯岳州、武昌。苏克萨哈邀击,大败之。文秀引兵寇常德,战舰蔽江。苏克萨哈六战皆捷,纵火焚其舟,斩获甚众。明臣赴水死,文秀走贵州。叙功,晋二等精奇尼哈番,擢领侍卫内大臣,加太子太保。

圣祖立,受遗诏辅政。时索尼为四朝旧臣,遏必隆、鳌拜皆以公爵先苏克萨哈为内大臣,鳌拜尤功多,意气凌轹,人多惮之。苏克萨哈以额附子入侍禁廷,承恩眷,班行亚索尼,与鳌拜有姻连,而论事辄龃龉,浸以成隙。鳌拜隶镶黄旗,与正白旗互易庄地,遂兴大狱。大学士兼户部尚书苏纳海、总督朱昌祚、巡抚王登联坐纷更阻挠,下刑部议罪,以律无正条,请鞭责籍没。上览奏,召辅臣议,鳌拜请置重典,索尼、遏必隆不能争,独苏克萨哈不对。上因不允。鳌拜卒矫命,悉弃市。

鳌拜以苏克萨哈与相抗,憾滋甚。鳌拜日益骄恣,苏克萨哈居常怏怏。六年,上亲政,加恩辅臣。越日,苏克萨哈奏乞守先帝陵寝,庶得保全余生。有旨诘问,鳌拜与其党大学士班布尔善等诬诪以怨望,不欲归政,构罪状二十四款,以大逆论,与其长子内大臣查克旦皆磔死,余子六人,孙一人,兄弟子二人皆处斩,籍没。族人前锋统领白尔赫图、侍卫额尔德皆斩。狱上,上不允。鳌拜攘臂上前,强奏累日,卒坐苏克萨哈处绞,余悉如议。八年,鳌拜败,诏以苏克萨哈虽有罪,不至诛灭子孙,此皆鳌拜挟仇所致,命复官及世爵,以其幼子苏常寿袭。

苏纳海,他塔喇氏,满洲正白旗人。由王府护卫擢弘文院学士,累迁工部尚书,加太子少保。圣祖即位,拜国史院大学士,兼管户部。时鳌拜擅权,以苏纳海不阿附,嗛之。寻鳌拜欲以蓟、遵化、迁安正白旗诸屯庄改拨镶黄旗,而别圈民地益正白旗,使旗人诉请牒户部。苏纳海持不可,谓旗人安业已久,且奉旨不许再圈民地,宜罢议。鳌拜益衔之,矫旨遣贝子温齐等履勘。旋以镶黄地不堪耕种疏闻,遂遣苏纳海会直隶总督朱昌祚、巡抚王登联董理其事。昌祚、登联交章请停圈换,苏纳海亦言屯地难丈量,候明诏进止。鳌拜遂坐以藐视上命,并弃市。鳌拜获罪,昭雪复官,谥苏纳海襄愍,昌祚勤愍,登联悫愍。

昌祚,字云门,汉军镶白旗人。顺治初,官宗人府启心郎。十八年,以工部侍郎巡抚浙江,清廉沉毅。平寇盗,拨荒地,给濒海内徙居民开垦,免其所弃田亩丁粮,戒所司藉端苛敛,浙人德之。康熙四年,擢直隶、山东、河南三省总督。圈地议起,旗民失业者数十万人。昌祚抗疏力言其不便,卒以冤死。祀直隶、浙江名宦。

登联,字捷轩,汉军镶红旗人。自贡生授河南郑州知州,荐擢山东济宁道,累迁大理寺卿。顺治十七年,授保定巡抚。严缉捕,盗贼屏息。康熙五年,以京东诸路圈地扰民,疏请停止,言甚痛切。民闻其死,甚哀之。祀直隶名宦。

白尔赫图,初由噶布什贤壮达授兵部副理事官。崇德间,屡从征有功,擢噶布什贤章京。顺治元年,入关击李自成,败贼将唐通于一片石,多斩获。寻从豫亲王多铎西剿流寇,克潼关。移师江南,徇苏州,略定浙江、福建。五年,从郑亲王济尔哈朗征湖南,大破贼于湘潭,平宝庆、武冈。累功晋一等阿达哈哈番,擢噶布什贤噶喇依昂邦。

十五年,从信郡王多尼征贵州,屡陷阵,进克云南。逾年,率兵取永昌府,渡潞江,败李定国,遂克腾越州。明桂王由榔及定国、白文选俱遁入缅甸。信郡王班师,白尔赫图留驻云南。定国入犯约,降将高应凤内应,以由榔印札诱元江土司那嵩叛,白尔赫图往剿,斩应凤于阵,那嵩自焚。赐白金、鞍马。十八年,与定西将军爱星阿会师木邦,缅人献由榔至军中。康熙元年,诏班师。进一等阿思哈尼哈番。

后苏克萨哈为鳌拜构陷，以白尔赫图为其族弟，竟被祸。八年，上以白尔赫图无罪枉坐，追复故官世职。寻其子一等侍卫罗铎讼其父云南战功为鳌拜所抑，未予优叙，诏晋三等精奇尼哈番，赐祭葬，谥忠勇。

遏必隆，钮祜禄氏，满洲镶黄旗人。额亦都第十六子，母和硕公主。天聪八年，袭一等昂邦章京，授侍卫，管牛录事。贝勒尼堪福晋，遏必隆兄图尔格女也，无子，诈取仆妇女为己生。事发，遏必萨坐徇庇，夺世职。崇德六年，从太宗伐明，营松山，筑长围守之。明总兵曹变蛟率步骑突围，迭败之。夜三鼓，变蛟集溃卒突犯御营，遏必隆与内大臣锡翰等力战，殪十余人，变蛟负创走，论功，得优赏。七年，从饶余贝勒阿巴泰等入长城，克蓟州，进兵山东，攻夏津，先登，拔之。予牛录章京世职。

顺治二年，从顺承郡王勒克德浑剿李自成兄子锦于武昌，拔铁门关，进二等甲喇章京。五年，兄子侍卫科普索讦其与白旗诸王有隙，设兵护门，夺世职及佐领。世祖亲政，遏必隆讼冤，诏复职。科普索旋获罪，以所袭图尔格二等公爵令遏必隆并袭为一等公。寻授议政大臣，擢领侍卫内大臣，累加少傅兼太子太保。十八年，受遗诏为辅政大臣。

康熙六年，圣祖亲政，加恩辅臣，特封一等公，以前所袭公爵授长子法喀，赐双眼花翎，加太师。屡乞罢辅政，许之。四大臣当国，鳌拜独专恣，屡矫旨诛戮大臣。遏必隆知其恶，缄默不加阻，亦不劾奏。八年，上逮治鳌拜，并下遏必隆狱。康亲王杰书谳上遏必隆罪十二，论死。上宥之，削太师，夺爵。九年，上念其为顾命大臣，且勋臣子，命仍以公爵宿卫内廷。十二年，疾笃，车驾亲临慰问。及卒，赐祭葬，谥恪僖，御帛碑文，勒石墓道。十七年，孝昭皇后崩，遏必隆为后父，降旨推恩所生，敕立家庙，赐御书榜额。五十一年，上以遏必隆初袭额亦都世职，命其第四子尹德袭一等精奇尼哈番。

尹德初自佐领授侍卫，从圣祖征噶尔丹，扈跸宁夏，寻自都统擢领侍卫内大臣，兼议政大臣。雍正五年，以病乞休，许致仕。未几卒，谥悫敬。尹德恭谨诚朴，宿卫十余年，未尝有过。兼袭图尔格二等公，岁禄所入，以均宗族，人皆贤之。寻祀贤良祠。乾隆元年，诏晋一等公。

鳌拜，瓜尔佳氏，满洲镶黄旗人。卫齐第三子。初以巴牙喇壮达从征，屡有功。天聪八年，授牛录章京世职，任甲喇额真。崇德二年，征明皮岛，与甲喇额真准塔为前锋，渡海搏战，敌军披靡，遂克之。命优叙，进三等梅勒章京，赐号"巴图鲁"。六年，从郑亲王济尔哈朗围锦州，明总督洪承畴赴援。鳌拜辄先陷阵，五战皆捷，明兵大溃，追击之，擒斩过半。功最，进一等，擢巴牙喇纛章京。八年，从贝勒阿巴泰等败明守关将，进薄燕京，略地山东，多斩获。凯旋，败明总督范志完、总兵吴三桂军。叙功，进三等昂邦章京，赍赐甚厚。

顺治元年，随大兵定燕京。世祖考诸臣功绩，以鳌拜忠勤戮力，进一等。二年，从英亲王阿济格征湖广，至安陆，破流贼李自成。进征四川，斩张献忠于阵。下遵义、夔州、茂州诸郡县。五年，坐事，夺世职。又以贝子屯齐讦告谋立肃亲王，私结盟誓，论死。诏宥之，罚锾自赎。是年，率兵驻防大同，击叛镇姜瓖，迭败之，克孝义。七年，复坐事，降一等阿思哈尼哈番。

世祖亲政，授议政大臣，累进二等公，予世袭。擢领侍卫内大臣，累加少傅兼太子太傅。十八年，受顾命辅政。既受事，与内大臣费扬古有隙，又恶其子侍卫倭赫及侍卫西住、折克图、觉罗塞尔弼同直御前，不加礼辅臣。遂论倭赫等擅乘御马及取御用弓矢射鹿，并弃市。又坐费扬古怨望，亦论死，并杀其子尼侃、萨哈连，籍其家，以与弟都统穆里玛。

初入关，八旗皆有分地。睿亲王多尔衮领镶黄旗，定分地在雄、大城、新安、河间、任邱、肃宁、容城诸县。至是已二十年，旗、民相安久。鳌拜以地确，倡议八旗自有定序，镶黄旗不当处右翼之末，当与正白旗蓟、遵化、迁安诸州县分地相易。正白旗地不足,别圈民地补之。中外皆言不便。苏克萨哈为正白旗人,与相抗尤力。鳌拜怒,悉逮苏纳海等,弃市。事具《苏克萨哈传》。又追论故户部尚书英俄尔岱当睿亲王摄政时阿王意,授分地乱序,并及他专擅诸事,夺世职。时有窃其马者,鳌拜捕斩之,并杀御马群牧长。怒蒙古都统俄讷、喇哈达、宜理布于议政时不附己,即令蒙古都统不与会议。

鳌拜受顾命,名列遏必隆后,自索尼卒,班行章奏,鳌拜皆首列。日与弟穆里玛,侄塞木特、讷莫及班布尔善、阿思哈、噶褚哈、玛尔赛、泰必图、济世、吴格塞等党比营私,凡事即家定议,然后施行。侍读熊赐履应诏陈时政得失,鳌拜恶之,请禁言官不得陈奏。上亲政,加一等公,其子纳穆福袭二等公。世祖配天,加太师,纳穆福加太子少师。鳌拜益专恣。户部满尚书缺员,欲以命玛尔赛,上别授玛希纳。鳌拜援顺治间故事,户部置满尚书二,强请除授。汉尚书王宏祚领部久,玛尔赛不得自擅,乃因事龃龉而去之。卒,又擅予谥忠敏。工部满尚书缺员,妄称济世才能,强请推补。

八年,上以鳌拜结党专擅,勿思悛改,下诏数其罪,命议政王等逮治。康亲王杰书等会谳,列上鳌拜大罪三十,论大辟,并籍其家,纳穆福亦论死。上亲鞫俱实,诏谓:“效力年久,不忍加诛,但褫职籍没。”纳穆福亦免死,俱予禁锢。鳌拜死禁所,乃释纳穆福。

五十二年,上念其旧劳,追赐一等阿思哈尼哈番,以其从孙苏赫袭。苏赫卒,仍以鳌拜孙达福袭。世宗立,赐祭葬,复一等公,予世袭,加封号曰“超武”。乾隆四十五年,高宗宣谕群臣,追核鳌拜功罪,命停袭公爵,仍袭一等男。并命当时为鳌拜诬害诸臣有褫夺世职者,各旗察奏,录其子孙。

穆里玛,卫齐第六子。卫齐卒,袭世职牛录章京,授一等侍卫。顺治初,迁甲喇额真。世职累进一等阿达哈哈番,兼拖沙喇哈番。从征金声桓,克饶州,遂下南昌。十七年,擢工部尚书,并授本旗满洲都统。李自成将李来亨等降于明,窜伏郧、襄山中,出劫掠为寇。康熙二年,授穆里玛靖西将军,图海定西将军,率师讨之。来亨拥众据

茅麓山，穆里玛督兵攻围，九战皆捷。来亨等夜袭总督李国英、提督
郑蛟麟营，穆里玛赴援，大破之。来亨自焚死，余众降。论功，超进
一等阿思哈尼哈番。鳌拜得罪，坐死。

　　班布尔善，太祖诸孙辅国公塔拜子也。初封三等奉国将军，累
进辅国公。康熙六年，以领侍卫内大臣拜秘书院大学士，谄事鳌拜，
及事败，王大臣劾奏班布尔善大罪二十一，坐绞。

　　同时坐鳌拜党罪至死者，吏部尚书阿思哈、侍郎泰必图、兵部
尚书噶褚哈、工部尚书济世、内秘书院学士吴格塞及鳌拜侄塞木
特、讷莫、玛尔赛，追夺官爵，削谥。

　　论曰：四辅臣当国时，改世祖之政，必举太祖、太宗以为辞。然
世祖罢明季三饷，四辅臣时复征练饷，并令并入地丁考成。此非太
祖、太宗旧制然也，则又将何辞？索尼忠于事主，始终一节，锡以美
谥，诚无愧焉。苏克萨哈见忌同列，遂致覆宗。遏必隆党比求全，几
及于祸。鳌拜多戮无辜，功不掩罪。圣祖不加诛殛，亦云幸矣。

清史稿卷二五〇
列传第三七

李霨　孙廷铨　杜立德

冯溥　王熙 弟燕　吴正治

黄机　宋德宜 子骏业　伊桑阿

子伊都立　阿兰泰 子富宁安

徐元文 弟秉义

　　李霨,字坦园,直隶高阳人,明大学士国𬤵子。少孤,劬学自厉。顺治三年,成进士,选庶吉士,授检讨,进编修。十年,世祖亲试习国书翰林,霨列上等,擢中允。累迁秘书院学士。时初设日讲官,霨与学士麻勒吉、胡兆龙,侍读学士折库纳,洗马王熙,中允方悬成、曹本荣等并入直。寻充经筵讲官。十五年,拜秘书院大学士。内三院改内阁,以霨为东阁大学士,兼工部尚书,加太子太保。以票拟疏误,镌四秩。未几,复官,任事如故。偕大学士巴哈纳等校定律例。

　　十八年,圣祖即位,复内三院,以霨为弘文院大学士。时四大臣辅政,决机务,或议事龃龉。霨辄默然,既乃出片言定是非,票拟或未当,不轻论执。每于谈笑间婉言曲喻,徐使更正。其间调和匡救,保护善类,霨有力焉。

　　康熙八年夏,旱,奉诏清刑狱,释系囚,多所平反。明年,复内阁。霨以保和殿大学士兼户部尚书。与修《世祖实录》,充总裁官。

十一年，书成，赐银币、鞍马，晋太子太傅。未几，三藩叛，继以察哈尔部作乱。上命将出征，凡机密诏旨，每口授霨起草，退直尝至夜分，或留宿阁中。所治职务，出未尝告人，忠谨慎密，始终匪懈。二十一年，重修《太宗实录》成，进太子太师。

台湾初定，提督施琅请设官镇守，廷议未决。有谓宜迁其人、弃其地者。上问阁臣，霨言："台湾孤悬海外，屏蔽闽疆。弃其地，恐为外国所据，迁其人，虑有奸宄生事。应如琅议。"上韪之。二十三年，卒，谥文勤。

霨弱冠登第，大拜时年裁三十有四，风度端重，内介外和。久居相位，尤娴掌故，眷遇甚厚。四十九年，上追念前劳，超擢其孙工部主事敏启为太常寺少卿。

孙廷铨，初名廷铉，字枚先，山东益都人。明崇祯进士，任永平推官。顺治元年，授天津推官。二年，以巡抚雷兴荐，擢吏部主事，历郎中。与曲沃卫周祚同官文选司，有声于时。累迁左通政。十年，擢户部侍郎。以大学士洪承畴荐，召对。寻坐事，罚俸，论告归。还朝，改兵部，擢尚书。

十三年，调户部。廷铨以岁会无总录，无以剂盈绌之宜，殚心综核，钱谷旧隶诸部者，各还所司，条贯厘然。岁会之成自此始。十四年，疏言："山东、河南荒田，请招民垦辟。其已熟者，清厘赋额，无使隐漏。"上从其言。

十五年，调吏部，加太子太保。十六年，谕奖其勤劳，加少保。廷铨疏请复学道升补旧制，下所司集议，如廷铨请。时吏部铨除，一事数例，吏胥因缘为奸。给事中杨雍建、胡尔恺、黏本盛、孙际昌、王启祚，御史许劼昕，交章发其弊，且劾廷铨因循为所蔽，夺加衔，罚俸。十七年，疏言："新辟边疆员缺，督抚委用，即予实授，与部选之员，一体迁转。莅事未久，辄移内地，请定为试署二年，乃予实授。"又言："司道不宜轻易，非大计处分及贪酷被纠者，遇降革，仍留任。"皆从之。又因旱，疏请宽考成，兴屯政。上命兵部议屯政，而询廷铨请宽考成议中有云"积资累荐,弃以一眚"语,何所指?廷铨言:"积疲州县,久累人材,宜稍宽减观后效,非为处分人员求免。"

世祖崩,二十七日制满。廷铨发议尊皇太后为太皇太后,上所生母为皇太后,率九卿上请举大礼疏。及议大行皇帝谥号,廷铨曰:"大行皇帝龙兴中土,混一六合,功业同于开创。宜谥为高皇帝。"众皆和之。而辅臣鳌拜持异议,遂定谥章皇帝。时太祖谥武皇帝,故廷铨议如是。时论颇归之。

康熙二年,拜秘书院大学士。奉职勤慎,终岁未尝休沐。逾年,以父母年老,解职归养,闭户却扫,不与外事。十三年,卒,谥文定。

杜立德,字纯一,直隶宝坻人。明崇祯进士。顺治元年,以顺天巡抚宋权荐,授中书科中书。二年,考选户科给事中。疏陈:"治平之道有三:一曰敬天。君为天之子,当修省以迓天休。今秦、晋,燕畿水旱风雹,天心示警。凡开诚布公,懋德敦行,皆敬天事也。一曰法古。古者事之鉴,是非定于一时,法则昭于百代。故合经而后能权,遵法而后能创。凡建学明伦,立纲陈纪,皆法古事也。一曰爱人。自大臣以至百姓,宜一视同仁。且无论新旧,悉存弃短取长之心。凡亲贤纳谏,尚德缓刑,皆爱人事也。"上以其有裨治理,深嘉纳之。又累疏言:"牧民之官,宜久任以验成功。凡遇赈蠲,宜分别款项,豫行颁示,使小民咸喻,胥吏不能为奸。""条编法简易便民。军兴草豆无定额,宜敕部定价值,使民先事为备。"皆下部议行,累迁户科都给事中。疏言:"漕运丛弊,今漕臣库礼搜获运官使费册三十本送部。请敕穷究,以厘奸弊。"再迁吏科都给事中。八年,疏请举行经筵,择廷臣经明行修者为讲官,以裨圣治。又请定朝期,肃禁地,杜加派。上甚韪之。

初,睿亲王多尔衮摄政,给事中许作梅,御史吴达、李森先、桑芸等交章劾大学士冯铨奸贪状,疏上旬日,未下廷议。立德请令满、汉大臣集议,以申公论,鼓直言之气。并及马士英、阮大铖、宋企郊等,在前朝或纳贿招权,或煽恶流毒,今并逃逃,宜急捕诛,以彰法纪。下刑部，以事在赦前，寝其议。圣祖亲政，铨既黜。立德因言作梅等前以劾铨为所切齿，又佥都御史赵开心素为铨所忌，相继构陷去官，乞矜察。由是开心等俱起用。

立德寻迁太常寺少卿，超擢工部侍郎，调兵部。畿辅水灾，奉诏振济大名，全活甚众。再调吏部，以父忧去。坐兵部任违误，镌秩调用。服阕，除太仆寺卿，擢刑部侍郎。十六年，加太子少保衔。领侍卫内大臣额尔克岱青家奴缚侍卫诬诉，部议罪侍卫，下内大臣索尼等察实，立德夺加衔。十六年，擢尚书。

立德治狱仁恕，上闻其用法平。深嘉之。尝入对，既出，上顾左右曰：“此新授刑部尚书杜立德也！不贪一钱，亦不妄杀一人。”康熙元年，调户部。考满，复加太子少保。三年，调吏部。八年，拜国史院大学士。圣祖亲政，乾清宫成，择日临御，钦天监奏吉神在隅，不宜从中门入。立德言：“紫微帝星所在，吉神拱向。皇上迁正新宫，臣庶观瞻，应从中门入。监臣所奏非是。”上从其言。九年，改保和殿大学士，兼礼部尚书，进太子太傅。

三藩事起，立德与李霨、冯溥参预机务。从容整暇，中外相安。广东平，所司具正杂赋税之数以闻。立德言：“广东杂税多尚之信所加，为民间大累，非朝廷正额。今变乱甫定，宜与民休息。其除之便。”上从之。十八年，自陈乞休。其秋地震，复请罢，诏辄慰留。云南平，议颁恩赦，立德告病未与议，遣大臣持诏旨就其家谘询，俟还奏乃下诏。一日，上顾阁臣，谓在廷诸臣谁堪大用者？立德面疏数人以对。比退，人讶其不稍引嫌，答曰：“自筮仕以来，惟此心可邀帝鉴。他非所计也。”

二十一年夏，复乞休，上许之，赐御制诗及“怡情洛社”篆章，驰驿遣行人护归。《太宗实录》成，进太子太师，赐银币、鞍马。二十六年，太皇太后丧，立德诣京师哭临，上念其老病不任拜起，命学士张英扶掖以行，慰劳甚至。三十一年，卒，年八十一。上闻，谕大学士曰：“杜立德秉性厚重，行事正大，直言敷奏，不肯苟随同列。可谓贤臣！”赐祭葬如礼，谥文端。三十九年，帝南巡，其子恭俊迎驾三河，上问立德葬所,手书"永言惟旧"四字赐之,命揭诸阡。恭俊官广信知府,好义,善济人急。

冯溥,字孔博,山东益都人。顺治三年进士,选庶吉士,授编修。累迁秘书院侍读学士,直讲经筵。世祖幸内院,顾大学士曰:"朕视冯溥乃真翰林也!"十六年,擢吏部侍郎。会各省学道缺,部郎不足,以知府补之。已,会礼部议奏,时尚书孙廷铨、侍郎石申并乞假。给事中张维赤因劾溥徇私,溥疏辨。上曰:"朕知溥不为也!"置勿问。明年,京官三品以上自陈,忽严旨黜满尚书科尔坤及两侍郎,独留汉官在部。溥与廷铨疏言:"部事满、汉同治,今满臣得罪,汉臣安得免乞,并黜。"诏供职如故。

康熙初,停各省巡按,议每省遣大臣二人廉察督抚。吏部尚书阿思哈、侍郎泰必图议设公廨,颁册印。溥谓:"国家设督抚,皆重臣。今谓不可信,复遣两大臣监之。权既太重,势复相轧,保无属吏仰承左右启隙端?"泰必图性暴伉,闻溥言,恚,瞋目攘臂起。溥徐曰:"会议也,独不容吾两议耶?且可否自有上裁,岂敢专主?"疏入,上然溥言,事遂寝。御史李秀以考绩黜,后夤缘得复官,劾溥为故相刘正宗党,主铨时违例徇私。溥疏辨,严旨责秀诬讦。六年,迁左都御史。内阁有红本,已发科钞,辅臣鳌拜取回改批。溥抗言:"本章既批发,不便更改。"鳌拜欲罪之,上直溥,戒辅臣详慎。盛京工部侍郎缺,已会推,奉旨以规避者多,不旬日三易其人。溥疏言:"王言不宜反汗,当慎重于未有旨之先,不当更移于已奉旨之后。"首辅班布尔善寝其奏,上闻,取溥疏览之,称善,饬部施行。

八年夏,旱应诏陈言,请省刑薄税。略谓:"古者罪人不孥,今一事牵连佐证,或数人,或数十人。往往本犯尚未审明,而被累致死者已多。且或迟至七八年尚未结案,遂致力穑供税之人,抛家失业。请敕部严禁。百姓之财,不过取之田亩。今正月已开征,旧税之逋甫偿,新岁之田未种,钱粮从何办纳?请敕部酌议。自后征赋,缓待夏秋。"下户、刑二部议。刑部议,承审强盗,人命重案,限一年速结,不得牵累无辜，督抚及承审官隐漏迟延皆有罚。户部议，春季兵饷不能待至夏秋，仍旧例便。得旨："俟国用充足，户部奏请更定。"户部吏陈一魁冒领清苑等县钱粮事发，溥言："钱粮者百姓之脂膏也，其已输在官，则朝廷之帑藏也。若任胥吏侵盗，职掌谓何？请严定所司处分，惩前毖后。"擢刑部尚书。十年，拜文华殿大学士。疏言："直隶、山东、河南、山西、陕西米麦丰收，谷价每斗值银三四分。当此丰稔之时，宜广积贮，以备凶年。"

先是溥以衰病累疏乞休，上曰："卿六十四岁，未衰也。俟七十乃休耳。"自吴三桂反，军事旁午，乃不敢复言。十四年，建储礼成，内阁议恩赦，满大臣以八旗逃人应不赦。溥不可，遂两议以进。诏下阁臣画一奏闻，有谓当从满大臣议者，溥持之力，仍以两议进。上卒从之。十七年，福建平，溥以年届七十，复申前请。上仍慰留。二十一年秋，诏许致仕，遣官护行驰驿如故事。比将归，诣阙谢，赐游西苑，内侍携酒果，所至坐饮三爵。临发，疏请清心省事，与民休息，言甚切，温旨报闻。赐御制诗及"适志东山"篆章，命讲官牛纽、陈廷敬传谕曰："朕闻山东仕于朝者，彼此援引，造为议论，务有济于私，又居乡多扰害地方。朕审知其弊。冯溥久居禁密，可教训子孙，务为安静。"《太宗实录》成，加太子太傅。三十年，卒，年八十三，谥文毅。

溥居京师，辟"万柳堂"，与诸名士觞咏其中。性爱才，闻贤能，辄大书姓名于座隅，备荐擢。一时士论归之。

王熙，字子雍，顺天宛平人。父崇简，明崇祯十六年进士。顺治三年，以顺天学政曹溶荐，补选庶吉士，授检讨。累迁礼部尚书，加太子少保。尝疏请赐溢明季殉难范景文、蔡懋德等二十八人。又议帝王庙罢宋臣潘美、张浚从祀，北岳移祀浑源，皆用其议。十八年，引疾解职。康熙十七年，卒，谥文贞。

熙，顺治四年进士，选庶吉士，授检讨。累迁右春坊谕德。召直南苑。译《大学衍义》，充日讲官，进讲称旨。累擢弘文院学士。时崇简方任国史院学士，上曰："父子同官，古今所罕。以尔诚恪，特加此恩。"十五年，擢礼部侍郎，兼翰林院掌院学士。考满，加尚书衔。时崇简为尚书，父子复同官。十八年正月，上大渐，召熙至养心殿撰遗诏，熙伏地饮泣，笔不能下。上谕勉抑哀痛，即御榻前先草第一条以进。寻奏移乾清门撰拟，进呈者三，皆报可。是夕上崩，圣祖嗣位，熙改兼弘文院学士。

康熙五年，迁左都御史。时三藩拥兵逾制，吴三桂尤崛强，擅署官吏，浸骄蹇，萌异志。子应熊，以尚主居京师，多聚奸人，散金钱，交通四方。熙首疏请裁兵减饷，略言："直省钱粮，半为云、贵、湖广兵饷所耗。就云、贵言，藩下官兵岁需俸饷三百余万，本省赋税不足供什一，势难经久。臣以为滇、黔已平，绿旗额兵亟宜汰减，即藩下余丁，亦宜散遣屯种，则势分而饷亦裕。"复疏言："闽、广、江西、湖广等省官吏，挟赀贸易，与民争利。或指称藩下，依势横行。宜饬严禁。"又言："近例招民百家送至盛京，得授知县。不肖奸人，借赀为市，贻害地方，宜改给散秩。见任官吏捐输银米，博取议叙，名出私橐，实取诸民，宜一切报罢。"上俱从之。

七年夏，旱，金星昼见，诏求直言。熙疏言："世祖章皇帝精勤图治，诸曹政务，皆经详定。数年来有因言官条奏改易者，有因各部院题请更张者，有会议兴革者，则例繁多，官吏奉行，任意轻重。请敕部院诸司详察见行事例，有因变法而滋弊者，悉遵旧制更正。其有从新例便者，亦条晰不得不然之故，裁定画一。"上命各部院条议，遵旧制，删繁例，凡数十事。迁工部尚书。

十二年，调兵部。是年冬，三桂反，京师闻变，都城内外一夕火四起，皆应熊党为之也。明年三月，用熙言诛应熊。寻命熙专管密本。汉臣与闻军机自熙始。十七年，以父忧去。二十一年，即家拜保和殿大学士，兼礼部尚书。时三藩既平，熙以和平宽大，宣上德意，与民休息。造次奏对，直陈无隐，上每倾听。《太祖实录》成，加太子太傅。三十一年，以疾累疏乞休，温旨慰留。四十年，诏许致仕，晋少傅。明年上元节，赐宴其家，遣官赍手敕存问。四十二年，卒，上命皇长子直郡王允禔、大学士马齐临丧,行拜奠礼,举哀酹酒,恩礼有加,谥文靖。

熙持大体,有远虑。平定三藩后,开方略馆。一日,上谕阁臣:"当三桂反时,汉官有言不必发兵,七旬有苗格者。"又其时汉官多移妻子回家,顾学士韩菼曰:"汝为朕载之!"菼退而皇恐。熙乃昌言阁中曰:"有苗格乃会议时魏象枢语。告者截去首尾,遂失其本意。然如其言,岂非误国?移家偶然耳,日久何从分别,其移者岂非背主?汉官负此两大罪,何颜立朝。"翌日入见,执奏如阁中语,上许之。

熙子克善、克勤,皆世祖命名。克善能文,熙不令与试。遇乡、会典试,熙辄注假,以圣祖方恶汉人师生之习,故尤慎之。二十七年,典会试,盖特命也。雍正中,入祀贤良祠。

弟燕,字子喜,以父荫,任户部郎中。出为镇江知府,擢江苏按察使,治狱称平。迁湖广布政使,巡抚贵州,建学设官,减赋税,教养兼施,善拊循苗人,颁条教,饬州县无纵奸人诡索土司。抚黔三年,移疾归,卒。

吴正治,字当世,湖北江夏人。顺治六年进士,选庶吉士,授国史院编修。丁母忧,服阕,起故官。迁右庶子。十五年,特简翰林官十五人外用,正治与焉,得江西南昌道。迁陕西按察使。所至以清廉执法著称。十七年,内擢工部侍郎,调刑部。平亭疑狱,释江南逋赋无辜诸生二百余人。疏论奉行赦款宜速,丈量田地宜停,禁状外指扳,严妇女私嫁,皆著为令。

康熙八年,以父忧去。起兵部督捕侍郎,充经筵讲官。十二年,迁左都御史。疏言:"缉逃事例,首严窝隐。一有容留,虽亲如父子,即坐以罪,使小民父子视若仇雠。伏读律有亲属容隐之条,惟叛逆者不用此律。逃人乃旗下家人之事,与叛逆轻重相悬。请自今有父子窝逃,被人举发者,逃犯治罪,免坐窝隐。若容留逾旬,父子首报者,逃犯依自首例减罪。则首报者多,逃人易获。朝廷之法与天性之恩，两不相悖矣。"又言："今岁雨泽愆期，方事祈祷。近因直隶多盗，廷议于玉田、滦州、霸州、雄县增设驻防旗兵，构建营房，劳民动众，应暂停止。俟农隙时酌行。"疏入，下部议，俱如所请。先是睿亲王多尔衮当国，严旗下逃人之禁。鳌拜继之，禁益严。株连穷治，天下嚣然，而圈地建营房，凡涉旗务，汉大臣莫敢置喙，自正治疏出，逃人禁稍宽，营房亦罢建，世多以是称之。

寻迁工部尚书，调礼部。十八年，自陈乞休，诏嘉其端勤诚慎，慰留之。二十年，拜武英殿大学士。时修《太祖实录》、《圣训》、《会典》、《方略》、《一统志》，俱充总裁官，加太子太傅。

正治守成法，识大体。一日，圣祖阅朝审册，有以刃刺人股致死而抵法者。上曰："刺股伤非致命，此可宽也。"正治对曰："当念死者之无辜。"他日，又阅册，有囚当死。上问此囚尚可活否？众皆以情实对。正治曰："皇上好生之德，臣等敢不奉行。"退而细勘，得可矜状，遂从末减。二十六年，复疏乞休，诏许原官致仕。三十年，卒，谥文僖。

黄机，字次辰，浙江钱塘人。顺治四年进士，选庶吉士，授弘文院编修。世祖幸内院，询机里籍官职，命与侍讲法若真、修撰吕宫、编修程芳朝撰《柳下惠不以三公易其介论》，上览毕，赐茶。授左中允。寻迁弘文院侍读。

十二年，机疏言："自古仁圣之君，必祖述前谟，以昭一代文明之治。今纂修太祖、太宗《实录》告成，乞敕诸臣校定所载嘉言嘉行，仿《贞观政要》、《洪武宝训》诸书，辑成治典，颁行天下。尤愿万机之暇，朝夕省览。法开创之维艰，知守成之不易，何以用人而收群策之效？何以纳谏而宏虚受之风？何以理财而裕酌盈剂虚之方？何以祥刑而无失出失入之患？力行身体，则动有成模，绍美无极。"上俞之，诏辑太祖、太宗《圣训》，以机充纂修官。累迁国史院侍读学士，擢礼部侍郎。

康熙六年，进尚书。疏言："民穷之由有四：杂捐私派，棍徒吓诈，官贪百兵横。请严察督抚，举劾当否，以息贪风，苏民命。各省藩王、将军、提、镇有不法害民之事，许督抚纠劾。请饬破除情私，毋更因循，贻误地方。"七年，调户部，再调吏部。机以疏通铨法，议降补官对品除用，为御史季振宜所劾。既而给事中王曰温劾故庶吉士王彦，即机子黄彦博，欺妄，应罢黜。机以彦与彦博姓名不同，且彦博死已久，疏辨，得免议。寻以迁葬乞假归，而论者犹不已。

十八年，特召还朝，以吏部尚书衔管刑部事。御史张志栋言机老成忠厚，然衰迈，恐误部事，应令罢归。上以志栋言过当，命机供职如故。明年，授吏部尚书。以年老请告，诏慰留。二十一年，拜文华殿大学士，兼吏部。逾年，复乞休，许以原官致仕，遣官护行驰驿如故事。二十五年，卒，谥文僖。

宋德宜，字右之，江南长洲人。父学朱，明御史，巡按山东，死于难。德宜年十七，伏阙请泹，与兄德宸、弟德宏并著文誉。顺治十二年，成进士，选庶吉士，授编修。累迁国子监祭酒，严立条教，六馆师生咸敬惮之。圣祖亲政，释奠太学，御彝伦堂，命德宜东向坐，讲《周易乾卦》辞，称旨。迁翰林院侍读学士，擢内阁学士。

德宜风度端重，每奏事，辄当上意。康熙十一年，扈跸塞外，上从容询及江南逋赋之由，德宜极言苏、松赋役独重，民力凋敝。上为动容。诏明年蠲苏、松四府钱粮之半。迁户部侍郎，发龙江关大使李九官馈遗。上嘉其不私，褫九官职。寻调吏部。

十五年，擢左都御史。时陕、甘、闽、粤渐已底定，惟吴三桂未平。德宜疏言："三桂所恃，不过枪炮，枪炮专藉硝黄。硝黄产自河南、山西，必奸民图利私贩，请饬严禁。"上以督、抚、提、镇稽察不严，下兵、刑二部严定处分。德宜又疏言："频年发帑行师，度支不继。皇上允廷臣之请，开例捐输。三年所入，二百万有余。捐纳最多者，莫如知县，至五百余人。始因缺多易得，踊跃争趋。今见非数年不得选授，徘徊观望。请敕部限期停止，慎重名器。"又疏言："沿海居民，以渔为生。佐赋税，备灾荒，而利用通商，又立市舶之制。本朝以海氛未靖，立禁甚严。近者日就荡平，宜及此时招携抚恤。沿海居民，以捕鱼为业。商人通贩海岛，皆许其造船出海，官给印票，仿旧例输税。人口商货，往来出入，咸稽核之。”事并下所司议行。

十七年，疏言：“自三桂煽乱，各路统兵大将军以下，亦有玩寇殃民，营私自便。或越省购买妇女，甚者掠夺民间财物，稍不如意，即指为叛逆。今当克期灭贼，尤恐借端需索。请严饬。”上下王大臣申禁。山东提督柯永蓁纵兵鼓噪，德宜劾奏，上命逮治。

孝昭皇后崩，德宜上疏请秉礼节哀，并言：“宵旰忧勤，天颜清减。昔唐太宗锐意勤学，刘洎谏以多记损心。宋儒程颐亦曰：‘帝王之学，与儒生不同’。伏愿绅绎篇章，略方名象数之繁，择其有关政治，裨益身心而讨论之。稍节耳目之劳，用葆中和之德。”上嘉纳焉。迁刑部尚书，调兵部。

四川初定，大军糗粮皆运自陕西，出栈道，颠踣相望，陕西民大困。工部侍郎赵璟、金鼐疏上陈，德宜因言：“大军下云、贵，需饷孔亟。秦、蜀互相推诿，皆由总督分设。川、陕设一总督，则痛痒相关，随地调发，可以酌剂均平。”诏如议行。靖逆将军张勇以甘肃防边事重，请缓裁前此添设官兵。部臣议如所请。德宜独谓：“当日河东有兵事，添设官兵，事平应即裁汰。将军标下前以步兵二千名改为马兵，今宜复原，定经制马六步四。惟以防边添设之兵，可无议裁。”上遣尚书哲尔肯往会勇等阅核，留河州、宁夏添设兵，余仍复原定经制，如德宜议。迨三蕃平，军中俘获妇女，并籍旗下。德宜言宜听收赎，所释甚众。

调吏部。左都御史魏象枢、副都御史科尔昆等劾德宜会推江西按察使事失当。德宜疏辨，部议降五级。上以会推原令各出所见，免德宜处分。二十三年，拜文华殿大学士。重修《太宗实录》成，加太子太傅。

德宜严毅木讷，然议国家大事，侃侃独摅所见。居官廉谨，未仕时有宅一区，薄田数顷。既贵，无所增益，门巷萧然。二十六年，卒，谥文恪。

　　子骏业,自副贡授翰林院待诏,直御书处,历兵科给事中。康熙四十一年,疏劾湖广总督郭琇、提督林本植、巡抚金玺、总兵雷如等办理苗疆剿抚失宜,鞫实,琇等降革有差。终兵部侍郎。

　　伊桑阿,伊尔根觉罗氏,满洲正黄旗人。顺治九年进士,授礼部主事。累擢内阁学士。康熙十四年,迁礼部侍郎。擢工部尚书,调户部。时吴三桂踞湖南,廷议创舟师,自岳州入洞庭,断贼饷道,命伊桑阿赴江南督治战舰。明年,复命偕刑部侍郎禅塔海诣茶陵督治战舰。

　　二十一年,黄河决,命往江南勘视河工,以布政使崔维雅随往。维雅条上治河法,与靳辅议不合。伊桑阿因请召辅面询,上以维雅所奏无可行,寝之。寻疏陈黄河两岸堤工修筑不如式,夺辅职,戴罪督修。复命筹海运,疏言:“黄河运道,非独输挽天庾,即商贾百货,赖以通行,国家在所必治。若海运,先需造船,所费不赀。且胶、莱诸河久淤,开浚匪易。”上是之。是年冬,俄罗斯犯边,命往宁古塔造船备征调。再调吏部。

　　二十三年夏,旱,偕王熙等清刑狱。其秋,扈跸南巡,命阅视海口。疏言车路、串场诸河及白驹、草堰、丁溪诸口,宜饬河臣疏浚,引流入海。历兵、礼二部尚书。二十七年,拜文华殿大学士,兼吏部,充三朝国史总裁。三十六年,上亲征噶尔丹,命往宁夏安设驿站,事平,与大学士阿兰泰充《平定朔漠方略》总裁官。

　　居政府十五年,尤留意刑狱,每侍直勾本,上有所问,辄能举其词,同列服其精详。上尝御批本房,伊桑阿与大学士王熙、吴琠及学士韩菼等以折本请旨,上曰:“人命至重,今当勾决,尤宜详慎。尔等苟有所见,当尽言。”伊桑阿乃举可矜疑者十余人,皆得缓死。上徐曰:“此等所犯皆当死,犹曲求其可生之路,不忍轻毙一人。因念淮、扬百姓频被水害,死者不知凡几。河患不除,朕不能暂释于怀也!”伊桑阿陈灾民困苦状,上曰:“百姓既被水害,必至流离转徙。田多不耕,赋安从出?今当预免明年田赋,俾灾黎于水退时思归故乡,粗安生业。"伊桑阿等皆顿首,遂下诏免淮、扬明年田赋。

三十七年,以年老乞休。上谕阿兰泰曰:"伊桑阿厚重老成,宣力年久。尔二人自任阁事,推诚布公,不惟朕知之,天下无不知者。伊桑阿虽年老求罢,朕不忍令去也。"四十一年,复以病告,诏许原官致仕。逾年卒,谥文端。乾隆中,入祀贤良祠。

子伊都立,自举人任内务府员外郎,历刑部侍郎,巡抚山西。坐事夺职。雍正七年,命赴大将军傅尔丹军治粮饷,授额外侍郎。十三年,以侵蚀军粮事觉,褫职下狱,论大辟。乾隆七年,赦释。

阿兰泰,富察氏,满洲镶蓝旗人。性敏慎。初授兵部笔帖式。康熙初,累迁职方郎中。三藩事起,专司军机文檄。议政王大臣以勤劳详慎疏荐,得旨以三品卿用。二十年,擢光禄寺卿,迁内阁学士,充《平定三逆方略》副总裁,兼充《明史》总裁。二十二年,迁兵部侍郎,兼管佐领。擢左都御史。上阅方略,以叙事多舛错,谕阁臣曰:"平逆始末,阿兰泰知之甚详,可与酌改,务期纪载得实。"迁工部尚书。累调吏部。二十八年,上以雨泽愆期,命偕尚书徐元文虑囚,奏减罪可疑者四十五人。是年,拜武英殿大学士。陕西饥,命阿兰泰与河督靳辅议运江、淮粮米自黄河溯西安,以备积储。

三十四年,上出古北口巡历塞外,命留京综阅章奏。明年,上亲征噶尔丹,阿兰泰仍留京,与尚书马齐、佛伦宿卫禁城。其秋,随驾出归化城,驻跸黄河西界,经画军务。以扈从劳,赐内厩马。厄鲁特台吉丹济拉来降,上驻跸翰特穆尔岭,召入见,阿兰泰及郎中阿尔法引之入御幄,上屏左右,令阿兰泰等出,独与丹济拉语良久。及退,召阿兰泰谕曰:"尔偕降人入,以防不测,意甚善。朕令尔出,欲推诚示不疑耳。"

三十七年,与伊桑阿俱以年老善忘奏解阁务。上曰:"大学士重任,必平坦雍和、任事谨慎者方为称职。至于记事,可令学士任之。"明年,卒。方病剧,上欲临视,遣皇子先往,而阿兰泰已卒。上为辍朝一日,遣皇子及内大臣奠酹,赠太子太保,加赠少保,谥文清。

阿兰泰操行清谨,处政府远权势,人莫敢干以私,以是为上所重。后上与大学士论内阁旧臣,称阿兰泰能强记,且善治事云。

子富宁安,初袭其从祖尼哈纳拜他喇布勒哈番世职。自侍卫历官正黄旗汉军都统,改授左都御史,迁吏部尚书。富宁安内行修笃,事亲至孝。圣祖亟称之,又尝谕廷臣曰:"富宁安自武员擢用,人皆称其操守,是以授为吏部尚书。今部院中欲求清官甚难,当于初为笔帖式时,即念日后擢用,可为国家大臣,自立品行也。"

五十四年,策妄阿喇布坦侵哈密,命富宁安赴西宁视师,许以便宜调遣。贼旋遁,诏缓进兵,回驻肃州,经理粮马。五十六年,授靖逆将军,驻军巴里坤,与将军傅尔丹等分路规贼。旋率兵袭击厄鲁特边境,进屯乌鲁木齐,屡败贼。五十九年,进兵乌兰乌苏,遣侍卫哲尔德等分道袭击,斩获甚众。别遣散秩大臣阿喇纳等谕降辟展回人,进击吐鲁番。降其酋长,获驼马无算。时策妄阿喇布坦挟所属吐鲁番回人偕徙。中道多遁归。命富宁安收抚其众。未几,贼复来犯,遣将援剿,自率兵进驻伊勒布尔和硕,调遣策应。会阿喇纳连败贼,窜走,乃还驻巴里坤。六十一年,疏言:"嘉峪关外,布隆吉尔之西,为古瓜、沙、敦煌地。昔吐鲁番建城屯种,遗址犹存,若驻兵屯牧,设总兵官一人统之,可扼党色尔腾之路。"又请专遣大臣领屯田粮储及牧驼运粮事,上可其奏。

世宗即位,授武英殿大学士管军务如故。雍正四年,还朝,赐御用冠服、双眼花翎、黄辔鞍马,并谕王大臣:"富宁安端方廉洁,年来领兵将军声名无出其右者。"授世袭侯爵。寻进一等侯,加太子太傅,署西安将军。六年,坐事夺爵,仍留大学士任。是年,卒于西安,谥文恭,与父阿兰泰同祀贤良祠。

徐元文,字公肃,江南昆山人。初冒姓陆,通籍后复姓。少沉潜好学,与兄乾学、弟秉义有声于时,称为"三徐"。

元文举顺治十六年进士第一,世祖召见乾清门,还启皇太后曰:"今岁得一佳状元。"赐冠带、蟒服,授翰林院修撰。从幸南苑赐乘御马。尝奉命撰《孚斋说》,孚斋,世祖读书所也。上览之称善,命刊行。康熙初,江南逋赋狱起。元文名丽籍中,坐谪銮仪卫经历,事白,复原官。丁父忧,居丧行古礼。起补国史院修撰,累迁国子监祭酒,充经筵讲官。

元文闲雅方重,音吐宏畅,进讲辄称旨。元文疏请:"敕直省学臣间岁一举优生,乡试仍复副榜额,俱送监肄业。"并著为令。复请永停纳粟,章下所司。居国学四年,端士习,正文体,条教大饬。其后上语阁臣:"徐元文为祭酒,规条严肃。满洲子弟不率教者,辄加挞责,咸敬惮之,后人不能及也。"十三年,迁内阁学士,改翰林院掌院学士,充日讲起居注官,教习庶吉士。

先是熊赐履在讲筵,累称说孔、孟、程、朱之道,上欲博览前代得失之由,命词臣以《通鉴》与《四书》参讲。元文因取朱子《纲目》,择其事之系主德、裨治道者,采取先儒之说,参以臆断,演绎发挥,按期进讲。寻以母忧归。十八年,特召监修《明史》疏请征求遗书,荐李清、黄宗羲、曹溶、汪懋麟、黄虞稷、姜宸英、万言等,征入史馆,不者,录所著书以上。寻补内阁学士。时有议遣大臣巡方者,元文言于阁中曰:"巡方向遣御史,以有台长约束,故偾事者鲜。若遣大臣,或妄作威福,谁能禁之?"因入告,事得寝。

明年,擢左都御史。会师下云南,吴三桂之徒多率众归附,耗饷不赀。元文疏言:"三桂遗孽,且夕伏诛。凡胁从之众,恩许自新。若仍留本土,既非永久之规,移调他方,亦多迁徙之费。统以别将,则猜疑未化,终涉危嫌。摄之归旗,则放恣既久,猝难约束。请以武职及入伍者,与绿旗一体录用。余俱分遣为民,以裕饷需。至耿精忠、尚之信、孙延龄旧隶将弁,尤宜解散,勿仍藩旗名目。"又请"革三藩虐政,在粤者五:曰盐埠,曰渡税,曰总店,曰市舶,曰鱼课。在闽者四:曰盐税,曰报船,曰冒扰驿夫,曰牙行渡税。在滇者四:曰勋庄,曰圈田,曰矿厂,曰冗兵。"疏入,俱下所司议行。

初,御史刘安国请察隐占田亩,州县利有升叙,多捏报累民。元文力言其弊,谓名为加税,实耗粮户。请饬督抚检举,复条列近时督抚四弊。时部例捐纳官到任三年后称职者，具题升转。不称职者，罢之。既，后令捐银者免其具题，又生员得捐纳岁贡。元文言捐纳事例，系一时权宜，请于收复滇南之日，降诏停止。言甚剀切。

云南平，告庙肆赦，廷臣多称颂功德。元文独言："圣人作《易》，于《泰》、《丰》、《既济》诸卦，垂戒尤切。景运方新，愿皇上倍切咨儆。兼谕大小臣工，洗心涤虑，毗赞大业。勿狃目前之浅图，务培国家之元气。振纪纲以崇大体，核名实以课吏材，崇清议以定国是，厉廉耻以正人心，端教化以图治本，抑营竞以儆官邪，敦节俭以厚风俗，正名分以绝奸萌，并当今急务。"上谕之。

时方严窝逃之禁，杭州将军马哈达以民间多匿逃人，请自句摄，勿移有司。元文曰："是重扰民也。无已，当令督抚会同将军行之。"京师奸人，多掠平民卖旗下，官吏豫印空契给之。屡发觉，元文疏请禁止。又八旗家人投水，自经，报部者岁及千人。疏请严定处分。上俱从之。京察计典罢官者，谋入赀捐复。元文力持不可，遂罢议。先后疏劾福建总督姚启圣纵恣谲诈，杭州副都统高国相纵兵虐民，两淮巡盐御史堪泰徇庇贪官，御史萧鸣凤居丧蔑礼，俱谳鞫得实，惟启圣辨释。二十二年，以会推湖北按察使，坐所举不实，镌三秩调用。寻命专领史局。二十七年，复代其兄乾学为左都御史，迁刑部尚书，调户部。二十八年，拜文华殿大学士，兼掌翰林院事。

上南巡，幸苏州，以江南浮粮太重，有旨询户部。元文考宋元以来旧额官田、民田始末及前明历代诏书以闻。元文在内阁，上复谕及之。元文顿首曰："圣明及此，三吴之福也。"因下九卿议。有力尼之者，事遂寝。

元文兄乾学，豪放，颇招权利，坐论罢。而元文谨礼法，门庭肃然。二十九年，两江总督傅拉塔劾乾学子侄交结巡抚洪之杰，招权竞利，词连元文，上置不问。予元文休致回籍。舟过临清，关吏大索，仅图书数千卷，光禄馔金三百而已。家居一年卒。乾学自有传。

弟秉义，字彦和，举康熙十二年进士第三，授编修，迁右中允。乞假归。乾学卒，召补原官。累迁吏部侍郎。命偕刑部侍郎绥色克如陕西,谳粮盐道黄明受贿,拟罪失当,左迁詹事。擢内阁学士,乞归。上南巡,赐御书"恭谨老成"榜额。五十年,卒。

论曰:康熙初叶,主少国疑,满、汉未协,四辅臣之专恣,三藩之变乱,台湾海寇之逃荡,措置偶乖,皆足以动摇国本。爵、廷铨、立德、溥当多事之日,百计匡襄。熙预顾命,参军谋。正治等入阁,值事定后,从容密勿,随事纳忠。伊桑阿、阿兰泰推诚布公,受知尤深。康熙之政,视成、宣、文、景驾而上之,诸臣与有功焉。

清史稿卷二五一
列传第三八

图海　李之芳

　　图海，字麟洲，马佳氏，满洲正黄旗人。父穆哈达，世居绥芬。图海自笔帖式历国史院侍读。世祖尝幸南苑，负宝从，顾其举止，以为非常人。擢内秘书院学士，授拜他喇布勒哈番，迁宏文院大学士、议政大臣。顺治十二年，加太子太保，摄刑部尚书事。与大学士巴哈纳等同订律例。侍卫阿拉那与公额尔克戴青两家奴斗于市，谳失实，坐欺罔，免削职。世祖崩，遗命起用。圣祖即位，授正黄旗满洲都统。

　　李自成余众郝摇旗、刘体纯、李来亨啸聚郧、襄间。康熙二年，命图海为定西将军，副靖西将军都统穆里玛，将禁旅，会湖广、四川诸军讨之，屡破贼。未几，郝摇旗为副都统杜敏所擒，刘体纯亦破灭，惟李来亨据茅麓山，恃险负固。图海围之，绝其外援。来亨穷蹙，自焚死，其下以众降。执斩明新乐王及所署置官属，俘三千余以还。六年，复为宏文院大学士，进一等阿达哈哈番。顷之，以兼都统乞解机务，不许。九年，改中和殿大学士，兼礼部尚书。

　　十二年，平南王尚可喜请老。七月，吴三桂继之，实探朝旨。廷议移藩状，莫洛、米思翰、明珠等皆主如所请。惟图海持不可。上意决，遂黜图海议。三桂既反，命摄户部，理饷运。

　　十四年，察哈尔布尔尼劫其父阿布奈以叛。命信郡王鄂札为抚远大将军，图海副之，讨布尔尼。时禁旅多调发，图海请籍八旗家奴骁健者率以行,在路骚掠,一不问。至,下令曰:"察哈尔元裔,多珍宝,破之富且倍!"于是士卒奋勇,无不一当百。战于达禄,布尔尼设伏山谷,别以三千人来拒。既战,伏发,土默特兵挫。图海分兵迎击,敌以四百骑继进,力战,覆其众。布尔尼乃悉众出,用火攻。图海令严阵待。连击大破之,招抚人户一千三百余。布尔尼以三十骑遁,科尔沁额附沙津追斩之。察哈尔平。师还,圣祖御南苑大红门,行郊劳礼。叙功,进一等阿思哈尼哈番。

陕西提督王辅臣以平凉叛应三桂,定西大将军贝勒董额督诸军攻之,久未下。三桂遣王屏藩、吴之茂等犯秦、陇,欲与平凉合。十五年,以图海为抚远大将军,八旗每佐领出护军二名,率以往。临发,上御太和殿赐敕印,命诸军咸听节制。既至,明赏罚,申约束。诸将请乘势攻城,图海宣言曰:"仁义之师,先招抚,后攻伐。今奉天威讨叛竖,无虑不克。顾城中生灵数十万,覆巢之下,杀戮必多。当体圣主好生之德,俟其向化。"城中闻者,莫不感泣,思自拔。五月,夺虎山墩。虎山墩者,在平凉城北,高数十仞,贼守以精兵,通饷道。图海曰:"此平凉咽喉也。"率兵仰攻,贼万余列火器以拒师。图海令兵更迭进,自巳至午,战益力,遂夺而据之,发大炮攻城,城人汹惧。图海用幕客周昌策,招辅臣降。

昌,字培公,荆门诸生。好奇计。佐振武将军吴丹有劳,以七品官录用。图海次潼关,以策干之,客诸幕。辅臣所署置总兵黄九畴、布政使龚荣遇皆昌乡人,屡劝辅臣反正,以蜡丸告昌,昌白图海。图海即令昌入城谕降,辅臣遣其将从昌出谒。图海闻上,上许之。仍假昌参议道,赍诏往抚。辅臣使荣遇上军民册,子继贞缴三桂所授敕印,顾犹观望,复命昌偕兄子保定谕之,乃薙发降。因令吴丹入城抚定。

吴之茂闻平凉下,自秦州遁。遣将军佛尼勒败之于牡丹园,又败之于西和县北山。将军穆占进攻王屏藩于乐门,败贼于红崖,复礼县。辅臣所署置巡抚陈彭,总兵周养民、王好问等相继降。秦地略定。叙功,进三等公,世袭。

　　图海疏请遣兵赴湖广,会征三桂,上命图海亲率精锐以行。图海疏陈陕西初定,反侧未安状,乃授穆占征南将军,率满洲兵及平凉降卒往,图海仍留镇。时平凉、庆阳虽下,汉中、兴安犹为贼据。图海奏调绿旗兵,期明年正月檄提督孙思克赴秦州,赵良栋赴凤翔,与张勇、王进宝会师进取。勇等谓须俟夏秋。上虑克汉中、兴安转饷难,令守诸要隘,分兵赴荆州攻三桂。十六年,图海招抚韩城等县伪官,又遣兵逼礼县、益门,先后败贼五盘山、乔家山、塘坊庙、芭蕉园、沙窝诸处,复塔什堡。十七年,复疏请分兵下汉中、兴安。上密谕止之。将军佛尼勒等又败贼牛头山香泉,四川总督周有德亦败贼秦岭,复潼关堡五塞。庆阳贼袁本秀受三桂札,谋乱。图海发庆阳、宜君、延安三营兵,会王进宝讨平之,斩本秀卫远沟。顷之,入觐。十八年,还镇。

　　湖南,广西平。上命亟攻宝鸡,规取汉中、兴安,定四川。图海乃厉师攻益门镇,破之。会贼毁偏桥,兵不得进,状闻。诏严责。乃决策期分四路,图海亲率将军佛尼勒等趋兴安,总兵官程福亮为后援,屯旧县关。将军毕力克图、提督孙思克等自略阳进,总兵官朱衣客为后援,驻西河。将军王进宝、总兵官费雅达自栈道进,总兵官高孟为后,援驻宝鸡。提督赵良栋自徽县进。十月,师次镇安,分兵为二队,进败三桂将王遇隆,渡乾玉河,夺梁河关。三桂将韩晋卿遁。师宝亦复汉中。良栋复徽县、略阳。毕力克图复成县,又复阶州,遣参将康调元复文县。于是平利、紫阳、石泉、汉阴、洵阳、白河、竹山、竹溪、上津诸县皆下。兴安既克,图海统大军之半屯凤翔,寻移汉中,护诸军饷。会降将谭洪复叛,陕西总督哈占溯江讨之,诏图海遥为声援。

　　二十年,以疾征还,卒,谥文襄。《太宗实录》成,赠少保兼太子太傅。雍正初,追赠一等忠达公,配享太庙。子诺敏,袭爵,历刑、礼二部尚书,蒙古正黄旗都统。诺敏子马尔赛,自有传。

　　周昌初入城,自陈父明季死流寇,母孙刭目破面触棺死,愿捐躯表母烈。及辅臣降,图海以闻。上命旌其母,遣官致祭,授昌布政使参政。昌复参蔡毓荣军事，事平，授山东登莱道，摄布政使，以与总兵互讦罢。昌既罢，犹喜言兵。噶尔丹扰边，数上书当事陈利害。后卒于家。

李之芳，字邺园，山东武定人。顺治四年进士，授金华府推官。卓异，擢刑部主事。累迁郎中，授广西道御史。疏请革钱粮陋规，禁州县官迎送。十七年，巡按山西。圣祖即位，裁巡按，召回。康熙元年，乞假归。二年，复授湖广道御史。五年，巡视浙江盐政。入掌河南道事。大学士班布尔善坐鳌拜党诛，之芳疏言："昔大学士俱内直，诸司章奏，即日票拟。自鳌拜辅政，大学士皆不入直，疏奏俱至次日看详。请复旧制，杜任意更改之弊。"又疏言："世祖时赏罚出至公，督抚不敢恣睢无忌。十八年以后，督抚率多贪缘而得，有恃无恐。勒索属员，扰害百姓。夫直省忆万之众，皆世祖留遗之群黎，我皇上爱养之赤子，何堪此辈朘削？自与受同罪之法严，与者不承，则言者即涉虚，非特不敢纠督抚，且不敢纠司道守令。有贪之利，无贪之害，又何惮而不怙恶自恣？今皇上亲政，乞亲裁，罢黜溺职督抚，以肃吏治。"疏下部，寻甄别各省督抚，黜其尤者数人。进秩视四品，擢左副都御史。之芳数上封事，请严巡盐考绩，慎外官罚俸，皆关治体。迁吏部侍郎。

十二年，以兵部侍郎总督浙江军务。会吴三桂反，十三年，奏请复标兵原额，督习枪炮。疏甫上，耿精忠亦叛，遣其将曾养性、白显忠、马九玉数道窥浙，浙大震。之芳檄诸将扼仙霞关，调总兵李荣率副将王廷梅、牟大寅、陈世凯、鲍虎等分道御寇。时上命都统赖塔率师入浙。五月，偕赖塔率满洲兵千、绿旗兵二千、乡勇五百，进驻衢州。众皆谓会城重地，不宜轻委。之芳曰："不然。衢踞上游，无衢，是无浙也。今日之事，义无反顾。"显忠自常山陷开化、寿昌、淳安，养性自处州犯义乌、浦江、东阳、汤溪，沿河阻饷道。温州镇总兵祖宏勋叛，召寇陷平阳，再进陷黄岩，集悍卒数万窥衢州。

七月，之芳与赖塔阅兵水亭门，率总兵官李荣、副都统瑚图等

薄贼垒,军坑西。之芳手执刀督阵,或请少避。之芳曰:三军司命在
吾,退即为贼乘。今日胜败,即吾死生矣!"守备程龙怯战,斩所徇。
麾众越壕拔栅,败之。遣陈世凯乘胜复义乌、汤溪,鲍虎复寿昌、淳
安,牟大寅破常山,王廷梅败贼于金华石梁、大沟源,李荣亦复东
阳,复败贼于金华寿溪,馘贼将,毁寨十八。参将洪起元复嵊县。诏
嘉之芳调度有方。

　　十月,贼将桑明等五万众由常山逼衢州西沟溪,倚山为营,觊
联南路贼巢。之芳与赖塔议,出不意,遣廷梅与参领禅布夜趋沟溪,
分队进攻,又大破之,贼弃营遁。

　　十四年,康亲王杰书破曾养性金华,复处州。贝子傅位塔亦复
黄岩,进围温州。惟九玉踞江山、常山、开化,连寨数十,与之芳相
持。五月,乘大雨河溢,由南塘捣贼前岭,阵斩七百余级。十五年,
遣将自遂安连破贼寨,遂复开化。

　　会郑锦入漳、泉,耿继祚方攻建昌溃营遁。上知闽中有变,命王
撤温州之围取福建,之芳乃建议直捣仙霞关,曰:"进取之路,不在
温、处而在衢。虽九玉死守河西难猝破,然其南江山,西则常山,皆
间道可袭。我兵一进,使彼首尾受敌,即河西之垒不能独完。"王至
衢州,从之芳议。遂进兵大溪滩,复江山,九玉走,欲别取道夺仙霞。
诸将受之芳密檄,急据关夹击,其将金应虎等穷蹙降。

　　王师下福建,临行,之芳启曰:"王但饬诸军勿虏掠,即长驱入,
兵可不血刃也。"未几精忠降,温、处贼皆溃散。精忠所署置总兵马
鹏、汪文生、陈山,将军程凤等犹踞玉山、铅山、弋阳、德兴,之芳请
会剿。时吴三桂兵寇吉安、袁州,江西兵不能东,乃独遣兵复玉山,
文生遁。自白沙关趋德兴,擒鹏。遣游击郭守金等复铅山、兴安、弋
阳、贵溪诸县。上嘉之芳剿贼邻省有功,加兵部尚书衔。

　　十六年,遣参将蒋懋勋等贼玉山椒岩,山降。先是文生、凤皆乞
降,而凤病死,其妻王玉贞籍所属六万八千余人就抚,而忠将林尔
瞻犹拥众石垅。之芳令懋勋等扼要隘,自以数十骑入寨,往抚慰之。
瞻乃降。十七年,击贼子午口,克八仙、老鼠诸洞,贼寨悉平。郑锦

寇濒海，遣将严守御，败之于庙岭湖，又败之于温州。锦将詹天枢诣世凯降。十八年，檄定海总兵牟大寅斩锦将单耀等孝顺洋，夺获船只、器械以还。

之芳练世故，沉几善谋。康亲王师将行，问之芳："所策固万全乎？"之芳曰："军已发，犹豫则士气沮。"乃诣王曰："虏在吾目中久，明日捷书至矣。"前军捷书果至，杰书大喜，以为神。在杭州，与将军图喇约为兄弟。精忠既叛，语图喇勿纵兵暴民。有满兵犯法，之芳缚诣图喇，以军法绐之，一军肃然。浙乱平，疏请蠲被兵州兵额赋，安辑流亡，甚有威惠。所拔偏裨，皆累功至方镇，而之芳以督臣不叙。久之，追论大溪滩破贼功，授拖沙喇哈番，准袭一次。

入为兵部尚书，调吏部。二十六年，授文华殿大学士。二十七年，御史郭琇疏劾大学士明珠，谓内阁票拟，皆听明珠指挥，上既罢明珠，并命之芳休致。三十三年，卒于家，谥文襄。

之芳既卒，圣祖思其功，尝谕群臣曰："人能效命，即为勇士。耿精忠叛，时之芳为总督，虽不谙骑射，执刀立船首，率众突前破敌。彼时同出征者，还京皆称其勇。今承平久，善射，能约束士卒，尚不乏人。若屡经战陈者，甚难得也。"世宗命立贤良祠，谕曰："德若汤斌、功若之芳者，祀之。"乾隆间，录勋臣后，命予恩骑尉，世袭。

论曰：图海始阻撤藩之议，及其鹰扬西土，绥靖秦陇，卒收底川之绩。川军入滇，遂竟全功。之芳力扼三衢，敌虽东略，终不能得志仙霞。下闽之功，与有劳焉。虽曰遭时盘错，抑亦圣祖驭材之效哉？并践纶辅，易名曰襄。呜呼，伟矣！

清史稿卷二五二
列传第三九

甘文焜 子国璧　范承谟 子时崇
马雄镇　傅宏烈

　　甘文焜，字炳如，汉军正蓝旗人，其先自丰城徙沈阳。父应魁，从入关，官至石匣副将。

　　文焜善骑射，喜读书，尤慕古忠孝事。以官学生授兵部笔帖式，累迁礼部启心郎，屡奉使称旨。康熙初，授大理寺少卿，迁顺天府府尹。崇文门榷税不平，疏劾之。廷议令兼摄，文焜曰："言之而居之，是利之也。"固辞。六年，授直隶巡抚，奏复巡历旧制。单车按部，适保定、正安所属诸县患水灾，疏请蠲岁赋。总督白秉真以赈费浩繁，请听官民输银米。文焜斥廉俸以助。议叙，加工部侍郎。

　　七年，迁云贵总督，驻贵阳。时吴三桂镇云南，欲藉边衅固兵权，诡报土番康东入寇，给文焜移师，又阴嗾凯里诸苗乘其后。文焜策康东无能为，凯里近肘腋，不制将滋蔓，先督兵捣其巢，斩苗酋阿戎。既平，约云南会剿康东。三桂虑诈泄，谓康东已远遁，繇是益惮之。文焜巡历云、贵各府州皆遍。十年，遭母忧。上命在任守制。文焜又遣兵击杀臻剖苗猷阿福。疏乞归葬，许给假治丧。三桂请以云南巡抚兼督篆，令督标兵悉诣云南受节度，而以利啖之，冀为己用。

　　十二年，文焜还本官，适撤藩议起。三桂反，杀巡抚朱国治，遣其党逼贵阳。文焜闻变，使族弟文炯赍奏入告，檄贵州提督李本深率兵扼盘江。本深已怀贰，先以书觇文焜意。文焜手书报之，期效张巡、南霁云誓死守，而本深不之顾。本标兵已受三桂饵，纷溃弗听调。文焜度贵阳不可守，令妾盛率妇女七人自经死，独携第四子国城赴镇远，思召湖北兵扼险隘，使贼不北出。十二月丙申朔，癸卯至镇远，守将江义已受伪命，拒弗纳。文焜渡河至吉祥寺，义遣兵围之。文焜望阙再拜，拔佩刀将自杀，国城大呼请先死，夺其刀以刿而还之，尸乃蹐，血溅文焜衣，文焜曰："是儿勇过我！"遂自杀，年四十有二，从者笔帖式和善雅图殉。

乱平，贵州巡抚杨雍建以文焜治绩及死事状上闻，予优恤。遣其长子宣化同知国均迎丧还京师，使内大臣佟国维迎奠芦沟桥，赠兵部尚书，谥忠果。建祠贵阳，上赐"劲节"二字颜其额。子七，国璧尤知名。

国璧，字东屏，以任子授陕州知州，改苏州同知，擢山西平阳、浙江宁波知府，名循吏。圣祖南巡，幸杭州，御书朱子诗及"永贞"额以赐。谕曰："汝父尽节。朕未尝忘，此为汝母书也。"累迁云南巡抚。坐事罢。雍正间，起为正黄旗汉军都统。乾隆三年，授绥远城右翼副都统，复罢。十二年，卒。

范承谟，字觐公，汉军镶黄旗人，文程次子。顺治九年进士，选庶吉士，授弘文院编修。累迁秘书院学士。康熙七年，授浙江巡抚。时去开国未久，民流亡未复业，浙东宁波、金华等六府荒田尤多。总督赵廷臣请除赋额，上命承谟履勘。承谟遍历诸府，请免荒田及水冲田地赋凡三十一万五千五百余亩。杭州、嘉兴、湖州、绍兴四府被水，民饥，承谟出布政使库银八万，籴米湖广平粜，最贫者得附老弱例，肩盐给朝夕，全活甚众。并疏请"漕水改折，石银一两。明年麦热，补征白米，以三年带征。灾重者如例蠲免"。得旨允行。十年，以疾请解职，召还。总督刘兆麒、提督塞白理疏言："浙民请留承谟一百五十余牒。"给事中姜希辙、柯耸，御史何元英等亦言："承谟受事三载，爱民如子，不通请谒馈遗。劾罢贪墨，廉治巨猾，剔除加耗、陋规、私派诸弊。浙民爱戴，深于饥渴。"上命承谟留任。十一年，承谟复疏言:"湖、嘉两府白粮加耗,多寡不一,请每石加四斗五升为限。"又奏蠲温、台二卫康熙九年以前逋赋及石门、平阳未完轻赍月粮。皆下户部议行。

十月,擢福建总督,疏辞未允,请入觐。十二年七月,至京师,入对。承谟疾未愈,命御医诊视,赐药饵。疾稍差,趣赴官,赐冠服、鞍马。福建总督初驻漳州,至是以将撤藩,命移驻福州。吴三桂反,承谟察精忠有异志,时方议裁兵,承谟疏请缓行。又报巡历边海,欲置身外郡,便征调防御。事未行而精忠叛,阳言海寇至,约承谟计事。巡抚刘秉政附精忠,趣同行。承谟知有变,左右请擐甲从。承谟曰:"众寡不敌,备无益也。"遂往。精忠之徒露刃相胁,承谟挺身前,骂不绝口。精忠拘之土室,加以桎梏,绝粒十日,不得死。精忠遣秉政说降。承谟奋足蹴之仆,叱左右掖之出,曰:"贼就僇当不远,我先褫其魄!"为贼困逾二年,日冠赐冠,衣辞母时衣,遇朔望,奉时宪书一帙悬之,北向再拜。所居室迫隘,号曰"蒙谷"。为诗文,以栌炭画壁上。

时有部曲张福建者,手刃夺门入,连斩数贼,力竭死。蒙古人嘛尼为伪散骑郎,精忠遣守承谟,感承谟忠义,谋令出走。事泄,精忠将磔之,大言曰:"吾宁与忠臣同死,不愿与逆贼同生!"十五年,师克仙霞关,精忠将降,冀饰词免死,虑承谟暴其罪。九月己酉朔,甲子夜半,精忠遣党逼承谟就缢。幕客嵇永仁、王龙光、沈天成,从弟承普,下至隶卒,同死者五十三人。语互详《忠义传》。旧役王道隆奉遣他出,还至延平,闻变,自刎死。贼焚承谟尸,弃之野。泰宁骑兵许鼎夜负遗骸藏之。十六年,丧还京师,上遣内大臣侍卫迎奠,赠兵部尚书、太子少保,谥忠贞,御书碑文赐其家。十九年,精忠伏诛。赴市曹日,承谟子时崇脔其肉祭墓。福建民请建祠祀之,御书"忠贞炳日"扁于楣。承谟所为《画壁集》,上亲制序。

时崇,字自牧。以难荫出知辽阳州,迁直隶顺德知府,有惠政。累迁福建按察使。陛辞日,上顾谓群臣曰:"此开国名臣孙,殉难忠臣子也!"四十七年,擢广东巡抚,兼盐政。越二年,擢福建浙江总督。五十四年，入为左都御史。明年，授兵部尚书。命出塞筑莫代察、罕度尔、鄂尔齐果图台站凡四十有七所。又明年，还朝。寻卒。闽人思其德，附祀承谟祠。

马雄镇，字锡蕃，汉军镶红旗人，鸣佩子。以荫补工部副理事官，历迁左佥都御史、国史院学士。康熙八年，授山西巡抚。未上，改广西。时群盗猬起，构瑶、僮掠梧州、平乐二府，不数月讨平之。累疏请平籴假，建学宫，定有司边俸，省军粮运费，并罢诸采买累民者，皆得旨允行。

十二年，吴三桂反。十三年，孙延龄以广西叛应之，围雄镇廨，胁降。时巡抚无标兵，雄镇督家人拒守。密令守备易友亮赴柳州趣提督马雄来援，弗应。雄镇自经，为家人救免，以蜡丸驰疏请兵。延龄诇知之，幽雄镇，置家人别室。三桂使招降，雄镇不为屈。会傅宏烈劝延龄反正，延龄跱踷未决，雄镇得以间遣长子世济赍疏诣京师，友亮导之出，客杨启祥护行，至赣州，江西巡抚董卫国以闻。上遣使护入京，至，授世济四品京卿。居数月，雄镇又具疏陈粤西可复状，付长孙国桢，俾与客朱昉凿垣出，既，又遣州人唐守道、唐正发潜负次子世永出，次第诣京师。又为延龄知，系其孥于狱。雄镇愤自刭，复为贼所夺，幽之别室。

十六年十月，三桂遣其从孙世琮杀延龄，拥雄镇至贼垒，迫使降。雄镇大呼曰：“吾义守封疆，不能寸斩汝以报国，死吾分也！”贼戕其幼子世洪、世泰怵之，骂益厉，贼杀之，时年四十有四。从者马云皋、唐进宝、诸兆元等九人同时死。妻李、妾顾、刘，女二人，世济妻董、妾苗，并殉。语互详《列女传》。雄镇尸暴四十余日，友亮收其骸骨，藁葬焉。

雄镇被絷三年，日著书赋诗。既死，客孙成、陈文焕乘间脱走，抵苍梧，以所著《击筑楼遗稿》及《汇草辨疑》归世济。十七年，宏烈以雄镇死状入告，命议恤。擢世济大理寺少卿。成以举人授同知。文焕授知县。旋又授友亮、守道、正发、启祥游击、守备有差。十八年，世济如广西迎雄镇丧至京师，赠太子太傅、兵部尚书，谥文毅。三柱既平，岁正，上宴群臣，特命世济及陈启泰子汝器至御座前赐酒。世济官至漕运总督，世永历运使，国桢官江南常镇道，督饷入藏，卒于军。

傅宏烈，字仲谋，江西进贤人。明末，流寓广西。顺治时，以总督王国光荐，授韶州同知，迁甘肃庆阳知府。

吴三桂蓄逆谋久，康熙七年，宏烈密以告，逮治，坐诬，论斩。九年，上特命减死戍梧州。及三桂反，将军孙延龄、提督马雄以广西叛应之。宏烈欲集兵图恢复，阳受三桂伪职，入思州、泗城、广南、富川诸土司，历交趾界，募义军得五千人，遂移檄讨贼，从尚可喜军规肇庆。三桂甚惎之，使马雄如柳州，害其家百口。宏烈说延龄反正。镇南将军觉罗舒恕军赣州，宏烈密致书言延龄妻孔四贞，定南王有德女，未忘国恩，延龄可招抚。又致书奉诏招抚督捕理事官麻勒吉，言王师速进南安，宏烈自韶州策应，则两粤可定。舒恕、麻勒吉先后以闻。上嘉其忠诚，授广西巡抚、征蛮灭寇将军，俾增募义兵，便宜行事。

宏烈克梧州，下昭平、贺、郁林、博白、北流、陆川、兴业诸州县，进复浔州，遣平乐知府刘晓赍疏上方略。论功，加太子少保，并加晓参议道。当是时，马雄据柳州，三桂诸将分据平乐、南宁、横州，势汹汹。宏烈虽屡捷，惟新军缺炮台，假于尚之信，弗应。吴世琮既杀延龄，陷平乐，袭宏烈梧州。宏烈击败之。十七年，与将军莽依图围平乐，战失利，宏烈与互讦。诏谓宏烈兵未支俸饷。奋勇收复诸路。莽依图自平乐退贺县，又言粮乏，再退梧州，使宏烈所复郡县尽弃于贼，因饬莽依图图效。宏烈督兵进，贼数万渡左江，宏烈战败。贼陷藤县，逼梧州。十八年，之信军至，宏烈分兵水陆，乘贼攻城时三面夹击，贼溃走，遂下藤县，克平乐，进复桂林。

宏烈密疏言延龄旧部宜善为解散，又言之信怙恶反覆，当早为之所。马雄死，子承荫仍附三桂，受伪封怀宁公，诡言乞款附。宏烈许之,为疏闻。诏授承荫昭义将军统其众。宏烈规取云、贵。十九年二月,次柳州,承荫期宏烈会议,宏烈至,承荫以其众叛,袭破其叛,袭破其营,执送贵阳。世璠诱以伪职,宏烈曰:"尔祖未反时,吾已劾奏,料汝家必为叛逆。汝敢以此言污我邪?"世琮百计说之,骂益厉。十月辛丑,遇害。十一月,征南将军穆占复贵阳,收遗骸,以死状闻,赠太子太师、兵部尚书,谥忠毅。二十二年,允广西巡抚郝浴请,建双忠祠于桂林,祀宏烈及马雄镇。

论曰:方诸藩盛强,朝廷所置督抚,势不足以相抗。文焜虽与三桂分疆而治,所部贰于三桂久矣。若承谟之于精忠,雄镇之于延龄,皆同城逼处,惟以身殉,无他术也。宏烈异军特起,又与莽依图相失,势孤,遂困于承荫。要其忠义激烈,作士气,怵寇心,皆不为徒死者。呜呼,烈已!

清史稿卷二五三
列传第四〇

莫洛　陈福　王之鼎 费雅达
李兴元　陈启泰 吴万福
陈丹赤 马琭　叶映榴

　　莫洛，伊尔根觉罗氏，满洲正红旗人，世居呼纳赫鲁。祖温察，太祖时来归。莫洛初授刑部理事官，累迁工部郎中。康熙六年，擢左副都御史。七年，出为山西陕西总督。陕西饥，平凉、临洮、巩昌、西安、延安、凤翔、汉中、兴安诸府州多逋赋，有司令见户均输，民苦之，奏请蠲免。迭疏清厘加派、火耗诸弊。八年，辅政大臣鳌拜获谴，法司以莫洛附鳌拜，请逮问，诏以能任事，贷勿治，仍留任。九年，计典，仍以前罪夺职。陕西民吁留，甘肃巡抚刘斗同、提督张勇、柏永馥等疏言莫洛清正，在官有善政，乞留以慰民望。上谕曰："简用督抚，原以绥辑地方，爱养百姓。莫洛既能得民，其免处分，供职如故。"俄擢刑部尚书。

　　十三年，吴三桂等奏请撤藩，上敕廷臣议，皆主勿徙，惟莫洛与米思翰、明珠议撤。三桂反，四川提督郑蛟麟等叛应之。二月，命莫洛经略陕西，拜武英殿大学士，仍管兵部，赐以敕印，既至，策遣诸军征四川。时蛟麟兵据广元百丈关，莫洛遣都统马一宝、将军席卜臣赴汉中，副都统科尔宽赴广元，击贼。十月，蛟麟将何德成犯宁羌，为官军所败，还奔四川，莫洛因遣提督王辅臣驻其地。逾月，蛟麟将彭时亨复据七盘、百丈诸关,劫略阳粮艘,截陆运栈道。

广元军缺饷两月矣,总兵王怀忠所部溃散,而辅臣亦阴怀异志。辅臣故与莫洛有郤,奉檄使征,益怏怏,藉口戎备寡。莫洛益以骑兵二千,少之。又以马疲瘠不任用摇军心,军无斗志。十二月,莫洛至宁羌,两营相去二里许。先是,上命莫洛统绿营步旅下四川,嗣虑巴蜀道险,令贝子洞鄂率满洲骑兵兼程继进。军未至,是月庚寅朔,癸巳,辅臣煽所部噪饷,袭劫莫洛。莫洛督兵击却之。甫定,辅臣复率悍党至,炮矢雨坌,莫洛被创,卒于军。恤典久未行。二十二年,命予祭葬,谥忠愍,授世职拜他喇布勒哈番兼拖沙喇哈番。子常安,袭。

陈福,字箕演,陕西榆林人。国初师定陕西,福以武举应募,从宁夏总兵刘芳名剿寇。叙功,授守备。又从都统李国翰下四川,迁遵义游击。康熙初,从总督李国英讨李自成遗党郝摇旗、李来亨等。叙功,加右都督衔,擢成都副将,迁重庆总兵。十二年,入觐,授宁夏总兵。

吴三桂反,郑蛟麟以四川叛应之,遣使诱福。福家留重庆,弟奇官守备,妻子亦在贼中,贼以是劫福。福执其使,具疏入告,遣其弟诸生寿赍诣京师。上嘉福忠,授拜他喇布勒哈番,并官寿主事。辅臣据平凉,福上战守方略。十四年,擢陕西提督,进三等阿思哈尼哈番,又官奇参将。进规花马池、惠安、安定、定边诸城堡,以次皆下。上擢寿鸿胪寺少卿。福率副将泰必图乘胜薄固原,围之匝月。辅臣遣其将来援,城贼亦突出,泰必图战死。福引兵还灵州,斩逃将贾从哲、张元经以徇。

上命福佐贝勒洞鄂攻平凉。福疏言固原有贼万余,若我兵径趋平阳,虑贼断我饷道,当先取固原。上韪之。十二月,福督兵取固原。天寒大雪,士卒苦远役,且惩前败,有戒心。是月甲寅朔,乙亥,师次惠安,下令:"五鼓会食,集城下,后者斩!"夜半时,参将熊虎等鼓噪入,刺福死。上以赵良栋代,收虎及首谋把总刘德及营兵戕福者悉诛之,赠福三等公,以三等精奇尼哈番世袭,谥忠愍。建祠宁夏。擢奇天津总兵。时福子世琳、世勋并陷贼,命以寿子世怡袭爵。

事定,寿弃官入四川求福妻子,得之遵义山中,将入都,上召世琳入见,问母子流离状,深愍之,命袭爵,改籍宁夏。旋授直隶三屯协副将。累迁古北镇总兵、銮仪使。世琳子益,益子大用,相继袭爵。益官至楚姚总兵。大用乾隆间官江南提督,所属游击杨天相,获海盗,总督苏凌阿谰以为诬,诛天相,大用亦被谴。嘉庆初,予守备衔,休致。

王之鼎,字公定,汉军正红旗人。父世选,仕明为参将。归太宗,授三等昂邦章京。从世祖入关,征江南有功,进二等。卒,之鼎袭,进一等精奇尼哈番,署参领。从贝勒屯齐征湖南,击走李定国、孙可望。授正红旗汉军副都统。驻防贵州。康熙元年,授福建中路总兵,讨郑锦,克厦门、金门、古浪诸岛。三年,败锦将王盛、林茂、裴德等,拔铜山卫,进三等伯。八年,召还,仍授本旗副都统。十年,授江南提督。

十二年,授镇海将军,驻守京口。吴三桂、耿精忠相继反。上命之鼎分兵防安庆,而以安南将军华善帅师佐之。之鼎调崇明沙船,江阴、瓜洲战舰,扼津要,令绿旗水师驻黄浦操防,兼备水陆。上命简亲王喇布为扬威大将军,驻江宁,之鼎赞军事。十七年,改福建水师提督,加定海将军。闽寇日蹙,而楚、蜀间军事方亟,请移镇要地自效。

十八年,调四川提督。十九年,到官,会寇犯永宁,遂率总兵李芳述等讨之,战屡胜。六月,勇略将军赵良栋将进剿云、贵,调芳述守叙州,之鼎留镇永宁。九月,吴世璠遣将尤廷玉、胡国柱攻永宁,围之数匝。时城中粮尽已两阅月,之鼎犹率兵挑战,士气倍奋。嗣为贼诇知,筑长围以守。至是月甲子,寇穴城入,总兵费雅达,副将杨三虎,游击周尚功,守备李逢春、鲁明芝、席豹督兵巷战,皆死。之鼎解印付家人,令间道走成都,率总兵杨魁、何成德、王永世、傅汝友,游击陈先凤、陈田、刘应科等出御贼,身受重创。贼涌至,之鼎自度不能免,拔剑自刎,未殊,与魁等俱被执,传送贵阳。贼党夏国相等百计诱降,之鼎厉声叱曰:“死则死耳,肯向鼠辈乞活耶?”久之,贼知不可夺,遂遇害。魁等皆不屈死。事闻,赠之鼎太子少保,谥忠毅。子毓贤,官至贵州布政使,毓秀袭爵。

费雅达,汉军正白旗人。自整仪尉累迁潼关副将。王辅臣叛,廷议设汉中总兵讨贼,以授费雅达,署都督佥事。进取汉中,破贼彝门镇,抵秦岭,拔北木城,与王进宝会师夺武关。叙功,加都督同知。永宁之役,城陷身死,赠左都督、太子少傅,谥忠勇。魁等皆予恤。

从三虎等战死者,又有千总蒋得福、赵鸣凤、王英杰。从之鼎死者,又有从军荫生潘济世,并恤如例。

李兴元,字若始,汉军镶黄旗人。以拔贡授直隶沙河知县,报最,迁祁州。历江西吉安、直隶永平知府,晋陕西陇右道。康熙十一年,授云南按察史。其明年,诏敕有司审理平西藩下逃兵。时平西勋庄綦布,管庄者杀人夺货,滋为民患。讼牒命、盗两案,兵居半。又勒平民为余丁。不从,则曰:“是我逃兵也。”称贷重息,人或丝毫负,亦以“逃兵”诬之。有司亡谁何。兴元素持风力,谂知刘昆强项,令为审事官。有犯者论如法,部民德之,而大忤三桂意。

三桂将叛,使冶者铸印,昆诇知,白兴元,兴元启巡抚朱国治,趣入告。国治迟数日始发,为三桂逻卒所得,遂作乱。召各官集议,以国治苛虐失民心,杀之。迫授兴元伪职,兴元叱之曰:“汝内为国戚,外封亲王,受恩重矣,何叛为?我为丈夫,义可杀不可辱,惟一死以报朝廷。”三桂怒,杖而下之狱。云南知府高显辰及昆皆不屈,旋以兴元及昆戍腾越卫。十八年,师克湖南,时三桂已死,其子世璠使刺杀兴元。师困滇城,兴元二子荫秀、奇秀亦被杀。

事定,其三子萃秀诣军所申诉,巡抚王继文上其状,赠太常寺卿。萃秀官至安陆府知府。昆当兴元未死,出避民间。事定,复补登州同知,迁常德知府。

　　陈启泰，字大来，汉军镶红旗人。顺治四年，自贡生知直隶滑县，有声。行取，擢御史。奏言：“满洲部院官凡遇亲丧，宜离任守制，以广孝治。”从之。十一年，出为苏松粮道。康熙三年，调福建漳南道。八年，转巡海道。时山寇遍受耿精忠札，势汹汹。启泰严保甲，立团长，亲督所司捕贼。有干禁令者，辄痛绳以法，奸宄屏息。

　　十三年，精忠叛，伪檄至漳州。启泰密与海澄公黄梧议拒守，会梧病。精忠复招郑锦为助。启泰自度不能守，语妻刘曰：“义不偷生，忠不附贼，死吾事也。然死而妻子为僇，吾何以瞑？”刘请殉，家人皆愿从死。乃以巨盎置酒下药，刘及侍妾婢仆饮者二十一人。幼子方六岁，持觞拜而饮。启泰朝服坐堂皇，召僚属与诀，引弓弦自绞死，僚属为殡。锦兵入，见置棺纵横，皆垂泪。事闻，赠通政使，赐葬祭。

　　启泰子汝器，闻变，赴漳州迎丧，为郑锦兵掠去。逾二年乃脱还，诣京师。上念其父子忠义，加增工部侍郎，授汝器右通政。三十三年，复予启泰谥忠毅。建祠福州，御书“忠义流芳”为祠额。汝器官至安徽巡抚。方精忠叛时，诸郡望风纳叛，所不肯以城降者，启泰死漳州，总兵吴万福死福宁。

　　万福，汉军镶红旗人。初仕明为守备。崇德七年，师围松山，从副将夏承德来归，授牛录额真。入关，从征李自成有功，累叙二等阿达哈哈番。出为福宁总兵。张煌言寇屡入，与总兵李长荣分路击却之，累进右都督。精忠叛，万福婴城固守，城破，死之，阖家被害。幕客孙坡、百总潘腾凤并殉。事闻，赠万福左都督、太子少保，谥忠愍。

　　陈丹赤，字献之，福建侯官人。顺治十七年举人，选授重庆推官，摄府事，兼署夔州府。时张献忠初灭，蜀东尚沦于贼，征师四集，丹赤给饷不乏。垦荒莱，缓刑禁，报最，迁刑部主事，再晋兵部郎中。出为浙江按察司佥事、分巡温处道，署按察使。

　　康熙十三年，入觐，道山东。会吴三桂反，诏入觐官悉还治所。丹赤归至东昌，闻耿精忠亦叛，亟间道还。适平阳叛将司定猷构精忠兵逼瑞安，丹赤独居城上，泣谕父老，誓与城存亡。海寇朱飞熊乘间肆掠，乡民争入城，总兵祖宏勋欲不纳。丹赤曰："城以人为固，人以食为命。民挈粟入城，民即兵，食即饷。亟宜纳之，与共守。"于是来者数万。寇涌至，攻南门甚亟，副将杨春芳忽撤兵去，人心汹惧。丹赤日驰牒乞援，晨夜徼循，以忠义厉士卒，皆感泣，愿死守。

宏勋将以温州叛，阳遣游击马文始助守，实以诇丹赤，丹赤誓以身殉。六月甲午朔，宏勋陈甲仗华盖山，集文武官计事，欲以胁丹赤。千总姚绍英知其谋，劝勿往。丹赤不顾，策马去。至则兵露刃夹阶立，坐定，宏勋曰："彼众我寡，将若何？"丹赤曰："提标前锋五千人已集，且民心效死，战即不足，守自有余。吾以来商以舟济师，顾乃计多寡邪？"宏勋曰："舟安在"？丹赤语通判白鳌宸曰："河干泊舟不少，皆乡民所弃。以济援师，何患无舟？"宏勋语塞，春芳厉声言曰："城中粮尽，纵有兵有舟，谁为我用？"丹赤曰："若言误矣。吾军粮饷足供六阅月，且远近乡民输粟入。若乃为此言惑军心邪？"有自怀中出帛书者，精忠招宏勋献城檄也。丹赤怒，碎而掷之地曰："此岂可污吾目？吾头可断，城不可得也！"宏勋执其手，好语慰之，丹赤曰："封疆之臣死封疆，不知其他。"宏勋知不可夺。目千总高魁持斧拥丹赤出，骂益厉，执斧者断其臂，大呼曰："臣事毕矣！"兵刃交下，遂遇害。十六年，浙江巡抚陈秉直疏请恤，赠通政使，谥忠毅。三十八年，上南巡，丹赤子一夔时为湖州知府，迎谒，上书额赐之。

马琎，字奉璋，陕西武功人。顺治十一年举人，授山东昌乐知县，有惠政。康熙十三年，补永嘉。明决有才，清核图籍，不数月而政成。华盖山集议，宏勋戕丹赤，琎跃而起曰："国家养若辈，反党贼杀封疆大吏，吾耻与若辈俱生！"遂骂不绝口，同时遇害。事闻，赠布政司参政。三十五年，敕建祠温州，祀丹赤及琎，亦曰"双忠"。四十二年，上南巡，琎子逸姿官江南布政司参议督粮道，迎谒，疏引丹赤例求赐谥，上允之，谥忠勤，亦赐御书额如一夔。丹赤役林莪、仆张亦宝，琎从子颖姿，皆从死。

　　叶映榴,字炳霞,江南上海人。顺治十八年进士,选庶吉士。时方严治江南逋赋士绅,映榴在籍中,降国子监博士。累迁礼部郎中。出榷赣关,会吴三桂叛,赣南北路绝。映榴与同官守险要,抚流民,境获宁。提学陕西巡抚鄂恺荐其才,康熙二十四年,授湖广粮储道。清积逋,减耗羡,事有不便于民者,辄与大吏力争。

　　二十七年五月,廷议省湖广总督,并裁督标兵。楚兵素剽悍,有夏逢龙者,尤桀黠,能以小信义结其伍,隐附之。檄既下,裁兵汹汹亡所归。总督徐国相还朝已登舟,众围诉索饷,不得,遂大哗。时巡抚柯永升初上官,映榴摄布政使才三日。事急,映榴白永升,请予两月粮遣散,不许。众入巡抚署,露刃呼噪。映榴复白永升,请好言慰遣之。永升出,众语不逊,永升曰:"若辈欲反邪?"众曰:"反也奈何?"刃伤永升臂,夺其印,复刃伤足,仆,遂拥映榴至阅马场。永升得间自经死。逢龙自号"总统兵马大元帅",帜以白,迫布政使以下官受伪职,映榴绐以无杀掠,三日后徐议之,乃令其妻陈奉母吴自水沟出,解印付其仆,乃手具遗疏。是月丁酉,朝服升公座,骂贼,拔佩刀自刎死。疏略曰:"臣一介坚儒,叨沐皇上高厚深恩,历擢今职。尝以洁己奉公,自矢夙夜,但愧才具庸劣,未效寸长。兹值裁兵夏逢龙倡乱,劫夺抚臣敕印,分兵围臣衙门,露刃逼胁,臣幼读诗书,粗知节义,虽斧钻在前,岂肯丧耻偷生?臣母年七十有六,在臣任所,臣长子夐,远在原籍;其余二子,尚未成童,茕茕孤孽,死将安归?因遣妻女奉母潜逃。臣如微服匿影,或可幸免以图后效。伏念臣守土之官也,城存与存,城亡与亡,义所当然。今勉尽一死,以报国恩。所恨事起仓猝,既不能先事绸缪,默消反侧,复不能临期捍御,独守孤城。上辜三十载之皇恩,下弃七旬余之老母,君亲两负,死有余惭。"上览疏,深愍伤之,召廷臣展读,闻者皆感泣。下部议恤,部议援陈丹赤例,赠通政使,特旨赠工部侍郎。次年上南巡,夐迎谢,手书"忠节"二字赐之,遂以为谥。立祠武昌,书"丹心炳册"扁以赐。

　　雍正八年,录忠臣后,授其子夐凤阳知府,芳蔚州知州,寻改员外郎,孙凤毛内阁中书。与映榴同时死者,都司宣德仁,赠副将。

论曰：功令褒死事，仓卒遇变与艰难效死者同，所以奖忠义也。莫洛与福，先事宜知有变，师行有进无退，虽死不挠。之鼎效忠于孤城，兴元抗节于大憝。若启泰、丹赤、映榴，皆死其官者。启泰以其家殉，与马雄镇比烈，映榴遗疏款款，则又范承勋蒙谷自序之亚也。

清史稿卷二五四
列传第四一

赉塔　　穆占　　莽依图　觉罗舒恕
勒贝　佛尼埒　坤　鄂泰　吴丹
毕力克图　噶尔汉　　阿密达
鄂克济哈　觉罗吉哈里　拉哈达　察哈泰
根特　华善　席卜臣　希尔根

　　赉塔，那穆都鲁氏，满洲正白旗人，康古里第四子。年十四，授
三等侍卫。坐事免。崇德时，从伐明，围锦州，击松山、杏山敌兵，屡
有斩获。攻新城，高阳、霸州、寿光、博兴，并先登，身中五创。被赏
赉，授前锋侍卫。

　　顺治元年，从讨李自成，败之一片石，追至安肃、庆都。授巴牙
喇甲喇章京。从豫亲王多铎转战河南陕西，频有功。二年，移师江
宁，克扬州，下江宁，追败明福王于芜湖。予拖沙喇哈番。三年，从
端重亲王博洛下福建，明唐王奔汀州，赉塔率师攻破其城。进拜他
喇布勒哈番。明桂王据湖南。六年，从郑亲王济尔哈朗进衡州，战
败明将陶养用、胡一清；克祁阳，复战败明将周进唐、王进才及一
清。又战败明将谭宏，取道州。又战败一清及明将焦琏，取全州。累
晋二等阿达哈哈番兼世管佐领。十一年，明将李定国犯广东，从珠
玛喇解新会围，进三等阿思哈尼哈番，擢巴牙喇纛章京。十六年，郑

成功窥江宁,从安南将军达素讨之。比至,成功已败遁,遂引兵下福建。十七年,战厦门,师失利,坐免官,夺世职。康熙二年,署前锋统领。击李来亨等于茅麓山,数战皆克。八年,擢正白旗蒙古都统。

十三年,耿精忠叛,遣其将马九玉、会养性、白显忠分三道寇浙江。授赉塔平南将军,赴援。寇犯金华,遣诸将玛哈达、雅塔里、拉哈等击走之,复义乌、诸暨。精忠将王国斌屯金,衢接壤处,为群寇声援。赉塔与总督李之芳驻衢州,精忠将周列拥众二万自常山入。赉塔遣瑚图要之焦元,俘斩过半。精忠将桑明率众五万犯衢州,迎击,斩级万除。十四年,督兵击九玉,五战皆捷。又破其将李廷魁,焚所屯木城。康亲王杰书军至衢州,赉塔依例归将军印,以都统参赞军务。时九玉退据九龙山,分万人扼大溪滩护粮运。杰书令赉塔攻之,即夕遣兵涉河,直捣九玉营,破之。九玉谨以三十骑遁,遂复常山。率玛哈达等破仙霞关,拔浦城。又兴吉勒塔布败贼建阳,克之。进取建宁,薄延平,精忠乃迎降。

其时漳、泉、兴化并为郑锦所掳,锦成功子也。精忠导贝子傅拉塔军攻锦。十六年,与宁海将军拉哈达复兴化,降仙游。进讨叛将刘进忠于潮州,进忠亦降。康亲王杰书奏仍授赉塔平南将军,守潮州。十七年,锦将刘国轩人犯泉州,与总督姚启圣会师赴援,复长泰,战漳州,破敌。十八年,国轩复入犯,迎击,败走。十九年,克海澄,锦还台湾。授赉塔本旗满洲都统,守潮州如故。

尚之信之降也,仍怀贰志,返广东,复抗命。都统王国栋首告,诏赉塔抚慰。之信已杀国栋反,赉塔率兵讨禽之。

时吴世璠尚据云南,大将军贝子章泰自湖南下贵州,上授赉塔平南大将军,督满汉诸军自广西入云南。赉塔师自田州、泗城道西隆,迭战皆捷。石门坎者去安龙三十里,地峻陬。世璠将何继祖等拥众拒守。赉塔令诸将希福、勒贝、玛奇等率师前进,而别兴总督金光祖等分兵自间道蹑其后。二十年元旦,度贼无备,饬前军进攻,继祖等仓卒出御,后军攀险上,前后夹击,遂夺其隘口,复安笼所。继祖复与詹养、王有功等以二万人守黄草坝。赉塔督诸军奋击,自卯至未,破垒二十二,俘养、有功及其众千馀,并获其象、马。捷闻,上以赉塔自广西深入,先诸军至,败敌,温诏嘉奖。

师至曲靖,遣诸将希福、玛奇、硕塔等分道取沾益、云龙、嵩明诸州及易龙所、扬林城。章泰师自贵州至,两军合。未至会城三十里,世璠遣壮图等迎战,列象阵。章泰军其左,赉塔军其右,自卯至午,贼五却五进。殊死战。遇金汁河,象反践,陈乱,师乘之,大溃,进屯城东归化寺。九月,赵良栋师自四川至,遂合围。赉塔军银锭山,运炮至,昼夜番攻。世璠将余从龙降。璠知粮将罄,人相食,兴诸将环而攻之。世璠众内乱,欲禽世璠以陷,世璠自杀。其将夏国相奔广南,胡国柱奔云龙州。遣诸将李国梁、希福等追袭之,禽国相,国柱自缢死。云南大定。

二十一年,凯旋,上率群臣郊劳芦沟桥西,行抱见礼。二十二年,以隐匿之信藩下入官妇女,下所司集质。上谕赉塔有大功,勿以细事加罪。礼部议请夺官治罪,诏改降级罚俸。二十三年,卒,谥襄毅。二十五年,追授一等阿思哈尼哈番。

子费叶楞,袭。雍正五年,世宗命追封一等公,令其孙博尔屯袭。并谕:赉塔克云南,功绩懋著。当日因其功遇相掩,未予优封,欲使立功之臣,咸知儆惕收歛,不可恃功骄肆。今事历多年,后人已知鉴戒。用特追封,示眷念旧臣。九年,定公号曰“襄绩”。

穆占,纳喇氏,满洲正黄旗人,南楮子也。南楮事具《杨吉砮传》。穆占初任侍卫,兼牛录额真。顺治十六年,署噶布什贤章京。从都统卓洛等驻防云南,平元江土司有功,予三等阿达哈哈番,擢本旗梅勒额真。

康熙十二年冬,吴三桂反,命授赫叶安西将军,道陕西入四川进讨,以穆占署前锋统领,参赞军务。十三年二月,师至陕西,时四川巡抚维森、提督郑蛟麟皆附贼,总兵谭洪亦叛据阳平关。穆占与西安将军瓦尔喀率兵先驱,战野狐岭,败之,克阳平关。总兵吴之茂叛据保宁,穆占进与战,屡击败之。旋以贼阻饷道,引还汉中。提督王辅臣叛宁羌,与之茂、洪相应。穆占从大将军贝勒洞鄂还西安。十四年,诏趣洞鄂讨辅臣,而以穆占代赫叶为安西将军,率师并进。辅臣将高鼎屯陇州河岸,迎战,与达理善击却之。趋秦州,围合,辅臣将陈万策以城降。穆占复助提督张勇攻下巩昌,还会诸军征平凉。十五年,上遣图海代洞鄂为大将军,辅臣降。穆占分剿余寇,以次复西河、清水、成、礼诸县。辅臣将周养民等以庆阳降。

九月,诏入觐,进秩视都统,佩征南将军印,统陕西、河南诸军赴湖广,讨三桂,诸将塔勒岱、鄂克逊从。十六年正月,至荆州。时大将军顺承郡王勒克德浑守荆州,贝勒尚善围岳州,安亲王岳乐围长沙,简亲王喇布守吉安。上命穆占助攻长沙,军至,屯阿弥岭。三桂初欲自松滋渡江,进攻荆州,相持数年不得逞。闻长沙有新军至,亟自松滋还援,屯隔江岳麓山。遣其将马宝等屯城外,掘重濠,布铁蒺藜,戁象阵以守,而自从常德进,为穆占所败,走衡州。上命穆占移兵会简亲王取衡州。十月,克茶陵,复攸、安仁、酃、永宁诸县。十七年春,克郴州,傍县并下。穆占守郴州,以都统宜理布守永兴。三桂欲通粤东道,与尚之信、孙延龄军合,遣其将马宝、胡国柱等悉锐攻永兴。穆占遣哈克三、硕岱来援。时喇布尚驻吉安,穆占请旨趣进征。六月,宜理布、哈克三战死。硕岱入城守,喇布遣萨克察来援,牒穆占请益兵。穆占谓永兴军事简亲王主之。喇布以闻,上责穆占谬戾。宝、国柱攻永兴,二十余日不下,闻三桂死,乃引还衡州。穆占率布舒库等追击,败之耒阳。十八年,三桂将吴国贵为他将所列,遁永州,穆占追剿,克之,道州、常宁、新田、永明、江华、东安皆下。师入广西境,克全州、灌阳、兴安、恭城。诏还定湖南,进克新宁。三桂将郭壮图等拥三桂孙世璠据贵州。

十一月,上命贝子章泰为定远平寇大将军,规定云、贵,穆占参赞军务。十九年二月,复沅州。十月,克镇远,并定偏桥、兴隆二卫。进克平越,下贵阳。世璠奔云南。十一月,克遵义、安顺、石阡、都匀里南诸府。二十年正月,世璠将夏国相、高起隆、王会、杨应选等拥众二万拒战,屯平远西南山。穆占与提督赵赖督诸军奋击,起隆等败窜，会降，遂复平远。分遣诸将莽奕禄等逐贼，复大定，应选亦降。遂入云南，兴广西军会，壁归化寺。壮图出兵重关，列象阵犯我军。赉塔等纵兵夹击，穆占战尤力，象阵乱，反践其军。诸军乘之，壮图歒兵，止存二十七人，奔入城。九月，四川军至，总督蔡毓荣破重关，穆占亦夺玉皇关，猛攻东西寺。世璠壮图皆自杀。穆占入城，抚余众，籍逆产以闻。师还，授正黄旗蒙古都统、议政大臣。

二十二年，追论征保宁时奏军事不实，征平谅时不临阵指挥，及不救永兴，罪当绞，籍没。上谕曰："穆占固有罪，但其战绩多至二百六十处，此所议稍过。"命覆议，乃请夺官、削世职、没妻子入内务府，上命但夺官，余悉宽之。卒。

莽依图，兆佳氏，满洲镶白旗人。父武达禅，崇德中从伐明，攻任邱、济阳，并先登，赐号"巴图鲁"，予牛录章京世职。既入关，授太原城守尉。卒。

莽依图袭职，进三等阿达哈哈番。顺治十五年，从征南将军卓木特下贵州，自都匀次盘江，破明将李定国。移师定云南。康熙二年，李自成余党李来亨等据湖北茅麓山，未下，从靖西将军穆里玛攻克之。凯旋，授江宁协领。

十三年，吴三桂陷湖南，复从镇南将军尼雅翰攻岳州，炮击寇舰，败之七里桥。十四年，三桂勾广西总兵马雄叛，广东十府失其四。尚可喜请兵，上命尼雅翰率师赴广东，以莽依图署副都统，驻肇庆。甫至，而可喜子之信已叛应三桂。十五年，三桂将范齐韩等逼肇庆，莽依图溃围出，且战且走，还驻江西。闻三桂将黄士标等攻信丰，亟率师赴援，遣奇兵出其背，与城兵夹击之，贼大溃，遂会镇南将军觉罗舒恕解南康围。

十六年三月，上命舒恕留兵守赣州，而授莽依图署江宁副都统，代舒恕佩镇南将军印，帅师规复广东，以额赫讷、穆成额参赞军事。自南康进南安，再进南雄，三桂所遣守将皆出降，之信亦率藩属归顺。莽依图遂逾岭进韶州，韶居五岭脊，为赣、粤咽喉，贼所必争。

莽依图以城北当敌冲,厚增土墙,夜则缒卒出城浚濠通水,并分兵断广州饷道。三桂将胡国柱、马宝以万余人攻城,莽依图屡击却之,乃扼河西断我水运,又壁莲花山发炮,女墙悉坏。会江宁将军额楚赴援,莽依图出城兵夹击,破四垒,逐北至帽峰山,夜战,大败之。河西贼亦引去,饷运始通。莽依图督军追击,破敌风门澳,斩二千余级。下乐昌、仁化诸县,乃还驻韶州。

时傅宏烈佩抚蛮灭寇将军印,巡抚广西,所将义兵五千人。莽依图虑其力不支,遣副都统额赫讷将兵八千赴梧州佐宏烈,而之信不为具舟,师久不集。十七年二月,莽依图至平乐,围城,寇水陆拒战,引还中山镇,与宏烈互奏纠,上两释之。莽依图复还梧州,引咎请罢将军,上切责之,命留任图功赎罪。十八年春,三桂从孙世琮犯梧州,莽依图兴宏烈谋合诸军分布水陆,与战,贼败去,遂复桂林。语具《宏烈传》。

三桂将马承荫以南宁来降,世琮自梧州败归,并力攻南宁。城几陷,莽依图方卧病,闻警,督军倍道赴援。贼悉锐依山列鹿角拒战,莽依图使额楚、额赫讷引前锋兵冲击之,而自兴舒恕麾大军进,预遣兵潜出山后断归路,尽殪之。世琮负重伤,以数十骑越山遁。南宁围解。命进取云贵,莽依图以承荫虽降,心叵测,疏请暂驻南宁。上命简亲王喇布镇桂林,莽依图俟都统希福军至,合兵谋进取。十九年,授护军统领。承荫果以柳州复叛,宏烈遇害。莽依图军进次宜宾,承荫驱象阵迎战,以劲弩射之,象返奔,贼阵乱,铁骑乘之,遂大败。承荫复以柳州降。莽依图疾益深,八月,卒于军。

莽依图母贤,当训以不杀降,不掠民,莽依图终身诵之,时称"仁义将军"。既卒,南宁人绘其像祀之。事平,朝议追论自平乐还梧州失律罪,当籍没。上以莽依图战多,且不扰民,宽之,夺恩诏所加世职,以原授拜他喇布勒哈番兼拖沙喇哈番予其弟博和里。博和里曰:"兄平粤有功,上褒之,不可使吾子孙复袭此职"。乃抚其孙布瞻阿继袭。乾隆元年,追谥襄壮。

三桂初反,十三年正月,上授都统尼雅翰镇南将军,会师德州,道安庆至武昌寻命参赞军务,攻岳州,旋又命进取南康,克之,又击破三桂将黄乃忠等于袁州。十五年五月,上命哈尔哈齐率江宁兵攻吉安,解尼雅翰镇南将军印授之,螺子山败,改授觉罗舒恕。

觉罗舒恕,满洲正白旗人,武功郡王礼敦曾孙。康熙八年,自一等侍卫授兵部督捕侍郎,调吏部。十三年,命署前锋统领,参赞定南将军希尔根军务。精忠遣将陷抚州,舒恕从希尔根进击,克之。十四年。精忠兵复至,又击破之,克新城、宜黄、崇仁、乐安诸县。上命舒恕援广东,授镇南将军。叛将马雄及三桂将王宏勋攻高州,与战不利,退驻肇庆。十五年,尚之信反,再退驻赣州。十六年,上命解镇南将军印授莽依图,率师下广东,令舒恕留兵佐巡抚佟国桢守赣州。寻复授安南将军。三桂兵自宜章窥南雄、韶州,上命莽依图赴韶州应敌,而舒恕守南雄为声援。

十七年,穆占言郴州、桂阳新复,请敕舒恕移师驻守。舒恕疏言南韶为湖南、江西、广东三省接壤,不可轻离。继命进次梧州。十八年,即军前授都察院左都御史。旋与莽依图共击吴世琮,解南宁之围。舒恕以病乞还肇庆,召还京。入对,上察其神色如故,无病状,诏诘责,命羁候宗人府,下王大臣议,夺职。三十四年,起镶黄旗满洲副都统,再迁宁夏将军,参赞抚远大将军费扬古军务,讨噶尔丹。三十五年,上亲征,授扬威将军,从费扬古出西路。上驻栋斯拉召费扬古议军事,以舒恕署大将军。师有功,予拖沙喇哈番世职,擢正蓝旗满洲都统。以病乞休,卒。

勒贝,郭络罗氏,满洲正蓝旗人,鄂罗塞臣子。初授侍卫,兼管牛录事。累迁正蓝旗满洲都统。三桂乱未平,康熙十六年春,上以简亲王喇布出师江西久无功,参赞均不胜任,命勒贝及哈克三、舒库往代之。既,命与江宁将军额楚守韶州,又诏进次梧州,与宏烈攻郁林及北流、兴业、陆川、博白,军益振,乘胜下南宁,克象州。十九年秋,莽依图卒于军。诏勒贝代为镇南将军,从赉塔定云南。抵西隆,诇知三桂将何继祖等屯安笼所石门坎,与玛奇率前锋奋攻,次第克三峰,夺隘口,复安笼所。继祖等坚守黄草坝,列象阵以待,复与赉塔大败之，直抵云南城。吴世璠自杀，滇平。师还，道卒。

佛尼埒，科奇理氏，满洲镶红旗人，世居瓦尔喀。父索尔和诺，少孤，兄瑚里纳抚之成立，后为仇所害，佛尼埒手刃之，祭兄墓。崇德三年，来归。从伐明，攻河间，战死，授牛录章京世职。

佛尼埒袭职。授西安驻防牛录额真，进二等阿达哈哈番。康熙初，累擢西安副都统。十三年春，从将军瓦尔喀道四川讨吴三桂。入栈道，闻四川叛附三桂，谭洪据阳平关。从瓦尔喀自野狐岭进兵，斩三千余级。进朝天关，屡击败敌军。总兵吴之茂以保宁叛，移师往讨之，弗克，凿壕堑与相持。之茂出劫略阳粮艘，截槐树驿运道。我师饷不继，还汉中。之茂要于中途，与总兵王怀忠击之，败走。

其冬，提督王辅臣叛，连陷平凉、秦州。十四年，擢西安将军，加振武将军衔。命与贝勒洞鄂进讨辅臣将高鼎，以四千人屯关山河岸，偕穆占整师与战，破其垒，逐北，又败之渭河桥，进薄秦州。垒未定，贼乘我不备，开壁出战。佛尼埒督军遮击，贼不敢犯。旋攻克东西二关。贼数千掠仙逸关，佛尼埒虑断饷道，分兵往援。贼逾山走，追蹑之，杀其党且尽，逐率师赴陇州。贼纵火焚山泽，佛尼埒曰："是欲烧绝我挽运道也。若不增兵策应，军食何赖焉？"因暂驻陇州。

时师攻秦州久未下，而四川及平凉诸寇挟万余人赴救，城寇与应者亦八千余。佛尼埒亟还师与诸军合，偕内大臣坤连败贼众，禽其将李国栋等，殪其众三千余，州城复，以次下礼县、西和、清水、伏羌诸城。汉中运道阻，军大饥。将军席卜臣还西安，上命佛尼埒领兵开栈道，规汉中，缘涂击贼，皆溃窜。十五年，之茂欲为辅臣援，再犯秦州。佛尼埒与护军统领杰殷议绕贼后，绝其运道，复静宁。大将军图海下平凉，之茂遁。又与杰殷乘夜追击，及之牡丹园，逐克祁山堡。之茂仅以十余骑走。

十六年，追论自保宁退还汉中诸罪，降世职为拜他喇布勒哈番，削振武将军衔，仍署西安将军。十七年，与吴丹等败敌于牛头山、于香泉，率师驻守宝鸡，坚扼栈道诸隘。寇屡至，屡败之。十八

年,从大将军图海征兴安寇阻梁河关。佛尼埒领兵先驱,济乾玉河,
拔之。兴安下。十九年,潼川降,并复盐亭、中江、射洪诸县。再败
寇豹子山,克泸州。冬,吴世璠将胡国柱自叙州扰永宁,诏授建威将
军讨之。二十年,克马湖。世璠将宋国辅等以永宁降。国柱亦弃叙
州遁,上命佛尼埒守之。寻命还镇汉中。二十一年,卒。乾隆初,追
谥恭靖。子托留,袭世职,官至黑龙江将军。额伦特,别有传。

坤,那木都鲁氏,满洲正黄旗人,先世居绥芬,隶瓦尔喀部,父
伊讷克,太宗伐瓦尔喀,先众降。坤事太宗,泺擢一等侍卫,兼管牛
录事。太宗伐明,围松山。明总兵曹变蛟乘夜犯御营,迫正黄旗营
门。诸侍卫及亲军等皆散列门左右,坤独当门,力战却敌。上嘉其
勇,赐号“巴图鲁”,赍白金四百,授一等甲喇章京世职。

世祖朝,累进一等阿思哈尼哈番兼拖沙喇哈番。寻以遣祭昭陵
辞未往,扈跸南台不入直,又娶女子已赐配者为妻,论罪当死,上宽
之,夺官,仍留世职侍卫。十一年,从靖南将军珠玛喇下广东,命署
固山额真。破明将李定国于新会,逐至横州江岸,斩馘无算。擢内
大臣。康熙十二年,奖先朝诸旧臣,坤加太子太保。

吴三桂反,授振武将军,帅师驻汝宁。王辅臣叛,命移师西安。
十四年,又命偕副都统翁爱等进驻汉中,辅臣毁凤县偏桥绝运道,
又断栈道,阻汉中声援。诏趣坤援汉中,次宝鸡,以道阻未克进。命
罢将军,以内大臣从军。秦州既复,朝议规复汉中,以坤守潼关。

十八年,上念坤已老,召还。追论汉中逗留状,当夺官、削巴图
鲁号。上曰:“巴图鲁号太宗所赐,其勿削!但夺官。”仍留一等阿达
哈哈番世职。二十四年,授散秩大臣,并谕年衰不能朝,听家居。二
十六年,卒。

鄂泰,瓜尔佳氏,满洲正白旗人,世居苏完。国初来归,以军功
累进二等阿达哈哈番。顺治间,授盛京礼部理事官,坐事黜,并夺世
职。旋复起。康熙初,泺擢盛京副都统。王辅臣叛,大将军贝勒洞
鄂西讨,命鄂泰率盛京兵千来京备征发。十四年,授建威将军,率所
部兵驻太原。寻命赴西安参赞洞鄂军务,以建威将军印授副都统吴

丹。鄂泰与副都统阿尔瑚屯宝鸡,贼出栈道攻九龙山,鄂泰督兵纵击,尽歼之。辅臣所署置总兵任德望率兵及猓猓七千余屯益门镇,鄂泰分兵九路进击,自巳至未,破七垒。德望以百骑遁,骁骑校韩楚汉身中其股,乃降。十五年,复捕余贼红崖堡。十八年,卒,追授拜他喇布勒哈番兼拖沙喇哈番。

吴丹,纳喇氏,满洲正黄旗人,叶赫金台石曾孙也。康熙初,以一等侍卫同学士郭廷祚视淮安河决。十三年,大将军顺承郡王勒尔锦讨吴三桂,吴丹奉使军中,宣谕机宜。王辅臣叛,命署副都统,从鄂泰驻太原。旋复命署建威将军,移师潼关。十五年,从大将军图海征平凉,击贼虎山墩,辅臣乞降,吴丹率数骑入城,安抚降人。

十七年,授护军统领。时汉中、兴安尚为三桂兵所据,上趣图海进军,以吴丹参赞军务,战于牛头山、香泉,屡破贼。图海入觐,命仍佩建威将军印,暂统大兵。旋从图海徇镇安,偕将军佛尼埒战于火神崖,破贼,渡乾玉河,克梁河关,遂复兴安。上命图海还驻凤翔,分兵界吴丹,与将军王进宝下四川,为后继。十九年,与进宝击贼蟠龙、锦屏诸山,大破之,遂复保宁获三桂将吴之茂等。时将军赵良栋亦复成都,吴丹与佛尼埒分兵取顺庆、重庆,并下达州、东乡、太平诸州县。诏取泸州,赴云南。吴丹复从佛尼埒战于豹子山,破泸州贼。会永宁复为贼得,仁怀亦不守,良栋劾吴丹不急赴援,解将军印还汉中。事定,还京,王大臣等议罪,夺职。寻授三等侍卫兼佐领。

二十九年,喀尔喀台吉额尔克阿海等为乱噶尔丹亦犯边,命从大将军裕亲王讨之,战于乌兰布通,噶尔丹败走。裕亲王命吴丹与参领色尔济、博尔和岱诇噶尔丹所在,知远去已数日,乃还。途值喀尔喀叛者,并遇害,赠散秩大臣,予拖沙喇哈番世职。

毕力克图,博尔济吉特氏,蒙古正蓝旗人,世居科尔沁。太宗时,来归。授豫亲王护卫。从伐朝鲜及明锦州,并有功。顺治初,从讨李自成,定西安,移师攉扬州,下江宁,以战绩著,署护军统领,子牛录章京世职,攉正蓝旗蒙古副都统。六年,诏驻防平阳,贼犯绛州,击却之。李廷泰叛据太平,复与协领根特等攻之,久弗下,乃穴地燃火药堕城,禽廷泰诛之。累进一等阿达哈哈番。授礼部侍郎,调户部。

十一年,从靖南将军珠玛喇下广东,明将李定国犯新会,屯县左山峪。毕力克图再战败之,追至兴业,斩杀过半,趋横州,定国渡江遁。进三等阿思哈尼哈番。坐事罢官,降二等阿达哈哈番。

十七年,命署护军统领。从定西将军爱星阿出师云南。时明桂王入缅甸,定国与白文选分据孟艮、木邦。十八年,会师木邦,定国走景线,文选走锡箔江,毁桥趋茶山。毕力克图至,获谍者,结筏以济,次旧晚坡,去缅城六十里。缅人谋献桂王,请大军留驻,以百人进兰鸠江备捍卫,于是白尔赫图率前锋以往,毕力克图以护军二百人从之。缅酋蟒猛以桂王出界我军,逐班师还。文选至猛养,为总兵马宁追及,率众降。毕力克图抚其众,徙之边境。论功进一等阿达哈哈番兼拖沙喇哈番。

康熙八年,擢正蓝旗蒙古都统,列议政大臣。十二年,加太子少师。十四年,王辅臣叛,授毕力克图平逆将军,帅师驻大同。寻延安、绥德皆陷,命进驻榆林。诇知贼屯杨家店渡口,遂分兵三队,乘夜疾黎明,鸣角济河。贼不虞我师至也,皆骇走,逐复吴堡。进次虎尔崖口,遇贼,又击败之。下绥德,乘胜克延安,并招抚附近诸州县。上命移师会扬威将军阿密达攻平凉。将至,辅臣拥众迎战,与贝勒洞鄂等击之,阵斩其将郝天祥。十五年,大学士图海莅师,命毕力克图屯宁夏。辅臣降,还驻平凉。

越十七年,移师守陇州、宝鸡。图海议取汉中,与鄂克济哈等分道入,以次降灵台、华亭、崇信诸县。其冬,克成县。十九年,征还,仍任都统。二十年,卒,年七十有三,谥恪僖。孙常远,袭职。二十五年,追录陕西军功,进二等阿思哈尼哈番。

噶尔汉,纳喇氏,满洲正红旗人,尚书噶达浑子也。噶尔汉袭一等阿达哈哈番。授王府长史。康熙初,迁正红旗满洲副都统。

十四年,授镇安将军,驻守河南。时寇势甚炽,总兵杨来嘉叛,命移师襄阳。十五年，战南漳，破灵机寨。叛将谭宏等犯郧阳，遣党扼城东陡岭，断我挽运道。复与提督佟国瑶会师，分路进击，贼退。十八年，谢泗、刘魁等掠竹山、竹溪诸县，逼郧城，与兴安贼为声援，噶尔汉往讨之。时方溽暑，郧西数百里，山径陞隘，草木丛塞，霪雨洪注，师阻水，弗能进。噶尔汉期以木落水涸进时师，上责其逗留，削前功。二十年，薄郧城，时宏已死，其子天秘毁垒遁，逐克之。以次下万、开，建始、梁山诸县及忠州。二十二年，授荆州将军。部议当杨来嘉攻房县不能救，当夺职，上命降级留任。

二十六年，湖广裁兵，夏逢龙倡乱。噶尔汉师次安陆，遣协领穆礼玛等攻之，多所斩馘。进次应城，贼还窜武昌，会粮绝，战舰不足用，疏言状，召还，授正红旗蒙古都统。比至都，论退缩玩寇罪，免官。后卒于家。

阿密达，他塔喇氏，满洲正白旗人。顺治间，授三等侍卫洊擢正白旗满洲副都统。康熙初，擢领侍卫内大臣、议政大臣。

十三年，吴三桂反，襄阳总兵杨来嘉以谷城叛应之。河北总兵蔡禄初与来嘉并为郑成功将，先后来降。来嘉招同叛，禄具枪械，购骡马，密令所部为备。圣祖闻状，命阿密达率兵赴怀庆察视，禄不出迎，谋拒战。阿密达疾驰入其廨，得禄及其孥，悉诛之。耿精忠亦叛，授阿密达扬威将军，率满洲兵千人驻江宁，命习水战。寻授简亲王喇布扬威大将军，阿密达归将军印，参赞军务。

王辅臣叛，十四年，命阿密达仍佩扬威将军印，率兵赴兰州，佐以副都统鄂克济哈、觉夸岱。时辅臣据平凉，兰州诸路皆陷贼，大将军贝勒洞鄂命阿密达径攻平凉。五月，克宁州，薄平凉，战失利，退驻泾州。洞鄂兵至，命参赞军务，与总兵孙思克会师进攻，久不下。十五年，大学士图海代为大将军，阿密达参赞如故。既，夺虎山墩，俯攻城，辅臣乃降。

十七年，命赴湖南，从大将军安亲王岳乐讨吴世璠。十八年，克武冈。谕阿密达与安亲王计议，量撤满洲兵，护还京师。十九年，授正白旗蒙古都统。部议平凉战败当夺职,上宽之,命降五级留任。寻复授领侍卫内大臣。

噶尔丹为乱,命诇贼状。二十九年,命参赞大将军裕亲王福全军务,出塞讨噶尔丹,战于乌兰布通,胜敌。师还,部议不能乘胜灭贼,福全以下皆有罪,当夺职。上以师有功,宥之。三十五年,上亲征噶尔丹,阿密达请从征。上次克鲁伦河,以阿密达暂充将军,率留后满洲兵及绿旗步兵赴克勒和硕,并命兼辖留屯各军。寻撤还京师。四十八年,卒。

鄂克济哈,纳喇氏,满洲正黄旗人。初任侍卫,署副都统兼佐领。康熙十三年,三桂反,陕西、湖广并警。上命偕副统色格驻河南府。辅臣乱起,从阿密达赴西安剿御。寻赴兰州参赞阿密达军务,克泾州、宁州,诏嘉之。十八年,从图海攻礼县驿门,大破之。复塔什堡,进克兴安。图海以汉中要地,令鄂克济哈领振武将军,与副都统哈塔将千人守之。

十九年提督赵良栋等徇四川,与将军吴丹为后劲。泸州陷,率师攻克之,又败之托川雅。未几,贼犯仁怀,吴丹拥兵不救,永宁复陷。命还汉中,而使鄂克济哈领其众。鄂克济哈疏言建昌、永宁相去千余里,未能兼顾,乃命佛尼埒专领永宁一路,而授鄂克济哈宣威将军,驻军成都,专领建昌一路。二十年,建昌军弃城走,自劾,解将军印,以都统觉罗吉哈里代,还守汉中。寻入为二等侍卫,三十年,迁正黄旗副都统。

三十三年,授护军统领。从征噶尔丹,事平,驻守宁夏。三十八年,卒。

觉罗吉哈里,满洲正白旗人,武功郡王礼敦第三世孙。顺治初,授牛录额真,袭父拜他喇布勒哈番世职。遇恩诏,晋二等阿达哈哈番。累迁护军参领、镶黄旗满洲副都统。康熙十二年,吴三桂反,京师奸民杨启隆为乱,都统图海、祖承烈及吉哈礼讨平之。佐领鄂克逊禽其党黄吉、陈益,吉哈礼亦获焦三、朱尚贤、张大、李柱、陈继志、史国宾、王镇邦等送法司,廉得实,论弃市。语互详《鄂克逊傅》。

十六年,命与副都统席布率师赴四川会镇安将军噶尔汉讨贼,即军前擢镶黄旗蒙古都统。三桂孙吴世璠尚据有云南、贵州,其将胡国柱、夏国相、马宝等分犯泸州、叙州建昌。二十年,建昌陷,上解鄂克济哈济宣威将军任,诏吉哈礼代之,统所部兵会提督赵良栋复建昌。良栋自雅州入,吉哈礼为后,鏖战大渡河,夺寇舟以济。是时师下云南,已合围,国柱等亟引众还,吉哈礼遂复建昌。将趋云南,行至武家,疾作,卒于军,恤如例。

拉哈达,钮祜禄氏,满洲镶黄旗人,车尔格第五子。顺治间,以侍卫袭其兄法固达三等阿达哈哈番世职,恩诏累进一等。授兵部督捕侍郎,擢工部尚书、议政大臣。康熙三年,授镶黄旗满洲都统。

十三年,吴三桂叛,授镇东将军,驻防兖州,甫至,而耿精忠叛,犯浙江。诏往署杭州将军,与平南将军赉塔、总督李之芳共筹防御。贼窥金华,遣副都统沃申、副将陈世凯等击却之,复犯台州、宁波、绍兴皆骚动。上命康亲王杰书为大将军,贝子傅喇塔为宁海将军,统师援浙,拉哈达以都统参赞军务。十四年,击处州贼,连下松阳、宣平。十五年,从康亲王徇福建。精忠降,即导我师攻郑锦。

时漳州、泉州、兴化三府为锦所据,遣其将许耀以三万人逼福州,拉哈达率师击之,破其垒十四。其冬,傅喇塔卒于军,授拉哈达宁海将军。十六年,与赉塔合军攻兴化,克之,其将郭维藩以仙游降。耀奔泉州,复据以坚守。拉哈达率锐师宵加之,漏未尽,梯入,斩耀及诸伪官,入城抚定军民。是时锦连败,还厦门,泉州、漳州二府及海澄等十县皆复,降将四百,兵四千有奇。移师略潮州,叛将刘进忠亦降,乃还守福州。

十七年,锦将刘国轩陷海澄,复犯泉州,断万安、江东二桥,扼长泰、同安诸隘,南北援绝,泉州几不守。拉哈达驻漳州,诏责其不亟援海澄,趣戴罪赴泉州难。拉哈达议自长泰入,会江涨,军阻水。侍读学士李光地方居忧在籍,乃遣使导师出间道,自南靖道漳平趋安溪,逐薄泉州,围乃解。国轩筑垒滨海东石地,当金门、厦门道。十八年，拉哈达遣沃申攻克之。十九年，与巡抚吴兴祚自同安至浔尾，分兵渡海，拉哈达居中，兴祚自左，总兵王英自右，并趋厦门。赉塔与总督姚启圣，提督万正色、杨捷，总兵黄大来师来会，三面合击，贼不能支，逐克厦门。复进攻金门，其将吴国俊等迎降，锦与国轩走归台湾。诏召康亲王还京，命拉哈达与副都统马思文守福州。

二十一年，撤满洲兵还京，追论失守海澄罪，部议降世职为三等，并罢官，上以拉哈达从康亲王平福建有劳，留都统任。二十四年，致仕。四十二年，病卒，恤如制。

察哈泰，萨克达氏，满洲镶红旗人，世居宁古塔。事太宗，从伐明，屡有功。顺治初，逐李自成，讨金声桓，皆在行间，屡擢太仆寺理事官，并授三等阿达哈哈番。复迁太仆寺卿、镶红旗满洲副都统。从伐俄罗斯，将舟师，招降斐雅喀百二十余户。坐所部战舰战失利，奏不实，罢副都统，夺世职，专管牛录事。

康熙三年，复授镶红旗蒙古副都统。以老乞休，上慰留之。寻迁护军统领，加太子少保。十三年，从拉哈达出驻兖州。上命拉哈达赴杭州，以敕印留付察哈泰，继为镇东将军。十四年，命仍以护军统领帅所部赴荆州。听顺承郡王勒尔锦调度。十五年，三桂将陶继智等犯宜昌，率兵驻江陵，通声援。七月，卒于军，恤如制。察哈泰调赴荆州，上命以镇东将军印援副都统布颜，统蒙古兵留驻兖州。事定，撤还京师。

根特，纳喇氏，满洲正黄旗人。父达雅里。国初来归。从伐明，攻深州，先登，克之。军功，累进一等参将世职。

根特早岁从戎，数立功绩。从伐明，攻泗水县、定州，并先登，赐号"巴图鲁"，授三等甲喇章京世职。顺治元年，授刑部理事官。五年，金声桓以南昌叛，从大将军谭泰讨之，薄南昌，攻未下，根特自城南以登，拔之。声桓中矢死，禽王得仁。师还，擢梅勒额真，进一等阿达哈哈番。

六年，姜瓖以大同叛，其党虞允、白漳、张万全陷蒲州及临晋、猗氏、河津。从总督孟乔芳济河击之，复蒲城，进征平阳。白漳拥步骑六千至荣河迎战，奋击，大破之。迫黄河，贼未及济，师薄之，贼多赴水死，逐斩白漳，余奔吉镇，悉歼焉。移师趋猗氏，瓖党卫登芳依山结寨，与万全为犄角，复分兵击斩万，全歼其众。寻生得登芳，复进败瓖党郭中杰于闻喜。康熙十三年，吴三桂反，命出驻兖州。寻以江西地要冲，命偕副都统席布徙守南昌。长沙陷，袁州、吉安二府与接壤，巡抚董卫国请发兵驻防，命根特自南昌移师，备战御。寻以希尔根为定南将军，根特参赞军务。尚可喜疏请兵，上令根特俟希尔根兵至，率所部下广东。耿精忠反，授根特平寇将军，令仍返江西，副将柯升以广信叛应精忠，破都昌，窥南康，复命根特先定广信，与前锋统领觉罗舒恕自袁州规长沙。是年八月，卒于军，恤如制。

　　礼部尚书哈尔哈齐副定南将军希尔根驻江西，根特卒，上命以平寇将军印授之。十一月，命赴江宁，赞大将军简亲王军务，镇江南。十五年五月，命率江宁兵赴广东，授华善平寇将军，道江西，命会师攻吉安。螺子山之败，坐夺官，披甲。

　　华善，汉军正白旗人。石廷柱第三子，为豫亲王多铎婿，授和硕额驸。三桂反。授安南将军，守镇江。寻命赞大将军简亲王军务，驻江宁。十五年，改授平寇将军。十六年，简亲王进军江西，命华善率所部从，以平寇将军印留付江宁副都统科尔扩岱。十七年，授定南将军，命守茶陵。三桂兵攻永兴急，上命简亲王进次茶陵。而令华善救永兴。华善不敢进，上切责之，解将军印，令从穆占自效。事平，论罪，上命宽之。三十四年，卒。子石文炳，袭廷柱三等伯。累迁福州将军。以华善老，召授正白旗汉军都统。寻闻丧还京，卒于途。

　　席卜臣，瓜尔佳氏，满洲镶白旗人，费英东弟郎格之孙也。事太宗，从上征朝鲜。从睿亲王多尔衮伐明，战于通州，击败太监高起潜军，再从攻锦州，屡战破敌。顺治初，从大军入关击李自成，战于一片石,逐至庆都,败贼于太原。二年,从英亲王阿济格徇陕西,逐自成至安陆。三年,从肃亲王豪格下四川,歼张献忠。五年,从讨叛将姜瓖。叙功,屡遇恩诏,世职至二等拜他喇布勒哈番。官至护军统领。十二年,与都统卓洛等出驻荆州,破孙可望。十六年,与安南将军明安达里援江宁,败郑成功将杨文英等,斩馘甚多。康熙九年,擢镶白旗蒙古都统。十二年,加太子少傅。

十三年,吴三桂反,上授都统赫叶为安西将军,与西安将军瓦尔喀等自汉中下四川。十四年,复授席卜臣镇西将军,与副都统巴喀、德业立同驻西安。寻又命大将军贝勒洞鄂西讨,赫叶归将军印,参赞军务。是冬,席卜臣与赫叶会师攻保宁。三桂将王屏藩拒守,师屯蟠龙山,屏藩出战,潜遣别将自他道绝流渡,挠我师,我师弃营退,席卜臣引还汉中。上命核诸军罪,赫叶夺职,披甲自效。方军退,佐领穆舒誓死决战,将甲上记号付将军,督兵奋斗。上闻超擢正红旗蒙古副都统,以奖其勇。

席卜臣至汉中,值王辅臣叛,栈道绝,饷不继,引还西安,旋召还京。事定,王大臣追论蟠龙山战败罪,夺官,削世职。上以席卜臣有劳,免其籍没。寻卒。

希尔根,觉尔察氏,满洲正黄旗人,世居长白山。太宗居藩邸时,任护卫。天聪间以军功授牛录章京世职。崇德元年,从伐明,连下昌平、宝坻十余城,迁巴牙喇甲喇章京。击败明太监高起潜兵,禽总兵巢丕昌,又助谭泰设伏,败三屯营骑兵。师还,敌蹑后,诸将护辎重先行,希尔根殿,超授一等甲喇章京世职。二年,从克皮岛。将行围,选扈从,其父雅赖与焉。希尔根向睿亲王多尔衮乞免,不许,给以珠尔堪代之。事觉,坐欺罔,应罢官夺世职,从宽论罚锾。从师围锦州,壁山冈,明兵至,击走之,并击退松山援兵。复坐擅离军伍、言事不实,停叙功。七年,师围蓟州,明总兵白腾蛟率师驰救,希尔根击败之。

顺治二年,从英亲王阿济格讨李自成,围延安,大败其众。其将有一支虎者,称骁果,数犯我师。希尔根三战皆克,逐至西安。自成奔湖广，逐北至安陆，贼据城拒战，复与鳌拜攻克之，获战舰八十艘。引兵武昌，贼又集舰五百浮江将东下，谭泰率众往取，希尔根先至，获之，进三等梅勒章京。三年，从肃亲王豪格征张献忠与哈宁阿、阿尔津苏拜败之西充。别趋涪州，讨贼袁韬，斩虏多。寻坐哈宁阿陷重围不救，复与阿尔津等争功，论弃市，诏改罚赎，降三等甲喇章京。

六年，姜瓖叛据大同，希尔根从巽亲王满达海讨之，围太谷，以炮破其城，斩瓖所署置知县李成沛、都司吴汝器，进克大同。以次复长子县，浑源、朔二州。永宁州、岚县、潞安府并降。又与汉岱攻复辽州。山西平，当进秩，因诉前镌秩冤，累遇恩诏，进一等阿达哈哈番。九年，擢巴牙喇纛章京，列内大臣。十二年，加太子太保。

十三年，耿精忠叛，使其将白显忠寇广西、建昌、抚州，授希尔根定南将军，率师援江西，以桑格赞军事，沃赫、伊巴罕从，次南昌，而三城已陷。是时安亲王岳乐驻师省城，檄希尔根先取抚州，贼出拒，连败之，并率沙纳哈击走援贼，城贼待援不至，弃城走。精忠将陈升勾土贼郭应定等犯赣州，令副都统甘度海御之，大捷。追至龙泉，破三垒，复攻取曹林十余寨。十四年，击败精忠将邵连登，复建昌。移师饶州，击退余干、浮梁、乐平诸县贼。会岳乐师下湖南，命简亲王喇布赴南昌，以希尔根副之。三桂将高大节出醴陵、萍乡，陷吉安冀断岳乐军后路。我师屯螺子山，大节勇，常以少骑奔我师。喇布仓皇弃营走，希尔根从之，贼入垒，纵饮饱掠而归。俄大节死，希尔根督师攻围，战又弗胜。逾岁贼遁，诏仍驻南昌。寻以老召还。十八年，卒。

子喀西泰，任护军参领。从征四川，攻保宁，死蟠龙山之战。

论曰：当三藩乱时，命将四出，以庶姓授大将军，惟图海与赉塔二人而已。赉塔自广西，穆占自湖南，皆转战下云南，削平巨憝，功最多。穆占功归彰泰，故赏不逮，赉塔、莽依图功与相并，惜中道先卒。佛尼埒等皆凤将，有战绩。其时杂号将军，或出朝命，或即军前除拜。有一人递掌二三印者，有一印迭授二三人者，皆领异军独当一路。综而观之，当日行师应敌之大概，可以得其要矣。

清史稿卷二五五
列传第四二

张勇　赵良栋 子宏灿　宏燮
王进宝 子用予　王万祥
孙思克 马进良

　　张勇，字非熊，陕西咸宁人。善骑射，仕明为副将。顺治二年，英亲王阿济格师次九江，勇来降，檄令招抚，得总兵以下七百余人。授游击，隶陕西总督孟乔芳标下。时李自成将贺珍、贺宏器、李明义等分据汉中、兴安、固原诸地，窥西安。勇与副将任珍、马宁等御战，屡败之。四年，宁夏叛将马德结宏器陷安定，勇从总兵刘芳名率师赴援，战，马宁阵擒德，勇攻克固原，获宏器、明义，诛之。

　　五年，米喇印、丁国栋以兰州叛，陷临溪。勇与副将陈万略率师夹击，破贼，复临洮。逐贼至岷州，败之宫堡，又败之马韩山。贼分窜二崖洞，歼焉。又败之马家坪，获明延长王识镈。乔芳攻拔兰州，喇印、国栋走甘州。勇等率师与乔芳会，遂渡河而西。八月，至甘州，贼出战，屡击败之。六年正月，总兵南一魁夺门入，勇入城巷战，贼夜遁，逐之至北山，歼贼甚众。斩喇印于水泉，国栋走肃州，师从之。五月，至肃州伏壕外，伺贼出牧，擒斩，不使得入。十二月，勇与马宁督兵树云梯登城，遂复肃州，诛国栋，超授甘肃总兵。十年，叙功，授三等阿达哈哈番。

　　大学士洪承畴视师湖广，勇请自效，诏奖其忠勤，召诣京师。承畴亦荐勇智勇兼备，所部兵精马足，请移授经略右标总兵，上许之。勇入对，赐冠服、甲胄、弓矢，加右都督。勇移家京师，乞赐宅。子云翥以荫授陕西卫指挥，乞改隶京卫，并得旨俞允。勇将行，命内大臣索尼等传谕曰："当今良将如勇者甚少。军务不可悬度，当相机而行，勿负才轻敌。至军，佐承畴屡破敌。十五年，从徇贵州，明将罗大顺焚新添卫，勇率兵驰战，大顺走十万溪，勇与一魁等破其垒。复从信郡王多尼下云南，次盘江。明兵焚铁索桥，勇夜督兵造梁，黎明，全军皆得度，破明将白文选于七星关。十六年，加左都督。十七年，命移镇临沅、广西诸处。十八年，迁云南提督。

康熙二年，以勇久镇甘肃，威名素著，属番詟服，命还镇甘肃。三年，加太子太保。西喇塔拉饶水草，号大草滩，厄鲁特蒙古乞驻牧于此。勇以其地当要隘，不容逼处，自往谕之，事遂寝。因请筑城其地，曰"永固"。旁建八寨，相联属为声势。四年，蒙古徙牧近边，请增西宁兵四千五百二十。部议下总督覆核，上特命允之。

十二年，吴三桂反，四川总兵吴之龙叛应之。十三年，三桂使招勇，勇执其使以闻。陕西提督王辅臣亦叛，勇督兵防御。十四年，巡抚华善疏言："辅臣遥应三桂，西番土回乘隙并起，河西危甚，得免沦陷，皆勇之力。请敕许勇便宜。"命授靖逆将军，仍领提督，总兵以下听指挥。辅臣招勇，勇斩其使，上嘉之，封靖逆侯。

勇遣西宁总兵王进宝率师攻兰州。辅臣将潘瑀攻洮州，曾文耀攻河州，番部乘隙肆掠。勇率兵攻河州，文耀败走。别遣土官杨朝梁攻洮州，自督兵继其后，瑀亦败走。上嘉勇谋略，以其次子云翼为太仆寺卿。勇进攻巩昌，辅臣将任国治等潜师入城，与城兵共出战。勇与副将刘宣圣等奋击，截其归路，斩馘过半，获四百七十三人。时辅臣掳平凉，贝勒洞鄂督兵围攻，久不下，上命勇率师会之。勇疏言巩昌要地，兵力难分。下廷臣议，令勇固守巩昌。

吴三桂遣其将吴之茂自四川北犯，为辅臣声援，屯西和。勇与振武将军佛尼埒及进宝等御之，三战皆胜。宁夏兵变，戕提督陈福。勇还驻巩昌，疏荐天津总兵赵良栋才勇，命即授宁夏提督。十五年，叙复洮、河二州功,加少保兼太子太保。

吴之龙屯乐门,分兵攻陷通渭。勇督兵道伏羌赴援,至十八盘坡,与之龙兵遇,张两翼冲击,之龙兵溃,乘胜复通渭。进攻乐门,之龙据险,列十一寨,勇度地,令横营山梁。营甫立,贼齐出,勇令兵持草一束,与都统赫叶分击南北山梁,贼亦南北应战。火器发,贼败走入寨,兵投草填堑直进,杀贼千余。之龙收余众复战,勇勒兵冲击,之龙大败。勇与佛尼勒、进宝等尽平贼寨。之龙夜走,追败之牡丹园,又败之西和北山。之龙仅以数骑遁。大学士图海出视师,辅臣降。勇遣兵收平凉、庆阳、巩昌诸属县。诏褒勇功,进一等候,加少傅兼太子太师。

十七年,准噶尔台吉噶尔丹兵入河套。厄鲁特部为所败,假道赴青海,阑入内地。勇驱令出塞。二十一年,入觐。二十二年,以老病乞休,谕留之。二十三年,闻青海蒙古游牧近边城,率兵赴丹山防御,至甘州,病笃。上闻,遣医并其子云翼驰驿往视。寻卒,赠少师,仍兼太子太师,赐祭葬,谥襄壮。

勇身经数百战,克府五、州县五十,右足中流矢,伤骨不能履,常以肩舆督战。临敌若无事,而智计横出,每以寡胜众。居恒恂恂退让,宾礼贤士。用人尽其材,其所甄拔,往往起卒伍为大将,良栋、进宝尤其著者也。

子云翼,袭爵,官至江南提督。卒,谥恪定。雍正间,祀勇贤良祠。乾隆三十三年,命以一等候世袭罔替。四十七年,诏褒勇、良栋、进宝勋绩,尤称勇有古名将风。时勇四世孙承勋袭爵,以散秩大臣旷班,降三等侍卫,命复还散秩大臣。

赵良栋,字擎宇,甘肃宁夏人,先世居榆林。顺治二年,师定陕西,良栋应募,隶总督孟乔芳标下,檄署潼关守备。从征秦州、巩昌,击败叛将贺珍、武大定,授宁夏水利屯田都司。五年,讨河西回,禽丁国栋。良栋在行间,擢高台游击。十三年,以经略洪承畴荐,从征云、贵,授督标中军副将。康熙元年,擢云南广罗总兵。先后剿平马乃、陇纳、水西诸苗。四年,移镇贵州平远,遭父丧,吴三桂以水西未大定,留勿遣。良栋辞,忤三桂,同官为排解,乃得归终制。八年,起山西大同总兵。十一年,移镇直隶天津。

十二年,三桂反。十三年,宁夏兵变,戕提督陈福。甘肃提督张勇荐良栋,擢宁夏提督。入觐,奏宁夏乱兵,宜诛首恶,宥胁从,上颔之。良栋请留孥京师,赐宅以居。简精兵百疾驰赴镇,宣上论抚慰。察知倡乱者把总刘德,而参将熊虎与其谋,戕福者营兵阎国贤、陈进忠。乃分兵使出防,散其党羽,逮虎等正其罪,请旨斩之。

是时大将军图海督师平凉,讨王辅臣,良栋及平凉提督王进宝并听指挥,分兵定秦州、西和、礼县。十八年,良栋疏言:"宁夏兵旧羽骄纵,臣三年训练,渐遵纪律,并严禁侵克额饷,众志思奋。臣年渐老,不乘时努力,虚负上恩。今湖南既定,宜取汉中、兴安,规四川。臣愿精选所部步骑五千,独当一路。"上览奏嘉许,下图海。图海议先破栈道、益门镇诸处贼垒,分四道进取。而凉州提督孙思克疏请缓师,得旨切责。乃以十月定师期,良栋将所部出徽县。师进破密树关,遣兵袭黄渚关分敌势,大战,破三桂兵,克徽县。思克出略阳,方次阶州。良栋师自徽县进克略阳,三桂将吴之茂败走。良栋复进取阳平关,徇沔县。进宝出凤县定汉中,良栋与会师宁羌,各奏捷。授良栋勇略将军,仍领宁夏提督。

十九年,良栋与进宝分道进次白水坝,三桂兵夹江而陈,江水方涨,不得舟,贼矢石如雨。良栋令于众曰:"视我鞭所向,敢退者斩!"一军皆奋呼。良栋擐甲,骤马乱流而渡,师从之,敌发炮,伤数十人,无回顾者。三桂兵错愕奔溃,逐之过青川,败之石夹沟,再败之青箐山,下龙安府,渡明月江,经绵竹。三桂兵尽溃,所置巡抚张文德及其将汪文元等皆降,逐复成都,盖出师甫十日。上奖良栋功,擢云贵总督,加兵部尚书,仍领将军。良栋念宁夏当有代者,镇兵且不能从征,疏辞总督,上弗许。部议宁夏改设总兵,上即授良栋子荫生宏粲,仍将镇兵从征。

时进宝亦克保宁,与建威将军吴丹等徇顺庆、重庆、遵义,皆下。良栋分遣游击冶国用等西徇雅州，复象岭、建昌诸卫。东略叙州，定纳溪、永宁诸县。疏请敕陕西、四川督抚诸臣合筹运饷济军。师自四川分道，一自保宁出永宁，达霑益；一自成都出建昌，达武定。并下云南。上韪其言，论诸将帅协谋定策。寻议吴丹出永宁，良栋出建昌。吴世璠遣其将胡国柱、夏国相等攻陷永宁，犯沪州、叙州，复聚窥建昌。良栋檄总兵朱衣客将八千人援建昌，朱衣客战不胜，退驻雅州。建昌守兵食尽，弃城走。良栋劾吴丹拥兵不进，致永宁陷贼，并及朱衣客引退状，诏解吴丹将军以授佛尼埒，逮朱衣客下刑部。

二十年，良栋率师次朝天关，遣宏粲出马湖绕贼兵后，战凤凰村，再战观音崖。贼掳崖，宏粲督兵攀崖袭其后，馘三百，俘八十余。令总兵李芳述、偏图等逐至黄茅冈，贼分三道拒战，宏灿分兵应之，自旦至暮，大破贼，斩其将沈明，张文祥、国柱等遁走。复沪州、叙州，遂克永宁，徇荥经。良栋与会师夹江，克雅州，进复建昌。渡金沙江，次武定。

大将军贝子彰泰统湖广、广西诸路满、汉兵四十万下云南，攻会城，屯城东归化寺，西亘碧鸡关，连营四十四里，前临昆明湖，湖中不设兵。世璠收余众固守，自水道转运，相持数月未下。九月，良栋至军，周视营垒，请于彰泰曰："我师不速战，相持日久，粮不继，何以自存？"彰泰曰："皇上豢养满洲兵，岂可轻进委之于敌？且尔兵初来，亦宜体养，何可令其伤损？"良栋不从，率所部夜攻南坝，破垒夺桥，遂薄城。彰泰语良栋："尔兵攻已瘁，宜暂退，令总督蔡毓荣代守。"良栋曰："我兵死战所得地，奈何令他人守乎？"于是彰泰令诸军悉进，世璠兵出城，战于桂花寺，诸军皆奋斗，世璠兵大败，乃自杀，余众以城降，云南平。

自三桂镇云南，至世璠覆亡，历年久，子女玉帛充积饶富。城破，诸将争取之，独良栋无所取，璠所部兵丝毫毋敢犯。

朱衣客就逮，具疏辨，谓良栋与兵少，又无后应，是以退还。进宝亦疏谓建昌之陷，罪在良栋。良栋复劾朱衣客欺饰狡辨，且谓辨疏出进宝。上以军事急,命俟事平察议。云南既定,召良栋诣京师,进宝亦入觐,谕曰:"当贼据汉中负固,诸将咸谓恢复为难,独良栋首发议进剿,与进宝同取汉中。嗣因意见不相合,遂分道克成都,而进宝亦取保宁。成都不下,保宁未易拔。保宁不下,成都未易守。是二将并有功也。时贼皆入川抗战,我师乘虚自沅州、镇远取贵阳,川中寇复张,已复之疆土几至再陷,则二将不能和衷之所致也。二将不谙大体,私忿交讦。联念其功绩并茂,惟欲保全,互讦章奏,皆置不问。但论失援建昌罪。"部议朱衣客论斩,吴丹夺官籍没,良栋夺官。上命朱衣客免死为奴,吴丹夺官,良栋改授銮仪使。

二十二年,良栋疏陈战功,请察议,下王大臣等议,良栋失建昌,以功抵罪。止叙从征将士宏灿、芳述、偏图,并加左都督。良栋寻乞病归。二十五年,上念良栋克云南,廉洁守法纪,复将军、总督原衔。二十七年,入觐,复自陈战功,上命还里,牒部具奏。二十八年,授拜他喇布勒哈番。

三十年,噶尔丹扰边,命西安将军尼雅翰等出防宁夏,以军事谘良栋。三十二年,以宁夏总兵冯德昌赴甘州,命良栋暂领镇兵。良栋劾德昌克军粮,德昌坐罢。三十三年,命良栋率兵驻土喇御噶尔丹,旋召诣京师。三十四年,良栋复自陈战功为大将军图海、彰泰所抑,并咎大学士明珠蔽功,上责其褊隘,还其疏,仍敕部优叙,授一等精奇尼哈番。良栋原留京师,乞田宅。御史龚翔麟劾良栋骄纵,上原之,赍白金二千,令归里。

三十六年,良栋病,尚书马齐自宁夏还,奏状,手诏存问,赐人参、鹿尾。寻卒,年七十有七。上方征噶尔丹,次榆林谕曰:"良栋伟男子,著有功绩,性躁心窄,每与人不合,奏事朕前,言语粗率。朕保全功臣,始终优容之,所请无不允。今病卒,宜为其妻子区处,使得安生。"至宁夏,命皇长子允禔临其丧,赐祭葬,谥襄忠。五十九年,上论群臣,犹举良栋至云南与彰泰议军事,谓决于进战乃得成功。乾隆四十七年,进一等伯,世袭罔替。

子宏灿,初以荫生特授宁夏总兵,历川北、正定、黄严、南赣诸镇。三十八年,授浙江提督,调广东。四十五年,授两广总督。五十五年,入觐,辞还,奏言久处炎海,年事就衰,请移近地自效。寻授兵部尚书。五十六年,诣京师,至武昌,道卒,谥敏恪。

宏燮,初授完县知县,再迁天津道。良栋卒,袭一等精奇尼哈番,复授天津道。三迁河南巡抚,调直隶。五十四年,谕奖宏燮抚直隶十年,任事勤劳,旗、民辑睦,盗案希少,加总督衔。六十一年,卒,谥肃敏。宏燮在官亏库帑,特命宏灿子之垣以郎中署直隶巡抚,责完补。世宗即位,以之垣庸劣,令解任。寻命免追亏项,诏谓念良栋旧勋也。

王进宝,字显吾,甘肃靖远人。精骑射。顺治初,从孟乔芳讨定河西回,授守备,隶甘肃总兵张勇标下。顺治十一年,勇调经略右标总兵,南征,进宝从徇湖南。十五年,下贵州,师次十万谿,悬崖千仞,明将李定国遣其将罗大顺扼险屯守。进宝率众攀崖直上,捣其巢,大顺奔溃,以功迁经略右标中营游击。康熙二年,勇还为甘肃提督,进宝亦改授提标左营游击,随军有功,迁参将。厄鲁特蒙古欲得大草滩驻牧,勇用进宝议,持不可。既,城永固,以进宝为副将驻其地。十二年,拔西宁总兵。

王辅臣攻陷兰州,勇遣进宝率师讨之。次黄河,夜以革囊结筏自蔡湾渡,破皋兰龙尾山,获辅臣将李廷玉。遂东拔安定,复金县。西攻临兆,会大雪,谍贼不诚备,袭破之。辅臣使持吴三桂札招进宝,进宝以闻,加左都督。四月,进攻兰州。辅臣遣兵开壁出战,进宝督兵奋击,自旦至日中,禽斩过半。贼败入壁,为长围困之,断其粮运。六月,辅臣兵造筏黄河,谋潜遁。进宝缘河要之,贼计蹙,其将赵士升出降。

其秋,三桂遣其将王屏藩、吴之茂自四川入陕西,为辅臣声援。之茂据西和凤凰山,进宝督兵讨之,初合,我师败绩。夜,之茂兵来袭,进宝以计环攻之,蹙之党家山,大溃,多坠崖死。十五年,擢陕西提督,仍兼领西宁总兵,驻秦州。之茂进据北山,断临洮、巩昌道。进宝与将军佛尼埒分兵赴援，击败之，获其将徐大仁。战罗家堡，再战盐关，屡胜。之茂集溃兵万余屯铁叶碦、红山堡，筑垒，护以密桩，潜出运刍粮。进宝遣兵破贼牡丹园，获粮械。大将军图海进攻平凉，辅臣引四川叛将谭宏犯通渭，进宝引数十骑入自东峡口，闻将军赫叶战败，寇方张，令诸军伐木曳以行，尘大起，寇骇走，追杀数十里。分兵进攻，复静宁，于是平凉遂下。六月，师次乐门，甫立营，之茂兵来攻，进宝督兵环击，歼其裨将数辈。复与佛尼埒合兵，战屡胜，之茂仅以十余骑溃走。平原、固原悉定。论功，授二等阿思哈尼哈番。上褒进宝忠义，进一等，授奋威将军，仍兼提督平凉诸军事。

十七年，复庆阳，斩其将袁本秀。十八年，图海议取汉中。图海与总兵费雅达自栈道先驱，进宝疏乞令长子用予随征，上授以副将。师进次宝鸡，进宝遣用予击贼红花铺，大败之，克凤、两当二县。复进次武关，令用予将偏师绕出关后，进宝督兵夜斩关入，获其将众朝兴等。复进夺鸡头关，直趋汉中，屏藩率其众自青石关走广元，进宝遣兵追击，其将杨永祚、孙启耀来降，遂尽复汉中地。时赵良栋亦克略阳，命分道定四川。将军吴丹、鄂克济哈率满洲兵继进，进宝自青石关进次神宣驿，督兵夺朝天关，疾驰进，拔广元。屏藩走保宁。

十九年，分兵趋保宁，距城二十里当孔道立营，屏藩以二万人出战，进宝督兵奋击，大破之。追至锦屏山，连拔贼垒，夺浮桥。薄城，守兵贯弓注矢，进宝披襟示之曰："何不射我？"守兵皆惊愕。用予斩门入，进宝戢诸军毋惊井里，皆曰："此仁义将军也！"屏藩与其将陈君极缢焉，获之茂与其将张起龙、郭天春等十七人，诛之。分部诸将及次子用宾复昭化、剑州、苍溪、蓬州、广安、合州、西充、岳池诸州县悉定。

时良栋已克成都，授云贵总督，移军下云南。诏进宝留镇四川，驻保宁。擢用予松潘总兵。进宝疏称疾乞休，命还固原就医，即令用予护诸军驻保宁。寻改用予固原总兵。良栋檄川、陕诸军从征，进宝疏言所属诸军宜留镇守，请停拨遣，从之。三桂将胡国柱、夏国相等自贵州入四川,谭宏既降复叛,陷建昌。良栋疏劾进宝,进宝言方卧疾,固原、建昌之陷,罪在良栋诏趣进宝还保宁护诸军。叙功,进三等精奇尼哈番。用加左都督,授拖沙喇哈番。二十一年,三桂将马宝犯叙州,用予击却之,并复纳溪、江安、仁怀、合江诸县,降其将何德成等,宝窜还云南。上命用予率所部驻永宁。

二十一年,云南平,进宝入觐,良栋亦诣京师,命王大臣发还互劾章奏,并宣谕:二臣功绩并茂,欲矜全保护之。私忿攻讦,不谙大体,皆置不问。"语互详《良栋传》。赉服物,还镇。二十三年,疾甚乞休,时用予已调太原总兵,命偕太医驰驿视疾。寻移甘肃总兵,俾便奉侍。十四年,进宝卒,赠太子太保,赐祭葬,谥忠勇。用予袭爵,进二等,寻卒官。乾隆三十三年,命世袭罔替。四十七年,进一等,用宾授侍卫。进宝所部多材武,王万祥尤著。

万祥,字瑞宇,会宁人。幼丧父母,依其戚郭氏,从其姓。进宝官游击,应募入伍,屡当军锋,积功至副将。攻兰州,万祥请先取临洮,进宝率兵以夜半至城下。万祥见城有缺,令裨将阎润先登,缒万祥上,数十人从,守者惊觉,发矢石。万祥语众曰:"今欲退无路,惟有猛进!"手刃数人,众继上,遂克临洮。

宁夏兵变,军中流言汹汹,万祥告进宝。翼日,阳引兵退,而置伏以待。敌来追,伏起,敌大败。俄,至者益众,万祥中矢,手拔,战益奋,左辅又创,仍力战,敌乃溃奔,克通渭。进宝愤城人通贼,将悉按诛之,万祥谏而止。攻汉中,将二千四百人断敌运道,敌弃寨,屯八角原,复攻之下。土寇起,击斩其渠。拔凤县,分兵取两当。雪夜进攻武关,禽其将刘哈性。战阎王碥,用予陷围中,万祥驰援,伤右股,还固原僚治。进宝为疏请复姓,授定海总兵,调兴化。台湾定,复调台湾,擢福建陆路提督。卒,赠太子少保,谥壮敏。

孙思克,字荩臣,汉军正白旗人。父得功,以明游击降太祖,有功,附《金玉和传》。思克其次子也。初授王府护卫。顺治八年,管牛录额真,并授刑部理事官。十一年,迁甲喇额真。从军,自湖南下贵州、云南转战有功。康熙二年，擢甘肃总兵，驻凉州。

五年，厄鲁特蒙古徙牧大草滩，檄遣之。不受命，战于定羌庙，败去，扬言将分道入边为寇。思克与提督张勇疏请用兵，廷议不可轻启兵衅，令严防边境，抚恤番人。思克乃偕勇修筑边墙，首扁都口西水关，至嘉峪关止，于是厄鲁特蒙古入边牧者皆徙走。思克遍视南山诸险隘，分兵固御，乃益敕军纪，简将才，汰冗卒，核饷糈，剔蠹蚀，戢兵安民，疆圉敉宁。总督卢崇峻以闻，加右都督。

十三年，提督王辅臣以平凉叛，应吴三桂，临洮、巩昌皆附，兰州亦陷。总督哈占檄思克赴援，思克率师道阿坝红水芦塘至索桥，结筏渡河，克靖远，附近诸城堡悉下。厄鲁特墨尔根台吉乘隙毁隘，入为寇，副将陈达陈没，思克乃留参将刘选胜等守靖远，率师还凉州，墨尔根台吉引去。高台黄番复入边为寇，攻围暖泉、顺德诸堡。思克率师赴甘州，黄番亦远遁，乃复渡河而东，与勇会师。疏言所部兵自草地往来劳苦，乞恩加犒赏。上特许之。

思克会勇围巩冒，时大将军贝勒洞鄂攻秦州未下，三桂遣兵自四川至，营南山上，势方张。檄思克率二千人自巩昌赴援，壁州西与相持。辅臣将陈万策等诣思克降，巴三纲遁走，遂克秦州。南山寇溃窜，思克与将军佛尼埒等追击，败之阌关，复礼县。复败之西和，夺门入，斩所置吏，清水、伏羌诸县皆下。复还军巩昌，遣万策等入城谕辅臣将陈可等，以巩昌十七州县降。河东悉定。

乃会攻平凉，思克率师出静宁，击败辅臣将李国梁，斩级五百，获裨将三，复其城。进次华亭，辅臣将高鼎率裨将二十八、兵千余，迎降。遂至平凉，与贝勒洞鄂师会。城兵出战，思克徙步督所部当贼，战南山，战城北，八战辄胜。又为九覆，败贼南郭外。贼阻我军掘壕，思克挥兵急击，贼退复逼者三，皆败去。攻泾州白起寨，挥兵先登，克寨，获辅臣将李茂。又败之甲子峪，败之马营子、麻布岭，洞鄂上其功。十五年，图海代洞鄂督师，至城北虎山墩度形势，并侦通固原道。贼伏兵万余猝起，思克急击之，逐北十余里，被巨创。辅臣乞降，思克还凉州。诏褒思克功，擢凉州提督，授世职一等阿达哈哈番。思克疏谢，因言："虎山墩之战，贼斫臣右臂，伤筋骨。今已成残疾，乞解任回旗。"温旨慰留。十六年，叙功，进三等阿思哈尼哈番。噶尔丹为乱，诸蒙古徙入边扰民，思克与勇遣兵驱之，乃去。

十八年，上敕图海合诸军下四川，定四道进兵，思克与将军毕力克图出略阳。会京师地震，诏内外大臣陈所见。思克疏言："汉中、兴安山岭纡险，贼划断要隘，师未能直入。绿旗兵不尽强壮，马又多羸瘦，满洲兵亦无多。若各路调取，又恐地逼番夷，秋高马肥，乘机思逞。秦地多山，土不生粳稻，采卖麦豆，用民负载驮运，馈运维艰。诸军闻京师地震，倾坏房屋，压毙人口，各有内顾忧。不若今秋暂缓出师，选强壮，饲战马，俟来春再议进兵。"上命学士拉隆礼至凉州宣谕诘责，思克引罪。与华力克图率师攻阶州，进克文成、沔诸县。上命思克还凉州。寻以总督哈占奏，移驻庄浪。二十年，庆阳民耿飞纠番酋达尔嘉济农等为乱，犯河州，思克与勇遣兵讨平之。二十二年，追论请缓师罪，罢提督，夺世职，仍留总兵。二十三年，复授甘肃提督。

二十九年，学士达瑚、郎中桑格使西域归，至嘉峪关外，为西海阿奇罗卜藏所劫。思克遣游击朱应祥诱质其宰桑，达瑚等乃得返。又遣副将潘育龙、游击韩成率师讨之，斩四百余级，阿奇罗卜藏败走。复使诘责西海诸台吉，诸台吉惧，籍阿奇罗卜藏家偿所掠。思克疏请免穷治，上嘉思克筹画合宜，如其请。

三十年，疏言："噶尔丹巢穴距边三十余程，其从子策妄阿喇布坦在西套住牧。虽叔侄为仇，虑其复合，侵掠西海，道必经嘉峪关外。今设副将，威望未尊，兵不盈千，不足资控御。请设总兵一，兵三千，以固边圉。甘肃地脊民贫，布种收获，与腹地迥别。纵遇丰年，输将国赋，仅赡八口，并无盖藏。兵马粮料，不敷供支。宜于河西要地，屯积粮草。本地无粮可买，挽运又恐劳民，请开事例，捐纳加级、纪录、职监。俟边储稍充，即行停止。"三十一年，加太子少保，予世职拜他喇布勒哈番。疏乞休，复慰留。加振武将军。

三十二年，噶尔丹为乱，命内大臣郎岱率禁旅出驻宁夏，以思克为参赞。三十五年，上亲征，大将军费扬古当西路，思克率师出宁夏，与会于翁金。上驻跸克鲁伦河，噶尔丹遁去，费扬古督兵邀击，战于昭莫多。思克将绿旗兵居中，与诸军并力奋战，大破之，逐北三十余里，噶尔丹引数骑走。诏褒谕，召诣京师。命侍卫迎劳，御制诗，书籖以赐。入对畅春园，赐绥怀堂额及端罩、四团龙补服、孔雀翎、衣冠、鞍马，并赍从入京师官兵粮料。命驻肃州，诇噶尔丹踪迹。三十七年，叙功，加拖沙喇哈番。三十九年，以病乞休，遣医往视，仍命留任养疴。寻卒，赠太子太保，赐祭葬，谥襄武。丧还京师，命皇长子允禔临奠。

思克镇边久，威惠孚洽，丧还自甘州，至潼关，凡道所经，军民号泣相送。上闻状，叹曰："使思克平昔居官不善，何以得此？"进世职一等阿思哈尼哈番，兼拖沙喇哈番。乾隆四年，定封一等男。三十二年，命世袭罔替。曾孙庆成，自有传。

马进良，甘肃西宁人。初入伍，隶思克军。从攻平凉辅臣拒战，贼斫思克手，进良闻之，曰："斫我总兵手，我必杀之！"乃入贼阵，逐斫思克手者杀之，身被数创。叙功，累迁游击。思克请补中军参将，格部议，上特允之。复再迁，授古北口总兵。上征噶尔丹，命将千五百人从。擢直隶提督，谕奖饬营伍，训练严明。中军参将缺，上特授其子龙。寻以老乞休。卒，赐祭葬，谥襄毅。

论曰：世称河西四将，以勇为冠，忠勇笃诚，识拔裨，佐同时至专阃，奉指挥维谨。高宗许为古名将，允哉？良栋、进宝，转战定四川，进宝实首功，乃慷爽多所忤，圣祖力全之，始以功名终。进宝亦与良栋龃龉，不令并下云南，怏怏称疾，命其子代将。思克请缓师，虽不得与良栋、进宝同功，仍俾坐镇，皆圣祖驭将之略也。思克战功微不逮，而倦倦爱民，可谓知本矣。

清史稿卷二五六
列传第四三

蔡毓荣　哈占 <small>杭爱　鄂善　华善</small>
董卫国 <small>佟国正</small>　周有德 <small>张德地</small>
伊阙 <small>王继文</small>

蔡毓荣，字仁庵，汉军正白旗人。父士英，初籍锦州。从祖大寿来降，授世职甲录章京。从转战有功。顺治间，累迁至右副都御史。出为江西巡抚，疏陈兵后荒芜，请除荒田赋额十万八千五百四十顷有奇。又以瑞、袁二府科粮偏重，疏请蠲瑞属浮粮九万九千余石，定袁属赋额自一斗六升七八合减至九升三合，皆得请。又疏论铜塘封禁山不宜开采，咸为民所颂。寻改漕运总督，加兵部尚书，以疾告归。十三年，卒，谥襄敏。

毓荣其次子。也初授佐领，兼刑部郎中。寻授御史，兼参领，迁秘书院学士。康熙初，授侍郎，历刑、吏二部。九年，授四川湖广总督，驻荆州。累疏言：“四川民少田荒，请广招开垦。招民三百户，予议叙，垦田五年，起科。”；“四川冲要，营员用沿边例题补”；“移驻官兵子弟得入籍应试。”并下部议行。

十二年，吴三桂反，毓荣遣沅州总兵崔世禄率兵入贵州，彝陵总兵徐治都、永州总兵李芝兰继进，上命速遣提督桑额守沅州。寻授顺承郡王勒尔锦为大将军，率八旗兵讨三桂，驻荆州，谕毓荣督饷。十三年，分设四川总督，命毓荣专督湖广，以招民垦荒功，加兵部尚书。三桂破沅州,世禄降。常德、澧州、长沙、岳州相继陷。部议毓荣当夺官,命留任。寻居父丧,命在任守制,督绿旗兵进剿。毓荣今副将胡士英等分防江口。叛将杨来嘉据南漳,屡出掠,令襄阳总兵刘成龙御之,战屡腾。广西提督马雄降三桂,胜书两广总督金光祖,言毓荣将率绿营兵赴岳州降三桂。光祖密使告毓荣,毓荣以闻,请解任,命殚心供职,毋以反间引嫌。

十四年,勒尔锦请增绿旗兵援、剿二营,领以两副将,命毓荣统辖。十七年,毓荣督造战舰成,率绿旗兵五千,从大将军贝勒尚善进攻岳州,与讨逆将军岳纳等以舟八百余入洞庭湖,击三桂兵,大败之,发炮沈其舟,歼寇甚众。遣将舣君山,载土伐木塞诸港。分兵屯三眼桥、七里山,绝寇转粮道。寇犯我粮艘,夹击,复大败之,斩级千余。会三桂死,其孙世璠以丧还。师克岳州,进定长沙、衡州。十八年,疏言:“湖南境惟辰州尚为三桂守。枫木岭、神龙冈两道皆险隘。我师疲顿,当小休。俟粮草克继,会师进攻。”上命给事中摩罗、郎中伊尔格图传谕曰:“贼败遁负险,宜用绿旗步兵。”毓荣所属官兵强壮,不难攻取险隘,剿除余寇。其具方略以闻。毓荣疏请专责一人,总统诸路绿旗兵水陆并进,上即授毓荣绥远将军,赐敕,总统绿旗兵。总督董卫国、周有德、提督赵赖等并受节制。十九年,督兵分道出枫木岭、辰龙关,水师并进,克辰州,再进克沅州,并复泸溪、溆浦、麻阳诸县。

大将军贝子彰泰与会师,自沅州入贵州境。彰泰疏言绿旗兵已与满洲兵会,若各自调遣,虚未能合力奏功。上命毓荣军机关白大将军。寻与卫国督兵克镇远、思南。世璠将夏国相等以二万人屯平远西南山,分兵据江西坡。坡天险,国相为象陈。我师迫险攻象陈,不能克。毓荣以红旗督战,众奔不可止,师败绩。越二日复战,鼓众奋进,国相弃险走,遂克贵阳。二十年,从彰泰下云南,次曲靖。会师进薄会城,屯归化寺,夺重关及太平桥。世璠将余从龙等出降,询知其虚实。赵良栋师至,趣进攻,毓荣军大东门。世璠自杀,城下。云南平。毓荣还任湖广总督。

二十一年,调云贵总督。累疏区画善后诸事:"一曰蠲荒赋。云南陷寇八载,按亩加粮。驱之锋镝,地旷丁稀,无征地丁。额赋应予蠲除,招徕开垦。二曰制土夷。前此土目世职,不过宣慰,三桂滥加至将军、总兵。初投诚,权用伪衔给劄,今当改给土职。旧为三桂夺职者,察明予袭。三曰靖逋逃。三桂旧部奉裁,征兵散失。八旗仆从,兔脱鼠窜。宜厚自首赏,重惩窝隐。所获逃人,量从末减,庶闻风自归。四曰理财源。云南赋税不足供兵食。地产五金,令民开采,官总其税。省会及禄丰、蒙自、大理设炉铸钱。故明沐氏庄田及入官叛产,均令变价,以裕钱本。田仍如例纳赋,兵弁余丁,垦荒起科,编入里甲,俾赋有余而饷可节。五曰酌安插。逆属尝随伍,当遣发极边。若仅受伪衔,并未助逆,宜免迁徙。六曰收军仗。私造军器,应坐谋叛论罪。土司藏刀枪,民以铅硝、硫黄贸易,皆严禁。七曰劝捐输。云南民鲜盖藏,偶有灾侵,无从告籴。请暂开捐监事例。八曰弭野盗。鲁魁在万山中,初为新嶍阿蒙土人所据,啸聚为盗。内通新平、开化、元江、易门,外接平里、孟艮、镇元、猛缅。三桂授以伪职,今虽改授土司,仍宜厚集土练,分驻隘口,防侵轶为患。九曰敦实政。兵后整理抚绥,其要在垦荒芜,广树蓄,裕积贮,兴教化,严保甲,通商贾,崇节俭,蠲杂派,恤无告,止滥差。州县吏即以此十事为殿最。十曰举废坠。各府州县学宫,自三桂煽乱,悉皆颓坏。今宜倡率修复。通省税粮,既有成额,宜均本折定,留运驿站,酌加工食,俾民间永无派累。"疏入,廷臣议行。别疏言:"督标旧额兵四千,请增千为五营。吴三桂设十镇,今改为六。在迆西者,曰鹤丽、曰永顺、曰楚姚蒙景,在迆东者,曰开化、曰临元澂江、曰曲寻武霑。""中甸旧辖丽江土府,三桂割畀蒙、番互市。今互市已停,蒙、番所设喇嘛营官未撤,宜令土知府木尧仍归其地。"

初,师自贵州下云南,毓荣劾董卫国不听调度,上命俟事平再议。二十二年,部议卫国未尝违误,且有复镇远功,请免议,上责毓荣妒功诬奏,下部议,削五级。二十五年,授总督仓场户部侍郎,改兵部。领侍卫内大臣佟国维等疏言侍卫纳尔泰自陈前使云南,毓荣

令其子琳馈以银九百,内务府又发毓荣入云南以三桂女孙为妾,并
徇纵逆党状。下刑部,鞫实,拟斩,籍没,命免死,与琳并戍黑龙江。
赦还,三十八年,卒。

哈占,伊尔根觉罗氏,满洲正蓝旗人。自官学生授鸿胪寺赞礼
郎,累迁兵部督捕理事官。康熙八年,授秘书院学士。十一年,擢兵
部侍郎。

十二年,授陕西总督。甫到官,吴三桂反,四川提督郑蛟麟、总
兵吴之茂等叛应之,与三桂将王屏藩谋寇陕西。上授都统赫业安西
将军,会西安将军瓦尔喀讨之,命哈占与巡抚杭爱督饷,并敕与提
督张勇、王辅臣修边备,辑军民。十三年,复命尚书莫洛经略陕西,
敕凡事咨哈占乃行。哈占以汉中、广元山迳险峻,疏请造船略阳速
粮运。寻又命贝勒董额为定西大将军,护诸将出秦州,徇四川。寇
劫略阳粮艘,上命西川总督周有德督川境转饷。哈占疏请令山西协
助,上以山西道远多劳费,发帑十五万,使在西安采运。并谕宜稍增
其直,俾民乐输送。会辅臣叛,莫洛遇害。董额以饷不继,自汉中引
进西安。

十四年,诏哈占分兵防兰州,哈占疏言西安兵少不宜分遣。上
命云贵总督鄂善率师驻兴安、汉中,既又命守延安。哈占迭奏请留
西安不遣。时辅臣据平凉,同州游击李师膺叛,戕韩城知县翟世琪,
胁神道岭营卒,合蒲城土寇陷延安。固原道陈彭、定边副将朱龙皆
以城叛。辅臣分兵四出,陷旁近诸州县,遂破兰州,巡抚华善走凉
州。遣将逐贼邠州、淳化、三水、长武、汉阴、石泉、甘泉、宝鸡诸处,
战辄胜。董额师克秦州,总兵王进宝亦复兰州。定边、延安皆下。上
趣董额督兵合攻平凉。哈占闻兴安游击王可成叛,移潼关绿旗兵守
商州,移西安满洲兵守潼关。俄闻兴安叛兵已破商州旧县关,逼西
安,疏请敕董额分兵赴援。上责哈占曰:"辅臣初叛,朕以兰州近边
要地,令哈占发兵镇守。哈占以西安兵少不遣,兰州遂陷。又以延
安居要冲,命鄂善屯守,哈占留之西安,延安复陷。哈占但知有西

安,重兵自卫,贻误非小!"别敕董额急攻平凉,仍遣将军吴丹率师自太原移驻潼关,员外郎拉笃祜率榆林蒙古兵益西安。十五年,大学士图海代董额为大将军,围平凉,辅臣降。哈占疏请安辑降众,设置官吏。事皆下部议行。

十九年,将军赵良栋克成都,王进宝克保宁,郡县以次底定。哈占疏言军饷自西安运保宁,应令四川接运。上以四川初定,未能任转饷,命自略阳水道运叙州。寻敕哈占率师赴保宁,规复云南。哈占复疏请命四川督饷,户部侍郎赵璟、金鼐疏言陕西转饷入四川,四川吏不之恤,道远民滋困。

尚书宋德宜言陕西、四川宜以一总督董理,庶两省民劳逸得平,乃改设川陕总督,以命哈占。哈占师次保宁,时叛将谭宏、彭时享四出劫掠为民害,上命速剿定,进攻云南。哈占遣总兵高孟击时享,败贼南溪罗石桥,复营山、渠二县。二十年,镇南将军噶尔汉收忠、万、开、建始、云阳、梁山诸州县。宏走死。孟逐时享,亦复广安、达、大竹、东乡诸州县。时享势蹙,降。敕哈占率师赴叙州,会建昌、永宁两路兵进征。哈占师发永宁,追击三桂将马进宝,入贵州。次毕节进宝降,复进次威宁。大将军贝子彰泰疏言云南已合围,师足用,兵多粮少,宜令哈占还四川。哈占复进次曲靖,闻命引还。寻以破时享功,加兵部尚书衔。宏将牟一乾、一举诣遵义降,分驻巴县、涪州。哈占疏请移陕西,懦者归农,强者入伍,上从之。二十二年,授兵部尚书。二十四年,调礼部。以疾乞休,上疏自述在军时积劳成病。上以哈占未尝立功,斥其妄,命仍殚力供职自赎。二十五年,卒。

杭爱,章佳氏,满洲镶白旗人。父古尔嘉珲,顺治初为国子监祭酒。杭爱初授笔帖式,累迁吏部郎中。康熙十一年,超授山西布政使,谕曰:"朕知汝才能,外省事重,藩司职掌最要。其克尽忠诚,毋负简任!"十二年,拔陕西巡抚。军兴,命督饷。十九年,调四川。叛将谭宏据万县为乱,命杭爱慰抚夔州诸路。二十年,建昌土司安泰宁谋乱,敕与将军王进宝招之来降。哈占师进次永宁,命杭爱督趣输运。自三桂乱，四川悉陷，民多流亡，兵占耕民田不纳赋。杭爱疏请清厘，又乞蠲罗森妄报垦荒升科田四百余亩。上特允之。二十二年，卒，谥勤襄。

鄂善，纳喇氏，满洲镶黄旗人。初自侍卫授秘书院学士，迁副都御史。康熙九年，授陕西巡抚。十一年，擢山西陕西总督，寻改专督陕西。十二年，调云南，以哈占代。三桂反，诏鄂善留湖广。十三年，改兼督云、贵命从师进征。三桂陷湖南郡县，吏议镌五级，命留任。王辅臣叛，命与副都统穆舒浑率师自襄阳移守兴安、汉中。十四年，次西安，哈占疏留助守。上复命移守榆林、延安，哈占再疏留不遣。及毕力克图击辅臣，复延安，鄂善乃遵上指移驻，招抚流民，分守栈道，寇来犯，击之退。授甘肃巡抚。十七年，坐失察布政使伊图蚀帑、清水知县佟国佐苛敛，部议当夺官，命留任。十八年，以计典罢。寻卒。

华善，亦伊尔根觉罗氏，满洲镶黄旗人。初授笔帖式，累迁刑部郎中。顺治十三年，从大将军伊尔德克舟山，累进世职拜他喇布勒哈番兼拖沙喇哈番。康熙初，累迁宏文院学士。九年，授甘肃巡抚，疏请免逃荒额赋。西和、礼县大疫，华善发帑治赈，并以春耕期迫，令市耕牛、具籽种，事竟乃疏闻，部议以违例当责偿，上命宽之。辅臣反，攻兰州，游击董正己叛应之，布政使成额降寇，华善与按察使伊图走永昌，疏请假提督张勇便宜讨辅臣，与勇及王进宝、陈福、孙思克分道进兵，规复兰州。华善与勇督兵赴临洮，遣将收河、洮二州，复督兵攻巩昌，克之，会进宝亦克兰州，谕嘉劳。十五年，疏请免临洮、巩昌二府逋赋。寻卒于官。

董卫国，汉军正白旗人。初授佐领，累官秘书院学士。顺治十八年，擢江西巡抚。康熙四年，加工部尚书衔。十三年，改兵部尚书衔。

三桂反，陷长沙，卫国疏请发兵备袁州、吉安，上命副都统根特自兖州移兵赴援。耿精忠亦反，侵宁都、广昌南丰诸府县，饶州参将程凤、广信参将柯升叛应之,勾土寇破都昌,窥南康。卫国密疏闻,上命定南将军希尔根会卫国剿御。精忠兵逼袁州。山民棚居与相结,谓之"棚寇"。卫国请设袁临总兵,荐副将赵应奎有胆略堪任,上从之。南瑞总兵杨富谋叛,卫国廉得实,实之法,并歼其党,上嘉之。寻改设江西总督,以命卫国。精忠兵及棚寇分犯新昌、上高,卫国遣诸将佟国栋、赵登举、张射光赴援,大破贼,斩其渠左宗榜。十四年,与希尔根等招降泰和、龙泉、永新、卢陵诸县。参赞桑额自上高克新昌,被檄引去,寇抵隙复入,城并陷,遣其徒遏广信粮道。卫国请督兵进剿,大将军简亲王喇布驻师南昌,疏留之。十五年,遣诸将吴友明逐寇瑞州,复上高、新昌,复遣援靖安,诸将许盛、杨以松克泰和、定南。十六年,以土寇杨玉泰窃据宜黄、乐安,崇仁山谷中,发兵讨之。崇仁寇蔡任伯、宜黄寇沈凤祥等出降。破贼于大岭,克乐安,玉泰亦降。

　　湖南平江及铜鼓营寇起,卫国留提督赵赖守乐安,移入湖南,简亲王檄发卫国标下兵悉赴乐安。卫国疏闻,且言省城驻满洲兵不过二百,虚不足守御,乞赐罢斥,上严旨诘简亲王,并谕此后征发当咨卫国。卫国遣兵徇建昌,定泸溪,自将出芳塘,别遣诸将出黄冈口,遂克铜鼓营。平江乃定。

　　未几,精忠将韩大任侵宁都,时简亲王出驻吉安,卫国请与会师合剿,上命绿营兵听便宜调遣。十七年,巡抚佟国正遣将破大任。精忠将郭应辅等分屯万安、泰和诸县,卫国督兵进击,斩四万余,降者亦四万六千有奇。

　　吴三桂犯永兴,薄吉安,上命卫国守铜鼓营。三桂既死,其将据岳州、长沙,师围之未下。卫国请自铜鼓营督兵援剿,上嘉许,并授以方略。未几,岳州、长沙皆下。十八年,命会大将军安亲王岳乐谋进取,遂合军出衡州、宝庆,破贼紫阳河、双井铺,克武冈。给事中李宗孔劾卫国为总督不治事,失民心,廷议夺官,上宽之。十九年,破鸭婆、黄茅诸隘,攻靖州。与都统穆占会师逐吴世璠将吴应麟等,克沅州。进薄镇远,力战夺石港口,抵大岩门。世璠将张足法悉众迎战，卫国亲督兵奋击，大破之。足法夜遁，逐之至油闸关而还，遂克镇远。贵州既定，大将军贝子彰泰下云南，留卫国守贵阳。二十年，云南平，命还任。

二十一年，调湖广总督。卫国初自湖南入贵州，蔡毓荣以不听调度论劾。事平，下廷议，上右卫国谴毓荣。御史蒋伊又论卫国纵兵俘掠，江西总督于成龙为疏辨。卫国朝京师，濒行，谕曰："尔在外二十余年，民情宜悉知。前此方用兵，不免扰民。今天下承平，当思休养，兴革利病，务在实行。朕知尔有劳，毋畏人言，勉图后效。"月余，卒，赐祭葬。

佟国正，佟佳氏，汉军正黄旗人。自擢贡生授江南无为知州，累迁安徽按察使。十三年，迁江西布政使。卫国改总督，白色纯代为巡抚。十四年，色纯卒，大将军安亲王岳乐奏国正得民心，擢巡抚。十五年，命出驻赣州。叛将严自明等逼南康，国正遣许盛等赴援，破贼库镇铺，破其垒十七，逐北七十余里。自明等走南安，又遣别将黄士标、王割耳等犯信丰，国正遣杨以松及诸将周球等分三道击之，士标等走南雄。盛进克上犹，球进克龙泉。国正闻师定漳州，遣球及诸将刘体君等出间道援剿。十六年，破贼五里排，会昌、瑞金、崇义以次下。韩大任自宁都败窜万安，国正遣兵四出断道，并绝粮运，令以松等追击，战鸬鹚寨，战老虎洞，屡败之。大任走汀州。降。江西平。叙功，累进兵部尚书衔。十八年，左副都御史杨雍建疏论国正莅任数载，治迹无闻。京察循例自陈，降二级调用。四十七年，卒于家。

周有德，字彝初，汉军镶红旗人。顺治二年，自贡生授弘文院编修。五年，从英亲王阿济格讨叛将姜瓖，还，迁侍读。康熙元年，迁国史院侍读学士，寻擢弘文院学士。

二年，授山东巡抚。三年，以获逃人加工部侍郎衔。迭疏请宽登、莱、青三府海禁，俾居民得捕鱼资生。请以历城明季藩府地视民田科赋，请复孤贫口粮，请以德州驻防兵旧给民地五百余顷仍还之民,驻防兵视陕西、浙江例支月粮,请蠲逋赋六十余万,暨察出逃亡荒芜虚增田额户口凡四十万有奇,悉予免除。四年,济南、兖州、东昌、青州四府旱灾,请加赈恤,登州、莱州二府歉收,请免本年额赋,皆下部议行。

六年,擢两广总督。七年,上遣都统特锦等会勘广东沿海边界,设兵防汛,俾民复业。有德疏言:"界外民苦失业,闻许仍归旧地,踊跃欢呼。第海滨辽阔,使待勘界既明,始议安插,尚需时日,穷民迫不及待。请令州县官按迁户版籍给还故业。"得旨允行。是冬,遭父丧,平南王尚可喜疏言沿海兵民,方赖经营安辑,请命在任守制。凡三年而事定。九年,疏请还京师治丧,许之。

十年,旱,求言,编修陈志纪疏言:"上忧勤惕厉,而尝为督抚诸大臣方营第宅,蓄倡优,近在辇毂下,不守法度,何以责远方大吏廉节?"上命指实,覆疏举郎廷佐、张长庚、苗澄、祖泽溥、张朝璘、许世昌并及有德,下部严察,有德坐居丧营造,又于志纪覆疏未入时,属托母及其名,夺官,追缴诰命。

吴三桂反,十三年,起授四川总督。三桂将吴之茂、彭时享等犯广元,有德与副都统科尔宽分道击败之,陈斩裨将徐应昌等。上命经略尚书莫洛自陕西入四川,敕有德与巡抚张德地固守广元诸路,并督军饷。三桂将何德成等自昭化攻二郎关,谋夺我师储峙,有德遣兵击德成,走还昭化,复犯广元,有德与科尔宽等复击败之,逐北三十余里。时享屯七盘、朝天诸关,劫略阳粮艘,广元饷不给。寇窥阳平,将军席卜臣屯蟠龙山为所劫,断我师饷道,上命有德固守阳平诸路。

王辅臣叛,十四年,上命大将军贝勒董额讨之,以有德参赞军务,命督诸军协击。董额克秦州,有德乞还诰命,吏部持非例,上特许之。十五年,从大将军大学士图海攻平凉。辅臣降。图海疏令有德还驻西安。之茂等尚驻秦岭,十七年,与副都统觉和托督兵击之,降其裨将王世祐等。

十八年,调云贵总督。师克汉中,上谕责"有德、德地等前驻广元督饷迟误，致数年来逆贼逋诛，兵民苦累。今大兵前进，督抚诸臣有误饷运，以军法从事”。王大臣议师自湖广进征云、贵，绿旗兵当有统师，以湖广总督蔡毓荣及有德名上，上以命毓荣，令有德受节制。有德寻疾作，留驻常德。十九年，卒。

张德地，初名刘格，汉军镶蓝旗人。初以通晓国书，在户部学习。顺治九年，授宗人府主事，累迁户部督捕理事官。康熙元年，擢顺天府尹。二年，授四川巡抚。疏言：“四川自张献忠乱后，地旷人稀，请招民承垦。文武吏招民百户、垦田十顷以上，予迁转。”下部议行。累加工部尚书衔，十年，武生刘琯等讦德地主武乡试得贿鬻武举，遣副都御史阿范等按治，德地坐斩，命免死，夺官。德地叩阍称枉，下部覆议，以事无据，复官。十三年，复授四川巡抚。时享犯广元，德地与有德督兵御之。十四年，王辅臣叛，命协守西安，寻又命出驻延安。广元之役，有德劾德地弃城走，夺官。二十二年，卒。

伊阐，字庐源，山东新城人。顺治五年，举乡试第一。十二年，成进士，改庶吉士。十三年，授御史。十四年，巡按山西，捕长治乱民勒化龙，穷治其党与。十六年，还，掌京畿道，擢通政司参议。累迁大理寺卿。

康熙十九年，授云南巡抚。时吴世璠未平师自广西、贵州、四川分道入，阐督饷。围会城未下，同知刘昆不屈于三桂，为所絷，至是始脱出。阐从咨策，昆曰：“公用人宽，降人予原职。令安宁、晋宁、昆阳、呈贡诸县令悉降人，昆池舟楫往来无禁。岂有父兄被围而子弟不为转输者？”阐为罢诸降人，寇饷渐断。师久次。虑饷不继。阐疏请贵州、广西二路协济银米，上以二路道险山多，转运不便，遣户部郎中明额礼、萨木哈诣军酌议采买。军中或议取食民间，布政使王继文持不可，曰：“见粮支三日，昆阳、宜良寇遣粮，方具资庀役运诣军前。两广随军饷银十万在曲靖，当请于总督金光祖，乞相假。过三日饷不继，请正继文军法。”阐言于大将军贝子彰泰，用其议。不三日，银粟皆至，民以得安，饷亦无阙。阐疏言：“云南地处天末，当得重臣弹压。元镇以亲王，明则黔国公任留守。王师计日荡平。臣自镇远至云南途次闻士民语，佥谓大将军贝子彰泰、内大臣额驸华善所过不扰，请特简一人镇守。"章下所司。阐旋病作，遣疏荐继文自代。卒，赐祭葬。

继文，字在燕，汉军镶黄旗人。自官学生授弘文院编修，迁兵部督捕副理事官。顺治十二年，考选御史，巡按陕西。初受事，即疏劾布政使黄纪、兴屯道白士麟贪污不法，夺官逮治。十四年，还京师，都察院列上继文在官劾文武吏四十余，督开荒田七千顷有奇，招徕流移民五千八百余，察出虚冒钱粮七千七百有奇，实心任事，允为称职。迁户部郎中。十八年，授江西饶九南道。康熙三年，调浙江宁绍台道。六年，缺裁。

十三年，师讨吴三桂，命以候补道从左都御史多诺等如荆州督饷，用继文策度地建仓，分馈东西二路军及水师。旋授云南布政使，从师进征。二十年，代阐为巡抚，佐将军赵良栋攻克会城，云南遂定。二十一年，与总督蔡毓荣疏言："会城东南旧有金汁河，引盘龙江水入昆明池，旧存坝闸涵洞，积水溉田。世璠毁为壕堑，令官吏捐资修治。"下部议，捐银百，纪录一次。二十五年，以忧归。二十八年，复授巡抚，疏言："黑井盐课，三桂月增课银二千两，请豁除。屯田科赋十倍于民田，重为民累，请分别改视民田起科。"三十年，疏言："土司奏销迟误，例无处分，请比照流官计俸罚米，移贮附近常平仓备荒赈。"皆议行。

三十三年，擢云贵总督。三十七年，讨平鲁魁山寇，里定汛界，驻兵防守。又疏议收水西宣慰使地，改属大定、平远、黔西三州流官管辖，均如所请。是岁冬，朝京师，以老病乞致仕。寻命修理子牙河工。赐御书榜曰"烟霞耆旧"。四十年，加兵部尚书衔。四十二年，卒，赐祭葬。子用霖，官山东布政使。

论曰：毓荣统绿旗兵下云南，廉清不逮赵良栋，战绩与相亚。哈占镇陕西，卫国定江西，有德略四川，督饷治军，其于戡乱皆与有功,云南既下,抚绥安集之绩,毓荣开之,继文成之,自是西南遂底于平矣。

清史稿卷二五七
列传第四四

赵国祚　许贞　周球　徐治都
胡世英　唐希顺　孝麟　赵应奎
赵赖　李芳述　陈世凯
许占魁

赵国祚，汉军镶红旗人。父一鹤，太祖时来归。天聪间，授三等甲喇章京。国祚其次子也。初授牛录额真，屯田义州。从征黑龙江取前屯卫、中后所。顺治初，从征江南，克扬州、嘉兴、江阴，皆有功。世职自半个前程累进二等阿达哈哈番。历官自甲喇额真累迁镶白旗汉军固山额真。

十三年，加平南将军，驻师温州。十五年，授浙江总督。郑成功犯温州，国祚督兵击却之，得舟九十余。成功又犯宁波，副都统夏景梅、总兵常进功等督兵击却之，奏捷，上以成功自引退，疏语铺张，饬毋蹈明末行间陋习，罔上冒功。成功旋大举犯江宁，督兵防御，事定，部议国祚等玩寇，当夺官，诏改罚俸。国祚督浙江四年，颇尽心民事。岁机，米值昂，发帑平粜，并移檄邻省毋遏粜，民以是德之。十八年，调山东，复调山西。康熙元年，甄别各直省督抚，国祚以功不掩过，解任。

吴三桂反十三年起国祚江西提督，驻九江。三桂兵入江西境，命移驻南昌。耿精忠应三桂，亦遣兵犯江西，陷广信、建昌。国祚与将军希尔根、哈尔哈齐督兵赴援，精忠将易明自建昌以万余人迎战。师分道纵击，破贼，逐北七十余里，克抚州。明复以万余人来攻，国祚与前锋统领沙纳哈、署护军统领瓦岱等奋击破之，斩四千余级。十四年，大将军安亲王岳乐请以国祚随征，报可。十五年，师进攻长沙，三桂兵来犯，国祚击之败走，寻命移驻茶陵。十八年，长沙下，从安亲王攻宝庆。世璠将吴国贵据武冈，国祚与建义将军林兴珠督兵力战，炮殪国贵，克武冈。国祚以创发乞休。二十七年，卒，年八十，赐祭葬，谥敏壮。子玥袭职，自广东驻防协领累迁至正红旗汉军都统。

　　许贞，子荩臣，福建海澄人。初为郑氏将。康熙三年，率所部至漳州降，授左都督，驻九江。寻移赣县，以荒地界降兵屯垦，号"屯垦都督"。

　　十三年，耿精忠反，遣其将贾振鲁、曾若千犯赣州，陷石城，围宁都。广信、建昌诸山寇应之，州县多残破。贞选所部得健卒四百，会游击周球赴援，败贼于黄地，斩级千余，获甲胄、炮械无算，遂解宁都围，复石城。未几，贼犯兴国，贞驰剿，多斩获。进攻雩都、瑞金，战天华山、李芬江、长乐里，屡破贼，克桥头、五仙、白奇、田产、江头、上龙、宝石诸寨，降贼万余，出难民三万有奇。巡抚白色纯上其功，诏嘉许，加太子少保。总督董卫国请增置抚、建、广总兵驻建昌，即以命贞。贞督兵复宜黄、崇仁、乐安诸县。精忠使诱贞，贞不发书，械其使以闻，予世职拖沙喇哈番。

　　时大将军安亲王岳乐驻建昌，精忠遣其将耿继善、杨玉太、李懋珠等分屯城外麻姑、二圣诸山，岳乐忧之，贞曰："贼虽多，易与，请先破一砦。"即夕驰攻萧家坪，破一砦。岳乐乃督兵自吉安进攻长沙，留满洲兵五百俾贞守建昌。贞所部仅二千，贼诇守兵寡，攻城，分屯城东南从姑山，贞自将锐卒攻之，直上破垒，贼引却。麻姑山最峻，贼数万人屯其上，环山立寨。贞休兵数月，时就山麓操演，贼易之，不为备。十五年，春水发，溪涧皆可舟，贼寨隔水为浮桥相属。贞复引兵操山麓，出不意，督兵直上突贼垒，别将舟载薪焚浮桥，一日破六十余砦，斩其将揭重信等，其众歼焉。

继善屯二圣山，余众分屯沙坪、红门、梓木岭。贞复休兵数月，当署，督兵出攻，肉薄，陟崖，大破贼。继善弃砦走入杉关，师从之，进克金谿、南丰。复进克广昌，攻泸溪。泸溪在万山中，精忠将杨益茂、林镇等以四万人守隘，为之栅。贞督兵陟岭，援栅以上，焚其垒，遂克泸溪。懋珠寇南丰，贞赴援，击贼杨梅岩，斩其将王大耀等，进克新城。十六年，懋珠、玉太走入乐安，副都统尼满、提督赵赖与贞会师进攻。贞出西路，击贼白石岭，复乐安。玉太以六千人来降。韩大任自吉安走入乐安，贞督兵击之，遇于跌水岭。一日与八战，走宁都，立木城都湖堑而守。围之两月，大任出走，败之永丰，又败之黄塘老虎峒，众死亡略尽，走福建，诣康亲王军前降。

十七年，逐贼广昌，破藤吊、枫树二寨。二寨地绝峻，贞驻师永安山与相对，发火器遥击，焚其寨，乃破之。叙功，进世职拜他喇布勒哈番，擢抚、建、广、饶、吉、南六府提督。广信土贼江机、杨一豹以数万人屯江浒山，倚险立木城，四出剽掠。贞与总督董卫国分兵进攻，迭克要隘。贼退入鸡公山、猴子岭，复袭破之，斩万六千余级。一豹走洪山。十八年，贞复督兵自弋阳、双港进攻，屡挫贼，斩一豹弟一虎及其众二千四百有奇。机、一豹俱窜走。命贞提督江西全省军务。十九年，逐贼入江浒山，贞诇贼谋夜劫营，令筑垒，兵露刃立垣下，别将伏林中。贼至，见垣内刃如林，惊走，伏发，大破之。一豹、机亦走福建降。

二十一年，自陈乞罢，诏慰留。寻调广东提督，朝京师，上褒劳备至，加拖沙喇哈番。贞莅粤十四年，造哨船，设塘汛，昼夜巡逻，盗贼屏迹。三十四年，卒，赠少傅，赐祭葬。

贞和易，谦抑不伐。驭军严整，戒所部毋淫掠。收城邑，他将议攻山砦，贞曰："寇乱方烈，民结寨自保，非尽盗也。"止勿攻，全活甚众，江西民甚德之。

周球,字季珍,江南来安人。顺治十二年武进士,授广州卫守备,署南赣营都司,管游击事。石城陷,总兵刘进宝遣球赴援,与贞合兵击贼宁都。民避乱红石崖洞,贼积薪洞口,将举火焚之。球兵至,贼走,民以得全。既克石城,复与贞援兴国,球存破南安土寇,克崇义、上犹境中诸寨,除游击。复与游击李天柱援会昌,破贼。十四年,叛将陈升引精忠将郭应辅等陷龙泉,球与天柱破黄土关,克龙泉。逐贼,升自林中出诱战,伏起,球督兵奋击,大破之。攻九安口,陟自险径,炮殪升。十五年,赣州增城守,兵球授参将,管副将事。被巡抚佟国正檄援信丰,破黄士标、王割耳等。十六年,援会昌,战五里排。语详《国正传》。叙功,加都督金事。复从贞破破韩大任。大任既降,球与游击唐光耀督护降卒至福州。复被大将军简亲王喇布檄,以二千人从征湖南,守安仁,援永兴,立营鸡公山,屡破贼,加右都督。十八年,擢太原总兵,进左都督。调汉中,再调真定,二十二年,卒,赠太子少保,赐祭葬。

徐治都,汉军正白旗人。父大贵,事太宗,授牛录额真,兼工部理事官。师攻锦州,战松山、杏山,克塔山,取中后所、前屯卫,皆在行间。顺治间,从征太原,自河南徇江南。累迁刑部侍郎,兼梅勒额真。驻防杭州,领左翼。徇福建,攻海澄,还定舟山。累功,授世职三等阿思哈尼哈番,加太子少保。卒,谥勤果,赐祭葬。

治都,初授佐领,兼参领。康熙七年,擢直隶天津总兵。八年,调湖广彝陵。吴三桂反,十三年,陷沅州,治都率师赴援。时四川文武吏附三桂,叛将杨来嘉、刘之复应之。治都妻许闻邻境兵民皆从逆,权以治都令约束将弁,抚慰士卒,并脱簪珥劳军。会上命治都还守彝陵,来嘉、之复以舟师来攻。治都督兵水陆防御,击却之。来嘉据南漳,分路出犯,治都与襄阳总兵刘成龙会师合击,所斩杀过半。叙功,加左都督。十五年,来嘉复以舟师来攻,治都循江堵截。总兵廨濒江,寇舟逼廨,妻许督兵与战,中炮死。总督蔡毓荣、提督桑额疏闻,具述治都忠奋不顾家状。十八年,擢提督,以胡世英代为总兵。

贼将王凤岐据巫山，上命治都戒备。治都练水师，修五板船百，令世英领之。而与成龙督兵出归州、兴安、巴东，扼形势，相机进剿。十九年，师次巫山，来嘉、凤岐以万余人拒守。师夺隘，贼突出，治都挥刃力战，来嘉弃马越山走。擒凤岐，斩三千余级，克巫山。进向夔州，夔州贼将刘之卫、瞿洪升以城降。叛将谭洪遣其子天秘、族人地晋、地升诣军前请降，缴敕印。上命治都还守彝陵。洪复叛，陷泸、叙二州。治都与镇安将军噶尔汉督兵溯江上，分军为三队击贼，进克下关城。二十年，进向云阳，屡败贼。时洪已死，天秘走万县。治都复进复梁山、忠州。叙功，进四级。

二十七年，湖广督标裁兵夏逢龙作乱，据武昌。治都督兵赴剿，至应城，与贼遇，力战却之。遂驻师应城。贼万余环攻，治都分兵内外夹击，贼大溃，奔德安。逢龙乘北风联巨舰二十顺流下，见治都水师严整，不敢攻，乃登龙川矶攻陆师，治都督兵迎击，昼夜鏖战，斩杀殆尽。逢龙合余众泊鲤鱼濠，治都令诸将郑兴、杨明锦防贼登陆，而自将水师循江发火器焚贼舟。逢龙再攻陆师。复战却之，斩七百余级，余多赴水死。其将胡耀乾等以武昌降，逢龙走黄州。振武将军瓦岱督八旗兵至，黄冈诸生宜畏生擒逢龙以献，磔于市，乱乃定。捷闻，赐孔雀翎，子世职拖沙喇哈番。

治都师未远，桃源土寇万人杰为乱，治都妻孔督兵剿平之。三十二年，朝京师，赍御用冠服。三十三年，诏嘉治都功，用孙思克、施琅例授镇平将军，仍领提督事。三十六年，卒，赠太子少保。谥襄毅，赐祭葬。

治都在湖广十八年，整饬军纪，民感其惠，为立祠以祀。

胡世英，字汝迪，安徽歙县人。初从福建总督李率泰军。累功至参将。康熙元年，迁湖广督标中军副将。十二年，擢副总兵，守荆州。吴三桂反，总督蔡毓荣檄为中军。十四年，大将军顺承郡王勒尔锦自荆州渡江击三桂，世英以四百人为前锋。师集围合，贼援至，冲我师，断为二。世英张左右翼略陈，度师已毕济，乃分骑队逆战，人待二炬，贼惊不敢逼，徐引还。十六年，常、澧诸郡饥，三桂将吴应麒屯岳州，巣仓谷以为利。世英密令人市焉，白勒尔锦乘贼饥督兵水陆并进。世英为前锋，棹小舟直抵巴陵，溯风而战，逼岸且近。世英呼而登曰："得城陵矶矣！"师毕登，破贼垒。十八年，应麒走，城民迎师入。勒尔锦请设随征四镇，世英授后路总兵，寻调夷陵。十九年，从治都克巫山，擒凤岐，进取重庆。以病还夷陵，未几卒。

唐希顺，甘肃武威人。自行伍补凉州镇标把总。康熙十三年，王辅臣叛，希顺从总兵孙思克进剿河东，转战有功。十五年，从围平凉，破贼虎山墩，希顺奋勇争先，手足被伤。叙功，予参将衔，管提标千总。寻迁守备，偕参将康调元攻复阶州、文县。

十九年，勇略将军赵良栋征四川，调希顺从军，迁四川川北镇标游击。时吴世璠将胡国柱等踞关山大象岭，良栋军由雅州进剿，复荣经。贼退入箐口驿，分兵扼周公桥、黄泥铺诸隘，结五营守险。希顺从总兵李芳述及调元等进攻土地桥，连破其垒。抵桥口，选步兵千，由间道穿山箐，自山顶下攻。会桥口兵夹击，贼溃遁。乘夜追袭，次日，复败贼于黎州，克其城，追至大渡河，夺渡口三，遂复建昌。其冬，从良栋自金沙江下云南，败贼于玉皇阁、三市街。二十二年，叙功，予左都督衔。累迁台湾水师副将。三十二年，擢贵州威宁镇总兵。

三十五年，圣祖亲征噶尔丹，命希顺隶西路进剿。自贵州率亲丁百，驰抵宁夏。大军已出塞，希顺兼程进，与孙思克军会，破噶尔丹于昭莫多。叙功，予世职拖沙喇哈番，擢四川提督。疏言："川省幅员辽阔，蛮苗杂处，水陆交错。提标三营，请视各省提标例，营设兵八百。川省额兵三万六千，臣清厘积弊，兵额充足。即于原额内酌量营汛缓急抽调。提标兵虽他移，饷仍其旧。标下将备等官，材技优长，弓马娴熟，又谙蜀中地利。请如松潘、叠溪等营保题事例，择员题补。"允之。

打箭炉旧属内地，上以西藏番部嗜茶，许西藏营官在打箭炉管理土伯特贸易事。三十九年，营官喋巴昌侧集烈为乱，侵据河东乌泥、若泥、岚州、善庆、擦道诸处，戕明正、长河西土司蛇蝲喳吧。总督锡勒达奏请移化林营参将李麟督兵捕治。贼复攻围烹坝、冷竹关，希顺檄各路兵赴化林，密疏闻。上命侍郎满丕统荆州满洲兵进剿，并诏希顺相机行事。蛮兵五千余，立营十四，在磨西面及磨冈等处。希顺雪夜渡泸水，分兵三路进攻，一自子牛攻哪叱顶，一自烹坝攻大冈，一自督兵出咱威攻磨西面及磨冈。别遣兵自头道水登山，驰下夹攻。战五日，各路俱捷，歼蛮兵五千余，斩喋巴昌侧集烈，遂复打箭炉，喇嘛、番民俱降。寻抵木鸦，番目错王端柱等缴敕印，归附喇嘛、番民万二千余户。捷闻，诏嘉奖。寻疏陈善后事，并允行。未几，以病乞休，命解任调理。四十七年，卒，予祭葬如制。子际盛，袭职，入籍四川。

李麟，陕西咸阳人。自行伍从勇略将军赵良栋下云南。叙功，以都司金用书。康熙三十五年，从振武将军孙思克击噶尔丹于昭莫多，大败之。累迁四川化林营参将。三十九年，昌侧集烈作乱，麟奉檄移兵渡泸，招安咱威、子牛、烹坝、魁梧四处。寻提督唐希顺令麟顺泸水至哦可，出磨西面后，夹攻磨冈。麟军夜迷失道，比明，反出磨西面前，遂攻蛮营，夺磨西面，打箭炉平。希顺追劾麟避险就易驻咱威，致失烹坝，又进兵迷道，误军机。诏总督锡勒达及满丕等讯鞫，以有功免治罪。累擢登州总兵。

五十七年，策妄阿喇布坦扰西藏，命麟选精兵百，自宁夏赴军前。五十九年，诏都统延信为平逆将军，率兵进藏，以麟参赞军务。寻令护送第六世达赖喇嘛进藏，至沙克河，贼乘夜袭营，击败之，连败贼于齐诺郭勒、绰玛喇等处。西藏平，麟率兵自拉里凯旋。六十年，授陕西固原提督。雍正元年，迁銮仪使。追叙平藏功，加右都督，予世职拖沙喇哈番。以老致仕。寻卒。

赵应奎，河南商邱人。少入伍，从恭顺王孔有德征湖南、广西，俱有功。累迁至湖广施南副将。

康熙十三年,吴三桂陷长沙,调应奎为江西袁州副将。袁州地逼长沙,又有棚寇,与三桂兵勾连。应奎以所部兵力弱,斥资增募,并家丁助战,擒斩贼渠朱益吾等。寻自慈化进剿黄塘、楚山、上栗市,屡败贼。总督董卫国请设袁临镇,即以应奎为总兵官。三桂遣贼犯袁州,应奎力守。未几,其将朱君聘等以数万人自萍乡来犯,应奎败之西村,斩万五千余级。分兵趋万载,斩其将邱以祥等,复其城。三桂使诱降,应奎令子衍庆呈部,部议加应奎左都督,衍庆署都司佥书。寻降敕嘉其忠荩,予世职拜他喇布勒哈番。十四年,遣游击杨正元剿棚贼于分宜、新喻,擒斩甚众,尽毁其巢。三桂将揭玉卿犯万载,遣游击陈素纶等败之,斩级千余,又败之于白良。三桂将黄立卿复以三桂书诱降,应奎令子衍祥呈部,部议加应奎军功一等,衍祥授鸿胪寺少卿。十五年,遣游击李显宗等逐三桂兵至仙居桥、沙溪、湖塘,皆败之。三桂兵复结浏阳诸寇陷万载,应奎进剿贼截龙河渡口,夹岸迎拒。应奎督兵渡河,先斩守口贼,直入其垒,贼大溃,追斩无算,复万载,诏嘉奖。寻授三等阿达哈哈番。

十七年,上以江西已定,命应奎统本标官兵移镇茶陵、攸县。疏言:“自三桂,反袁州密迩湖南,臣率孤军征剿,上游幸获安全。但彼时兵力苦单,漕运亦匮,臣捐赀赡养亲兵,或自备马匹,或奖以虚衔。嗣户部侍郎温岱奏见臣督亲丁防御,蒙恩给臣所养健丁千人步战兵饷,令臣量为设官管辖。惟兵丁既叨饷饩,而所设管辖官未议实授。今臣移驻茶、攸,仅率标兵二千六百。见奉征南将军穆占、定南将军华善调往鄱县千四百人。健丁一营,随臣左右。仰冀天恩,各予实衔,开支宣实俸。”诏从之。未几,贼犯永兴,败之。十八年,从大将军简亲王喇布复祁阳、新宁。大将军安亲王岳乐檄剿贼武冈州枫木岭,败三桂将胡国柱等。寻偕贵州提督赵赖攻克龙头山、泡洞口、瓦屋塘、云雾岭、五子坡诸寨。三桂将马宝败遁,追击之,复会同、黔阳等县。未几,建义将军马承荫以柳州叛,从简亲王率兵讨之,承荫降。

二十一年，命以提督充广西左江镇总兵。叙功，进二等阿达哈哈番。疏言："臣昔任思南副将，深知左江为滇、黔门户，接壤交南，环以僮、瑶土司不时反复。镇标额设四营，共兵三千有余，多从逆归命者，习成骄悍。臣标健丁一营，半系亲属，久经训练，请率赴新任，以资钤压。"从之。未几，以病累疏乞休，诏辄慰留，命衍祥驰驿归省。应奎卒，赠太子少保，谥襄壮。

赵赖，汉军正蓝旗人。父梦彩，事太宗，以监修福陵，授世职二等阿达哈哈番。赖袭职。从谦郡王瓦克达征叛将姜瓖，以功进一等，并兼拖沙喇哈番。擢正蓝旗汉军副都统。康熙十三年，从大将军顺承郡王勒尔锦讨吴三桂，擢贵州提督，统兵驻九江，调江西。韩大任陷吉安，赖率兵击败之。复调湖南，从简亲王喇布剿贼衡山，复衡州府。迭克耒阳、祁阳等县。败三桂将吴国贵等，复武冈。十九年，从大将军贝子彰泰、将军蔡毓荣进攻贵州，迭克贼寨。败马宝于洪江，复黔阳，旋自沅州趋镇远，复黎平、铜仁、思州、思州、思南等府。偕将军穆占败三桂将高启隆、夏国相等，复平远府。大军进征云南，诏赖留镇贵州，擢正蓝旗汉军都统。以老乞休。三十一年，卒。

李芳述，四川合州人。初入伍，隶贵州大定总兵刘之复标下。剿水西土司安坤有功，授千总。

康熙十三年，吴三桂反，之复从逆，胁芳述往湖北，掳彝陵、巴东关隘。芳述脱走，留四川，其妻子在大定。越五年，乃得取妻子至叙州。吴世璠加芳述伪总兵，令自巫山袭郧襄。芳述留重庆。十九年，勇略将军赵良栋进取成都，芳述遣人赴军前呈缴伪劄，率重庆、泸州叙州所属州县文武吏降。良栋令芳述抚永宁，即移军驻守，修缮城垣。甫竣事，世璠将毛友贵等以数万人来犯，芳述迎击，贼却走。寻以悍卒数千道城，夜树云梯攀堞，芳述督兵鏖战，毙贼千余，斩友贵于阵，世璠将胡国柱、王邦图等以显武将军印招芳述，芳述封送良栋。良栋以闻，诏授随征总兵。

未几，贼陷仁怀、合江。芳述移兵守叙州，擒贼谍，斩以徇。贼来犯,芳述壁城外真武、翠屏诸山,贼不得逞,潜退马湖谋出木川、犍为袭成都。芳述诇知之,先率兵至犍为扼其冲,大破贼,蹑击至新增黄茅冈,斩杀过半。降其将夏升、罗应甲等,拔被掠民二千有奇。擢西宁总兵官,仍从征云南。二十年,良栋令为前锋,自洪雅、荣经二县出大象岭之左,败贼关山。时国柱踞建昌闻关山、大象岭俱失,弃建昌走云南。芳述渡金沙江,会良栋军取云南,夺得胜桥,拔其东西二营,遂克云南。

三十一年,迁贵州提督。四十年,云南总督巴锡疏劾游击高鉴,语连芳述徇隐,芳述亦疏讦巴锡,上遣侍郎温达往谳。芳述应夺俸,免之。四十二年,湖南镇筸红苗作乱,芳述移兵会剿,深入苗地,平糯塘山及葫芦、天星诸寨。疏言:"贵州苗、民杂处,控制尤在得人。保题武职,请以久任苗地,熟悉风土者拣选题补。"诏允行。四十五年,诏奖"芳述久镇边境,驭军有法。见今旧将,罕与比伦"。特加太子少保,授镇远将军。四十七年,卒,赠太子少傅,谥壮敏,赐祭葬。

陈世凯,字赞伯,湖广恩施人。初附明桂王,为忠州副总兵。顺治十六年,川陕总督李国英驻师重庆,世凯来降,授副将衔。康熙十年,李自成余党刘一虎等以数万人犯巫山,世凯击却之。寻从国英进剿,以功加总兵衔。十一年,授杭州副将。

十三年,耿精忠反,浙江总督李之芳驻师衢州,令世凯援金华。甫渡江,闻寇犯龙游,即遣兵驰击,通衢州饷道。既至金华,精忠将阎标自永康、武义来犯,世凯与副都统沃申御之,发炮击贼。既,复与总兵李荣逐贼汤溪,分兵出贼后,而自当其前,获所置监军道徐福龙等。精忠将陈重自东阳叶钟自浦江先后来犯,与副都统玛哈达、石调声督兵击之败走。援义乌,破精忠将周彪。叙功,授温州总兵,加都督佥事。精忠将徐尚朝以数万人逼金华,世凯出城南十二里与战,寇甫集,大呼陷阵,寇溃奔,逐北十余里,杀伤过半。尚朝与精忠将冯公辅合,得五万人,据积道山,立木城石垒。世凯乘大雾进兵,破木城,斩级万余,尚朝败走。

大将军康亲王杰书师进次金华,令世凯及玛哈达、荣规处州。十四年,世凯复永康,进攻缙云,击破尚朝兵,克之。精忠将沙有祥守处州,垒桃花岭拒守。世凯等师三道入,夺岭,有祥走,克处州。尚朝来犯,三战破贼,获其裨将,斩八百余级。移师徇松阳,从贝子傅喇塔攻温州。十五年,精忠将曾养性及叛将祖宏勋以四万余人拒我师,世凯与提督段应举奋击,获其裨将。诏传喇塔进征福建世凯以所部从。击养性得胜山,破其垒。寇舟屯江山,督兵击之,师行乃无阻,复云和、泰顺诸县。精忠降,世凯还镇温州。十六年,加左都督,予世职拖沙喇哈番。屡招降郑锦将陈彬、刘天福等。二十二年,进拜他喇布勒哈番。朝京师,上奖其绩,谕"辑兵爱民,毋以功大生骄傲",赐鞍马、裘服。

二十三年,擢浙江提督。上制《圣训十六条》宣谕士民。世凯请令将卒一体讲读,并援引经史依类附注,为书三卷,奏进颁行,又奏春秋祭文庙,宜令武职行礼。下九卿议行。二十八年,复朝京师,命远任,以疾未行,卒。遣内大臣佟国维、侍卫马武奠茶酒,赐祭葬,谥襄敏。子天培,授都司。累迁至浙江提督。世凯勇敢善战,所向有功,军中呼为"陈铁头"。

浙中诸将,佐之术戡乱者,又有李荣、王廷梅、牟大寅、鲍虎、蒋懋勋。荣,字华庵,广宁人。黄岩总兵。廷梅,顺天人。武进士。自督标中营副将迁平阳总兵。大寅,湖广人镇海总兵。虎,字云楼,山西应州人。初授南赣镇标前营游击。击李成栋有功,累迁浙江严州城守副将。从之芳御精忠,克寿昌。破土寇黄应茂。寻代荣为黄岩总兵。懋勋,浙江临海人。温州总兵。谥襄僖。

许占魁,字文元,陕西蒲城人,流寓辽东。顺治初,从豫亲王多铎定江南,授陕西阳平关参将。六年,土寇赵荣贵拥明宗人森滢号秦王,数万人犯阶州。占魁从间道出碧鱼口袭其后,先与定西将军李国翰、临巩总兵王允久期夹击,大破之。迁山西平阳副将。土寇张武挟朱秀唐号魏王,掠闻喜。占魁与游击苗成龙等分道搜剿,战紫家峪,擒秀唐等,斩级百余。累调直隶紫荆关副将。康熙九年,擢延绥总兵,驻榆林。

十三年,提督王辅臣、副将朱龙俱叛应吴三桂,占魁举首龙所与逆书,上嘉之,下部议叙,加都督同知。延绥标兵多应调征四川,龙等窥榆林防守单弱,屡纠众来犯。占魁遣副将张国彦、孙维统,游击谢鸿儒、钱应龙等分道堵剿,自督兵击贼绥德。贼踞城以拒,发炮。毙贼数百。占魁虑贼袭榆林,率维统等还守榆林,令国彦守波罗堡。龙诱波罗营千总刘尚勇等叛,逼国彦,劫夺敕印。国彦阖门自焚死。叛将孙崇雅戕神木道杨三知、知县孙世誉、守备张光斗等,遂踞神木,势张甚。占魁遣子登隆诣阙告急,诏授登隆鸿炉寺少卿,趣将军毕力克国、都统觉和托自大同移师赴援。占魁遣维统应龙等从觉和托击贼,擒斩无算。复鱼河、响水、波罗诸堡,进克神木。毕力克图复绥德、延安,擒崇雅、尚勇等,悉诛之。国彦、三知等并赐恤,从征将弁敕议叙。占魁疏言:“王辅臣嗾朱龙窃踞定边,遂陷绥德、米脂、葭州、神木,贼骑至归德堡,北距榆林仅二十里。臣集阖城官民誓死守城。嗣因临洮、巩昌、延安、庆阳、平凉、汉中、兴安、固原相率从逆,榆林一城独存,饷道隔绝,百姓日食糠秕。臣斥资购米,计口授食。及大兵既至,道臣高光祉筹措粮需,将士奋勇击贼,克期奏凯,危城得安。皆由文武同心,兵民合力。其在城各官劳绩,祈敕部核议,为固守孤城者劝。”上谕之,俱命优叙。占魁进左都督,予世职拜他喇布勒哈番。寻以疾乞罢,温旨慰留。十六年,擢銮仪使。占魁复以病辞,允驰驿回籍,仍食俸。卒,赠太子少保,赐祭葬视一品,谥恪敏。子登隆,官至云南、临安知府。

论曰:顺治初,汉兵降,犹分隶汉军,其后抚定诸行省,设提镇,置营汛,于是有绿营。以绿营当大敌,建戋定之绩,自三藩之役始。蔡毓荣、赵良栋将绿营直下云南诸行省,以战伐显者,如国祚辈,皆彰彰有名氏,而治都、芳述功尤著。贞治屯垦,奋起效绩,不烦饷运,盖更有难能者。腹心爪牙,由此其选矣。

清史稿卷二五八
列传第四五

希福　珠满　玛奇　额赫讷　宏世禄　彰库
鄂克逊　莽奕禄　沙纳哈　偏图
瑚里布　达理善　额楚　穆成额
额斯泰　布舒库　塔勒岱　瓦岱　桑格
伊巴罕　沃申　武穆笃　瑚图　玛哈达
杰殷　弟杰都　瓦尔喀

　　希福，他塔喇氏，满洲正红旗人，世居安楚褚库路，祖罗屯，国初以八百户来归，编牛录。父哈宁阿，官巴牙喇甲喇章京。从征锦州、松山。入山海关，逐李自成至庆都。授牛录章京世职。希福初任二等侍卫，袭世职。遇恩诏，进一等阿达哈哈番兼拖沙喇哈番。累迁正黄旗蒙古副都统。
　　康熙十三年，吴三桂反，从大将军顺承郡王勒尔锦赴湖广。陕西提督王辅臣以宁羌叛，分据平凉、秦州，命希福移师守兴安、汉中。十四年，大将军贝勒洞鄂进攻秦州，希福攻克东、西二关。十五年，调守陇州。十六年，迁前锋统领。十七年，命赴湖南，驻茶陵。十八年，攻衡州夜半薄城下，夺门入，贼烧营遁，城复。擢正红旗满州都统。

时耿精忠将马承荫以南宁降,诏希福率所部赴广西,佐镇南将军莽依图规云南。十九年,承荫复叛,战陶登,大败之。莽依图卒于军,朝命赉塔为征南大将军,希福将莽依图所部以从。至西隆破石门坎,复安笼所,攻黄草坝,希福屡力战。既至曲靖,复马龙诸城。遣硕塔等下嵩明州,遂会大军围省城。希福率前锋冲击,贼大溃。其党马宝、胡国柱自蜀还救,希福与珠满、桑额迎战乌木山,大破之。宝奔姚安,部卒溃,寻降。国柱奔云龙州,希福追至永昌,截守潞江诸要隘。国柱自度不能脱,缢死。其别将王绪、李匡自焚死。二十一年,擢西安将军。部议追论希福从征长沙战失利,当夺官、削世职。上念希福战功多,命轻之。二十七,调正红旗蒙古都统。

二十九年,噶尔丹寇边,上命裕亲王福全出师讨之,以希福参赞军务,破贼乌兰布通。三十一年,授建威将军,统师驻右卫。三十三年,噶尔丹内犯,将侵根敦戴青,诏希福亟赴图拉备守御。希福疏调大同总兵康调元率三千人偕往,并请发察哈尔兵,上责其疑阻,敕还驻右卫。部劾希福不收八旗送马糜饷,免官。三十八年,卒。

珠满,瓜尔佳氏,隶满洲正白旗,先世居乌拉。祖多和伦来归,次子额赫玛瑚任侍卫,攻郑成功厦门,阵没,赠拖沙喇哈番。无子。珠满其兄子也,袭世职,署参领。耿精忠叛,使其党犯南康,珠满从将军尼雅翰击败之。吉安既平,又从莽依图军征广东,入韶州。马宝等来犯,珠满居右翼,奋战大破贼,宝溃围出。进取广西,破吴世琮,解南宁围。陶登之捷,并败世璠将范齐韩、詹仰等援兵。从希福征云南,石门坎、黄草坝诸役,战常陷坚。围省城,斩世璠将胡国柄于乌木山。师还,晋拜他喇布勒哈番兼拖沙喇哈番。累迁护军参领。三十六年,出为荆州副都统。三十九年,被命讨川蛮,驻守鸦陇江。四十一年,还本官。会镇筸苗乱,命尚书锡勒达等统师抚剿,以珠满谙兵事,敕共筹战守。抚降三百一寨,唯天星寨犹负隅,师分四路入,珠满为策应,攻克葫芦寨,余悉平。擢江宁将军。四十六年,卒,进世职三等阿达哈哈番。

玛奇,纳喇氏,满洲镶白旗人,其先哈达万汗之族。初授显亲王护卫。累迁镶白旗满洲都统,列议政大臣。上念广西将士劳苦日久,宜番休,命与都统赵瑝,副都统宏世禄、祖植椿率师往,并命参赞军务。次柳州,降伪将三十余人。赉塔取云、贵,上趣玛奇进兵,安笼所、黄草坝诸役,并有功。进军曲靖,迭克马龙州、易龙所、杨林城。世璠军壁浑水塘,与嵩明遥应。玛奇分遣兵趋嵩明,乘不备,克其东门,贼启西门遁。乃会贝子彭泰军入省城,屯归化寺。世璠使其将胡国柄等出战,阵斩之,遂合围,与勒贝等夺城西北银锭山。贼炮弹雨下,玛奇挺立当其冲,督兵掘壕筑垒。垒成,俯瞰城内,纵炮,贼不支,内乱,世璠死。与穆占入城抚民,授镇安将军,驻防云南。二十三年,坐才力不及,当免,上命撤云南驻防兵,玛奇率以还京。三十五年,卒。子常赉,自有传。

　　额赫讷,纳喇氏,满洲镶蓝旗人。初任王府护卫,迁巴牙喇甲喇章京。从征云南及平栖霞土寇,有功,擢镶蓝旗蒙古副都统,驻防兖州。耿精忠叛,分兵犯江西,诏参赞简亲王喇布军务。马雄扰广东,命倍道往援。未至,而尚之信谋乱,将犯赣州。额赫讷退守南赣,连破寇寨二十余。会叛将岩自明犯南康,围信丰,又击之固镇铺,围解。命参赞莽依图军务,赴韶州,马宝等壁城东山,与额楚击败之。旋奉莽依图檄赴梧州佐传图烈,闻祖泽清叛据高州,亟还师次电白。贼殊死守,额赫讷破之,高州平。授护军统领。从莽依图进剿柳州,与勒贝、希福分路击敌,败之。二十年,克安笼所,略定曲靖、罗平。师既克云南,凯旋,调前锋统领,擢镶蓝旗满洲都统,列议政大臣。噶尔丹犯边,命屯归化城。寻召还,以老乞休,卒。

　　宏世禄,瓜尔佳氏,满洲镶红旗人,世居瓦尔喀。祖噶锡屯,归太祖,授世管牛录额真。顺治间,宏世禄嗣职,迁巴牙喇甲喇章京。从征云南,入缅甸。叙功,予世职拖沙喇哈番。康熙十二年,擢镶红旗蒙古副都统。十四年,大将军信郡王鄂札讨察哈尔布尔尼,宏世禄参赞军务。师至达禄,薄敌垒,布尔尼设伏山谷间,以三千余人出拒。宏世禄将右翼进战,伏起,师有备,尽歼之。布尔尼悉众发火器力战,宏世禄等纵兵分击,大破之。布尔尼收余众屯山冈,宏世禄督兵环射,分道掩杀,布尔尼乃遁走。进世职三等阿达哈哈番。十九年,命与玛奇等益赍塔兵,攻石门坎,赍塔令勒贝等为前锋,宏世禄等继进,破贼夺隘入,攻黄草坝,宏世禄当头队,复力战破隘。师还。二十三年,以老乞休。二十七年,卒。

彰库,亦瓜尔佳氏,满洲镶白旗人。父多克索哩,事太宗,从伐明,攻南皮,先登,赐号“巴图鲁”,世职牛录章京。顺治间,累进二等甲喇章京,卒,彰库袭,自骁骑校署参领。从将军希尔根讨耿精忠,徇抚州,破精忠将易明,战建昌,阵斩杨益茂等。又击破邵连登长兴山、李茂珠等建昌镇鼓山。从勒贝攻柳州,破世璠将范齐韩、詹仰等。从赍塔下云南,克石门坎、黄草坝,皆在行。又从希福逐世璠将马宝、巴养元战于乌木山大破之,宝等降。师还,进世职一等阿达哈番兼拖沙喇哈番,授护军参领。累迁至镶黄旗满洲副都统。致仕,卒。子海宝,康熙三十三年进士,官翰林院检讨,袭职。

鄂克逊,富察氏,满洲镶黄旗人。父鄂通武,事世祖,有战功,授拜他喇布勒哈番。鄂克逊袭职。

康熙十二年,吴三桂反,京师闻变,有杨起隆者,诈称朱三太子,私改元广德,号其徒为“中兴官兵”,裂布裹首以白,披身以赤,谋作乱。其徒黄吉、陈益等三十余人,聚正黄旗周公直家,公直,承恩伯全斌子也,家鼓楼西街。公直出诣都统祖永烈告变,起隆等遽举火。鄂克逊行过鼓楼,见火,升屋望之,贼皆披甲露刃,遂奔告兵部尚书明珠、都统图海,永烈与副都统觉罗吉哈礼率兵围公直家。贼益纵火,流矢如雨,鄂克逊先入,斩十余人。禽益、吉,悉诛之,独起隆遁去。后七年,图海驻军凤翔,捕得起隆,槛送京师,诛之。

十三年春,以参领衔从定南将军希尔根赴江西,至南昌,寇陷龙泉。石灰澳者,县要隘也,南曰山都澳,北曰河塘澳,寇阻险筑垒相犄角。鄂克逊夺其隘口,破南北诸垒,寇遁,蹑击至曹林,拔十余寨,遂复龙泉。敌来犯,复击破之。十五年,从简亲王喇布及希尔根攻吉安,敌陈于城北,以火器战,鄂克逊劘贼垒逐贼,贼坠壕死者甚众。三桂将马宝与韩大任以数万人来援，战于螺子山，我师败绩。鄂克逊被数创，犹力战，马踣，鄂克逊坠，跃而起，手刃数人，复夺马入阵，收战士尸，奔而殿。十七年，大任自万安走福建，鄂克逊与额楚分道逐贼，败贼汀州老虎洞，焚其垒，杀贼六千余。

复从穆占徇湖南。时拉寨、萨克察自安仁赴永兴，被困。穆占令鄂克逊送米及火药济之，贼拒阻，击却之，乃得达。十八年，与三桂将郭应辅、吴国贵战于永州，多所俘馘。十九年，师下贵州，战于新田卫，复进，逐贼镇远，克偏桥、兴隆二卫。穆占令鄂克逊袭取重安浮桥，师得济。二十年，师下云南，围省城，破象阵，鄂克逊夺归化寺东西二垒。师还，授江宁驻防佐领，再迁江宁副都统。四十六年，上南巡，鄂克逊迎谒，陈战绩，擢江宁将军，进三等阿达哈哈番。五十七年，以老乞休。雍正七年，卒，年八十八，谥武襄。

莽奕禄，富察氏，满洲正白旗人。曾祖阿布岱，自叶赫归太宗授牛录章京世职。莽奕禄袭，累进二等阿达哈哈番。从师征广东，败李定国于新会，进一等。康熙初元，授护军参领。三桂反，诏署统领，从征湖广。以功擢镶白旗蒙古副都统。十九年，从穆占征贵州。时世璠据贵阳，其将韩天福据新添卫，莽奕禄与诸军击却之，复龙里。薄贵阳城，世璠遁，遂克之。二十年，进军平远，贼据西南山拒战，又与副都统花色等击败其众，城复。旋下黔西、大定诸城，遂入云南，会赉塔军于曲靖，进围省城。调满洲副都统，参赞赉塔军务。云南平，还，授护军统领，管佐领，擢都统。三十年，出为荆州将军。四十二年，谢病归。寻卒，谥敏肃。雍正时，命改入正白旗。

沙纳哈，伊尔根觉罗氏，满洲正黄旗人。顺治六年，从征大同，克左卫，先登，赐号"巴图鲁"，授拜他喇布勒哈番兼拖沙喇哈番。旋署甲喇额真。从将军伊尔德下浙江，克舟山进三等阿达哈哈番，移师福建讨郑成功，率师为前锋，以舟进。俄，舍舟登陆，战失利，面及项中三矢，师退。吏议夺赐号、世职，以受创重，免籍没、鞭责。顷之，还拜他喇布勒哈番，授西安驻防佐领。已，命还京，授参领。

康熙十三年，精忠叛，出师江西，败易明于抚州。贼自建昌入，

奉希尔根橄率前锋兵百,会两蓝旗兵击却之。叛将杨富弟杨三与李
茂著以万余人掠抚州,与护军统领瓦岱进攻,大捷。三、茂著中箭坠
水死。从岳乐进兵瑞州,寇万五千人自上高扼会浦。与桑额疾击之,
克上高。阮国栋搌新昌北山,复与诸将会击,斩四千余级,新昌亦
复。进规萍乡。

三桂将夏国相等以一万三千人据来龙山,结寨十二,师环攻
之,贼败溃,沙纳哈截杀之,脱者仅四百。十八年,兵进次湘潭,贼遁
走。迁正黄旗蒙古副都统、前锋统领。其秋,国相屯武冈双井寨,使
马宝等以二万四千人拒战,沙纳哈将三百人进击,贼披靡,逐北至
枫木岭。二十年,师至盘江西坡,击败世璠将线绒,遂入云南。世璠
以象阵拒师,沙纳哈大败其众,追迫城下,斩其将胡国柄等九人。云
南平,擢正黄旗蒙古都统,列议政大臣。二十六年,谢病归。寻卒,
恤如制。

偏图,李氏,汉军正白旗人,隶内务府。康熙十三年,以奉宸院
催长从军陕西,授都司衔,旋授督标游击。十四年,土寇李长腿以千
余人攻淳化、三水,掠三原,偏图与游击缴应善将六百人自泾阳逐
贼至红水沟,俘四十余,获旗械、骡马以归。又率绿旗兵从将军阿密
达出瓦云驿,与副都统鄂克济哈率满洲兵共趋泾州,贼据隘,数战
破之。进薄城,贼出拒,击斩三百余级,遂克之,斩王辅臣将卫民誉。
又从护军统领舒淑攻灵台,破辅臣将马瑞轩,拔陶家堡,斩百余级。
又与鄂克济哈略庆阳,招降二十余寨。入宁州破辅臣将魏虎山、冯
嘉德等。还军泾州,又破贼镇原。从大将军贝勒洞鄂攻辅臣平凉,
贼筑垒高阜,将二百五十人,与护军统领阿哈多等仰攻,破之。十五
年,援商州,克山阳,破辅臣将李茂荣于宽平里,斩百余级。复援三
原,战西阳镇,逐贼至凤凰山,出陷贼难民百余。寻从大将军图海攻
平凉,屯虎山墩,断粮道,辅臣降。十六年,授督标副将。十七年,从
征兴安贼据岭掘壕树栅,偏图自窑儿沟出岭后毁垒,逐贼至香泉。
十八年,攻破梁河关,克兴安及汉阴、石泉诸县。

十九年,命从将军赵良栋南征。二十年,命增置云南随征总兵,以授偏图。吴世璠将胡国柱以二万余人屯马湖拒守,良栋檄偏图坚守雅州,徇荣经,斩百二十余级。从良栋军克关山关,下黎州,夺大渡河隘口。逐贼火场坝,深入山谷中。降世璠将蔡国明、戴圣明、于登明、杨泗等,复越嶲、建昌。渡金沙江,破石虎关。遂攻会城,夺玉皇阁及土桥、东寺、西市三市街,城旋下。二十一年,授永顺总兵。叙功,加左都督。三十年,朝京师,擢云南提督。四十五年,复朝京师,赐孔雀翎。五十年,迁镶白旗汉军都统。五十五年,卒。赐祭葬,谥襄敏,予世职拖沙喇哈番。

瑚里布,赫舍里氏,满洲正红旗人,世居和穆多哈连。父吴巴海,归太祖,授牛录额真。瑚里布袭。天聪间,擢一等侍卫、噶布什贤章京。事太宗,屡从征伐。顺治元年,英亲王阿济格讨李自成,瑚里布率正红旗前锋兵从。二年,师次绥德,贼乘我未列陈,掠我马数十。瑚里布追及之山岭,击贼溃,以所掠马归。自成走湖广,师从之。克安陆。瑚里布破贼,得其战舰。逐自成至九宫山,五战皆胜。以功授世职拖沙喇哈番。

三年肃亲王豪格讨张献忠,师将至西充,令瑚里布与参领席卜臣率前锋四十人,持檄先驱。遇贼骑,突前冲击,斩三十余级,俘二人。薄献忠垒,斩其执纛者,师继进,与战,逐殪献忠,瑚里布复与都统准塔下遵义,战壁山,破贼。六年,从征湖广,攻湘潭,徇衡州,皆有俘馘。以功进世职三等阿思哈哈番。累擢正红旗满洲副都统、右翼前锋统领。

十五年,从信郡王多尼南征。十六年,师克云南,明桂王走缅甸,与左翼前锋统领白尔赫图率兵趋永昌,渡潞江,战磨盘山,克腾越,追至南甸。师还,追论磨盘山战都统沙里布战死,瑚里布弗及援,功不叙。康熙十二年,圣祖加恩诸旧将,瑚里布加太子少师。

吴三桂反,授都统赫叶安西将军,改瑚里布护军统领为之副,率禁旅自西安进。十三年,趣瑚里布与前锋统领穆占驰援四川。师次汉中,寇屯阳平关,攻克之。迭破七盘、朝天二关,进攻保宁,三桂将吴之茂拒守,与相持。上命大将军贝勒洞鄂西征,瑚里布参赞军务。王辅臣叛应三桂,命瑚里布引兵自汉中还驻西安。寻又命瑚里布从洞鄂攻辅臣,克秦州。进围平凉,久不下。十五年,以大学士图海代洞鄂为大将军,瑚里布罢参赞,留军听调遣。十六年,卒于军。

达理善,那木都鲁氏,满洲正黄旗人。其先世岳苏纳,与绥芬路长明安图巴颜同族,归太祖。达理善其四世孙也。崇德间,以闲散隶骁骑营。从征明,攻济南,树云梯以登,达理善为第三人,克其城,赐号"巴图鲁",予世职三等甲喇章京。复从征明,围锦州,战松山、杏山间,屡破敌。

顺治三年,从梅勒额真珠玛喇、和托等驻防杭州,击败明将方国安,屡战皆捷。五年,从讨叛将金声桓,复南昌。累进世职一等阿达哈哈番兼拖沙喇哈番。授甲喇额真。十五年,从征云南,攻元江,克之,得明桂王将高应凤,进世职三等阿思哈尼哈番。

康熙二年,以老乞休。十三年,王辅臣叛,请自效,命署本旗副都统,率师赴西安。十四年,次陇州仙逸关,辅臣屯平凉,遣其将高鼎、蔡元以四千人迎战。达理善与前锋统领穆占等共击之,鼎、元败走,克关山关。师自清水进,夺渭河桥,次秦州。城寇出战,达理善纵兵夹击,寇败入城,分兵克东关。叛将吴之茂以万人援平凉,逼秦州立寨,城寇千余出应,犯我师。达理善已病,犹督兵力战,大破贼。寻卒,赐祭葬,谥武毅。事定,兵部叙功。上论曰:"达理善巴图鲁以老乞休,复请从军,尽心效力卒于行间。"复加拖沙喇哈番,合为二等阿思哈尼哈番。

额楚,乌扎拉氏,满洲镶黄旗人,先世居萨哈勒察。顺治初,从内大臣和洛辉出师,驻防西安。降将刘洪起以西平叛,树云梯攻城,护军昂海先登,额楚继之,遂克其城,授牛录额真。迭进三等阿达哈哈番。从军贵州还,适郑成功犯江宁,遂自荆州驰救,大破成功,进二等。再迁江宁副都统。康熙七年,迁将军。

精忠之叛也，徽州所属多附贼，移师规绩溪，破之，克徽州。贼据休宁新岭分兵夹击，长驱复婺源。诏进征饶州，攻乐平，薄东门，贼出窜，追袭之，俘斩过半。进攻鄱阳，遂定饶州。叛将陈九杰遁入鄱阳湖，毁其舟十余。次万年，至石头街渡口，与贼夹水而军。额楚自出挑战，而潜使骑兵济上游，绕贼后袭击，俘九杰，诛之。万年复，并克安仁、弋阳。

上复命赞简亲王喇布军，军南昌。会三桂遣高天杰陷吉安，与将军哈勒哈齐攻之，克外郛，马宝、韩大任等来援，额楚迎战于螺子山，我师败绩。宝闻长沙被围，乃引去。坐失机，罢官，留世职，仍领江宁兵赴广东。宝等复犯韶州。师次莲花山，贼逼营，城兵出应，战，破贼，遂与勒贝守韶州。寻命与莽依图合军进。叛将祖泽清复以高州应贼，诏趣额楚自肇庆兼程进，至藤县，遇大疫，士马多死。疏请增遣备御，未至而寇集，城陷。与勒贝进解南宁围，还江宁。十九年，卒。

穆成额，那木都鲁氏，满洲镶红旗人。父富喀禅，西安将军，有勋劳（语在《康古里传》），授三等精奇尼哈番。穆成额袭职。精忠叛，命署副都统，从征南将军希尔根下江西，分守南昌。三桂自长沙遣将犯袁州，与总兵赵应奎赴援，败贼西村，规万载，斩其渠邱以祥，城复，遂克安福。精忠将刘进忠勾郑锦扰濒海郡邑，上先后命尼雅翰、舒恕率兵赴广东以穆成额参赞军务，克始兴，枭通贼守备李光明。尚之信以韶州、南雄叛，退保南安、赣州，克万安、南康频有功。上命舒恕守赣州，而以莽依图代其任，穆成额参赞如故。广东定，从莽依图下粤西。三桂遣将分犯浔州、梧州、桂从、平乐，与额楚、勒贝、傅宏烈并力讨之。次郁林，战失利，还守藤县，寻复陷。坐免官，籍没。未几卒。

额斯泰，富察氏，满洲镶白旗人，大学士额色赫弟也。初任一等侍卫。康熙三年，擢副都统。九年，授护军参领。

吴三桂反，命顺承郡王勒尔锦帅师讨之，以额斯泰参赞军务。

三桂兵自贵州出,湖南南境皆陷。诏与护军统领伊尔都齐简锐先发。十三年二月,师次荆州,常德、长沙皆陷。三桂将刘之复、陶继智率万余人犯宜昌,夹江而垒。额斯泰自荆州赴援,与总兵徐治都率舟师横江截击。战甫接,贼潜以三百人扰我师,后我师分击败之,得贼舟三,贼败走。

师进次岳州,三桂时屯澧州,其将吴应麒、廖进忠、柯铎、高起隆据岳州。马宝、胡国柱率二万人会于沣州,水陆岔集,设鹿角阻我骑兵。额斯泰与贝勒察尼等议,令前锋先夺山冈扼贼吭,继乃分路截击,夺据城陵矶及七里桥,俾首尾不相顾。至期,闻贝勒营吹角,额斯泰率战舰进,众乘之,贼大溃。

是岁冬,命参赞贝勒尚善军务。规岳州,与贼相持久。十五年二月,诏趣尚善进兵。尚善乃令额斯泰督所部水陆诸军以进。贼舟列阵洞庭,贯以铁锁,额斯泰率锐卒冲其北,使副都统路什击其南。战甫交,额斯泰麾纛进,炮矢雨岔,卫卒死者五人,额斯泰不为动,进如前,手刃数十人,遂克君山,获贼舟五十余,诏嘉之。十六年,卒军。师旋,追论征岳州迟留不进,坐籍家产,上宥之。

额斯泰伟干有雅量,恤军爱民,谙韬略。尝图滇、楚阨塞,悬壁谛视。既寝疾,犹强起视事。卒日,军民为位哭,哀动郊野。孙传鼎,自有传。

布舒库,吴鲁氏,满洲正黄旗人。父纳尔泰,官牛录额真。从征大同叛将姜瓖,率子噶尔珲、纳什库力战,阵亡。布舒库其长子也。以巴牙喇壮达从征江西、云南,战常陷坚,授拜他喇布勒哈番。康熙初,授参领,擢正黄旗蒙古副都统,列议政大臣。韩大任据吉安,上命参赞简亲王喇布军务。次永丰,大任兵至,与提督赵赖同击之。

贼退守山寨,布舒库缓师诱之,弗应。相持月余,大任引去,追斩千余级。大任走福建,又与哈克三追剿,连破之老虎洞、鞍子岭,贼势以蹙,大任降。还征湖南。互详《哈克三传》。贼犯永兴,穆占令守河岸,贼不能进。遂从穆占取朱阳,进规常宁。与塔勒岱数败贼,逐北翟里桥,去永州四十里。又从穆占攻城,贼大溃。与简亲王喇布会师武冈。十九年,授正黄旗满洲副都统。击败马承荫,克雒容,承荫复降。旋卒,谥刚壮。

塔勒岱,博和里氏,满洲镶白旗人,初授噶布什贤壮达。康熙初,从征缅甸,授前锋侍卫。三桂叛,从军,从穆占逐贼野狐岭。贼隐深林中,出步骑诱战,发其伏,歼之。克阳平关,进次保宁蟠龙山。师败引还,两遇贼,击之败去。予拖沙喇哈番。从讨王辅臣,战陇州,进围秦州,克之。遂趋平凉,屡捷。十五年,命从穆占移师湖南,驻攸县击败三桂将王国佐。又败黄士彪、裘万宝、于郿县、桂阳州,败吴国贵、吴应麒于永州、沅州。凯旋,授护军参领。擢镶白旗蒙古都统,进拜他喇布勒哈番兼拖沙喇哈番。二十五年,卒,谥勇壮。

瓦岱,钮祜禄氏,满洲镶黄旗人,额亦都孙也。父敖德,事太祖,分额亦都旧辖人户,益以新附瑚尔哈部众,授敖德世管牛录事。屡从征有功,授二等阿达哈哈番。瓦岱其第三子也。初任侍卫,署巴牙喇甲喇章京,从征云南、湖广有功,即真。

康熙十三年,耿精忠叛,命署护军统领,从安亲王岳乐援江西,所至为军锋。次抚州,战钟家岭,被巨创。寇夜袭营,仍力战却之,并击败精忠将易明等。又战瑞州北山,抚定东乡。移师徇建昌,精忠将邵连登拥众可八万,因山为垒,负险抗拒。瓦岱与将军希尔根分阵山下,鸣角仰攻,多所斩获。连登中矢,余溃,复绝其归路,得贼舟六十余。遂下建昌,乘胜克新城。十五年,复萍乡,进规长沙,仍为军锋。战南桥、齐家峒,皆捷。十八年,克长沙,以次下衡州、宝庆,并歼贼于武冈,克其城。渡紫阳河,贼分据渡口,瓦岱俟诸军进战,引兵袭其后,夹击之,贼大败。湖南平。授护军统领,予世职拖沙喇哈番。

二十一年,授江宁将军。二十三年,军驾南巡,嘉其居官廉,赉御用袍,并白金千。二十四年,召授镶黄旗满洲都统,以博济代之。谕曰:“将军、副都统与地方官多不相能,唯瓦岱克谐众志,尔当效之。”既至京,任议政大臣。

二十七年，湖广裁兵，夏逢龙倡乱，命为振武将军往讨之。师至黄州，逢龙所署置总兵赵得等迎降，胡约谦等复献武昌、汉阳二城，诸生宜畏生执逢龙以献，磔之，并诛其党与，班师。

三十年，诏授定北将军，率师赴图拉，追击噶尔丹至克鲁伦河。三十一年，命偕都统班达尔沙督理达勒鄂莫、瑚尔鄂莫屯田。坐督耕不勤，免官，削云骑尉。寻卒。

桑格，喜塔腊氏，满洲正白旗人。库礼子。桑格以三等侍卫袭世职一等阿达哈哈番兼拖沙喇哈番。善射，擢一等侍卫。康熙十五年，授护军统领，从希尔根赴江西。上谕以江西为粤东咽喉，江浙唇齿，兵民持两端，当协同将军领重兵进剿。至则攻易明于抚州，援贼自建昌至，倚城结垒，合城寇拒战。桑格夷其垒，明遁，州复。明复来犯，再败之。希尔根移师入城，桑格出至碣石，遇贼，战大捷。连克上高、新昌、东乡诸县，击斩连登，明遁，遂下建昌。

三桂将夏国相据萍乡，桑格会诸军并进，战来龙山，连破十二寨，国相奔长沙。康熙十八年，克长沙。御制诗宠异之，有“百战威名早已扬”句。湖南上游，惟武冈枫木岭与辰州辰龙关皆天险，为入贵州要道。三桂将吴国贵、马宝据武冈，桑格与伊巴罕督兵攻之，鏖战三昼夜，国贵中炮死，余溃走，遂克枫木岭。二十年，以怠职罢官。

三十五年，上亲征噶尔丹，诏署护军统领。师至鲁伦河，请追击逸寇，与平北将军马思喀进次乌兰西路。噶尔丹已败，收集降众，护送至张家口。还京，复护军统领原品。三十八年，卒。

伊巴罕，格济勒氏，满洲正白旗人，世居雅兰。其世父舒珠，从征黑龙江有功，授拖沙喇布勒哈番。无子，伊巴罕袭。初任三等侍卫，改刑部郎中兼佐领。累进二等阿达哈哈番。嗣以护军参领援江西，击走建昌贼及抚州援寇，复新昌、萍乡。枫木岭之捷，功最，擢前锋统领，出为盛京将军。康熙二十四年，征还，复授前锋统领。二十五年，追录前功，进世职一等兼拖沙喇哈番。寻卒。

沃申，钮祜禄氏，满洲正红旗人。崇德时，以噶布什贤兵从伐明锦州,克松山。顺治元年,从入关,平保定,进征山、陕,授拜他喇布勒哈番。赐号"巴图鲁"。平舟山有功,加拖沙喇哈番。累迁杭州副都统。

康熙十三年,耿精忠叛,浙东告警,与总督李之芳赴衢州御之。寻徙守金华,精忠将阎标自温州来犯,辄败走。又遣将焚浦江寇垒,遂会贝子傅喇塔取台州,道义乌,遇精忠将赵明卿击败之。十四年,精忠将林冲等据仙居,师三路入,战白水洋,沃申纵兵张两翼,令营总萨木哈将左,侍卫卦塔将右。战移时,贼坚持不退,沃申直前击之,连破二垒。太平贼闻我师至,就叛将曾养性乞兵以守。时夜将半,沃申三面梯攻,缺其西而隐卒城外以待其逸。黎明,贼果启西门遁,伏起,大溃。

师入仙居,寇水陆扼险守,沃申诇知有路通黄岩,可袭其后,伐木凿石,开道以济师。夜达黄岩,贼大惊,遣其党吴长春扼半山岭,沃申身先士卒,大破之。进梁蓬隘口,又大败其众。养性奔福建,十五年,勾瑞安石塘贼分路入寇,与副都统吉勒塔布先后击退之。其夏,傅喇塔被命征福建,沃申从。浦贼为四达要衢,入福建捷径也。精忠将连登云以二万余众守隘,沃申攻夺山寨,武穆笃等乘雾直捣其巢,复云和。精忠降,沃申守延平,亡何,郑锦势益职,使其将吴淑取邵武,薄延平,顿木城、新屯渡口。别遣将潜扰浦塘隘口。沃申率师破之,乘势渡河攻木城,贼溃走,遇其将杨德来援,又败之小河岸,斩万余人。邵武汀州相继复。泰宁、建宁、宁化、长汀、清流、归化、连城诸县以次皆降。其将朱宁遁入海,据石井寨。

十六年,师分三路入,沃申进自东路,克清寺。十七年,寇万余人逼漳州,其将刘国轩壁对河为犄角。城兵寡,沃申以千余人赴援,瑚图分道亦至,大破之。贼退据长泰,谋犯南靖,顿蜈蚣山。沃申与瑚图并力迎击,自辰至未,贼大溃,弃寨走,克长泰。贼退据江东桥,截漳、泉路。沃申与浙江提督石调声力战,攻桥东岸,自长泰深入奋击之,贼遁走,江道乃通。

十八年,锦将林盛据东石,其地近泉州,为金门、夏门屏蔽,三面皆海，寇婴城固守。沃申精选前锋，架云梯，乘潮落亟进，亲薄壕指麾，遂拔东石。十九年，锦将林深与我水师相拒，别遣将扼大定、小定梗，我舟行道。会泉州无舟，沃申自陆路取大定，夺其中寨，追至小定，贼遁，燔其巢。适海澄已下，乘胜渡海取尾高溪，与漳州兵夹攻，寇屯金、厦者皆窜出大洋。师还，沃申留守泉州。初江山之陷也，积骸盈野，议者颇咎之。守金华，奉檄取温州，赴事又缓，守台州，时小梁山寇势盛，未能击。廷臣追论其罪，坐免。沃申在行间久，大小凡九十余战，身被创二十余处，一时称骁将。三十年，卒。

武穆笃，富察氏，满洲镶黄旗人。初任巴牙喇甲喇章京。从伐明桂王，自贵州入云南，击败其将李成蛟于凉水井、李定国于双河口，进至卢噶，定国列象阵拒战，大败之，追至磨盘山，又大捷。授拖沙喇哈番。又剿山东土寇于七，有功，授前锋参领。精忠叛，从将军傅拉塔率师自浙江下福建，次台州。贼壁黄瑞山，谋犯天台，其地当江北，为水陆咽喉。武穆笃与吉尔塔布、塞白理悉力攻克之。师至凉蓬隘口，杀伏贼几半，贼夜遁。武穆笃追击于黄土岭，贼溃退黄岩，师围城，曾养性遁走，城复。师至上塘岭，养性拥众三万拒战，武穆笃统前锋冲击，大败之，身被数创，获甲械无算。太平、乐清、青田三县，大荆、磐石二卫相继收复。石塘岭之役，功最。康熙十七年，创发，卒于军。丧还，遣侍卫内大臣奠茶酒，命赐恤视前锋统领，进拜他喇布勒哈番，谥襄壮。

瑚图，洪鄂氏，满洲镶白旗人。以巴牙喇壮达从征湖广、福建，屡有功。康熙二年，授江宁协领。八年，擢副都统。

十三年，耿精忠叛，命与副都统玛哈达率所部赴杭州，参赞平南将军赉塔军务。精忠将马九玉遣别将胡锦等犯衢州，与副将王廷梅等击败之，复破贼大沟源、焦园、红桥诸处。十四年，九玉屯衢州西南，夜渡水袭我军，与廷梅往击之，败之杭埠。九玉复遣别将李廷桂军元口村，设木城，绝我粮运，并据东西山为犄角，瑚图分兵击之，燔其木城，贼败走。十五年，覆其兵大溪滩，江山复。九玉奔常山,瑚图进围之,遁去。逐至江西玉山界,克常山,进拔浦城。及精忠降,随军驻福州。

郑锦将作徐耀以三万人至乌龙江南,军小门、直凤诸山,又与总兵董大来夹击之,破其垒十四,贼大溃,进驻泉州。土寇数谋乱,辄败去,徙守漳州。十七年二月,陷石玛,逼海澄。从黄芳世赴援,败弯腰树、观音山,寇收余众垒石玛拒师。逾月,寇舟二百乘潮至,与石玛寇相表里,将夹击我军。瑚图从芳世坚守,潜令总兵黄蓝袭其后,击之,毁其舟九,寇保垒。海澄围解。时漳州兵少,瑚图昼夜循徼不少休。锦兵连艘数百,蹈瑕入东关,炮击之退。已,复至,勾山寇蔡寅扼天宝山,截我饷道。瑚图督战,焚其船,寇殊死战,不少却。会芳世援师至,乃遁去。

未几,刘国轩、吴淑复破海澄,陷长泰,饷道又阻。瑚图以八百人扼要路,淑率万余众逼漳州,国轩夹水而军为声援。值副都统沃申率师至,瑚图从赉塔分路进击,至蔗林,遇伏,师少却。瑚图斩却退者三人,众乃奋进,连破十六营。寇退据长泰,谋犯南靖。瑚图引兵进,寇以兵五万分军龙虎、蜈蚣二山,复与沃申麾众力战,寇乃败,弃营走,遂克之。然寇犹据江东桥不退,赉塔军其西,而令瑚图、沃申与提督石调声取桥东岸,乃间道朝天岭,过龙江口,深入寇军奋击。寇弃寨,走入舟,据桥口,急击之,寇出江遁。漳、泉路始通。国轩还海澄。

十八年,寇顿鳌头山,复数窥江东桥,谋断我后路。师分四路入,瑚图与副都统玛思文为一路,击败之。十九年,攻克玉洲各寨。寇败窜厦门。海澄再复。随赉塔赴潮州,再战破贼。闽、粤、平,还江宁。二十三年,擢杭州将军。二十六年,卒,诏奖其清慎,予恤,谥敏恪。

玛哈达,佟佳氏,满洲正白旗人,礼部承政巴都里孙。康熙七年,自参领擢领正白旗满洲副都统。吴三桂反,诏守兖州,徙安庆。精忠叛,赴浙参赞赉塔军务。时大将军杰书至金华,精忠将陈重自东阳来犯,玛哈达与都统石调声等败之山口村小河岸,追击至郑家店。俄，精忠将徐尚朝拥众五万人犯金华，距城十二里结寨，玛哈达与台吉察浑、都统巴雅尔、总兵李荣等分兵击败之。精忠将张元兆以二万人屯寿溪，又与巴雅尔、荣移兵击之，破垒十八，斩兆元及其众二千余。尚朝复据积道山，与总兵陈世凯等乘雾进兵，破其木城。十四年，击精忠将沙有祥等于桃花岭，复处州。尚朝、有祥等又来攻，复与察浑、荣、世凯分兵击败之。十五年，擢杭州将军。杰书下福建，玛哈达从赉塔自衢州率兵先驱。大溪滩、仙霞岭诸役，战常陷坚。进复建宁、延平，还杭州，论功，予三等阿达哈哈番。二十三年，召授正白旗满洲都统。坐补官徇情，罢，遣戍黑龙江，二十八年，卒。

杰殷，韩氏，满洲正红旗人，其先为朝鲜人。父义，归太祖，授世职一等参将。杰殷初授一等侍卫，累迁正红旗满洲副都统。康熙十一年，迁护军统领。十四年，察哈尔布尔尼叛，从内大臣佟国纲率师驻宣府

王辅臣叛，上命将军毕力克图率师驻大同，以杰殷参赞军事。土寇朱龙据榆林，华力克图移师讨之，次谢村，分兵为三队，杰殷乘夜先发，黎明次河岸。贼三千余据杨家店渡口，杰殷督兵渡河击贼，贼溃，克吴堡，遂趋绥德。贼屯虎尔崖山口，杰殷督兵仰攻，殪其裨将，俘七十余人，进破卧牛城，复米脂、延川诸县，复进收延安及诸属县，并定宜川县境二十六寨。再进攻平凉，大将军贝勒洞鄂令杰殷领左翼兵为前锋，辅臣以万余人列阵迎战。杰殷督兵捣其中坚，战自巳至未，凡三胜，复分兵环击，歼馘甚众。自是屡击却辅臣兵。

十五年，吴三桂将吴之茂以万余人屯秦州，为辅臣声援。洞鄂令杰殷移师御之，战谷口山崖，斩五十余级。与将军佛尼埒、提督王进宝会师。议出贼后断粮道，杰殷督兵先行。战罗家堡、战盐关、战三十里铺，屡击败之茂护粮兵。之茂扬言将断临洮、巩昌道，杰殷移师伏羌，战平头山，战马坞，又屡击败之茂护粮兵，破其垒，克通渭，还驻秦州。大将军图海下平凉，之茂引兵走。杰殷与佛尼埒率师夜追之，及于牡丹园，力战破阵，克祁山堡。之茂别部兵自西和至，败

之祁山嘴,又败之清阳峡。选轻骑逐之茂及于石牙儿关,之茂以二十人越山遁,斩五千余级,俘五百余人,克礼、西和二县。

三桂将王屏藩走阶州,督兵追之,降其兵三百余,复还驻秦州。十九年,攻保宁,克顺庆,并复所属州县,进驻成都。寻卒,赐祭葬,予世职拜他喇布勒哈番。

弟杰都,顺治十六年,以巴牙喇甲喇章京从将军达素徇厦门,破郑成功舟师。康熙十三年,从前锋统领穆占自陕西入四川,破之茂裨将石存礼于朝天关,趋保宁屯蟠龙山,屏藩引众劫营,绝我师饷道,师引退,杰都殿,力战,死之,予世职拜他喇布勒哈番兼拖沙喇哈番。

瓦尔喀,完颜氏,满洲镶红旗人。初任噶布什贤壮达,称骁勇,中创不少却,数被优赍。崇德时,从贝勒岳托伐明,攻怀来、宝坻,略山东,攻克海丰,并先登。又从贝勒阿巴泰攻范县,薄城,以予凿垣为磴,缘而上,克之。顺治初,从肃亲王豪格徇四川,数击败张献忠。兵有护军阿纳海者为敌困,瓦尔喀策马突前,格杀二人,翼之出。与梅勒额真乌拉禅驻防大名,击土寇。累进三等阿达哈哈番,授工部理事官,董修宫殿,进一等。十六年,署噶布什贤章京。从固山额真卓洛驻防云南,讨平元江土司。康熙元年,还京,授参领,兼督捕理事官。迁西安副都统。七年,擢将军。

十二年,吴三桂反,湖南、广西皆应。命瓦尔喀偕佛尼埒赴四川备守御,许便宜行事。师次汉中,分三道入,击叛将谭宏野狐岭,发其伏,歼之。乘胜复阳平、七盘、朝天诸关,先后斩万余级,获旗职、器械称是。时贼据保宁,师进逼,凿壕堑与相持,久弗下。瓦尔喀遘疾,卒于军,谥襄敏。寻追论保宁不疾进兵,又守隘弗严,损将士,部议追夺官阶、世职,并削谥。

论曰:希福将莽依图所部,转战下云南,功最多。鄂克逊、偏图等皆与攻云南,而偏图留镇三十年,抚定创夷。瑚里布、达理善以凤将从军,额楚战广西,额斯泰战湖南,瓦岱战江西,沃申战闽、浙,杰殷、瓦尔喀战川、陕,皆有功绩。是时倾禁旅以出,八旗将士敌忾策勋,斯其尤炳著者也。

清史稿卷二五九
列传第四六

宜里布　哈克三　阿尔护
路什　雅赉　扩尔坤
王承业　王忠孝

　　宜里布,他塔喇氏,满洲正白旗人,阿济格尼堪子也。初授兵部副理事官。顺治八年,袭三等伯爵,兼管牛录,恩诏进一等伯。擢刑部侍郎,调吏部。郑成功据台湾为乱,议者谓当徙濒海居民入内地,以避剽掠,绝接济,命宜里布与尚书苏纳海历江南、浙江、福建勘疆界。既定,还京师,擢正白旗蒙古都统。康熙七年,调本旗满洲都统,列议政大臣。

　　吴三桂反,十三年,大将军顺承郡王勒尔锦率师讨之,以宜里布参赞军务。既至荆州,三桂自常德攻陷松滋,襄阳总兵杨来嘉、副将洪福叛附之,壁谷城、郧阳间,窥觎郡邑。诏宜里布守宜昌。十四年,来嘉等犯南漳,顺承郡王承制授宜里布讨逆将军印,与副都统根特往援,来嘉等引退,旋复犯均州,垒武当山下,宜里布督兵击之,斩千余级,来嘉等复引退。

　　时三桂屯松滋北山缘江置战舰,谋水陆并进。命宜里布与都统范连礼等守襄阳、均州诸处。三桂遣其将张以诚与来嘉等寇南漳,宜里布与总督蔡毓荣分率劲旅夹击,斩三千余级。十六年,命与将军穆占率荆州满洲兵自岳州下长沙,克茶陵。三桂兵奔攸县,宜里布追击之,斩四千余级,俘百余,克攸县。

十七年,穆占师进克郴州、永兴诸处,驻师郴州,而令宜里布守永兴。三桂遣其将马宝、胡国柱等来犯,与副都统哈克三督兵御之,力战,殒于阵。丧还,遣内大臣奠茶酒,复遣侍卫谕其母曰:"宜里布侍朕久,深知其为人。出师有劳绩,方谓功成奏凯,即可相见。忽闻阵没,凄怆痛悼,尔家贫,予白金六百为治丧资。"赐祭葬,谥武壮。子阿什坦袭爵。

哈克三,佟佳氏,满洲正蓝旗人。父法萨里巴图鲁,以骁骑校从征战没。哈克三初授礼部笔帖式,累迁员外郎。顺治十四年,改授巴牙喇甲喇章京。康熙二年,李自成余孽李来亨等据茅麓山,剽掠为民害,从将军穆里玛等讨之。贼入山,哈克三从巴牙喇纛章京堪泰自山后进,大破之。复与总兵于大海夹击,多所斩馘,来亨自缢死,擢正蓝旗蒙古副都统。十二年,调满洲副都统,寻迁护军统领。

十四年,察哈尔布尔尼叛,大将军信郡王鄂札率师讨之,哈克三参赞军务。师次达禄。布尔尼列阵以待,而隐兵山谷间以诱我师。土默特兵遇伏,哈克三力御败之。复督骁骑突贼阵,贼溃奔,斩馘甚众,布尔尼以三十骑遁。叙功,授三等阿达哈哈番。

十六年,大将军简亲王喇布讨吴三桂,哈克三参赞军务。三桂将韩大任据万安,哈克三与副都统雅沁等分道进,大任渡河走。哈克三以山迳隘不容骑,请调绿旗兵守隘,断贼饷道,上责其稽延,敕穷追毋纵入楚。贼窜兴国山中,追击之黄塘、新田铺,师舍骑而徒,奋击,贼大溃。复选轻骑夜逐贼至姜坑岭,贼据险自保,哈克三分兵环攻,斩千余级。大任等收余众走福建,屯老虎洞。十七年三月,与都统巴雅尔,副都统锡三、雅沁、布舒库等分队夺隘,斩六千余级,获所置总兵以下三百余。大任穷蹙,率众诣康亲王军降,哈克三还吉安。旋命赴湖南,与将军穆占会师驻郴州。三桂将马宝、胡国柱攻永兴急,穆占令哈克三率师赴援,与都统宜里布力战,同殁于阵。丧还,遣内大臣奠茶酒,予白金五百治丧,赐祭葬,谥武毅,进世职一等阿达哈哈番兼拖沙喇哈番。无子，以弟之子巴尔泰袭。

阿尔护，富察氏，满洲镶红旗人，世居辉发。父鄂拜，国初来归，管牛录。从入关，击走李自成。复从征福建有功，予世职一等阿达哈哈番。累迁镶红旗蒙古副都统，阿尔护初授王府长史。

康熙十三年，命署副都统，与将军坤巴图鲁率师出驻汝宁。其冬，吴三桂将王屏藩等自四川窥陕西，提督王辅臣叛应之。与坤巴图鲁赴西安，十四年，将五百人守宝鸡。贼来犯，击之，败去，追至天王村，抚定归州十二堡，降其将七、兵千余。八月，诏分将军佛尼埒兵六百授阿尔护，守栈道诸险要。与三桂将彭时亨战仰天池，大捷。出蚂蚁河口，望见贼营分立九龙山，即以锐师宵加之，贼大溃。十月，三桂将石存礼拥众八千出栈道，据益门镇口。分七营窥宝鸡，兼为王辅臣声援。阿尔护令军中曰："有能攻克隘口者，赏与克州县城同。"军士气奋，分三道上，直捣其巢，力战，自巳至未，七营尽破，追奔十数里，射殪其将，获旗帜、器械无算。迭破贼仰天池山下，及益门镇东邵家山、黄儿子沟、沈家坡诸处，自是贼不改出栈道。

十五年，授镶红旗蒙古副都统。从将军穆占移师湖广。十六年，三桂将吴国贵犯长沙，力战，死之。事闻，谥敏壮，予三等阿达哈哈番。

路什，纳喇氏，满洲镶黄旗人，世居章甲城。父克恩，归太祖。路什以骁勇称。崇德七年，师入兖州，以云梯攻城，路什先登，克之，赐号"巴图鲁"，予世职游击。

顺治初，以甲喇额真从入关，与牛录额真衮泰将步兵击李自成，复与梅勒额真阿哈尼堪逐自成至庆都，败之，自成溃而西。二年，从英亲王阿济格徇陕西，与梅勒额真阿喇善攻绥德，围延安，七战七克。时自成南走商州，奔湖广，蹑追至武昌，获其孥。论功，进二等。

张献忠据蜀，久不下。三年，从肃亲王豪格西征，会叛将贺珍等犯汉中,分兵守鸡头关,路什与巴牙喇纛章京鳌拜击却之,追破珍于楚湖,入四川,所向皆捷。献忠既灭,分兵剿余贼,俘斩甚众,进三等阿思哈尼哈番。

十五年,从信郡王多尼南征,师入贵州。明桂王将罗大顺出拒战于黔西州十万溪箐,路什与噶布什贤噶喇统昂邦鄂讷、梅勒额真噶褚哈分兵击之,连破数营,敌大溃。叙功,进二等。

吴三桂反,路什年已七十,请从征,遂从贝勒尚善徇湖南。康熙十七年秋,以偏师取湘阴,进洞庭湖,守九马嘴。寇至,风大作,泊绿林汉,舟被击,路什犹贾勇发矢石,击杀十数人,力竭,死。时七月二十八日也。事闻,进一等兼拖沙喇哈番。

子布纳海,袭。圣祖亲征噶尔丹,布纳海从内大臣费扬古出西路,战于昭莫多。师有功,进三等精奇尼哈番。卒,子瑚什屯,降袭二等阿思哈尼哈番。

雅赍,纳喇氏,满洲正蓝旗人。初任王府长史,兼佐领。康熙十三年,命署副都统,驻防江宁,未至,徙驻安庆。耿精忠遣其将扰江西,广信、建昌、饶州并陷。大将军安亲王岳乐率禁旅南征,驻南昌,以雅赍与署领都统阿喀尼参赞军务,移兵攻彭泽。既,诇知贼据小姑山,先遣兵击之。贼结水寨拒战,我军出其后,陟山而下,斩其裨将,余众多被创赴水死。师进攻彭汉,城西临江,南北皆倚山,路险峻,乃督兵略其东,陟山,树云梯以登。贼不能抗,纵火启东门走,追击败之,遂进攻湖口。安亲王军至,贼弃城走都昌,雅赍追及之,败窜鄱阳湖,所置吏以湖口降。

十二年,将水师逐贼鄱阳湖,趋五桂寨,贼弃寨走,其将黄浩浮舟来犯,击却之。追至梅溪、瑞洪、康山湖及坝口,先后得船数百,斩数千级,与陆军会苜蓿湾,克余干县。复进征建昌,精忠将邵连登据常兴山,列营三十。雅赍攻其左,诸军自右击之,尽夷其巢,连登中流矢死。复与都统霍特征广昌,次石峡,方署,士马疲渴。猝遇伏,师少却,雅赍直前奋战,中炮死,赐祭葬,谥襄壮,予世职拜他喇布勒哈番。

　　扩尔坤，萨克达氏，满洲镶红旗人，世居那穆都鲁。祖叶古德，归太祖，编牛录，俾统之。父喜福，任兵部理事官。崇德间，从征黑龙江，顺治初，从征汉中，皆有功。复出讨姜瓖，瓖将屯宁武关，分据左卫。喜福力战，被巨创，卒于军，世职累进二等阿达哈哈番。扩尔坤初授牛录额真。从征贵州，战屡捷。康熙初袭职，迁护军参领，擢镶红旗蒙古副都统。吴三桂反，命率师驻防太原。十三年，徙驻西安。会四川告警，命进驻汉中，三桂将吴之茂犯广元，遣兵败之，复分水陆兼进，又击之败去。之茂遣裨将贺腾龙劫粮二郎关，扩尔坤驰击，获腾龙。之茂复遣裨将何德成犯广元，分兵渡河击却之，逐北三十余里。寻以七盘、朝天诸关复陷贼，诏还驻汉中。

　　十四年，汉中乏饷，将军锡卜臣领兵还城固，扩尔坤率右翼兵殿后。三桂将彭时亨等拥众八千据险邀阻，扩尔坤击溃之，且战，且行三昼夜，次洋县金水河，七战皆捷。诸军前行，仍令扩尔坤，殿俄贼环逼，力战中创，殒于阵，赐祭葬，进世职三等阿思哈尼哈番。子逊扎齐，袭职，官至工部尚书。

　　王承业，字琼山，江南庐江人。少入伍。康熙初，从军福建，克金门、厦门。累擢游击，迁广西副将。十七年，将军莽依图徇广西以承业为新设援剿中营总兵，管副将事。十八年，吴世璠犯梧州，承业击败之。世璠弃营宵遁，克浔州。世璠以十万人分屯贵州、广西诸要隘，而自将兵围南宁。承业赴援，设奇与城兵相犄角，战新村西山之巅，斩六千余级，世琮负重伤败走，南宁围解。遂自陶邓山进剿柳州，叛将马承荫以二万人拒战，击败之，乘胜定象州，承荫遂降。

　　其冬，将军赉塔自南宁直进云南，檄承业至西隆。世璠将何继祖据石门坎，去安笼所三十里，地僻道险。十九年正月，承业奋勇入，连夺二隘口，复所城。继祖退据黄草坝，列象拒战，承业疾击之，自卯至未，毁其营二十有二。克曲靖，取霑益，下马龙、杨林，大小三十余战，无不披靡。既抵会城，壁城外归化寺。世璠将胡国柄、刘起龙出拒，承业引守备林廷燏鏖战，自卯至，突入贼阵，炮中额，坠马死。廷燏单骑驰救，贼矢雨集，亦殒于阵。事闻，诏赠承业右都督，廷燏赠都司佥事。

王忠孝，奉天人。以参将衔从军，屡有功，累擢署左翼总兵官。从将军赉塔下云南，为前锋。克西隆，攻广西县，忠孝与所部游击林桂选勇士数十人，越岭疾驰下，大破贼。攻石门坎，师盛旗帜，鸣鼓角，趋上游，忠孝与桂督兵涉水，出间道绕其后，破敌砦。攻黄草坝，与桂引敌入谷，伏起，夹击，斩世璠军裨将。既破隘，师进薄云南会城。国柄等出战，忠孝与承业、廷燏同时战死，赠都督同知。

廷燏，广东南海人。桂，广东番禺人。忠孝既战没，桂佐赉塔定云南，代为左翼总兵官。

论曰：吴三桂白首举事，号善用兵。屯松滋数年，不敢渡江攻荆州。晚欲通赣、粤道，宜理布、哈克三以死拒，然终不得达，安在其为善用兵也？阿尔护辈杀敌致果，授命疆场。承业战没云南城下，悍敌致死，诚有不易当者。故比而论之，亦以见戡定始末。他死事者，语别见《忠义传》，不能遍著也。

清史稿卷二六〇
列传第四七

姚启圣 子仪　　吴兴祚
施琅 朱天贵

姚启圣，字熙止，浙江会稽人。少任侠自喜，明季为诸生。顺治初，师定江南，游通州，为土豪所侮，乃诣军前乞自效。檄署通州知州，执土豪杖杀之，弃官归。郊行，遇二卒掠女子，故与好语，夺其刀杀之，还女子其家。去附族人，籍隶镶红旗汉军。举康熙二年八旗乡试第一，授广东香山知县。前政负课数万，系狱，启圣牒大府，悉为代偿。寻以擅开海禁，被劾夺官。

十三年，耿精忠反，兵入浙江境，陷温州傍近及台、处诸属县。圣祖命康亲王杰书统师进讨，启圣与子仪募健儿数百诣军，以策干王。檄署诸暨知县，剿平紫琅山土寇。十四年，以王荐，超擢温处道佥事。从都统拉哈达克松阳、宣平二县。十五年，偕副都统沃申、总兵陈世凯等剿贼石塘，焚其木城，斩获甚众，乘胜复云和。

先是，精忠以书招郑锦，锦至复拒之，将士多为内应，锦遂取泉、漳二府，据厦门。精忠与战，复屡败。启圣又使仪破精忠将曾养性于温州。十月，师入仙霞关，趋福建，精忠降。擢启圣福建布政使，率兵讨锦。吴三桂将韩大任骁勇善战，世称小淮阴者也，自赣入汀，谋与锦合。启圣说之降，简其部卒，得死士三千人，以为亲军。十六年，从康亲王复邵武、兴化，尽取漳、泉地。锦遁归厦门。总督郎廷佐奏启圣与子仪屡著战功，赡军购马，具甲胄弓矢，糜白金五万，皆出私财,诏嘉奖。

十七年,锦其将刘国轩、吴淑、何佑等复犯漳、泉,海澄公、黄芳世、都统穆赫林、提督段应举等与战,败绩。遂陷海澄、长泰、同安、惠安、平和诸县。诏擢启圣福建总督,条上机宜,“请调福宁镇兵助攻泉州,调衢州、赣州、潮州三镇兵助攻漳州,复设漳浦、同安二总兵,增督标兵五千。通省经制兵万八千,申明临阵赏罚,禁厮役占兵额。”下议政王大臣议,衢、赣、潮三路皆重地,未便征发,既增督标兵,毋庸复广通省兵额,余皆从其议。七月,偕海澄公黄芳度自永福进克平和、漳平。国轩等解泉州围,进逼漳州,壁于蜈蚣岭。启圣率壮士钟宝、张黑子等出战,将军赉塔、都统沃申等夹击,连破贼寨,斩其将郑英、刘正玺等十余人,国轩遁海澄,乘胜复长泰。叙功,进正一品。九月,复遣仪率兵攻同安,敌弃城遁,斩其将林钦等。寻偕副都统吉勒塔布、提督杨捷等进攻海澄,败国轩于江东桥,又败之于潮沟。

十八年,国轩与淑、佑等踞郭塘、欧溪头,欲断江东桥以犯长泰。启圣偕赉塔捷及巡抚吴兴祚等邀击,大败之,先后招降所置吏四百余、兵一万四千有奇。国轩等复率万余人谋夺榴山寨,启圣偕赉塔及副都统石调声击败之,至太平桥、潮沟斩千余级。十九年,会赉塔等攻海澄。时堤督万正色先克海坛,启圣及总兵赵得寿、黄大来等分兵七路并进,破十九寨,别遣将渡海,拔金门、厦门,降锦将朱天贵等,锦退保澎湖,尽复所陷郡县,进兵部尚书、太子太保。

二十年,左都御史徐元文劾“启圣疏请借司库银十二万,经营取息,侵占民利,题报军前捐银十五万,皆克军饷民膏而得。闽民极困,启圣不能存抚,拆毁民居,筑园亭水阁,日役千人,舞女歌儿充牣房闼,又强取长泰戴氏女为妾。海坛进师,力为阻挠,及克厦门,又言当直取台湾。始欲养寇,继欲穷兵。吴兴祚、万正色平海奏功,启圣惭妒,妄谓正色与锦将朱天贵有约,让海坛而去。险诈欺诬,乞敕部严议。上令启圣覆奏,启圣言:“臣于康熙十七年十月进兵至凤凰山,因一时投诚者多,犒赏不继,与抚臣吴兴祚议外省贸易,颇有微利，前督臣李率泰、经略洪承畴尝借帑为之，遂冒昧上疏，未蒙俞允。臣自入仕，京师未有产业，而军前捐银十五万有奇者，香山罢官后，贸易七年，得积微资，并臣浙江祖产变价，及亲朋借贷，经年累月而后有此。臣于十七年七月至省，见总督官廨为耿精忠屯兵毁伤倾圮，因捐赀修整，日役不过数十，栅外员役私舍，令其自行撤除。至臣妾皆有子女，年已老大，并无歌儿舞女，强取戴氏女，尤无其事。十八年十一月，臣密陈进剿机宜，请水陆五道进兵，并未阻挠。至得厦门即攻台湾，先于十八年九月预陈，亦非届时发议。抚臣、提臣拜疏出师，平贼首功已定，臣何所容其惭妒。朱天贵应抚投诚，天贵言之而臣始知之。臣任三闽三职，虽无妒功之心，实有溺职之咎。乞敕部严议，别简贤能。”疏入，报闻。二十一年，叙克海澄、金门、厦门功，授世职拜他喇布勒哈番兼拖沙喇哈番。

方郑锦屡入寇，徙滨海居民入内地，俾绝接济、避侵掠，下令越界者罪至死，民多荡析。及禁旅班师，驱系良民子女北行，启圣白王严禁。复捐赀赎归难民二万余人，并请开海界、复民业，听降卒垦荒，民困渐苏。及锦死，子克塽仍其爵，称延平王，凡事皆决之国轩等。启圣令知府卞永誉、张仲举专理海疆，多以金帛间其党。与克塽乃遣使赍书，愿称臣入贡，不薙发登岸，如琉球、高丽例。启圣以闻，上不许，趣水师提督施琅进征。

二十二年六月，琅进攻台湾，取澎湖。启圣驻厦门督馈运，以大舟载金、缯、货、米至军，大赉降卒，遣之归，台民果携贰。复设间使克塽与国轩互相猜，众莫为用。琅遂定台湾，克塽国轩等皆降。语具《琅传》。启圣还福州，未几，疽发背，卒。明年，部议以启圣修缮船舶、军械，浮冒帑金四万七千有奇，应追缴，上念其劳，免之。

子仪，膂力绝人，雄伟与父埒。初以捐纳知县从征，累战有功。康亲王檄署游击。议叙，内擢郎中。上以仪有才略，且自陈愿以武职自效，改都督佥事，以总兵用，历狼山、杭州、沅州、鹤庆诸镇总兵，镶红旗汉军副都统。卒，赐祭葬。

钟宝，少业屠，流为盗。启圣令香山，招之降。后启圣征福建，宝偕同降者二十人隶麾下,每战辄当前,所向有功。累进秩都督佥事。启圣卒,遂归。后数年,部议注官,授潼关参将,迁靖边协副将。卒。宝抚兵民有恩,称为钟佛子。

韩大任,降后入觐,圣祖以其为三桂将,留为内务府包衣参领。二十九年,从佟国纲征噶尔丹,次乌兰布通,伏发,国纲殁于阵。大任惊曰:"吾闻临阵失帅,兵家大罪。吾以叛逆之党,蒙恩不死。今岂可坐必死之律,复对狱吏乎?"因驰入贼阵,手刃数十人,死之。

吴兴祚,字伯成,汉军正红旗人,原籍浙江山阴。父执忠,客礼亲王代善幕,授头等护卫。兴祚自贡生授江西萍乡知县。金声桓叛,郡县多被寇,萍乡以有备独完。坐事罢。旋以守御功复官,授山西大宁知县,迁山东沂州知州。白莲教啸聚为患,兴祚开谕散遣之。复坐事降补江南无锡知县。县吏亏库帑,更数政未得偿,官罢不能去。兴祚至,为请豁除,其当偿者出私财代输。清丈通县田,编号绘图,因田征赋。飞诡隐匿,皆不得行,县徭役未均,最烦苦者为图六。兴祚以入官田征租雇役,民害乃除。岁饥,为粥食饿者。八旗兵驻防苏州,兴祚请于领兵固山,单骑弹压。兵或取民鸡,立笞之,皆奉约束。塘溢,兵不得度,立竹于塘旁,悬灯以为识,骑行如坦途。

康熙十三年,迁行人,仍留知县事,用漕运总督帅颜保荐,超擢福建按察使。有朱统锠者,号明裔,耿精忠私署敉远将军,及精忠降,自称宜春王,据贵溪为乱,与福建错壤。兴祚轻骑至光泽,抚其将陈龙等,遣降将阳自归为内应,令龙导师入,其将冯珩等缚统锠,率兵三千以降。

十七年,擢巡抚。时郑锦踞台湾,遣其骁将刘国轩等陷漳、泉属县,复围泉州。兴祚率标兵自兴化赴援,至仙游,锦将黄球等率二千人结土寇万余屯白鸽岭。兴祚分兵三道,自当中路,与战,自辰至酉,相持不即退兴祚遣兵自间道夺白鸽岭关口,斩级六百,堕岸溺水死者甚众,寇乃溃走,追败之于岭头湾,复永春、德化二县。国轩自泉州走入海,以巨舰数百出没赤屿、黄崎诸处。兴祚遣总兵林贤等统水师出海，分三路夹攻，焚敌舰六十余，俘斩六千有奇。疏报捷，并言："海逆逼犯漳、泉，大军由陆路进发，跋涉疲难。臣前捐募水兵，一战破贼，但兵力稍薄，未易轻取厦门。若得水师二万，再添造战船，可直捣巢穴，扫荡鲸波。"诏允行。

十八年，国轩率兵二千至郭塘、欧溪头，欲断江东桥以犯长泰，兴祚与都统吉勒塔布、总督姚启圣会师击走之。兴祚遣驿传道王国泰等招降锦将蔡冲瑶、林忠等三百八十五人，兵万二千五百，拔难民千二百，得舟六十七。叙前后功，进秩正一品。

十九年，疏言："郑锦盘踞厦门，沿海生灵受其荼毒。臣去冬新造战船，水师提督万正色分配将士，自闽安出大洋操练。俟旧存船艘修葺完整，江南炮手齐集，即相机进取厦门。"二月正色师进海坛，兴祚自泉州会宁海将军拉哈达、总兵王英等赴同安，攻克汭洲、浔尾诸隘。渡海，拉哈达出中路，英右，兴祚左，奋战，敌大溃，遂克厦门。时正色已取海坛，降锦将朱天贵等复遣兵取金门，余众悉窜台湾。捷闻，诏嘉奖，下部优叙。兴祚因请留澳民防守，蠲荒田租粮，减关课。正色亦请于海澄、厦门分兵驻守。上命侍郎温岱赴福建会议。温岱至，启圣与言正色复海坛，与天贵先有约乃进兵，无杀贼攻克事。温岱还京师，兵部据其言，议兴祚冒功，上命仍议叙，予世职拜他喇布勒哈番兼拖沙喇哈番。

二十年，擢两广总督。兴祚上官，疏言尚之信在广东横征苛敛，民受其害数十年。因举盐埠、渡税、税总店、渔课诸害，悉奏罢之。自迁界令下，广东沿海居民多失业，兴祚疏请展界，恣民捕采耕种。上遣尚书杜臻、内阁学士石柱会兴祚巡历规画，兵民皆得所。又言潮州海汛辽阔，商民往来贸易，恐宵小潜踪，应令澄海协达豪营水汛官兵船只改归南澳水师镇统辖，与碣石镇互相联络，巡防外海岛屿，诏并允行。二十四年，疏请于广东、广西二省设炉鼓铸，给事中钱晋锡、御史王君诏疏劾兴祚鼓铸浮冒，下吏议，当镌秩，命以副都统用。

三十一年，授归化城右翼汉军副都统，复坐事镌秩。三十六年，上征噶尔丹,命自呼坦和硕至宁夏安十三塘,兴祚愿效力坐沙克舒尔塘,未几,复原秩。三十六年,卒。

兴祚为政持大体,除烦苛,卒后远近戴之。历官之地,并吁祀名宦。

施琅,字琢公,福建晋江人。初为明总兵郑芝龙部下左冲锋。顺治三年,师定福建,琅从芝龙降。从征广东,戡定顺德、东莞、三水、新宁诸县。芝龙归京师,其子成功窜踞海岛,招琅,不从。成功执琅,并絷其家属。琅以计得脱,父大宣、弟显及子侄皆为成功所杀。十三年,从定远大将军贝子济度击败成功于福州,授同安副将。十六年,成功据台湾,就擢琅同安总兵。

康熙元年,迁水师提督。时成功已死,其子锦率众欲犯海澄,琅遣守备汪明等率舟师御之海门,斩其将林维,获战船、军械。未几,靖南王耿继茂、总督李率泰等攻克厦门,敌惊溃,琅募荷兰国水兵,以夹板船要击,斩级千余,乘胜取浯屿、金门二岛。叙功,加右都督。三年,加靖海将军。

七年,琅密陈锦负隅海上,宜急攻之。召诣京师,上询方略,琅言:“贼兵不满数万,战船不过数百,锦智勇俱无。若先取澎湖以扼其吭,贼势立绌,倘复负固,则重师泊台湾港口,而别以奇兵分袭南路打狗港及北路文港海翁堀。贼分则力薄,合则势蹙,台湾计日可平。”事下部议,寝其奏。因裁水师提督,授琅内大臣,隶镶黄旗汉军。

二十年,锦死,子克塽幼,诸将郑国轩、冯锡范用事。内阁学士李光地奏台湾可取状,因荐琅习海上事,上复授琅福建水师提督,加太子少保,谕相机进取,琅至军,疏言:“贼船久泊澎湖,悉力固守。冬春之际,飓风时发,我舟骤难过洋。臣令练习水师,又遣间谍通臣旧时部曲,使为内应。俟风便,可获全胜。”二十一年,给事中孙蕙疏言宜缓征台湾。七月,彗星见,户部尚书梁清标复以为言,诏暂缓进剿。琅疏言:“臣已简水师精兵二万、战船三百,足破灭海贼。请趣督抚治粮饷，但遇风利，即可进行，并请调陆路官兵协剿。"诏从之。

二十二年六月，琅自桐山攻克花屿、猫屿、草屿，乘南风进泊八罩。国轩踞澎湖，缘岸筑短墙，置腰铳，环二十余里为壁垒。琅遣游击蓝理以鸟船进攻，敌舟乘潮四合。琅乘楼船突入贼阵，流矢伤目，血溢于帕，督战不少却，总兵吴英继之，斩级三千，克虎井、桶盘二屿。旋以百船分列东西，遣总兵陈蟒、魏明、董义、康玉率兵东指鸡笼峪、四角山，西指牛心湾，分贼势。琅自督五十六船分八隧，以八十船继后，扬帆直进。敌悉众拒战，总兵林贤、朱天贵先入阵，天贵战死，将士奋勇衷击，自辰至申，焚敌舰百余，溺死无算，遂取澎湖，国轩遁归台湾。克塽大惊，遣使诣军前乞降，琅疏陈，上许之。八月，琅统兵入鹿耳门，至台湾。克塽率属薙发，迎于水次，缴延平王金印。台湾平，自海道报捷。疏至，正中秋，上赋诗旌琅功，复授靖海将军，封靖海候，世袭罔替，赐御用袍及诸服物。琅疏辞候封，乞得如内大臣例赐花翎，部议谓非例，上命毋辞，并如其请赐花翎。

遣侍郎苏拜至福建与督抚及琅议善后事。有言宜迁其人、弃其地者，琅疏言："明季设澎水标于金门，出汛至澎湖而止。台湾原属化外，土番杂处，未入版图。然其时中国之民潜往生聚，已不下万人。郑芝龙为海寇，据为巢穴。及崇祯元年，芝龙就抚，借与红毛为互市之所。红毛联结土番招纳内地民，渐作边患。至顺治十八年，郑成功盘踞其地，纠集亡命，荼毒海疆。传及其孙克塽，积数十年。一旦纳土归命，善后之计，尤宜周详。若弃其地、迁其人，以有限之船，渡无限之民，非阅数年，难以报竣。倘渡载不尽，窜匿山谷，所谓藉寇兵而赍盗粮也。且此地原为红毛所有，乘隙复踞，必窃窥内地，鼓惑人心。重以夹板船之精坚，海外无敌，沿海诸省，断难安然无虑。至时复勤师远征，恐未易见效。如仅守澎湖，则孤悬汪洋之中，土地单薄，远隔金门、厦门，岂不受制于彼，而能一朝居哉？臣思海氛既靖，汰内地溢设之官兵，分防两处，台湾设总兵一、水师副将一、陆营参将二、兵八千，澎湖设水师副将一、兵二千。初无添兵增饷之费,已足固守。其总兵、副将、参、游等官,定以二三年转升内地。其地正赋杂粮,暂行蠲豁。驻兵现给全饷,三年后开征济用,即不尽资内地转输。盖筹天下形势,必期万全,台湾虽在外岛,关四省要害,断不可弃。并绘图以进。"疏入,下议政王大臣等议,仍未决。上召询廷臣,大学士李霨奏应如琅请。寻苏拜等疏亦用琅议,并设县三、府一、巡道一,上命允行。

琅又疏请克塽纳土归诚,应携族属与刘国轩冯锡范及明裔朱怛等俱诣京师,诏授克塽公衔,国轩、锡范伯衔,俱隶上三旗,余职官及恒等于近省安插垦荒。复疏请申严海禁,稽核贸易商船,命如所议。

二十七年,入觐,温旨慰劳,赏赉优渥。上谕琅曰:"尔前为内大臣十有三年,当时尚有轻尔者,惟深知尔,待尔甚厚。后三逆平定,惟海寇潜据台湾为福建害,欲除此寇,非尔不可。朕特加擢用,尔能不负任使,举六十年难靖之寇,殄灭无余。或有言尔恃功骄傲,朕令尔来京。又有言当留勿遣者,朕思寇乱之际,尚用尔勿疑,况天下已平,反疑而勿遣耶?今命尔复任,宜益加敬慎,以保功名。"琅奏谢,言:"臣年力已衰,惧勿胜封疆之重。"上曰:"将尚智不尚力。朕用尔亦智耳,岂在手足之力哉?"命还任。三十五年,卒于官,年七十六,赠太子少傅,赐祭葬,谥襄壮。

琅治军严整,通阵法,尤善水战,谙海中风候。将出师,值光地请急归,问琅曰:"众皆言南风不利,令乃刻六月出师,何也?"琅曰:"北风日夜猛。今攻澎湖,未能一战克。风起舟散,将何以战?夏至前后二十余日,风微,夜尤静,可聚泊大洋。观衅而动,不过七日,举之必矣。即偶有飓风,此则天意,非人虑所及。郑氏将刘国轩最骁,以他将守澎湖,虽败,彼必再战。今以国轩守,败则胆落,台湾可不战而下。"及战,云起东南,国轩望见,谓飓作,喜甚。俄,雷声殷殷,国轩推案起曰:"天命矣!今且败。"人谓琅必报父仇,将致毒于郑氏。琅曰:"绝岛新附,一有诛戮,恐人情反侧。吾所以衔恤茹痛者,为国事重,不敢顾私也。"子世纶、世骠自有传,世范袭爵。

　　朱天贵，福建莆田人，初为郑锦将。康熙十九年，师下海坛，以所部二万人，舟三百来降，授平阳总兵。琅攻澎湖，天贵以师会。国轩拒战，天贵以十二舟薄敌垒，焚其舟，杀伤甚众，战益力，俄，中飞炮仆舟中，犹大呼杀贼，遂卒，赠太子少保，谥忠壮。

　　论曰：台湾平，琅专其功。然启圣、兴祚经营规画，截定诸郡县。及金、厦既下，郑氏仅有台澎，遂聚而歼。先事之劳，何可泯也？及琅出师，启圣、兴祚欲与同进，琅遽疏言未奉督抚同进之命。上命启圣同琅进取，止兴祚行。既克，启圣告捷疏后琅至，赏不及，郁郁发病卒。功名之际，有难言之矣。大敌在前，将帅内相竞，审择坚任，一战而克。非圣祖善驭群材，曷能有此哉？

清史稿卷二六一
列传第四八

杨捷 石调声　　万正色　吴英
蓝理　黄梧 子芳度　从子芳世　芳泰
穆赫林 段应举

　　杨捷,字元凯,义州人,先世居宝应,明初以军功授后屯卫指挥使,世袭,遂家焉。捷初为明裨将,顺治元年来降,授山西抚标中军游击。岚州土寇高九英等聚众剽掠,巡抚马国柱檄捷捕治,斩九英,毁其巢。国柱迁总督,以捷为督标中军参将,旋擢副将。

　　四年,师定广东,命捷率宣化、大同兵三千往镇抚。五年,行次池州,金声桓李成栋叛。大将军谭泰请以捷驻防九江会剿,即授九江总兵,率兵复都昌,获声桓所置吏余应桂等,斩之。江西平,叙功,予世职拖沙喇哈番。十年,从靖南将军喀喀木讨广东叛镇郝尚久复潮州,调陕西兴安,经略大学士洪承畴请留原镇,加右都督。调福建随征右路总兵,十二年,叙复潮州功,进左都督。郑成功侵掠福建,与战云霄、铜山诸处,屡捷。十六年,擢江南提督。会成功陷镇江,窥江宁,加太子少保,充江南随征左路总兵,驻扬州,防江北要汛。十八年,命署庐凤提督,寻调山东。土寇于七败窜入海,捷捕治其党五十余人,诛之。

　　康熙十二年,调江南。十七年,郑锦攻漳州,陷海澄。调捷福建,辖水陆各军,进少保兼太子太保。疏言:“臣前剿贼云宵、铜山间,深知闽兵不力战。自任江南提督,召募材健,训练有年。拟选三千人随征福建。"诏允之。捷至福州,闻锦犯泉州,即督兵趋惠安。锦将刘国轩断洛阳桥,以三千人据陈山坝阻我师,捷遣游击李琏等袭破之。总兵黄大来与副都统禅布等会师洛阳桥南夹击,国轩遁,泉州平。锦将王一鹏复窥惠安,捷令总兵张韬御之,捕斩略尽。其别将叶明、纪朝佐等出没德化、永春间,萧武等以舟师泊湄州,窥兴化。捷遣将防守策应,移师至漳州。偕副都统吉尔塔布等败国轩于江东桥,又分兵屯守柯坑山、凤山万松关诸要隘,遣别将扼守榴山寨。

捷初上官,疏请别设水师提督,得以专御陆路。上授捷昭武将军,领福建陆路提督事。十八年,国轩率众劫榴山寨,欲夺江东桥。捷会平南将军赉塔等分两翼夹击,大败之于下坑山及欧溪头,斩级千余,获甲仗无算。国轩屯狮子山,联络远近各寨为声援。"十九年,捷亲率健卒剿平乌屿诸寨,与总督姚启圣、总兵姚大来等分下玉洲、三义、石码,连破十九寨,进取海澄。锦将苏侃以城降,遂乘胜与浙江提督石调声复厦门,国轩自铜山窜归台湾。

是年,以老病乞罢,命还任江南提督,叙复海澄功,进世职三等阿达哈哈番。三十九年,卒,年七十四,赠少傅兼太子太傅,谥敏壮。孙铸,袭职,请改籍扬州卫。

石调声,汉军镶黄旗人。以佐领从征广东,叙功,予世职拖沙喇哈番。迁参领,驻防福建。擢杭州副都统。耿精忠犯浙江,调声迎击,屡却贼。擢浙江提督。康熙十七年,郑锦遣国辅等犯海澄,诏趣调声赴援,未至而海澄陷,康亲王橄守惠安,贼陷同安,遂围泉州,惠安亦陷。调声退军兴化,与参赞大臣禅布攻复惠安,逐北至洛阳桥。泉州围解,复偕副都统沃申破贼江东桥。顷之,国轩等复夺桥,断饷道,将军赉塔橄调声迎击,败之。十九年,复厦门、金门,国轩遁。调声还浙江任。初贼陷江山、惠安,战士暴骨多未瘞,议者以咎调声。二十一年,追论夺官及世职。寻卒。

万正色,字惟高,福建晋江人。少入伍。以招降海寇陈灿等,叙功,授陕西兴安游击。康熙十二年,吴三桂反,正色从西安将军瓦尔喀征四川,叛将谭宏等据阳平关拒战,败之于野狐岭,乘胜复广元、昭化。累擢岳州水师总兵。时三桂据岳州,扼守洞庭湖套,植木为椿阻我师。十七年,正色上官,率舟师夜入乱苇中,拔椿尽,击贼,屡败之。三桂将江义、巴养元、杜辉等率舟二百攻柳林嘴,正色与游击唐善等击之,毁其舟。是岁三桂死于衡州,其子应麒与辉、义等守岳州。正色遣千总魏士曾赍书十四分致应麒部将,士曾为所杀。应麒亦杀部将之受书者,遂内讧。其将陈华、李超、王度冲出降,应麒弃城遁,遂复岳州。正色为士曾请恤,赠守备。十八年,追叙克阳平关,功加左都督。

大将军康亲王杰书征福建,耿精忠降,而郑锦犹踞金门、厦门,陷海澄。正色自以闽人学习海上事状,因陈水陆战守机宜,言:“福建负山枕海,贼踪出没靡常。宜择官兵习于陆者分布要害,使贼不得登岸,水军自万安镇顺流直下金门,塞海澄以断其归路。贼自厦门来援,则从金门掩击。更请蠲除沿海边地杂派,设法招抚,善为安置,则贼党自散。”疏入,诏加太子少保,调福建水师总兵,擢提督。时议檄调荷兰国船进取厦门,正色疏言:“荷兰船迟速莫必,延至三四月,风信转南,即难前进。今新旧鸟船俱集,臣与抚臣吴兴祚决计进讨,臣率水师直攻海坛,兴祚率陆兵为声援。”

十九年,正色征海坛,分前锋为六队,亲统巨舰继之,又以轻舟绕出左右,并力夹攻,发炮击沉敌舰,溺死三千余人,遂取海坛。其将朱天贵遁,正色追蹑至平海澳,天贵走崇武,正色掩击,大败之。与将军拉哈达、总督姚启圣、巡抚吴兴祚、提督杨捷会师取厦门,天贵降。

锦窜归台湾。疏请分兵镇守滨海要地,上遣兵部侍郎温岱莅视。寻议铜山、厦门诸处量设总兵以下官,留水师二万人分镇之。初,海坛既克,下兵部叙功。启圣语温岱:“正色先与天贵约乃进兵,未尝与贼战。”兵部疏闻,上命仍议叙,予世职沙喇布勒哈番,上谕正色规取台湾,正色请缓师。二十年,改陆路提督。

二十五年，调云南。未几，与鹤庆总兵王珍互讦，命与珍诣京师质问。总督范承勋劾正色纳贿侵蚀，上遣侍郎多奇、傅拉塔按治，下刑部论死，上以正色功多，特宥之，夺官，仍留世职。三十年，卒。

吴英，字为高，福建莆田人。幼为海贼掠置岛中，更姓王。康熙二年，赴泉州降，授守备札。从提督王进功攻郑锦，拔铜山城，加都司金书衔。寻授浙江提标都司。

十三年，耿精忠反，其将曾养性侵浙，总兵祖宏勋以温州叛应之，分犯宁波、绍兴。英从提督塞白理击败之，降其将李荣春等，迁左营游击。十四年，养性、宏勋率众十余万犯台州。英言于塞白理，阳修毛坪山径，潜引兵间道自仙居袭贼后，贼踞黄岩半山岭拒战。英偕游击曾承等冒矢石前进，斩其将刘邦仁等，遂复黄岩，迁中军参将。

十五年，贝子傅拉塔规复温州，养性、宏勋率三万人乘夜劫营。英分兵五百伏贼后，自率精锐据大羊山，阻其要道，遇贼，殊死战，身中数枪。师继进，伏尽起，贼大溃，斩获无算。寻从提督石调声援象山，贼屯石门、西溪二岭。英偕游击侯奇等分兵三道抵慈溪，击沉贼船，歼其众，遂复象山。九月，康亲王杰书进征福建，精忠降，养性、宏勋引退。其将冯公辅犹踞松阳，英入山，招之降。其党林惟仁等屯处州。英剿抚兼用，斩贼五百余，降惟仁及兵千余。

十七年，锦犯泉州，康亲王檄调声赴援，英率师从。锦将刘国轩据洛阳桥，英自上游陈山坝渡江，以奇兵出贼后，造浮桥济师，前后夹攻，斩级六百有奇。迁福建督标中军副将。率师援漳州，连克十九寨，转战至江口，发炮击沉敌船，遂复海澄。十八年，国轩复拥众数万屯郭塘、欧溪头，谋夺江东桥，英击走之，擢同安总兵。

十九年，偕宁海将军拉哈达、巡抚吴兴祚自同安港口分兵，进克厦门，锦遁归台湾。是年英奏请复姓。二十二年，移兴化，会施琅进攻澎湖。英偕总兵朱天贵、林贤等自八罩屿乘风进击，游击蓝理陷围，英冲入敌阵，拔之出。翌日，进取虎井屿，英右耳中枪，益力战,跃入敌舰,手刃其将郑仁,余悉骇窜。国轩与郑克塽乞降,事具《琅传》。

二十四年,入觐,奏言:“台湾地势绝险,土番只求衣食,素无他愿。自来小寇窃发,皆由内地奸民作祟,陆师搜捕易尽。前议设水师赶缯双蓬船百,请减十之八,留二十船分拨台湾、澎湖二处,传递文书。台湾、澎湖经制官兵一万员名,前议以鹿皮、白糖通洋助饷,不能如期给发。臣见台湾民田之外,别有水田,俱属郑氏亲党及其部将,耕牛甚多。请分四千屯田,每兵给田三十亩、牛一,课耕种。农隙操练,则兵有恒产,饷可省半。疏入,命议行。寻移镇浙江舟山。擢四川提督。

英先以军功加左都督,授世职拖沙喇哈番。叙平台、澎功,进世职三等阿达哈哈番。三十六年,调福建陆路提督,改水师。上南巡,英朝行在,赐御书榜额。召见,问:“福建今有无海寇?”英对曰:“海寇断不至蔓延,若蔓延,任臣等何用?惟海中与城郭不同,一水汪洋,乘一小舟,随处可藏匿。商贾失利,不得已走而为盗,往往有之,不可遽谓之海寇也。”上降诏奖英笃实而明达,寻授威略将军,仍领水师提督事,复御制诗赐之,勖以黾勉防微。五十一年,卒,年七十六,赠太子少保。

蓝理,字义山,福建漳浦人。少桀骜,膂力绝人。集族人勇健者击杀海寇卢质,诣吏,欲因以为功,吏疑亦盗也,系之狱。康熙十三年,耿精忠反,悉纵系者,令赴番下授职。理间道走仙霞关诣康亲王军降,为乡导,破叛将曾养性于温州。十五年,从师入闽,授建宁游击。十七年,从都统赉塔败海寇于蜈蚣山,复长泰。十八年,迁灌口营参将。十九年,总督姚启圣驻师漳浦,令理分兵守高浦,辞不赴,劾理虚兵冒饷,坐夺官。下部议罪,拟杖徒,理请剿海寇自赎,上允之,发军前效力。

二十一年,提督施琅征台湾,知理英勇,奏署右营游击领舟师,部议格之,特旨允行。琅令理当前锋,诸弟瑶、瑷、珠皆从。郑克塽遣其将刘国轩守澎湖,令曾遂等率众数万迎敌,战舰蔽海。理督兵与,自辰至午,战益力。遂发炮,弹掠理而过,理仆,遂遥呼曰:"蓝理死矣!"瑶扶理起立,理亦呼曰:"蓝理在,曾遂死矣!"呼刀。族子法以授理,见理腹破肠流出,为掬而纳诸腹,瑗傅以衣,珠持匹练缚其创。理呼杀贼,麾兵进,击沉敌舰二,敌大溃。琅过理舟慰劳之,令治创复战。琅舟胶浅沙,敌舰环围之,理闻,赴援。理舟书姓名蓬上,敌悍理战,为稍却,追击,大败之。得敌舰,请琅易舟,出,逐敌至西屿,杀伤殆尽,遂克澎湖。台湾平,叙功,仍授参将,加左都督。

未几,丁父忧。二十六年,服阕,诣京师,迎驾赵北口,召至御前,问澎湖战状,命解衣视其创,慰劳甚至,超授陕西神木营副将。寻擢宣化镇总兵,挂镇朔将军印。二十九年,移定海。四十二年,复移天津。赐花翎、蟒服,并御书榜曰"所向无敌"赉焉。四十三年,以旧伤疾作,乞解任,温旨慰留,遣御医诊视,理以畿辅地多荒洼,请于天津开垦水田百五十顷,岁收稻谷,民号曰"蓝田"。

四十五年,擢福建陆路提督。四十六年,上南巡,理迎驾扬州,赏赉有加,复御书榜曰"勇壮简易"。四十七年,丁母忧,命在任守制。五十年,巨盗陈五显等纠二千人扰泉州永春、德化诸县。事闻逾数月,理始疏陈,并言村落安集如故,上斥其诳,命夺职,总督梁鼐、巡抚满保先后劾理贪婪酷虐诸状,遣侍郎和托、廖腾煃会督抚按治得实,论斩,诏从宽免死,入京旗。五十四年,师北征,剿策妄阿喇布坦,理请赴军前效力,赐总兵衔,从都统穆尔赛协理北路军务。以病回京,寻卒。诏免所追银两,遣其妻子回籍归葬。

理虓勇善战。性率直。官福建提督,政行于乡里。捕治盗贼,遂及诸豪家。修桥梁,平道路,率富民钱,益积怨。泉州民绘虎为榜,列理诸累民状,以是得罪。上念其旧功,终矜全之。弟瑶,未仕,瑗,官至金门总兵;珠,累官参将。

黄梧,字君宣,福建平和人。初为郑成功总兵,守海澄。顺治十三年,梧斩成功将华栋等,以海澄降。大将军郑亲王世子济度以闻,封海澄公。十四年,总督李率泰疏请益梧兵合四千人,驻漳州。梧与李率泰及提督马得功、都统郎赛水陆分道进,破七城,克闽安镇。叙功,赐甲胄、貂裘,加太子太保。梧牒李率泰,荐委署都督施琅智勇忠诚,熟谙沿海事状,假以事权,必能剪除海孽,又言成功全藉内地接济,木植、丝绵、油麻、钉铁、柴米、土宄阴为转输,赍粮养寇,请严禁,并条列灭贼五策,复请速诛成功父芝龙。率泰先后上闻,琅得擢用,芝龙亦诛。寻命严海禁,绝接济,移兵分驻海滨,阻成功兵登岸,增战舰,习水战,皆用梧议也。

及成功病卒,其将万义、万禄、杨学皋、陈蟒、陈立勋、黄昌、黄义、余期英等诣梧降。康熙二年,师攻厦门,靖南王耿继茂出浔尾,梧偕李率泰出嵩屿,督水陆将卒夹击,斩获无算,遂克厦门、金门、浯屿三岛。郑锦遁据铜山。继茂令梧统兵驻云霄防剿。三年,梧招锦将周全斌、陈升、黄廷、何政、许贞、李思忠等来降。遂偕继茂、李率泰及提督王进功乘夜渡海,拔铜山。锦走还台湾。

梧疏言:“自海上归诚,十二年中,先后招抚文武吏二百余、兵数万人,有蒙赐封候伯且世袭者。臣公爵未定何等及承袭次数,乞敕部核议。”寻命定封一等公,世袭十二次。七年,兵部议裁汰诸行省兵额,梧标下额定官三十员、兵一千二百人,余移驻河南。十三年,耿精忠反,传檄至漳州。梧方病疽,闻变惊恚,遂卒。

子芳度,字寿岩。梧既卒,阳以梧命答精忠,而阴募兵自守,凡二月余,得壮士六千人,遂斩精忠所置都督刘豹等,誓师登陴,以蜡丸函疏,遣黄蓝间道驰奏。上嘉梧忠荩,降诏优恤,以芳度袭爵,并谕师自浙江、江西、广东三路入福建。芳度诇何路兵先到,迎会合剿。寻疏言:“漳州介耿、郑二逆间,自八月以来,坚与耿拒,伪与郑和。因得阴行招募,练成劲旅万人,分布漳城及龙溪等五县。无何,耿逆来犯,臣率众迎击,擒斩无算。二逆构怨已深,势必俱败。诚得粤省大兵乘胜进攻,臣当率师迎会,迅奏扫除之功。”十四年,复言:“臣拒耿引郑,固守一载有余。近二逆通好,臣谋已泄。郑逆遂撤回各镇,蜂聚海澄备粮缮器。臣知其狡谋,遣总兵杨壮猷等扼守平和,并令臣从兄芳泰突围赴广东,接引大兵。郑逆率众围城,昼夜攻击。臣连次出兵,斩其将黄鼎新、卢英等。但弧城缺饷,百计难支。计粤路援师,且夕可至。乞密敕浙江江西两路兵迅速进发,俾二逆不能相顾,臣可会合奏功。

漳州自五月被围至七月,敌来益众,竖云梯攻城,炮毁城堞三十余丈。芳度率将士拒战,歼贼无算。敌环攻不退,芳度连疏告急。诏趣统兵诸将迅速赴援,并拨饷接济。十月,城中粮尽,叛将吴淑引贼陷城。芳度率兵巷战,力竭,赴开元寺井死,年二十有五。贼戕其尸,母赵、妻李自经。从父枢、从兄芳名、弟芳声、芳祜并死。期功男女从死者三十余人,贼又断梧棺,毁其尸。副将蔡隆,游击朱武,外委张琼、戴邻、陈谦俱骂贼死。事闻,优诏褒恤,赠芳度王爵,谥忠勇,如多罗郡王例,遣大臣致祭。隆、武、琼、邻、谦俱赠官有差。

梧兄子芳世,字周士。先于康熙元年赍梧疏入觐,留京师,授一等侍卫。及芳度遣蓝赍疏告急,芳世自陈乞从大军自广东进援,上许之,以为福建随征总兵官,降敕褒勉。世芳至广东,会弟芳泰自漳州突围出,芳世督兵赴援,距漳州仅二日,闻城陷,退屯惠州。芳度殉难,诏以芳世袭爵。十五年,叛将马雄等诱芳世兄弟附三桂,不从,乘间脱走,至江西、信丰,遣蓝赍疏陈陷贼始末。上嘉之,加太子太保,命仍镇守漳州。蓝自参将擢海澄总兵,令驰赴康亲王军,俟漳、泉恢复,收集海澄公部下散失官兵,镇守汛地。

十六年,芳世疏言:“臣叔梧遗骸遭贼残毁,请与芳度一体议恤。臣叔枢骂贼而死,臣弟芳名、芳声奋力守城,同日遇害,并乞赐恤。”诏赠梧太保,谥忠恪,枢赠按察使佥事,芳名、芳声赠太常寺卿,各予荫,赐芳世蟒袍、弓矢、鞍马,褒嘉甚至。十七年,锦将刘国轩、吴淑犯海澄,芳世与总督郎廷相、副都统孟安等迭败之观音山、柜山头、石玛村等处。国轩退犯漳州,芳世率兵堵剿,歼贼甚众。山寇蔡寅诈称朱三太子,纠众数万,与锦通,犯漳州。芳世击败之于天宝山,斩其渠杨宁等。芳世疏言:“漳州乱后,臣叔梧、弟芳度旧部离散,臣渐次收集,得四千八百人,选补本标五营六百人,余无额可补,乞汰留三千人,别立三营,视经制给饷。"部议从之。未几,病卒,遗疏言:"闽省久困兵祸,漳州尤甚。愿大师底定后,严饬有司轻徭薄赋,苏此残黎。"并区画海疆数事,复以子溥年才九岁,请以弟芳泰袭爵,诏赠少保,谥忠襄。

芳泰,字和士。少为诸生。佐芳度守漳州,突围出乞援。城陷后,父母妻子皆遇害。至广东,值尚之信叛,芳泰与芳世从巡抚杨熙力战得出。寻授江南京口总兵。芳世卒,袭爵。屡出剿贼,复平和、漳平诸县。总督姚启圣疏言芳泰年少,不能辖标兵,下部议,令芳泰诣京师。芳泰疏请暂驻汀州,为兄芳度营葬。启圣复言海澄公标下旧兵,闻芳泰在汀州,皆走依之,伪将吴淑兄弟以曾害芳度,不敢来降,请敕芳泰速离福建。十八年,芳泰至京师,上言:"臣久经行阵,不为幼弱。离漳已十月,不闻吴淑投诚。督臣无计办贼,以臣藉口。臣当壮年,乞仍驻闽疆督剿,以报主恩。"上慰谕之。二十二年,许其回籍营葬。二十九年,卒,以子应缵为芳度后,袭爵。四十九年,应缵为芳泰请恤,赠太子少保。乾隆初,追谥襄悫。三十二年,高宗特诏以公爵世袭罔替。

应缵卒,谥温简。无子,以从子仕简为后,袭爵。乾隆初,朝京师。高宗以其幼,令还里待命。十九年,授衢州总兵。二十四年,迁湖广提督,历广东、福建陆路水师。疏发厦门商船陋规,上嘉之,谕:"汝知恩,朕亦知人。"漳、泉民流入台湾,屡出劫掠,仕简亲渡海督兵捕治。再入觐,赐黄马褂、双眼花翎、黑狐端罩。病后偶蹶,赐人参、高丽清心丸。淡水生番戕同知杨凯,复渡海督兵捕治,加太子太保。林爽文乱起,督兵讨之,师久无功。总督常青、李侍尧先后劾仕简贻误,夺官,逮下刑部论斩,特宥之。寻赦归,卒。

仕简子秉淳前卒,以其孙嘉谟袭爵。秉淳初授蓝翎侍卫,累迁至狼山总兵。嘉谟初授头等侍卫,累迁至温州总兵。

穆赫林,博尔济吉特氏,满洲正蓝旗人。祖琐诺木,为兀鲁特贝勒。太祖时,从明安来归。积战阀,授二等总兵官。卒,顺治间,追谥顺良。再传,子僧格袭世职,遇恩诏,累进三等伯。卒,穆赫林袭职。康熙五年,授正蓝旗满洲副都统,列议政大臣。

吴三桂反,十三年,偕都统拉哈达率兵驻防兖州,旋命移驻江宁。时耿精忠叛应三桂,大将军康亲王杰书、将军贝子傅喇塔讨之。穆赫林率所部喀喇沁、土默特兵赴浙江,与傅喇塔师会。十四年,从攻台州,精忠将林冲纠众万余,列十三寨拒战。穆赫林督兵攻拔其寨,斩获无算,复仙居。

师自黄岩进,精忠将曾养性偕叛将祖宏勋据温州,分水岭迎战。穆赫林击败之上塘岭,得战舰三十余。精忠将彭国明率众五千濒瓯江列寨,穆赫林率兵至宝带桥奋击,斩级千余。尽获其枪械、旗职,遂薄江而陈,贼来犯,辄战却之。温州绕城为濠属瓯江。为闸以蓄水,师争闸,贼护甚力,久未能薄城。时康亲王杰书驻金华,檄傅喇塔与穆赫林速攻城。穆赫林言必得大炮乃可克。十五年,上责王贝子等迁延,师无功。王因劾穆赫林与副都统吉勒塔布、提督段应举等违令瞻顾状,命事平议罪。八月,康亲王自衢州攻克仙霞关。精忠降,徙养性、宏勋等至福州。檄穆赫林移师福建,驻守延平。

郑锦使其将吴淑、吴潜自邵武来攻,穆赫林击之浦塘隘口,阵斩其将杨大任等,乘胜复邵武、汀州二府及所属县。锦屡犯泉州,复侵潮州,穆赫林与副都统沃申、总兵马三奇等分兵赴之,屡捷。十七年,锦犯海澄,穆赫林与海澄公黄芳世率兵迎击于湾腰树,战失利,退保海澄。锦复纠众环逼,据高阜瞰城中,炮石交下,穆赫林与应举协力固守,粮尽,身负重创,未几城陷,乃与应举自经死。事平,吏议穆赫林征温州师无功,守海澄闻援且至,不能突围出,当夺官及世职,籍其家。上以穆赫林有战功,赉籍没,命其从子赫达色袭爵。世宗时,诏与应举并入祀昭忠祠。

段应举,汉军镶蓝旗人。父思信,明广宁千总。太祖取广宁,来降,予世职备御。卒,应举袭。从端重亲王博洛讨叛将姜瓖,攻汾州及太谷,克之。复从贝勒屯齐征湖南,屡有功。累擢镶蓝旗汉军梅勒额真,进世职二等阿达哈哈番。偕镇国将军王国光赴广东,驻防潮州。康熙三年,剿叛将苏利于南唐铺,贼败遁,复碣石卫。叙功,进世职一等。寻署山东提督。十三年,率兵赴杭州剿御耿精忠,授福建提督。击贼仙居、黄岩、太平、乐清,进围温州,皆捷。十五年,从康亲王征福建,精忠降。时郑锦据漳、泉、兴化,与将军拉哈达合兵进剿,复兴化、泉州二城。复分兵定漳州及海澄等县,应举进驻海澄。十七年,刘国轩、吴淑等陷平和,穆赫林战失利。诏责应举不能平贼,调江宁提督杨捷代之,应举仍以副都统从征。寻城陷,死之。

论曰:郑氏为海疆患三十余年,捷、正色捍卫艰难,内定泉、漳,外收金、厦。英、理遂佐施琅越海恢疆,而理尤忠奋,称虎将。方郑氏乱时,有自海上降者,辄优以封爵,林兴珠为建义候,郑鸿逵为奉化伯,周全斌为承恩伯,郑缵绪为慕恩伯,梧最先降,授成功旧封。子芳世殉漳州,以忠延世。穆赫林等死海澄,孤城抗节,亦自有足称者。悍寇死战,御之艰,克之尤伟矣!

清史稿卷二六二
列传第四九

魏裔介　熊赐履　李光地

　　魏裔介，字石生，直隶柏乡人。顺治三年进士，选庶吉士。四年，授工科给事中。五年，疏请举经筵及时讲学，以隆治本。又言："燕赵之民，椎牛裹粮，首先归命。此汉高之关中，光武之河内也。今天下初定，屡奉诏蠲赋，而畿辅未沾实惠，且切责奉行之吏，彰信于民。"俱报闻。

　　辅吏科，以母尤归。服阕，九年，起故官。应诏疏言："上下之情未通，满、汉之气中阏。大臣阘茸以保富贵，小臣钳结以习功名。纪纲日弛，法度日壤。请时御正殿，召封群臣，虚心谘访。令部院科道等官面奏政事，仍令史官记注，以求救时之实。"时世祖亲政，裔介疏言："督抚重臣宜慎选择，不宜专用辽左旧人。"又言："摄政王时，隐匿逃人，立法太严，天下嚣然，丧其乐生之心。后以言官陈说，始宽其禁。责成州县，法至善也。若舍此之外别有峻法，窃恐下拂人心，上干天和，非寻常政治小小得失而已。"上韪之。

　　河南巡抚吴景道援恩诏荐举明兵部尚书张缙彦。裔介疏言："缙彦仕明，身任中枢，养寇误国，有卢杞、贾似道之奸，而庸劣过之。宜予摈弃，以协公论。"疏下部议，以事在赦前，予外用。又疏言："州县遇灾荒，既经报部，其例得蠲缓钱粮，即予停征，以杜吏胥欺隐。并就州县积谷及存贮库银，先行振贷。"下所司议行。时直隶、河南、山东诸省灾，别疏请振。上命发帑金二十四万，分遣大臣振之,全活甚众。

十一年,迁兵科都给事中。东南兵事未定,疏言:"今日刘文秀复起于川南,孙可望窃据于贵筑,李定国伺隙于西粤,张名振流氛于海岛,运年征讨,尚稽天诛。为目前进取取,蜀为滇、黔门户,蜀既守而滇、黔之势蹙,故蜀不可不先取。此西南之情形也。粤西稍弱,昨岁桂林之役未大创,必围再犯,以牵制我湖南之师。宜令藩镇更番迭出,相机战守。此三方者,攻瑕宜先粤西。粤西溃则可望詟落、滇、黔亦当瓦解。"又疏劾湖南将军续顺公沈永忠拥兵观望,致总兵官徐勇、辰常道刘升袏力竭战死。永忠坐罢任夺爵。复劾福建提督杨名高玩寇,致漳州郡县为郑成功沦陷,名高坐罢任。

寻迁太常寺少卿,擢左副都御史。十三年,疏劾大学士陈之遴营私植党。之遴坐解官,发辽阳间住。十四年,迁左都御史,上谕之曰:"朕擢用汝,非繇人荐达。"裔介益感奋,尽所欲言。四月,因钦天监推算次月日月交食,疏请广言路,缓工作,宽州县考成,速颁恩赦,释滞狱,酌复五品以下官俸,减征调之兵,节供应之费。上嘉之,下部详议以行。尝侍经筵,讲汉文帝春和之诏,因举仁政所宜先者数事。正阳门外荣园为前朝嘉蔬圃地,久为民居,部议入官。裔介过其地,民走诉,即入告,仍以予民。十六年,加太子太保。十七年,京察自陈。以御史巡方屡坐贪败,责裔介未纠劾,削太子太保,共职如故。

时可望犹据贵州,郑成功乱未已。裔介疏言:"可望恃同蛮为助,宜命在事诸臣加意招徕,予以新敕印,旧者毋即收缴,则归我者必多。成功作乱海上,我水师无多,惟于沿海要地增兵筑堡,使不得泊岸劫掠,然后招其携贰,散其党与,海患可以渐平。"下部议行。未几,疏劾大学士刘正宗、成克巩欺罔附和诸罪,命正宗、克巩回奏,未得实,下法司勘讯,并解裔介官与质。讞定,正宗获罪籍没,克巩夺职视事,复裔介官。时以云南、福建用兵,加派钱粮。裔介疏请敕户部综计军需足用即停止,上命未派者并停止。康熙元年,云南即定,疏言:"云南既有吴三桂藩兵数万,及督提两标兵,则满洲兵可撤。但滇、黔、川、楚边方辽远，不以满洲兵镇守要地，倘戎寇生心，恐鞭长莫及。荆、襄乃天下腹心，宜择大将领满兵数千驻防，无事则控制形势，可以销奸宄之萌。有事则提兵应援，可以据水陆之胜。"疏下部，格不行。复请以湖广总督移驻荆州，从之。

进吏部尚书。三年，拜保和殿大学士。时辅臣柄政，论事辄争执，裔介调和异同，时有所匡正。预修世宗实录，充总裁官。九年，典会试。是年内院承旨曾吏、礼二部选新进士六十人，试以文字，拟上中下三等入奏，上亲定二十七人为庶吉士。御史李之芳劾裔介所拟上卷二十四人，先使人通信，招权纳贿。并谓与班布尔善相比，引用私人。班布尔善官大学士，党鳌拜，伏法。上命裔介复奏，裔介疏辨，并方："臣与班布尔善同官，论事辄龃龉。以鳌拜之势焰，足迹不至其门，岂肯附班布尔善？臣服官以来，弹劾无所避忌。前劾刘正宗，其党切齿于臣者十年于兹。之芳，正宗同乡，今为报复。"因自请罢斥，疏下吏部会质。之芳力争，裔介自引咎。部议以之芳劾奏有因，裔介应削秩罚俸，上宽之，命供职如故。

十年，以老病乞休，诏许解官回籍。世祖实录成，进太子太傅。二十五年，卒，赐祭葬如制。

裔介居言路最久，疏至百余上，敷陈剀切，多见施行。生平笃诚，信程、朱之学，以见知闻知述圣学之统。著述凡百余卷，大指原本儒先，并及经世之学。家居十六年，躬课稼穑，循行阡陌，人不知其为故相也。雍正间，祀贤良祠。乾隆元年，追谥文毅。

熊赐履，字敬修，湖北孝感人，顺治十五年进士，选庶吉士，授检讨。典顺天乡试，迁国子监司业，进弘文院侍读。

康熙六年，圣祖诏求直言。时辅臣鳌拜专政，赐履上疏几万言，略谓："民生困若孔亟，私派倍于官征，杂项浮于正额。一旦水旱频仍，蠲豁则吏收其实而民受其名，振济则官增其肥而民重其脊。然非独守令之过也，上之有监司，又上之有督抚。朝廷方责守令以廉，而上官实纵之以贪。方授守令以养民之职，而上官实课以厉民之行。故督抚廉则监司廉,守令亦不得不廉。督抚贪则监司贪,守令亦不得不贪。此又理势之必然者也。伏乞甄别督抚,以民生苦乐为守令之贤否,以守令贪廉为督抚之优劣。督抚得人,守令亦得人矣。虽然,内臣者外臣之表也,本原之地则在朝廷。其大者尤在立纲陈纪、用人行政之间。今朝廷之可议者不止一端,择其重且大者言之,一曰,政事极其纷更,而国体因之日伤也。国家章程法度,不闻略加整顿,而急功喜事之人又从而意为更变,但知趋目前尺寸之利以便其私,而不知无穷之患已潜滋暗伏于其中。乞敕议政王等详议制度,参酌古今,勒为会典,则上有道揆、下有法守矣。一曰,职业极其隋窳,而士气因之日靡也。部院臣工大率缄默瞻顾,外托老成慎重之名,内怀恃禄养身之念。尤愤者谓之疏狂,任事者目为躁竞,廉静者斥为矫激,端方者诋为迂腐。闻有读书穷理之士,则群指为道学,诽笑诋排,欲禁锢其终身而后已。乞申伤满、汉诸臣,虚衷酌理,实心任事,化情面为肝胆,辅推诿为担当。汉官勿阿附满官,堂官勿偏任司员。宰执尽心献纳,勿以唯诺为休容,台谏极力纠绳,勿以钳结为将顺,则职业修举,官针日肃而士气日奋矣。一曰,学校极其发驰,而文教因之日衰也。今庠序之教缺焉不讲,师道不立,经训不明。士子惟揣摩举业,为戈科名掇富贵之具,不知读书讲学、求圣贤理道之归。高明者或泛滥于百家,沉沦于二氏,斯道沦晦,未有甚于此时者也。乞责成学院、学道,统率士子,讲明正学,特简儒臣使司成均,则道术以明,教化大行,人才日出矣。一曰,风俗极其僭滥,而礼制因之日坏也。今一裘而费中人之产,一宴而糜终岁之粮,舆隶被贵介之服,倡优拟命妇之饰,习为固然。夫风俗奢、礼制坏,为饥寒之本原,盗贼、讼狱、凶荒所由起也。乞明诏内外臣民,一以俭约为尚,自王公以及士庶,凡宫室、车马、衣服、规定经制,不许逾越,则贪风自息、民俗渐醇矣。虽然,犹非本计也。根本切要,端在皇上。皇上生长深宫,春秋方富,正宜慎选左右,辅导圣躬,薰陶德性,优以保衡之任,隆以师傅之礼。又妙选天下英俊,使之陪侍法从,朝夕献纳。毋徒事讲幄之虚文,毋徒应经筵之故事,毋以寒署有辍,毋以晨夕有间。于是考诸六经之文，监于历代之迹，实体诸身心，以为敷政出治之本。若夫左右近习，必端其选，缀衣虎贲，亦择其人。佞幸不置于前，声色不御于侧。非圣之书不读，无益之事不为。内而深宫燕闲之间，外而大廷广众之地，微而起居言动之恒，凡所以维持此身者无不备，防闲此心者无不周，主德清明，君身强固。由是直接二帝三王之心法，自足措斯世于唐、虞、三代之盛，又何吏治之不清，民生之不遂哉？"疏入，鳌拜恶之，请治以妄言罪，上勿许。

七年，迁秘书院侍读学士。疏言："朝政积习未除，国计隐忧。可虑年来灾异频仍，饥荒叠见，正宵旰忧勤、彻县减膳之日，讲学勤政，在今日最为切要。乞时御便殿，接见群臣，讲求政治，行之以诚，持之以敬，庶向辅咎征为休征。"疏入，鳌拜传旨诘问积习、隐尤实事，以所陈无据，妄奏沽名，下吏议，镌二秩，上原之。八年，鳌拜败，命康亲王杰书等鞫治，以鳌拜衔赐履，意图倾害，为罪状之一。方鳌拜辅政擅威福，大臣稍与异同，立加诛戮。赐履以词臣论事侃侃无所避，用是著直声。上即位后，未举经筵，赐履特具疏请之，并请设起居注官。上欲幸塞外，以赐履疏谏，乃寝，且嘉其直。

九年，擢国史院学士。未，几复内阁，设翰林院，更以为掌院学士。举经筵，以赐履为讲官，日进讲弘德殿。赐履上陈道德，下达民隐，上每虚已以听。十四年，谕奖其才能清慎，迁内阁学士，寻超授武英殿大学士，兼刑部尚书。十五年，陕西总督哈占疏报获盗，开复疏防官，下内阁，赐履误票三法司核拟。既，检举，得旨免究。赐履改草签欲诿咎同官杜立德，又取原草签嚼而毁之，立德以语索额图。事上闻，吏部议赐履票拟错误，欲诿咎同官杜立德，改写草签，复私取嚼毁，失大臣体，坐夺官。归侨居江宁。

二十三年，上南巡，赐履迎谒，召入封，御书经义斋榜以赐。二十七年，起礼部尚书。未几以母尤去。二十八年，上复南巡，赏赉有加。二十九年，起故官，仍直经筵。命往江南谳狱，调吏部。曾河督靳辅请豁近河所占民田额赋，命赐复会勘。奏免高邮、山阳等州县额赋三千七百二十八顷有奇。三十四年，弟编修赐瓒以奏对欺饰下狱,御史龚羚麟遂劾吏部铨除州县以意高下,赐履伪学欺罔,乞严谴。下都察院议,赐履与尚书库勒纳,侍郎赵士麟、彭孙遹当降官,上不问,赐瓒亦获赦。

三十八年,授东阁大学士兼吏部尚书,预修《圣训》、《实录》、《方略》、《明史》,并充总裁官。典会试者五。以年老累疏乞休。四十二年,温旨许解机务,仍食俸,留京备顾问。四十五年,乞归江宁。比行,召人讲论累日。赐履因奏巡幸所至,官民供张烦费,惟上留意,上颔之,给传遣官护归。四十六年,上阅河,幸江宁,召见慰问,赐御用冠服。四十八年,卒,年七十五,命礼部遣官视丧,赐赙金千两,赠太子太保,谥文端。五十一年,上追念赐履,知其贫,迭命江宁织造周恤其家。论吏部召其二子志契、志夔诣京师,皆尚幼,复谕赐履僚属门生醵金次之。

赐履论学,以默识笃行为旨,其言曰:"圣贤之道,不外乎庸,庸乃所以为神也。"著《闲道录》,尝进上,命备省揽。雍正间,祀贤良祠。

李光地,字晋卿,福建安溪人。幼颖异。年十三,举家陷山贼中,得脱归。力学慕古。顺治九年成进士,选庶吉士,授编修。十二年,乞省亲归。

十三年耿精忠反,郑锦据泉州,光地奉亲匿山谷间,锦与精忠并遣人招之,力拒。十四年,密疏言:"闽疆褊小,自二贼割据,诛求敲扑,民力已尽,贼势亦穷。南来大兵宜急攻,不可假以岁月,恐生他变。方今精忠悉力于仙霞、杉关,郑锦并命于漳、潮之界,惟汀州小路与赣州接壤,贼所置守御不过千百疲卒。窃闻大兵南来,皆于贼兵多处鏖战,而不知出奇以捣其虚,此计之失也。宜因贼防之疏,选精兵万人或五六千人,诈为入广,由赣达汀,为程七八日耳。二贼闻急趋救,非月余不至,则我军入闽久矣。贼方悉兵外拒,内地空虚,大军果从汀州小路横贯其腹,则三路之贼不战自溃。伏乞密敕领兵官侦谍虚实,随机进取。仍恐小路崎岖,须使乡兵在大军之前,步兵又在马兵之前，庶几万全，可以必务。"置疏蜡丸中，遣使间道赴京师，因内阁学士富鸿基上之。上得疏动容，嘉其忠，下兵部录付领兵大臣。时尚之信亦叛，师次赣州、南安，未能入福建。康亲王杰书自衢州克仙霞关，复建宁、延平，精忠请降。师进驻福州，令都统拉哈达、赉塔等讨郑锦，并求光地所在。十六年，复泉州，光地谒拉哈达于漳州。拉哈达白王，疏称"光地矢志为国，颠沛不渝，宜予褒扬"，命优叙，擢侍读学士。行至福州，以父丧归。

十七年，同安贼蔡寅结众万余，以白巾为号，掠安溪。光地募乡勇百余人扼守，绝其粮道，贼解去。未几，锦遣其将刘国轩陷海登、漳平、同安、惠安诸县，进逼泉州，断万安、江东二桥，南北援绝。光地遣使赴拉哈达军告急，值江水涨，道阻，乃导军自漳平、安溪小道入。光地从父日煜率乡勇度石珠岭，芟荆棘，架浮桥以济。光地出迎，具牛酒犒军。又使弟光坡、光垠以乡兵千度白鸽岭，迎巡抚吴兴祚军于永春。师次泉州，击破国轩，窜入拉哈达上其功，再予优叙，迁翰林学士。光地上疏推功将帅，辞新命，不允。并官日煜，后积功官至永州总兵。

十九年，光地至京师，授内阁学士。入对，言："郑锦已死，子克塽幼弱，部下争权，宜急取之。"且举内大臣施琅习海上形势，知兵，可重任，上用其言，卒平台湾。

陈梦雷者，候官人。与光地同岁举进士，同官编修。方家居，精忠乱作，光地使日煜潜诣梦雷探消息，得虚实，约并具疏密陈破贼状，光地独上之，田是大受宠眷。及精忠败，梦雷以附逆逮京师，下狱论斩。光地乃疏陈两次密约状，梦雷得减死戌奉天。

二十一年，乞假奉母归。二十五年，还京，授翰林院掌院学士，直经筵，兼充日讲起居注官，教习庶吉士。逾年，以母病乞归省。二十七年，至京。初，光地与侍读学士德格勒善，于上前互相称引。上召德格勒与诸词臣试乾清宫，以文字劣，镌秩。旋掌院库勒讷劾其私抹起居注事，下狱论罪。诏责光地，光地引罪，乞严谴，上原之。寻擢兵部侍郎。三十年，典会试。偕侍郎博霁、徐廷玺，原任河督靳辅勘视河工。三十三年,督顺天学政。闻母丧,命在任守制。光地乞假九月回里治丧。御史沈恺曾、杨敬儒交章论劾,上令遵初命。给事中彭鹏复疏论光地十不可留,目为贪位忘亲,排诋尤力。乃下九卿议,命光地解任,在京守制。三十五年,服阕,仍督顺天学政。三十六年,授工部侍郎。

三十七年,出为直隶巡抚。初,畿辅屡遭水患,上以漳河与滹沱合流易汛滥,命光地导漳自故道引入运河,杀滹沱之势。光地疏言:"漳河见分为三:一自广平经魏、元城,至山东馆陶入卫水归运。一为老漳河,自山东邱县经南宫诸县,与完固口合流,至鲍家嘴归运。一为小漳河,自邱县经广宗、钜鹿合于滏,又经束鹿、异州合于滹沱。由衡水出献县完固口复分为两支小支与老漳河合流而归运,大支经河间、大城、静海入子牙河而归淀。今入卫之河与老漳河流浅而弱,宜疏浚。其完固口小支应筑坝逼水入河,更于静海阁、留二庄挑土筑堤,束水归淀,俾无泛滥。"诏报可。寻奏霸州、永清、宛平、良乡、固安高阳、献县因浚新河,占民田一百三十九顷,请豁免赋额,从之。通州等六州县额设红剥船六百号,剥运南漕,每船给赡田,遇水旱例不蠲免,光地奏请援民田例概蠲免之。三十九年,上临视子牙河工,命光地于献县东西两岸筑长堤,西接大城,东接静海,亘二百余里。又于静海广福楼、焦家口开新河,引水入淀。由是下流益畅,无水患。四十二年,上褒其治绩,擢吏部尚书,仍管巡抚事。四十二年,给事中黄鼎楫、汤右曾、许志进、宋骏业、王原等合疏劾光地抚绥无状,致河间饥民流入京畿,并宁津县匿灾不报状。光地疏办,引咎乞罢,诏原之。再疏辞尚书,不许。寻疏劾云南布政使张霖假称诏旨,贩鬻私盐,得银百六十余万,霖论斩,籍没。

四十四年,拜文渊阁大学士。时上潜心理学,旁阐六艺,御纂《朱子全书》及《周易折中》、《性理精义》诸书,皆命光地校理,日召入便殿研求探讨。四十七年,皇太子允礽以疾发,命诸大臣保奏诸皇子孰可当储位者。尚书王鸿绪等举皇子允禩上切责之。询光地何无一言,光地奏:"前者皇上问臣以废太子病,臣奏言徐徐调治,天下之福,臣未尝告诸人也。"光地被上遇,同列多忌之者,凡所称荐,多见排挤,因以撼光地。抚直隶时,御史吕履恒劾光地于秋审事任意断决,上察其不实,还其奏。给事中王原劾文选郎中陈汝弼受赃,法司论绞,汝弼,光地所荐也。上察其供证非实,下廷臣确核,得逼供行贿状,汝弼免罪,承讞官降革有差,原夺官。

光地益敬慎,其有献纳,罕见于章奏。江宁知府陈鹏年忤总督阿山,坐事论重辟,光地言其诬,鹏年遂内召。两江总督噶礼与巡抚张伯行互讦,遣大臣往讯,久不决。嗣诏罢噶礼,复伯行官,光地实赞之。桐城贡士方苞坐戴名世狱论死,上偶言及侍郎汪彬卒后,谁能作古文者,光地曰:"惟戴名世案内方苞能。"苞得释,召入南书房。其扶植善类如此。

五十二年,与千叟宴,赐赉有加。顷之,以病乞休,温旨慰留。越二年,复以为请,且言母丧未葬,许给假二年,赐诗宠行。五十六年,还朝,累疏乞罢,上以大学士王掞方在告,暂止之。五十七年,卒,年七十七,遣恒亲王允祺奠醊,赐金千两,谥文贞。使工部尚书徐元梦护其丧归,复谕阁臣:"李光地谨慎清勤,始终一节,学问渊博。朕知之最真,知朕亦无过光地者!"雍正初,赠太子太傅,祀贤良祠。

弟光坡,性至孝,家居不仕,潜心经术。子钟伦举人,治经史性理,旁及诸子百家,从其叔父光坡治三礼,于周官、礼记尤精,称其家学。从子天宠,进士,官编修,有志操,遂于经学,与弟钟侨、钟旺俱以穷经讲学为业。钟侨进士,官编修,督学江西,以实行课士,左迁国子监丞。钟旺,举人,授中书,充性理精义纂修官。

论曰:圣祖崇儒重道,经筵讲论,孜孜圣贤之学,朝臣承其化,一时成为风气。裔介久官台谏,数进谠言,为尤盛危明之计,自登政府,柴立不阿,奉身早退,有古大臣之风。赐履刚方鲠直,疏举经筵,冀裨主德,庶乎以道事君者欤?光地易历中外,得君最专,而疑谤丛集,委蛇进退,务为韬默。圣祖尝论道学不在空言,先行后言,君子所尚。夫道学岂易言哉?

清史稿卷二六三
列传第五〇

王宏祚　　姚文然　　魏象枢
朱之弼　　赵申乔

王宏祚,字懋自,云南永昌人。明崇祯三年举人。自蓟州知州迁户部郎中,督饷大同。顺治元年,授岢岚兵备道。总督吴孳昌以宏祚筹画军饷,请仍留大同。二年,以总督李鉴荐,仍授户部郎中。中原初定。图籍散佚。宏祚听强习掌故,户部疏请修赋役全书,以宏祚主其事。宏祚谓:"民不苦正供而苦杂派,法不立则吏不畏,吏不畏则民不安。闾阎菽帛之输,朝廷悉知之,则可以艰难成节俭。版籍赋税之事,小民悉知之,则可以烛照绝侵渔。"裁定赋役,一准万历间法例,晚末苛细巧取,尽芟除之,以为一代程式。三年,加太仆寺少卿。六年,迁太仆寺卿,仍领郎中。

十年,擢户部侍郎。时云、贵尚为明守,孙可望据辰州。宏祚请于江南、江西、湖广丰稔之地,采米谷、储粮镶为进取计。又言:"黔国公沐天波世守云南,得民心,其僚属有散处江宁者,宜今宜往招天波为内应。贵州九股黑苗,自都匀、黎平远及庆远、靖州,近为可望蹂躏,宜加意抚绥,俾令归化。冠服异制,勿骤更易。"上以所言足助抚剿,下经略大学士洪承畴采行。

十一年,给事中郭一鹗劾宏祚修赋役全书逾久未成,宏祚疏辨,一鹗复劾其巧饰。下部议,以各省册报稽迟,宏祚不举劾,论罚俸。十二年,疏请禁有司私派累民、将领冒名领饷,皆下部议行。十三年,以河西务钞关员外郎朱世德征税不如额,援赦请免议,坐降三级,命留任。十五年,赋役全书成,叙劳,还所降级。考满,阴子。寻擢尚书,加太子少保。命同大学士巴哈纳等较订律例。十六年,进太子太保。

云南平,迭疏上善后诸事,请开乡试,慎署员,设重镇,稽丁田,恤士绅,抚土司,宽新政。既,又疏言司道宜久任,州县宜部选,投诚宜解散,荒残宜轸恤,炉座宜多设。宏祚闻父母丧,疏乞解官奔赴,命在任守制。逾月,命出视事。十八年,圣祖即位,疏请归葬,许之。旋谕促还朝。

康熙三年,授刑部尚书,寻复还户部。四年,星变地震,求直言。宏祚疏言:"异星见,天失其常,地震,地失其常。挽回天地之变,首在率循人事之常。"漕粮自通州运京师,或谓水次支散,可省转般费。宏祚持不可,谓:"水次支散,受者艰负戴。必减直而售,则米狼戾在外。京仓领给难有稑者,颗粒皆在都下。根本至计,不宜以小利遽变。"又有议尽裁州县存留与变漕粮官运为商运者,固争不得,具疏上之,卒如宏祚议。

六年,用辅政大臣鳌拜议,户部增设满尚书,以授玛尔赛,与宏祚龃龉。七年,户部失察书吏假印盗帑,大学士班布尔善独罪宏祚,坐夺官。八年,鳌拜得罪,起宏祚兵部尚书。九年,以老乞休,命驰驿归里,食原俸。宏祚中道疾作,侨居江宁。念未终事父母,辑永思录,自号曰思斋。十一年,疏辞俸,谕曰:"卿在官著有劳绩,引年乞休赐禄颐养,毋固辞。"十三年,卒赐祭葬,谥端简。

姚文然,字弱侯,江南桐城人。明崇祯十六年进士,改庶吉士。顺治三年,以安庆巡抚李犹龙荐,授国史院庶吉士。五年,改礼科给事中。六年,疏请"敕抚、按、道恩诏清理刑狱,勿任有司稽玩。条赦之外,有可矜疑原宥者,许专疏上陈"。又请重定会试下弟举人选用例,以广任使。又言:"真隶与山东、河南接壤,盗贼窃发,东西窜匿,难于越境追捕。请改保定巡抚为总督,辖直隶、山东及河南怀庆、卫辉、彰德三府。"又请敕各省督抚勿滥委私人署州县官。诸疏皆下部议行。寻转工科。

八年，世祖亲政，疏请令都察院甄别各省巡按，下部院会议，以六等考核，黜陟有差。是岁，江南、浙江被水，文然请灾地漕米改折，视灾重轻定折多寡。即，又言："折漕例新定，民未周知。官吏或折外重征耗银，或先已征米而又收折，或折重运轻，其弊不一。请敕漕臣密察严劾。"上并采纳。十年，疏言大臣得罪不当锁禁，得旨允行。迁兵科都给事中，乞归养。

康熙五年，起补户科给事中。六年，疏言："四川、湖广诸省官吏，借殿工采木，搜取民间屋材、墓树，宜申饬禁止。"又言："采买官物，其由官发价者，如有驳减余银，例贮司库。若价出自民，余银宜还之民间。"又言："案牍烦冗滋弊，一部可迳结之事，即应一部可迳结。一疏可通结之事，即应一疏通结。若各省钱粮考成已报完者，部臣宜于议覆时即予开复。"均如所请。九年，考满内升，命以正四品顶带食俸任事。故事，给事中内升，还籍候补。留任自文然始。文然与魏象枢皆以给事中敢言负清望，号"姚魏"。十年，两江总督麻勒吉坐事逮诣京师，仍用锁系例。文然复上疏论之，上谕："自后命官赴质，概免锁系，著为令。"寻迁副都御史，再迁刑部侍郎。十二年，调兵部督捕侍郎。京口副都统张所养劾将军柯永蓁徇私纵恣，令文然往按，永蓁坐罢。迁左都御史。十三年，疏言："福建耿精忠、广西孙延龄皆叛应吴三桂、中间阻隔，赖有广东。精忠将士旧驻其地，熟习山川形势，倘与延龄合谋相犄角，则广东势危。江西境与福建、广东接，倘侵据赣州南安，驿道中断，镶阻邮梗。宜驻重兵通声援。"上嘉纳之。陕西提督王辅臣叛，河南巡抚佟凤彩引疾，上已许之。文然言河南近陕西，流言方甚，凤彩得民心，宜令力疾视事。上为留凤彩。

文然屡有论列，尤推本君身，请节慎起居。孝诚皇后崩，权攒巩华城，上数临视，文然密疏谏，且引唐太宗作台望昭陵用魏征谏毁台事相拟，上亦受之，不怫也。十五年，授刑部尚书。时方更定条例，文然曰:"刃杀人一时,例杀人万世,可无慎乎?"乃推明律意,铭稽研讨,必剂于宽平,决狱有所平反,归辄色喜。尝疑狱有枉,争之不得,退,长跪自责。又以明季用刑惨酷,奏除廷杖及镇抚司诸非刑。十七年,卒,赐祭葬,谥端恪。

文然清介,里居几不能自给,在官屏绝馈遗,晚益深研性命之学。子士基,官湖广罗田知县。士塾,官陕西朝邑知县,皆有治行。

魏象枢,字环极,山西蔚州人。顺治三年进士,选庶吉士。四年,授刑科给事中。疏言:"明季大弊未禁革者,督、抚按听用官舍太杂,道、府、州、县胥隶太滥,请严予清厘。"报可。五年,劾安徽巡抚王痒受赇庇贪吏,痒坐罢。转工科右给事中。时以满、汉杂处不便,令商民徙居南城。象枢疏言:"南成地狭,商民赁卖无房,拆盖无地。请下部察官地官房,俾民输银承业。"复疏请更定会典。并下部议行。七年,转刑科左给事中。

八年,世祖亲政,有司有以私征侵帑坐罪者,象枢疏阵其弊,请饬州县依易知单造格眼册,注明人户姓名、粮银、款目及蠲赈清数,上大吏核验,印发开征。又请定布政使会计之法,以杜欺隐,立内外各官治事之限,以清稽滞,皆见施行。复疏言:"圣政方新,机务孔多,中外相望治平,非同昔日。上近巡京畿,转臣当陪侍法从,尽启沃之忠。倘远有临幸,亦宜谏止銮舆,副保傅之责。"又因灾变上言,谓天地之变,乃人事反常所致。语侵权贵尤急。九年,转吏科都给事中。十年,大计,疏请复纠拾旧制,言官纠拾未得当,不宜反坐,下所司,著为令。因复疏言顺治四年吏科左给事刘楗以纠拾被谴,宜予昭雪,上为复楗官。

总兵任珍失职怨望,并擅杀其家人,下九卿科道议罪,大学士陈名夏等二十八,人别为一议,象枢与焉。上责其徇党负恩,下部议,罪应流,宽之,命留任。十一年,大学士宁完我劾名夏,辞连象枢,谓象枢与名夏姻家牛射斗有连,象枢纠劾有误,吏部议降级,名夏改票罚俸,命逮问。象枢自陈素不识射斗,得免议。寻以名夏父子济恶，言官不先事论劾，各科都给事中皆镌秩，象枢降补詹事府主簿，稍迁光禄寺丞。十六年，以母老乞终养。

康熙十一年，母丧终，用大学士冯溥荐，授贵州道御史。入对，退而喜曰："圣主在上，太平之业方始。不当以姑且补苴之言进。"乃分疏，言："王道首教化，满、汉臣僚宜敦家教。""督抚任最重，有不容不尽之职分、不容不去之因循，宜责成互纠。""制禄所以养廉，令罚俸例太严密，宜以记过示罚，增秩示恩。""治河方亟，宜蓄人才备任使。""戒淫侈宜正人心，励风俗宜修礼制。"圣祖多予褒纳。复疏纠湖南布政使刘显贵侵公帑不当内升，给事中余司仁欺罔不法，皆坐黜。十二年，以岁满加四品卿衔，寻擢左佥都御史。

十三年，岁三迁，至户部侍郎。会西南用兵，措兵食，察帑藏，多所规画。疏论筹饷，请确估价直，严核关税，慎用各直省布政使。十七年，授左都御史。疏言："国家根本在百姓百姓，安危在督抚。愿诸臣为百姓留膏血，为国家培元气。臣不敢不为朝廷正纪纲，为臣子励名节。"因上申明宪纲十事，上嘉其切中时弊。各直省举劾属吏多失当，江苏嘉定知县陆陇其有清名而被劾罢，象枢疏荐之。镇江知府刘鼎溺职，题升粮道。山西绛州知州曹廷俞劣迹显著，纠察不及，象枢疏劾之。磨勘顺天乡试卷，因陈科场诸弊，请设内廉监试御史。考核各直省学道，举劳之辨、邵嘉，劾虑元培、程汝璞，上如其议以为黜陟。

十八年，迁刑部尚书。象枢疏言："臣忝司风纪，职多未尽，敢援汉臣汲黯自请为郎故事，留御史台，为朝廷整肃纲纪。"上可其奏，以刑部尚书留左都御史任。分疏劾山西巡抚王克善、榷税芜湖主事刘源诸不法状，皆坐黜。七月，地震，象枢与副都御史施维翰疏言："地道，臣也。臣失职，地为之不宁，请罪臣回天变。"上召象枢入对，语移时，至泣下。明日，上集廷臣于左翼门，诏极言大臣受赇徇私，会推不问操守。将帅克敌，焚庐舍，俘子女，攘财物。外吏不言民生疾苦。狱讼不以时结正。诸王、贝勒、大臣家人阘市利，预词讼，上干天和，严饬修省。是时索额图预政贪侈，诏多为索额图发，论者谓象枢实启之。

寻命举廉吏，象枢举原任侍郎雷虎、班迪、达哈塔、高珩，大理寺卿瑚密色，郎中宋文运，侍讲萧杂豫，布政使华振姬，知县陆陇其、张沐凡十人。上谕曰："雷虎朕亦闻其清，以其急惰罢黜，即经象枢特荐，授内阁学士。班迪清慎，因使往江西按事，未能明晰，问以民间苦乐，又谢不知，以是镌秩。余令吏部议奏录用。"十九年，仍授刑部尚书。寻命与侍郎科尔坤巡察畿辅，按治豪猾，还奏称旨。

象枢有疾，上赐以人参及参膏，命内侍问饮食如何。二十三年，奏事乾清门，踬焉，即日疏乞休，再奏，乃许之，命之入对，赐御书寒松堂额，令驰驿归。二十五年，卒，年七十一，赐祭葬，谥敏果。

象枢以冯溥荐再起。象枢见溥，问何以见知？溥曰："昔余为祭酒，故事，丁祭不得陪祀者，当于前一日瞻拜。君每期必至，敬慎成礼。一岁直大雨，君仍至，肃然瞻拜而去，此外无一人至者。余以是知君笃诚。"子学诚，进士，授中书。上推象枢恩，改编修，官至谕德。嘉庆间，录贤良祠诸臣后裔，赐象枢四世孙煜举人。

朱之弼，字右君，顺天大兴人。顺治三年进士，授礼科给事中，转工科都给事中。八年，疏言："国家宜重名器。旧制，胥吏供役年久无过，予以议叙，选用佐贰。令户、兵等部书役别系职衔，非官非吏，有站班行。此曹起自贫乏，不数年家资钜万，衣食奢侈。非舞文作奸，何以致此？户、兵堂司官岁有迁转，此曹历年久不去，官为客，吏为主，流弊何穷。请严核褫夺。"下部议行。九年，以父丧去。十一年，起补户科都给事中。

十二年，疏言："小民纳粮一也，而其目有四：曰漕粮、白粮、军粮、恤孤粮。军粮、恤孤粮程限违缓，无增耗之费，有力之家，往往营求拨兑，单弱之户，派纳漕、白，苦乐不均。军粮行折色，军得银则妄费，生挂欠之弊。恤孤粮半饱豪强，鳏寡孤独无由控诉。请饬漕臣下各省粮道，亲督州县画一编征，尽数输纳，敢有拨兑者治罪。"又言："钱粮侵欠，兵食不充，为上所廑念。侵欠之大者，曰漕欠、粮欠。

漕欠责漕督亲督粮道,粮欠责督抚亲督布政使,令本年附征。某年欠项逾限不完,以溺职论,有司侵亏息缓,纠劾不贷。如此,则年销年欠,宿逋可清。"上韪其言,并严饬行。又疏言:"国家章制大备,部臣实心任事,利自知举,弊自知革。令乃尽若事外,遇事至,才者不肯决,无才者不能决,稍重大节请会议。不然,行外察报,迁延岁月而已。不然,听督抚参奏,科道指纠而已。不然,苟且塞责,无容再议而已,上下相逶,彼此相安。国家事安得不废,百姓安得不困?欲致太平,必无之事也。臣愚谓今日求治,首在择人。上面召诸大臣亲试才品,因能授任。复考其历事后兴利几何,除弊几何,定功罪,信赏罚,则法行而事举矣。"上纳之弼言,谕六部去息忽旧习。一岁中四迁,授户部侍郎。十三年,河西务钞关员外郎朱世德征税不如额,户部援赦请免议,上切责谴部臣,之弼降三级。

十五年,授光禄少卿,再迁左副都御史。疏言:"巡按未得其人,当责都察院考核,巡按之贤不肖,即都察院堂上官贤不肖。臣与诸巡按约,操守当洁清,举劾当得宜,抚按当互纠。臣等定差不公,考核不当,巡按贤者不荐,不肖者不纠,诸御史亦得论劾。至巡方应行诸事,当令掌河南道会诸御史各抒见闻,奏请明定画一。"从之。

世祖恶贪吏,命官得赃十两、役得赃一两,皆流徙。令即行,之弼疏论其不便,略谓:"自上论谕宣传后,抚按所纠,必无以大贪人告者。何则?一经提问,有司无不图保身命,虽盈千累百,而及其结谳,期不满十两而止。是未纠以前,徒层累而输于大吏。被纠之后,又层累而输于问官。尺籍所科,百不一二。盖虽起龚、黄为今之有司,未有不犯十两之令者。而今普天之下,皆不取十两之有司,岂真出古循吏上哉?良以令严则思逭,徒有名而无其实也。上但择抚按一大贪者征之,一大廉者奖之,则众贪惧、众廉奋矣。"

会岁旱求言,之弼疏言:"山东巡抚耿焞、河南巡抚卖汉复以垦荒蒙赏,两省百姓即以赔熟受困,岁增数十万赋税,多得之于鞭笞敲剥、呼天抢地之孑遗。怨苦之气,积为沴厉。"又疏劾户部赈济需迟,救荒无术。京师即得雨,河南报彰德、卫辉以旱成灾,户部奏:

"上步祷天坛,时雨方降。彰德、卫辉地接畿南,何独请蠲恤?请覆勘。"之弼疏争,略谓:"百里不同风,千里不同雨,安得以辇下例率土?且以抚臣疏报为不可信,而又倚以覆勘,使抚臣告灾如前,部臣信之不可,不信必易人而勘,徒使地方增烦扰耳。自夏徂冬,被灾州县未尽停征,待勘明已至来春,虽蠲免,徒饱吏囊,饥民转为沟中脊久矣。"与尚书王宏祚廷辨,卒从之弼议。十八年,复授户部侍郎。

康熙四年,调吏部。五年,迁左都御史,擢工部尚书。六年,疏言:"福建官兵月米五十余万石,岁征十万余石,余皆籴诸市,石值银二两四钱。朝廷买米养兵,绝不抑值以累民。臣闻延、建、汀、邵诸府民以买米摊赔为累,有愿缴田入官者。漳、泉之间,按地派米,石必加六斗,又迫令折价三四两不等,数倍于正供,民不胜其朘削。"上特谕督抚严察。

七年,调刑部。八年,疏言:"各省存留钱粮,顺治间军需正迫,有裁减之令。昨年部臣又请酌减。存留各款,原为留备地方公用,事不容已,费无所出,势不得不派之民间,不肖有司因以为利。宜复康熙七年以前存留旧例。"又疏言:"八旗家丁,每岁以自尽报部者不下二千人。人虽有贵贱,均属赤子。请敕谕八旗,凡蓄仆婢,当时其教诲,足其衣食,恤其劳苦,减其鞭笞,使各得其所。岁终刑部列岁中自尽人数,系某旗某家,具册呈览,俾人知儆惕。"又言:"世祖严治贪官蠹役,特立严法,如非官役,不用此例。今不论有禄无禄,通用重典。贪蠹事发,被证畏同罪,刑讯不承,使大贪漏网。请嗣后因事纳贿,仍拟同罪。如逼抑出钱,倘非官役,许用旧。"律诏并如所请。九年,调兵部。十四年,以母丧去官。十七年,起授工部尚书。二十二年,会推湖北按察使,之弼举道员王垓,不当上意,以所举非材,吏部议降三级调用。寻卒。

之弼内行修笃,事亲孝,与其弟之佐相友爱。之佐,顺治十四年进士,庶吉士,历官侍读学士。严事之弼,虽白首,执子弟礼甚谨。

赵申乔,字慎旃,江南武进人。康熙九年进士。二十年,授河南商邱知县,有惠政。二十五年,以贤能行取,命以主事用。二址七年,授刑部主事。三十年,迁员外郎,以病乞归。四十年,以直隶巡抚李光地荐,召见,上察申乔敬慎,超擢浙江布政使。陛辞,上谕曰:"浙江财赋地,自张鹏翮后,钱粮多蒙混,当秉公察核,不亏帑,不累民。布政使为一省表率,尔清廉,属吏自皆守法。"申乔顿首谢曰:"臣蒙皇上特擢,不黾勉为好官,请置重典。申乔上官,不挟幕客,治事皆躬亲,例得火耗,悉屏不取。四十一年,上谕奖申乔居官清,能践其言,就迁巡抚。布政使旧有贴解费,岁支不过十之五,申乔积二千余金,封识以授代者。曰:"吾奏销不名一钱,后将难继,得此足辩一岁事,毋以扰民也。"钱塘江潮啮塘,申乔令熔铁贯石,筑子塘为护。

湖南镇竿红苗杀掠为民害,民走京师叩阍陈状,给事中宋骏业因劾总督郭琇、巡抚金玺,提督林本植讳匿不为民去害,上命侍郎傅继祖、甘国枢及申乔往按,尽发红苗杀掠害民状,琇等皆坐罢。调申乔偏沅巡抚。四十二年,疏言与总督喻成龙檄衡永道张士可入苗洞宣抚,已听命者二十余寨,并与提督俞益谟发兵讨诸不率命者。上命尚书席尔达等率荆州驻防满洲兵,并檄广东、贵州、湖北三省提督,会成龙等进攻。自龙椒洞至于天星寨,分道搜剿,斩悍苗千余,三百余寨咸听命受约束,苗悉定。申乔疏上善后诸事,移辰沅道驻其地上奖征苗诸将,贵州提督李芳述功最,并褒申乔强毅。

上南巡,申乔朝行在,上以湖南地偏远,官吏私征、加耗倍于他省,特诏申饬。申乔远,建上谕碑亭于通衢,示属吏,并疏劾巴陵知县李可昌等违例苛敛,夺官逮治。四十五年,申乔疏言:"清浪、平溪二卫地处山僻,请改米征银,俾省运费。"四十六年,疏言:"漕运旗丁旧有耗赠、行月银米,于起运前预发。给事中戴嵩条奏俟至通州补发,意在防其亏。缺湖南运道远于江、浙,例本无耗赠,惟恃行月银米为转运之资。今即扣存,穷丁不能涉远,必致误漕。请仍旧例预发。"上许之,著为令。

四十七年,命赴湖北按谳荆州同知王侃等侵蚀木税,疏请裁港口渡私税,荆州关税部差如故。申乔远,又请以靖州属鸬鹚关税并入辰州关。别疏言:"营兵给饷,每于正月支领,时地丁尚未开征,挪移则累官,预征则累民,请以隔岁余存米石拨给兵饷。"并下部议行。内阁学士宋大业祭告南岳还京师,劾申乔轻艺御书,诏诘申乔。申乔疏辨,并言:"大业初使湖南,馈金九千。此次再使湖南,馈金五百,意不慊,札布政使董昭祚,言南岳庙工余银毋报部,臣仍报部充饷,以是诬劾。"大业坐夺官,申乔镌五级留任。

四十八年,疏劾提督俞益谟取兵粮三十五石,诏诘益谟。益谟劾申乔苛刻,请并解官质讯。四十九年,上命尚书萧永藻往按,永藻察申乔疏实,上为罢益谟,而命申乔还职。寻擢左都御史,谕曰:"申乔甚清廉,但有性气,人皆畏其直。朕察其无私,是以护惜之。五十年,疏请刻颁部行则例。劾编修戴名世所著《南山集》、《孑遗录》有大逆语,下刑部,鞫实坐斩。五十一年,疏请禁营兵冒名食粮,又言上普免各省地丁钱粮,惟潼关卫、大同府征本色,不在蠲例,请如奉天、台湾例一体蠲免,并允所请。

又疏言每岁农忙,京师当遵例停讼。上谕曰:"农忙停讼,听之似有理,实乃无益。民非独农也,商讼则废生理,工讼则废手艺。地方官不滥准词状,准则速结,讼亦少矣。若但四月至七月停讼,而平日滥准词状,又复何益?且此四月至七月间,或有奸民诈害良善,冤向谁诉?八月以后,正当收获,亦非闲时。福建、广东四季皆农时,岂终岁停论乎?读书当明理,事有益于民,朕即允行,否则断乎不可也。"五十二年,广东饥,命往督平粜。寻授户部尚书。

五十三年,旗丁请指圈沧州民地,直隶巡抚赵宏燮议以旗退地另拨,部议不许。申乔言沧州民地有旨停圈,宜如宏燮议,上从之。时方铸大钱,商人请纳银领易小钱送宝源局改铸,命内务府会户部议。申乔言:"收小钱,有司责也,商人图利,恐近藉端扰民,不可许。"而疏已上,议准申乔奏,请罢斥。上召问状,申乔言:"司官但送侍郎画题,为所藐视,无颜复民在职。"上曰:"君子征忿窒欲,此语宜详思。司官藐视,但当奏劾。尔性苛急,不能容人。天地之大德曰生,非但不杀而已。盖于万物皆养育而保全之。尔在官诚廉,然岂可恃廉而矫激乎?"命任事如故。卒用申乔议,罢商人纳银领钱。

　　申乔子凤诏,官太原知府。上幸龙泉关,凤诏入谒,上以申乔子优遇之。问巡抚噶礼贤否,凤诏言噶礼清廉第一,上为擢噶礼江南总督。及噶礼以贪败,上举凤诏问尚书张鹏翮,鹏翮言其贪。五十四年,山西巡抚苏克济劾凤诏受赇至三十余万,命夺官按治。申乔疏谢不能教子,请罢斥,上责其词意忿激,非大臣体,命任事如故。凤诏坐赃罪至死。

　　五十九年,以病乞休。上仍奖申乔清廉,令在官调治。凤诏赃未清,命免追,并谕大学士,谓"速传此旨,使其早知,庶服药可效也。"寻卒,年七十有七,赐祭葬,谥恭毅。雍正元年,加赠太子太保。六年,湖广总督迈柱疏劾属吏亏帑,有申乔在偏沅时事,例当分赏。世宗特命免之。

　　论曰:宏祚定赋役,文然修律例,皆为一代则,其绩效钜矣。象枢廉直謇谔,能规切用事大臣,尤言人所难言。之弼意主于爱民,凡所献替,皆切于民事。申乔名辈差后,清介绝流辈,慷慨足以任国家之重。贞元之际,自据乱入升平,开济匡襄,诸臣与有力焉。

清史稿卷二六四
列传第五一

郝维讷　任克溥　刘鸿儒
刘楗　朱裴　张廷枢

郝维讷,字敏公,直隶霸州人。父杰,明崇祯进士。顺治初,授行人,迁户部给事中。迭疏请开经筵,祀阙里,废斥诸臣才堪录用者量予自新,朝贺大典内监不得入班行礼,俱下部议行。累迁户部侍郎。卒。

维讷,顺治四年进士,授刑部主事。再迁郎中。七年,出为福建督粮道佥事。师下漳南,粮运多阻,维讷督米二万石浮海达泉州以济军。巨盗张自盛犯延、邵,徙维讷权延建邵道,设方略,用间散其党,自盛就擒。寻署按察使,谢苞苴,绝羡耗。举卓异,复用孙承泽、成克巩荐,十一年,召授通政司右参议。累迁大理寺卿。十三年,擢户部侍郎,调吏部。十六年,丁父忧。服阕,起户部侍郎,复调吏部。

康熙三年,典会试,寻擢左都御史。维讷以开国二十余年,南缴初定,民困未苏,疏言:"天下大弊在民穷财尽,连年川、湖、闽、广、云、贵无不增兵增饷,本省不支,他省协济。臣观川、湖等省尚多旷土,若选隶旗及降兵精锐者绿之营伍,给以牛种,所在屯田,则供应减而协济可以永除,闾里无追呼之困。"又疏言:"巡按既裁,地方巡视责归督抚。督抚任重事繁,出巡动逾旬月,恐误公务,况骑从众多,经过滋扰。至属官贪廉,闾阎疾苦,咨访耳目,仍寄司道。请嗣后事关重大者,仍亲身巡察,余概停止。"又疏言:"山西、山东等省偏旱，发帑振济，圣恩至为优渥，特穷乡僻壤恐难遍及，惟蠲免钱粮，率土均沾实惠。但田有田赋，丁有丁差，前者被地方，例多免粮不免丁。其有丁无田者，反不得与有田之户同沾恩泽，请丁银均如田粮分数蠲免。”又疏言：“贪吏罪至死者，遇赦免死，并免交吏部议处。此曹号餐狼藉，未可令其复玷名器，贻害地方。虽新例赴部另补，贪残所至，播虐惟均。请敕部定议，凡赃款审实者，遇赦免罪，仍当夺官。庶官针可肃，民害可除。”皆下部议行。

五年，迁工部尚书，调刑、礼二部。八年，调户部。疏请停督抚勘灾，申禁圈取民地，并得旨允行。十一年，调吏部。时兵兴开捐纳，正途日壅，维讷为斟酌资格，按缺分选，铨法称平。十八年，给事中姚缔虞请宽免科道闻风言事之禁，下廷臣议，维讷谓：“言官奏事，原不禁其风闻但风闻。奏请审问全虚者，例有处分，否则虑有藉风闻挟私报怨者，请仍照定例行。”从之。

维讷领吏、户二部最久，法制多经裁定。凡事持大体，遇会议、会推、朝审，委曲斟酌，期于至当阕敷奏条畅，所见与众偶有同异，开陈端绪，不留隐情，上深重之，往往从其言。十九年，遭母忧。服阕，诣京师，未补官，卒，谥恭定。

任克溥，字海眉，山东聊城人。顺治四年进士，南阳府推官。卓异行取，十三年，授吏科给事中。疏言：“上励精图治，知亲民之官莫过守令，特择各府繁剧难治者，许三品以上各举一人，破格任用。使保举得当，一人贤则一郡安，人人贤则各省安，太平何难立致。乃为十四年，辅刑科，疏言：“抗粮弊有三宦户、儒户、卫蠹。宜分三项，各另造册，申报总督、巡抚、巡按，宦欠者题参，衿欠者褫革，役欠者逮治。”复疏论顺天乡试给事中陆贻吉与同考官李振邺、张我朴交通行贿育举人，下吏部、都察院严鞫，贻吉、振邺、我朴与居间博士蔡元禧，进士项绍芳，行贿举人田耜、邬作霖皆坐斩。命礼部覆试不及程者，褫夺流徙又二十五人，考官庶子曹本荣、中允宋之绳并坐降调。

十五年,充会试同考官,出闱,疏言:"伏读上谕,令各衙门条奏兴利除弊。时近两月,仅见宗人府一疏,各衙门迟疑观望。窃谓其病有二,一则因循即久,发论方新,恐无以赎往日旷官之咎。一则瞻望多端,指陈无隐,恐无以留后来迁就之门。臣子报国,只有朴忠,遇事直陈;稍一转念,便持两端,势必摭拾琐屑,剿说雷同,不能慷慨论列,又安望设诚致行?"乞严饬不得浮泛塞责,并鉴别当否,示以劝征。"又疏言:"近以各衙门胥役作奸犯科,诏令诸臣计议指摘。臣以为征于弊后,不若杜于弊先,如吏部文选司推升原有定序,应先悬榜部门,序列姓名、资俸、荐纪、参罚,使共见共闻。考功可议处条例,亦画一颁发,使不得轻重增减。至各官开缺,以科钞为凭,向以发钞后先转移舞弊。如当逮问,先下刑部,与事止夺官、迳下吏部者迟速有异。应令即日钞发,使不容操纵。"上以所奏切中时弊,下部详议行。

转礼科都给事,疏言:"士为四民首,宜端习尚。请敕学臣,凡有请托私书,许揭送部科,差满定为上考。并令举优当访学行著闻之士,征劣则以抗粮为最重。"又疏言:"钱粮逋欠,非尽在民。臣前奏三款,部议分册申报,得旨允行。而造册奏报者,惟山西一省耳。诸省玩泄从事,不肯实心清理,徒以开荒增课,一时博优叙之荣,仍听其逋欠而不之问,请饬部察核。又绅衿抗粮,定有新条,蠹役尤应加严,并请敕部定例行。"十七年,迁太常寺少卿。十八年,遭父丧。

康熙三年,起补原官。六年,疏言:"朝廷欲薄赋,有司反加赋。朝廷欲省刑,有司反滥刑,皆由督抚不得其人。今方有诏今部院纠察,部院肯纠极贪大恶之督抚一人,天下为督抚者警。督抚肯纠极贪大恶之司道一人,天下为司道者警。督抚、司道廉洁,则有司不苦诛求,轻徭薄赋,政简刑清,自宽然有余地矣。"八年,应诏陈民生疾苦,言:"小民莫疾于加派,莫苦于火耗,已敕严禁矣。此外疾苦尚有数端,有司派殷户催粮,粮单中多列逃亡绝户,无可征粮,且有粮册无名,按时追比,致倾家以偿者。邮传供应,原有钱粮,或侵入私囊,佥民养马应夫或充里长。使客往来,舟车饮食,责令设备。河漕附近,籍民应役,衣敝履决,力尽筋疲,而工食或至中饱。浅夫闸夫,卖富差贫,一名更至数十名,衙役捕系恫㖢,民被累无穷。请敕督抚清厘惩禁。"上纳其言,并特谕河工毋得累民。"寻迁左、右通政。十四年,疏言:"嘉鱼知县李世锡告湖广巡抚林天擎索贿,以此知馈遗不绝,苞苴尚行,较世祖朝有司不敢馈遗督抚、不敢轻至省会风气迥殊。督抚初受命,群馈裘马、弓矢,而为督抚者亦饰观瞻、趋奢侈,一时费累万。上官,后为酬报取偿地,遂苟囊属吏贻累于民。请敕督抚赴官之先,屏绝馈送,勿铺张行色,以俭养廉。督抚参罚科条甚密,部院亦当知督抚艰难繁重,依例处分,毋过为吹索,俾得专心吏治民生,无旁顾之忧。"先后诸疏并下部议行。十二年,擢刑部侍郎。十八年,京察,以才力不及拟降调,命再议,改注不谨,遂夺官。三十八年,迎跸临清,复原衔。四十二年,南巡还跸东昌,幸其所居园,赐松桂堂榜。以克溥年将九十,赐刑部尚书衔。是岁卒,赐祭葬。乾隆四十七年,高宗览克溥条奏诸疏,善之,谕:"克溥逮事两朝,抒诚建白,无愧直言謇谔之臣。"并命隶诸疏宣示。

刘鸿儒,字鲁一,直隶迁安人。顺治三年进士,授兵科给事中。疏言:"开国之始,首重安民,宜轻赋徭,革积弊。伏读恩诏,赋制悉依万历初年,及观顺治二年征数,并不减少,且复增重,请敕有司核实。州县六房书吏,初房各二人,令则增至七、八十人,并请敕有司核简。"上命指实,鸿儒复言:"臣籍迁安,明季丁银,下下二钱,下中四钱,上地一亩七分有奇。民苦输将,犹多逋赋。今蒙恩诏蠲免,而二年征数,二钱者增至三钱六分,四钱者增至七钱二分,上地每亩增至八分有奇。一邑如此,他邑可知。乞敕清查蠲免。"下部确察。四年,调户部。五年,坐纠钜鹿知县劳有学失实。左迁上林院蕃育署署丞。十年,命复故官。十三年,补兵科,疏言:"畿辅近地,劫掠时闻。请严责成,谨防捕。"下部如所请。

转户科,十五年,疏言:"开国以来,度支屡见不敷。汰冗员,增楯务,广输纳,督积逋,讲求开节,已无不尽。今南服削平,万方底定,宜总计财赋之数,准其出入,定为经久不易之规。请通计一岁内亩赋、丁徭、盐征、津税,各省轻赍、重运及赎锾事例等项,汰其猥琐无艺者,所存金粟若干数。然后计一岁内上方供应、官吏俸禄、兵马粮料、朝祭礼仪、修筑工役,以至师生廪饩、胥役代食,罢其不经无益者,所需金粟若干数,务使出入相合,定为会计之准。用财大端惟兵,生财本计惟土。欲纾国计,莫善于屯田,朝廷下民屯之令。设官置役,多糜廪禄,得不偿失,不旋踵而请罢。稽古屯制,不在民而在兵,请敕各省驻兵处所,无论边腹地方,察有荒土,令兵充种。正疆界,信赏罚,则趋事自力。丰种具,宽程效,则收获自充。此唐初府兵之制也。自顷四川、贵州已入版图,所得之地,必需驻守。若令处处兴屯,则根本自固,战守咸资。此又赵充国之于先零,杜预之于宛、叶,确然可循之遗策也。顺天左右郡县,拱翊王畿,根本要地,自今旧人圈住,深得居重驭轻之意。但畿辅之民,多失恒业,拨补他地,皆有系属,岂能据为已有?今喜峰、冷口诸关外,大宁以南,弥望千里,咸称膏壤,请今民愿出关开垦者,许承为已业。沃土新辟,获利必饶,先事有获,趋者自众。数年以后,渐次起科,成聚成邑,堪资保障。二者皆军国大计,若设诚致行,久之兵食充足,国基赖以不拔矣。"下部议,以滇、黔未靖,兵饷无数,难以预定会计,设置兵屯,及畿辅民出边垦种,敕所司详勘。

十七年,迁顺天府府丞,再迁左通政。十八年,太常寺卿。康熙三年,迁通政使。六年,擢兵部侍郎。十年,调户部。十二年,迁左都御史。

官户部时,甘肃巡抚华善因擅发仓粟赈灾,户部循例题参,并议罚偿,鸿儒无异议。及官都御史,又疏论华善不应参处,嗣后封疆大臣有利民之政,不宜拘以文法。给事成性疏劾,下部议,坐鸿儒先未异议,后又指摘沽名,降二级调用。寻卒于家。

刘楗,字玉耑,直隶大城人。顺治二年进士。是岁选新进士十人授给事中,楗除户科。疏论山东巡抚杨声远劾青州道韩昭宣受贿释叛贼十四人,仅令住俸剿贼,罚不弊辜,昭宣坐夺官。四年,转兵科右给事中。疏论江南巡抚宋调元荐举泰州游击潘延吉,寇至弃城走,调元滥举失当,亦坐夺官。是岁大计,楗用拾遗例,揭山东聊城知县张守廉赃款。下所司勘议,守廉以失察吏役得赃,罚俸。楗诬纠,坐夺官。十年,吏科都给事中魏象枢请行大计拾遗,因论楗枉,得旨,吏役诈赃,知县仅罚俸,言官反坐夺官,明有冤抑,令吏部察奏,命以原官起用。授兵科左给事中。

十一年,疏言:"近畿被水地,水落地可耕。方春农事急,请敕巡抚檄州县发存留银,借灾民籽种,俟秋成责偿。仍饬巡行乡村勘核,不使吏胥得缘以为利。"

十二年,疏言:"郑成功蹂躏漳、泉,窥伺省会。臣昔充福建考官,询悉地势。福清镇东卫,明时驻兵防倭。倘复旧制,可以保障长乐,藩卫会城。宋、元设州海坛,明以倭患弃之。若设将镇守,可与镇东互为犄角。仙霞岭为入福建门户,与江西、浙江接壤,宜设官控制,招民以实其地,俾无隙可乘。成功数犯京口,泊舟平洋沙为巢穴。宜乘其未到,移兵驻镇,使退无可据,必不敢深入内地。"疏入,敕镇海将军石廷柱等分别驻守。

十三年,授山西河东道副使。十五年,转河南盐驿道参议。十六年,授湖广按察使,就迁右布政。十八年,总督张长庚、巡抚杨茂勋疏荐楗廉斡,协济滇、黔兵饷至八百余万,清通赋垦地,除鼓铸积弊。楗以母忧归。康熙二年,起江西布政使。

吴三桂乱作,措饷供兵,事办而民不扰。十四年,授太常寺卿。十六年,迁大理寺卿。十七年,擢副都御史,疏言:"自吴三桂为乱,军需旁午,大计暂停。今师所至,斩次荡平。伏思兵后残壤已极,正赖贤有司招徕安辑。若使不肖用,事何以澄吏治、奠民生、息盗贼?请令督抚速行举劾,凡经荐举者,改行易操,一体严察不得偏徇。"下部如所请行。又疏言:"江西当乱后。民逃田墟,钱粮缺额不急予蠲免,逃者不归,归者复逃,荒者未垦,垦者仍荒。"上为特旨悉行蠲免。

　　旋以病乞休，谕慰留，遣太医视疾。擢吏部侍郎。未几，复擢刑部尚书。十八年，病剧，始得请还里。至家，卒，赐祭葬，谥端敏。

　　朱裴，字小晋，山西闻喜人。亦顺治三年进士。知直隶易州、移河南禹州，裴治尚严，到官即捕杀盗贼。县有诸生聘妇为盗掠，即复自归。盗以夺妇讼生，妇以生贫且别娶，反为盗证。前政论生死，裴廉得实，为榜杀妇而出生于狱。擢刑部员外郎，迁广东道御史，再迁礼科给事中。满洲俗尚殉葬，裴疏请申禁，略言："泥信幽明，未有如此之甚者。夫以主命责问奴仆，或畏威而不敢不从，或怀德而不忍不从，二者俱不可为训。好生恶死，人之常情。捐躯轻生，非盛世所宜有。"疏入，报可。累迁工部侍郎。以疾乞休，归。地震，伤于足，卧家九年，卒。

　　张廷枢，字景峰，陕西韩城人。父顾行，康熙六年进士，官江安督粮道。廷枢，二十一年进士，选庶吉士，授编修。三十八年，以侍读主江南乡试。四十一年，以内阁学士督江南学政。四十四年，圣祖南巡，赐御书、冠服。四十五年，迁吏部侍郎，充经筵讲官。

　　湖广容美土司田舜年揭其子昞如贪庸暴戾，昞如匿桑植土司向长庚所，不赴鞫。总督石文晟以闻，并劾舜年僭礼。命左都御史梅铼、内阁学士二可格会文晟按治。舜年诣武昌，文晟执之，病卒。铼与文晟各具议疏陈，二格疏言佐证未集，未可即定议。诏廷枢偕大学士席哈纳、侍郎萧永藻覆勘，舜年各款俱虚，梅铼以草率具奏，下部议夺官。文晟及湖北巡抚刘启衡、偏沅巡抚赵申乔、提督俞益谟各降罚有差。

　　四十八年，进刑部尚书。民张三等盗仓米，步军统领托合齐逮送刑部，满尚书齐世武拟斩监候，廷枢持不可，拟充军。下九卿议，廷枢改拟不当，当罚俸。上责廷枢偏执好胜，夺官。俄，托合齐得罪，五十一年，起廷枢工部尚书。江南总督噶礼、江西巡抚张伯行互讦，命尚书张鹏翮、总督赫寿按治，议夺伯行官。上复命廷枢与尚书穆和伦覆勘，如鹏翮等议。疏下九卿，上特命夺噶礼官，伯行复任。

　　五十二年，调刑部。五十六年，河南宜阳知县张育徽加征火耗虐民，盗渠亢廷结渑池盗李一临据神后寨为乱，并劫永宁知县高式青入寨。受乡盗王更一亦藉知白澄豫征钱粮，啸聚围县城。巡抚张圣佐、总兵冯君洗不能平，又匿不以起衅所由入告。命廷枢与内阁学士勒什布按治，廷自缢；更一、一临就禽，置之法。澄、育徽拟绞监候。圣佐、君洗夺官。并追咎原任巡抚李锡令属吏加征激变，论斩。兰阳白莲教首袁进等谋不轨，命廷枢并按，论罪如律。五十八年，南阳镇兵为乱，辱知府沈渊，命廷枢偕内阁学士高其倬按治。浙江巡监御史哈尔金受商人赇，被劾，命廷枢偕内阁学士德音按治。并论如法。

　　廷枢还京师，疏言："河南漕米自康熙十四年每石改折银八钱解部，嗣因米贱，部议以一钱五分解部，余交巡抚购米起运。巡抚分委州县，州且复派民买输，甚为闾阎累。请交粮道购运，毋得派累民间。"下部议行。

　　世宗在藩邸，优徐采嗾庸者篡杀人，部议以庸抵。廷枢独议罪在采，坐徙边。世宗即位，褒廷枢抗直，复逮采论罪。雍正元年，以原任编修陈梦雷侍诚郡王得罪，命发黑龙江，廷枢循故事，方冬停遣，又出其子使治装。尚书隆科多劾廷枢徇纵，命镌五级，逐回籍。

　　子缙，进士，官中允，亦以告病家居。六年，陕西巡抚西琳劾廷枢受河督赵世显赇六千，抗追不纳，缙居乡不法。诏夺廷枢及缙官，令所司严讥。廷枢被逮，道卒。总督岳钟琪议缙当斩，籍其家，诏特宽免，令缙在川、陕沿边修城赎罪。乾隆时，复廷枢官，追谥文端。子绖，亦进士，官户部主事。

　　论曰：维纳论贪吏遇赦，不得遽复官。克溥言民生疾苦，戒加赋滥刑。鸿儒请定岁会之制。键议兵后当复行计典。裴请罚殉葬，益于国、泽于民，言各所当也。廷枢使车四出，惟张伯行事出上裁，他皆称指。律严科场罪，所以重取士，乃草野私议辄以为过甚。克溥兴丁酉顺天之狱卒，以不谨罢，殆怨家所中欤？廷枢得罪，似亦有龃之者，诎而后申，足为謇直者劝矣。

清史稿卷二六五
列传第五二

汤斌 孙之旭　陆陇其
张伯行 子师载

　　汤斌，字孔伯，河南睢州人。明末流贼陷睢州，母赵殉节死，事具《明史列女传》。父契祖，挈斌避兵浙江衢州。顺治二年，奉父还里。九年，成进士，选庶吉士，授国史院检讨。

　　方议修《明史》，斌应诏言："《宋史》修于元至正，而不讳文天祥、谢枋得之忠，《元史》修于明洪武，而亦著丁好礼、巴颜布哈之义。顺治元、二年间，前明诸臣有抗节不屈、临危致命者，不可概以叛书。宜命纂修诸臣勿事瞻顾。"下所司。大学士冯铨、金之俊谓斌奖逆，拟旨严饬，世祖特召至南苑慰谕之。时府、道多缺员，上以用人方亟，当得文行兼优者，以学问为经济，选翰林官，得陈炌、黄志遴、王元枢、杨思圣、蓝润、王舜年、范周、马烨曾、沈荃及斌凡十人。

　　斌出为潼关道副使。时方用兵关中，征发四至。总兵陈德调湖南，将二万人至关欲留，斌以计出之，至洛阳哗溃。十六年，调江西岭北道。明将李玉廷率所部万人据雩都山寨，约降，未及期，而郑成功犯江宁。斌策玉廷必变计，夜驰至南安设守。玉廷以兵至阒见有备，却走。遣将追击，获玉廷。

　　斌念父老，以病乞休，丁父忧。服阕，闻容城孙奇逢讲学夏峰，负笈往从。康熙十七年，诏举博学鸿儒，尚书魏象枢、副都御史金铉以斌荐，试一等，授翰林院侍讲，与修《明史》。二十年，充日讲起居注官、浙江乡考正考官,转侍读。二十一年,命为明史总裁官,迁左庶子。二十三年,擢内阁学士。江宁巡抚缺,方廷推,上曰:"今以道学名者,言行或相悖。朕闻汤斌从孙奇逢学,有操守,可补江宁巡抚。"濒行,谕曰:"居官以正风俗为先。江苏习尚华侈,其加意化导,非旦夕事,必从容渐摩,使之改心易虑。"赐鞍马一、表里十、银五百。复赐御书三轴,曰:"令当远离,展此如对朕也!"十月,上南巡,至苏州,谕斌曰:"向闻吴阊繁盛,今观其风土,尚虚华,安佚乐,逐末者多,力田者寡。尔当使之去奢返朴,事事务本,庶茂可挽颓风。"上还跸,斌从至江宁,命远苏州,赐御书及狐腋蟒服。

初,余国柱为江宁巡抚,淮、扬二府被水,国柱疏言:"水退田可耕,明年当征赋。"斌遣覆勘,水未退即田,出水处犹未可耕,奏寝前议。二十四年,疏言:"江苏赋税甲天下,每岁本折五六百万。上命分年带徵漕欠,而地丁钱粮,自康熙十八年至二十二年,五年并征。州县比较,十日一限。使每日轮比,则十日中三日空间,七日赴比。民知剜补无术,拚皮骨以捱征比。官知催科计穷,拚降革以图卸担。垦将民欠地丁钱粮照漕项一例,于康熙二十四年起,分年带征。"又疏言:"苏松土隘人稠,而条银漕白正耗以及白粮经费漕剩五米十银,杂项差徭,不可胜计。区区两府,田不加广,而当大省百余州县之赋,民力日绌。顺治初,钱粮起存相半,考成之例尚宽。后因兵饷急迫,起解数多,又定十分考成之例。一分不完,难道部议。官吏顾惜功名,必多苟且。参罚期迫,则以欠作完。赔补维艰,又以完为欠。百姓脂膏已竭,有司智勇俱困。积欠年久,惟恃恩蠲。然与其赦免于追呼既穷之后,何若酌减于征比未加之先。垦将苏、松钱粮各照科则量减一二成,定适中可完之实数,再将科则稍加归并,使简易明白,便于稽核。"又请蠲苏、松等七府州十三年至十七年未完银米,淮、扬二府十八九两年灾欠,及邳州版荒、宿迁九厘地亩款项,并失额丁粮,皆下部议行。九厘地亩款项,即明万历后暂加三饷,宿迁派银四千三百有奇,至是始得蠲免。

淮、扬、徐三府复水,斌条列蠲赈事宜,请发帑五万,籴米湖广,不竢诏下,即行咨请漕运总督徐旭龄、河道总督靳辅分赈淮安。斌赴清河、桃源、宿迁、邳、丰诸州县察赈。疏闻,上命侍郎素赫助之。先后奏劾知府赵禄星、张万寿,知县陈协浚、蔡司沾、卢绖、葛之英、刘涛、刘茂位等。常州知府祖进朝以失察属吏降调,斌察其廉,奏留之。又疏荐吴县知县刘滋、吴江知县郭琇廉能最著,而征收钱粮,未能十分全完,请予行取。下部皆议驳,特旨允行。

斌令诸州县立社学,讲《孝经》、《小学》,修泰伯祠及宋范仲淹、明周顺昌祠,禁妇女游观,胥吏、倡优毋得衣裘帛,毁淫词小说,革火葬。苏州城西上方山有五通神祠,几数百年,远近奔走如骛。谚谓其山曰“肉山”,其下石湖曰“酒海”。少妇病,巫辄言五通将娶为妇,往往瘵死。斌收其偶像,木者焚之,土者沈之,并饬诸州县有类此者悉毁之,撤其材修学宫。教化大行,民皆悦服。

方明珠用事,国柱附之。布政使龚其旋坐贪,为御史陵陇其所劾,因国柱贿明珠得缓。国柱更欲为斌言,以斌严正,不得发。及蠲江南赋,国柱使人语斌,谓皆明珠力,江南人宜有以报之,索赇,斌不应。比大计,外吏辇金于明珠门者不绝,而斌属吏独无。

二十五年,上为太子择辅导臣,廷臣有举斌者。诏曰:“自古帝王谕教太子必简和平谨恪之臣,统率官僚,专资辅翼。汤斌在讲筵时,素行谨慎,朕所稔知。及简任巡抚,洁己率属,实心任事。允宜拔擢,以风有位。”授礼部尚书,管詹事府事。将行,吴民泣留不得,罢市三日,遮道焚香送之。初勒辅与按察使于成龙争论下河事,久未决。廷臣阿明珠意,多右辅。命尚书萨穆哈、穆成额会斌勘议,斌主浚下河如成龙言。萨穆哈等还京师,不以斌语闻。斌至,上问斌,斌以实封。萨穆哈等坐罢去。

二十六年五月,不雨,灵台郎董汉臣上书指斥时事,语侵执政,下廷议,明珠惶惧,将引罪。大学士王熙独曰:“市儿妄语,立斩之,事毕矣。”斌后至,国柱以告,斌曰:“汉臣应诏言事无死法。大臣不言而小臣言之,吾辈当自省。”上卒免汉臣罪。明珠、国柱愈恚,摘其语上闻,并撼斌在苏时文告语,曰“爱民有心,救民无术”,以为谤讪,传旨诘问。斌惟自陈资性愚昧,愆过丛集,乞赐严加处分。左都御史璀丹、王鸿绪等又连疏劾斌。会斌行荐候补道耿介为少詹事,同辅太子,介以老疾乞休。詹事尹泰等劾介侥幸求去,且及斌妄议妄荐。议夺斌官,上独留斌任。国柱宣言上将隶斌旗籍,斌适扶病入朝,道路相传,闻者皆泣下。江南人客都下者,将击登闻鼓讼冤,继知无其事,乃散。

九月,改工部尚书。未几,疾作,遣太医诊视。十月,自通州勘贡木归,一夕卒,年六十一。斌既卒,上尝语廷臣曰:“朕遇汤斌不薄,而怨讪不休,何也。”明珠、国柱辈嫉斌甚,微上厚斌,斌祸且不测。

斌既师奇逢,习宋诸儒书。尝言:“滞事物以穷理,沉溺迹象,既支离而无本。离事物而致知,堕聪黜明,亦虚空而鲜实。其教人,以为必先明义利之界,谨诚伪之关,为真经学、真道学。否则讲论、践履析为二事,世道何赖。斌笃守程、朱,亦不薄王守仁。身体力行,不尚讲论,所诣深粹。著有《洛学编》、《潜庵语录》。雍正中,入贤良祠。乾隆元年,谥文正。道光三年,从祀孔子庙。

孙之旭,字孟升。康熙四十五年进士,官编修,改御史。出为霸昌道,内迁左通政。所至皆有声。

陆陇其,初名龙其,字稼书,浙江平湖人。康熙九年进士。十四年,授江南嘉定知县嘉定大县,赋多俗侈。陇其守约俭,务以德化民。或父讼子,泣而谕之,子掖父归而善事焉。弟讼兄,察导讼者杖之,兄弟皆感悔,恶少以其徒为暴,校于衢,视其悔而释之。豪家仆夺负薪者妻,发吏捕治之,豪折节为善人。讼不以吏胥逮民,有宗族争者以族长,有乡里争者以里老。又或使两造相要俱至,谓之自追。征粮立挂比法,书其名以俟比,及数者自归。立甘限法,令以今限所不足倍输于后。

十五年,以军兴征饷。陇其下令,谓不恋一官,顾无益于尔民,而有害于急公。户予一名刺劝告谕之,不匝月,输至十万。会行间架税，陇其谓当止于市肆，令毋及村舍。江宁巡抚慕天颜请行州县繁简更调法，因言嘉定政繁多逋赋，陇其操守称绝一尘，才斡乃非肆应，宜调简县。疏下部议，坐才力不及降调。县民道为盗所杀而讼其仇，陇其获盗定谳。部议初报不言盗，坐讳盗夺官。十七年，举博学鸿儒，未及试，丁父忧归。十八年，左都御史魏象枢应诏举清廉官，疏荐陇其洁已爱民，去官日，惟图书数卷及妻织机一具，民爱之比于父母，命服阕以知县用。

二十二年，授直隶灵寿知县。灵寿土脊民贫，役繁而俗薄。陇其请于上官，与邻县更迭应役，俾得番代。行乡约，察保甲，多为文告，反覆晓譬，务去斗很轻生之习。二十三年，直隶巡抚格尔古德以陇其与兖州知府张鹏翮同举清廉官。二十九年，诏九卿举学问优长、品行可用者，陇其复被荐，得旨行取。陇其在灵寿七年，去官日，民遮道号泣，如去嘉定时。授四川道监察御史。偏沅巡抚于养志有父丧，总督请在任守制。陇其言天下承平，湖广非用兵地，宜以孝教。养志解任。

三十年，师征噶尔丹，行捐纳事例。御史陈菁请罢捐免保举，而增应升先用，部议未行。陇其疏言：“捐纳非上所欲行，若许捐免保举，则与正途无异，且是清廉可捐纳而得也。至捐纳先用，开奔竞之途，皆不可行。更请捐纳之员三年无保举，即予休致，以清仕途。”

九卿议，谓若行休致，则求保者奔竞益甚。诏再与菁详议，陇其又言：“捐纳贤愚错杂，惟恃保举以防其弊。若并此而可捐纳，此辈有不捐纳者乎？议者或谓三年无保举即令休致为太刻，此辈白丁得官，踞民上者三年，亦已甚矣。休致在家，俨然搢绅，为荣多矣。若去营求保举，督抚而贤，何由奔竞。即不贤，亦不能尽人而保举之也。”词益激切。菁与九卿复持异议。户部以捐生观望，迟误军需，请夺陇其官，发奉天安置。上曰：“陇其居官未久，不察事情，诚宜处分，但言官可贷。”会顺天府尹卫既齐巡畿辅，还奏民心皇皇，恐陇其远谪，遂得免。

寻命巡视北城。试俸满，部议调外，因假归。三十一年，卒。三十三年,江南学政缺,上欲用陇其,侍臣奏陇其已卒,乃用邵嗣尧嗣尧,故与陇其同以清廉行取者也。雍正二年,世宗临雍,议增从祀诸儒,陇其与焉。乾隆元年,特谥清献,加赠内阁学士兼礼部侍郎。

著有《困勉录》、《松阳讲义》、《三鱼堂文》集。其为学专宗朱子,撰《学术辨》。大指谓王守仁以禅而托于儒,高攀龙、顾宪成知辟守仁,而以静坐为主,本原之地不出守仁范围,诋斥之甚力。为县崇实政,嘉定民颂陇其,迄清季未已。灵寿邻县阜平为置家,民陆氏世守焉,自号陇其子孙。

张伯行,字孝先,河南仪封人。康熙二十四年进士,考授内阁中书,改中书科中书。丁父忧归,建请见书院,讲明正学。仪封城北旧有堤,三十八年六月,大雨,溃伯行募民囊土塞之。河道总督张鹏翮行河,疏荐堪理河务,命以原衔赴河工,督修黄河南岸堤二百余里及马家港、东坝、高家堰诸工。四十二年,授山东济宁道。值岁饥,即家运钱米,并制棉衣,拯民饥寒。上命分道治赈,伯行赈汶上、阳谷二县,发仓谷二万二千六百石有奇。布政使责其专擅,即论劾,伯行曰:“有旨治赈,不得为专擅。上视民如伤,仓谷重乎?人命重乎?”乃得寝。四十五年,上南巡,赐“布泽安流榜”。

寻迁江苏按察使。四十六年,复南巡,至苏州,谕从臣曰:“朕闻张伯行居官甚清,最不易得。”时命所在督抚举贤能官,伯行不与。上见伯行曰:“朕久识汝,朕一举之。他日居官而善,天下以朕为知人。”擢福建巡抚,赐“廉惠宣猷榜”。伯行疏请免台湾、凤山、诸罗三县荒赋。福建米贵,请发帑五万市湖广、江西、广东米平粜。建鳌峰书院,置学舍,出所藏书,搜先儒文集刊布为《正谊堂丛书》,以教诸生。福州民祀瘟神,命毁其偶象,改祠为义塾,祀朱子俗多尼鬻贫家女,髡之至千百,伯行命其家赎还择偶,贫不能赎,官为出之。

四十八年,调江苏巡抚,赈淮、扬、徐三府饥。会布政使宜思恭以司库亏空为总督噶礼劾罢,上遣尚书张鹏翮按治。陈鹏年以苏州知府署布政使,议司库亏三十四万,分扣官俸役食抵补,伯行咨噶礼会题不应。伯行疏上闻，上命鹏翮并按。别疏陈噶礼异议状，上谕廷臣曰："览伯行此疏，知与噶礼不和。为人臣者，当以国事为重。朕综理机务垂五十年，未尝令一人得逞其私。此疏宜置不问。"伯行寻乞病，上不许。鹏翮请责前任巡抚于准及思恭偿十六万，余以官俸役食抵补。上曰："江南亏空钱粮，非官吏侵蚀。朕南巡时，督抚肆意挪用而不敢言，若责新任官补偿，朕心实有不忍。"命察明南巡时用疑具奏。伯行又疏奏各府州县无著钱粮十万八千，上命并予豁免。

　　噶礼贪横，伯行与之迕。五十年，江南乡试副考官赵晋交通关节，榜发，士论哗然，舁财神入学宫。伯行疏上其事，正考官左必蕃亦以实闻，命尚书张鹏翮、侍郎赫寿按治，伯行与噶礼会鞫，得举人吴泌、程光奎通贿状，词连噶礼。伯行请解噶礼任付严番，噶礼不自安，撼伯行七罪讦奏。上命俱解任，鹏翮等寻奏晋与泌、光奎通贿俱实，拟罪如律。噶礼交通事诬，伯行应夺官。上切责鹏翮等掩饰，更命尚书穆和伦、张廷枢覆按，仍如前议。上曰："伯行居官清正，天下所知。噶礼才虽有余而喜生事，无清正名。此议是非颠倒，命九卿、詹事、科道再议。"明日，召九卿等谕曰："伯行居官清廉，噶礼操守朕不能信。若无伯行，则江南必受其胰削几半矣。此互参一案，初遣官往审，为噶礼所制，致不能得其情。再遣官往审，与前无异。尔等能体朕保全清官之意，使正人无所疑惧，则海宇升平矣。"遂夺噶礼官，命伯行复任。

　　五十二年，江苏布政使缺员，伯行疏荐福建布政使李发甲、台湾道陈瑸、前祭酒余正健，上已以湖北按察使牟钦元擢任。未几，伯行劾钦元匿通海罪人张令涛署中，请逮治，令涛兄元隆居上海，造海船，出入海洋，拥厚资，结纳豪贵。会部檄搜缉海贼郑尽心余党，崇明水师捕渔，船其舟人福建产，冒华亭籍，验船照为元隆所代领，伯行欲穷治。是时令涛在噶礼幕，元隆称病不就逮，狱未竟而死于家。噶礼前劾伯行，因撼其事为七罪之一。会上海县民顾协一诉令涛据其房屋，别有水寨数处窝藏海贼，称令涛今居钦元署中。上命总督赫寿察番，赫寿庇今涛，以通贼无证闻。复命鹏翮及副都御史阿锡鼎按其事，鹏翮等奏元隆，令涛皆良民，请夺伯行官。上命复番，且命伯行自陈，伯行疏言："元隆通贼，虽报身故，而金多党众，人人可以昌名，处处可以领照。今涛乃顾协一首告，若其不实，例应坐诬。钦元庇匿，致案久悬。臣为地方大吏，杜渐防微，岂得不究。"既命解任，鹏翮等仍以伯行诬陷良民、挟诈欺公，论斩，法司议如所拟，上免其罪，命伯行来京。

旋入直南书房，署仓场侍郎，充顺天乡试正考官。授户部侍郎，兼管钱法、仓场，再充曾试副考官。雍正元年，擢礼部尚书赐"礼乐名臣"榜。二年，命赴阙里祭崇圣祠。三年，卒，年七十五。遗疏请崇正学，励直臣。上轸悼，赠太子太保，谥清恪。光绪初，从祀文庙。

伯行方成进士，归构精舍于南郊，陈书数千卷纵观之，及《小学》、《近思录》、《程、朱语类》，曰："人圣门庭在是矣。"尽发濂、洛、关闽诸大儒之书，口诵手抄者七年。始赴官，尝曰：千圣之学，括于一敬，故学莫先于主敬。"因自号曰敬庵。又曰"君子喻于义，小人喻于利。老氏贪生，佛者畏死，烈士徇名，皆利也"。在官所引，皆学问醇正，志操洁清，初不令知。平日龉龃之者，复与共事，推诚协恭，无丝毫芥蒂。曰："已荷保全，敢以私废公乎？"所著有《困学录》、《续录》、《正谊堂文集》、《居济一得诸书》。

子师载，字又渠。举人。以父荫补户部员外郎。雍正初，授扬州知府。岁饥，高邮湖西民以县吏报灾轻，不得赈。师载行部，见饥民满道，不俟报而赈之。江都芒称闸为淮、黄、高宝诸河入江要津，夏潦盛涨。闸官利商人饵，谓非运使令不得启。师载询盐艘须水六七尺，今过半，乃身往督役启闸。其后芒稻闸属府启闭，遂以为例。累迁江苏按察使，内擢右通政。再迁，授仓场侍郎，命协辨江南河务。授安徽巡抚，仍命赴南河协同防护。会河溢，夺官。上命诛疏防同知李焞、守备张宾，使师载视行刑，异，释之。再起为兵部侍郎，迁漕运总督。复授河东河道总督。师载长于治河。少读父书，研性理之学，高宗称其笃实。卒，赠太子太保，谥恕敬。

　　论曰：清世以名臣从祀孔子庙，斌、陇其、伯行三人而已，皆以外吏起家，蒙圣祖恩遇。陇其官止御史，而廉能清正，民爱之如父母，与斌、伯行如一，其不为时所容而为圣祖所爱护也亦如一。君明而臣良，汉、唐以后，盖亦罕矣。斌不薄王守仁，陇其笃守程、朱，斥守仁甚峻，而伯行继之。要其躬行实践，施于政事，皆能无负其所学，虽趋向稍有广隘，亦无所轩轾焉。

清史稿卷二六六
列传第五三

叶方蔼　　沈荃　　励杜讷 子廷仪
孙宗万 　徐元珙　　许三礼
王士禛　　韩菼　　汤右曾

　　叶方蔼,字子吉,江南昆山人。顺治十二年一甲三名进士,授编修。江南奏销案起,坐夺官。寻授上林苑蕃育署丞。事白,还故官。康熙十二年,充日讲起居注官。十四年,迁国子监司业,再迁侍讲。宴瀛台,群臣皆进诗赋,方蔼制八针以献,上甚悦,命撰《太极图论》以进,赐貂裘、文奇。十五年,迁左庶子,再迁侍讲学士。十六年,命充《孝经衍义》总裁,进讲通鉴。上问:“诸葛亮何如伊尹?”方蔼对曰:“伊尹圣人,可比孔子。诸葛亮大贤,可比颜渊。”上首肯。讲《中庸》,上问:“知行孰重”对曰:“宋臣朱熹之说,以次序言,则知先行后。以功夫言,则知轻行重。”上曰:“毕竟行重,若不能行,知亦虚知耳”转侍读学士。十七年,充《鉴古辑览》、《皇舆表》总裁。经筵讲官,直南书房。上勤于典学,故事,以大臣二人日直,上特以属方蔼,兼掌院学士,兼礼部侍郎。

　　十七年,召试博学宏词,命方蔼阅卷,总裁《明史》。十九年,尚书讲义成。上以讲帷劳,加方蔼尚书衔。上讲《易噬嗑》卦辞,方蔼与同官库勒纳进所撰《乾坤二卦总论》,上览竟,谕曰:“卦爻义各有不同,即如《噬嗑卦》中四爻主用刑者言,初上二爻主受刑者言,必得总论发挥,庶全卦之义了然,诸卦可依引撰进。"二十年,授刑部侍郎。二十一年,卒,遣奠茶酒,赐白金二百。上以方蔼久侍讲幄,启沃勤劳,命优恤,赐谥文敏。

　　方蔼初释褐,以文章受知世祖。家居时,有密陈其居乡不法者,下其事江苏巡抚田雯核覆。雯以乡评人告,上曰:"朕固知方蔼不如是也!"其后事圣祖,直内廷,眷遇优渥。方蔼故廉谨,其卒,以板扉为卧榻,支以四瓮,布帐多补缀,无以为敛,见者以为难能。

　　沈荃,字贞蕤,江南华亭人。顺治九年一甲三名进士,授编修。世祖择翰林官外转,荃出为大梁道副使。剧盗董天禄、牛光天剽掠颍间,荃督兵捕治,歼其渠,群盗皆散去。禹州盗倚竹园为巢,杀人越货,荃遣吏卒收捕,发土得尸十余,悉按诛之。寻署按察使,疏言:"师方南征,必经南阳、汝宁诸府,供应疲苦,亢村、郭店诸驿,官死夫逃,请敕均拨驿站银两。师既入楚,留马彰德,役民饲秣,请敕以怀庆、卫辉、广平、顺德、大名诸府更番分驻。各县常平仓蓄谷太寡,请敕定额,大县五六百石,小县三四百石。开封自河决后,城垣淤圮,官吏分驻各邑,乡闻暂移辉县。近奉旨修复汴城,请敕筹拨钱粮,督倡兴工。河南土地,原有上中下等则,向因疆井混淆,一例派粮。今查节勘渐定,请敕视万历年间则例,照地派粮。河南兵额一万二千,奉旨缺额免补,有汰无增,驻防分汛,每苦不足,请敕仍许募补足额。"俱下部议行。

　　康熙元年,以忧归。六年,授直隶通蓟道,坐事左迁。九年,授浙江宁波同知。未上官,特旨召对,命作各体书,称旨,诏以原品内用。十年,授侍讲,直南书房。十一年,转侍读。十二年,充日讲起居注官。十三年,擢国子监祭酒。十五年,迁少詹事。十六年,擢詹事。

　　十八年,旱,求直言。时更定新例,罪人当流者徙乌喇,下廷臣议。荃谓:"乌喇去蒙古三四千里,地极寒,人畜多冻死。今罪不至死者,乃遣流,而更驱之死地,宜如旧例便。"疏上,有旨今画一,荃持前议益坚,且曰::此议行,三日不雨者,甘服欺罔罪。"上改容纳之。越二日,天竟雨,例得罢。十九年,上以讲幄劳,加荃礼部侍郎衔。二十一年正月,乾清宫宴廷臣,赋柏梁体诗,荃与焉。二十三年,卒。上以荃贫,赐白金五百。

子宗敬,二十七年进士,改庶吉士,以编修入直,上命作书,因谕大学士李光地曰:"朕初学书,宗敬父荃指陈得失。至今作字,未尝不思其勤也。"宗敬官至太常寺少卿。

励杜讷,字近公,直隶静海人。励氏自镇海北迁,讷以杜姓补诸生。康熙二年,纂世祖实录,选善书之士,讷试第一,赴馆缮录。书成叙劳,授福建福宁州,同命留直南书房,食六品俸。十九年,授编修,充日讲起居注官。二十一年,奏请复励姓。圣祖方阅通鉴纲目,杜讷与学士张英侍,阅竟,杜讷请以御批宣示史馆,下礼部翰林院会议,如所请。二十七年,迁赞善。二十九年,迁侍讲,改光禄寺少卿。三十六年,迁通政司参议。三十七年,迁太仆寺卿,再迁宗人府府丞。

三十九年,迁左副都御史。疏言:"督抚大吏,朝廷畀以百余城吏治、数千里民生,责任至重。若托词静镇,渐成悠忽,不过以期会簿书恭封疆之寄。请敕各督抚年终汇奏若何察吏安民、兴利除弊,以备清览。不实,则治以欺罔之罪,庶时时警勉,不敢优游草率,贻误地方。藩司专掌钱谷,臬司专掌刑名,州县之钱粮有无亏空,定案之爰书有无驳审,详实并列,则藩臬之优劣亦无遁情。"议如所请。又言:"提镇保送将弁,时有骑射甚劣并年老之员,经特旨甄别。典戎要务,首在考察将弁,请敕部将各提镇所属引见不称旨之员,汇册呈览,并定处分。"下诏所司饬行。四十二年。擢刑部侍郎。卒。

杜讷学行醇粹,直禁廷二十余年,无纤芥过失。四十四年,上驻跸静海,敕将杜讷谨慎勤劳,亲定谥曰文恪,手书赐其家。雍正元年,赠礼部尚书。八年,祀贤良祠。高宗即位,加赠太子太傅。

子廷仪,字南湖。康熙三十九年进士,改庶吉士。四十一年,特命直南书房。四十三年,授编修,遭父丧,既终,充日讲起居注官。累迁内阁学士,充经筵讲官,擢翰林院掌院学士、兵部侍郎。雍正元年,迁刑部尚书。疏言各省常平仓谷,当责督抚核实盘查,年终册报。又请于古北口外设理事同知,检察命、盗狱,并从之。二年,疏言各州县团练民壮,当选习枪箭,勤加训练,上韪之,下直省督抚实力奉行。又疏请分立内外监,内监居要犯,外监居轻犯,别为女监,另墙隔别,均报可。迭疏论监生考职,禁止私盐,清查入官家产,各举其丛弊所在,并下部议行。七年,加太子太傅,赐"矜慎平恕"榜。九年,调吏部,仍专管刑部事。十年,卒,谥文恭。

子宗万,字滋大。康熙六十年进士,改庶吉士,授编修。雍正二年,命直南书房,充日讲起居注官,督山西学政。六年,迁国子监司业,按试潞安。临晋民解进朝诈称御前总管,私书请托,宗万疏发之,谕嘉奖,迁侍读,命巡察山西。八年,巡抚石麟劾宗万扰驿递,并纵仆受赇,坐夺官。十年,起鸿胪寺少卿,仍直南书房。四迁至礼部侍郎,调刑部。乾隆元年,吏部劾宗万保举河员受请托,坐夺官。寻命直武英殿。七年,再起侍讲学士,累迁通政使。直懋勤殿,纂秘殿珠林,迁左副都御史。擢工侍郎,调刑部。十年,坐纵门客生事,复夺官,手诏诘责,命还里闭户读书。督抚那苏图劾宗万纵弟占官地,命承修固安城工,免其罪。十六年,复起侍讲学士,累迁光禄寺卿。二十四年,卒。

子守谦,嘉庆十年进士,官编修。

乍杜讷以诸生受知遇,子孙继起,四世皆入翰林。

徐元珙,字辑五,江南武进人。顺治十二年进士,授刑部主事,迁员外郎。典广西试,迁郎中。出为福建建宁道佥事,善治盗。移山西冀宁南道参议,遭母忧去。康熙十二年,起直隶口北道参议。时宣镇未设府县,但置同知分防。元珙和调将士,严斥堠,增亭障,葺城郭,修学舍,边境晏然。入为光禄寺少卿,历太仆寺卿、通政使。

二十四年,授太常寺卿。疏请厘北郊配飨位次,略言:"本朝分祭南北郊。圜邱南乡，三圣并配，甚钜典也。独方泽配位，臣不能无议。昭穆之位，分左右不分东西。圜邱南乡，则东为左为昭，西为右为穆。地祇既北乡，则西为左为昭。东为右为穆。盖东西有定方，而左右无定位，从正位所乡而殊。汉、唐地祇皆南乡，至宋政和四年，引北牖答隐之义，始改北乡，配位亦改焉。明嘉靖九年，建方泽坛，因宋制，地祇北乡，而配位仍设于东，不应古礼。盖其时礼官误执以东为左，因循至今。然明配位止一太祖，或左或右，尚无越次之嫌。今三圣并配，左右易位，因昭穆失序。况配位误则而从坛皆误，即陵山从祀岳镇者亦误。揆诸典礼，实有未安，有待厘正。"疏入，下廷臣集议，学士徐乾学、韩菼皆韪元珙议，独许三礼驳之，遂不行。语见《三礼传》。

二十五年，迁左副都御史。疏请正北海祀典，略言："唐望祭洛州，即今河南府。宋望祭孟州，即今怀庆府。明依宋制。说者谓怀庆属济源，潜通北海，故于此望祭焉。本朝定制，东海祀莱州，南海祀广州，西海祀蒲州，皆为允当。属北海仍祀怀庆窃以岳镇方位，当准皇都。往南祭北、于义未惬。谨按镇医巫闾山在今奉天府境，山既为北镇，川即可为北海，矧长白山水、黑龙、鸭绿诸江，悉朝宗于海。请更定北海之祭，就北镇医巫闾为便。或疑历时已久，不可辄更。臣按北岳祀恒山曲阳，积二千余年，用科臣言改祀浑源州。岳祭可更，何疑海祭？"疏入，议行。

二十六年，疏乞归养。至家，父已前卒。二十七年，孝庄文皇后崩，赴阙哭临。疾作，卒于京师，上闻而悯之，丧归，许驰驿，恤如礼。

元珙尚风义，座主陈彩没，妻妾继逝，抚其一岁孤并其女，为营婚嫁，与己子无异。时论推其笃厚。

彩字美公，广东顺德人。顺治九年进士，自编修出为江南常镇道。康熙初，江南有大狱，诸生连染被逮，彩以轻刑全活之甚众。

许三礼，字典三，河南安阳人。顺治十八年进士，授浙江海宁知县。海宁地濒海，多盗，三礼练乡勇，严保甲，禽盗首朱缵之等。益修城壕,筑土城尖山、凤凰山间,戍以土兵。筑塘浚河,救灾储粟,教民以务本。立书院,延黄宗羲主讲。在县八年,声誉甚美。

康熙八年,行取,授福建道御史。疏言:"汉儒董仲舒表章六经,其言道之大原出于天,与禅宗异学专主明心者不同。故宋儒程颢有儒道本天、释教本心之辨。宜视宋时六大儒,从祀国学,进称先贤。"下廷臣议,不果行。时云、贵犹未定,三礼疏言荡平后,察大吏宜严,苏民困宜宽。

寻命巡视北城,太常寺卿徐元珙议北郊配位应改坐西向,东下廷臣集议,三礼曰:"阳生于子,极于巳,故祀天在冬至,位南郊南向。隐生于午,极于亥,故祀地在夏至,位北郊北向。签阴答阳,义各有取。配位者主道也,义在近尊者为上,故配天尚左,配地尚右,并居东。改之非是。"从之。寻疏请定武臣守制例,下廷臣集议,有谓本朝无此例者。三礼曰:"宋高宗绍兴七年,岳飞闻母讣,解兵柄徒步归庐山,庐墓三年。此往代守制例也。"遂定议武臣守制自此始。旋擢通政司右参议。二十七年,迁提督四译馆、太常寺少卿,再迁大理寺卿。

召对便殿,上曰:"河图洛书,道治之原。一二三四五,六七八九十,惟金火易位何也?"对曰:"此即一隐一阳之道也。天地大德曰生,故河图左旋,而相生为顺数。洛书右转,而相克为逆数。一顺一逆,位所由易也。"上曰:"既顺何以逆?"对曰:"孤阳不生,独隐不成。河图自北而东,顺以相生,木火土金水,就流行言,洛书自北而西,逆则相克,上下四方中,就对待言。既五数在中。纵横皆十五矣,惟克乃所以生也。阴阳交则生变,变则生生不易。"上又问曰:"《洪范》九畴,皇建有极,谓人参三才,说是乎?"对曰:"自天地开辟以来,赖有圣人,愿治而不愿乱者,天地之心。有治而不能无乱者,天地之数。数至则生圣人,拨乱而返之治,裁成辅相,以左右民,则圣人建极会极归极之功也。圣人既能拨乱而返之治,始副天地长治之心,此人参三才之说,实理也,亦实事也。"上颇嘉美之。

迁顺天府府尹。二十八年,迁右副都御史。再迁兵部督捕侍郎,以病告归，未及行，卒。

三礼初师事孙奇逢，及在海宁，从黄宗羲游，官京师，有所疑，必贻书质宗义。学宋赵扑故事，旦昼所为，夜焚香告天，家居及在海宁，皆建告天楼。圣祖重道学，尝以之称三礼云。

王士禛，字贻上，山东新城人。幼慧，即能诗，举于乡，年十八。顺治十二年，成进士。授江南扬州推官。侍郎叶成格被命驻江宁，按治通海寇狱，株连众，士禛严反坐，宽无辜，所全活甚多。扬州嵲买逋课数万，逮系久不能偿，士禛募款代输之，事乃解。康熙三年，总督郎廷佐、巡抚张尚贤、河督朱之锡交章论荐，内擢礼部主事，累迁户部郎中。十一年，典四川试，母忧归，服阕，起故官。

上留意文学，尝从容问大学士李霨：“今世博学善诗文者孰最？”霨以士禛对。复问冯溥、陈廷敬，张英，皆如霨言。召士禛人对懋勤殿，赋诗称旨。改翰林院侍讲，迁侍读，入直南书房。汉臣自部曹改词臣，自士禛始。上征其诗，录上三百篇，曰御览集。

寻迁国子监祭酒，整条教，屏馈遗，奖拔皆知名士。与司业刘芳哲疏言：“汉、唐以来，以太牢祀孔子，加王号，尊以八佾、十二笾豆。至明嘉靖间，用张璁议，改为中祀，失尊崇之意。礼，祭从生者。天子祀其师，当用天子之礼乐。”又疏言：“自明去十哲封爵，称冉子者凡三，未有辨别。宋周敦颐等六子改称先贤，位汉、唐诸儒之上，世次殊有未安，宜予厘定。”又疏言：“田何受易商瞿，有功圣学，宜增祀。郑康成注经百余万言，史称纯儒，宜复祀。”又疏言：“明儒曹端、章懋、蔡清、吕柟、罗洪先，并宜从祀。绛州贡生辛全，生际明末，以正学为已任，著述甚富，乞敕进遗书。”又请修监藏经史旧版。疏并下部议，以笾豆、乐舞、名号、位次，俟会典颁发遵循。增祀明儒及征进遗书，俟《明史》告成核定；修补南北监经史版，如所请行。

二十三年，迁少詹事。命祭告南海，父忧归。二十九年，起原官，再迁兵部督捕侍郎。三十一年，调户部。命祭告西岳西镇江渎。三十七年，迁左都御史。会廷议省御史员额，士禛曰：“国初设御史六

十,后减为四十,又减为二十四。天子耳目官,可增不可减。"卒从士
祯议。

迁刑部尚书。故事,断狱下九卿平议。士祯官副都御史,争杨
成狱得减等。官户部侍郎,争太平王训、聊城于相元、齐河房得亮狱
皆得减等,而衡阳左道萧儒英,则又争而置之法。徐起龙为曹氏所
诬,则释起龙而罪曹,案其所与私者,皆服罪。及长刑部,河南阎焕
山、山西郭振羽、广西窦子章皆以救父杀人论重辟,士祯曰:"此当
论其救父与否,不当以梃刃定轻重。"改缓决,人奏,报可。

士祯以诗受知圣祖,被眷遇甚隆。四十年,乞假迁墓,上命予假
五月,事毕还朝。四十三年,坐王五、吴谦狱罢。王五故工部匠役,
捐纳通判。谦太医院官,坐索债殴毙负债者。下刑部,拟王五流徙,
谦免议,士祯谓轻重悬殊,改王五但夺官。复下三法司严鞫,王五及
谦并论死,又发谦属托刑部主事马世泰状,士祯以瞻徇夺官。四十
九年,上眷念诸旧臣,诏复职。五十年,卒。

明季文敝,诸言诗者,习袁宗道兄弟,则失之俚俗,宗钟惺、谭
友夏,则失之纤仄。学陈子龙、李雯,轨辙正矣,则又失之肤廓。士
祯姿禀既高,学问极博,与兄士禄、士祜并致力于诗,独以神韵为
宗。取司空图所谓"味在酸醎外"、严羽所谓"羚羊挂角,无迹可寻",
标示指趣,自号渔洋山人。主持风雅数十年。同时赵执信始与立异,
言诗中当有人在。既没,或诋其才弱,然终不失为正宗也。

士祯初名士,禛卒后,以避世宗讳,追改士正。乾隆三十年,高
宗与沈德潜论诗,及士正,谕曰:"士正绩学工诗,在本朝诸家中,流
派较正,宜示褒,为稽古者劝。"因追谥文简。二十九年,复论曰:"士
正名以避庙讳致改,字与原名不相近,流传日久,后世几不复知为
何人。今改为士祯,庶与弟兄行派不致淆乱。各馆书籍记载,一体
照改。"

韩菼,字元少,江南长洲人。读书通五经,恬旷好山水。朋游饮
酒,欢谐终日,而制行清严。特工制举文。应顺天乡试,尚书徐乾学

拔之遗卷中。康熙十二年，会试、殿试皆第一，授修撰，充日讲起居注官。圣祖知其能文，命撰太极图说以进，复论进所作制举文，召入弘德殿讲大学。世祖命纂孝经衍义未成，以菼专任纂修。十四年，典顺天试。十五年，迁赞善。十六年，迁侍讲。十七年，复典顺天试。十八年，乞假归。二十三年，起故官，寻转侍读。二十四年，上亲试翰林，菼列第二，迁侍讲学士。寻擢内阁学士。

二十六年，再假归，筑室西山。黮勘诸经注疏，旁逮诸史。居八年，三十四年，召至京，命以原官总裁《一统志》。迁礼部侍郎，兼掌院学士。祭酒阿理瑚以故大学士达海从祀文庙，下部议，菼谓："从祀钜典，论定匪易。达海造国书，一艺耳。"持不可。永定河工开事例，户部请推广，得捐纳道府。菼谓道府不当捐纳，御史郑维孜疏言："国子监生多江、浙人，有冒籍赴试者。请尽发原籍肄业。"菼曰："京师首善地，远人向化，方且闻风慕义而来。若因一二不肖，辄更定制，悉为驱除，太学且空，非国体。维孜言非是。"事得寝。三十九年，充经筵讲官，授礼部尚书，教习庶吉士。四十一年，上疏乞解职，专意纂辑承修诸书，诏慰留之，并赐"笃志经学、润色鸿业"榜。四十二年，再称疾，上不悦，敕仍留原任。四十三年，再疏乞退，仍不允。是岁秋，卒，恤如礼。

菼负文章名，而立朝树风概，敢言，与人有始终。其再假归也，乾学方罢官家居，领书局洞庭山中。两江总督傅蜡塔搆乾学，将兴大狱，素交皆引去。菼旦暮造门，且就当事白其诬，乃已。其复起也，上遇之厚，尝曰："韩菼天下才，美风度，奏对诚实。"又曰："菼学问优长，文章大雅，前代所仅有。所撰拟能道朕意中事。"会江宁布政使张万禄蚀帑金三十余万金，总督阿山庇之，谓费由南巡。下廷臣议，有言阿山与有连，妄语罪当死。菼谓纵有连，情私而语公。忌者增益其语人告，上由是疏菼。及理谢病，诏责其教习庶吉士，每日率以饮酒多废学。九卿集议，不为国事直言，惟事瞻徇。菼意不自得，病甚，饮不辍，至卒。乾隆十七年，高宗谕奖"菼雅学绩文，湛深经术。所撰制义，清真雅正，开风气之先，为艺林楷则"。追谥文懿。

子孝嗣，举人；孝基，进士，官编修，莢卒，奉母不出十余年。雍正初，召修《明史》。书成，移疾归，年九十而终。

汤右曾，字西崖，浙江仁和人。康熙二十七年进士，改庶吉士，授编修。出典贵州试。三十九年，授刑科给事中。两广总督石琳疏言琼州生黎以文武官吏婪索，激而为乱。上遣侍郎凯音布、学士邵穆布按治。右曾疏言："揭帖言琼州文武官往黎峒采取沈香、花梨致生衅，石琳及巡抚萧永藻、提督殷化行平时绝不觉察，且黎乱在上年，迟且一载，始行题报，掩饰欺隐，请严加处分。"石琳等皆下吏议。四十年，疏请刊颁《政治典训》及《御制文集》。

四十一年，转户部掌印给事中。初，以私钱多，改钱制轻小，使私铸无所利，顾仍不止。上令仍铸大钱，下廷臣议，改铸大钱，其旧铸小钱，期二年销毁。右曾疏言："改大钱宜遵圣谕，若毁小钱则民间必惊扰。且户、工二部存钱八十四万串，若议销毁，工料耗折甚多。且二年中铸出新钱不过一百万串，岂能遍及各省？新钱无多，旧钱已毁，恐私铸更繁，钱法愈坏。古者患钱重，则改轻而不废重。患钱轻，则改重而不废轻，使子母相权而行。新铸重钱，每串作银一两。旧铸轻钱作七钱，并听行使。积久大钱流通，小钱自不行矣。"疏再下廷臣议，定新钱每重一钱四分，旧钱并行勿禁，如右曾议。

四十四年，提督河南学政。秩满，巡抚汪灏疏言右曾取士公明。四十八年，迁奉天府府丞。四十九年，迁光禄寺卿。五十年，辅太常寺卿、通政使。五十一年，擢翰林院掌院学士。五十二年，授吏部侍郎。尚书富宁安、陈鹏翮皆廉辨有威棱，右曾贰之，锐意文案，纠剔是非。选人或挟大力以相要，必破其机纽，俾终不获选。由是干进射利者，皆丛怨于吏部，而富宁安往莅西师，鹏翮任事久，见知于上深，莫可摇动，遂争为浮言撼右曾。六十年，命解右曾侍郎，仍专领掌院学士。六十一年，卒。

右曾少工诗，清远鲜润。其后师事王士禛，称入室。使贵州后，风格益进，锻炼澄汰，神韵冷然。右曾朝热河行在，上命进所为诗，右曾方咏文光果,即以进上。上为和诗,有句曰:"丛香密叶侍诗公",右曾自定集,遂取是诗冠首。

论曰:方蔼、荃、杜讷以文学直内廷,其结主知、尤在于廉谦。元珙、三礼议礼各申其所见,有当于经指。士祯以诗被遇,清和粹美,蔚为一代正宗。荄于文亦然,久而论定,并邀补谥,增文字之重。右曾师事士祯,继以诗被遇。论者谓自明宏治、正德以后一百五十年,而文章复在台阁,为圣祖崇儒右文之效云。

清史稿卷二六七
列传第五四

张玉书　　李天馥　　吴琠

张英　子廷瓒　廷璐　廷瑑　　陈廷敬

温达　穆和伦　　萧永藻　　嵩祝

王顼龄

　　张玉书,字素存,江南丹徒人。父九征,字湘晓。顺治二年,举乡试第一、九年,成进士。博学厉行,精《春秋三传》,尤邃于史。历吏部文选郎中。出为河南提学佥事,考绩最,当超擢,遽引疾归。

　　玉书,顺治十八年进士,选庶吉士,授编修。累迁左庶子,充日讲起居注官。康熙十九年,以进讲称旨,加詹事衔。二十年,擢内阁学士,充经筵讲官。寻迁礼部侍郎,兼翰林院掌院学士。三藩平,有请行封禅者,玉书建议驳之,事遂寝。二十三年,丁父忧,上遣内阁学士王鸿绪至邸赐奠。服阕,即家起刑部尚书,调兵部。

　　二十七年,河道总督靳辅奏中河工成。时学士开音布往勘称善,监高邮石工,疏请闭塞支河口为中河蓄水。上以于成龙尝奏辅开中河无益累民,今中河工成,乃命太书偕尚书图纳等往勘,并覈察毛城铺、高家堰及海口状。濒行,上谓玉书曰:“此行当秉公陈奏,毋效熊一潇托故推诿为也。”玉书等还奏:“勘阅河形,黄河西岸出水高。年来水大,未溢出岸上,知河身并未淤塞。海口岸宽二三里,河流入海无所阻。中河工成，舟楫往来，免涉黄河一百八十里之险。但与黄河逼，河宽固不可，狭又不能容运河及骆马湖之水。拟请于萧家渡、杨家庄增建减水坝，相时宣泄。闭塞支河口，应如开音布议。”上悉从之。

浙江巡抚金铉以民杜光遇陈诉驻防满洲兵扰民，下布使李之粹察讯。之粹咨杭州将军郭丕请申禁，郭丕以闻。上遣尚书熊赐履往按，赐履丁忧去，改命玉书。寻调礼部。二十八年，上南巡，驻跸苏州，玉书还奏杜光遇无其人，所陈诉皆虚妄。金熔、李之粹皆坐夺官，流徙。二十九年，拜文华殿大学士，兼户部尚书。

三十一年，靳辅奏高家堰加筑小堤，复命玉书偕图往勘。还言：“暴者黄涨，淮流被逼，故洪泽湖水视昔为高。今拟筑堤，距高家堰甚近。若水涨，则高堰大堤且不保，筑小堤何益？因条列高家堰河工，自史家刮至周桥一万四百余丈，宜筑堤三官庙。诸口宜改石工。今拟筑小堤处，宜今河臣每岁亲勘。”上深然之。

三十五年，上亲征噶尔丹，玉书扈行，预参帷幄。师次克鲁伦河，噶尔丹北窜，大将军费扬古截击，斩杀几尽，噶尔丹仅以身免。玉书率百官上贺。三十六年，充《平定朔漠方略》总裁官。丁母忧，遣官赐祭，并赐御书松荫堂榜。三十八年，上南巡，玉书迎谒，赐赉有加。三十九年，服未阕，召至京，入阁视事。四十年，扈驾南巡，驻跸江宁，召试士子，命为阅卷官。御舟次高资港，玉书奏言前去镇江不远，请幸江天寺，留驻数日，上为留一日。

四十六年，河道总督张鹏翮请开溜淮套河，上南巡，次清口勘视，见所树标竿多在民家，召鹏翮极斥其非。玉书奏曰：“向者老人白英议引汶水南北分流，不若别作坝引汶水通漕，其下流专以淮水敌黄。黄水趋海，此万世利也。”上善其言，遂谕鹏翮罢开溜淮套，事具《鹏翮传》。

四十九年，以疾乞休，温旨慰留。五十年，从幸热河，甫至疾作，遂卒，年七十，上深惜之，视制挽诗，赐白金千。命内务府监制棺椁衾绞，驿送其丧远京师，加赠太子太保，谥文贞。五十二年，上追念旧劳,擢其子编修逸少为侍读学士。

玉书谨慎廉洁,居政地二十年,还避权势,门无杂宾,从容密勿,为圣祖所亲任。自奉俭约,饮食服御,略如寒素。雍正中,人祀贤良祠。

李天馥,字湘北,河南永城人。先世在明初以军功得世袭庐州卫指挥佥事,家合肥。有族子占永城卫籍,天馥以其籍举乡试。顺治十五年,成进士,选庶吉,士授检。讨博闻约取,究心经世之学,名藉甚。累擢内阁学士,充经筵讲官。每侍直,有所见,悉陈无隐,圣祖器。之康熙十九年夏,旱,命偕大学士明珠会三法司虑囚,有矜疑者,悉从末减。寻擢户部侍郎,调吏部。杜绝苞苴,严峻一无所私,铨政称平。二十七年,迁工部尚书。河道总督靳辅议筑高家堰重堤,束水出清口,停浚海口。于成龙主疏浚下河。上召二人诣京师入对,仍各持一说,下廷臣详议。天馥谓下河海口当浚,高堰重堤宜停筑,上然之。历刑、兵、吏诸部。

三十一年,拜武英殿大学士。上曰:"机务重任,不可用喜事人。天馥老成清慎,学行俱优,朕知其必不生事。"三十二年,以母尤回籍,上赐"贞松"榜御书,勉以儒者之学。复谓:"天馥侍朕三十余年,未尝有失。三年易过,命悬缺以等。"三十四年,服将阕,起故官,人阁视事。上亲征厄鲁特,平定朔漠,兵革甫息,天馥务以清静和平,与民休息。尝谓:"变法不如守法。奉行成宪,不失尺寸,乃所以报也。"三十八年,卒,谥文定。

天馥在位,留意人才,尝应诏举彭鹏、陵陇其、邵嗣尧,卒为名臣。为学士时,冬月虑囚,有知县李方广坐当死,天馥言其有才,得缓决,寻以赦免。刑部囚多瘐毙,为庀屋材,多为之所,别罪之轻重以居,活者尤众。事亲孝,居丧庐墓,有双白燕飞至,不去,人名其居为白燕庐。子孚青,进士,官编修。父丧归,不复出。

吴琠,字伯美,山西沁州人。顺治十六年进士,授河南确山知县。县遭明季流寇残破，琠拊流亡，辟芜废，垦田岁增，捕获盗魁诛之。师下云南，县当孔道，舆马粮饷，先事筹办而民不扰。康熙十三年，以卓异入为吏部主事，历郎中。累迁通政司右参议。刑部尚书魏象枢亟称其贤。二十年，特擢右通政，累迁左副都御史。疏请复督抚巡方，略言："今甲，督抚于命下之日，即杜门屏客，苢任，守令不得参谒。凡有举劾，惟掳道府揭报，爱憎毁誉，真伪相乱，督抚无由知。革火耗而火耗愈甚，禁私派而私派愈增。请敕督抚亲历各属，以知守令贤否。或谓巡方恐劳扰百姓，夫督抚贤，则必能禁迎送、却供应。如其不肖，虽端坐会城，而暮夜之馈踵至，岂独巡方足以劳民哉？"又言："巡抚及巡守道无一旅之卫，而提镇各建高牙。前抚臣如马雄镇，道臣如陈启泰，怀忠秉义，向使各有兵马，奚至束手？宜及此时复旧制，使巡抚、巡守道仍各管兵马。减提督，增总兵，以一镇之兵酌分数镇，听督持节制。"

二十八年，迁兵部侍郎，寻授湖文巡抚。湖北自裁兵乱后，奸猾率指仇人为乱党，株连不已，琠悉置不问，而征其安讦者，人心大定。陕西饥，流民入湖广就食，令有司分振，全活甚众。三十一年，诏以荆州兵船运漕米十万石至襄阳备赈，琠议："兵船泊大江下至汉口受米，复西上抵襄阳，计程二千余里。今原运漕船若乘夏水顺道赴襄阳，仅七百余里，即以便宜行事。"疏入，上嘉之。未几，丁母忧，服未阕，即授湖广总督，仍听终制乃赴任。故事，土司见州县吏不敢抗礼，其后大吏稍稍假借之。琠至，绝馈遗，饬谒见长吏悉循旧制，或犯约束，檄谕之无敢肆者。

三十五年，召为左都御史。三十六年，典会试。上北征回銮，顾迎驾诸臣褒琠及河道总督张鹏翮居官之廉，即擢琠为刑部尚书，而以鹏翮为左都御史。三十七年，拜保和殿大学士，兼刑部。琠熟谙旧章，参决庶务，靡不允当。奏对皆竭忱悃，上每称善。所荐引多贤能吏。

三十九年，复典会试，上手书"风度端凝"榜赐之。寻具疏乞休，不允。上尝临米芾书以赐琠，书其后曰："吴琠宽厚和平，持己清廉。

先植封疆,军民受其实惠。朝中之事,面折廷诤,能得其正。朕甚重其能得大臣之体。"四十四年,卒,谥文端。翰林院撰祭文,上以为未能尽琠,敕改撰。吏部奏大学士缺员,上以琠丧未归,悬缺未即别除曰:"朕心不忍也。"

琠所至多惠政,两湖及确山皆祠祀。初,沁州荐饥,琠枲米振之,全活无算。有司议增沁粮一千三百石,琠力争乃已。乡人德之,立祠以祀。雍正中,祀贤良祠。

张英,字敦复,江南桐城人。康熙六年进士,选庶吉士。父忧归,服阕,授编修,充日讲起居注官。累迁侍读学士。十六年,圣祖命择词臣谆谨有学者日侍左右,设南书房。命英入直,赐第西安门内。词臣赐居禁城自此始。时方讨三藩,军书旁午,上日御乾清门听政后,即幸懋勤殿,与儒臣讲论经义。英率辰入暮出,退或复宣召,辍食趋宫门,慎密恪勤,上益器之。幸南苑及巡行四方,必以英从。一时制诰,多出其手。

迁翰林院学士,兼礼部侍郎。二十年,以葬父乞假,优诏允之。赐白金五百、表里缎二十,予其父秉彝恤,典视英官。英归,筑室龙眠山中,居四年,起故官。迁兵部侍郎,调礼部,兼管詹事府。充日筵讲官,奏进《孝经衍义》,命刊布。二十八年,擢工部尚书,兼翰林院掌院学士,仍管詹事府。调礼部,兼官如故。编修杨瑄撰都统、一等公佟国纲祭文失辞,坐夺官流徙。斥英不详审,罢尚书,仍管翰林院、詹事府,教习庶吉士。寻复官,充《国史》、《一统志》、《渊鉴类函》、《政治典训》、《平定朔漠方略》总裁官。三十六年,典会试。寻以疾乞休,不允。三十八年,拜文华殿大学士,兼礼部。

英性和易,不务表襮,有所荐举,终不使其人知。所居无赫赫名。在讲筵,民生利病,四方水旱,知无不言。圣祖尝语执政:"张英始终敬慎,有古大臣风。"四十年,以衰病求罢,诏许致仕。濒行,赐宴畅春园,敕部驰驿如制。四十四年,上南巡,英迎驾淮安,赐御书榜额、白金千。随至江宁,上将旋跸,以英垦奏,允留一日。时总督阿山欲加钱粮耗银供南巡费,江宁知府陈鹏年持不可,阿山怒鹏年,欲因是罪之,供张故不辨。左右又中以蜚语,祸将不测。及英入见,上问江南廉吏,首举鹏年,阿山意为沮,鹏年以是受知于上为名臣。四十六年,上复南巡,英迎驾清江浦,仍随至江宁,赐赉有加。

英自壮岁即有田园之思,致政后,优游林下者七年。为听训斋语、恒产琐言,以务本力田、随分知足诰诫子弟。四十七年,卒,谥文端。世宗读书乾清宫,英尝侍讲经书,及即位,追念旧学,赠太子太傅,赐御书榜额揭诸祠宇。雍正八年,人祀贤良祠。高宗立,加赠太傅。

子廷瓒,字卣臣。康熙十八年进士,自编累官少詹事。先英卒。廷玉,自有传。

廷璐,字宝臣。康熙五十七年,殿试一甲第二名进士,授编修,直南书房,迁侍讲学士。雍正元年,督学河南,坐事夺职。寻起侍讲,迁詹事。两督江苏学政。武进刘纶、长洲沈德潜皆出其门,并致通显,有名于时。进礼部侍郎,予告归,卒。

廷瑑,字桓臣。雍正元年进士,自编修累官工部侍郎,充日讲官。起居注初无条例,廷瑑载详赡得体。既擢侍郎,兼职如故。终清世,已出翰林而仍职记注者惟廷瑑。乾隆九年,改补内阁学士,兼礼部侍郎。典试江西,移疾归。廷瑑性诚笃,细微必慎。既归,刻苦励行,耿介不妄取。三十九年,卒,年八十四。上闻,顾左右曰:“张廷瑑兄弟皆旧臣贤者,今尽矣! 安可得也?”因叹息久之。

廷璐子若需,进士,官侍讲。若需子曾敞,进士,官少詹事。

自英后,以科第世其家,四世皆为讲官。

陈廷敬,初名敬,字子端,山西泽州人。顺治十五年进士,选庶吉士。是科馆选,又有顺天通州陈敬。上为加“廷”字以别之。十八年,充会试同考官,寻授秘书院检讨。康熙元年,假归,四年,补原官。累迁翰林院侍讲学士,充日讲起居注官,十四年,擢内阁学士,兼礼部侍郎,充经筵讲官,改翰林院掌院学士,教习庶吉士。与学士张面日直弘德殿,圣祖器之,怀英及掌院学士喇沙里同赐貂皮五十、表里缎各二。十七年,命直南书房。丁母忧,遣官慰问,赐茶酒。服除,起故官。二十一年,典会试。滇南平,更定朝会燕飨乐章,命廷敬撰拟,下所司肄习。迁礼部侍郎。

二十三年,调吏部,兼管户部钱法。疏言:"自古铸钱时轻时重,未有数十年而不改者。向日银一两易钱千,今仅得九百,其故在毁钱鬻铜。顺治十年因钱贱雍滞,改旧重一钱者为一钱二分五厘,十七年又增为一钱四分,所以杜私铸也。今私铸自如,应改重为轻,则毁钱不禁自绝。产铜之地,宜停收税,听民开采,则铜日多,钱价益平。"疏下部议行。

擢左都御史。疏言:"古者衣冠、舆马、服饰、器用,贱不得逾贵,小不得加大。今等威未辨,奢侈未除,机丝所织,花草虫鱼,时新时异,转相慕效。由是富者黩货无已,贫者耻其不如,冒利触禁,其始由于不俭,其继至于不廉。请敕廷臣严申定制,以挽颓风。"又言:"方令要务,首在督抚得人。为督抚者,不以利欲动其心,然后能正身以董吏。吏不以曲事上官为心,然后能加意于民。民可徐得其养,养立而后教行。宜饬督抚凡保荐州县吏,必具列无加派火耗、无黩货词讼、无朘削富民。每月吉集众讲解《圣谕》,使知功令之重在此。而皇上考察督抚,则以洁已教吏,吏得一心养民教民为称职,庶几大法而小廉。"又言:"水旱凶荒,尧、汤之世所不能尽无,惟备及于豫而赒当其急,故民恃以无恐。山东去年题报水灾,户部初议行令履勘,继又行令分晰地亩高下,年四月始行覆准蠲免。如此其迟回者,所行之例则然耳。臣愚以为被灾分数既有册结可据,即宜具覆豁免,上宣圣主勤民之意,下慰小民望泽之心,中不使吏胥缘为弊窦。"疏并议行。

二十五年,迁工部尚书。与学士徐乾学奏进《鉴古辑览》,上嘉其有裨治化,命留览。时修辑三朝《圣训》、《政治典训》、《方略》、《一统志》、《明史》,廷敬并充总裁官。累调户、吏二部。二十七年,法司逮问湖广巡抚张汧,汧曾赍银赴京行贿。狱急,语涉廷敬及尚书徐乾学、詹事高士奇，上置勿问。廷敬乃以父老，疏乞归养，诏许解任，仍官修书事。

二十九年，起左都御史，迁工部尚书，调刑部。丁父忧服阕，授户部尚书，调吏部。四十二年，拜文渊阁大学士，兼吏部，仍直经筵。四十四年，扈从南巡，召试士子，命阅卷。四十九年，以疾乞休，允之。会大学士张玉书卒，李光地病在告，召廷敬仍入阁视事。五十一年，卒，上深惜之，亲制挽诗一章，命皇三子允祉奠茶酒；又命部院大臣会其丧，赐白金千，谥文贞。

廷敬初以赐石榴子诗受知圣祖，后进所著诗集，上称其清雅醇厚，赐诗题卷端。尝召见问朝臣谁能诗者，以王士禛对，又举汪琬应博学鸿儒，并以文学有名于时。上御门召九卿举廉吏，诸臣各有所举，语未竟，上特问廷敬，廷敬奏：“知县陆陇其、邵嗣尧皆清官，虽治状不同，其廉则一也。”乃皆擢御史。始廷敬尝亟称两人，或谓曰：“两人廉而刚，刚易折，且多怨，恐及公。”廷敬曰：“果贤欤，虽折且怨，庸何伤？”

温达，费莫氏，满洲镶黄旗人。自笔帖式授都察院都事，迁户部员外郎。康熙十九年，授陕西道御史。迁吏科给事中，兼管佐领。授兵部督捕理事官。三十五年，上亲征噶尔丹，命温达随皇七子允祐、都统都尔玛管镶黄旗大营。三十六年，擢内阁学士。三十八年，迁户部侍郎。四十年，命赴山西、陕西察验驿马，还，授议政大臣。云贵总督巴锡劾游击高鉴谳狱不当，并论提督李芳述徇隐，芳述亦劾巴锡，命温达往按，鉴罪应徒，巴锡左迁，芳述罚俸。四十一年，调吏部，擢左都御史。四十二年，复命往贵州按威宁总兵孟大志侵饷，论罪如律。四十三年，迁工部尚书，充经筵讲官。四十六年，授文华殿大学士，纂修《国史》、《政治典训》、《平定朔漠方略》、《大清一统志》、《明史》，并充总裁。五十年，命八旗及部院举孝义，因谕曰：“孝为百行首。如大学士温达，尚书穆和伦、富宁安之孝，不特众所知，朕亦深知之也。”御制诗以赐，复褒其孝友。五十三年，以老乞休，许致仕。寻谕温达虽老，尚自康健，命仍任大学士。五十四年，卒，皇子奠茶酒，赐祭葬，谥文简。

穆和伦，喜塔腊氏，满洲镶蓝旗人。自兵部笔帖式四迁为御史又三迁为内阁学士。命往山东察赈，自泰安至郯康熙四十三年，迁工部侍郎。四十八年，授礼部尚书。四十九年，调户部。上称穆和伦孝，其母年已九十，御书"北堂眉寿"榜赐之。两江总督噶礼与巡抚张伯行互劾，命穆和伦往按，右噶礼，上责其是非颠倒，终直伯行。寻以老病乞休，复起授户部尚书。坐事当左迁。寻卒。

萧永藻，汉军镶白旗人。父养元，管佐领。永藻自荫生补刑部笔帖式。康熙十六年，授内阁中书，迁礼部员外郎，袭佐领。迁郎中，监湖口税务。授御史，再迁顺天府尹。三十五年，擢广东巡抚。疏言："钱多价贱，每千市价三钱二三分，兵领一两之饷，不及数钱之用。民亦因钱贱，货物难行。请暂停鼓铸。"又疏言："开山发矿，多人群聚，良莠淆杂，臣通饬严禁。近有长宁匪徒集众私采，知县尤鹏翔请饬部议处。"鹏翔坐夺官。

三十九年，给事中汤右曾劾永藻与总督石琳于黎人争斗事，迟至一载始行具题。纵属吏朘民，民困而为盗，海则电白、阳江，山则英德、翁源，横行劫掠。上命与广西巡抚彭鹏互调，入觐，上谕当命学鹏所行，并诫荐举当择清廉。四十五年，迁兵部侍郎。湖广总督石文晟劾容美土司田舜年不法，命左都御史梅鋗、内阁学士二格往谳，与文晟异议。复命永藻与大学士席哈纳、侍郎张廷枢覆谳，还奏舜年已死，无诸僭越状。

四十六年，擢左都御史，迁兵部尚书。四十八年，湖南巡抚赵申乔与提督俞益谟交恶互劾，命永藻偕副都御史王度昭往按，得益谟违例缺兵额状，申乔事事苛求，非大臣体，并拟夺官，上罢益谟，留申乔。四十九年，调吏部，旋授文华殿大学士。五十六年，列议政大臣。

六十一年，世宗即位，加太子太傅，命驻马兰峪守护景陵。雍正五年，宗人府奏护陵宗室广善越分请安，永藻不先阻，当夺官，上责永藻自恃其有操守，骄矜偏执，惟知阿庚允禵，长其傲慢狂肆之罪，如议夺官，仍命护陵自效。七年，卒，年八十六。

嵩祝，赫舍里氏，满洲镶白旗人。父岱衮，事太宗，协管佐领。兄来衮，自侍卫累迁至内三院学士，授世职拜他喇布勒哈番。嵩祝袭职，康熙九年，管佐领。二十三年，迁护军参领。三十三年，擢内阁学士。三十四年，盛京旱，命与侍郎珠都纳偕往，发海运米万石散贫民，万石平粜。还京，命复偕珠都纳往开原等散米。上谕曰："将军等请散米，但言兵不言民。此皆朕赤子，当一并给与，月与米一斗五升，至来岁四月。"嵩祝等散米如上指，事毕还京师。

三十五年，上亲征噶尔丹，嵩祝管正黄旗行营。师还，命统后队缓行，待西路章奏。迁兵部侍郎，改护军统领。三十六年，复扈上出塞驻宁夏，命昭武将军喀斯喀等穷追噶尔丹，嵩祝参赞军务。噶尔丹窜死，师至摩该图，引还。

四十年，迁正黄旗汉军都统。广东官兵剿连州瑶失利，命嵩祝偕副都统达尔占、侍郎傅继祖往会总督石琳、调广西、湖南兵进剿，即授广州将军。濒行，上谕以相机招抚。四十一年，师次连州，檄三省官兵分布要隘。瑶人薙发请降，执戕官兵者九人诛之。师引还，调正红旗。

四十八年，署奉天将军。海盗舟泊双岛，挟火器出掠，遣兵击杀三十余人，得其舟一。疏请山东水师兼巡奉天属金州铁山，又请选盛京满洲兵千人习鸟枪，设火器营，皆从之。迁礼部尚书。

五十一年，授文华殿大学士。五十五年，上幸热河，嵩祝从。久不雨，上忧旱甚，遣嵩祝还京师，察诸大臣祈雨不躬者劾奏。六十一年，世宗即位，加太子太傅，修《圣祖实录》及玉牒，并充总裁。雍正五年，奉天将军噶尔弼奏贝子苏努为将军时，借放库银三万余，嵩祝坐徇隐，夺官。十三年，卒，年七十九。

　　王顼龄,字颛士,江南华亭人。父广心,字农山。有文名。顺治六年进士,官御史,巡视京、通二仓,厘剔漕弊,奸猾屏迹。

　　顼龄,康熙十五年进士,太常寺博士。十八年,举博学鸿儒,召试一等,授编修,纂修明史,充日讲起居注官。二十一年上元节,圣祖御乾清宫赐廷臣宴,仿柏梁体赋诗,顼龄焉。迁侍讲,督四川学政。累迁侍讲学士。二十八年,左都御史郭琇疏劾少詹事高士奇与顼龄弟鸿绪植党营私,并诋顼龄与士奇结婚媾,交关为奸利。顼龄、士奇、鸿绪并休致、寻命顼龄留任如故。转侍读学士,以父忧归,服阕,起故官。累擢礼部侍郎。四十三年,上南巡,幸顼龄所居秀甲园,赐御书榜。四十六年,上南巡阅河,再幸其第。寻调吏部,充经筵讲官。擢工部尚书,典会试。五十五年,拜武英殿大学士。

　　雍正元年,诏开恩榜,顼龄重与鹿鸣宴,加太子太傅。以老,累疏乞休,上以顼龄先朝旧臣,勤劳岁久,谙习典章,辄与慰留。三年,痰作,命御医治疾,赐参饵。寻卒,年八十四,上为辍朝一日,今朝臣出其门下者素服持丧、各部院汉官会祭,赠太傅,谥文恭。

　　弟九龄,字子武,进士,授编修,官至左都御史。鸿绪自有传。

　　论曰:玉书等遭际承平,致位宰相。或以文学进,或以功绩著,或以节操用,皆循循乎矩度。即朝旨所褒许,于玉书则曰"小心",于天馥则曰"勤慎",英曰"忠纯",琪曰"宽厚",廷敬曰"清勤""温达""孝",永藻"廉",嵩祝"老成",顼龄"安静"。诸臣之行谊显,世运之敦庞亦可见矣。

清史稿卷二六八
列传第五五

米思翰 子李荣保　顾八代
玛尔汉　田六善　杜臻
萨穆哈

　　米思翰，富察氏，满洲镶黄旗人。先世居沙漠。会祖旺吉努，当太祖时，率族来归，授牛录额真。父哈什屯，事太宗，以侍卫袭管牛录。擢礼部参政，改副理事官。讨瓦尔喀，招明总兵沈志祥。从攻锦州，明总兵曹变蛟夜袭御营，先众捍御，被创，力战却之。顺治初，授内大臣、议政大臣，世职屡进一等阿达哈哈番兼拖沙喇哈番。睿亲王多尔衮摄政，诸大臣巩阿岱等并附之，哈什屯独持正，忤睿亲王，降世职拜他喇布勒哈番。肃亲王豪格以非罪死，巩阿岱等议杀其子富绶，哈什屯与巴哈力持，事乃已。世祖亲政，累进世职一等阿思哈尼哈番加拖沙喇哈番。十二年，将奉职恪勤诸大臣，加太子太保。康熙初卒，谥恪僖。

　　米思翰，其长子也，袭世职，兼管牛录，授内务府总管。辅政大臣从假尚方器物，力拒之。圣祖亲政，知其守正，授礼部侍郎。八年，擢户部尚书列议政大臣。是时各直省岁赋，听布政使存留司库，蠹弊相仍，米思翰疏请通饬各直省俸饷诸经费，所余悉解部，由是勾稽出纳权尽属户部。

　　十二年，尚可喜疏请撤藩，吴三桂、耿精忠疏继入，下户、兵二部议。米思翰与户部尚书明珠议三藩并撤,有言吴三桂不可撤者,以两议入奏。复集诸大臣廷议,米思翰坚持宜并撤,议乃定。既而吴三桂反,上命王贝勒等率八旗兵讨之,议者谓军需浩繁,宜就近调兵御守。米思翰言:"贼势猖獗,非录旗兵所能制,宜以八旗劲旅会剿。军需内外协济,足支十年,可无他虑。"于是请以内府所储分年发给,复综核各直省库金、仓粟,以时拨运,悉称旨。又疏言:"师行所至,屡奉明诏以正贼给军需,恐有司尚多借端私派,请敕各督抚严察所属,供应粮镶薪刍,一切动官帑,毋许苛派。其购自民间者,务视时价支给,勿纤毫累民。"上命如议速行。

米思翰寻卒,年甫四十三,上深惜之,予祭葬,谥敏果。时三桂势方张,精忠及可喜子之信皆叛,议者追咎撤藩主议诸臣,上曰:"朕自少时,以三藩势日炽,不可不撤。岂因其叛,诿过于人耶?"及事定,上追忆主议诸臣,犹称米思翰不置。

米思翰子马斯喀、马济、马武,皆自有传。

李荣保,袭世职,兼管牛录,累迁至察哈尔总管,卒。乾隆二年,册李荣保女为皇后,追封一等公。十三年,册谥孝贤皇后,推恩先世,进封米思翰一等公。十四年,以李荣保子大学士傅恒经略金川功,敕建宗祠,祀哈什屯、米思翰、李荣保,并追谥李荣保曰庄悫。

顾八代,字文起,伊尔根觉罗氏,满洲镶黄旗人。父顾纳禅,事太宗,从伐明,次大同,攻小石城,先登,赐号"巴图鲁",予世职牛录章京。旋授甲喇额真。顺治初,从入关,定陕西、湖南、江南、浙江,皆在行间,进三等阿达哈哈番。子顾苏,袭,进二等。

顾八代,其次子也。任侠重义,好读书,善射。以阴生充护军。顺治十六年,从征云南有功,授户部笔帖式。旋以顾苏及子佛岳相继卒,无嗣,顾八代袭世职,迁吏部郎中。康熙十四年,圣祖试旗员第一,擢翰林院侍读学士。

吴三桂陷湖南,遣其将掠两广。镇南将军莽依图自江西下广东,驻韶州。十六年,上命顾八代传谕莽依图规复广西,即留军,从征广西。巡抚傅宏烈为三桂将吴世琮所败，莽依图引兵与相合。顾八代按行诸军，谓结营散乱，敌至虑不相应。世琮兵至，师复败，还驻梧州。世琮来追，击却之。顾八代策世琮且复至，益诫备。会除夕，世琮以三万人奄至，又击败之。十七年，师进次盘江，与世琮军遇，莽依图病甚，以军事属顾八代。偕副都统勒贝等渡江，与世琮战，分兵出敌后，破其左而合击其右。世琮溃围出，遣精骑追之，自杀。师进克南宁，叛将马承阴与三桂军合，可十万，拒战。诸将或难之，顾八代奋入陈，诸将皆力战，遂破敌。

十八年，京察，掌院学士拉萨里、叶方蔼以顾八代从征有绩效，注上考。大学士索额图改注"浮躁"，坐夺官。莽依图疏言顾八代从征三载，竭诚奋勉，运筹决胜，请留军委署副都统，参赞军务，上命以原衔从征。十九年，莽依图卒于军，顾八代从平南大将军赉塔下云南，攻会城。顾八代议当先取银锭山，俯瞰城内，攻得势。及勇略将军赵良栋师至，用顾八代策，先取银锭山，克会城，云南平。师还，授侍讲学士。

二十三年，命直尚书房，累迁礼部侍郎。二十八年，授尚书。三十二年，坐事，上责其不称职，夺官，留世职，仍直尚书房。三十七年，以病乞休。四十七年，卒。

顾八代直尚书房时，世宗从受学。及卒，贫无以敛，世宗亲临奠，为经纪其丧。雍正四年，诏复官，加太傅，予祭葬，谥文端，又以其贫，赐其家白金万。八年，建贤良祠京师，谕满洲大臣当入祀者五人，大学士图海、都统赉塔，次即顾八代，及尚书玛尔汉、济苏勒。

子顾俨，袭世职，自参领官至副都统。孙顾琮，自有传。

玛尔汉，兆佳氏，满洲正白旗人。顺治十一年，繙绎举人，授工部七品笔帖式，累迁刑部员外郎。

康熙十三年，陕西提督王辅臣叛应吴三桂，上命扬威将军阿密达自江宁移师讨之，玛尔汉以署骁骑参领从。十四年，与副都统鄂克济哈、穆舒珲等自泾州进兵，屡破垒，斩级数百，克宁州。十五年，大将军图海督兵围平凉,辅臣降,玛尔汉还京师。图海请调凉州、宁夏、固原诸镇兵进攻兴安、汉中、上命副都统吴丹及玛尔汉赴诸镇料理征发,兼询缓急机宜。甘肃提督张勇请缓师,上命图海固守凤翔、秦州诸要隘、分兵授征南将军穆占下湖广,命玛尔汉从。十七年,授御史。

十九年,穆占师进贵州,二十年,师进云南,玛尔汉皆在行间,得功牌十二,云南平,师还,追论征湖南不力援永兴,致损将士,夺功牌九。二十年,命巡视河东盐政。御史许承宣、罗秉伦劾山西巡抚图克善令平阳属十三州县增报盐丁加课累民,下巡抚穆尔赛会玛尔汉核实,请免虚报一万七千余丁。二十五年,以按治归化城都统固穆德不实,吏议左迁。二十六年,授理藩院司务。从大学士索额图等使鄂罗斯定边界,辞辨明析,鄂罗斯人折服。事闻,圣祖嘉其能。寻迁户部郎中。三十三年,迁翰林院侍讲学士,再迁兵部侍郎。三十五年,上亲征噶尔丹,命玛尔汉驻土木董理驿站,以送军马羸,吏议夺官,命宽之。

三十八年,迁左都御史,再迁兵部尚书,充经筵讲官、议政大臣。四十三年,岁饥,民就食京师。命与内大臣佟国维、明珠、阿密达等监赈。四十六年,调吏部。四十八年,以老病乞休。五十七年,卒,年八十五。上遣内大臣临奠,赐祭葬。雍正八年,世宗谕奖玛尔汉谨慎忠厚,事圣祖宣力多年,完名引退,赠太子太傅。贤良祠成,命入祀。乾隆元年,高宗命追谥恭勤。

田六善,字兼山,山西阳城人。顺治三年进士,授河南太康知县,时当兵后,劳来安集。九年,巡抚吴景道疏荐才守兼优,迁户部主事,监临清关,复监凤阳仓兼淮关。罢滥征,革奇羡,商民称便。累迁郎中。十五年,授江南道御史。兵部议禁民乘马,六善疏言其不便,下廷臣集议驰禁。十六年,疏言:"欲安民在观清吏,乞敕各督抚实行荐举,吏部于各督抚莅任一二年后,列奏荐举何人,能否察吏安民,即可以是鉴别。议者或谓举荐清吏,无以处乎不在清吏之列者，一难也；恐督抚依旧受贿徇私，二难也；征粮缉逃处分碍，三难也。然臣谓清吏果得荐举，则为清吏者见公道尚存，益坚其持守，一便也；群吏以不著清名为愧，力自濯磨，二便也；某省有清吏几人，以验政治修废，三便也；天下晓然知有能必先有守，风俗不变，四便也；向日督抚厌憎清吏无益于已，今必且卵翼而亲爱之，五便也。不惑于三难，力致其五便，将循良兴起，不让前古矣。"下部议行。寻命巡视长庐盐政。十七年，还掌江南道事。

康熙元年，乞假归。三年，补贵州道御史。四年，疏言："兵部议裁山西、陕西、河南、等处兵额，三营裁一营。遇裁之兵，挟久练之技，处坐困之时，穷夫所归，遂为贼盗。请谕总督、提督诸臣，察已裁之兵，如弓马贤熟、膂力精强，仍收入伍。自后老弱必斥，逃亡不补。所渐去者疲卒，不虑其为非。所招回者劲兵，可资其实用。"下部议，令各营汰去老弱，其年力精壮者仍留充伍。又疏言："吏部于往日曾行之事，率皆援以为例，惟意所彼此，莫穷其弊。请敕部以上所裁定及有旨著为例者，汇为一册，敬谨遵守，余仍循旧章。"得旨，如所请。七年，命巡视京、通仓，还掌山东道事，得旨内升，回籍待阙。

十一年，授刑科给事中，秩视正四品。疏言："臣里居读上谕，以苏克萨哈为鳌拜仇陷，杀其子孙，连坐族人白尔赫图，恩予昭雪。臣思法律为天下共者也，以满洲劳功高之人，因与执政诸臣意见相左，辄牵连兴大狱，恐尤而效之，报复相寻，借端推刃。周礼有八议，罪大可减，罪小可赦。请特制昭示，满洲犯罪非反叛有实迹者，一准于律，勿妄议株连。储人才，固国本，于是乎在。"上韪其言，下王大臣议，从之。又疏言："圣学宜先读史，史者，古帝王得失之林也。其君宽仁明断，崇俭纳，谏则其民必安，其事必治，其世必兴必平。若夫苛察因循，恶闻过，乐逞欲，其民必不安，其事必不治，其世必衰必乱。乞谕日讲诸臣，以《通鉴》与经史并进。"得旨俞允。寻转户科掌印给事中。三迁至右佥都御史。

十三年，疏言："吴三桂负恩叛逆，处必灭之势。录旗月饷，步兵一两有奇，马兵二两有奇，甲胄不必坚强，弓刀不必精利，登山涉水,资以先驱。臣谓录旗力虽弱,善用之则强。心虽涣,善收之则聚。供给宜足,劳逸宜均。至先登破陈,无分满、汉,赏赉公平。斯忠勇自奋,克佐劲旅以奏肤功,今日所宜急计者也。"下部议鼓励录旗官兵叙给爵赏例。迁顺天府尹。未几,复迁左副都御史。十四年,疏言:"臣昔为河南知县时,孙可望、李定国尚据云、贵、四川,其势不减于吴三桂。金声桓叛江西,姜瓖叛大同,亦不异耿精忠、王辅臣。而当日民心未若今之惊惶疑惧者,由其时督抚有孟乔芳、张存仁、吴景道诸臣,敦行俭朴,慎守廉隅,吏治肃清,民生乐遂也。宜特颁严谕,令各督抚禁杂派,核军实。有司或剥民败检,立行纠劾,以省民力、安众心。师行所至,更宜审酌剿。御近见江西、浙江报捷诸疏,屡言杀贼累万。然必待杀尽而后入闽,恐愚顽之民无尽,草窃之贼亦无尽。臣谓先取精忠,则群贼自息。昔姜瓖乍叛,土寇群起,瓖灭,土寇亦尽,其明验也。至三桂狡谋,岂以一隅之地困天下全力,我即以天下全力困此一隅。三桂授首,则四川、广西不烦兵而自定。"又疏言:"臣籍山西,与陕西接壤。黄河自边外折入内地,至蒲州一千余里。蒲州上至禹门,为平阳府属,河西为西安,有提督、总兵重兵驻守。自此以北,永宁州、临县为汾州府属,渡口有孟门镇、高家塔诸处。更北保德州为太原府属,渡口有黑田沟、穷狼窝诸处。河西为延安,素称荒野,河东为交城,路险山深,草窃潜匿。请敕巡抚、提督分兵驻防。"又疏言:"师已抵平凉,辅臣迫于必死,困兽犹斗,杀贼百不偿失兵一。宜驻军城下以逸待劳,急攻固原,绝其粮道。平凉地脊,非比湖南地广米多,可以持久。粮道不通,人心自散,必有斩辅臣献军门者。若贼东出则东应,贼西出则西应,疲我师徒,分我威力,固原围解,贼气贯通,此断断不可者也。"诸疏并下王大臣议行。

十六年,擢工部侍郎。十七年,以夏旱求言,疏言:"今日官至督抚,居敢谁何之势,自非大贤,鲜不纵恣。道府岁纳规礼,加之以搜括,则道府所辖官民,不帝鬻之道府矣。州县岁纳规礼,重之以勒索,则州县所属士民,不帝鬻之州县矣。世祖朝,山东巡按程衡劾巡抚耿焞，江南巡按秦世祯劾土国宝，皆置重典，天下肃然。今巡按久停，虽欲议复，恐一时难得多人。惟有出自上意，欲清一省则选一人遣往，不必一时俱发。出其不意，示以不测，使天下奸恶吏不敢恃督抚而肆志，即有不肖之督抚，亦莫敢庇贪而害民。"疏入报闻。

调户部。十八年，疏言："国家有钱法以通有无、利民用，自秦、汉及唐、宋公私皆悉用钱。至金、元，以银与钱钞并行。至明中叶，乃专资于银。闽逆之乱，或沉江河，或埋山谷，又以贪吏厚藏，银益少，民益困。今欲救天下之穷，惟有多铸钱，铸钱所资，铜六铅四，而可采之山，所司每深讳之，盖恐时有时无，贻累偿税。且上官闻其地开采，此挟彼制，诛求甚多也。臣谓宜令天下产铜铅之地，任民采取，有则以十分二输税于官，无则听之州县自行稽察，毋使多官旁挠。报采多者予议叙，则官与民皆乐为，资以鼓铸，钱不可胜用矣。"下九卿详议，拟例以上，得旨："采铜关系国计，其令各督抚率属殚力奉行。"

六善以老病乞罢，上不许。二十年，命致仕。三十年，卒于家。年七十一。

杜臻，字肇余，浙江秀水人。顺治十五年进士，改庶吉士散馆授编修。累迁内阁学士，擢吏部侍郎。

国初以海上多事，下令迁东南各省沿海居民于内地，画界而设之禁。界外皆弃地，流令无所归，去为盗。及师定金门、厦门，总督姚启圣请以界外地按籍还民，弛海禁，收鱼盐之利给军食，廷臣持不可。康熙二十二年，台湾平，上命以界外地还民。会给事中傅感丁请以江、浙、闽粤滨海界外地招徕开垦，乃命臻及内阁学士席柱赴福建、广东察视展界，进臻工部尚书。臻与席柱如广东，自钦州防城始，遵海以东而北，历府七、州三、县二十九、卫六、所十七、巡检司十六、台城堡砦二十一，还民地二万八千一百九十二顷，复业丁口三万一千三百。复如福建，自福宁州西分水关始，遵海以北，历府四、州一、县二十四、卫四、所五、巡检司三、关城镇砦五十五，还民地二万一千一十八顷,复业丁口四万八百。于是两省滨海居民咸得复业。别遣使察视江南、浙江展界复业,同时毕事。臻以母丧还里,席柱复命,奏陈资海居民迁乡安业。上曰:"民乐处海滨以可出海经商捕鱼,尔等知其故,前此何以不准议行?边疆大臣当以国计民生为念,曩禁令虽严,私出海贸易初未尝断绝。凡议出海贸易不可行者,皆总督、巡抚自图射利故也。"

臻丧终,起刑部尚书。旧制,方冬狱囚月给煤,狱吏率乾没,囚多以寒疾死,臻力禁之。调兵部。时议裁各省驻防及督、抚、提、镇标兵,臻谓:"兵冗可裁而不宜骤行,请自今老弱、物故、额阙概不补,数岁额自减。"从之。再调礼部。以疾告归,寻卒于家。上南巡,书"眷怀旧德"额追赐之。

臻少贫力学,事祖母及父母孝,宠奖人才,诗文剀切中条理。

萨穆哈,吴雅氏,满洲正黄旗人。顺治十二年进士,授户部主事,迁员外郎。"

康熙十二年,圣祖允吴三桂疏请撤藩,遣萨穆哈偕郎中党务礼、席兰泰,主事辛珠,笔帖式萨尔图如贵州,具舟及刍粟,谕以毋骚扰,毋迟误。既至,三桂谋反,提督李本深与谋,书招贵州巡抚曹申吉,总督甘文焜得之,告萨穆哈等,趣诣京师告变,并请兵赴援。萨穆哈与党务礼、席兰泰行至镇远。三桂已举兵,镇远将吏得三桂檄,不给驿马。萨穆哈、党务理得马二驰至沅州。乃乘驿,十一昼夜至京师,诣兵部,下马喘急,抱柱不能言,久之始苏,上三桂反状。席兰泰自镇远乘小舟至常德,乃乘驿,后七日至。辛珠、萨尔图不及行,死之。十三年,擢萨穆哈刑部郎中。十四年,叙告变功,萨穆哈、党务礼、席兰泰应升光禄、太仆诸卿。

十五年,授太仆寺卿。十六年,再迁户部侍郎。命监赈山东,十七年,还京师。疏言:"臣屡奉使命,所过州县,间有藉差科派民财,深滋扰累。请嗣后有大事,特遣部院官,余并责督抚料理。"上为下廷臣会议,定州县科敛俱视贪吏治罪。调吏部。二十年,再迁工部尚书。二十一年,命察视石景山至庐沟桥石堤,疏言:"堤内本官地,康熙初招民垦荒,致侵损堤根。请敕部免其赋,罢勿复耕。"从之。二十二年,命察视山西地震,疏请被灾最重州县发帑治赈。

二十四年,河道总督靳辅请于高邮、宝应诸州县筑堤,束黄河注海,按察使于成龙主浚海口,下廷臣议,用辅策。上询日讲官籍江南者,侍读乔莱力请用成龙策。上曰:"乡官义如此,未知民意如何?"今萨穆哈与学士穆成额,会漕运总督徐旭龄、巡抚汤斌,详察民间利害。萨穆哈等行历海口诸州县,诸州县民陈状参差不一。檄诸州县,令各择通达事体者十人询利害,皆言浚海口不便。二十五年,萨穆哈还奏,谓详问居民,从成龙议,积水不能施工,从辅议,水中亦不能取土,请两罢之。是时成龙召诣京师,上命廷臣及萨穆哈、成龙再议。成龙言浚海口当兼治串场河,费至百余万。廷臣以为费钜,疏请停。未几,斌入为尚书,奏言:"海口不急浚,再遇水,下游诸州县悉付巨浸。"上召问萨穆哈,萨穆哈不坚执前奏。复下廷臣议,始定用成龙策。上责萨穆哈前覆奏不实,夺官。寻授步军翼尉。

三十二年,仍授工部尚书。三十九年,上察知工部积弊,河工糜帑,受请托,发银多侵蚀,诘责萨穆哈等。萨穆哈寻以老疾乞罢,上斥其伪诈,命夺官,仍留任,察工部积弊,一一自列。四十三年,以疏浚京师内外河道侵蚀帑银,萨穆哈得赇,逮治拟绞。卒于狱。

论曰:米思翰赞撤藩之议,绸缪军食,足以支十年,知定谋有由也。顾八代、玛尔汉皆文臣,能克敌,复以廉勤建绩。六善于军事有建白,收绿旗之用,其效著于后矣。臻巡复海疆,兵后一大政也。萨穆哈以告变受赏,亦附著于斯篇。

清史稿卷二六九
列传第五六

索额图　明珠　余国柱　佛伦

索额图,赫舍里氏,满洲正黄旗人,索民第二子。初授侍卫,自三等荐升一等。康熙七年,授吏部侍郎。八年五月,自请解任效力左右,复为一等侍卫。及鳌拜获罪,大学士班布尔善坐党诛,授索额图国史院大学士,兼佐领。九年,改保和殿大学士。十一年,《世祖实录成》,加太子太傅。十五年,大学士熊赐履票本有误,改写草签既又毁去。索额图与大学士巴泰、杜立德等疏劾,赐履坐罢归。十八年,京察,侍讲学士顾八代随征称职,翰林院以“政勤才长”注考,索额图改注“浮躁”,竟坐降调。语详《顾八代传》。

索额图权势日盛。会地震,左都御史魏家枢入对,陈索额图怙权贪纵状,请严谴。上曰:“修省当自朕始!”翌日,召索额图及诸大臣谕曰:“兹遭地震,朕反躬修省。尔等亦宜洗涤肺肠,公忠自矢。自任用后,诸臣家计颇皆饶裕,乃朋比徇私,益加贪黩。若事情发觉,国法具在,决不尔贷!”是时索额图、明珠同柄朝政,互植私党,贪侈倾朝右,故谕及之。上并书“节制谨度”榜赐焉。

十九年八月,以病乞解任,上优旨奖其“勤敏练达,用兵以来,赞画机宜”,改命为内大臣。寻授议政大臣。先是索额图兄噶布拉,以册谥孝诚仁皇后推恩所生,封一等公。弟心裕袭索尼初封一等伯。法保,袭索尼加封一等公。二十三年三月,以心裕等懒惰骄纵,责索额图弗能教,夺内大臣、议政大臣、太子太傅,但任佐领,并夺法保一等公。二十五年，授领侍卫内大臣。

时俄罗斯屡侵黑龙江边境，据雅克萨，其众去复来，上发兵围之。察罕汗谢罪，使费耀多啰等来定界。二十八年，上命索额图与都统佟国纲往议。索额图奏谓：“尼布楚、雅克萨两地当归我。”上曰：“尼布楚归我，则俄罗斯贸易无所栖止，可以额尔固纳河为界。”索额图等与议，费耀多啰果执尼布楚、雅克萨为请。索额图等力斥之，仍宣上意，以额尔固纳河及格尔必济河为界，立碑而还。

二十九年，上以裕亲王福全为大将军，击噶尔丹，命索额图将盛京、吉林、科尔沁兵会于丹林，败噶尔丹于乌兰布通。以不穷追，镌四级。三十五年，从上亲征，率八旗前锋、察哈尔四旗及汉军绿旗兵前行，并命督火器。营大将军费扬古自西路抵图拉。上驻克鲁伦河，噶尔丹遁走，费扬古截击之于昭莫多，大败其众。三十六年，上还幸宁夏，命索额图督水驿，会噶尔丹死。叙功，复前所镌级。四十年九月，以老乞休，心裕代为领侍卫内大臣。

索额图事皇太子谨，皇太子渐失上意。四十一年，上阅河至德州，皇太子有疾，召索额图自京师至德州侍疾。居月余，皇太子疾愈，还京师。是岁，心裕以虐毙家人夺官。四十二年五月，上命执索额图，交宗人府拘禁，谕曰：“尔为大学士，以为贪恶革退，后复起用，冈知愧悔。尔家人讦尔，留内三年，朕意欲宽尔。尔乃怙过不悛，结党妄行，议论国事。皇太子在德州，尔乘马至中门始下，即此尔已应死。尔所行事，任举一端，无不当诛。朕念尔原系大臣，心有不忍，姑贷尔死。”又命执索额图诸子交心裕、法保拘禁，谕“若别生事端，心裕、法保当族诛”诸臣党附索额图者，麻尔图、额库礼、温代、邵甘、佟宝并命严锢，阿米达以老贷之。又命诸臣同祖子孙在部院者，皆夺官。江潢以家有索额图私书，下刑部论死。仍谕满洲人与偶有来往者，汉官与交结者，皆贷不问。寻索额图死于幽所。

后数年，皇太子以狂疾废，上宣谕罪状，谓：“索额图助允礽潜谋大事，朕知其情，将索额图处死。令允礽欲为索额图报仇，今朕意戒慎不宁。”并按诛索额图二子格尔芬、阿尔吉善。他日，上谓廷臣曰:"昔索额图怀私,倡议皇太子服御俱用黄色,一切仪制几与朕相似。骄纵之渐,实由于此。索额图诚本朝第一罪人也!"

明珠,字端范,纳喇氏,满洲正黄旗人,叶赫贝勒金台石孙。父尼雅哈,当太祖灭叶赫,来降,授佐领。明珠自侍卫授銮仪卫治仪正,迁内务府郎中。康熙三年,擢总管。五年,授弘文院学士。七年,命阅淮、扬河工,议复兴化百驹场旧闸,凿黄河北岸引河。旋授刑部尚书。改都察院左都御史,充经筵讲官。十一年,迁兵部尚书。十二年,上幸南苑,阅八旗甲兵于晾鹰台。明珠先布条教使练习之,及期,军容整肃,上嘉其能,因著为令。

康熙初,南疆大定,留重兵镇之,吴三桂云南,尚可喜广东,耿精忠福建。十余年,渐跋扈,三桂忧骄纵,可喜亦忧之,疏请撤藩,归老海城。精忠、三桂继请。上召诸大臣询方略,户部尚书米思翰、刑部尚书莫洛等主撤,明珠和之。诸大臣皆默然。上曰:"三桂等蓄谋久,不早除之,将养痈成患。今日撤亦反,不撤亦反,不若先发。"因下诏许之。三桂遂反,精忠及可喜子之信皆叛应之。时争咎建议者,索额图请诛之。上曰:"此出自朕意,他人何罪?"明珠由是称上旨。十四年,调吏部尚书。十六年,授武英殿大学士,屡充《实录》、《方略》、《一统志》、《明史》诸书总裁,累加太子太师。迨三叛既平,上谕廷臣以前议撤藩,惟明珠等能称旨,且曰:"当时有请诛建议者,朕若从之,皆含冤泉壤矣!"

明珠既擅政,簠簋不饬,货贿山积。佛伦、余国柱其党也,援引致高位。靳辅督南河,主筑堤束水,下游不浚自通。于成龙等议浚下游,与异议。辅兴屯田,议者谓不便于民,多不右辅,明珠独是其议。蔡毓荣、张汧皆明珠所荐引者也,迨得罪按治,恐累举者,傅轻比,上谕斥,始定。与索额图互植党相倾轧。索额图生而贵盛,性倨肆,有不附己者显斥之,于朝士独亲李光地。明珠则务谦和,轻财好施,以招来新进,异己者以阴谋陷之,与徐乾学等相结。索额图善事皇太子,而明珠反之,朝士有侍皇太子者,皆阴斥去。荐汤斌傅皇太子,即以倾斌。会天久不雨,光地所荐讲官德格勒明《易》,上命筮,得夬,因陈小人居鼎铉,天屯其膏,语斥明珠。事具《德格勒传》。二十七年,御史郭琇疏劾:"明珠、国柱背公营私,阁中票拟皆出明珠指麾,轻重任意。国柱承其风旨,即有舛错,同官莫敢驳正。圣明时有诘责,漫无省改。凡奉谕旨或称善,明珠则曰'由我力荐'或称不善,明珠则曰'上意不喜,我从容挽救'。且任意附益,市恩立威,因而要结群心,挟取货贿。日奉事毕,出中左门,满、汉部院诸臣拱立以待,密语移时,上意罔不宣露。部院事稍有关系者,必请命而行。明珠广结党羽,满洲则佛伦、格斯特及其族侄富拉塔、锡珠等,凡会议会推,力为把持。汉人则国柱为之囊橐,督抚藩臬员缺,国柱等展转征贿,必满欲而后止。康熙二十三年学道报满应升者,率往论价,缺皆预定。靳辅与明珠交结,初议开下河,以为当任辅,欣然欲行。及上欲别任,则以于成龙方沐上眷,举以应命,而成龙官止按察使,题奏奏仍属辅,此时未有阻挠意也。及辅张大其事,与成龙议不合,乃始一力阻挠。明珠自知罪戾,对人柔颜甘语,百计款曲,而阴行螫害,意毒谋险。最忌者言官,惟恐发其奸状,考选科道,辄与订约,章奏必使先闻。当佛伦为左都御史,见御史李兴谦屡疏称旨,吴震方颇有弹劾,即令借事排陷。明珠智术足以弥缝罪恶,又有国柱奸谋附和,负恩乱政。伏冀立加严谴。"

疏入,上论吏部曰:"国家建官分职,必矢志精白,大法小廉,今在廷诸臣,自大学士以下,惟知互相结引,徇私倾陷。凡遇会议,一二倡率于前,众附和于后,一意诡随。廷议如此,国是何凭?至于紧要员缺,特令会同推举,原期得人,亦欲令被举者惊心涤虑,恐致累及举者,而贪黩匪类,往往则露。此皆植党纳贿所致。朕不忍加罪大臣,且用兵时曾著劳绩者,免其发觉。罢明珠大学士,交领侍卫内大臣酌用。"未几,授内大臣。后从上征噶尔丹,督西路军饷,叙功复原级。

明珠自罢政后,虽权势未替,然为内大臣者二十年,竟不复柄用。四十七年,卒。子性德、揆叙自有传。

余国柱,字两石,湖广大冶人。顺治九年进士,授兖州推官。迁行人司行人,转户部主事。康熙十五年,考授户科给事中。时方用兵,国柱屡疏言筹饷事,语多精核。二十年,擢左副都御史。旋授江宁巡抚,请设机制宽大缎匹。得旨:“非常用之物,何为劳费”当明珠用事,国柱务罔利以迎合之,及内转左都御史,迁户部尚书,汤斌继国柱抚江苏。国柱索斌献明珠金,斌不能应,由是倾之。二十六年,授武英殿大学士,益与明珠结,一时称为“余秦桧”。上谒陵,中途召于成龙入对,成龙尽发明珠、国柱等贪私。上归询高士奇,士奇亦以状闻。及郭琇疏论劾,言者蜂起,国柱门人陈世安亦具疏纠之,颇中要害,国柱遂夺官。既出都,于江宁治第宅,营生计,复为给事中何金蔺所劾,命逐之回籍。卒于家。

佛伦,舒穆禄氏,满洲正白旗人。自笔帖式累迁内阁学士。吴三桂既死,其孙世璠犹据滇、黔,命佛伦总理粮饷,通镇远运道,旋兼理四川粮镶。事平,迁刑部侍郎。寻迁左都御史,擢工部尚书,转刑、户两部。先是下河工程,靳辅与按察使于成龙议不协,命佛伦偕侍郎熊一潇等勘议。佛伦受明珠指,议如辅言,为总漕慕天颜所劾。御史陆祖修亦劾佛伦祖辅,且言:“九卿会议时,尚书科尔坤等阿佛伦意,尚书张玉书、左都御史徐乾学言兴屯所占民田应还之民,科尔坤置不闻。他九卿或不得见只字。”上怒,下部严议。及郭琇劾明珠,指佛伦为明珠党,因解佛伦任。召辅等廷对,佛伦乃奏停屯田,并汰前所设官。部议夺佛伦官,上命留佐领。旋授内务府总管。

出为山东巡抚,疏请均赋役,令绅民一体应役,诏嘉其实心任事。初,潍县知县朱敦厚以赃私为巡抚钱珏所发,乞徐乾学请于珏,获免,且内擢主事。至是事发,下佛伦鞫实,乾学坐夺官。佛伦又劾琇知吴江县时,尝侵公帑,其父景昌故名尔标,乃明御史黄宗昌奴,坐贼党诛,琇改父名冒封典,当追夺。乾学故附明珠,后相失,或傅琇疏乾学实主之,故佛伦以是报。寻擢川陕总督,入为礼部尚书。三十八年,授文渊阁大学士。三十九年,琇入觐,讼父受诬。上诘佛伦,自承不实,当夺官,援赦得免。未几,以原品休致。旋卒。

　　论曰:康熙中,满洲大臣以权位相尚者,惟索额图、明珠,一时气势熏灼,然不能终保令名,卒以贪侈败。索额图以附皇太子得罪,祸廷于后嗣。明珠与索额图竞权,不附皇太子,虽被弹事罢相,圣祖犹念其赞撤藩,力全之,以视索额图,岂不幸哉?若国柱、佛伦、则权门之疏附矣。

清史稿卷二七〇
列传第五七

郝浴 子林　杨素蕴　郭琇

　　郝浴,字雪海,直隶定州人。少有志操,负气节。顺治六年进士,授刑部主事。八年,改湖广道御史,巡按四川。时张献忠将孙可望、李定国等降明,为桂王将,据川南为寇,师讨之,郡县吏率军前除授,恣为贪虐。浴至,严约束,廉民间疾苦,将吏始敛迹。九年,平西王吴三桂与固山额真李国翰分兵复成都、嘉定、叙州、重庆。已而两路兵俱败,三桂退驻绵州。浴在保宁监临乡试,可望将数万人薄城,浴飞檄邀三桂,激以大义,谓“不死于贼,必死于法。”逾月,三桂乃赴援,可望等引去。

　　浴在围城中,上诏询收川方略,疏言:“秦兵苦转饷,川兵苦待哺,故必秦不助川而后秦可保。川不冀秦助而后川可图。成都地大且要,灌口一水,襟带三十州县。若移兵成都,照籍屯田,开耕一年,可当秦运三年。所难者牛种,倘令土司出牛,抚臣与立券,丰年还其值,当无不听命。嘉定据上游,饶茶、盐令暂易谷种,则牛、种俱不难办也。臣故谓开屯便。川所患者滇寇也,滇寇所恃,不过皮兜、布铠乌铳、扁刀,善于腾山逾岭。蜀中土官土兵,其技尤娴于此。若拔其精锐为前茅,以满洲骁骑为后劲,疾雷迅霆,贼必乌兽散。臣故谓用土兵便。”上以其言可采,下部议。部议谓战守事当听三桂主之,遂报寝。浴又言:“土贼投诚,给扎授官,恣行劫掠为民害。请嗣后愿归伍者归伍,愿为民者,今有司造册编丁,免牛租,除杂派,就熟地开征,俾有定额。"疏议行。

三桂入四川,寝骄横,部下多不法,惮浴严正,辄禁止沿路塘报。浴上言:"臣忝司朝廷耳目,而雍阏若此,安用臣为?"及保宁围解,颁赏将士,三桂以冠服与浴,浴不受。疏言:"平贼乃平西王责。臣司风宪,不预军事,而以臣预赏,非党臣则忌臣也。"因陈三桂拥兵观望状,三桂深衔之。浴劾永宁总兵柏永馥临阵退缩,广元副将胡一鹏骄悍不法,并命夺官逮治。降将董显忠等以副将衔题授司道,恣睢虐民,浴复疏劾,改原职。三桂嗾显忠等入京陈辨,浴坐镌秩去。

十一年,大学士冯铨、成克巩、吕宫等交章荐浴,三桂乃摭浴保宁奏捷疏有"亲昌矢石"语,指为冒功,论劾,部议当坐死,上命宽之,流徙奉天。大学士冯铨、成克巩、吕宫皆以荐浴挂吏议。浴至戍所,益潜心义理之学,嗜《孟子》及《二程遗书》,以"致知格物"颜其庐,刻苦厉志。康熙十年,圣祖幸奉天,浴迎谒道左,具陈始末,上为动容,慰劳良久。

十二年,三桂反,尚书王熙、给事中刘沛先荐浴,为部议所格。十四年,侍郎魏象枢复疏言:"浴血性过人,才守学识,臣皆愧不及。使在西蜀操尺寸之权,岂肯如罗森辈俯首从逆?臣子立朝,各有本末。当日参浴者三桂也,使三桂始终恭顺,方且任以腹心。浴一书生耳,即老死徙所,谁复问之?今三桂叛矣,天下无不恨三桂,即无不怜浴。浴当三桂身居王爵,手握兵柄,不畏威,不附势,致为所仇。三桂之所仇,正国家之所取,何忍弃之!"上乃召浴还,复授湖广道御史。

时陕西提督王辅臣叛应三桂,浴疏言:"大兵进剿平凉,宜于西安、潼关用重兵屯驻,以待策应。用郧阳之兵攻兴安,调河南之兵入武关,直取汉中,逆贼计日可擒。"上然之,下其疏诸帅。复请禁苛征,恤民困,止督、抚、提、镇坐名题补之例。章十数上,皆中时弊。十六年,命巡视两淮盐政,严剔宿蠹,增课六十余万。淮、扬大饥,发仓米振救,全活甚众。十七年,擢金都御史,迁左副都御史。十九年,授广西巡抚。广西新经丧乱，民生凋瘵，浴专意抚绥，疏陈调剂四策，请裁兵、汰马、防要害、简精锐。复请停鼓铸，改米征银，复南宁、太平、思恩诸府县行盐旧制，上辄报可。时南疆底定，满洲兵撤还京师。浴疏言抚标兵不宜裁减，下部议，留其半。又请为死事巡抚马雄镇、傅宏烈建祠桂林，知府刘浩、知县周岱生为孙延龄所戕，疏请予恤。二十二年，卒官。丧归，士民泣送者数千里不绝。

初，傅宏烈以军事急，移库金七万有奇、米七千余石供饷，浴请以库项扣抵。及卒，布政使崔维雅署巡抚，劾浴侵欺，命郎中苏赫、陈光祖往按，如维雅言。部议夺官追偿。上知浴廉，谕所动钱粮非入已，从宽免追。二十五年，子林讼父冤，复原官，赐祭葬。

林，字中美。康熙二十一年进士，授中书科中书，历吏部郎中，亦以廉正称。累迁礼部侍郎，加尚书衔。致仕，卒。

杨素蕴，字筠湄，陕西宜君人。顺治九年进士，授直隶东明知县。东明当河决后，官舍城垣悉败，民居殆尽，遗民依邱阜，仅数十家。素蕴至，为缮城郭，招集流亡，三年户增至万余。山东群盗任凤亭等剽掠旁郡，扰及畿南。素蕴设计降其渠，散其胁从。十七年，举卓异。行取，授四川道御史。疏言："臣言官也，宜以言为事。然今天下所患，正在议论多而成功少。国家建官分职，各有所事。诚使司举劾，筹财用。任封疆，理刑狱，各举其职，则平天下无余事。更愿皇上推诚御物，肃大闲，宽小眚，俾人人得展其才，尤端本澄源之要也。"

时吴三桂镇云南，郡县吏得自辟署，谓之"西选"。渐乃题用朝臣，无复顾忌。素蕴疏言："三桂以上湖南道胡允等十员题补云南各道，并有奉差部员在内，深足骇异。爵禄者人主之大柄，纲纪者朝廷之大防，柄不可移，防不可溃。前此经略用人，特命二部不得制肘，亦惟以军前效用及所辖五省各官酌量题请，从未闻敢以他行省及见任京官坐缺定衔者也。且疏称求于滇省既苦索驳无从，求于还方又恐叱驭不速，则湖南、四川距云南犹近，若京师、山东、江南相去万里,不知其所谓远者更在何方?皇上特假便宜,不过许其就近调补。若尽天下之官,不分内外,不论远近,皆可择而取之,何如归吏部铨授,尤为名正言顺。纵或云、贵新经开辟,料理乏人,诸臣才品为藩臣所素知,亦宜请旨令吏部签补。乃径行拟用,不亦轻名器而亵国体乎?人臣忠邪之分,起于一念之敬肆。藩臣敭历有年,应知大体。此举为封疆计,未必有深心,然防微杜渐,当慎于几先。祈申饬藩臣,嗣后惟力图进取,加意抚绥,一切威福大权,俱宜禀自朝廷,则君恩臣谊两尽其善。"疏下部。

十八年,圣祖即位,辅臣柄政,出素蕴为川北道。三桂见素蕴前奏,恶之,具疏辨,并摘"防微杜渐"语,谓意含隐射,语伏危机。诏责素蕴回奏,素蕴言:"防微杜渐,古今通义。臣但期藩臣每事尽善,为圣世纯臣,非有他也。"下部议,坐素蕴巧饰,当降调,罢归。

居十年,三桂反。尚书郝惟讷、冀如锡,侍郎杨永宁交章请起用,惟讷词尤切,略言:"素蕴首劾三桂,云当防微杜渐。在当日反状未形,似属杞忧。由今观之,则素蕴先见甚明,且为国直陈,奋不自顾,其刚肠正气,实有大过人者!亟宜优录。"乃命发湖广军前,以原品用。会丁父忧,服阕,乃赴军前。总督蔡毓荣题补湖广提学道,部议当以见办军务参议道题补。十七年,题补下荆南道。时襄阳总兵杨来嘉,副将洪福等叛应三桂。大军运饷,自襄至房、保路险隘,舟车不通,岁调襄阳、安陆、德安三郡丁夫担负,饷苦不继。素蕴访知谷城有小溪可通舟,乃按行山谷开饷道,由是水运通利,省丁夫什九,军乃无乏。迁山西提学道。二十四年,任满,荐举擢通政司参议,累迁顺天府尹。二十六年,授安徽巡抚。会岁饥,上疏请赈。甫拜疏,即檄州县开仓赈给,全活甚众。

寻调湖广巡抚。夏逢龙乱初定,胁从尚众,人情悾扰,一夕数惊。素蕴首严告讦之禁,反侧以安。二十八年,大旱,疏请蠲免武昌等属三十二州县钱粮,上遣户部郎中舒淑等会督抚勘灾。舒淑至武昌,素蕴适患署疾,令布政使于养志从总督丁思孔往勘。寻称病乞休,上疑其托疾,夺官。命甫下而素蕴已卒。

先是，湖北郡县疾苦最甚者，如沔阳、江陵、汉阳、嘉鱼滨江地陷未蠲赋额，咸宁、黄陂、景陵谷折，江夏、崇阳、武昌、通城、汉阳、汉川、云梦、孝感、应城谷田科重，监利一年两赋，为民害数十年。素蕴得其实，条为两疏。未及上而病革，口授入遗疏，曰："此疏行，吾目瞑矣！"

郭琇，字华野，山东即墨人。康熙九年进士。十八年，授江南吴江知县。材力强干，善断疑狱。征赋行版串法，胥吏不能为奸。居官七年，治行为江南最。二十五年，巡抚汤斌荐琇居心恬淡，莅事精锐，请迁擢。部议以琇征赋未如额，寝其奏，圣祖特许之，行取，授江南道御史。时河督靳辅请停浚下河，筑高家堰重堤，清丈堤外田亩以为屯田，谓可增岁收百余万。巡抚于成龙议不合，上令尚书佛伦往勘，主辅议。下九卿核奏，尚书张太书、左都御史徐乾学力言屯田扰民。二十七年，琇疏劾辅治河无功，偏听幕客陈潢阻浚下河。上御乾清门，召诸大臣，下琇疏，令会同察议。寻辅入觐，复召诸大臣与议。琇申言屯田害民，辅坐罢，而擢琇佥都御史。

大学士明珠柄政，与余国柱比，颇营贿赂，权倾一时，久之为上所觉。琇疏劾明珠与国柱结党行私，详列诸罪状，并及佛伦、傅拉塔与辅等交通状，于是明珠等降黜有差。琇直声云天下。迁太常寺卿，再迁内阁学士。二十八年，复迁吏部侍郎，充经筵讲官，擢左都御史。疏劾少詹事高士奇与原任都御史王鸿绪植党为奸，给事中何楷、修撰陈元龙、编修王顼龄依附坏法，士奇等并休致回籍。

未几，御史张星法劾山东巡抚钱珏贪黩，珏奏辨，因及琇尝致书属荐即墨知县高上达等，却之，遂挟嫌使星法诬劾，下法司讯。狱未具，琇疏言："左都御史马齐于会讯时多方锻炼，必欲实以指使诬劾罪。"

诏责琇疑揣。寻法司奏琇请托事实，当夺官。上以琇平日鲠直敢言，改降五级调用。二十九年，吏部推琇通政司参议，上命改予琇休致。江宁巡抚洪之杰以吴江县亏漕项，事涉琇，牒山东追琇赴质。

时佛伦为山东巡抚，因劾琇违例逗留希进用，请夺官逮治。又劾琇
世父郭尔印乃明季御史黄宗昌家奴，琇父郭景昌原名尔标，尝入贼
党伏法，琇私改父名请诰封，应追夺。部议如所请，逮赴江宁勘治。
坐侵收运船饭米二千三进余石，事发弥补，议遣戍，诏宽之。

三十八年，上南巡，琇迎驾德州。既还京师，谕大学士阿兰泰等
曰："原任左都御史郭琇，前为吴江令，居官甚善，百姓感颂至今。其
人有胆量，可授湖广总督，令驰驿赴任。"琇上官，疏言："黄州、武昌
二府兵米二万七千有奇，运给荆州、郧阳泛地，悬隔千里，挽输费不
赀，请改折色。江夏等十三州县有故明藩产，田脊赋重，数倍民粮，
请一律减征。江夏、嘉鱼、汉阳三县濒江地，水啮土隤，有赋无田者
三百余顷，请豁免。"皆允行。

三十九年，入觐，因奏言："臣父景昌，即墨县诸生，有册可稽。
邑匪郭尔标本无妻室，安得有子？不知佛伦何所据，诬臣并及臣
父。"时佛伦为大学士，上诘之，以舛错封，命仍予诰，轴。琇陛辞，奏
请清丈地亩，并言湖南地广人稀，恐清丈后赋当差减。上问："当减
几何？"琇言："当减十分之三。"上曰："果益民，虽倍于此，亦不惜
也！"寻条陈三事，一严定筑堤处分，一停造无用粮船，一通融调苗
疆官吏。又疏禁征赋诸弊政。上嘉其实心除弊，并允行。时红苗就
抚，琇陈善后之策，请颁诏敕，令勒石永遵。

四十年，以病乞休，上曰："琇病甚，思一人代之不可得，能如琇
者有几人耶？"给事中马士芳劾湖广布政使任风厚久病，巡抚年遐
龄徇庇不以闻。遐龄奏风厚实无病。风厚入觐，上见其未衰，因曰：
"任风厚若不堪任使，郭琇岂肯徇庇耶？"未几，琇以病剧再疏求罢，
仍慰留。黄梅知县李锦催科不力，琇委员摘印。锦得民心，民闭城
拒之，乞留锦。御史左必蕃劾琇，部议当夺官，上以清丈未毕，缓之。

四十一年，镇旱诸生李定等叩阍奏红苗杀掠，总督、巡抚匿不
以闻。而给事中宋骏业亦劾琇向骛虚声，近益衰废，持禄养痾。乃
命侍郎傅继祖、甘国枢，浙江巡抚赵申乔往按。会琇报清丈毕，乞罢
任。上责其清丈稽延，与前奏不合，行不顾言。并及匿报红苗杀掠

与黄梅拒命事。琇陈老病失察,请治罪。初红苗犯镇旱,游击沈长禄往剿,至大梅山,守备许邦坦、千总孙清俱陷贼,长禄私赎之归,讳不报。而副将朱绂报苗已就抚,琇据以入告。继祖等勘得状,琇与提督林本植并夺官。五十四年,卒。寻祀乡贤,并祀吴江名宦。

　　论曰:郝浴、杨素蕴秉刚正之性,抗论强藩,曲突徙薪,防祸未形,甘窜逐而不悔。郭琇抨击权相,有直臣之风,震霆一鸣,金壬解体。盖由圣祖已悟期奸,而琇遂得行其志。然以浴之廉,蒙议于身后。素蕴居官爱民,不终于位,琇则横被诬陷,废置十年,始获申雪。得君如圣祖,犹不克善全,直道难行,不其然哉?

清史稿卷二七一
列传第五八

徐乾学 翁叔元　王鸿绪
高士奇

徐乾学，字原一，江南昆山人。幼慧，八岁能文。康熙九年，一甲三名进士，授编修。十一年，副蔡启尊主顺天乡试，拔韩菼于遗卷中，明年魁天下，文体一变。坐副榜未取汉军卷，与启尊并镌秩调用。寻复故官，迁左赞善，充日讲起居注官。丁母忧归，乾学父先卒，哀毁三年，丧葬一以礼。及母卒，如之。为《读礼通考》百二十卷，博采众说，剖析其义。服阕，起故官。充《明史》总裁官，累迁侍讲学士。

二十三年，乾学弟元文以左都御史降调，其子树声与乾学子树屏并举顺天乡试。上以是科取中南皿卷皆江、浙人，而湖广、江西、福建无一与者，下九卿科道磨勘。树屏等坐斥举人。是年冬，乾学进詹事。二十四年，召试翰詹诸臣，擢乾学第一，与侍读韩菼、编修孙岳颁、侍讲归允肃、编修乔莱等四人并降敕褒奖赏赍。寻直南书房，擢内阁学士，充《大清会典》、《一统志》副总裁，教习庶吉士。时户部郎中色楞额往福建稽察鼓铸，请禁用明代旧钱，尚书科尔坤、余国柱等议如所请。乾学言："自古皆新旧兼行，以从民便。若设厉禁，恐滋纷扰。"因考自汉至明故事，为议以献。上然之，事遂寝。

诏采购遗书，乾学以宋、元经解、李寿《续通鉴长编》及唐《开元礼》，或缮写，或仍古本，综其体要，条列奏进，上称善。时乾学与学士张英日侍左右，凡著作之任，皆以属之。学士例推巡抚，上以二人学问淹通，宜侍从，特谕吏部，遇巡抚缺勿预推。未几，迁礼部侍郎，直讲经筵。朝鲜使臣郑载嵩诉其国王受枉，语悖妄。乾学谓恐长外藩跋扈，劾其使臣失辞不敬，宜责以大义。上见疏，奖，谓有关国体。已而王上疏谢罪。二十六年，迁左都御史，擢刑部尚书。二十七年，典会试。

初，明珠当国，势张甚，其党布中外，乾学不能立异同。至是，明珠渐失帝眷，而乾学骤拜左都御史，即劾罢江西巡抚安世鼎，讽诸御史风闻言事。台谏多所弹劾，不避权贵。明珠竟罢相，众皆谓乾学主之。时有南、北党之目，互相抨击。尚书科尔坤、佛伦，明珠党也，乾学遇会议会推，辄与龃龉。总河靳辅奏下河屯田，下九卿会议，乾学偕尚书张玉书言屯田所占。民地应归旧业，科尔坤、佛伦勿从。御史陆祖修因劾科尔坤等偏袒河臣，不顾公议，御史郭琇亦劾辅兴屯累民。诏罢辅任。湖广巡抚张汧亦明珠私人，先是命色楞额往谳上荆南道祖泽深婪赃各款，并察汧有无秽迹，色楞额悉为庇隐。御史陈紫芝劾汧贪黩，命副都御史开音布会巡抚于成龙、马齐复讯，汧泽深事俱实，复得泽深交结大学士余国柱为嘱色楞额徇庇及汧遣人赴京行贿状，下法司严议。时国柱已为琇劾罢，法司请檄追质讯，并诘汧行贿何人，汧指乾学。上闻，命免国柱质讯，戒勿株连。于是但论汧、泽深、色楞额如律，事遂寝。乾学寻乞罢，疏言："臣蒙特达之知，感激矢报，苞苴馈遗，一切禁绝。前任湖北巡抚张汧横肆污蔑，缘臣为宪长，拒其币问，是以衔憾诬攀。非圣明在上，是非几至混淆。臣备位卿僚，乃为贪吏诬构，皇上覆载之仁，不加谴责，臣复何颜出入禁廷，有玷清班？伏冀圣慈放归田里。"诏许以原官解任，仍领修书总裁事。

二十八年，元文拜大学士，乾学子树谷考选御史。副都御史许三礼劾乾学："律身不严，为张汧所引。皇上宽仁，不加谴责，即宜引咎自退，乞命归里。又复优柔系恋，潜住长安。乘修史为名，出入禁廷，与高士奇相为表里，物议沸腾，招摇纳贿。其子树谷不遵成例，朦胧考选御史，明有所恃。独其弟秉义文行兼优，原任礼部尚书熊赐履理学醇儒,乞立即召用,以佐盛治。乾学当逐出史馆,树谷应调部属,以遵成例。"诏乾学复奏,乾学疏辨,乞罢斥归田,并免树谷职。疏皆下部议,坐三礼所劾无实,应镌秩调用。三礼益恚,复列款讦乾学赃罪,帝严斥之,免降调,仍留任。

是年冬,乾学复上疏言:"臣年六十,精神衰耗,祗以受恩深重,依恋徘徊。三礼私怨逞忿,幸圣主洞烛幽隐。臣方寸靡宁,不能复事铅椠。且恐因循居此,更有无端弹射。乞恩终始矜全,俾得保其衰病之身,归省先臣邱陇,庶身心间暇。愿比古人书局自随之义,屏迹编摩,少报万一。"乃许给假回籍,降旨褒嘉,命携书籍即家编辑。二十九年春,陛辞,赐御书"光焰万丈"榜额。未几,两江总督傅腊塔疏劾乾学嘱托苏州府贡监等请建生祠,复纵其子侄交结巡抚洪之杰,倚势竞利,请敕部严议。语具《元文传》。上置弗问,而予元文休致。

三十年,山东巡抚佛伦劾潍县知县朱敦厚加收火耗论死,并及乾学尝致书前任巡抚钱珏庇敦厚。乾学与珏俱坐是夺职。自是龃龉者不已。嘉定知县闻在上为县民讦告私派,逮狱,阅二年未定谳。按察使高承爵穷诘,在上自承尝馈乾学子树敏金,至事发后追还,因坐树敏罪论绞。会诏戒内外各官私怨报复,树敏得赎罪。三十三年,谕大学士举长于文章学问超卓者,王熙、张玉书等荐乾学与王鸿绪、高士奇,命来京修书。乾学已前卒,遗疏以所纂《一统志》进,诏下所司,复故官。

翁叔元,字宝林,江南常熟人。康熙十五年,一甲三名进士,授编修,馆试第一。累迁国子监祭酒,存擢吏部侍郎,迁工部尚书。部例,每有工作,先计其直上之,名曰:"料估"。工完多冒破,所司不敢以闻,有十年不销算者。大工至四十三案。叔元莅部甫半载,积牍一清。调刑部,移疾归,卒。叔元爱才而褊隘,何焯在门下,初甚赏之。叔元疏劾汤斌,焯请削门生籍,督元摈之,竟不得成名。以是为世所诮云。

　　王鸿绪，初名度心，字季友，江南娄县人。康熙十二年一甲二名
进士，授编修。十四年，主顺天乡试。充日讲起居注官。累迁翰林
院侍讲。十九年，圣祖论奖讲官勤劳，加鸿绪侍读学士衔。时湖广
有朱方旦者，自号二眉山人。造《中说补》，聚徒横议，常至数千人。
自诩前知，与人决休咎。巡抚董国兴劾其左道惑众，逮至京，得旨宽
释。及吴三桂反，顺承郡王勒尔锦驻师荆州，方旦以占验出入军营，
巡抚张朝珍亦称为异人。上密戒勒尔锦勿为所惑。方旦乃避走江、
浙，会鸿绪得其所刊《中质秘书》，遂以奏进，列其诬罔君上、悖逆圣
道、摇惑人心三大罪。方旦坐诛。

　　二十一年，转侍读，充《明史》总裁。累擢内阁学士、户部侍郎。
二十四年，典会试。二十五年，疏请回籍治本生母丧，遣官赐祭。二
十六年，擢左都御史。疏劾广东巡抚李士桢贪劣，潮州知府林杭学
尝从吴三桂反，乃举其清廉。士桢坐罢，杭学夺职。会灵台郎董汉
臣疏陈时事，以谕论教元良、慎简宰执为言。御史陶式玉劾汉臣摭
拾浮言，欺世盗名，请逮治。鸿绪疏言：“钦天监灵台郎、博士等官，
不择流品，星卜屠沽之徒，粗识数字，便得滥竽。请敕下考试，分别
去留。”下部议行。汉臣及博士买文然等十五人并以词理舛误黜。
初，以式玉疏下九卿集议，尚书汤斌谓大臣不言，惭对汉臣。汉臣既
黜，鸿绪偕左都御史琼丹、副都御史徐元珙合疏劾斌务名鲜实，并
追论江宁巡抚去任时，巧饰文告，以博虚誉。上素重斌清廉，置弗
问。

　　鸿绪论各省驻防官兵累民，略言：“驻防将领恃威放肆，或占夺
民业，或重息放债，或强娶民妇。或谎诈逃人，株连良善。或收罗奸
棍，巧生扎诈。种种为害，所在时有。如西安、荆州驻防官兵纪律太
宽，牧放马匹，驱赴村庄，累民刍秣，百十成群，践食田禾，所至驿
骚。其他苦累，又可类推。请严饬将军、副都统等力行约束。绿旗
提、镇纵兵害民，以及虚冒兵粮者，不一而足，请饬督抚立行指参。”
上命议行。

　　未几，以父忧归。二十八年，服阕，将赴补。左都御史郭琇劾鸿

绪与高士奇招权纳贿，并及给事中何楷编修陈元龙，皆予休致。语具《士奇传》。嘉定知县闻在上为县民讦告私派事，按察使高承爵按治。在上言尝以银馈举人徐树敏，至事发退还，因坐树敏罪。巡抚郑端覆讯，在上言尝以银五百馈鸿绪，亦事发退还。端乃劾乾学纵子行诈，鸿绪竟染赃银，有玷大臣名节，乞敕部严议。上特谕曰："朕崇尚德教，蠲涤烦苛。凡大小臣工，咸思恩礼下逮，曲全始终。即因事放归，仍令各安田里。近见诸臣彼此倾轧，伐异党同，私怨相寻，牵连报复。虽业已解职投闲，仍复吹求不已，株连逮于子弟，颠覆及于身家。朕总揽万机，已三十年，此等情态，知之甚悉。娟嫉倾轧之害，历代皆有，而明季为甚。公家之事。置若罔闻，而分树党援，飞诬排陷，迄无虚日，朕于此等背公误国之人，深切痛恨。自今以往，内外大小诸臣，宜各端心术，尽蠲私忿，共矢公忠。倘仍执迷不悟，复踵前非，朕将穷极根株，悉坐以朋党之罪。"时鸿绪方就质，诏至，得释。

三十三年，以荐召来京修书。寻授工部尚书，充经筵讲官。四十七年，调户部。其年冬，皇太子允礽既废，诏大臣保奏储贰，鸿绪与内大臣阿、灵阿侍郎揆叙等谋，举皇子允禩，诏切责，以原品休致。

五十三年，疏言："臣旧居馆职，奉命为明史总裁官，与汤斌、徐乾学、叶方霭互相参订，仅成数卷。及臣回籍多年，恩诏重领史局，而前此纂辑诸臣，罕有存者。惟大学士张玉书为监修，尚书陈廷敬为总裁，各专一类，玉书任志，廷敬任本纪，臣任列传。因臣原衔食俸，比二臣得有余暇，删繁就简，正谬订讹。如是数年，汇分成帙，而大学士熊赐履续奉监修之命，檄取传稿以进，玉书、廷敬暨臣皆未参阅。臣恐传稿尚多舛误，自蒙恩归田，欲图报称，因重理旧编，搜残补阙，复经五载，成列传二百八卷。其间是非邪正，悉据公论，不敢稍逞私臆。但年代久远，传闻异辞，未敢自信为是。谨缮写全稿，赍呈御鉴，请宣付史馆，以备参考。"诏俞之。

五十四年，复召来京修书，充《省方盛典》总裁官。雍正元年，卒于京。乾隆四十三年，国史馆进《鸿绪传》，高宗命以郭琇劾疏载入，使后世知鸿绪辈罪状。

孙兴吾，进士，官吏部侍郎。

高士奇，字澹人，浙江钱塘人。幼好学能文。贫，以监生就顺天乡试，充书写序班。工书法，以明珠荐，入内廷供奉，授詹事府录事。迁内阁中书，食六品俸，赐居西安门内。康熙十七年，圣祖降敕，以士奇书写密谕及纂辑讲章、诗文，供奉有年，特赐表里十匹、银五百。十九年，复谕吏部优叙，授为额外翰林院侍讲。寻补侍读，充日讲起居注官，迁右庶子。累擢詹事府少詹事。

二十六年，上谒陵，于成龙在道尽发明珠、余国柱之私。驾旋，值太皇太后丧，不入宫，以成龙言问士奇，亦尽言之。上曰："何无人劾奉？"士奇对曰："人孰不畏死。"帝曰："若辈重于四辅臣乎？欲去则去之矣，有何惧？"未几，郭琇疏上，明珠、国柱遂罢相。二十七年，山东巡抚张汧以赏银赴京行贿事发，逮治，狱辞涉士奇。会奉谕戒勿株连，于是置弗问。事详《徐乾学传》。士奇因疏言："臣等编摩纂辑，惟在直庐。宣谕奏对，悉经中使。非进讲，或数月不觐天颜，从未干涉政事。不独臣为然，前入直诸臣，如熊赐履、叶方蔼、张玉书、孙在丰、王士禛、朱彝尊等，近今同事诸臣，如陈廷敬、徐乾学、王鸿绪、张英、励杜讷等，莫不皆然。独是供奉日久，嫌疑日滋。张汧无端疑怨，含沙污蔑，臣将无以自明，幸赖圣明在上，诬构难施。但禁廷清秘，来兹妻斐，岂容仍玷清班？伏乞赐归田里。"上命解任，仍领修书事。二十八年，从上南巡，至杭州，幸士奇西溪山庄，御书"竹窗"榜额赐之。

未几，左都御史郭琇劾奏曰："皇上宵旰焦劳，励精图治，用人行政，未尝纤毫假手左右。乃有原任可詹事高士奇、左都御史王鸿绪等，表里为奸，植党营私，试略陈其罪。士奇出身微贱，其始徒步来京，觅馆为生。皇上因其字学颇工，不拘资格，擢补翰林。令入南书房供奉，不过使之考订文章，原未假之与闻政事。而士奇日思结纳,谄附大臣,揽事招权,以图分肥。内外大小臣工,无不知有士奇者。声名赫奕,乃至如此。是其罪之可诛者一也。久之羽翼既多,遂自立门户,结王鸿绪为死党,给事中何楷为义兄弟,翰林陈元龙为叔侄,鸿绪兄项龄为子女姻亲,俱寄以心腹,在外招揽,凡督、抚、藩、臬、道、府、厅、县及在内大小卿员,皆鸿绪、楷等为之居停,哄骗馈至,成千累万。即不属党护者,亦有常例。名之曰:"平安钱。"是士奇等之奸贪坏法,全无顾忌,其罪之可诛者二也。光棍俞子易,在京肆横有年,事发潜遁。有虎坊桥瓦房六十余间,价值八千金,馈送士奇。此外顺成门外斜街并各处房屋,令心腹出名置买,寄顿贿银至四十余万。又于本乡平湖县置田产千顷,大兴土木,杭州西溪广置园宅。以觅馆餬口之穷儒,忽为数百万之富翁。试问金从何来?无非取给于各官。官从何来?非侵国帑,即剥民膏。是士奇等真国之蠹而民之贼也,其罪之可诛者三也。皇上洞悉其罪,因各馆编纂未竣,令解任修书,矜全之恩至矣!士奇不思改过自新,仍怙恶不悛,当圣驾南巡,上谕严戒馈送,以军法治罪。惟士奇与鸿绪愍不畏死,鸿绪在淮、扬等处,招揽各官馈送万金,潜遗士奇。淮、扬如此,他处可知。是士奇等欺君灭法,背公行私,其罪之可诛者四也。王鸿绪、陈元龙鼎甲出身,俪然士林翘楚。竟不顾清议,依媚大臣,无所不至。苟图富,贵伤败名教,岂不玷朝班而羞当世之士哉?总之高士奇、王鸿绪、陈元龙、何楷、王项龄等,豺狼其性,蛇蝎其心,鬼蜮其形。畏势者既观望而不敢言,趋势者复拥戴而不肯言。臣若不言,有负圣恩。故不避嫌怨,请立赐罢斥,明正典刑,天下幸甚。"疏入,士奇等俱休致回籍。副都御史许三礼复疏劾解任尚书徐乾学与士奇姻亲,招摇纳贿,相为表里。部议以所劾无据,得寝。

三十三年,召来京修书。士奇既至,仍直南书房。三十六年,以养母乞归,诏允之,特授詹事府詹事。寻擢礼部侍郎,以母老未赴。四十二年,上南巡,士奇迎驾淮安,扈跸至杭州,及回銮,复从至京师,屡入对,赐予优渥。上顾侍臣曰:"朕初读书,内览授以《四子》本经,作时文。得士奇,始知学问门径。初见士奇得古人,诗文一览即知其时代,心以为异,未几,朕亦能之。士奇无战阵功,而朕待之厚,以其裨朕学问者大也。"寻遣归,是年卒于家。上深惜之,命加给全葬,授其子庶吉士舆为编修。寻谥文恪。

论曰:儒臣直内廷,谓之"书房",存未入关前旧名也。上书房授诸皇子读,尊为师傅。南书房以诗文书画供御,地分清切,参与密勿。乾学、士奇先后入直,鸿绪亦以文学进。乃凭藉权势,互结党援,纳贿营私,致屡遭弹劾,圣祖曲予保全。乾学、鸿绪犹得以书局自随,竟编纂之业,士奇亦以恩礼终,不其幸欤。

清史稿卷二七二
列传第五九

汤若望　　杨光先　　南怀仁

　　汤若望,初名约翰亚当沙耳,姓方白耳氏,日耳曼国人。明万历间,利玛窦挟天算之学入中国,徐光启与游,尽其术。崇祯初,日食失验,光启上言:"台官用郭守敬法,历久必差,宜及时修正。"庄烈帝用其议,设局修改历法,光启为监督,汤若望被征入局掌推算。光启卒,以李天经代,奏进汤若望所著书及恒星屏障。迭与台官测日食,候节气,并考定置闰先后,汤若望术辄验。庄烈帝知西法果密,欲据以改《大统术》,未行而明亡。"

　　顺治元年,睿亲王多尔衮定京师,是岁六月,汤若望启言:"臣于明崇祯二年来京,用西洋新法厘正旧历,制测量日月星晷、定时考验诸器。近遭贼毁,拟重制进呈。先将本年八月初一日日食,照新法推步。京师日食限分秒并起复方位,与各省所见不同诸数,开列呈览。"王命汤若望修正历法。七月,礼部启请颁历,王言:"治历明时,帝王所重。今用新法正历,以敬迓天休,宜名《时宪历》,用称朝廷宪天乂民之至意。自顺治二年始,即用新历颁行天下。"汤若望复启言:"敬授人时,全以节气交宫,与太阳出入、昼夜时刻为重。今节气、日时、刻分与太阳出入昼夜时刻,俱照道里远近推算,增加历首,以协民时,利民用。"王奖其精确。八月丙辰朔,日有食之。王令大学士冯铨与汤若望率钦天监官赴观象台测验,惟新法吻合,《大统》、《回回》二法时刻俱不协。

　　世祖定鼎京师,十一月,以汤若望掌钦天监事。汤若望疏辞,上不许。又疏请别给敕印,而以监印缴部,谓治历之责,学道之志,庶可并行不悖,上亦不许。并谕汤若望遵旨率属精修历法,整顿监规,如有怠玩侵紊,即行参奏。加太仆寺卿,寻改太常寺卿。十年三月,赐号通玄教师,敕曰:"国家肇造鸿业,以授时定历为急务。羲和而后,如汉洛下闳、张衡,唐李淳风、僧一行,于历法代有损益。元郭守敬号为精密,然经纬之度,尚不能符合天行,其后晷度遂以积差。尔汤若望来自西洋,精于象纬,闳通历法。徐光启特荐于朝,一时专家治历如魏文魁等,实不及尔。但以远人,多忌成功,终不见用。朕承天眷,定鼎之初,尔为朕修《大清时宪历》,迄于有成。又能洁身持行,尽心乃事。今特锡尔嘉名,俾知天生贤人,佐佑定历,补数千年之阙略,非偶然也。"旋复加通政使,进秩正一品。

　　钦天监旧设回回科,汤若望用新法,久之,罢回回科不置。十四年四月,革职回回科秋官正吴明炫疏言:"臣祖默沙亦黑等一十八姓,本西域人。自随开皇已未,抱其历学,重译来朝,授职历官,历一千五十九载,专官星宿行度。顺治三年,掌印汤若望谕臣科,凡日月交食及太阴五星陵犯、天象占验,俱不必奏进。臣察汤若望推水星二八日皆伏不见,今于二月二十九日仍见东方,又八月二十四日夕见,皆关象占,不敢不据推上闻。乞上复存臣科,庶绝学获传。"并上十四年《回回术》推算太阴五星陵犯书,日月交食、天象占验图象。别疏又举汤若望舛谬三事:一、遗漏紫气,一、颠倒觜参,一、颠倒罗计。八月,上命内大臣爱星阿及各部院大臣登观象台测验水星不见,议明炫罪,坐奏事诈不以实,律绞,援赦得免。

　　康熙五年,新安卫官生杨光先叩阍进所著《摘谬论》、《选择议》,斥汤若望新法十谬,并指选择荣亲王葬期误用《洪范》五行,下议政王等会同确议。议政王等议:"历代旧法,每日十二时,分一百刻,新法改九十六刻。康熙三年立春候气,先期起管,汤若望妄奏春气已应参、觜二宿,改调次序,四余删去紫气。天佑皇上,历祚无疆,汤若望祗进二百年历,选荣亲王葬期不用正五行,反用《洪范》五行，山向年月俱犯忌杀，事犯重大。汤若望及刻漏科杜如预、五品挈壶正杨宏量、历科李祖白、春官正宋可成、秋官正宋发、冬官正朱光显、中官正刘有泰皆凌迟处死。故监官子刘必远，贾文郁、可成子哲、祖白子实、汤若望义子潘尽孝皆斩。"得旨，汤若望效力多年，又复衰老，杜如预、杨宏量勘定陵地有劳，皆免死，并令覆议。议政王等覆议，汤若望流徙，余如前议。得旨，汤若望等并免流徙，祖白、可成、发、光显、有泰皆斩。自是废新法不用。

圣祖既亲政，以南怀仁治理历法，光先坐谴黜，复用新法。时汤若望已前卒，复通微教师封号，视原品赐恤，改"通玄""通微"，避圣祖讳也。

杨光先，字长公，江南歙县人。在明时为新安所千户。崇祯十年，上疏劾大学士温体仁、给事中陈启新，舁棺自随。廷杖，戍辽西。

国初，命汤若望治历用新法，颁《时宪历书》，面题"依西洋新法"五字。光先上书，谓非所宜用。既又论汤若望误以顺治十八年闰十月为闰七月，上所为《摘谬》、《辟邪》诸论，攻汤若望甚力，斥所奉天主教为妄言惑众。圣祖即位，四辅臣执政，颇右光先，下礼、吏二部会鞫。康熙四年，议政王等定谳，尽用光先说，谴汤若望，其属官至坐死。遂罢新法，复用《大统术》。除光先右监副，疏辞，不许。即授监正，疏辞，复不许。

光先编次其所为书，命曰不得已，持旧说绳汤若望。顾学术自审不逮改甚，既屡辞不获，乃引吴明烜为监副。明烜明炫兄弟行，明炫议复回回科不得请，至是明烜副光先任推算。五年春，光先疏言："今候气法失传，十二月中气不应。乞许臣延访博学有心计之人，与之制器测候，并饬礼部采宜阳金门山竹管、上党羊头山秬黍、河内葭莩备用。"七年，光先复疏言："律管尺寸，载在《史记》，而用法失传。今访求能候气者，尚未能致。臣病风痹，未能董理。"下礼部，言光先职监正，不当自诿，仍令访求能候气者。

是时朝廷知光先学术不胜任,复用西洋人南怀仁治理历法。南怀仁疏劾明烜造康熙八年七政民历于是年十二月置闰,应在康熙九年正月,又一岁两春分、两秋分,种种舛误,下议政王等会议。议政王等议,历法精微,难以遽定,请命大臣督同测验。八年,上遣大学士图海等二十人会监正马祜测验立春、雨水两节气及太阴火、木二星躔度,南怀仁悉应,明烜言悉不应。议政王等疏请以康熙九年历日交南怀仁推算,上问:"光先前劾汤若望,议政王大臣会议,以光先何者为是,汤若望何者为非,及新法当日议停,今日议复,其故安在?"议政王等疏言:"前命大学士图海等二十人赴观象台测验,南怀仁所言悉应,吴明烜所言悉不应,问监正马祜,监副宜塔喇、胡振钺、李光显,皆言南怀仁历法上合天象。一日百刻,历代成法,今南怀仁推算九十六刻,既合天象,自康熙九年始,应按九十六刻推行。南怀仁言罗睺、计都、月孛、推历所用,故入历。紫气无象,推历所不用,故不入历。自康熙九年始,紫气不必造入七政历。"又言:"候气为古法,推历亦无所用,嗣后并应停止。请将光先夺官,交刑部议罪。"上命光先但夺官,免其罪。

南怀仁等复呈告光先依附鳌拜,将历代所用《洪范》五行称为《灭蛮经》,致李祖白待无幸被戮,援引吴明烜诬告汤若望谋叛。下议政王等议,坐光先斩,上以光先老,贷其死,遣回籍,道卒。刑部议明烜坐奏事不实,当杖流,上命笞四十释之。

南怀仁,初名佛迪南特斯,姓阜泌斯脱氏,比利时国人。康熙初,入中国。时汤若望方黜,杨光先为监正,吴明烜为监副,以大统术治历,节气不应。金、水二星躔度舛错。明烜奏水星当见,其言复不售。乃召南怀仁,命治理历法。南怀仁劾光先、明烜而去之,遂授南怀仁监副。

时康熙八年三月,南怀仁言是岁按旧法以十一月置闰,以新法测验,闰当在九年正月。既又言是月二十九日雨水,乃正月中气,即为康熙九年之正月,闰当在是年二月。上命礼部询钦天监官,多从南怀仁，乃罢八年十二月闰，移置九年二月。节气占候。悉用南怀仁说。六月，南怀仁请改造观象台仪器，从之。十二月，仪器成，擢南怀仁监正。仪凡六：曰黄道经纬仪，曰赤道经纬仪，曰地平经仪，曰地平纬仪，曰纪限仪，曰天体仪。并绘图立说，次为《灵台仪象志》。十七年，进《康熙永年表》，表推七政交食，为汤若望未竟之书，南怀仁续成之。二十一年，命南怀仁至盛京测北极高度，较京师高二度，别为推算日月交食表上之。南怀仁官监正久，累加至工部侍郎。二十七年，卒，谥勤敏。

自是钦天监用西洋人，累进为监正、监副，相继不绝。五十四年，命纪理安制地平经纬仪，合地平、象限二仪为一。乾隆中，戴进贤、徐懋德、刘松龄、傅作霖皆赐进士。道光间，高拱宸等或归国，或病卒。时监官已深习西法，不必复用西洋人，奏奉宣宗谕，停西洋人入监。方圣祖用南怀仁，许奉天主教，仍其国俗，而禁各省立堂入教。是时各省天主堂已三十余所。雍正间，禁令严，尽毁去，但留京师一所，俾西洋人入监者居之。入内地传教，辄绳以法。迨停西洋人入监，未几海禁弛，传教入条约，新旧教堂遍内地矣。

论曰：历算之术，愈入则愈深，愈进则愈密。汤若望、南怀仁所述作，与杨光先所攻讦，浅深疏密，今人人能言之。其在当日，嫉忌远人，牵涉宗教，引绳批根，互为起仆，诚一时得失之林也。圣祖尝言当历法争议未已，已所未学，不能定是非，乃发愤研讨，卒能深造密微，穷极其阃奥。为天下主，虚已励学如是，呜呼，圣矣！

清史稿卷二七三
列传第六〇

李率泰　　赵廷臣　袁懋功　徐旭龄

郎廷佐　弟廷相　郎永清　永清子廷极

佟凤彩　　麻勒吉　阿席熙　玛祜

施维翰

　　李率泰，字寿畴，汉军正蓝旗人，永芳子。初名延龄，年十二，入侍太祖，赐今名。年十六，以宗室女妻之。弱冠，从太宗征察哈尔、朝鲜及明锦州，又从贝勒阿巴泰征山东，并有功，洊擢梅勒额真。

　　顺治元年，命以刑部参政兼任，率师驻防锦州。四月，从睿亲王多尔衮入关，破李自成。又率兵徇山东、河南，斩自成将赵应元，降其众万人。二年，从豫亲王多铎破自成兵潼关。移师南征，克扬州，下江宁，分兵定苏州、松江诸郡。江隐典史阎应元拒守，督兵攻破之。豫亲王令驻防苏州。会明将吴志葵、黄蜚等来犯，时城兵仅千余，率泰使遶城张帜为援兵状。志葵等斩关入，劲骑突起截击，尽歼之。

　　三年，从端重亲王博洛平浙江、福建，叙功，授世职二等阿达哈哈番兼拖沙喇哈番。五年，郑彩犯福建漳、泉诸郡，诏率泰与靖南将军陈泰协剿，斩获甚众。复长乐、连江二县。彩走，复擒斩所署总督顾世臣等，遂克兴化。寇攻福州十四月，围始解。民食尽，江西盗郭天才自杉关长驱至福州，载米麦江上，诱民出就食。率泰师次建宁，檄守吏严备，乃夜焚洪山桥遁。巡按御史周世科虐刑婪贿，率泰疏劾，置诸法。六年，从征大同叛将姜瓖，下保德州，擒瓖党牛化麟等。叙功，复加拖沙喇哈番。

初定官制，改参政为侍郎，率泰仍以刑部侍郎兼梅勒额真。八年，调吏部，拜弘文院大学士。条奏请惩贪酷官吏，给满洲兵马草料，酌量营造工程次弟，上从之。未几，与大学士陈泰坐误增恩诏赦款，并罢任，降世职为拜他喇布勒哈番。九年，特进三等阿思哈尼哈番。

十年，用大学士洪承畴荐，授两广总督。时明桂王朱由榔居安隆，其将李定国拥兵广西，土寇廖笃增等应之。十一年，率泰遣兵进剿，斩笃增于玉版巢。十二年，定国犯广东，率泰御之，败其将高文贵。曾靖南将军珠玛喇率禁旅至，合兵夹击，大破之。复高、雷二郡。

十三年，加太子太保，调闽浙总督。率泰有方略，善用兵，与士卒同甘苦。时郑成功据台湾，数入寇。率泰疏请增设水师三千，造哨船百余艘，招降海盗，散其羽翼。又言成功父芝龙不宜徙宁古塔，其地近海，恐乘间遁归，为患滋大。世祖悉用其言。以破定国功，进世职一等。考满，加少保。十五年，招抚成功将唐邦杰、林羽、叶禄等，降者数万人。十五年，成功攻温州，陷平阳、瑞安，率泰调江宁满洲兵助剿，成功败走。是年，诏分闽浙总督为二：以都统赵国祚督浙江，驻温州。而以率泰专督福建，驻福州。未几，成功据南安岭窥福州，其党陈斌既降复叛，率众据罗星塔。率泰檄兵燔其巨舰千余，成功遁。斌复降，奏诛之。十六年，坐事夺世职，任总督如故。

康熙元年，率泰以漳州为福建门户，奏增设水师二千。寻与靖南王耿继茂击走定海小埕诸寇，复与提督马得功平万安所，击走成功将杨宣。是年成功死，其子锦拒命如故，部下渐携贰。于是率泰复招降其将林俊奇、陈辉、何义、魏明等三百余人，兵二千有奇。统建宁、延平、邵武三路士卒剿内地山寇，获其渠王铁佛，斩之。既，锦率其将周全斌以五百余人自梁山内犯，率泰遣总兵王进加、参将折光秋夹击,大破之。复与靖南王耿继茂统舟师捣厦门,取浯屿、金门二岛,锦宵遁。三年,降其将林国梁,进兵八尺门,降其将翁求多。夜半渡海拔铜山,斩级三千有奇,其将黄廷等率兵民三万余人来降,获敌舰、军械无算。锦仅以数十艘遁入台湾。叙功,加秩正一品。

寻以病累疏乞休,诏辄慰留。五年,卒官。遗疏言:"海贼远窜台湾,奉旨撤兵,与民休息。第将众兵繁,撤之骤,易致惊疑。迟,又恐贻患。今当安反侧之心,后须防难制之势。红毛夹板船虽已回国,然往来频仍,异时恐生衅。至数年以来,今沿海居民迁移内地,失其故业。宜略宽界限,俾获耕渔,庶苏残喘。"上闻,优诏褒恤,赠兵部尚书,复世职,谥忠襄。

赵廷臣,字君邻,汉军镶黄旗人。顺治二年,自贡生授江苏山阳知县,迁江宁同知,有政声。坐催征逾限,免。十年,大学士洪承畴经略湖广,荐廷臣清干,题授下湖南道副使,屡平冤狱。十三年,调督粮道。

十五年,从定贵州,遂擢授巡抚。甫至官,察民间疾苦,定赋蠲振,征贪横,禁吏卒驿骚。疏言:"贵州古称鬼方,自城市外,四顾皆苗。其贵阳以东,苗为伙,而铜苗、九股统悍。其次为革老,曰羊黄曰八番子,曰土人,曰洞人,曰蛮人,曰冉家蛮,皆黔东苗属也。自贵阳以西,罗罗为伙,而黑罗为悍。其次曰仲家,曰米家,曰蔡家,曰龙家,曰白罗,皆黔西苗属也。专事斗杀,驭之甚难。臣以为教化无不可施之地。请自后应袭土官年十三以上者,令入学习礼,由儒学起送承袭。其族属子弟愿入学读书者,亦许其仕进,则儒教日兴而悍俗渐变。土官私袭,支系不明,争夺易起,酿成变乱,令岁终录其世次籍上布政司达部。有争袭者,按籍立辨,豫杜衅端。"并下部议行。

十六年,擢云贵总督。土寇冯天裕陷湄潭,犯瓮安,调兵击却之。疏请改马乃、曹滴诸土司为流官。又言:"贵州曩被寇,改卫为府,改所为县,法令纷更,民苦重役,今应复旧制。云南田土荒芜,当招民开垦。冲路州县,请以顺治十七年秋粮贷为春种资。"并下部议行。吴三桂贡象五,世祖命免送京,廷臣因乞概停边贡,允之。十八年,以平土酋龙吉兆功,加兵部尚书。是年调浙江,叙云南垦荒劳,加太子少保。

康熙二年,疏言:"浙江逋赋不清,由征解繁杂,请以一条鞭法令各州县随征随解,布政司察明注册,至为简易。"又疏言:"征粮之法不一,苟能寓抚字于催科,即百姓受其福。急公好义,人情皆然,有司止以垂楚为能,民安得不重利借债,减价卖产;钱粮完,地方坏矣。苟能得廉有司,禁革火耗,天平不欺天,法马不违法,又禁绝差扰,一酒一饭无不为民节省,民未有不交纳恐后者。征粮之能,在人不在法,然不得其人而循法行之,亦得半之道也。实征册籍立实在户名,以杜诡御。流水红簿送本府印发,以防侵蚀。易知由单遍散穷山深谷,以绝横索。臣于浙属立法通行,催征得法之吏,请敕部酌议,许题请奖励。"又疏请移海岛投诚官兵分插内地,杜其煽诱。定水师提镇各营兵制,以备水虞。杭、嘉、湖三郡毗连太湖,易藏奸宄,请增造快号船,拨兵巡哨。诏并从之。时郑成功死,廷臣招明鲁王所署将军阮美、都督郑殷、侍郎蔡昌登等,皆率众来降。惟张惶言散兵居定海山中,执而杀之。

四年,疏请崇节俭,维风俗。又言用人宽小眚,请敕部分别罣误降革人员。量才录用。又言民人鬻身旗下,宜令有司给与印契,并晓谕邻里,后或逃归,有容留者,乃可坐以窝逃。并议行。时钱滞不行,疏请令外省收铜开铸,准宝泉、宝源两局法式,去各省分铸之名,以天下之钱供天下之用。上命复各省二十四监铸钱。浙东初平,叛狱屡起,廷臣平情读鞫,全活甚众。时海滨尚多余孽,闻廷臣宽大,多解甲来归。康熙六年,以病乞休,诏慰留之。八年,巡海自福建还,至奉化,病卒,谥清献。

廷臣为政宽静而善折狱。有瞽者入屠者室,攫其篝中钱,屠者逐之,则曰:"欺吾瞽,夺吾钱。"廷臣令投钱水中,见浮脂,以钱还屠者。有杀人狱已诬服,廷臣察伤格,曰:"伤寸而刃尺,必冤也!"更求之,得真杀人者。旱,山中人言魃见,入人家辄失财物。廷臣曰:"盗也!"令吏捕治之。

袁懋功,字九叙,顺天香河人。顺治二年进士,授礼科给事中。疏请慎简学官,磨勘文体,厘定礼制。又以前时废官援恩诏躐至,请敕吏部会都察院严核才品。累擢户部侍郎。十七年,世祖谕懋功才品敏练,授云南巡抚。时云南初定,懋功令降卒入籍归农,垦无主之田。编保甲,以时稽察。奏减屯田粮额,请停派部员履勘田亩。抚云南九载,政绩大著。以父忧去。服除,起山东巡抚。康熙十年,济南五十六州县卫新垦地被淹,懋功疏请展限一年起科,部格不行,上特允之。调浙江,未行,卒,谥清献。

徐旭龄,字元文,浙江钱塘人。顺治十二年进士,除刑部主事再迁礼部郎中。康熙六年,授云南道御史。裁缺,改湖广道。迭疏请汰额外衙役,核州县赎锾,降调官百姓保留敕督抚核实,皆下部议行。命偕御史席特纳巡视两淮盐政,疏陈积弊,请严禁斤重不得逾额,部议如所请勒石。又疏请停止豫征盐课,部议不允。迁太常寺少卿,累擢左佥都御史,请裁军兴以后增设道员。二十二年,授山东巡抚。二十三年,迁工部侍郎。复出为漕运总督,疏请厘三害,筹三便,革随漕增、裁运耗二项,及民间帮贴盘费脚价,各省给军疑项,改由州县迳发运丁,行月粮改入现运项下发给,并合并漕船帮次,皆下九卿议行。二十六年,卒,亦谥清献。

郎廷佐,字一柱,汉军镶黄旗人,世籍广宁。父熙载,明诸生。太祖克广宁,熙载来归,授防御,以军功予世职游击。崇德元年卒,长子廷辅嗣。廷佐,其次子也。自官学生授内院笔帖式,擢国史院侍读。顺治三年,从肃亲王豪格徇四川,平张献忠。六年,从英亲王阿济格讨叛将姜瓖。迁秘书院学士。

十一年,授江西巡抚。江西自明末荐遭兵乱,逋赋巨万。廷佐累疏请蠲缓苏民困,诏允行。土寇洪国柱等掠铙州、广信,遣兵剿平之。十二年,擢江南江西总督。江南逋赋至四百余万,廷佐核赋籍,曰:"此非尽民困不能输也,必有官吏侵蚀而诡称民逋者。民困可矜,官吏弊不可不革。"乃籍之为三,曰官侵,曰吏蚀,曰民逋。责右布政使按籍督催,而令左布政使稽征新赋,以除新旧牵混之弊。并疏请官吏征赋未完者,令戴罪留任催征,于是宿弊顿革。师行取估舶以济,商民交困。廷佐疏请视江西例,发帑造船备用。上韪其言,命议行。

十六年,巡阅江海,因密疏言:"郑成功屯聚海岛,将犯江南。江南汛兵无多,水师舟楫未备,请调发邻省劲兵防御。"事格不行。未几,成功陷镇江,袭瓜洲,遂窥江宁,城守单弱。会梅勒额真噶楚哈、玛尔赛自贵州旋师,廷佐与驻防总管喀喀木邀入城共御敌,挫其前锋,得舟二十余。成功兵大至,战舰蔽江,廷佐登埤固守。提督管效忠、总兵梁化凤等水陆夹击,焚敌舰五百余,擒斩无算,成功遁入海。捷闻,诏嘉奖。十八年,分江南江西总督为二,以廷佐专督江南。康熙四年,复旧制,仍兼江西。七年,以疾解任。致仕大学士金之俊家居,得匿名书帖,诋其曾降李自成,之俊诉廷佐,令有司穷治。上闻,虑株连无辜,责之俊违例妄诉,廷佐俟病痊起用,镌二秩。

十三年,耿精忠反,授廷佐福建总督。廷佐奏言:"臣孙为耿氏婿,臣与精忠有连。然誓不与贼俱生,愿力疾前驱,歼除叛寇。"上嘉之,赐鞍马、甲胄以宠其行。廷佐至浙江,从大将军康亲王杰书治军,驻金华。疏陈精忠句结海寇,宜剿抚兼施。上曰:"海寇当抚,精忠当用剿,或用间。"廷佐颇有规画,未及行,十五年,卒于军,赐祭葬。江南、江西俱祀名宦。

弟廷相,字钧衡。初授钦天监笔帖式。累官四川左布政使。四川屡经兵燹,廷相莅任,百废具兴,民不知扰。康熙八年,授河南巡抚。廷佐卒,上即擢廷相为福建总督。会精忠降,余党纪朝佐、张八等尚抗拒,廷相剿抚兼用,旬月悉平。郑锦及山寇朱寅屡犯郡县,遣兵分剿,屡却之,擒斩甚众。十七年,锦窥漳州,掳玉州等寨,分扰石码、江东桥。廷相请援,诏康亲王督兵协剿。时寇势甚张,上责廷相庸懦不能殄贼,命解任。二十七年,卒。

郎永清,字定庵。初授礼部笔帖式。出知山西浑源州,招民开垦，豁逋赋万余。姜瓖党高山等窜伏山谷间为盗，永清简丁壮，亲率搜捕，多斩获。事平，擢江西赣州知府，平反冤狱，居官有声。师讨李定国，议牧马赣州，民哗言兵且入城，争窜避。永清度城外地为牧场，区画八旗驻营，具刍荛，兵不入城，赣民安堵。师还，征民夫数千挽舟，滩水湍激，永清虑民夫无食且逃，以大舰载米尾其后，军行无滞。民德之，为立象祠焉。

从子廷佐巡抚江西，永清例回避，调山西汾州。迁山东东昌道副副使，转湖广下荆南道。李自成党踞房、竹间，官军分路会剿，馈饷俱取给郧、襄陆路挽运，议征民夫数万。永清疏水道，仿古转搬法，安塘递运，军得无匮。累迁湖南布政使。衡、永、宝三郡苦食粤盐，滩险道远，商民交病。永清申请改食淮盐，民便之。康熙十二年，调河南。师讨吴三桂，议养马南阳，永清请移牧湖广。河南协济湖广军米十万石，申巡抚题请改于江南、江西采远。在官十二年，课最。二十五年，擢山东巡抚。未几，卒官，祀湖南名宦。永清子廷极、廷栋。

廷极，字紫衡。初授江宁府同知，迁云南顺宁知府，有政声。累擢江西巡抚。江西多山，州县运粮盘兑，民间津贴夫船耗米五斗三升，载《赋役全书》，岁分给如法。户部初议驳减，总督范承勋以请，得如故。至是户部复议停给，并追前已给者，廷极累疏争之。寻兼理两江总督。五十一年，擢漕运总督。卒，谥温勤。廷栋，字朴斋。官湖南按察使。

佟凤彩，字高冈，汉军正蓝旗人，养性从孙也。初授国史院副理事官。外改顺天香河知县，内擢山西道御史，出视河东盐政。顺治七年，巡按湖南。八年，外转湖广武昌道参议，迁广西右布政使。时师征云南，道广西，供亿浩繁，凤彩筹济无匮。调江西左布政使。十七年，擢四川巡抚。四川经张献忠乱，城邑残破，劝官吏损输，修筑成都府城，葺治学宫，浚都江大堰。以祖母忧去官。

康熙六年，起贵州巡抚。疏言："驿站累民，而贵州尤苦。层山峻岭,俗言'地无三里平'。行一站,马则蹄瘤脊烂,夫则足破肩穿。应于重安江、杨老堡、黄丝铺、盘江坡、江西坡、软轿坡等六处增置腰站,设夫马如额。"复言:"黔省田土多奇零,国初隶版图,州县卫所等官不谙赋役,任意牒报。户部以明季《赋役全书》发黔订正,原报多者不复更改。少者照数增添。臣莅任,酌定由单规式,饬所司填给花户,以杜私派。嗣各属造报,此多彼缩,不能照则填给。且田地名色甚多,钱粮轻重不一。见饬所司清厘,更正《赋役全书》,乘永久。"诏并允行。丁母忧。

十一年,起河南巡抚。彰德旧有万金渠、康熙七、八年水患三至,凤采奏请修浚,以弭民害。寻疏言:"豫省岁修黄河,用夫多或至万余,俱按亩起派,雇直年需三四十万,小民重困。请改为官雇,按通省地亩等则派银,刊明由单。若遇意外大工,再具题请旨。"上以派银雇夫仍属累民,命并免之。十二年,凤彩疏言:"均平里甲,直省通行。河南虽有里甲之名,其实多者每里或五六百顷,少者止一二百顷,或寥寥数顷。有司止知照例编差,里小田少,难以承役,愈增苦累。今饬州县按征粮地亩册,如一州县有地一千顷,原分为十里者,每里均分一百顷。一里之中各分十甲,每甲均分十顷。遇有差徭,按里甲分当,则豪强无计规避,贫弱不致偏枯。"又言:"豫省民间栽柳供河工采办,岁需百余万束。自康熙七年以后,协济江南河工已二百七十余万束。去岁阳武险工,无柳可用,将民间桃、李、梨、杏尽行斫伐,方事堵御。是修防本省河工尚属不敷,实难协济外省。且黄河渡船装柳止二三百束,至无船之地官吏束手,若非亟图变通,必至误运。向例本省河工运柳,每束给银五分,今远运江南千里之外,止给银四分五厘,民安得不赔累?乞敕河臣于江南雇船到豫,使民止备柳束挽运江干。嗣后就江南邻近无河患处,酌派协济。留河南有余不尽之柳,以备本省河患,庶百姓稍得苏息,大工不致迟误。"疏入,并下九卿科道议行。河南民称均里甲、蠲夫柳为利民二大疏。"

吴三桂反,河南当通衢,凤彩悉心调度,民不知扰。十三年,以疾乞休，许之，士民赴阙吁留。左都御史姚文然疏言，风彩抚豫数载。民所爱戴，宜今力疾视事，命仍留任。十六年，卒官，谥勤僖。河南、四川、贵州并祀名宦。

麻勒吉，瓜尔佳氏，满洲正黄旗人。先世居苏完，有达邦阿者，当太祖时来归，麻勒吉其曾孙也。顺治九年，满、汉分榜，麻勒吉以翻译举人举会试弟一，殿试一甲弟一，授修撰，世祖器之。十年，谕麻勒吉兼通满、汉文，气度老成，擢弘文院侍讲学士。十一年，擢学士，充日讲官，教习庶吉士，编纂《太祖、太宗圣训》副总裁，经筵讲官。

明将孙可望诣经略洪承畴军降，封义王，命麻勒吉为使，学士胡兆龙、奇彻伯副之，赍敕印授之，即偕诣京师。麻勒吉初与直录总督张玄锡同官学士，使还，玄锡迎于顺德，麻勒吉诃辱之，玄锡愤，自到不殊。巡抚董天机以玄锡手书遗疏上闻，上遣学士哲库纳、侍郎霍达往按。玄锡复疏言："麻勒吉于迎候时面斥失仪，又责以前此南行不出迎，且云：'在南方洪经略日有馈遗，何等尽礼！'奇稳伯又索臣驿驼。臣因贿赂干禁，不与。"上责麻勒吉等逼迫大臣，任意妄行，下九卿会勘。玄锡，直隶清苑人，明庶吉士。顺治初授原官，自检讨累迁至学士。上称其勤敏，擢宣大总督，移督直隶、河南、山东。至是，以听勘诣京师，居僧寺，自缢。九卿议麻勒吉等当夺官籍没，上宽之，削加级、夺诰敕而已。

十六年，以云南初定，发帑金三十万，命麻勒吉偕尚书伊图、左都御史能图往赈，并按大将军贝勒尚善纵兵扰民状，麻勒吉为奏辨。寻安亲王岳乐覆勘，尚善兵入永昌掠民妇事实，麻勒吉坐徇庇，夺官。十八年，命以原衔入直。上大渐，召麻勒吉与学士王熙撰拟遗诏，付内廷侍卫贾卜嘉进奏。上命麻勒吉怀诏草，俟上更衣毕，与贾卜嘉奏知皇太后，宣示诸王贝勒。是夕上崩，麻勒吉遵旨将事。旋授秘书院学士。

康熙五年，擢刑部侍郎。七年，授江南江西总督。时苏州、松江频遭水患，布政使慕天颜议浚吴淞江、刘河口，麻勒吉因与巡抚玛祜疏请以各府漕折银十四万充工费。淮、扬被水坍没田地，请永免岁赋。诏并允行。镇江驻防兵讦将军李显贵、知府刘元辅侵冒钱粮，遣学士折尔肯等往按得实，麻勒吉坐不先举发，并械系至京听勘。给事中姚文然疏言麻勒吉罪状未定，宜宽锁系，上然之。寻命复任。十二年，大计，左迁兵部督捕理事官。

吴三桂反，定南王孔有德婿孙延龄及提督马雄以广西叛应之。十六年，命赴简亲王喇布军，招抚延龄。比至桂林，延龄已为三桂所杀，其部将刘彦明等率众降。十八年，诏麻勒吉赴广西护诸军，时雄已死，其子承荫降，授招义将军，封伯爵。已，部兵以饷匮哗，麻勒吉上言：“承荫与黄明、叶秉忠皆贼帅归诚，今承荫授高爵，而明、秉忠未授官，故荫族兵士为变。秉忠年老无异志，惟明强悍，为柳州官兵所慑服，若不调用他所。终恐为害。”乃授明总兵官。明复叛，诏麻勒吉与偏沅巡抚韩世琦会剿，寻报为苗人所杀。十九年，巡抚傅宏烈剿贼至柳州，承荫复叛，宏烈遇害，命麻勒吉兼摄巡抚事。时柳州再变，民多逃窜，田荒赋淆，麻勒吉招抚流亡，令归故业，葺学官，振兴文教，颇著治绩。二十一年，撤故定南王所部，分隶八旗汉军，麻勒吉率以还京。

二十三年，授步军统领。二十八年，卒。三十七年，兵部奏黄明为贵州参将上官斌等所擒，麻勒吉追坐妄报，夺官。江南民为麻勒吉立碑雨花台纪绩，祀名宦。

阿席熙，瓜尔佳氏，满洲镶红旗人。自兵部笔帖式四迁光禄寺卿。考满，辅政大臣鳌拜等令解任，随旗行走，复坐事夺官。圣祖亲政，鉴其无罪，命以郎中用。七年，超擢陕西布政使。举卓异，擢巡抚。康熙十二年，迁江南江西总督。耿精忠叛，窥江西，阿席熙发兵赴剿，并檄援浙江。未几，精忠陷广信、建昌、饶州、参将陈九杰等应之。阿席熙遣兵防徽州，贼陷绩溪、婺源，扰及徽州，迭克之。简亲王喇布率师至江宁，以阿席熙参赞军务。十七年，疏报江南清出隐漏田地一万四千余顷、山八百余里，加兵部尚书。寻坐瞻徇巡抚慕天颜奏销浮冒，罢任。卒。阿席熙居官廉洁，江南士民德之，祀名宦。

玛祐，哲柏氏，满洲镶红旗人。顺治九年翻译进士。授佐领，兼刑部员外郎。迁钦天监监正。康熙八年，江宁巡抚缺，命议政大臣等会推满洲郎中以上、学士以下通汉文有才能者备擢用，举奏皆不当上意，特以命玛祐。九月夏，淮安、扬州二府久雨，田庐多淹，诏发帑振济。玛祐疏请蠲免桃源等县积欠赋银，及六、七两年未完漕米。部议漕米无蠲免例，上特允其请，并蠲减苏、松、常三府被灾岁赋。

十年，疏言：“苏、松二府额赋最重，由明洪武初以张士诚窃据其地，迁怒于民，取豪户收租籍，付有司定赋额，较宋多七倍、元多三倍，是以民力困竭，积逋遂多。自康熙元年至八年，民欠二百余万，催征稍急，逃亡接踵，旧欠仍悬，新逋复积。请敕部檄减二府浮粮，以期岁赋清完。”疏下部议，以科则久定，报寝。时布政使慕天颜请浚吴淞江、刘河，玛祐与总督麻勒吉请以漕折十四万充费。给事中柯耸疏言，东南水利宜乘此兴工，尽疏各支河。下玛祐覆甚。玛祐言各州县支河皆已疏通，吴江县长桥乃太湖泄水要道，应令开浚。未几，以京口将军李显贵等侵饷事觉，坐不先举发，罣吏议，当左迁，命留任。十二年，黄、淮水涨，清水潭石堤决，高邮等十八州县卫所被灾，玛祐奏请发帑振济。十五年，霪雨久不霁，以忧卒。遗疏极陈水灾民困，无一语及私。诏褒惜，谥清恪。

施维翰，字及甫，江南华亭人。顺治九年进士，授江西临江推官，清漕弊，善折狱，奸顽敛迹。巡抚郎廷佐奏其治行，举卓异，内擢兵部主事。改山东道御史，疏言：“察吏首重惩贪，忧宜先严大吏。各督抚按露章弹劾，宜及监司，勿仅以州县塞责。”又言：“纠举之法，密于文，疏于武。镇帅拥重兵，有庸碌衰惫、缓急难恃者，有纵恣婪赃、肆虐军民者，督抚按徇隐弗纠，事发同罪。”诏并议行。十七年，出按陕西。圣祖即位，裁巡按，维翰乞假归。

康熙三年，复授江南道御史，疏言：“直省钱粮，每委府佐协征，所至铺设供给，不免扰民。甚或纵容胥役，横肆诛求。请概行禁止，以专责成、杜扰害。"下部饬禁。巡盐河东,征课如额。八年,疏劾偏沅巡抚周召南徇庇贪吏。十一年,疏劾福建总督刘斗徇情题建故靖南王耿继茂祠。召南、斗并坐谴。十二年,内升,以四品服俸仍留御史任。疏言:"设登闻鼓,原以伸士民冤抑,故使科道共与其事。然每收诉状,必待科道六十余员集议,辄致稽延。请用满、汉科道各一员司之,半年更易。"从之。

迁鸿胪寺少卿,累迁左副都御史。浙江巡抚陈秉直荐举学道陈汝璞,为左都御史魏象枢所劾,秉直应降调,以加级抵销。维翰言:"秉直与汝璞见闻最近,乃徇情妄举,非寻常讹误可比。请敕部定议,凡保举非人坐降调者,不许抵销。"上然之,因著为例。给事中李宗孔继劾秉直,坐左迁。

十八年,授山东巡抚。会岁祲,民多流亡,维翰疏请振恤,并截留漕米五万石发济南仓存贮,散给饥民。又疏言:"青、莱等府距临清仓远,办解甚艰。请永行改折,以息转输。"民大悦服。二十一年,代李之芳为浙江总督,之芳按治军士鼓噪,系累二百余人。维翰至,即日定谳,多平反。二十二年冬,调福建,未上官,二十三年春,卒,谥清惠。

论曰:李率泰镇福建,御郑成功父子,赵廷臣督浙江,执张煌言,有功于戡定,郎廷佐厘逋赋,佟凤彩均里甲、蠲夫柳,为民祛害。麻勒吉初奉使迫张玄锡至死,高宗谕斥其纵恣,然于江南有惠政,阿席熙、玛祐清望尤过之。施维翰在台敢言,出持疆节,措置得大体。皆康熙初贤大吏也。恺悌君子,屏藩王国,厥绩懋矣!

清史稿卷二七四
列传第六一

杨雍建　姚缔虞　朱宏祚
子纲　王骘　宋荦　陈诜

　　杨雍建，字自西，浙江海宁人。顺治十二年进士，授广东高要知县。时方用兵，总督驻高要。师行征民夫，吏虑其逃，絷之官廨。当除夕，雍建命徙廊庑，撤馂馈异之。师中索榕树枝制绳以燃炮，军吏檄征，语不逊，雍建笞之。总督王国光以是称雍建方刚，特疏荐莅官甫一年，擢兵科给事中。

　　十六年春，世祖幸南苑，雍建疏言：“昨因圣体违和，传谕孟春飨太庙，遣官致祭。至期皇躬康豫，仍亲庙祀，此敬修祀典之盛心也。乃回宫未几，复幸南苑，寒威未释，陟历郊原，恐不足以慎起居。且古者搜苗狝狩，各有其时。设使兽起于前，马逸于后，惊属车之清尘，岂能无万一之虑？”疏入，上甚怒，宣雍建入，谕以阅兵习武之意。雍建奏对不失常度，上意亦解。

　　时平南王尚可喜、靖南王耿继茂并镇广东、雍建疏陈广东害民之政八：委吏太滥，杂派太繁，里役无定例，用夫无定制，盐埠日横，私税日盈，伐薪采木，大肆流毒，均宜及为革除。且两藩并建，供亿维繁。今川、贵底定，请移一藩镇抚其地，俾粤民节假日息。上寻命继茂移镇福建，雍建发之也。十七年，疏言：“朋党之患，酿于草野。欲塞其源，宜严禁盟社，请饬学臣查禁。”从之。转吏科给事中。圣祖即位，辅臣秉政，奏事者入见，皆长跪，雍建独立语。比退，辅臣目之曰："此南苑上书谏猎者也。"自是奏事者见辅臣皆不跪。

康熙三年，彗星见。雍建奏言："天心仁爱，垂象示警。乞斋心修省，广求直言，详询利病，并饬内外臣工，涤虑洗心，共修职业。"上优旨褒答。四年，疏言："治化未醇，由于臣职。未尽比者部臣以推诿为御责，明为本部应议之事，或请咨别部，或请饬督抚，致一案之处分，因一人之口供未到而更俟另议。一事之行止。因一时文卷小误而重俟行查。至地方利弊所关，惮于厘正，辄云已经题定，无庸再议。如此，则一二胥吏执定例以驳之足矣，不知满、汉堂司各官所司为何事也。督抚以蒙蔽为苟安，民苦于差徭，而额外之私征，未闻建长策以除积困，吏横于贪暴，而有司之掊克，不过摘薄罪以引轻条。向日行考满之法，则题报者皆称职，曾无三等以下之劣员。平时上弹劾之章，则特纠者仅末僚，不及道府以上之大吏。凡此推诿蒙蔽之习，请严饬内外臣工各图报称，倘仍蹈故辙，立予罢斥，以儆官常。"疏入，报闻。寻自刑科都给事中累擢左副都御史。

十八年，典会试，授贵州巡抚。疏请立营制，减徭役，招集流亡，禁革私派。土司竭巡抚，故事，必鸣鼓角，交戟于门。俾拜其下。雍建悉屏去，引至座前问疾苦，予以酒食，土司咸输服。始，贵阳斗米值钱五千，雍建请转饷以给。既，令民薅荒茅，教以耕种。比三年，称田日辟，民食以裕。二十三年，召授兵部侍郎。寻以亲老乞终养，许之，四十三年，卒，赐祭葬。子中讷，进士，官右中允。

姚缔虞，字历升，湖广黄陂人。顺治十五年进士，授四川成都府推官。四川残民多聚为盗，互告讦，酿大狱。缔虞平恕谳鞫，辄得其情，审释叛案株连狱囚十七人。总督苗澄、巡抚张德地荐廉能，举卓异，会裁缺，改陕西安化知县。行取，康熙十五年，授礼科给事中。疏请严选庶吉士，考核翰林，报闻。十七年，典试江西，还，奏："江西被贼残破州县在丁缺田荒案内者，请敕督抚酌量轻重，限三年或五年劝垦，以渐升科。全省逋赋二百二十万，历年追比，仅报完三万。此二百十余万，虽敲骨吸髓，势必不能复完。请早予蠲免，俾小民得免死亡。

十八年,地震,求言。缔虞上疏曰:"科道乃朝廷耳目之官,原期知无不言,有闻则告。自故宪臣艾元征请禁风闻条奏,自此言路气靡,中外多所顾忌。臣请皇上省览世祖朝诸臣奏议,如何謇谔。今者相率以条陈为事,软熟成风。盖平时无以作其敢言之气,一旦欲其慷慨直陈,难矣。乞敕廷臣会议,嗣后有矢志忠诚、指斥奸佞者,即少差谬,亦赐矜全。如或快意恩仇,受人指使,章奏钞传,众目难掩,纵令弹劾得实,亦难免乎徇私之罪。如此,则言官有所顾忌,不敢妄言。中外诸臣有所顾忌,不敢妄为。"疏下九卿科道会议。越日,召廷臣等集中左门,上问:"缔虞疏如何定议?"吏部尚书郝维讷等暨给事中李宗孔等俱言风闻之例,不宜复开。上问:"缔虞,尔意如何?"缔虞对曰:"皇上明圣,从未谴罪言官。但有处分条例在,言官皆生畏惧。"上曰:"如汝言条例便当废耶?"缔虞对曰:"科条虽设,当辨公私诚伪。"上意稍解。谕言:"官宜敷陈国家大事,如有大奸大贪,纠劾得实,法在必行,决不姑贷。且魏象枢弹奏程汝璞,亦是风闻,已鞫问得实,原未尝有风闻之禁也。"上宣缔虞前,指内阁所呈世祖时章奏示之曰:"汝以朕为未阅此乎?"缔虞对曰:"惟久经圣览,臣故不惮尽言。"上命以所言宣付史馆。次日,复命缔虞入起居注,授笔札记之。寻转工科掌印给事中。上考察科道,黜孙绪极、傅廷俊、和盐鼎三人,而嘉缔虞与王日温、李迥称职。

二十一年,疏论外吏积习,视事愉惰,公务沉阁文移迟缓。僚属宴会,游客酬酢,废时靡费。请敕部禁饬。累擢左金都御史。

二十四年,授四川巡抚。缔虞先为推官有声,百姓喜其来。缔虞至,榜上谕于厅事,严约束,禁私征杂派,杜绝馈遗,属吏惮之。疏言:"四川迭经兵火,荒残已极。官户乡绅,多流寓外省,虽令子弟复业,迨入学乡举登仕版后,仍弃本籍他往。百姓见其如引,亦裹足不归。若招回乡宦一家,可抵百姓数户。绅宦既归,百姓亦不招而自至。今察明各属流寓外省绅衿,请敕部移行,饬令复业。"从之。蜀人困于采木,缔虞陛辞,首陈其害,会松威道王骘入观,亦举是以奏,诏特免之。复请免运白蜡,停解铁税,皆获施行。二十七年,卒官,赐祭葬。

朱宏祚,字徽荫,山东高唐人,昌祚弟。宏祚自举人授江南盱眙知县,有惠政,举卓异。康熙十四年,行取御史,以昌祚子绂官大理寺卿回避,改刑部主事。再迁兵部督捕郎中,出为直隶天津道佥事,调直隶守道参议。

三十六年,超擢广东巡抚。入见,奏对称旨,赐帑金千,及内厩鞍马。过庾岭,察知夫役苦累,首禁革之。复牒兵部。凡使者过境,有驿站供亿,不得更有所役。广东军兴后,无艺之征,浮于正供,悉罢免。劾墨吏尤者数人,余悉奉法。盐法为藩下奸民所乱,掳引地莫敢谯诃。宏祚疏陈整饬盐政数事,如议行。

高州属县吴川,琼州属县临高、澄迈,户少田芜,积逋十二万两有奇,疏请豁免。卫所屯田岁输粮三斗,额重多逃亡。宏祚言:“民粮重,则每亩八升八合起科,今屯田浮三之二,非恤兵之道,当比例裁减。”事皆允行。逆乱方定,奸民告讦无已,疏请严安首株连之例,略谓:“当定南分镇闻风投昌倚藉声势者,实繁有徒。迨经平定,藩下人应归旗者,悉已簿录解京。籍内无名者,释放为民。嗣有旨:‘藩下官兵、奴仆及贸易人等,除实系辽东旧人及价买人外,逐一清查,发出为民’臣寻绎诏意,原以诸人皆朝廷赤子,不忍株累。且十余年来,或补伍,或归农,或死亡迁徙,无籍可稽。乃奸究之徒,蔓引株连,或在部呈首,或向有司告讦。及事白省释,而官民之被累已深,请敕部严议。”从之。

三十一年,擢福建浙江总督。值大计,宏祚疏言“福建地瘠民佻”,上责宏祚失言,谓:“贤才不择地而生。四川巡抚张德地署延绥巡抚,言‘延绥边地,地可举博学鸿词者。’少詹事邵还平奏‘南方人轻浮不可用’朕心甚不怿,因皆罢斥。今宏祚又以谬言陈奏,下部议降调。”三十九年,命修高家堰河工,病卒。

子绛,官至广东布政使。纲,初授兵部主事。累官湖南布政使,雍正间,擢云南巡抚,疏劾署巡抚杨名时徇隐废弛,藩库借支未清款项至十九万有奇,名时坐是得罪。寻调抚福建,卒,谥勤恪。

王骘,字辰岳,山东福山人。顺治十二年进士,授户部主事。康熙五年,典试广东。历刑部郎中。十九年,出为四川松威道。时征云南,骘督运军粮,覆舟坠马。屡经险阻,师赖以济。二十四年,垒溪大定堡山后生番出掠,巡抚韩世琦檄兵追剿,令骘驻茂州,与总兵高鼎议剿抚。骘赴堡开谕,番族掳巴猪寨,阳就抚,负嵎如故。骘招抚附近诸寨,遣兵自庙山进,围寨,斩获无算,追至黑水江,贼渠挖子被焚死,山后番众悉降。调直隶口北道,未行。

时以太和殿工,命采蜀中楠木。骘入觐,疏言:"四川大半环山巉岩,惟成都稍平衍。巨材所生,必于深林穷壑,人迹罕到,斧斤难施,所以久存。民夫入山采木,足胝履穿,攀藤侧立,施工既难。而运路自山抵江,或百余里,或七八十里,深涧急滩,溪流纡折,经时历月,始至其地。木在溪间,必待暴水而出,故陆运必于春冬,水运必于夏秋,非可一径而行,计日而至,其艰如此。且四川祸变相踵,荒烟百里。臣当年运粮行间,满目疮痍。自荡平以后,修养生息,然计通省户口,仍不过一万八千余丁,不及他省一县之众。就中抽拨五千入山采木,衣粮器具,盈千累百,遣发民夫,还至千里,近亦数百里,耕作全发,国赋何征?请敕下抚臣,亲诣采楠处察勘,量材取用,其必不能采运者,奏请上裁。"疏入,上谕曰:"四川屡经兵火,因苦已极,采木累民。塞外松木,取充殿材,足支数百年,何必楠木?令免采运。"未几,吏部循例疏请司道内擢京堂,骘未与,特命内升。寻授光禄寺少卿,累迁太常寺卿。

二十六年,授江西巡抚。陛辞,上谕曰:"大吏以操守为要,大法则小廉,百姓蒙福。"骘封曰:"臣向在四川,不取民间粒米束草,日费取给于家。"上曰:"身为大臣,日费必取给于家,势有所不能。但操守廉洁,念念爱民,便为良吏,且亦须安静。贪污属吏,先当训诫。不悛,则纠劾。"濒行,赐帑金千。二十七年,擢闽浙总督。疏言:"江西自荡平后，积年蠲免银米二百万有奇，民生渐裕。然征收之弊，尚为民累，钱粮明加火耗，暗加重戥，部院司道府皆有解费。臣入境之初，火耗已减，解费尚存，即揭示剔除积弊，尽革官役上下大小杂费。南昌、新建二县漕粮尚仍民兑，俱行革除，漕运积年陋规，搜剔无遗。但在民则省费，在官则失利。恐臣去后，空言无用，乞天语严禁，不致前弊复生。"下所司知之。

时湖广叛卒夏逢龙据武昌，陷黄州。罃次邵武，闻警，恐蔓及江西，奏拨福建兵协剿。自海禁既弛，奸民杂入商贩，出洋劫掠。罃既上官，即檄温州总兵蒋懋勋、黄岩总兵林本植、定海总兵董大本以舟师出洋搜捕。懋勋、本植得贼舟七，大本于白沙湾获巨舰一，斩盗渠杨仕玉等十六辈，释被掳难民百十一人。二十八年，上幸浙江，赐罃御用冠服。谕曰："尔任总督，实心任事，浙、闽黎庶称尔清廉，故特加优赉。"未几，召拜户部尚书，以老病累疏乞休，诏辄慰留。

三十三年，召大学士、九卿及河督于成龙入对，上责成龙排陷靳辅，并及罃与左都御史董讷、内阁学士李应荐附和成龙，罃等具疏引罪，讷、应荐并夺官，罃原品休致。三十四年，卒于家，赐祭葬。

宋荦，字牧仲，河南商邱人，权子。顺治四年，荦年十四，应诏以大臣子列侍卫。逾岁，试授通判。康熙三年，授湖广黄州通判。以母忧去。十六年，授理藩院院判，迁刑部员外郎，榷赣关，还迁郎中。二十二年，授直隶通永道。二十六年，迁山东按察使。再迁江苏布政使，察司库亏三十六万有奇，荦揭报督抚，责前布政使刘鼎、章钦文分偿。户部采铜铸钱，定值斤六分五厘，荦以江苏不产铜，采自他省值昂过半，牒巡抚田雯，疏请停采。下部议，改视各关例，斤一钱。

二十七年，擢江西巡抚。湖广叛卒夏逢龙为乱，征江西兵赴剿，次九江，挟饷缺几哗变。荦行次彭泽，闻报，檄发湖口库帑充行粮，兵乃进。至南昌受事，旧裁督标兵李美玉、袁大相纠三千余人，谋劫仓库，应逢龙以叛。荦诇知之，捕得美玉、大相，众恟恟。荦令即斩以徇，谕众受煽惑者皆贷不问，众乃定。

江西采竹木，饶州供紫竹，南康、九江供檀、楠诸木，通省派供猫竹，名虽官捐，实为民累，莘疏请动支正帑采买。上命岁终巡抚视察布政司库，莘疏请粮驿道库，布政使察核。府库，道员察核。汉军文武官吏受代，家属例当还旗，经过州县，黠验取结。莘曰："是以罪人待之也。"疏请自藏私斥革并侵挪帑项解部比追外，止给到京定限咨文，俾示区别。皆下部议行。

三十一年，调江苏巡抚。苏州滨海各县遇飓，上元、六合诸县发山水，淮、扬、徐属县河溢，疏请视被灾轻重，蠲减如例。发江宁、凤阳仓储米来散赈。别疏请除太湖傍坍地赋额，户部以地逾千亩，令详察。莘再疏上陈，上特允之。

莘在江苏，三遇上南巡，嘉莘居官安静，迭蒙赏赍，以莘年逾七十，书"福"、"寿"字以赐。四十四年，擢吏部尚书。四十七年，以老乞罢，濒行，赐以诗。五十三年，诣京师祝圣寿，加太子少师，复赐以诗，还里。卒，年八十，赐祭葬。

陈诜，字叔大，浙江海宁人。康熙十一年举人，授中书科中书舍人。二十八年，考授吏科给事中，乞养归。三十六年，起补原官。转刑科掌印给事中。疏言："淮、黄自古不两行。迩者修归仁堤，开胡家沟，出睢湖之水。闭六坝，加筑高家堰，出洪泽湖之水。此借淮敌黄不易之理。然淮水入运者多，则敌黄仍弱。旧设天妃闸，自淮、黄交会处至清江浦，凡为五闸，重运到时，更迭启闭，过即下板锁断，是以全淮注黄。其引入运河者，不过暂资济运。自改建草坝，淮、黄尽趋运河，清江浦民居可危。宜复天妃闸旧制，使淮易敌黄，有裨大工。"疏下河督张鹏翮议行。寻疏劾山东蒲台知县俞宏声以赦前细故，拘系监生王观成，迫令自杀。巡抚王国昌仅以杖责解役结案，玩视民命。命侍郎吴涵偕诜往按，宏声坐夺官，国昌等议处。授鸿胪寺卿，再迁左副都御史。

四十三年，授贵州巡抚。疏言："贵州田地俱在层冈峻岭间，土性寒凉，收成歉薄，人牛种艺杂艰。前抚臣王艺因合属田地荒芜十之四五,减轻旧则,招徕开垦成熟,六年后起科。有续报者亦如之。"疏下部,如所请。四十七年,调湖北。疏劾布政使王毓贤亏帑,命解任。寻以盘验已完,奏免其罪。五十年,擢工部尚书。五十五年,调礼部。五十八年,乞休,命致仕。六十一年,卒,赐祭葬,谥清洛。子世官,自有传。

论曰:当三藩乱时,云、贵、闽、粤,其发难地也。蹂躏所及,湖南北、江西、四川,受害最甚。伊辟、王继文抚云南,从师而南,参与军画,其事已别见。雍建于贵州,缔虞于四川,宏祚于广东,甓于江西,荦承甓,诜遥继雍建,兵后抚绥甚勤。大乱方定,起衰救弊,出水火,登衽席,伟哉诸人之功欤。

清史稿卷二七五
列传第六二

格尔古德 <small>金世德</small>　赵士麟
郭世隆　傅腊塔　马如龙

　　格尔古德,字宜亭,钮祜禄氏,满洲镶蓝旗人。自笔帖式授内院副理事官。康熙三年,从定西将军图海平湖广茅麓山李自成余部。师还,迁弘文院侍读,进翰林院侍读学士,充日讲起居注官。十三年,从安亲王岳乐讨吴三桂。三桂将林兴珠降,上策请分水师,泊君山,断常德道,泊香卢夹扁山,断长沙、衡州道。则三桂将坐困。安亲王令格尔古德驰奏,并以兴珠语闻。上密谕驻岳州诸将议行。师还,擢詹事,迁内阁学士。

　　二十一年,授直隶巡抚。上谕之曰:"金世德、于成龙为巡抚有声,尔承其后,得名甚难。若急于求名,或致偾事,尔其懔诸。直隶旗下庄头与民杂处,倚恃声势,每为民害。尔其严察征创,即皇庄亦毋宽宥。"八旗圈地属于王公大臣者,辄置庄,设庄头主征租,遂以病民,上深知之,故以谕格尔古德。格尔古德寻疏言:"自鬻投旗之人,或作奸犯科,冀逃法网。或游手好闲,规避差徭。本主听其仍居本籍,放债牟利,则讳旗而称民,窝逃构讼,遇官长访闻,又舍民而称旗。诈害良善,官不敢问。应责成本主,止留农户在庄,余俱收回服役。有徇纵者议处。"下所司饬禁,并谕户部:"凡鬻身之人,先经犯罪,投旗冀幸免者,与知情之本主,并从重治罪。"时大学士明珠所属佐领下人户指圈民间塚地,民诉于户部,事下巡抚,令宛平县

察勘。知县王养濂言无碍民塚。格尔古德疏刻圈占塚地属实，养濂
罢吏议。诏嗣后有如此者，严征不贷。自康熙初，鳌拜柄政，总督朱
昌祚等以圈地获罪，由是无敢讼言其失者。至奸民窜入旗下，寻仇
倾陷，狡杰莫能制。独格尔古德承上指，执法严征，时称为"铁面"。

二十三年，上幸五台山，格尔古德迎驾，询地方贤吏，以灵寿知
县陆陇其对。寻疏荐井陉道李基和、卢龙知县卫立鼎与陇其廉能，
下部擢用。顷之，以疾乞休，优诏慰留。曾诏廷臣公举清廉官，首以
格尔古德列奏。上念其赢疾，遣御医诊视。未几，卒，赐恤加等，谥
文清。

格尔古德清介，布衣蔬食，却馈遗，纤毫不以自污。上尝责漕运
总督硕干居官无状，硕干言："臣为众所忌，故未能致声誉。"上曰：
"格尔古德为巡抚，没后人犹思慕称颂。居官苟善，岂有不致声誉
者？"为上所重如此。祀直隶名宦。

金世德，字孟求，汉军正黄旗人，兵部侍郎维城子。淹贯经史，
精国书。以荫生授内院博士，累擢左副都御史。康熙七年，授直隶
巡抚。是时尚循明制，直隶不置两司，世德请设守道理钱谷，巡道理
刑名，如外省布政、按察二司。由是始有专司。畿北诸郡，旗、民杂
处，易于容奸，请立屯长以治之。唐县等三十七州县，田一千六百余
顷，河流沙拥，民不能耕。岁输银二万有奇、谷豆三百九十石，历年
责原户纳为民害。世德为奏请除额。地震通州等九州县，复请赈恤，
并蠲免钱粮。皆如所请行。师南征，供亿繁急，世德单骑行营中，躬
料刍粮，军无横索，吏无侵渔，市肆晏然。十九年，卒，谥清惠。

赵士麟，字麟伯，云南河阳人。康熙三年进士，授贵州平远推
官。改直隶容城知县，缉盗卫民，创正学书院，与诸生讲学。行取，
授吏部主事。历郎中，擢光禄寺少卿，三迁至左副都御史。疏请台
湾改郡县比内地，设总兵镇守，省没沿海之戍卒，诏报可。

二十三年，授浙江巡抚。杭州民贷于驻防旗兵，名为"印子钱"，
取息重，至鬻妻孥卖田舍。不偿，则哄于官。营兵马化龙殴官，成大

狱。士麟移会将军制缴券约，捐资代偿。将军今减子归母，母复减十之六。事遂解，民大称颂。诏裁浙江总督，总督驻衢州，督标兵三千被汰，乏食哗掠，民罢市。士麟仍济以饷，因奏设副将一，定额兵八百余，留拨各营缺额。众乃定，浙中豪右衙蠹，骄悍不法，为民害。士麟廉得其状，悉置之法，强暴敛迹。省城河道久淤，督役疏浚，半载讫工，民以为便。复缮城隍，修学校，亲莅书院，与诸生讲论经史及濂、洛、关闽之学，士风大振。禁革规费，积弊一清。二十五年，移抚江苏。浙人怀之，绘图以志去思，并于西湖敬一书院肖象祀之。寻召为兵部督捕侍郎，调吏部，皆能举其职。三十七年，卒。祀浙江名宦。

士麟潜心正学，以朱子为归。躬行实践，施于政事，士怼民恬，所至皆有声绩。

郭世隆，字昌伯，汉军镶红旗人。父洪臣，原籍汾州，顺治二年，英亲王阿济格下九江，洪臣随明将左梦庚来降，入旗，授佐领，分辖降众。累官湖广道州总兵。康熙四年，世隆袭管佐领，授礼部员外郎，改御史。二十七年，盛京福陵守兵诉其兄冤死，命世隆往按，得诬良刑逼自缢状，原审侍郎阿礼瑚等坐失实夺官。顷之，超擢内阁学士。圣祖谒孝陵，经通州，山西礼县民诉知县万世纬及知府纪元婓索状，命世隆会督抚按治。世纬坐贪婪、科派、杖毙无罪人，元坐受赇荐世纬卓异，皆论死。

二十九年，代于成龙为直隶巡抚。先是，罢任安溪知县孙镛告福建巡抚张仲举、布政使张永茂侵蚀库帑，遣郎中吴尔泰会总督勘讯，至即拘讯知府六人，连引州县官数十人。上闻疑之，命世隆往按，发仲举与前布政使张汧窜改赋册、侵隐已征额银捏作民欠；又汧迁湖广巡抚亏福建库帑三十余万，仲举前任湖南布政亦亏帑，相约互抵。嗣仲举闻并以赃败，而福建库尚未完，饬属代为弥缝，左证悉合。仲举、永茂俱论罪如律。

世隆之任，帝论曰："于成龙居官甚善，继之不易，尔当勤慎任事。"顺天、保定、真定、永平诸府旱,世隆奉命履勘,疏言:"被灾者七十四州县,请蠲本年及来年额赋。霸、文安等十四州县灾尤重,请治赈。"迭疏筹积贮,并以奉天岁丰,请饬山海关暂听民间转籴,仍限肩挑驮负,不得以大军装载,皆如所请。又疏言:"真定地当冲要,所属赞皇县,西有大峪曰子午套,素为盗薮,请移紫荆关副将驻真定。调马、步兵二千分防霸州。"子牙河决,淹没田亩,请修筑大城等县堤岸,并浚王家口、黑龙港诸支流堙塞者皆报可。

三十四年,擢闽浙总督。岁歉,率闭籴居奇。世隆疏请蠲赋,并发帑二十万,乞籴江、浙,海运平粜,诏俞之。先是浙省奏请鼓铸,官吏射利,请减其分数。由是私铸者众,每钱不及七八分,壅滞不行。三十八年,上南巡,世隆迎驾,至杭州,民拥舆赴诉。乃停官炉,发帑收毁私钱,钱得流布。上闻,为褒美。鄞县沿海田,被水冲决一千七十余亩。请永免额赋。四十一年,调两广总督。广东海疆二千余里,守汛辽阔,盗贼出没无常。世隆疏定营制,增设兵船巡哨,迭击败海盗,沈其舟四十五。疏报禽海阳巨盗蔡玉也等五人。上遣刑部侍郎常绥往勘,因议世隆平时禁贼不严,盗发,蒙胧掩饰,坐夺官。

四十六年,起湖广总督。疏陈防守红苗,请沿边安设塘汛,禁内地民与苗往来,并勿与为婚姻。未几,召为刑部尚书。五十年,以山西流匪陈四等潜入湖广,鸠党劫掠,世隆前任总督坐失察,夺官。五十二年,万寿,复原品。居三年,卒。直隶、福建、浙江、两广、湖广皆祀名宦。

傅腊塔,伊尔根觉罗氏,满洲镶黄旗人。自笔帖式授内阁中书,迁侍读。康熙十九年,授山东道御史,有声台中。二十五年,出为陕西布政使。二十六年,擢左副都御史,迁工部侍郎。二十七年,偕侍郎多奇往云南按提督万正色与总兵王珍互讦事。谳实,正色、珍俱论罪有差。调吏部,授两江总督。陛辞,上谕曰:"尔当洁己奉公,督两江无如于成龙者,尔效之可矣!"傅腊塔至官,清弊政,斥贪墨,谳狱尤明慎。赣县民诉知县刘瀚芳私征银米十余万,并悪役不法。傅腊塔因劾布政使多宏安、按察使吴延贵、赣南道钟有德于吏役娄赃不速勘,复从轻拟,曲为庇护,宏安、延贵、有德并坐罢。

二十八年,上南巡,阅运河,命傅腊塔会河道总督王新命勘仪真河闸。疏言:"闸外为北新洲,北新洲外又有涨沙平铺江中。应疏北新洲支河,直通四闸。粮艘循涨沙尾入新河口,可以通行。"别疏言:"江宁廛税累民,内输房税,外输廊钞,更外输棚租,请予蠲免。"皆如所请。二十九年,淮、徐饥,发常平仓谷振恤,灾民赖焉。芦洲丈量,例委佐贰,民苦需索。傅腊塔定五年一行,悉以印官理其事。历年逋赋,量为带征,由是积困顿苏。是年,监临江南乡试,疏称士子应试者万有余人,请广科举额,下部议,增广额四十名。疏劾大学士徐元文、原任尚书徐乾学纵子弟招权罔利,巡抚洪之杰徇私祖庇。诏毋深究,予元文休致。沭阳民周廷鉴叩阍讼降调侍郎胡简敬居乡不法,并及之杰瞻徇状,命傅腊塔按治,得实,简敬及其子弟并治罪,之杰夺官。

三十二年,广东巡抚江有良与巡盐太常少卿沙拜互讦。傅腊塔往按,有良、沙拜并坐受赇,夺官。三十三年,疏言:"淮扬所属多版荒,巡抚宋荦曾请缓征,格于部议。臣履亩详勘,盐城、高邮等州县因遇水灾,业户逃亡者众。今田有涸出之名,人无耕种之实,小民积困。熟田额粮尚多悬欠,何能代偿盈万之荒赋?请恩赐蠲除,庶逃户怀归,安居乐业。"疏入,下部议,不许,上特命免征。旋卒于官。上闻,谕廷臣曰:"傅腊塔和而不流,不畏权势,爱惜军民。两江总督居官善者,于成龙而后,惟傅腊塔。"遣太仆寺卿杨舒赴江宁致祭,赠太子太保,谥清端,予骑都尉世职。士民怀之,为建祠江宁。四十四年,上南巡,经雨花台,赐祠额曰:"两江遗爱"。雍正中,入祀贤良祠。

马如龙,字见五,陕西绥德州人。康熙十一年举人。十四年,陕西提督王辅臣据宁羌叛,其党朱龙寇绥德,陷之。如龙纠乡勇倚山立寨,寇至,屡击却之。辅臣诱以伪札,斩其使。会平逆将军毕力克图兵至，如龙渡河迎，呈伪札，并陈贼虚实，因率所部为前锋，克绥德。毕力克图以闻，即便宜令摄州事。总督哈占亦疏言如龙倡义拒贼状，请优叙。

十六年，授直隶滦州知州。州民猾而多盗，如龙锄暴安良，豪右敛迹。州有民杀人而埋其尸，四十年矣。如龙宿逆旅，得白骨，问之，曰：“此屋十易主矣。”繁最初一人至，钩其情得实，置诸法。昌平有杀人狱不得其主名，使如龙按之。阅状，则民父子杀于僧寺，并及僧五，而民居旁二姓皆与民有连，问之，谢不知。使迹之，二人相与语曰：“孰谓马公察。易欺耳。”执讯之，乃服。自是民颂如龙能折狱。十九年，以察出民间隐地，叙劳，人为户部员外郎，历刑部郎中，榷浙江北新关税务。

二十四年，迁杭州知府。杭州民贷于旗营，息重不能偿，质及子女。如龙请于将军，核子母，以公使钱代偿。杭州民咸颂如龙。二十八年，上南巡，闻其治行，超擢按察使。平反庶狱，多所全活。海贼杨士玉窜迹岛屿，勾土贼胡茂等剽掠商船，如龙设策擒之，尽歼其首从，巡抚张鹏翮以闻。二十九年，迁布政使，属吏有岁馈，悉禁绝之。二十九年，绍兴大水，库储绌，无可救济。如龙檄十一郡合输米二万余石，按户振给，告属吏曰：“是逾于岁馈多矣。”

三十一年，授江西巡抚。整饬常平仓，春以羡米出贷，秋收还仓。饬州县广积储，备凶荒。仿白鹿洞遗法，建书院以教士。严溺女之禁。疏请罢追转漕脚耗。三十八年，入觐，赐御书“老成清望”榜。时淮、扬荐饥，如龙以江西连岁丰稔，率僚属捐米十万振之。以老病累疏乞休，诏辄慰留。四十年，卒，赐祭葬。

论曰：守成世为大臣者，以仁心行仁政，培养元气，其先务也。兵革初息，疮痍未复，格尔古德等任封疆之重，柎循安辑，与民休息，政绩卓卓在耳目。廷褒老成，野留遗爱，有以哉！

清史稿卷二七六

列传第六三

石琳 兄子文晟　　徐潮 子杞

贝和诺 子马喇 陶岱　　博霁

觉罗华显　蒋陈锡 子涟 洞　　刘荫枢

音泰　鄂海　卫既齐

石琳,汉军正白旗人。石廷柱弟四子。初授佐领,兼礼部郎中。康熙元年,出为山东按察使。二年,以忧去官。寻即起江南按察使,以在山东追入官房地迟延,坐降调。六年,授浙江盐运使。十二年,转湖广下荆南道。康熙十三年,襄阳总兵杨来喜、副将洪福以南漳叛应吴三桂,据房县、保康、竹山。琳偕总兵刘成龙率师讨之,抚定各峒寨。十五年,迁河南按察使。禁旅南征,牧马开封,当麦秋,琳与统兵诸将帅约,令兵毋驿骚,坐帐中四十余日。及去,民得获麦。二十年,迁浙江布政使。时耿精忠初平,衢州被兵忧甚,户口逃亡,丁赋皆责之里甲。琳核实,请免之。师行供亿浩繁,民多逋负,琳悉为厘定,裁革陋规,禁加耗尤严。尝曰:“革一分火耗,可增一分正供。”二十三年,擢湖北巡抚。工部以修建太和殿,檄各省采楠、杉诸木。琳言楠产万山中,挽运甚艰,请宽其程限。部议不许,特诏允之。

二十五年,调云南。疏言:“详核《赋役全书》,应更改者八事。云南自明初置镇设卫,以田养军曰屯田。又有给指挥等官为俸,听其招佃者曰官田。其租入较民赋十数倍，犹佃民之纳租于田主。国初吴三桂留镇，以租额为赋额，相沿至今，积逋愈多，官民交困，宜改依民赋上则起科，云南盐井有九，以各井行盐之多寡为每岁征课之重轻。琅井盐斤征课六厘，白井八厘，至黑井则倍。明末加征，较明初原额不啻数倍。今请减黑、白二井之课如琅井例。开化民田亩科粮二斗六升三合，较未设府以前加至十倍。通省民粮，惟河阳最重，今当减半，与河阳一例。元江由土改流，三桂于额粮外别立名色，曰田地讲银，曰茶商税银，曰普洱无耗秋米，曰浪妈等六寨地租。加赋倍征，民不堪命，应请各减其半。通海六寨地粮较民赋重几三倍，当改依新定民赋科则。碍嘉每粮一石，征条编银四两有奇，亦为偏重。今既归南安州附征，应与州赋一律，每粮一石，征银一两四分。丽江界连土番，古称荒服。三桂叛后，豁割金沙江以内喇普地与蒙番，地去而粮存，当删除。建水自明时设参将，岁派村寨陋规银三百有奇、粮八十余石，三桂遂编入正额，当裁革。新平之银场，易门之铜广，矿断山空，宜尽豁课税。"疏入，下所司议刊入《全书》颁行。

二十八年，擢两广总督。琼州总兵吴启爵奏琼属黎地，请设州县，筑城垣，增兵防守。命琳勘奏，力陈其非要，上从之。四十一年，连州瑶作乱，遣都统嵩祝等会剿，平之。琳规画善后，定官吏管辖，拨兵移防，悉协机宜。未几，卒官。

兄子文晟，初授苏州同知，历云南开化、山西平阳知府。康熙三十三年，上嘉其居官有声，超擢贵州布政使。是岁，即迁云南巡抚。为政务举大纲。云南屯赋科重民田数倍，琳官巡抚时，奏减而未议行。文晟复疏请。特允减旧额十之六。安南国王黎维正疏告国内牛羊、蝴蝶、普园三地为邻界土司侵占，乞敕谕归还。会文晟入觐观，上问文晟，奏言："此地明时即内属，非安南地。妄言擅奏，不宜允。"乃降诏切责之。四十三年，调广东。四十四年，擢湖广总督。坐劾容美土司田舜年潜妄淫虐非实，部议当降调，上命留任。文晟以疾乞退，上谕大学士曰："文晟粗鄙，若为土司事而罢，似未得体。今既引疾，可允其请。"罢归。五十九年，卒。

徐潮，字青来，浙江钱塘人。康熙十二年进士，选庶吉士，授检讨，累擢少詹事。潮学问淹通，在翰林，应奉文字，多出其手。圣祖尝御门召讲《易》、《论语》，敷陈明晰，为之倾听。三迁至工部侍郎，督理钱局，清介不苟随俗。局官冒滥事发，潮独无所连染。三十三年，典会试。以母忧归，服阕，起刑部侍郎。

三十九年，授河南巡抚，上谕之曰："河南火耗最重，州县多亏欠，尔当筹画禁止。"潮上官，令火耗无过一分，州县私派，悉皆禁革。南阳承解黑铅，卫辉办兑漕米，向皆假手胥吏，恣为侵渔，潮悉心区画，宿弊悉除。开封五府饥，疏请漕粮暂征改折，以平市直。归德属永城、虞城、夏邑三县被灾地亩至一万七千余顷，出粜常平、义、社仓谷，借给贫民牛种，全活甚众。四十一年，上巡幸畿甸，问巡抚李光地邻省督抚贤否，光地举潮对。上褒美，以潮与光地、张鹏翮、彭鹏、郭琇并称。四十二年，上南巡，潮迎驾泰安，赐冠服及御书榜额。其冬，西巡，复迎驾，赏赉有加。上念汾、渭皆入河，议于河南储谷，遇山、陕岁歉，自水道移粟，便于陆运。命潮会陕西、山西督抚勘议。潮与川陕总督博霁会勘三门砥柱，语见《博霁传》。又别疏言："汴水通淮，一自中牟东经祥符至宿迁，湮塞已久。一自中牟东南经尉氏至太和，今名贾鲁河，尚可通流。请量加疏浚。郑州北别有支河，旧迹尚存，若于此建闸，使汴与洛通，忧为民便。"上从之。

四十三年，擢户部尚书，充经筵讲官，兼翰林院掌院学士，教习庶吉士。四十四年，扈从南巡，命赴河南按事。时上以高邮、宝应诸州县频年被水患，由洪泽湖无所宣泄，宜于高堰二坝筑堤束水入河，又于下河筑堤束水入海。会潮按事还，上询河堰形势，因指授方略，命往董其役。四十五年，监修高家堰滚水坝、高邮车逻中坝，并浚文华寺减河。四十六年，监修武家坝、天然坝、蒋家坝及诸堤闸，先后毕工。四十七年，调吏部。四十九年，以病乞休，许以原官致仕。五十四年，卒，赐祭葬。

潮居官平易，不事矫饰，所至民咸称颂。乾隆初，追谥文敬。子本,自有传。

杞,字集功。康熙五十一年进士,官编修。由甘肃布政使巡抚陕西。入为宗人府府丞。予休致,卒。

贝和诺,富察氏,满洲正黄旗人,济席哈孙。自工部笔帖式授户部主事,历郎中,兼佐领,累迁大理寺卿。康熙三十五年,命往山东经理闸河。漕运总督桑额奏漕船尽过济宁,较往岁早一月。上以遣官经理,于漕运便,命以为常。迁副都御史,擢户部侍郎。三十七年,朝鲜岁祲,国王李焞乞开市义州中江贸谷。诏发三万石与为市,令贝和诺及侍郎陶岱监视。事已,焞上表谢"八道生灵,赖以全活"。是年,授陕西巡抚。疏报:"陕西开事例,积贮米麦,应存一百七十七万石有奇,今实存仅十七万。"上命尚书传腊塔、张鹏翮往按。寻疏言长安、永寿、华隐等籴补三十八万有奇,余皆欠自捐生,请今补完。

三十九年,调四川。疏言:"打箭炉、木鸦等处番、民一万九千余户归顺,请增设安抚使五、副使五、土百户四十五,以专管辖。边民运茶赴炉贸易,给官引五千六百道,定额征课。川省行盐,涧川、中江山路崎岖,艰于陆运,额连壅滞。惟冰江水溪可通水运,请增给水引,商民交便。"贝和诺治事精详,尚书张鹏翮按事还,于上前亟称之。四十二年,召授兵部侍郎。

四十四年,擢云贵总督,捕治富民盗李天极、王枝叶等。天极广通诸生,与临安朱六非造为符谶,师宗州枝叶,人素无行,天极等诱之,诡托明桂王孙,纠党谋不轨。僭称文兴三年,散播印札,图劫掠广南、开化,自蒙自窜入会城。贝和诺标兵诇得状,诛六人,流其余党。四十九年,召拜礼部尚书。以太原流匪陈四等六十余人诡称赴云南垦地,贝和诺得布政使牒报不察究,坐降调,授盛京工部侍郎。五十七年,复召为礼部尚书,以老乞休,诏慰留。六十年,卒官。

子马喇,袭管佐领,兼护军参领,累擢正红旗满洲副都统。雍正五年,西藏阿尔布巴等与贝子康济鼐不睦,命马喇往驻西藏。既,阿尔布巴戕害康济鼐,后藏颇罗鼐率兵报仇,执阿尔布巴等。遣尚书查郎阿等谳其罪，磔之。诏颁罗鼎总管前后藏事，移达赖喇嘛于里塘。七年，命马喇驻里塘守护，赐帑金二千，总藏事。擢护军统领，还京，迁工部尚书，坐免。十一年，复以副都统衔往西藏办事。卒官。

陶岱，瓜尔佳氏，满洲正蓝旗人。由主事历户部郎中，累擢吏部侍郎。朝鲜告饥，乞开市贸谷，命陶岱与贝和诺运米给籴，御制《海运朝鲜记》纪其事。三十八年，署两江总督。寻授仓场侍郎，以漕连迟误，降五秩，随旗行走。寻卒。

博霁，巴雅拉氏，满洲镶白旗人。自护卫授銮仪使，擢镶白旗都统。康熙二十四年，授江宁将军，调西安。三十五年，抚远大将军费扬古率师西剿噶尔丹，命博霁率满洲兵自宁夏会师，大败噶尔丹于昭莫多。叙功，授世职拖沙喇哈番。圣祖尝谕大学士等曰：“博霁自江宁赴西安，军民攀留泣送，直至浦口。非有善政，何能如此？诚可谓将军矣！”四十二年，上幸西安阅兵，谕曰：“西安官兵皆娴礼节，重和睦，尚廉耻，且人才壮健，骑射精练。朕巡幸江南、浙江、盛京、乌喇等处阅兵，未有能及之者，深可嘉尚！”赉霁御用囊鞭、弓矢。

四十三年，授四川陕西总督。上以、山陕屡岁祲，欲于河南储粟备振，溯黄河挽运，虑三门砥柱水急，舟不得上，命博霁偕山、陕、河南巡抚会勘。寻合疏言：“三门滩多水激，挽运险阻，仍以陆运为便。”从之。四十七年，卒，赐祭葬。

觉罗华显，满洲正红旗人。初授宗人府主事，迁户部理事官。康熙三十七年，授翰林院侍讲学士，累迁内阁学士。三十九年，授甘肃巡抚，未上官，调陕西。四十年，擢川陕总督。甘肃流民数千人就赈西安，华显与巡抚鄂海出俸为有司倡，集资计口授粮，并拨荒地为业，上幸西安阅兵，与博霁、鄂海同受赐。陕民困重敛，华显饬有司禁私征，屏绝馈遗，军民称颂。十二年，卒官，加太子太保，赠兵部尚书，谥文襄。祀陕西名宦。

蒋陈锡，字雨亭，江南常熟人。父伊，康熙十二年进士，选庶吉

士,授御史。疏陈民间疾苦,绘十二图以进。累官河南提学道副使,
卒官。

陈锡,康熙二十四年进士,授陕西富平知县。岁饥,米斛直数
千,发仓振济,不给,斥家资佐之,全活甚众。行取,擢礼部主事。监
督海运仓,革粮艘篷席例银。迁员外郎。河道总督张鹏翮荐佐两淮
河务。四十一年,授直录天津道,迁河南按察使,谳决平恕。豫省有
老瓜贼为害行旅,陈锡廉得其巢穴,悉禽治之。

四十七年,迁山东布政使。未几,任巡抚。疏请缓征二十三州、
县、卫被灾逋赋,广乡试解额,增给买补营马直,免累及所司。条陈
海防三事,言战船当更番修葺,水手当召募熟谙水道之人,沿海村
庄当举行团练,互相接应。并以御史陈汝咸条议海疆弭盗。疏请渔
舟编甲,闽、粤乌船不许携炮械,得盗舟火药军器,必究所从来。部
议悉从之。长芦巡盐御史希禄请增东省盐引,临清关请增设济宁等
五洲县口岸,陈锡皆言其不便,并得请。

五十五年,擢云贵总督。禄观州土酋常应运诱沿江土夷攻卓干
寨,陈锡檄师会剿,平之,拨兵弁驻守其地。石羊绪矿厂硐老山空,
课额不足,疏请嗣后硐衰即止,勿制定额。镇元至省三十二驿,山路
崎岖,驿夫苦累,下令非有符合,毋滥应夫马。都统武格、将军噶尔
弼率师入西藏,以云南粮连艰难,欲自四川运粮济给。四川总督年
羹尧奏言滇、蜀俱进兵,蜀粮不足兼供。乃命陈锡与巡抚甘国璧速
运。五十九年,诏责其筹济不力误军机,与国璧并夺职。今自备资
斧运米入藏。明年,卒于途。雍正元年,山东巡抚黄炳言陈锡在巡
抚任,侵蚀捐谷羡余银二百余万,部议督追。弟廷锡入陈始末,诏减
赏其半。子涟、泂。

涟、字檀人,进士,官编修,终太仆寺卿。

泂、字恺思。进士,历工部郎中,出为云南提学道。西陲用兵,
命从军,授甘肃凉庄道。西微多卜藏、玛嘉诸部与谢勒苏、额勒布两
部逃人倚石门寺为巢,往来劫掠。泂料简精锐,会凉州镇官兵,分五
路进剿,转战棋子山,歼贼之半。时罗卜藏丹津进逼西宁,复檄兵捍

御，罗卜藏丹津遁走。大将军年羹尧上其功，迁山西按察使，进布政使。上嘉泂实心供职，免其父追偿。雍正十年，加侍郎衔，往肃州经理军营屯田。在事二年，辟镇番柳林湖田十三万亩，得粮三万石。筑河堤，扩二大渠，分浚支渠。并建仓储粮，公私饶裕。副都御史二格协理军需，劾泂侵帑误公，逮治论死。下狱追赃。总督查郎阿等交章雪其诬，泂已病卒。

刘荫枢，字乔南，陕西韩城人。康熙十五年进士。授河南兰阳知县，有政声。行取，擢吏科给事中，以忧归，服阕，除刑科给事中。疏言：“廉吏必节俭。迩来居官竞尚侈靡，不特车马、衣服、饮食、器用，僭制逾等。抑且交结、奔走、馈送、夤缘、弃如泥沙，用如流水。俸不给则贷于人，玷官箴，伤国体。请敕申斥，以厉廉戒贪。”又疏言：“京师放债，六七当十。半年不偿，即行转票，以子为母。数年之间，累万盈千。是朝廷职官，竟为债主斯养。乞敕严立科条，照实贷银数三分起息。”并下部议行。寻调户科。三十六年，诏求直言，荫枢疏请肃纪纲，核名实，开言路，报可。

三十七年，外转江西赣南道。赣俗健讼，荫枢昼夜平决，征妄诉者，讼渐稀。将吏私征门税，荫枢令革之。米市有牙课，牙人藉以婪索。荫枢以其钱置田，征租代课，除民累。署按察使，忤总督阿山，以谳狱前后狱辞互异，劾罢。四十二年，圣祖西巡，荫枢迎驾潼关，上识之，召对称旨，复授云南按察使。四十五年，迁广东布政使。总督贝和诺称其清廉勤慎，士民爱戴，云南布政使缺员，请以荫枢调补，上从之。荫枢督浚昆明湖，筑六河岸闸。会夏旱，发粟平粜，祷于五华山，得雨，民大悦。

四十七年，擢贵州巡抚。贵州苗、仲杂处，号难治。荫枢至，绝馈遗，省徭役，务以安静为治。疏请广乡试解额，设南笼厅学，以振人文。先后请改石阡、丹川、西堡、宁谷、平州、大华诸土司，设流官。开驿道，自云南坡至蕉溪二千余里。又疏言贵州钱粮课税仅十余万，邻省岁协饷二十余万，稍愆期，军士悬额待饷。请豫拨二十万储布政使库。部议持不可,疏三上,诏特允之。其后红苗叛,饷赖以无绌。乌蒙、威宁两土司相仇杀,四川巡抚年羹尧遣吏勘问,土酋匿不出,疏闻,命四川、云、贵督抚按治,荫枢先至,遣使招谕,威宁土酋听命,乌蒙土酋亦自缚出就质,咸愿伏罪释仇,苗以无事。

五十四年,准噶尔策妄阿喇布坦侵哈密,诏备兵进讨。荫枢累疏请缓师,略云:"小丑不足烦大兵。愿皇上息怒,重内治,轻远略。"上责其妄奏,命驰驿赴军前周阅详议。荫枢抵巴里坤,上疏数千言,请屯兵哈密,以逸待劳。旋称病还甘肃,疏乞休,严旨谯让,仍令回巡抚任。荫枢疏报病愈,上斥荫枢:"令诣军前即称病,仿回任病顿愈,情伪显然。"命解任诣京师。部议阻挠军务,坐绞,上宥之,遣赴喀尔喀种地。年已八十二,居戍三年,释还,复故官。六十一年,与千叟宴。世宗御极,召见,赐金归里。寻卒,年八十七。

音泰,瓜尔佳氏,满洲镶红旗人。初为西安驻防兵。康熙十三年,副都统佛尼勒讨吴三桂将谭宏、吴之茂、王屏藩等,音泰隶麾下。师自汉中进克阳平朝天关,驻守梅岭关,贼夜劫营,音泰力御,中枪折齿,得上赏。明年,佛尼埒攻王辅臣秦州,临壕列围,贼突骑出犯,音泰射殪三人,贼骇遁。复进攻西和,屡败之茂等于盐关岐山堡。十七年,进攻四种,克保宁、叙州。叙功,授饶骑校,迁防御。

三十五年,署参领,从西安将军博霁会大将军费扬古征噶尔丹,出西路。五月,上亲征,出中路,至克鲁伦河。值积雨,运粮滞,贼预焚草地,我军纤道秣马。音泰言于博霁曰:"寺驾亲征,宜倍道前进。"乃急趋昭莫多,大军继进,噶尔丹败遁。叙功,予云骑尉世职。四十一年,迁佐领,四十二年,上巡西安,令官兵校射,音泰蒙赉与赐宴,寻授协领。

四十三年,擢西安副都统。四十四年,授西宁总兵官。上知其贫,诏陕西督抚助练兵犒赉之资。四十六年谕:"音泰久居西陲,谙习兵事,外藩蒙古及内地军民交口称誉。"命擢甘肃提督。四十八年,授川陕总督。入觐,赏花羚及冠服、鞍马,并御书"揽辔澄清"榜赐之。四十九年，干伟番蛮罗都等掠宁番卫，戕冕山营游击周玉麟，命四川巡抚年羹尧偕提督岳升龙往剿。羹尧至，升龙已禽罗都等三人械送勘问。既定谳，遂先还。升龙偕建昌总兵郝宏勋至会盐招降，番蛮诸酋愿率众十万贡纳粮马。音泰请以降酋为土司，分领其众。因劾羹尧违旨先还，诏夺羹尧职，留任效力。未几，升龙以疾解任，羹尧知其曾假帑金，议率属捐俸代偿，音泰不从。羹尧遂入告，上允行，并谕音泰宜与巡抚和衷。寻褒其洁清不瞻徇，实心任事。会奉诏申禁游民越境，令严劾纵容官吏。邠州诸属拘系者四十余案，每案至数十人。音泰疏言诸人皆藉技营生，无不法状，应递解原籍编管。如纵出境，议处所司，上韪之。

以病疏乞休，上曰：“朕前幸西安，知音泰义勇，荐擢至总督。宽严并用，军民无不感戴。朕甚爱惜之，可令在任调摄。”五十二年，复请，许解任还京师，给弟宅田亩，以旌其廉。并谕群臣曰：“朕初用音泰，人不知其善，后乃称朕有知人之明也。”五十三年，卒，赐祭葬，谥清端。初授云骑尉世职，特命世袭罔替。

鄂海，温都氏，满洲镶白旗人。自笔帖式授内阁中书，历宗人府郎中，兼佐领。康熙三十二年，圣祖亲征噶尔丹，命鄂海赴宁夏储备牲畜。陕西按察使员缺，上以命海，且谕之曰：“初任外僚，每言洁其身以图报。及莅任，辄背其言。朕于数十从臣中简尔为按察使，尔当益励素行也。”三十七年，迁布政使。四十年，擢巡抚。

四十九年，授湖广总督。镇篁边外红苗为乱，令总兵张谷贞等召苗目宣谕，毛都塘等五十二寨、盘塘等八十三寨、先后剃发归化，上嘉之。五十二年，移督川、陕。疏报甘肃洮、岷边外大山生番请归化，上以洮、岷边外无生番，或为蒙古属部，命详察。鄂海奏大山在洮州东南土司杨汝松界外，非蒙古属部，宜令汝松兼辖。复疏报四川会川营界外凉山番目阿木哨请归化，岁贡马，请给番目职衔，令辖所属番、民并从之。甘肃靖远、固原、会宁岁歉饥，民乏食，疏给口粮资本，抚辑流移。

五十七年,大将军贝子允禵等率师讨策妄阿喇布坦,驻兵西宁、甘州、庄浪诸处。鄂海请发西安库帑四十万,并拨、平凉、巩昌、宁夏仓谷十万,充饷。以陕西葭州、甘肃宁夏等二十八处转输军需,请豁丁粮,纾民力。五十八年,复请豁甘肃逋欠钱粮草束,俾民得尽力输纳本年粮草以佐军,户部格不行,特旨允之。六十年,诏解任专治粮饷,以四川巡抚年羹尧代之。未几,命往吐鲁番种地效力。雍正元年,予原品休致,效力如故。寻卒。

卫既齐,字伯严,山西猗氏人。父绍芳,字犹箴,顺治三年进士,授河南尉氏知县。兵后修复城郭、学校,勤劝课,广积储,禁暴戢奸,尉氏民颂焉。行取兵部主事,累迁贵州提学道佥事、浙江巡海道副使。

既齐,康熙三年进士,改庶吉士,散馆授检讨。讲学志当世之务,上疏言时事,语戆直。会遭祖母丧,假归。居久之,诣京师补官。上命以封品调外,授直录霸州州判。既齐召民之秀良者曹试而教诲之,俾各有所成就。民贷于旗丁,子钱过倍,横索无已。既齐力禁戢之,无敢逞。迭署固安、永清、平谷知县,所至辄有惠政。巡抚于成龙疏荐,会既齐以母忧去,继复遭父丧。一日,上御门,举既齐咨于九卿,佥曰贤,命复授检讨。二十七年,服阕,诣京师补官。上知既齐讲学负清望,超擢山东布政使。既齐感激,益自奋勉为清廉、令府县输欵封还平余。门悬钲,吏民白事得自通。建历山书院,仿经义、治事之例,设奎、壁二斋课士。护巡抚印者再。清庶狱,结八十余案,株累数百人尽释去。在官三年,有声绩。三十年,授顺天府尹,疏请按行所部,黜陟属吏贤不肖。上以为无益,不许。寻擢副都御史,闻山、陕蝗见,平阳以南尤甚,疏请赈恤,上责其悬揣。

旋授贵州巡抚。绍芳为提学,士民祠焉。既齐至贵州,谒父祠受事。黎平知府张溦、副将侯奇嵩报古州高洞苗金涛匿罪人杀吏,请发兵进剿,既齐疏闻,即遣兵捕治。溦、奇嵩复报兵至暂苗一千一百一十八人,既齐复以闻。旋察知溦、奇嵩妄报,疏实陈,请夺溦、奇嵩官勘治。上责既齐轻率虚妄,遣尚书库勒纳、内阁学士温保往按。旋命逮既齐到京师,上令九卿诘责。既齐引罪请死,九卿议当斩,上命贷之,遣戍黑龙江。明年,赦还。家居,立社课士,斥家资供膏火。三十八年,上命承修永定河工。三十九年,又命督培高家堰,卒工次。

论曰:康熙中叶后,天下乂安,封疆大吏多尚廉能,奉职循理。若石琳改赋役,徐潮革火耗,博霁、华显、音泰整饬武备,安不忘危,皆能举其职者。刘荫枢志在休民,未知应兵之不容已,蒋陈锡、鄂海又以督饷稽迟蒙谴,卫既齐遭际殊异,而不获以功名终,其治行皆有可称,膏泽及于民,无深浅远近,要为不沬矣。

清史稿卷二七七
列传第六四

于成龙 孙准 彭鹏 陈瑸
陈鹏年 施世纶

于成龙,字北溟,山西永宁人。明崇祯间副榜贡生。顺治十八年,谒选,授广西罗城知县,年四十五矣。罗城居万山中,盛瘴疠,瑶、僮犷悍,初隶版籍。方兵后,遍地榛莽,县中居民仅六家,无城郭廨舍。成龙到官,召吏民拊循之,申明保甲。盗发即时捕治,请于上官,讞实即处决,民安其居。邻瑶岁来杀掠,成龙集乡兵将捣其巢,瑶惧,誓不敢犯罗山境。民益得尽力耕耘,居罗山七年,与民相爱如家人父子。牒上官请宽徭役,疏醵引,建学宫,创设养济院,凡所当兴罢者,次弟兴行,县大治。总督庐兴祖等荐卓异。

康熙六年,迁四川合州知州。四川大乱后。州中遗民裁百余,正赋仅十五两,而供役繁重。成龙请革宿弊,招民垦田,贷以牛种,期月户增至千。迁湖广黄冈同知,驻岐亭。岐亭故多盗,白昼行劫,莫敢谁何。成龙抚其渠彭百龄,贳罪,令捕盗自赎。尝察知盗所在,伪为丐者,入其巢,与杂处十余日,尽得其平时行劫状。乃出呼役械诸盗,具狱辞,骈缚坑之,他盗皆还窜。常微行村堡,周访闾里情伪,遇盗及他疑狱,辄踪迹得之,民惊服。巡抚张朝珍举卓异。

康熙十三年,署武昌知府。吴三桂犯湖南,师方攻岳州,檄成龙造浮桥济师,甫成,山水发,桥圮,坐夺官。三桂散伪札遍湖北州县,麻城、大冶、黄冈、黄安诸盗,皆倚山结寨应三桂。妖人黄金龙匿兴宁山中,谋内乱。刘君孚者,尝为成龙役,善捕盗,亦得三桂札与金龙等结大盗周铁爪,据曹家河以叛。朝珍以成龙旧治得民心,檄往招抚。成龙诇知君孚虽反,众未合,犹豫持两端。兼程趋贼寨,距十里许止宿,榜示自首者免罪,来者日千计,皆贷之。先遣乡约谕君孚,降者待以不死。乃策黑羸往,从者二,张盖鸣钲,迳入贼舍。呼君孚出见,叩头受抚,降其众数千,分立区保,籍其勇力者,督令进讨。金龙走纸棚河,与其渠邹君申往保山寨,成龙禽斩之。朝珍以闻,请复官,即擢黄州知府,上允之。

诸盗何士荣反永宁乡,陈鼎业反阳逻,刘启业反石陂,周铁爪、鲍世庸反泉畈,各有众数千,号东山贼,遥与湖口、宁州诸盗合,将趋黄州。时诸镇兵皆从师徇湖南,州中吏民裁数百,议退保麻城。成龙曰:“黄州,七郡门户,我师屯荆、岳,转运取道于此。弃此不守,荆、岳且瓦解。”誓死不去。遂集乡勇得二千人,遣黄冈知县李经政攻阳逻,得鼎业,诛之。士荣率贼数犯,自牧马崖分两路来犯。成龙遣千总罗登云以千人当东路,而自当西路。令千总吴之兰攻左,武举张尚圣攻右,成龙力冲其中坚。战合,之兰中枪死,师少却。成龙策马冒矢石径前,顾千总李茂升曰:“我死,汝归报巡抚!”茂升战甚力,尚圣自右出贼后,贼大败,生致士荣,槛送朝珍,遂进克泉畈。凡二十四日,东山贼悉平。十五年,岁馑,论言复起。成龙修治赤壁亭榭,日与僚吏燕咏其中,民心大定。会丁继母忧,总督蔡毓荣奏请夺情视事。十六年,增设江防道,驻黄州,即以命成龙。

十七年,迁福建按察使。时郑成功迭犯泉、漳诸郡,民以通海获罪,株连数千人,狱成,当骈戮。成龙白康亲王杰书,言所连引多平民,宜省释。王素重成龙,悉从其请。遇疑狱辄令讯鞫。判决明允,狱无淹滞。军中多掠良民子女没为奴婢,成龙集资赎归之。巡抚吴兴祚疏荐廉能第一,迁布政使。师驻福建,月征輂夫数万,累民,成龙白王罢之。

十九年,擢直隶巡抚,莅任,戒州县私加火耗馈遗上官。既行,道府劾州县,州县即讦道府不得馈遗挟嫌,疏请严定处分,下部议行。宣化所属东西二城与怀安、蔚州二卫旧有水冲沙压地千八百顷，前政金世德请除粮，未行，为民累。成龙复疏请，从之。又以其地夏秋屡被灾，请治赈。别疏劾青县知县赵履谦贪墨，论如律。二十八年，入觐，召对，上褒为"清官第一"，因问剿持黄州土贼状，成龙对："臣惟宣布上威德，未有他能。"问："属吏中亦有清廉否？"成龙以知县谢锡衮，同知何如玉、罗京对。复谕劾赵履谦甚当，成龙奏："履谦过而不改，臣不得已劾之。"上曰："为政当知大体，小聪小察不足尚。人贵始终一节，尔其勉旃！"旋赐帑金千、亲乘良马一、制诗褒宠，并命户部遣官助成龙赈济宣化等处饥民。成龙复疏请缓真定府属五县房租，并全蠲霸州本年钱粮，均报可。是年冬，乞假丧母，优诏许之。

　　未几，迁江南江西总督。成龙先后疏荐直隶守道董秉忠、阜城知县王燮、南路通判陈天栋。濒行，复荐通州知州于成龙等，会江宁知府缺，命即以通州知州于成龙擢补。成龙至江南，进属吏诰诫之。革加派，剔积弊，治事尝至达旦。好微行，察知民间疾苦、属吏贤不肖。自奉简陋，日惟以粗粝疏食自给。江南俗侈丽，相率易布衣。士大夫家为减舆从、毁丹垩，婚嫁不用音乐，豪猾率家远避。居数月，政化大行。势家惧其不利，构蜚语。明珠秉政，尤与忤。二十二年，副都御史马世济督造漕船还京，劾成龙年衰，为中军副将田万侯所欺蔽。命成龙回奏，成龙引咎乞严谴，诏留任，万侯降调。二十三年，江苏巡抚余国柱入为左都御史，安徽巡抚涂国相迁湖广总督，命成龙兼摄两巡抚事。未几，卒于官。

　　成龙历官未尝携家属，卒时，将军、都统及僚吏入视，惟笥中绨袍一袭、床头盐豉数器而已。民罢市聚哭，家绘象祀之。赐祭葬，谥清端。内阁学士锡住勘海疆还，上询成龙在官状，锡住奏甚清廉，但因轻信，或为属员欺罔。上曰："于成龙督江南，或言其变更素行，及卒后，始知其始终廉洁，为百姓所称。殆因素性鲠直，不肖挟仇谗害，造为此言耳。居官如成龙，能有几耶？"是年冬，上南巡至江宁，谕知府于成龙曰："尔务效前总督于成龙正直洁清，乃为不负。"又谕大学士等曰:"朕博采舆评,咸称于成龙实天下廉吏第一。"加赠太子太保,荫一子入监,复制诗褒之。雍正中,祀贤良祠。

孙准,字子绳。自荫生授山东临清知州,有清操。举卓异,入为刑部员外郎,迁户部郎中。出为江南驿盐道,再迁浙江按察使,居成龙丧归,起四川布政使。康熙四十三年,授贵州巡抚。饬州县立义学,令土司子弟及苗民俊秀者悉入肄业,送督学考试。调江苏,岁饥,请发帑振济上元等十五县及太仓、镇海二卫。滨江海田亩被潮汐冲击,多坍没,疏请豁免钱粮,诏允行。以布政使宜思恭为总督噶礼所劾,准坐失察,罢归。雍正三年,复职衔。寻卒。

彭鹏,字奋斯,福建莆田人。幼慧,有与其父仇,欲杀鹏,走匿得免。顺治十七年,举乡试。耿精忠叛,迫就伪职,鹏阳狂示疾,椎齿出血,坚拒不从。事平,谒选康熙二十三年,授三河知县。三河当冲要,旗民杂居,号难治。鹏拊循惩劝,不畏强御。有妄称御前放鹰者,至县索饩牵,鹏察其诈,絷而鞭之。治狱,摘发如神。邻县有疑狱,檄鹏往鞫,辄白其冤。二十七年,圣祖巡畿甸,召问鹏居官及拒精忠伪命状,赐帑金三百,谕曰:"知尔清正不受民钱,以此养尔廉,胜民间数万多矣!"寻顺天府尹三礼劾鹏匿报控案,命巡抚于成龙察之。成龙奏:"鹏讯无左验,方缉凶,非不报也。"吏议夺官,诏镌级留任。嗣以缉盗不获,累被议,积至降十三级,俱从宽留任。

二十九年,诏举廉能吏,用尚书李天馥荐,鹏与邵嗣尧、陆陇其、赵苍璧并行取,擢为科道。寻乞假归,明年,即家起工科给事中。三十二年,陕西西安、凤翔,山西平阳灾,发帑振之。又命运河南米十万石畀陕西散饥民。鹏疏论陕西、山西、河南三省有司不恤民状,语甚切,下所司,并令鹏指实以闻。鹏因奏泾阳知县刘桂刻扣籽粒,猗氏知县李澍杖杀灾民,磁州知州陈成郊滥派运价,夏邑知县尚崇震派银包运,南阳知府朱璘暧昧分肥,并及闻喜、夏县匿灾不报状。诏三省巡抚察审,事不皆实,鹏例当谴,上贳之。

三十二年,疏劾顺天乡试中式举人李仙湄闱墨删改过多,杨文铎文谬妄,给事中马士芳磨勘通贿。下九卿等察议,以鹏奏涉虚,因摘疏语有"臣言如妄,请劈臣头,半悬国门,半悬顺天府学,"以为狂妄不敬,应夺官。命鹏回奏,鹏疏言:会议诸臣,徇试官徐倬、彭殿元欺饰,反以臣为妄,乞赐罪斥。"上不问,而予倬、殿元休致。

三十三年,顺天学政侍郎李光地遭母丧,上命在任守制,光地乞假九月。鹏劾光地贪恋禄位,不请终制,应将光地解任,留京守制,上从之。会廷臣集议,鹏追论杨文铎文谬妄,与廷臣忿争,事闻,命解职,以原品效力江南河工。三十六年,召授刑科给事中。三十七年,出为贵州按察使。

三十八年,擢广西巡抚。湖广总督郭琇请除学政积弊,给事中慕琛、满晋,御史郑惟孜等亦疏列顺天乡试事。上以李光地、张鹏翮、郭琇与鹏俱清廉,命各抒所见。鹏疏言:"琇请严督抚处分,学政贪赃,提问督抚,需索陋规,视贪赃治罪,久有定例,请敕榜示律条。惟孜请令各省监生回籍乡试,九卿虑成均空虚,应责成祭酒司业,就坐监读书者讲习考课,各省学政择诸生有文行者送入成均何虑空虚!琛、晋请察对坐号以防换卷,臣谓换卷多在入门暗约出号交卷时,请严稽于此。"又言:"文官子弟请皇上亲试,臣谓当另立考场,去取听睿裁。"与光地等疏皆下九卿详议。互详光地等传。时河南巡抚徐潮之任,上谕曰:"尔能如李光地、张鹏翮、郭琇、彭鹏,不但为令之名臣,亦足重于后世矣。"鹏在官省刑布德,减税轻徭。广西旧供鱼胶、铁叶,非其土物,赴广东采运,鹏疏请免之。

寻移抚广东,濒行,疏言:"广西州县借端私派,名曰均平。臣到任,劾罢贺县、荔浦、怀集、武缘诸贪吏。前此诸州县大者派至三千两,其次一二千两。不肖官吏,往往先征均平而后正课,甚者均平入已,遇事复行苛派。其不派均平者,又取盈于火耗。且均平所入,费于公者十之二三,费于馈遗者十之六七。欲去旧弊、苏民困,必先养州县之廉。请于征粮之内,明加火耗一分。其余陋规,概行禁止。"疏入,下部议,谓火耗不可行,但严禁加派。广西旧未设武科,鹏奏请行之。时与萧与澡互调,上勉永藻效鹏,又谕大学士曰:"彭鹏人

才壮健，前知三河，闻有贼，即佩刀乘马驰捕，朕所知也。”御名王度
昭劾鹏在广西知布政使教化新亏帑，不即纠举。迨离任始奏闻，又
掩护其半。广西粮道张天觉改征兵米浮销九十余万，部勒追完，而
鹏反以天觉署布政使。兵米之案。必由藩司审详，是直以天觉察天
觉也。命鹏回奏，鹏疏辨，并讦度昭。上以其辞仇激，降旨严饬。

广东因借兵饷，改额赋征银为征米，较估报时值浮多，户部屡
饬追完。鹏至官，是年岁稔米价低，以米计银少七万三千有奇，疏请
令经管各官扣追存库，并议嗣后额赋仍依原则征银，采购兵米。其
按年应追完之银，实因丰歉不同，米价无定，乞免重追，诏允行。鹏
视事勤敏，遇墨吏纠劾无少徇。岁旱，步祷日中，诣狱虑囚，开仓平
粜，旋得雨，民大称颂。四十三年，卒官，年六十八，上深悼惜，称其
勤劳，赐祭葬。寻祀广东名宦。

陈瑸，字眉川，广东海康人。康熙三十三年进士，授福建古田知
县。古田多山，丁田淆错，赋役轻重不均，民逋逃迁徙，黠者去为盗。
瑸请平赋役，民以苏息。调台湾，台湾初隶版图，民骁悍不驯。瑸兴
学广教，在县五年，民知礼让。四十二年，行取，授刑部主事，历郎
中，出为四川提学道佥事。清介公慎，杜绝苞苴。上以四川官吏加
派万民，诏戒饬，特称瑸廉。未几，用福建巡抚张伯行荐，调台湾厦
门道。新学宫建朱子祠于学右，以正学万俗，镇以廉静，番、民帖然。
在官应得公使钱，悉屏不取。

五十三年，超擢偏沅巡抚。莅任，劾湘潭知县王爰溱纵役累民，
长沙知府薛琳声徇庇不纠劾，降黜有差。寻条奏禁加耗，除酷刑，粜
积谷，置社仓，崇节俭，禁馈送，先起运，兴书院，饬武备，停开采，凡
十事。诏嘉勉，谕以躬行实践，勿骛虚名。旋入觐，奏言：“官吏妄取
一钱，即与百千万金无异。人所以贪取，皆为用不足。臣初任知县，
即不至穷苦，不取一钱，亦自足用。”此退，上目之曰：“此苦行老僧
也！”寻调抚福建，上谕廷臣曰：“朕见瑸，察其举止言论，实为清官。
瑸生长海滨，非世家大族，无门生故旧，而天下皆称其清。非有实

行,岂能如此？国家得此等人,实为祥瑞。宜加优异,以厉清操。"陛辞,上问:"福建有加耗否？"瑛奏:"台湾三县无之。"上曰:"火耗尽禁,州县无以办公,恐别生弊端。"又曰:"清官诚善,惟以清而不刻为尚。"瑛为治,举大纲,不尚烦苛。修建考亭书院及建阳、尤溪朱子祠,疏请御书榜额,并允之。复疏言:"防海贼与山贼异,山贼啸聚有所,而海贼则出没靡常。台湾、金、夏防海贼,又与沿海边境不同,沿海边境患在突犯内境,而台、夏患在剽掠海中。欲防台、夏海贼,当令提标及台、澎水师定期会哨,以交旗为验。商船出海,令台、夏两汛拨哨船护送。又令商船连环具结,遇贼首尾相救,不救以通同行劫论罪。"下部议,以为繁琐,上韪其言,命九卿再议,允行。

是年冬,兼摄闽浙总督。奉命巡海,自赍行粮,屏绝供亿。捐谷应交巡抚公费,奉请充饷。上曰:"督抚有以公费请充饷者,朕皆未之允。盖恐准令充饷,即同正项钱粮,不肖者又于此外婪取,重为民累。"令瑛遇本省需款拨用。瑛又请以司库余平赏赉兵役,命遵前旨。广东雷州东洋塘堤岸,海潮冲激,侵捐民田,瑛奏请修筑,即移所贮公项及俸钱助工费。堤岸自是永固,乡人蒙其利。五十七年,以病乞休,诏慰留之。未几,卒于官。遗疏以所贮公项余银一万三千有奇充西师之费。命以一万佐瑛,余给其子为葬具。寻谕大学士曰:"陈瑛居官甚优,操守极清,朕所罕见,恐古人中亦不多得也。"追授礼部尚书,荫一子入监读书,谥清端。

瑛服御俭素,自奉惟草具粗粝。居止皆于厅事,昧爽治事,夜分始休。在福建置学田,增书院学舍,聘主讲,人文日盛。雍正中,入祀贤良祠。乾隆初,赐其录子良举人。子恭员外郎,官至知府。

陈鹏年,字沧洲,湖广湘潭人。康熙三十年进士。授浙江西安知县,当兵后,户口流亡,豪强率占田自殖。鹏年履亩按验,复业者数千户。烈妇徐冤死十年,鹏年雪其枉,得罪人置诸法。禁溺女,民感之,女欲弃复育者,皆以陈为姓。河道总督张鹏翮荐调赴江南河工,授江南山阳知县,迁海州知州。四十二年,圣祖南巡阅河,以山东饥，诏截漕四万石，令鹏翻选贤干吏运兖州分振，以鹏年董其事，全活数万人。上回銮，如见济宁舟次，赋诗称旨，赐御书。

寻擢江宁知府。四十四年，上复南巡，总督阿山召属吏议增地丁耗羡为巡幸供亿，鹏年力持不可，事得寝。阿山嗛之，令主办龙潭行宫，侍从征馈遗，悉勿应，忌者中以蜚语。会致仕大学士张英入对，上问江南廉吏，举鹏年。复询居官状，英言："吏畏威而不怨，民怀德而不玩，士式教而不欺，廉其末也。"上意乃释。幸京口阅水师，先一日，阿山檄鹏年于江干叠石为步，江流急，施工困难，胥徒惶遽。鹏年率士民亲运土石，诘旦工成。顾阿山憾不已，疏劾鹏年受盐、典各商年规，侵蚀龙江关税银，又无故枷责关役，坐夺职，系江宁狱。命桑额、张鹏翮与阿山会鞫，江宁民呼号罢市，诸生千余建旛将叩阍。鹏年尝就南市楼故址建乡约讲堂，月朔宣讲圣谕，并为之榜曰"天语丁宁"。南市楼者故狭邪地也，因坐以大不敬，论大辟。上与大学士李光地论阿山居官，光地言阿山任事廉干，独劾陈鹏年犯清议，上颔之。谳上，鹏年坐夺官免死，征入武英殿修书。

四十七年，复出为苏州知府。禁革奢俗，清滞狱，听断称神。值岁饥，疫甚，周历村墟，询民疾苦，请赈贷，全活甚众。四十八年，署布政使。巡抚张伯行雅重鹏年，事无巨细，倚以裁决。总督噶礼与伯行忤，并忌鹏年。已，劾布政使宜思恭、粮道贾朴，因坐鹏年核报不实，吏议夺官，遣戍黑龙江，上宽之，命仍来京修书。噶礼复密奏鹏年虎丘诗，以为怨望，欲文致其罪，上不报。俄，噶礼与伯行互讦，屡遣大臣按治，议夺伯行职。上以伯行清廉，命九卿改议，并谕曰："噶礼曾奏陈鹏年诗语悖谬，宵人伎俩，大率如引。朕岂受若辈欺？"耶因出其诗畀阁臣共阅。五十六年，出署霸昌道，仍回京修书。

六十年，命随尚书张鹏翮勘山东、河南运河，时河决武涉县马营口，自长垣直注张秋，命河督赵世显塞之。议久不决，鹏年疏言："黄河老堤冲决八九里，大溜直趋溢口，宜于对岸上流广武山下别开引河，更于决口稍东亦开引河，引溜仍归正河，乃可堵筑。"

奏入称旨。世显罢，即命鹏年署河道总督。六十一年，马营口既塞复决,鹏年谓:"地势低洼,虽有引河,流不能畅。惟有分疏上下,杀其悍怒。请于沁、黄交汇对岸王家沟开引河,使水东南行,入荥泽正河,然后堤工可成。"诏如议行。先是,马营决口因桃汛流激,难以程工。副都御史牛纽奉命阅河,奏于上流秦家厂堵筑,工甫竟,而南坝心旋决一百二十余丈,入马营东下。鹏年与巡抚杨宗义谋合之。既,北坝尾复溃百余丈,鹏年乃建此议。世宗即位,命真除时南北坝尾合而复溃者四至是以次合龙而马营口尚未塞,鹏年止宿河堧寝食俱废,寝羸惫。雍正元年,疾笃遣御医诊视。寻卒,上闻谕曰:"鹏年积劳成疾,没于公所。闻其家有八旬老母,室如悬罄。此真鞠躬尽瘁、死而后已之臣。"褒锡甚至。赐帑金二千,锡其母封诰视一品例荫子,谥恪勤。祀河南、江宁名宦。

子树芝、树萱,圣祖时,以诸生召见,令随鹏年校书内廷。树芝官至平越知府,树萱官至户部侍郎。

施世纶,字文贤,汉军镶黄旗人,琅仲子。康熙二十四年,以荫生授江南泰州知州。世纶廉惠勤民,州大治。二十七年,淮安被水,上遣使督堤工,从者数十辈,驿骚扰民,世纶白其不法者治之。湖北兵变,官兵赴援出州境,世纶具刍粮,而使吏人执梃列而待,兵有扰民,立捕治,兵皆敛手去。二十八年,以承修京口沙船迟误,部议降调。总督傅腊塔疏陈世纶清廉公直,上允留任。擢扬州知府。扬州民好游荡,世纶力禁之,俗为变。三十年八月,海潮骤涨,泰州范公堤圮,世纶请捐修。三十二年,移江宁知府。三十五年,琅卒,总督范成勋疏以世纶舆情爱戴,请在任守制。御史胡德迈疏论,世纶乃得去官,复居母丧。岁余,授苏州知府,仍请终制,辞不赴。三十八年,既终制,授江南徐淮道。

四十年,湖南按察使员缺,九卿举世纶,大学士伊桑阿入奏,圣祖谕曰:"朕深知世纶廉,但遇事偏执,民与诸生讼,彼必祖民。诸生与缙绅讼,彼必祖诸生。处事惟求得中,岂可偏执。如世纶者,委以钱谷之事,则相宜耳。"是岁授湖南布政使。湖南田赋丁银有馐费,漕米有京费。世纶至,尽革徭费,减京费四之一,民立石颂之。四十三年,移安徽布政使。

四十四年,迁太仆寺卿。四十五年,坐湖南任内失察营兵掠当铺,罢职。三月,授顺天府府尹,疏请禁司坊擅理词讼、奸徒包揽捐纳、牙行霸占货物、流娼歌舞饮宴,饬部议,定为令。四十八年,授左副御史,兼管府尹事。四十九年,迁户部侍郎,督理钱法,寻调总督仓场。五十四年,授云南巡抚,未行,调漕运总督。世纶察运漕积弊,革羡金,劾贪弁,除蠹役,以严明为治。岁督漕船,应限全完,无稍愆误。

时西陲用兵,转输馈运,自河南达陕西。陕西旱饥,五十九年,上命世纶诣陕西佐总督鄂海督军饷,并令道中勘河南府至西安黄河挽运路径,并察陕西见存谷石数目陈奏。世纶乃溯河西上,疏言:“河南府孟津县至陕西太阳渡,大小数十余滩,纤道高低不等,或在河南,或在河北。渑池以下,舟下水可载粮三百余石,上水载及其半,渑池以上,河流高迅,仅可数十石。自砥柱至神门无纤道,惟路旁石往往有方眼,又有石鼻,从前挽运,其迹犹存。自陕州至西安府,河水平稳,俱有挽运路径。谨绘图以闻。”又言:“河南府至陕州三门,今乃无舟。请自太阳渡以下改车运,太阳渡至西安府党家马头舟行为便。党家马头入仓复改车运,谷二十万石都银十万三千两有奇。但运谷二十万,止得米十万。请令河南以二谷易一米,则运价可省其半。若虑米难久贮,请照例出陈易新。”奏入,上念陕西灾,发帑金五十万,并令酌发常平仓谷。又以地方官吏大半在军前,令选部院司官诣陕西,命世纶总其事。世纶令分十二路察贫民,按口分给,远近皆遍。六十年春,得雨,灾渐澹。上命世纶还理漕事。六十一年四月,以病乞休,温旨慰留,令其子廷祥驰驿省视。五月,卒。遗疏请随父琅葬福建,上允之,诏奖其清慎勤劳,予祭葬。

世纶当官聪强果决,摧抑豪猾,禁戢胥吏。所至有惠政,民号曰:“青天”。在江宁以忧归,民乞留者逾万。既不得请,人出一钱建两亭府署前,号一文亭。官府尹,步军统领托合齐方贵幸,出必拥驺从。世纶与相值，拱立道旁俟。托合齐下舆惊问，世纶抗声曰："国制，诸王始具驺从。吾以为诸王至，拱立以俟，不意为汝也!"将疏劾，托合齐谢之乃已。赈陕西，陕西积储多虚耗，将疏劾。鄂海以廷祥知会宁，语微及之，世纶曰："吾自入官，身且不顾，何有于子?"卒疏言之。鄂海坐罢去。

论曰：于成龙秉刚正之性，苦节自厉，始终不渝，所至民怀其德。彭鹏拒伪命，立身不苟，在官亦以正直称。陈瑸起自海滨，一介不取，行能践言。陈鹏年、施世纶廉明爱人，不畏强御。之五人者，皆自牧令起，以清节闻于时，成龙、世纶名尤盛，闾巷诵其绩，久而弗渝。康熙间吏治清明，廉吏接踵起，圣祖所以保全诸臣，其效大矣。

清史稿卷二七八
列传第六五

慕天颜　阿山　噶礼

慕天颜，字拱极，甘肃静宁人。顺治十二年进士，授浙江钱塘知县。迁广西南宁同知，再迁福建兴化知府。康熙九年，擢湖广上荆南道。总督刘兆麒疏言天颜习边海诸事，请调福建兴泉道。寻擢江苏布政使。十二年，丧母。总督麻勒吉、巡抚玛祜疏言："天颜廉明勤敏，清积年逋赋，厘剔挪移，事未竟，请令在官守制。"十三年，入觐，疏言："江南田地钱粮有隐占、诡寄诸弊，臣饬州县通计田额，均分里甲。又因科则不等，立征收截票之法，每户实征钱粮分十限，于开征日给限票，依限完纳截票。逾限未截，按数追比，吏不能欺民。"下部，著为令。

十五年，擢江宁巡抚。疏进钱粮交代册，上嘉其清晰，命布政使交代当以此为式。寻以节减驿站钱粮，加兵部侍郎。师征吴三桂，大将军贝勒尚善请造船济师，下天颜督造送岳州。叙劳，加太子少保、兵部尚书，仍兼右副都御史。时诸道兵应征，发舳舻蔽江，夫役牵挽，动以千万计。天颜疏言："纤夫募诸民间，夫给银一钱。民争逃匿，计里均派，先期拘集，饥寒踣顿。及兵既到，计船给夫，兵与船户横索财物，鞭挞死伤。臣拟军赴前敌，仍给纤夫，其凯旋还京，并各省调遣归标官兵，每船应夫若干，以其直给船户，令雇水手。"上从之，命下直省，著为令。

江南水道交错，天颜为布政使时，请于巡抚玛祜，浚吴淞江、刘河淤道。十九年，江南困霖雨，疏言：“附近吴淞江、刘河诸州县水道通畅，旋溢旋消。宜兴、常熟、武进、江荫、金坛诸县水无出路，或要口湮塞，致积雨成壑。常熟白茆港为长洲、昆山、无锡诸水出海要道，武进孟渎河为丹阳、宜兴、金坛诸水归江要道，请动帑疏浚。”上从之。于是浚白茆港四十三里达海，孟渎河四十八里达江，皆建闸以时启闭，费帑九万有奇。又尝疏请减浮粮，除版荒、坍没公占田地，部议坍没许豁除，版荒令覆勘。二十年，疏请募民垦版荒，六年后起科。

扬州知府高德贵亏帑数万，既劾罢，旋卒。天颜疏销草豆价，户部核减七千有奇，天颜檄追德贵家属。京口防御高腾龙，德贵族也，与参领马崇骏以天颜奏销浮昌讦于将军杨凤翔，凤翔格不行。总督阿席熙劾崇骏、腾龙娄取，上遣郎中图尔宸、钟有德会天颜勘治。崇骏、腾龙叩阍讼天颜奏销浮昌，恶其讦告构罪状，唆总督劾奏。上命图尔宸、钟有德具狱，崇骏、腾龙娄取罪至死，天颜以草豆价户部核减诿罪德贵，当左迁。得旨，如议。

天颜将去官，疏列成劳，且言：“夙夜冰兢精白，不意遭诬讦，蒙鉴宥不加严谴。”上以天颜未闻有廉名，乃自言“冰兢精白”，非是，命严饬。二十三年，起湖北巡抚，复谕之曰：“尔前为巡抚，未能洁已率属。今宜痛改前非，廉谨自持，以副任使。”旋移贵州。

二十六年，授漕运总督，疏言：“京口至瓜洲，漕船往来，风涛最险。请仿民间渡生船，官设十船，导引护防。”部议非例，不允。上曰：“朕南巡见京口、瓜洲往来人众，备船过渡，有益于民。其如所请行。”天颜疏陈江南、江西累年未完漕项银米请恩赏，上命尽免康熙十七年以前积逋。江南扬州、淮安所属运河东濒海诸州县地卑下，谓之下河，频岁被水。上先用汤斌议，遣侍郎孙在丰疏浚下河。河道总督靳辅议起翟家坝讫高家堰筑重堤，束堤堰溢出之水北出清口。谓疏浚无益。天颜仍主疏浚，并修筑高家堰，与不协。上遣尚书佛伦、熊一潇，给事中达奇纳、赵吉士会勘，佛伦等主用辅议天颜、在丰议与辅异。天颜密疏力争，辅疏劾天颜与在丰有连，欲在丰建功,故坚阻上游筑堤。下部议,夺天颜职,而辅亦为御史郭琇、陆祖修,给事中刘楷交章劾罢初。辅请于仲家庄建闸,引骆马湖水,别凿中河,俾漕船避黄河之险,天颜亦议为无益。上命学士开音布、侍卫马武往视,还奏天颜令漕船毋入中河,上以责天颜,逮下狱。天颜反覆申辨,副都御史噶尔图举天颜诉辞先后互异,坐奏事上书不以实论罪,上追录天颜造舟济师,特宽之。三十五年,卒。

天颜历官有惠绩,尝疏请有司亏帑虽逾限,于发遣前清偿,仍贳其罪。狱囚因逸犯株连,待质已三年者,于秋审时开释。狱囚无亲属馈食,月给米三斗,皆恤下之政。在江南,兴水利,濬积潦,而请免纤夫,苏一时之困,江南民尤颂之。独劾嘉定知县陆陇其不协于舆论,左都御史魏象枢疏言:“天颜劾陇其,称其操守绝尘,德有余而才不足。今之有司,惟操守为难,既知之矣,何不留以长养百姓?请严饬诸督抚大破积习,勿使廉吏灰心,贪风日长。”会诏举清廉,象枢遂以陇其应,语具《陇其传》。

阿山,伊拉哩氏,满洲镶蓝旗人。初自吏部笔帖式历刑部主事、户部员外郎。康熙十八年,授翰林院侍讲,七迁至户部侍郎。三十年,命治赈西安、凤翔二府,明年还京。上闻流民有至襄阳者,以问阿山。阿山言正月已得雪,民无流亡。上曰:“正月虽雪,二三月雨不时,麦收未可望。流民至襄阳甚多,汝未之知耳。”坐奏使不尽心,左授郎中。三十三年,擢左副都御史。三十五年,上亲征噶尔丹,阿山从。授阿密达为将军,逐噶尔丹,阿山为参赞。师还,授盛京礼部侍郎。三十六年,授翰林院掌院学士。

三十九年,授江南江西总督。安徽布政使张四教以忧去官,巡抚高永爵劾四教擅动库帑,下阿山察奏。阿山言四教动库帑为公用,请免议,上复命具实状以闻。阿山乃言:“三十八年上南巡,四教发库帑十一万供办,议今各官扣俸抵补。各官皆自承,臣不敢隐。”上责阿山徇情沽誉,命漕运总督桑额鞫四教,论如律。阿山当夺职,上宽之,命留任。

四十三年，阿山劾江西巡抚张志栋大计不公，志栋及布政使李兴祖、按察使刘廷玑、道员韩象起等皆夺职。阿山又言大计志栋主之，请复兴祖等官。给事中许志进劾阿山恩威自擅，阿山疏辨，且诋志进为淮安漕标营卒子。索行不端，为志栋报复。志进亦追论阿山庇张四教，并收属吏贿赂，盗仓谷不问，贪淫恶迹，纵妾父生事。疏并下部议，部议皆夺职。上复宽阿山，命留任如故。四十四年，疏劾江宁知府陈鹏年贪酷，并以妓楼改建堂，渎圣谕，大不敬。命会桑额及河道总督张鹏翮集谳，坐鹏年罪至斩，上特命来京，事具《鹏年传》。

阿山与桑额，鹏翮议自泗州开河筑堤，引淮水至黄家堰，入张福口，会出清口，是为溜淮套，疏请上临视。四十五年，授刑部尚书。四十六年，上南巡，临视溜淮套，谕曰："阿山等奏溜淮套别开一河，分泄淮水，绘图进呈。朕策骑自清口至曹家庙，见地势甚高，虽成河，不能直达清口，与所进图不同。且所立标竿多在民冢上，朕何忍发此无限枯骨耶？"命鹏翮罢其事。下九卿议，阿山及桑额、鹏翮皆夺职。上以阿山主其议，命但坐阿山，遂夺职。五十一年，江苏布政使宜思恭以亏帑坐谴，因列诉总督噶礼等频向需索，阿山亦受节馈，下部议，上以阿山老，宽之。五十二年，万寿，复原品。逾年，卒。

阿山故精察，上尝问大学士李光地："阿山在官何若？"光地奏："臣尝与同僚，廉干，果于任事。其失民心，独劾陈鹏年一事耳。"上颔之。

噶礼，栋鄂氏，满洲正红旗人，何和哩四世孙也。自荫生授吏部主事，再迁郎中。康熙三十五年，上亲征噶尔丹，次克鲁伦河。噶礼从左都御史于成龙督运中路兵粮，首达行在，召对，当上意。寻擢盛京户部理事官。岁余三迁，授内阁学士。三十八年，授山西巡抚。噶礼当官勤敏能治事，然贪甚，纵吏虐民。抚山西数年，山西民不能堪。会潞安知府缺员，噶礼疏荐霍州知州李绍祖，绍祖使酒自刭，噶礼匿不以奏。上闻之，下九卿议罪，拟夺噶礼职，上宽之。御史刘若鼎疏论噶礼贪，得赃无虑数十万，太原知府赵凤诏为其腹心，专用酷刑以济贪壑事。下噶礼复奏，得辨释。

平遥民郭明奇等以噶礼庇贪娄知县王绶，走京师诣巡城御史袁桥列诉。桥疏闻，并言："噶礼通省钱粮加火耗十之二，分补大同、临汾等县亏帑，余并以入己，得四十余万。指修解州祠宇，用巡抚印簿勒捐。令家伶赴平阳、汾州、潞安三府追富民馈遗。又以讼得临汾、介休富民亢时鼎、梁湄金。纵汾州同知马遴，庇洪洞知县杜连登，皆贪吏。隐平定雹灾。"凡七事。上命噶礼复奏，山西学政邹士璁代太原士民疏留噶礼。御史蔡珍疏劾士璁"职在衡文，乃与巡抚朋比。且袁桥疏得旨二日后，太原士民即具呈，显为诬伪。噶礼与士璁同城，委为不知，是昏愦也。知而不阻，是幸恩也。请并敕部议处。"寻噶礼复奏，以明奇等屡坐事走京师诬告，并辨桥、珍所言皆无据。下九卿察奏，明奇等下刑部治罪，桥、珍坐诬遣罢。

四十八年，迁户部侍郎，旋擢江南江西总督。噶礼至江南，益恣肆，累疏劾江苏巡抚于准、布政使宜思恭、按察使焦映汉，皆坐罢。知府陈鹏年初为总督阿山劾罢，上复命守勤苏州。及宜思恭罢，署布政使。鹏年素伉直，忤噶礼。噶礼续劾宜思恭亏帑，又论粮道贾朴建关开河皆有所侵蚀，遂及鹏年核报不实，鹏年复坐罢。噶礼复密疏鹏年虎丘诗怨望，上不为动。

巡抚张伯行有廉声，至则又与噶礼忤。五十年，伯行疏言本科江南乡试取士不协舆论，正考官副都御史左必蕃亦检举同考官知县王曰俞、方名所荐士有不通文字者。上命尚书张鹏翮如扬州会噶礼及伯行察审。鹏翮至，会谳，既得副考官编修赵晋及曰俞、名诸交通状，伯行欲穷其狱。噶礼盛怒，刑证人，遂罢谳。伯行乃劾噶礼，谓舆论盛传总督与监临提调交通鬻举人。及事发，又传总督索银五十万，许不竟其事，请敕解任就谳。噶礼亦劾伯行，谓："方会谳时，臣正鞫囚，伯行谓臣言不当，臣恐争论失体，缄口结舌。伯行遂荫谋诬陷，以鬻举人得银五十万污臣，臣不能与俱生。"因及伯行专事著书，猜忌糊涂，不能清理案牍。时方有戴名世之狱，又言："《南山集》刻板在苏州印行，伯行岂得不知？进士方苞以作序连坐，伯行夙与友，不肯捕治。"并罗列伯行不职数事。

疏入，上并命解任，令鹏翮会漕运总督赫寿察奏。狱具，晋、曰俞、名及所取士交通得贿，当科场舞弊律论罪。噶礼劾伯行不能清理案牍事实，余皆督抚会衔题咨旧事，苞为伯行逮送刑部，《南山集》刻板在江宁，皆免议。伯行安奏噶礼鬻举人，当夺职。上切责鹏翮、赫寿瞻徇，又命尚书穆和伦、张廷枢覆谳，仍如鹏翮等议。上论曰："噶礼才有余，治事敏练，而性喜生事，屡疏劾伯行。朕以伯行操守为天下第一，手批不准。此议是非颠倒。"下九卿、詹事、科道察奏，复论曰："噶礼操守，朕不能信。若无张伯行，江南必受其朘削且半矣。即如陈鹏年稍有声誉，噶礼欲害之，摘虎丘诗有悖谬语，朕阅其诗初无他意。又劾中军副将李麟骑射皆劣。麟比来迎驾，朕试以骑射，俱优。若令噶礼与较，定不能及。朕于是心疑噶礼矣。互劾之案，遣大臣往谳，为噶礼所制。尔等皆能体朕保全廉吏之心，使正人无所疑惧，则海宇蒙升平之福矣。九卿等议噶礼与伯行同任封疆，互劾失大臣体，皆夺职。上命留伯行任，噶礼如议夺职。

五十三年，噶礼母叩阍，言噶礼与弟色勒奇、子干都置毒食物中谋弑母，噶礼妻以别户子干泰为子，纵令纠众毁屋。下刑部鞫得实，拟噶礼当极刑，妻谕绞，色勒奇、干都皆斩，干泰发黑龙江，家产没人官。上令噶礼自尽，妻从死，余如部议。

论曰：廉吏往往不获于上，岂长官皆不肖，抑其强项固有所不可堪欤？陇其之廉，天颜知之而不能容。鹏年初扼于阿山，继挫于噶礼，皆欲中以危法，抑又甚矣。伯行与噶礼互劾，再谳不得直。幸赖圣祖仁明，陇其复起，鹏年致大用，伯行亦终获全。二三正人屈而得申，人心风气震荡洋溢，所被至远。噶礼不足以语此，盖天颜、阿山亦弗能喻也。

清史稿卷二七九
列传第六六

杨方兴　朱之锡 崔维雅　**靳辅**
陈潢　宋文运　董讷　熊一潇　**于成龙** 孙在丰
开音布　**张鹏翮**

杨方兴，字浡然，汉军镶白旗人。初为广宁诸生。天命七年，太祖取广宁，方兴来归。太宗命直内院，与修《太祖实录》。崇德元年，试中举人。授牛录额真衔，擢内秘书院学士。性嗜酒，尝醉后犯跸，论死，上贳之，命断酒。

顺治元年，从入关。七月，授河道总督。李自成决河灌开封，其后屡决屡塞，贼势浸张，土寇群起，两岸防守久废。伏秋汛发，北岸小宋口、曹家寨堤溃，河水漫曹、单、金乡、鱼台四县，自兰阳入运河，田产尽没。方兴至官，遣兵捕治土寇，扫穴擒渠，乃疏请修筑。二年七月，河决流通集，分两道入运河，运河受河水淀浊淤塞，下流徐、邳、淮、扬亦多冲决。方兴以防护无功自劾，上谕以殚力河防，不必引咎。旋疏荐补管河道方大猷等。四年，流通集决口将合，河下注湍激，又决汶上入独山湖。方兴请修筑通济闸上下堤岸，并淮安东北苏淤、马罗等堤，又筑江都、高邮诸石堤，流通集合口。进兵部尚书衔。

七年，加太子少保。八月，河决荆隆口，南岸出单家寨，北岸出朱源寨。南岸先合，河全注北岸，张秋以下堤尽溃，自大清河东入海。方兴用大猷议,于上游筑长缕堤遏其势,复筑小长堤塞决口,期半年蒇事。九年,方兴复乞休,不许。大猷擢江南按察使,方兴请以新衔管河务。九年,荆隆口工竟,方兴疏言:"清口、淮、黄交汇,黄强淮弱,岁需疏浚。请于清江、通济二闸适中处修复福兴闸,启一闭二,以时蓄泄。"从之。

给事中许作梅,御史杨世学、陈棐交章请勘九河故道,导河北流入海。方兴言:"河古今同患,而治河,古今异宜。宋以前治河但令赴海有路,可南亦可北。元、明迄我清,东南漕,运自清口迄董家口二百余里,藉河为转输,河可南必不可北。若欲寻禹旧迹,导河北行,无论漕运不通,恐决出之水东西奔荡,不可收拾。势须别筑数千里长堤,较之增卑培薄,难易显然。且河挟沙以行,束之为一,则水急沙流。播之为九,则水缓沙壅。数年后河仍他徙,何以济运?臣愚以为河不能无决,决而不筑,司河者之罪。河不能无淤,淤而不浚,亦司河者之罪。若欲保其不决不淤,谁敢任之?请敕下廷议,定画一之规,屏二三之说,俾有所遵守。"疏入,上嘉纳焉。

十年,河决大王庙,距朱源寨口不远。给事中周体观劾方兴治河罔效,方兴疏辨,因请罢斥,温诏慰留。十一年,给事中林起龙复劾方兴侵蚀工需,累民捐费至六十余万。并劾大猷等奸贪不法。上解方兴任,命入都质对,起龙以诬谴,方兴复任。既,直隶总督李荫祖复劾大猷贪婪误工,方兴亦劾大猷,上以其不先举发,切责之。给事中董笃行又劾方兴徇庇,降级留任。

十四年,乞休,上念其劳,以原官加太子太保致仕。方兴还京师,所居仅蔽风雨,布衣疏食,四壁萧然。康熙四年,卒,赐祭葬。

朱之锡,字孟九,浙江义乌人。顺治三年进士,改庶吉士,授编修。十一年七月,擢弘文院侍读学士,四迁至吏部侍郎。十四年,杨方兴乞休,上特擢之锡,以兵部尚书衔,总督河道,驻济宁。十五年十月,河决山阳柴沟,建义、马逻诸堤并溢。之锡驰赴清江浦筑戗堤,寨决口。宿迁董家口为沙所淤,就旧渠迤东别开河四百丈通运道。十六年，条上治河诸事，言："河南岁修夫役，近屡经奏减，宜存旧额。明制，淮工兼用民修，宜复旧例。扬属运道与高、宝诸湖相通，淮属运道为黄、淮交会，旧有各堤闸，宜择要修葺。应用柳料，宜令濒河州县预为筹备。奸豪包占夫役，卖富佥贫，工需各物，私弊百出，宜责司、道府、厅查报，徇隐者以溺职论。额设水夫，荫雨不赴工，所扣工食，谓之旷尽，宜令管河厅道严核。河员升调降用，宜令候代始行离任。河员有专责，不宜别有差委。岁终察核举劾，并宜复旧例。"皆下部议行。之锡丁母忧，命在任守制，疏请归葬，优诏给假治丧。十七年，还任。以捐金赈淮、扬、徐三府灾，加太子少保。

康熙元年，河决原武、祥符、兰阳县境，东溢曹县，复决石香炉村。之锡檄济宁道方兆及董曹县役，而赴河南督塞西阎寨、单家寨、时利驿、蔡家楼、策家寨诸决口。四年二月，疏言："南旺为运河之脊，北至临清，南至台庄，四十余闸，全赖启闭得宜。濒河春常少雨，伏秋雨多，东省久旱，山泉小者多枯，大者已弱。若官船经闸，应闭者强之使开，泄水下注，则重运之在上者阻。应开者强之使闭，留水待船，则重运之在下者又阻。乞饬各遵例禁。"得旨，非奉极要差遣，擅行启闭者，准参奏。八月，疏言："部议停差北河、中河、南河、南旺、夏镇、通惠诸分司，归并地方官。臣维河势变幻，工料纷繁，天时不齐，非水则旱，或绸缪几先，或补葺事后，或张皇于风雨仓遽之际，或调剂于左右方圆之间。北河所辖三千余里，其间三十余闸。中河所辖黄、运两河，董口尤运道咽喉，青黄交接，浊流易灌。南河所辖在淮、黄、江湖之间，相距窎远。南旺、泉源三百余处，近者或出道隅，远者偏藏僻壤。夏镇地属两省，凿石通漕，形势陡绝，节宣闸座，尤费经营。通惠浮沙易浅，峻水易冲，塞决之役，岁岁有之。若云归并府佐，则职微权轻，上下制肘。至于地方监司，责以终年累月奔驰驻守，揆之事势，万万不能。分司与各道界壤迥不相同，应合而分，一闸座也，上流以为应闭，下流以为应开。一额夫也，在此则欲求多，在彼又复患少。不但纷竞日多，必致牵制误事。应请仍循旧制。"得旨允行。五年二月，卒。

直隶山东河南总督朱昌祚疏言："之锡治河十载，绸缪旱溢，则尽瘁昕宵。疏浚堤渠，驰驱南北。受事之初，河库贮银十余万。频年撙节，见今贮库四十六万有奇。核其官守，可谓公忠。及至积劳撄疾，以河事孔亟，不敢请告。北往临清、南至邳、宿，夙病日增，遂以不起。年止四十有四，未有子嗣。吁请恩恤，赐祭葬。"徐、兖、淮、扬间颂之锡惠政，相传死为河神。十二年，河道总督王光裕请锡封号，部议不行。乾隆四十五年，高宗南巡视河工，始允大学士阿桂等请，封助顺永宁侯，春秋祠祭。嗣加号曰"佑安"，民称之曰朱大王。

崔维雅，字大醇，直隶大名人。顺治三年举人，授浚县教谕，迁河南仪封知县。仪封濒河，岁苦泛滥，北岸三家庄当水冲，十四年，水势北注，岸崩五里余。维雅于上游故流疏使东行，北岸得安。复与塞封丘大王庙决口，之锡疏荐，擢开封南河同知。

康熙元年五月，曹县石香炉村河决，士民求速塞，维雅持不可。工将成复溃，至冬乃塞，如维雅言。迁浙江宁波知府，光裕疏荐，擢河南河道副使。时沿河千余里，险工迭出，维雅常预为之备，得无事。阳武潭口寺堤直河冲，水势迅急。下扫辄蛰。维雅预于上流疏引河，扫定堤得固。虞城距河堤仅数里，堤没入河，北岸引河冲刷不利。维雅预迎河溜挑浚及秋水归新河，旧河为平陵。桃源七里沟河屡塞屡决，光裕檄维雅往勘，维雅言引河浅狭，流缓沙停，激荡无力，宜令河头加宽阔，使足翕受全河。又待河水突涨，乃使开放，建瓴直下。又言下游数十里已成平陆，而引河仅百丈，节短势蹙，力不能刷淤，当接挑二百丈阔，损十之八而深半之。又言开放当在河头西北，留近埽五丈勿开，则河流入口有倒泻之势，埽亦迎流下。光裕悉用其议。复迁河南按察使，湖南、广西布政使，内召为大理寺卿。卒。

维雅治河主疏导引河，使水有所归，故屡有功而后不为患。当靳辅兴大工时，维雅奏上所著《河防刍议》、《两河治略》，并诋諆辅所行诸法，例二十四事难之。辅疏辨，谓维雅说不可行，寝其议。

靳辅，字紫垣，汉军镶黄旗人。顺治九年，以官学生考授国史馆编修，改内阁中书，迁兵部员外郎。康熙初，自郎中四迁内阁学士。十年，授安徽巡抚。疏请行沟田法，以十亩为一畋，二十畋为一沟。沟土累为道，道高沟低，涝则泄水，旱以灌田。会三藩乱起，不果行。部议裁驿站经费，辅疏请禁差员横索、骚扰驿递，岁终节存驿站、损脚等项二十四万有奇。上奖辅实心任事，加兵部尚书衔。

十六年，授河道总督。时河道久不治，归仁堤、王家营、邢家口、古沟、翟家坝等处先后溃溢，高家堰决三十余处，淮水全入运河，黄水逆上至清水潭，浸淫四出。砀山以东两岸决口数十处，下河七州县淹为大泽，清口涸为陆地。辅到官，周度形势，博采舆论，为八疏同日上之，首议疏下流，自清江浦至云梯关，于河身两旁离水三丈，各挑引河一道，俟黄、淮下注，新旧河合为一，即以所挑土筑两岸大堤，南始白洋河，北始清河县，并东至云梯关。云梯关至海口百里，近海二十里，潮大土湿，不能施工。余八十里亦宜量加疏浚，筑堤以束之，限二百日毕工，日用夫十二万三千有奇。次议治上流淤垫，洪泽湖下流自高家堰西至清口，为全淮会黄之所。当于小河两旁离水二十丈，各挑引河一道，分头冲洗。次议培修七里墩、武家墩、高家墩、高良涧至周桥闸临湖残缺堤岸，下筑坦坡，使水至平漫而上，顺缩而下，不至怒激崩冲。堤一尺，坦坡五尺，夯杵坚实，种草其上。次议塞黄、淮各处决口，例用埽，费巨且不耐久。求筑土御水之法，宜密下排桩，多加板缆，用蒲包裹土，麻绳缚而填之，费省而工固。次议闭通济闸坝，浚清口至清水潭运河二百三十里，以所挑之土倾东西两堤之外，西堤筑为坦坡，东堤加培坚厚。次议规画经费，都计需银二百十四万八千有奇。宜令直隶、江南、浙江、山东、江西、湖北各州县预征康熙二十年钱粮十之一，约二百万。工成后，令淮、扬被水田亩纳三钱至一钱。运河经过，商货米豆石纳二分，分货物斤四分。并开武生纳监事例，如数补还。次议裁并冗员，明定职守，并严河工处分，讳决视讳盗。兼请调用官吏，工成，与原属河厅官吏并得优叙。次议工竣后，设河兵守堤，里设兵六名至二名，都计五千八百六十名。疏入，下廷议，以方军兴，复举大工，役夫每日至十二万余，召募扰民，应先择要修筑。上命辅熟筹。

十七年，辅疏言："以驴运土，可减募夫之半。初拟二百毕工，今改为四百日，又可减募夫之半。"河工故事，大堤谓之"遥堤"，堤内复为堤逼水，谓之"缕堤"，两堤间为横堤，谓之"格堤"。辅疏请就原估土方加筑缕堤，有余量增格堤，南自白洋河，北自清河，上至徐州，视此兴筑。余并如前议。疏入，复下廷议，允行。

上谕以治河大事，当动正项钱粮。辅疏言："前议黄河两岸分筑遥、缕二堤，勘有旧堤贴近河身，拟作为缕堤，其外更筑遥堤。前议用驴运土，今议改为车运。前议离堤三十丈内不许取土，今因宿迁、桃源等县人弱工多，改今二十丈取土。前议河身两旁各挑引河一道，今以工费浩繁，除清河北岸浅工必须挑浚。余俱用铁扫帚浚深河底。"下部议，从之。

是岁吴三桂死，上趣诸将帅进兵，辅欲节䝩佐军，又以兴工后需费溢出原估，均颇改前议，先开清口引河四道，塞高家堰、王家冈、武家墩诸决口，筑堤束水。如所议施行。顾下流未大治，伏秋盛涨，水溢出堤上，复决砀山石将军庙、萧县九里沟。辅乃议设减水坝，于萧、砀、宿迁、桃源、清河诸县河南北两岸为坝十三，坝七洞，水盛藉以宣泄。辅复察清口淮、黄交会，黄涨侵灌运河，乃自新庄闸西南开新河至太平坝。又自文华寺开新河至七里闸，复折向西南，亦至太平坝。改以七里闸为运口，由武家墩烂泥浅转入黄河。运口距黄、淮交会处约十里，自此无淤垫之患。疏报，并议行。辅勘清水潭决口屡塞屡冲，乃弃深就浅，筑东西长堤二道，并挑新河八百四十丈，疏积水。山阳、高邮等七州县民田，至是皆出水可耕。

十八年，辅疏报，并请名新河曰永安河，报闻。翟家坝淮河决口成支河九道，辅饬淮扬道副使刘国靖等督堵塞，至是工竟，辅诣勘疏报，并言："山阳、宝应、高邮、江都四州县潴水诸湖，逐渐涸出。臣今广为招垦，俾增赋足民，上下均利。"屯田之议自此起。

漕船自七里闸出口，行骆为湖达窑湾。夏秋盛涨，冬春水涸，重运多阻,辅议浚湖旁皂河故道,上接泇河通运。疏入,下廷议,上问诸臣意若何,左都御史魏象枢曰:"辅请大修黄河,上发帑二百五十一万,计一劳永逸。前奏堤坝已筑十之七,今又欲别开河道,所谓一劳永逸者安在? 臣等虑漕运有阻,故议从其请。"上曰:"象枢言良是。河虽开,必上流浩瀚,方免淤滞。今雨少水涸,恐未必有济。即已成诸工,亦以旱易修,岂得恃为永固耶?"十九年五月,辅丁忧,命在任守制。秋,河复决,辅疏请处分,上趣辅修筑。二十年三月,辅疏言:"臣前请大修黄河,限三年水归故道。今限满,水未归故道,请处分。"下部议,当夺官,上命戴罪督修。

二十一年五月,上遣尚书伊桑阿、侍郎宋文运、给事中王曰温、御史伊喇喀勘工。候补布政使崔维雅奏上所著书,议尽罢辅所行减水坝诸法,大兴工,日役夫四十万,筑堤以十二丈为率。上命从伊桑阿等往与辅议之。伊桑阿等遍勘诸工,至徐州,令辅与维雅议,辅疏河言:"河道全局已成十八九。萧家渡虽有决口,而海口大辟,下流疏通,腹心之害已除。断不宜有所更张,隳成功,酿后患。"伊桑阿等还京师,下廷议,工部尚书萨穆哈等请以萧家渡决口责辅赔修,上以赔修非辅所任,未允。又议维雅条奏,伊桑阿请召辅询之。十一月,辅入对,言萧家渡工来岁正月当竟,维雅所议日用夫四十万、筑堤以十二丈为率,皆不可行。维雅议乃寝。上命塞决口,仍动正项钱粮。二十二年四月,辅疏报萧家渡合龙,河归故道,大溜直下,七里沟等四十余处险汛日加,并天妃坝、王公堤及运河闸座,均应修筑。别疏请饬河南巡抚修筑开封、归德两府境河堤,防上流疏失。上均如所请。十二月,命复辅官。

二十三年十月,上南巡,阅河北岸诸工,谕辅曰:"萧家渡堤坝当培薄增卑,随时修筑。减水坝原用以泄水,遇泛溢横流,安知今日减水坝不为他年之决口? 且减水旁流,浸灌民田,朕心深不忍。当筹画措置。"上见堤夫作苦,驻跸慰劳久之,谕辅戒官役侵蚀工食。复视天妃闸,谕辅宜改草坝,并另设七里、太平二闸杀水势。舟过高邮,见田庐在水中,恻然悯念。遣尚书伊桑阿、萨穆哈察视海口。还跸,复阅高家堰,至清口,阅黄河南岸诸工,谕辅运口当添建闸座,防黄水倒灌。复召辅入行宫慰谕,书阅河堤诗赐之。

辅以上念减水淹民,因议于宿迁、桃源、清河三县黄河北岸堤内开新河,谓之中河。于清河西仲家庄建闸,引拦马河减水坝所泄水入中河。漕船初出清口浮于河,至张庄运口,中河成,得自清口截流,迳渡北岸,度仲家庄闸,免横河一百八十里之险。伊桑阿等还奏,议疏浚车路、串场诸河至白驹、丁溪、草堰诸口,引高邮等处减水坝所泄水入海。上命安徽按察使于成龙董其事,仍受辅节制,奏事由辅疏报。

二十四年正月,辅疏请徐州迤上毛城铺、王家山诸处增建减水闸,下廷议。上谕减水闸益河工无益百姓,不可不熟计,命遣官与辅详议,若分水不致多损民田,即令兴工。九月,辅疏报赴河南勘黄河两岸,请筑考城、仪封、封邱、荥泽堤埽,下部议行。成龙议疏海口泄积水,辅谓下河地卑于海五尺,疏海口引潮内侵,害滋大。议自高邮东车逻镇筑堤,历兴化白驹场,束所泄水入海,堤内涸出田亩,丈量还民,余招民屯垦,取田价偿工费。疏闻,上谓取田价恐累民,未即许。

寻召辅、成龙驰驿诣京师廷议,成龙议开海口故道,辅仍主筑长堤高一丈五尺,束水敌海潮。大学士、九卿从辅议,通政使参议成其范、给事中王又旦、御史钱珏从成龙议,议不决。上命宣问下河诸州县人官京师者,侍读宝应乔莱等乃言:“从成龙议,工易成,百姓有利无害。从辅议,工难成,百姓田庐坟墓多伤损,且堤高一丈五尺,束水至一丈,高于民居,伏秋溃决,为害不可胜言。”上颇右成龙,遣尚书萨穆哈、学士穆称额诸淮安会漕督徐进龄、巡抚汤斌详勘。二十五年正月,萨穆哈等还奏,谓民间皆言浚海口无益。寻授成龙直隶巡抚,罢浚海口议。四月,召斌为尚书,入对,上复举其事以问,斌言浚海口必有益于民。上责萨穆哈、穆称额还京时不以实奏,夺官。召大学士九卿及莱等定议浚海口,发帑二十万,命侍郎孙在丰董其役。

工部劾辅治河已九年，无成功。上曰："河务甚难，而辅易视之。若遽议处，后任者益难为力，今姑宽之，仍责今督修。"二十六年，辅疏言："运堤减水以下河为壑，东即大海，浚海口似可纾水患。惟泰州安丰、东台、盐城诸县地势甚卑，形如釜底，若止就此挑浚，徒增其深。淮流甚涨，高家堰荡水汹涌而来，仍不能救民田之淹没。臣以为杜患于流，不若杜患于源。高家堰堤外直东为下河，东北为清口，当自翟家坝起至高家堰筑重堤万六千丈，束减水北出清口，则洪泽湖不复东淹下河。下河十余万顷皆成沃产，而高、宝诸湖涸出田亩、可招民屯垦，以裕河库。"上使以辅疏示成龙，成龙仍言下河宜开，重堤不宜筑。上遣尚书佛伦，侍郎熊一潇，给事中达奇纳、赵吉士与总督董讷，总漕慕天颜会勘。佛伦等皆欲用辅议，天颜、在丰与相左。佛伦等还奏，下廷议，会太皇太后崩，议未上。

二十七年春，给事中刘楷，御史郭琇、陆祖修交章论辅，琇辞连辅幕客陈潢，祖修请罢辅，至以舜殛鲧为比。天颜、在丰亦疏论屯田累民，及辅阻挠开浚下河状。琇旋劾大学士明珠等，语复及辅。辅入觐，亦疏讦成龙、天颜、在丰等朋比谋陷害。上曰："辅为总河，挑河筑堤，漕运无误，不可谓无功。但屯田、下河二事，亦难逃罪。近因被劾，论其过者甚多。人穷则呼天，辅若不陈辨朕前，复何所控告耶？"三月，上御乾清门，召辅与成龙、琇等廷辨，辅成龙各持所见不相下。琇言辅屯田害民，辅言属吏奉行不善致民怨，因引咎，坐罢，以王新命代，佛伦、讷、在丰、达奇纳皆左迁，天颜、吉士并夺官，陈潢亦坐谴。

时中河工初竣，上遣学士开音布、侍卫马武往勘，还奏中河商贾舟楫不绝。上谕廷臣曰："前者于成龙奏河道为靳辅所坏，今开音布等还奏，数年未尝冲决，漕运亦不误。若谓辅治河全无所裨，微特辅不服，即朕亦不惬。"因遣尚书张玉书、图纳，左都御史马齐，侍郎成其范、徐廷玺阅工，遍察辅所缮治，孰为当改，孰为不当改，详勘具奏。玉书等还言河身渐次刷深，黄水泛溜入海，两岸闸坝有应循旧者，有应移改者，多守辅旧规。

十一月，上遣尚书苏赫等阅通州运河，命辅偕往，请于沙河建闸蓄水，通州下流筑堤束水，从之。二十八年正月，上南巡阅河，辅扈行。阅中河，上虑逼近黄河，水涨堤溃。辅对若加筑遥堤即无患。还京师，谕奖辅所缮治河深堤固，命还旧秩。二十九年，漕运总督董讷以北运河水浅，拟尽引南旺河水北流。仓场侍郎开音布复疏请浚北运河。上咨辅，言南旺河水尽北流，南河必水浅，惟从北河两旁下埽束水，自可济运。上命偕开音布董理。

三十年，王新命坐事罢，上曰："朕听政后，以三藩及河务、漕运为三大事，书宫中柱上。河务不得其人，必误漕运。及辅未甚老而用之。亦得纾数年之虑。"今仍为河道总督，辅以衰弱辞，命顺天府丞徐廷玺为协理。会陕西西安、凤翔灾，上命留江北漕粮二十万石，自黄河运蒲州。辅疏言水道止可至孟津，亲诣督运，上嘉之。辅疏请就高家堰运料小河培堤使高广，中河加筑遥堤，并增建四闸，堵塞张庄旧运口，皆前引缮治所未竟者。别疏请复陈潢官，并起用熊一潇、达奇纳、赵吉士。辅病剧，再疏乞解任，命内大臣明珠往视，传谕调治。十一月，卒，赐祭葬，谥文襄。三十五年，允江南士民请，建祠河干。四十六年，追赠太子太保，予拜他喇勒哈番世职。雍正五年，复加工部尚书。

子治豫，袭职。世宗以其侍父在官，知河务，命自副参领加工部侍郎衔，协理江南河工。

陈潢，字天一，浙江钱塘人。负才久不遇，过邯郸吕祖祠，题诗壁间，语豪迈。辅见而异焉，踪迹得之，引为幕客，甚相得。凡辅所建白，多自潢发之。康熙二十三年，上巡河，问辅："孰为汝佐？"以潢对，二十六年，辅疏言潢十年佐治勤劳，下部议，授潢佥事道衔。二十七年，郭琇劾辅，辞连潢。辅罢，潢削职衔，逮京师，未入狱，以病卒。辅复起，疏请复潢官，部议以潢已卒，寝其奏。

潢佐治河，主顺河性而利导之，有所患必推其致患之由。工主核实，料主豫备，而估计不当过省，省则速败，所费较所省尤大。慎固堤防，主潘季驯束水刷沙之说，尤以减水坝为要务。有溃决，先固两旁,不使日扩,乃修复故道,而疏引河以注之。河流今昔形势不同,无一劳永逸之策,在时时谨小慎微,而尤重在河员之久任。张霭生采潢所论,次为治河述言十二篇。高宗以霭生河图能得真源,命采其书入四库,与辅治河奏绩并列。

宋文运,字开之,直隶南宫人。顺治六年进士,授山东滋阳知县,行取刑部主事。再迁吏部郎中,掌选政,清直守正。以魏象枢荐,擢鸿胪寺少卿,累擢刑部。侍郎命佐伊桑阿行河,上特谕之曰:"尔有所见,当坚持详议,毋以伊桑阿为尚书而阿其意也。"以病乞休,加太子少保,致仕。卒,谥端悫。久之,上犹谓文选司事要,文运操守声名,无能及之者。

董讷,字兹重,山东平原人。康熙六年一甲三名进士,授编修。累擢至江南总督。为政持大体,有惠于民。左迁去,江南民为立生祠。二十八年,上南巡,民执香跪讷生祠前,求复官讷江南。上还跸,笑谓讷曰:"汝官江南惠及民,民为汝建小庙。"旋以侍读学士复出为漕连总督。卒。

熊一潇,字蔚怀,江西南昌人。康熙三年进士,改庶吉士,授浙江道监察御史。请罢投诚武官改授文官例,并议裁并各关,皆下部议行。累官工尚书,坐夺官。以辅遗疏荐,起太常寺卿,复至工部尚书。致仕,卒。孙学鹏,进士,官广东巡抚。

于成龙,字振甲,汉军镶黄旋人。康熙七年,自荫生授直隶乐亭知县。八年,署滦州知州,以逸囚当降调,乐亭民列善政,两叩阍吁留,下巡抚金世德勘实,得复任。十三年,以缉盗逾限未获,又当降调,世德疏请留,上特许之。十八年,迁通州知州。

二十年,直隶巡抚于成龙迁两江总督,疏荐可大用。会江宁府缺员,疏请敕廷臣推清操久著与相类者。上即以命成龙。二十三年,上南巡至江宁,嘉成龙廉洁,亲书手卷赐之。超擢安徽按察使。上还京师,赐其父参领得水貂裘,并谕八期诸大臣有子弟为外吏者,各贻书训勉,视得水之教成龙。上以江南下河诸州县久被水,敕议疏浚,命成龙分理,仍听河道总督靳辅节制。辅请于上流筑堤束水。成龙拟疏海口,浚下河水道,持异议。上遣尚书萨穆哈、学士穆称额往诣于民,萨穆哈等还奏,言众谓浚海无益,乃命缓兴工。

二十五年二月,授成龙直隶巡抚。入对,上问:"冶畿辅利弊应兴革者宜何先?"成龙对:"弭盗为先。奸宄倚旗下为渊薮,有司莫敢谁何,臣当执法治之。"濒行,赐白金千、表里二十端。上官,疏言:"弭盗当力行保甲,旗下庄屯不属于州县,本旗统领运在京师,仅有拨什库在屯,未能约束。应令旗人与民户同编保甲,拨什库、乡长互相稽察,盗发,无问所劫为旗为民,协烽救护。得盗,赏。藏盗、纵盗,罚。"又疏言:"燕山六卫,所辖辽阔,怀州县不相统属,盗发止责泛弁捕治,而卫官置不问。请以卫地属所近州县同编保甲,并于通州、庐沟桥、黄村、沙河各设捕盗同知,守备以下分泛、墩、台及旗下庄屯,悉归稽察。"并下部议行。先后捕治旗丁沈颠、太监张进升及大盗司九、张破楼子等,置于法。二十六年,上奖成龙廉能,加太子少保。幸霸州、成龙朝行在,赐白金千、马具黄鞍辔。湖广巡抚张汧以贪被劾,命与副都御史开音布、山西巡抚马齐往按,得实,论如律。

初,成龙分理下河,未兴工而罢。上又以汤斌言,复命浚治,以侍郎孙在丰董其役。辅仍主重堤束水,并议开中河,疏拦马河减水坝所泄水。上命学士禅布以疏示成龙、成龙力主浚下河,罢筑重堤,并谓中河虽开无益。辅诣京师,疏言在丰及总漕慕天颜附和成龙,朋谋陷害。成龙自湖广还,上命诸臣廷辨之。辅言浚海口虑倒灌,成龙言高家堰筑堤,纵上流水不来,而秋雨时至。天长、六合诸水泄归何处,故海口仍当浚。上罢辅,代以王新命。及中河工竟,遣学士开音布、侍卫马武阅视,还奏天颜令漕船退出中河。上逮问天颜,天颜发成龙私书,属毋附辅。下廷臣议,削太子少保,降调,命留任。二十九年,迁左都御史,兼镶黄旗汉军都统。

三十一年,新命罢,辅复为河督旋卒,上以命成龙。辅领帑购柳束,工部骏减,成龙核无虚冒。辅筑高家堰重堤,募夫远方,预给银安家,工中止,未扣抵。新命题销,格部议,成龙复以请,上并与豁

免。三十三年，召诣京师，疏言运河自通州至峄县，黄河自荥泽至砀
山，堤卑薄者皆宜加筑高厚，并高家堰诸处改石工，毛城铺诸处疏
引河，及清江浦迤下并江都、高邮诸堤工，策大举修治，别疏请设道
员以下各官，又计工费，请开捐例，减成核收，并推广休革各员，上
至布政使，皆得捐复。上召成龙入，问："开捐例得无累民？"成龙言：
"无累。"谓益力，上廷折之，成龙乃请罪。上因问："尔尝短靳辅，谓
减水坝不宜开，今果何如？"成龙曰："臣彼时妄言，今亦视辅而行。"
廷臣议成龙怀私妄奏，当夺官，上命留任。仍兴举简要各工，乃请先
将高家堰土堤改筑石工。

　　三十四年，命复官。旋丁父忧，还京师，以董安国代。上亲征噶
尔丹，再出塞，命成龙以左都御史衔督饷，噶尔丹窜死，予拜他喇布
勒哈番世职。三十七年，命以总督衔管直隶巡抚，请修永清、固安浑
河堤，并加以浚治，上为改河名曰永定。旋疏设南北岸分司。董安
国罢，复授河道总督。三十八年，上南巡，临阅高家堰、归仁堤诸处，
谕以增筑疏浚诸事。寻以病乞假，命在任调治，遣医往视。三十九
年，卒，赐祭葬，谥襄勤。

　　孙在丰，字屺瞻，浙江德清人。康熙九年一甲二名进士，授编
修。直起居注，充日讲官，进讲屡称旨。累迁工部侍郎，仍兼翰林院
学士。二十六年，命率郎中鄂素等赴淮、扬浚海口，铸监修下河工部
印授之。在丰疏言开新不如循旧，筑高不如就低，迤远不如取近。施
工以冈门镇为最先，次白驹场，次丁溪场，次草堰。上悉从之，并以
在丰请，令辅闭高家堰及高邮诸减水坝。辅仍主筑堤束水。上令辅
会总督董讷、总漕慕天颜及在丰集议，遂会疏用辅议。在丰监修海
口冈门镇、白驹工已毕，丁溪、草堰工俱停。上以咨成龙，成龙言：
"上遣在丰监修下河，万民欢颂。今冈门、白驹诸工将竣，而辅又以
为无益，欲于高家堰等处筑堤。在丰先经履勘，始行兴工。若果无
益，何待开浚年余又会议请停。此实臣所不能解也。"二十七年，在
丰疏劾辅阻挠下河，辅亦劾在丰与天颜结婚姻，附和成龙。下廷臣
议，辅罢，成龙坐镌秩，责在丰前后言不仇，降调。上命仍以翰林官

用,俄授侍读学士。二十八年,迁内阁学士。卒。

开音布,西林觉罗氏,满洲正白旗人。自笔帖式授内阁中书,累迁至左副都御史。康熙二十六年,偕成龙按湖广巡抚张汧,论罪如律。二十七年,擢户部侍郎,命监理高邮、宝应下河工程。二十八年,上南巡,成龙扈行,命与侍郎徐廷玺阅视下河,还奏丁溪至白驹,水三道入海,上流冯家坝引河当仍开浚,余工悉可停。乃召开音布还,授正白旗满洲副都统。寻擢步军统领,迁兵部尚书,授镶白旗满洲都统。三十八年,命专管步军统领。四十一年,卒,谥肃敏。

张鹏翮,字运青,四川遂宁人。康熙九年进士,选庶吉士。改刑部主事,累迁礼部郎中。十九年,授江南苏州知府,丁母忧。除山东兖州知府,举卓异,擢河东盐运使,内迁通政司参议,转兵部督捕副理事官。从内大臣索额图等勘定俄罗斯界,还擢大理寺少卿。二十八年,授浙江巡抚。疏言绅民愿亩捐谷四合,力不能者听。旋以杭州、嘉兴等府秋收歉薄,请暂免输谷。上曰:“昨岁浙江被灾,循例蠲赋,并豁免钱粮,岂可强令捐输。鹏翮原题力不能者听。自相矛盾。”下部议,夺官,上宽之。寻授兵部侍郎,督江南学政。三十六年,迁左都御史。三十七年,迁刑部尚书,授江南江西总督。三十八年,上南巡,命鹏翮扈从入京,赐朝服、鞍马、弓矢。

初,陕西巡抚布喀劾四川陕西总督吴赫等侵蚀贫民籽粒银两,命鹏翮与傅腊塔往按。还奏未称旨,命鹏翮与傅腊塔复往陕西详审。三十九年春,还奏布喀、吴赫及知州蔺佳选、知县张鸣远等侵蚀挪用,各拟罪如律。上谕大学士曰:“鹏翮往陕西,朕留心访察,一介不取,天下廉吏无出其右。”寻授河道总督,入辞,上谕令毁拦黄坝通下流,浚芒稻河、人字河引湖入江。鹏翮到官,请撤协理徐廷玺及河工随带人员,并乞敕工部毋以不应查驳之事阻挠,并从之。寻疏言:“臣过云梯关,见拦黄坝巍然如山,下流不畅,无怪上流之溃决。应拆拦黄坝,挑浚河身,与上流一律宽深。”又言清口淤垫,应于张福口开引河,引清水入运敌黄,建闸以时启闭。又言人字河至芒稻山分二派,又名芒稻河,应浚使畅流。并浚凤凰桥引河及双桥、湾头二河,皆汇芒稻河入江。俱下部议行。寻以拦黄坝既撤,河身开浚深通,畅流入海,疏请赐名大通口。上嘉鹏翮章奏词简意明,治事精详,遣员外郎拖抗拖和、中书张古礼驰驿令鹏翮举所规画入奏。鹏翮疏陈开浚引河、运口,培修河岸堤坝诸事,并下部速议行。寻又疏陈河工诸弊,并请河员承挑引河,偶致淤垫,免其赔修。夫役劳苦,工成日请给印票免杂徭。上嘉其陈奏切要周备。寻又请于归仁堤五堡建矶心石闸,并于三义坝旧中河筑堤,改入新中河,合为一河,便粮艘通行。上谓所议甚当,并如所请。

上倚鹏翮治河,谓鹏翮得治河秘要,要谕大学士曰:"鹏翮自到河工,日乘马巡视堤岸,不惮劳苦。居官如鹏翮,更有何议?"鹏翮以修治事状遣郎中王进楫入奏,上谕进楫归语鹏翮,加意防守高家堰。鹏翮乃增筑月堤及旁近诸堤坝。洪泽湖溢,泗州盱眙被灾,上询修治策,鹏翮言:"泗州、盱眙屡被灾,即开六坝亦不能免。"上怒曰:"塞六坝乃于成龙题请,不自鹏翮始。顷因泗州、盱眙灾,令与阿山议修治,非欲开六坝救泗州、盱眙,而令淮、扬罹水患也。鹏翮何昏愦乃尔!"四十一年,鹏翮疏请加筑清河县黄河南北岸戗堤,天妃闸改筑运口,草坝建石坝,改卞家庄土堤为石堤,皆议行。又以桃源城西烟墩黄水大涨,请加筑卫城月堤,并于邵家庄、颜家庄开引河,上虑部议迟延,特允之。四十二年,上南巡视河,制《河臣箴、淮黄告成诗》以赐,并书榜赉鹏翮父烺。

山东泰安、沂州等州饥,上命截漕二万石交鹏翮往赈。鹏翮令河员动常平仓谷二十八万余石散赈,疏请以山东各官俸工补还。上责鹏翮河员发仓谷邀誉,乃令山东各官补还,鹏翮谢罪,仍以"殚心宣力、清洁自持",加太子太保。

河决时家马头,数年未堵塞。鹏翮以淮安道王谦言劾山安同知佟世禄冒帑误工,夺官追偿。世禄再叩阍,上令尚书徐潮按治,鹏翮、谦坐诬劾当遣,上特宽鹏翮。工部侍郎赵世芳又劾鹏翮浮销十三万有奇,请逮治。上曰:"河工钱粮原不限数,水大所需多,水小所需少。如谓鹏翮以十三万入已,必无之事。河工恃用人,鹏翮用人不胜事,故至此耳。"因还世芳疏。上南巡,阅清口,见黄水倒灌,诘鹏翮,鹏翮不能对。上曰:"汝为王谦辈所欺,流于刻薄。大儒持身如光风霁月,况大臣为国,若徒自表廉洁,于事何益?"上舟渡河阅九里冈,嘉鹏翮修治如法,御制诗书扇以赐。及秋,淮、黄并涨,古沟、清水沟、韩家庄并溢,廷臣议夺官,上命仍留任。寻督塞诸处漫口。

四十五年,疏请开鲍家营引河,寻用通判徐光启言,拟开引河出张福口,分洪泽湖异涨,即为高家堰保障,谓为溜淮套。鹏翮与总督阿山、总漕桑额合疏请上莅视。四十六年,上南巡,阅所拟引河道,谕曰:"朕自清口至曹家庙,见地势甚高,标竿错杂。依此开河,不惟坏田产,抑且毁冢墓。鹏翮读书人,乃为此残忍事,读书何为?"诘责鹏翮,鹏翮谢罪。上以议为阿山所主,非鹏翮意,削太子太保,夺官,仍留任。四十七年,以黄、运、湖、河修防平稳,命复官,并免应追帑银。寻迁刑部尚书。四十八年,调户部。

五十一年,江南总督噶礼与巡抚张伯行互劾,命鹏翮与总漕赫寿往按。鹏翮等右噶礼,请罢伯行。五十二年,调吏部。伯行劾布政使牟钦元,赫寿时为总督,与异议。五十三年,命鹏翮与副都御史阿锡鼎往按,复请雪钦元,议伯行罪斩。事互详《伯行传》。寻丁父忧,以原官回籍守制,服阕还朝。

六十年,汶水旱涸阻运,命往勘。请疏浚坎河、鸡爪诸泉分注南旺,而于彭口筑堤,障沙水入微山湖。河决开州,横流至山东张秋,阻运,命往勘。请筑南旺、马场等湖堤,蓄水济运。并陈引沁入运利害,谓地势西北高于东南,若沁水从高直下,而河蹑其后,害且巨测。

六十一年,世宗即位,加太子太傅。雍正元年,授武英殿大学士。河决马营口,久未塞,命往勘。议并塞詹家店四口,浚治黄、沁合流处积沙,从之。三年,卒,加少保,命于定例外加祭,汉堂上官、科道皆会赐葬,谥文端。

论曰：明治河诸臣，推潘季驯为最，盖借黄以济运，又借淮以刷黄。固非束水攻沙不可也。方兴、之锡皆守其成法，而辅尤以是底绩。辅八疏以浚下流为第一，节费不得已而议减水。成龙主治海口，及躬其任，仍不废减水策。鹏翮承上指，大通口工成，入海道始畅。然终不能用辅初议，大举浚治。世以开中河、培高家堰为辅功，孰知辅言固未尽用也。

清史稿卷二八〇
列传第六七

郎坦　朋春　萨布素　玛拉

　　郎坦，瓜尔佳氏，满州正白旗人，内大臣吴拜子。年十四，授三等侍卫。顺治六年，进二等。从端重亲王博洛讨叛将姜瓖，次浑源，围城。贼渡濠来犯，郎坦射其酋，贯心，殪，遂败贼。师还，进一等。八年，以吴拜附和内大臣洛什等获罪，并夺郎坦官。寻复之。康熙二年，代吴拜管佐领，迁护军参领。从定西将军图海讨李自成余党李来亨等于茅麓山，深入贼巢，获所置官十一。四年，袭一等精奇尼哈番。十二年，京师有张三道者，设坛以邪教惑众，命郎坦与诸侍卫捕治。十三年，命行边，获逋盗张飞腿等。擢正白旗蒙古副都统，调本旗满州。

　　顺治中，俄罗斯东部人犯黑龙江边境，时称为罗刹。九年，驻防宁古塔章京海塞遣捕牲翼长希福率兵与战，师败绩。世祖命诛海塞，鞭希福百，仍驻宁古塔。十一年，固山额真明安达里率师讨之，败敌黑龙江。罗刹未大创，复侵入精奇里江诸处。上命大理寺卿明爱等谕令撤回，迁延不即去，据雅克萨城，于其旁耕种渔猎。又过牛满、恒滚、侵扰索伦、赫哲、飞牙喀、奇勒尔诸部。

　　二十一年秋，遣郎坦及副都统朋春等率兵往索伦。比行，谕曰："罗刹犯我境，恃雅克萨城为巢穴，历年已外，杀掠不已。尔等至达呼尔、索伦，遣人往谕以来捕鹿。因详视陆路远近，沿黑龙江行围，迳薄雅克萨城，勘其形势。度罗刹不敢出战，如出战，姑勿交锋，但率众引退。朕别有区画。"赐御用裘服、弓矢以行。及冬，郎坦等还京师，疏言："罗刹久踞雅克萨，恃有木城。若发兵三千，与红衣炮二十，即可攻取。陆行自兴安岭以往，林木丛杂，冬雪坚冰，夏雨泥淖，惟轻装可行。自雅克萨还至爱潭城，于黑龙江顺流行船，仅须半月，逆流行船，约须三月，期倍于陆行，于运粮饷、军器、辎重为便。现有大船四十、小船二十六，宜增造小船五十余应用。"上谕曰："郎坦等奏取攻取罗刹甚易，朕亦以为然。第兵非善事，宜暂停攻取。调乌拉、宁古塔兵千五百人，并制造船舰，发红衣炮、鸟枪教之演习。于爱珲、呼玛尔二地建木城，与之对垒相机举行。所需军粮，取诸科尔沁十旗及锡伯、乌拉官屯，约得一万二千石，可支三年。爱珲城距索伦五宿可至，其间设一驿。俟我兵将至精奇里乌拉，令索伦供牛羊。如此，则罗刹不得纳我逋逃，而彼之逋逃且络绎来归，自不能久存矣。"寻擢郎坦前锋统领。

二十二年，命与黑龙江将军萨布素会议，驻兵额苏哩。事还，奏额苏哩七月即经霜雪，宜乘春和，以宁古塔兵分为三班，更番戍守。上以更番戍守非久长策，不允。二十三年，甄别八旗管兵官，罢郎坦前锋统领，以世职随旗行走。二十四，命都统朋春率师征罗刹，郎坦以副都统衔随征。师薄雅克萨城，罗刹酋额里克舍请降，郎坦宣诏宥其罪，引众徙去，毁木城。是冬罗刹复来，踞雅克萨筑城。二十五年，命郎坦偕副都统班达尔沙携红衣炮，率籐牌兵百人，往会将军萨布素进兵。上以郎坦谙悉地势，即令参赞军务。六月，薄其城，凿壕筑垒，贼出拒，击败之，斩额里克舍。寻，俄罗斯察罕汗上书请释雅克萨围，上许之，令郎坦撤军，还驻宁古塔。寻擢正白旗蒙古都统。二十八年，上遣内大臣索额图等与俄罗斯使人费耀多啰等会于尼布楚，立约定界，命郎坦与议，乃毁所筑城徙去。

二十九年，古北口外盗起，命郎坦偕侍卫赫济尔音等督兵捕剿，尽歼之。三十一年，噶尔丹侵喀尔喀部，扰及边境，授郎坦安北将军，率师驻大同。疏请出边驻喀喇穆伦侦寇，诏暂驻归化城。寻擢领侍卫内大臣，兼火器营总管，列议政大臣。三十二年，授昭武将军,率师驻甘州。三十三年,移驻宁夏,与甘肃提督孙思克分道侦寇。上闻噶尔丹将逼图拉,命郎坦移兵御剿,以图拉无警,引还。仍任领侍卫内大臣,列议政如故。三十四年,往盛京巡阅边隘,还入塞,疾剧,遣太医驰驿往视。寻卒,赐祭葬。

朋春,栋鄂氏,满洲正红旗人,何和礼四世孙。何和礼子和硕图,进爵三等公。子何尔本、哲尔本、苏布递袭,至衮布,以恩诏进一等。朋春,哲尔本子也,顺治九年,袭封。康熙十五年,加太子太保,授正红旗蒙古副都统,调本旗满洲。

二十一年,偕郎坦率兵至黑龙江觇罗刹形势,赐御用裘服、弓矢。与郎坦还奏,上命宁古塔将军巴海、副都统萨布素,建木城于黑龙江、呼玛尔,调取所部兵一千五百人往驻焉。又命尚书伊桑阿赴宁古塔督造战船。寻擢朋春正红旗满洲副都统。

二十四年,诏选八旗及安置山东、河南、山西三省福建投诚籐牌兵,付左都督何佑率赴盛京,命朋春统之,进剿罗刹,以副都统班达尔沙、副都统衔玛拉、銮仪使建义侯林兴珠、护军统领佟宝参赞军务,佑、兴珠皆郑氏将来降者也。师既行,上遣侍卫关保至黑龙江传谕曰:"兵凶战危,朕以仁治天下,素不嗜杀。以我兵马精强,器械坚利,罗刹势不能敌,必献地归诚,尔时勿杀一人,俾还故土,宣朕柔远至意。"五月,师薄雅克萨城,遣人谕降,不从。分水陆兵为两路,列营夹攻,复移红衣炮于前,积薪城下,示将焚焉。罗刹头目额里克舍诣军前乞降,乃宥其罪,释还俘虏,额里克舍引六百余人徙去,毁木城,以归附巴什里等四十五户及被掠索伦、达呼尔百余户安插内地。

二十九年,厄鲁特与喀尔喀构衅,命裕亲王福全为抚远大将军,出边剿噶尔丹,以朋春与都统苏努参赞军务。苏努率左翼,朋春率右翼,至乌兰布通。噶尔丹依山列阵,朋春所部为泥淖所阻,苏努督兵冲击,大破之。噶尔丹伪乞和,夜自大碛山遁走。部议朋春坐夺官,上命宽之,降级留任。三十一年,命解职赴西路军前管队。三十五年，复授正红旗蒙古都统。旋以费扬古为抚远大将军，朋春仍参赞军务，出西路，破噶尔丹于昭莫多。师还，以本队护军骁骑十八人战死未收其骸，下部议。以师有功，免罪，仍录战绩，增注敕书。三十八年，因病解职。寻卒。子增寿，改袭三等公。

萨布素，富察氏，满洲镶黄旗人。四世祖充顺巴本，以勇力闻，世为岳克通鄂城长。太祖时，其后人哈木都率所部来归，屯吉林，遂家焉。萨布素自领催授骁骑校，迁协领。康熙十六年，圣祖遣内大臣觉罗武默讷等瞻礼长白山，至吉林，欲得识路者导引。宁古塔将军巴海令萨布素率兵二百，携三月粮以从。水陆行，至长白山麓，成礼而还，事具《武默讷传》。

十七年，授萨布素宁古塔副都统。罗刹据雅克萨，二十一年，诏率兵偕郎坦等勘视雅克萨城形势，并往视自额苏哩至黑龙江及通宁古塔水陆道。寻郎坦还奏罗刹可图状，命建木城于黑龙江、呼玛尔两地，以巴海与萨布素统宁古塔兵千五百人往驻，造船备炮。二十二年，疏言："黑龙江、呼尔玛距雅克萨尚远，若驻兵两处，则势分道阻，且过雅克萨有尼布楚等城。罗刹倘水陆运粮，增兵救援，更难为计。宜乘其积贮未备，速行征剿。俟造船毕，度七月初旬能抵雅克萨，即统兵直薄城下。"

疏下王大臣议，如所请，上不许。寻命巴海留守吉林，以萨布素偕宁古塔副都统瓦礼佑率兵驻额苏哩。额苏哩在黑龙江、呼玛尔之间，为进攻雅克萨要地，有田陇旧迹。萨布素因移达呼尔防兵五百人赴其地耕种，并请调宁古塔兵三千更番戍守。上念兵丁更戍劳苦，命在黑龙江建城，备攻具，设斥堠，计程置驿，运粮积贮，设将军、副都统领之。擢萨布素为黑龙江将军，招抚罗刹降人，授以官职，更令转相招抚。

上命都统瓦山、侍郎果丕与萨布素议师期，萨布素请以来年四月水陆并进，攻雅萨克城，不克，则刈其田禾。上谓攻罗刹当期必克，倘谋事草率，将益肆猖狂。二十四年，以朋春等统兵进攻，萨布素会师,克雅克萨城,乃命萨布素移驻墨尔根,建城防御。二十五年,疏言罗刹复踞雅萨克,请督修战舰,俟冰泮进剿。上遣郎中满丕往诇得实,乃命萨布素暂停墨尔根兵丁迁移家口,速修战舰,率宁古塔兵二千人往攻。又命郎坦、达尔沙会师,抵雅克萨城城。西濒江,萨布素令于城三面掘壕筑垒为长围,对江驻水师,未冰时泊舟东西岸,截尼布楚援兵,冰时藏舟上流汉港内。马有疲羸者,分发墨尔根、黑龙江饲秣,计持久。上因荷兰贡使以书谕俄罗斯察罕,汗答书请遣使画界,先释雅克萨围,上允之,命撤围。二十八年,俄罗斯使臣费耀多啰等至尼布楚,命内大臣索额图等往会,令发黑龙江兵千五百人为卫。寻议以大兴安岭及格尔必齐河为界,毁雅克萨城,徙其人去。二十九年,萨布素入觐,赐赉优渥,命坐内大臣班。寻命总管索伦等部贡物,疏陈各部生计土俗采捕之事,拟为则例以上,上悉允行。

三十一年,奏建齐齐哈尔及白都讷斋城,以科尔沁部献进锡伯、填尔察、达呼尔壮丁万四千有奇分驻二城,编佐领,隶上三旗,并设防守尉、防御等官。噶尔丹入犯,疏陈进兵事宜,略言:“兴安岭北形胜地,以索约尔济山为最。已遣识路官兵自盛京、吉林、墨尔根审度至山远近,分置驿站,其无水处,掘井以待。山之东北呼伦贝尔等处有警,与臣驻军地近,即率墨尔根兵先进,吉林、盛京继之。山之西乌勒辉等处有警,则盛京兵先进,臣率部下及吉林兵继之,皆会于索约尔济山。”上可其奏。三十五年,上亲征噶尔丹,自独石口出中路,大将军费扬古自归化城出西路,命萨布素扼其东路,督盛京、宁古塔、科尔沁兵,自索约尔济山克期进剿。四月,上次克鲁伦河,噶尔丹西窜,为费扬古所败。诏分萨布素所部兵五百人隶费扬古军。三十六年,召至京师,寻命回任。

初,边境有墨尔哲勒屯长,累世输贡。康熙初,屯长札努喀布克托请率众内移,宁古塔将军巴海安辑于墨尔根,编四十佐领,号新满洲。萨布素奏于墨尔根两翼立学,设助教,选新满洲及锡伯、索伦、达呼尔每佐领下幼童一,教习书义。是为黑龙江建学之始。三十七年，上幸吉林，褒其勤劳，予一等阿达哈哈番世职，并御用冠服，于众前宣谕赐之。寻疏言黑龙江屯堡因灾荒积欠米石，请俟年丰交仓。上以萨布素曾奏革任总督蔡毓荣经理十二堡，著有成效。嗣因官堡荒弃，请停止屯种，将壮丁改归驿站，存贮仓米，支放无余，致驻防兵饷匮乏，责令回奏。萨布素具疏引罪，请以齐齐哈尔、墨而根驻防兵每年输派五百人往锡伯等处耕种官田，获谷运齐齐哈尔交仓。诏侍郎满丕等往按，以萨布素将荒废地妄报成效，并浮支谷石，应斩，命罢任，夺世职，在佐领上行走。寻授散秩大臣。

三十九年，卒。乾隆间，敕修《盛京通志》，列《名宦》，且称萨布素谙练明敏，得军民心，其平罗刹及黑龙江兴学，有文武干济才云。

玛拉，那喇氏，满洲镶白旗人，尚书尼堪从子。尼堪卒，无子，玛拉与叔阿穆尔、图阿锡图及弟兆资分袭尼堪世职，玛拉袭三等阿达哈哈番。初任理藩院笔帖式。顺治五年，英亲王阿济格征叛将姜瓖，围大同。令玛拉调蒙古兵以从。累迁理藩院副理事官。康熙十四年，察哈尔布尔尼叛，圣祖命信郡王鄂札帅师讨之。玛拉自陈久任理藩院习知蒙古状，愿赴军前效力，遂命与员外郎色棱赴科尔沁诸部调选兵马协剿。师还，擢通政使，迁礼部侍郎。十六年，擢工部尚书。偕内大臣喀岱往科尔沁诸外藩宣谕禁令。玛拉初受任，上诫以工部积弊，宜殚心厘剔。十九年，坐不能清积弊，议降五秩，诏从宽留任。复以飨殿器用修造疏忽，夺尚书，仍留世职。

二十二年，上以俄罗斯数犯边，扰及索伦、飞牙喀诸部，命集兵黑龙江，将进讨，遣玛拉往索伦储军实。寻疏言："索伦总管博克所获俄罗斯人及军前招降者，皆迫于军威，不宜久留索伦，应移之内地。"诏允行。复言："雅克萨、尼布楚二城久为罗刹所据，臣密诇雅克萨惟耕种自给，尼布楚岁捕貂与喀尔喀贸易资养赡。请饬喀尔喀车臣汗禁所部与尼布楚贸易，并饬黑龙江将军水陆并进，示将攻取雅克萨，因刈其田禾，则俄罗斯将不战自困。"上然之，即以玛拉所奏檄示喀尔喀。二十四年，遣都统朋春等帅师往黑龙江议进兵，授玛拉副都统衔,参赞军务。遣蒙古兵三十诇雅克萨城,生擒罗刹七人,得城中设备及乞援各部状。是年夏,朋春等攻罗刹,克之,逐其人。玛拉在事有功。二十五年,黑龙江佐领鄂色以耕牛多毙,农器损坏,奏请储备,命玛拉往黑龙江督理农务。谕曰:"农事关军饷,令严督合力播种。"值岁丰,收获甚稔。二十七年,授护军统领。

二十九年,噶尔丹侵掠喀尔喀,命玛拉偕都统额赫纳、前锋统领硕鼐等率兵往讨之,赐内厩马以行。未几,噶尔丹掠乌珠穆沁,命裕亲王福全等分统大军出塞击之,噶尔丹败遁。师旋,三十年,复来犯,至阿尔哈赉,无所掠而遁。时土谢图汗、车臣汗率所部来归,上幸塞外抚辑,玛拉扈从,旋命偕都统瓦岱等率兵赴图拉侦噶尔丹,抵克鲁伦河,闻其远窜,乃还。授西安将军。

三十二年,准噶尔和硕特部吉巴图尔额尔克济农来降,上以其人未可信,命玛拉徙入内地,毋令复逸。玛拉疏言:"巴图尔额尔克济农率所属二千余口,穷乏来归,揆其情状,当不复逸。"遂遣官护送,并其子台吉云木春来朝,优赍遣之。未几,玛拉卒于官,赐祭葬,谥敏恪。

论曰:俄罗斯之为罗刹,译言缓急异耳,非必东部别有是名也。初遣兵诇敌,郎坦主其事。取雅克萨城,朋春、萨希素迭为将,而郎坦与玛拉实佐之。尼布楚盟定,开市库伦,是为我国与他国定约互市之始。用兵当期必克,我苟草率,彼益猖狂,圣祖谕萨布素数言,得驭夷之要矣。

清史稿卷二八一
列传第六八

费扬古　满丕　硕岱　素丹　　马斯喀

佟国纲　迈图　格斯泰　　阿南达

子阿喇纳　　吉勒塔布　　殷化行

潘育龙　孙绍周　从孙之善　　额伦特

康泰　泰弟海

　　费扬古,栋鄂氏,满洲正白旗人,内大臣三等伯鄂硕子。状貌魁异。年十四,袭爵。

　　康熙十三年,从安亲王岳乐率兵徇江西讨吴三桂。三桂将黄乃忠纠众万余自长沙犯袁州,费扬古与副都统沃赫、总兵赵应奎击败之,克万载。十五年,击走夏国相于萍乡,进围长沙,累战皆捷。十八年,复败吴国贵于武冈。师还,擢领侍卫内大臣,列议政大臣。

　　噶尔丹劫掠喀尔喀,遣使谕罢兵,不从,数扰边境。二十九年,授裕亲王福全为抚远大将军,率师讨之,命费扬古往科尔沁征兵,参赞军事。秋,击败噶尔丹于乌兰布通。三十二年,归化城增戍兵,以费扬古为安北将军驻焉。三十三年,噶尔丹遣使至,请入贡。费扬古发兵迎护,侦其众男妇千五百有奇,留之归化城。疏闻,上察噶尔丹意叵测,阳为修好,潜遣入内地窥探,命侍郎满丕谕责其使,遣之还。七月,闻噶尔丹将窥图拉,诏费扬古偕右卫将军希福率军往御。希福请益兵,上责其疑沮,令勿偕往。寻以图拉无警,虑噶尔丹将趋归化城,诏费扬古旋师。三十四年,噶尔丹至哈密,费扬古往御,乃自图拉河西窜。寻授右卫将军,仍兼摄归化城将军。事疏言:"闻噶尔丹据巴颜乌兰,距归化城约二千里,宜集兵运粮,于来年二月进剿。"诏授费扬古抚远大将军,以都统伊勒慎,护军统领宗室费扬古、瓦尔达,副都统硕岱,将军舒恕参赞军事。寻召入觐,授以方略。

三十五年二月,诏亲征,三路出师,以黑龙江将军萨布素出东路,费扬古出西路,振武将军孙思克、西安将军博霁自陕西出镇彝并进,上亲督诸军自独石口出中路。上与费扬古期四月会师图拉。费扬古师自翁金口进次乌兰厄尔几,再进次察罕河朔,与孙思克师会,而上已循克鲁伦河深入。五月,费扬古师至图拉,疏言:"西路有草之地为贼所焚,我军每迂道秣马,又遇雨,粮运迟滞,师行七十余日,人马疲困,乞上缓军以待。"上进次西巴尔台,再进次额尔德尼拖洛海。噶尔丹屯克鲁伦河,闻上亲督师至,升孟纳尔山遥望,见御营,大惊,尽弃其庐帐、器械遁去。上命马思喀为平北大将军,逐噶尔丹,并密谕费扬古要击,亲督大军蹑其后。次中拖陵,费扬古侦知噶尔彤走特勒尔济,遣前锋统领硕岱、副都统阿南达、阿迪等率兵先往挑战,且战且却,诱至昭莫多。昭莫多者,蒙古语"大林"也,在肯特岭之南、土腊河之北。费扬古分兵三队,东则京城、西安诸军及察哈尔蒙古兵,屯山上。西则右卫、大同诸军及喀尔喀蒙古兵,沿河列阵。孙思克率绿旗兵居其中。并遵上方略,令官兵皆步战,俟敌却,乃上马冲击。噶尔丹众犹有万余人,冒死鏖斗,自未至酉,战甚力。费扬古遥望噶尔丹后阵不动,知为妇女、驼畜所在,麾精骑袭其辎重,敌大乱,乘夜逐北三十余里,至特勒尔济口,斩级三千余,俘数百人,获驼马、牛羊、庐帐、器械无算,噶尔丹妻阿奴喀屯素悍,能战,亦殪于阵。噶尔丹引数骑远窜,费扬古令阿南达诣御营奏捷。上乃班师,令费扬古驻守科图。

寻命移驻喀尔喀郡王善巴游牧地,诇噶尔丹所往。甫至,噶尔丹潜使台吉丹济拉率千五百人入掠喀尔喀牲畜、糗粮,遣副都统祖良璧御却之,追至翁金河,丹济拉败遁。寻以马疲,请移军驻喀喇穆伦。会噶尔丹使其宰桑格垒沽英等来请纳款,上再幸塞外,驻跸东斯垓。召费扬古至行在入对,上褒其功,奏曰:"军中机务,皆遵皇上指授,并未有所效力。况西路粮匮马乏,不能前进。及闻驾至克鲁伦,官兵无不奋发,不俟督责,力战破敌。奈臣庸劣,皇上穷追困蹙之寇,臣不能生擒以献,实臣罪也。"上曰:"噶尔彤穷蹙,朕不忍悉加诛戮,不如抚而活之。"对曰:"此天地好生之仁,非臣等所能测也。"赐御佩囊鞭弓矢,命还军。

三十六年春正月,阿南达自肃州奏哈密回人擒献噶尔丹子塞卜腾巴尔珠尔等,上以其疏录示费扬古,并赐胙肉、鹿尾、关东鱼,谕曰:"时当上元令节,众蒙古及投诚厄鲁特等齐集畅春园,适阿南达疏至,众皆喜悦。尔独居边塞,不得在朕左右,故以疏示。并问尔无恙,即如与尔相见也。"

二月,上复亲征,自榆林出塞,诏费扬古密筹进剿。费扬古以去岁未生擒噶尔丹,请解大将军任,上不允,令便宜调遣军马。费扬古进次萨奇尔巴尔哈孙,丹济拉使来,言噶尔丹至阿察阿穆塔台饮药自杀,欲携其尸及其女钟齐海率三百户来归。费扬古以闻,上乃班师,令费扬古驻察罕诺尔以待。六月,丹济拉至哈密。费扬古有疾,诏昭武将军马思喀代领其军。还京师,仍领侍卫内大臣,进一等公,仍以未生擒噶尔丹疏辞,不允,因谕曰:"昔朕欲亲征噶尔丹,众皆谏止,惟费扬古与朕意合,遂统兵西进。道路辽远,兼乏水草,乃全无顾虑,直抵昭莫多,俾奸狡积寇挫衄大败。累年统兵诸将,未有能过之者。"又曰:"屡出征,知为将甚难。费扬古相机调遣,缓急得宜,是以济事。"

四十年,从幸索约勒济,中途疾作,上驻跸一日,亲临视疾,赐御帐、蟒缎、鞍马、帑银五千,遣大臣护之还京师。寻卒,赐祭葬,谥襄壮。以子辰泰袭一等侯、兼拖沙喇哈番。费扬古朴直有远虑。昭莫多破贼,费扬古令幕府具疏减斩馘之数,备言"师行迷道绝粮,皆臣失算,赖圣主威福,微幸成功,非意料所及"。幕府或咎其失体,费扬古曰"今天子亲御六师,如见策勋,易启穷兵黩武之渐,非国家福也。"及还京师,上尝命大臣校射,费扬古以臂痛辞。出语人云:"我尝为大将军,一矢不中,为外藩笑,损国家威重,故不敢与角耳。"

满丕,伊尔根觉罗氏,满洲正蓝旗人。世管佐领,自赞礼郎累迁御史,兼管佐领。以事夺官。从都统郎坦赴尼布楚与俄罗斯使臣议界,还授理藩院郎中。

二十九年,偕员外郎鄂齐尔赍敕宣示噶尔丹。时大将军裕亲王福全统师往乌兰布通,上亲临边指授方略,满丕以噶尔丹奏书至,因言贼距大军仅百里,请往击之。上许之,遂赴乌兰布通督火器营,击败噶尔丹,得头等功牌。累擢理藩院侍郎。三十三年,费扬古进军图拉,尚书阿喇尼率蒙古兵为前哨,命满丕协同经理驿站。三十四年,命往归化城协理军务。三十五年,上亲征,命将两蓝旗兵赴费扬古军,自翁金趋图拉,破贼昭莫多。奉诏还归化城,察视凯旋官兵行粮,及抚辑降人。旋仍赴费扬古军,移驻喀尔喀游牧界外塔拉布拉克,侦防噶尔丹,收降其部人札木素等。未几,噶尔丹窜死,召还京,列议政大臣,予拖沙喇哈番世职。

三十九年,命往四川勘抚番、蛮,同提督唐希顺攻复打箭炉。于是雅陇江滨瞻对、喇衮、革布什咱、绰斯甲布诸土目各率所属户口投诚。奏请授五品安抚司,其副为六品土百户,从之。擢正蓝旗蒙古都统,以疾乞罢,寻卒。

硕岱,喜塔喇氏,满洲正白旗人。先世居尼雅满山,有昂郭都哩巴颜者,归太祖,硕岱其五世孙也。初授二等侍卫,兼甲喇额真。世祖幸南苑,硕岱与一等伯巴什泰及蒙古侍卫素尼并从。素尼猝拔刀杀巴什泰,硕岱即举所执长枪击素尼,立仆,禽之,置诸法。上嘉其勇敢,予世职拜他喇布勒哈番兼拖沙喇哈番。授巴牙喇甲喇章京。

从将军卓布泰南征,渡盘江,击败李成蛟。复进攻李定国,度磨盘山遇伏,力战破之。又从将军济席哈讨定山东土寇于七。康熙初,擢前锋统领。吴三桂反,命率兵先诸军,发,驻守荆州。寻命参赞顺承郡王勒尔锦军务。未几,罢参赞,从将军穆占等攻长沙。三桂将马宝、胡国柱等犯永兴,硕岱往援失利,弃营入城。穆占劾之,还京师,罢官,夺世职。

二十九年,起为正白旗满洲副都统,从定北将军瓦岱征噶尔丹,至克鲁伦河,侦贼远遁,遂还。寻偕都统噶尔玛率兵驻大同。三十五年,大将军费扬古出师西路,命硕岱署前锋统领,率大同护军二百八十人为前锋。噶尔丹遁往西路,命费扬古要击,侦贼至特勒尔济口,令硕岱率前锋挑战,诱至昭莫多,合围奋击,斩获无算。师还,擢内大臣,复世职,进三等阿达哈哈番。五十一年,卒。子海绶,于雍正七年以护军校随大将军傅尔丹征准噶尔,击贼和通呼尔哈诺尔,阵没,议恤,予世职拖沙喇哈番。

素丹,富察氏,满洲正黄旗人,费雅思哈子。袭世职,授护军参领。从裕亲王击噶尔丹,战乌兰布通,中箭伤。擢护军统领,命帅师驻大同。三十五年,上亲征噶尔丹,命素丹发兵与费扬古刻期并进。寻召赴行在,统前锋兵为导。上次克鲁伦河,素丹请俟费扬古军至夹击。师还,赐内厩马,改授前锋统领。以疾解任。

雍正初,命大将军年羹尧征青海,起素丹参赞军务。西宁郭隆寺喇嘛助乱,素丹与提督岳钟琪讨平之。授正黄旗蒙古都统,署固原提督。寻改正红旗满洲都统,列议政大臣,仍驻守陕西。七年,师征噶淮尔,命素丹将西安满洲兵出凉州,卒于军,赐祭葬,谥勤僖。

马斯喀,富察氏,满洲镶黄旗人,米思翰长子。初授侍卫兼佐领。康熙二十七年,自护军参领授武备院卿。二十八年,迁镶黄旗满州副都统。寻擢内务府总管、领侍卫内大臣,兼管火器营。

三十五年,上亲征噶尔丹,马斯喀率镶黄旗鸟枪兵以从,先期命与诸大臣议定出征营阵队伍序次。上驻郭和苏台,命阅留牧马群,议分马群为七,择水草佳处为牧地。上进驻西巴尔台,距克鲁伦河已近,而费扬古军未至图拉,谕王大臣集行营议。信郡王鄂札请驻师以待,马斯喀与内大臣苏勒达、明珠请进薄敌营,上从之。复进次克鲁伦河，噶尔丹望见御营严整，遂惊遁。上亲统师逐之，至拖诺山。授马斯喀平北大将军，率师进至巴颜乌兰。噶尔丹败于昭莫多，北走，所部丹巴哈什哈等诣马斯喀军降。马斯喀与费扬古师会，收集降人，遣兵卫送至张家口外，乃还师。列议政大臣，复从上出塞，率师驻大同。

三十六年春，授昭武将军，移师驻宁夏，都统巴浑德、齐世，将军萨布素，都统兼前锋统领硕辅，护军统领嵩祝，总兵王化行并参赞军务。寻命与费扬古会师，马斯喀以将军参赞费扬古军务。初，伊拉古克三胡图克图盗马归噶尔丹，及噶尔丹死，复投策妄阿拉布坦。费扬古令马斯喀率师追之，次摩该图，不能及，引师还。上遣侍郎常绶等谕策妄阿拉布坦，得伊拉古克三胡图克图以归，诛之。马斯喀坐追剿迟缓，当夺官，上命留内务府总管及佐领。

四十一年，授镶白旗蒙古都统。四十三年，卒，赐白金千，遣内大臣奠茶酒。发引，命皇子往送。赐祭葬，谥襄贞。

佟国纲，佟佳氏，满洲镶黄旗人，佟图赖子。初隶汉军，领牛录额真，授侍卫。康熙元年，袭三等精奇尼哈番，授内大臣。十四年，察哈尔布尔尼为乱，授安北将军，率师驻宣府。布尔尼乱定，引还。十六年，推孝康章皇后外家恩，赠佟图赖一等公，仍以国纲袭。二十年，授镶黄旗汉军都统。疏陈世系，请改入满洲，下部议，许以本支改入满洲。二十八年，命与内大臣索额图等如尼布楚，与俄罗斯使臣费耀多罗等议立约定界。

二十九年，大将军裕亲王福全率师讨噶尔丹，以图纲参赞军务。八月己未朔，师次乌兰布通，噶尔丹屯林中，卧驼于前，而兵伏其后。图纲奋勇督兵进击，中鸟枪，没于阵。丧还，命皇子迎奠。将葬，上欲亲临，国纲弟国维及诸大臣力阻，乃命诸皇子及诸大臣皆会，赐祭四坛，谥忠勇。上以翰林院撰进碑文不当意，乃自为制文，有曰："尔以肺腑之亲，心膂之寄，乃义存奋激，甘蹈艰危。人尽如斯，寇奚足殄？惟忠生勇，尔实兼之！"雍正初，加赠太傅。

迈图，亦佟佳氏，满洲正白旗人。父乌进，国初自哈达来归。迈图初授侍卫，从信郡王多尼下贵州，破明桂王将李成蛟于凉水井，李定国于双河口、于鲁噶。从康亲王杰书徇福建，讨耿精忠，授行营总兵，战黄岩，克建阳。从将军拉哈达破郑锦将何佑于太平山，复兴化，拔泉州。从将军赉塔破锦将刘国轩、吴淑于蜈蚣山，复长泰。皆有功。康熙二十五年，授正白旗蒙古副都统兼佐领。寻署前锋统领，从征厄鲁特，战乌兰布通，阵没，谥忠毅，进世职三等阿达哈哈番。

格斯泰，瓜尔佳氏，满洲镶白旗人，先世居瓦尔喀。父赫勒，归太祖。从伐明，攻献县，先登。入关，西讨李自成，破潼关。下江南，徇浙江，破明兵嘉兴城下。以牛录额真授拜他喇布勒哈番。

格斯泰初为睿亲王护卫，从大将军伊尔德克舟山。从都统玛奇下云南，破贼石门坎、黄草坝，克云南会城，皆有功。累擢前锋参领兼管佐领。从国纲战乌兰布通，国纲战没，格斯泰直入贼营，左右冲击，出而复入者再。乘胜追贼至河岸，阻于淖，贼麇集，格斯泰力战，与迈图等皆殁于阵。师将发，上赐之马，格斯泰请自选，得白鼻。或言白鼻古所忌，格斯泰曰：“效命疆场，吾夙愿也！何忌？”师还，裕亲王奏：“方战时，亲见一将乘白鼻马三入敌陈，众皆识为格斯泰也。”赐祭葬，视副都统，予世职拜他喇布勒哈番。

阿南达，乌弥氏，蒙古正黄旗人。祖巴赖都尔莽奈，初事察哈尔林丹汗。林丹汗败走，率所部二百三十余户保哈屯河。逾岁，归太宗，授一等梅勒章京。从攻宁远，败明兵。复从攻锦州，战死，赠三等昂邦章京。

父哈岱，年十七，从父攻宁远，敌矢殪父马且蹐，哈岱不遑甲，驰入阵，下马掖其父超乘，步从击敌，与俱还。太宗嘉其勇，厚赉之。父死，袭世职。屡从伐明，败明兵。入关定江南，徇浙江，击腾机思，讨姜瓖，取舟山，皆在行间。康熙间，授内大臣。讨吴三桂，命与侍卫阿喇尼征喀喇沁、翁牛特、苏尼特诸部兵，分驻大同、河南、兖州，备调发。卒，谥勤壮。

　　阿南达,哈岱次子也,以一等侍卫兼佐领。康熙八年,鳌拜败,坐党附罪斩,圣祖特宽之。

　　二十七年,噶尔丹侵掠喀尔喀诸部,命偕喇嘛商南多尔济赍敕谕罢兵。噶尔丹遣使入朝,而侵掠如故。二十九年,命往会喀尔喀诸部兵讨噶尔丹,以尚书阿喇尼、都统额赫纳等先后率师出塞。阿南达还奏言:“噶尔丹为托多额尔德尼击败,侦卒还报,有二人共一骑者,有削木为兵者,状至穷蹙。请发兵讨之。”上命选察哈尔兵六百,率以赴图拉,益额赫讷军。寻阿喇尼请移西路军会剿,阿南达率兵渡瀚海,会大将军裕亲王福全,败贼于乌兰布通。三十一年,命赴宁夏招和硕特部台吉巴图尔额尔克济农来降,擢正黄旗蒙古都统。三十二年,闻噶尔丹将取粮哈密,授郎坦为昭武将军,召阿南达还。

　　三十五年,上亲征噶尔丹,命阿南达如喀尔喀诸部求习塞外途迳者二十人为导。上次克鲁伦河,噶尔丹将走还特勒尔济,阿南达方从费扬古自图拉向昭莫多。费扬古令阿南达等先击噶尔丹,伪败以致敌,至昭莫多,纵击败敌,事具《费扬古传》。阿南达赴行在奏捷,上召询战状,对曰:“噶尔丹闻上亲征,惶骇窜走。不虞我兵绝其归路,突然交战,擒斩过半,死伤枕藉。属下人多怨怼,降者甚众,噶尔丹深以为悔。费扬古虑涉矜张,疏报捷,特约略言之。”上乃班师,命阿南达驻守肃州。寻移军边境,诇噶尔丹踪遗迹。阿南达遣兵分驻昆都伦、额济内诸处。复与提督李林隆移炮赴布隆吉尔,度要隘留军策应,乃还肃州。上以其章示议政诸臣,奖阿南达防边能称职也。

　　噶尔丹自昭莫多败后,部众多离散。噶尔丹多尔济者,其妻弟也,阴持两端。阿南达至布隆吉尔,获其逻卒,纵归招之降,遂遣使通款。阿南达因其使檄哈密回部:“噶尔丹且至,当禽献。”即传语噶尔丹多尔济:“噶尔丹至哈密,哈密且禽献,当为哈密助。”未几,噶尔丹遣族子顾孟多尔济等与达赖喇嘛、青海诸台吉通声闻。阿南达复至布隆吉尔侦知之,率兵追及于素尔河,擒其使人,以其书十四函驰奏。

三十六年,哈密回部擒噶尔丹子色卜腾巴尔珠尔及其从者徽特和硕齐等,送阿南达。继又获厄鲁特土克齐哈什喀。土克齐哈什哈实戕我使臣马迪,至是始就擒。先后槛送京师。寻复疏言厄鲁特晋巴彻尔贝来降,询知噶尔丹穷促状。是岁上复亲征,命与林隆率甘州兵二千出布隆吉尔。次塔尔河,闻噶尔丹已死,所部台吉丹济拉将窜巴里坤依噶尔丹从子策妄阿喇布坦,因往追之,未及,上命还驻布隆吉尔。丹济拉诣哈密乞降,昭南达护使谒上行在。叙昭莫多功,予拖沙喇哈番世职。寻奉命率兵驻西宁。四十年,卒,赐祭葬。雍正二年,追谥恪敏。

阿喇纳,阿南达长子。少袭其祖哈岱世职,授三等侍卫,累进散秩大臣。策妄阿喇布坦继噶尔丹为寇,侵哈密。五十四年,上命尚书富宁安视师,屯巴尔库尔。五十五年,授阿喇纳参赞大臣,选八旗察哈尔劲卒及尝从阿南达出塞者,得四百人,率之以行。五十六年,授富宁安靖逆大将军,令阿喇纳将一千三百人,自乌兰乌苏深入乌鲁木齐。至通俄巴锡搜山,俘一百数十人,收驼马牛羊,蹂其稼乃还。五十九年,师入西藏,富宁安复令率四千人自吐鲁番出边,至齐克塔木,破贼敌垒。进至皮禅,回民三百余以城降,师遂会富宁安于乌兰乌苏,引还。六十年,上命率师进取吐鲁番,因留驻其地。策妄阿喇布坦来犯,阿喇纳行与遇。令分兵为三,突入阵,策妄阿喇布坦败入林中,弃马步战,我师发枪击杀准噶尔兵百余,乃败走,逐北数十里,俘获甚众。授协理将军,筑城屯垦,为持久计。阿喇纳久居边塞,悉敌情,疏请进兵伊犁。下议政大臣议,以贼已远窜,暂缓进兵。雍正元年,擢镶红旗蒙古副都统。师征青海,命率兵二千驻布隆吉尔。贼酋阿喇布坦苏巴泰来袭,遣师追至推默尔,大败之。未几,卒于军。遗疏为父请谥,上特许之。赐白金千,遣官护丧归,谥僖恪,加拜他勒布喇哈番,以其子伍弥泰兼袭,合为三等伯。乾隆间,定封号曰诚毅。伍弥泰自有传。

　　吉勒塔布,李佳氏,满洲正红旗人,觉善第三子。初授侍卫兼前锋参领。康熙十一年,授正红旗蒙古副都统。

　　十三年,耿精忠叛,命偕副都统拉哈率师驻江宁。寻令援浙江。从将军贝子傅喇塔攻嵊县,与精忠将曾养性等战于黄瑞山,督兵乘夜分两翼冲击。又遣兵循山麓疾上,以鸟枪旁击之,养性败溃,克仙居。十四年,养性与叛将祖宏勋犯台州,吉勒塔布与都统沃申赴援,战于平山岭,殪贼四千余。夺梁蓬隘道,遇贼伏,尽歼之。直趋黄岩,副都统穆赫林督兵夹击,养性夜走温州。克黄岩,复战于上塘岭。攻温州,久未下。十五年,养性复以四万余人来犯,吉勒塔布遣兵分道逆击。进剿处州,过三角岭,循江度师。养性以百余舟屯江上,陆兵屯得胜山下,据险拒我师。吉勒塔布与总兵陈世凯分道拔贼垒,又以炮击贼舟,沉诸江。师次温溪渡口,击败精忠将马成龙等。斩千余级,遂与康亲王师会衢州。偕都统赍塔等击精忠将马九玉,战于大溪滩。吉勒塔布督兵逾三濠,进焚木城,克江山,九玉败遁。遂度仙霞岭,进克浦城、建阳诸县。从康亲王进次福州,精忠降。

　　十六年,击郑锦同安。十八年,与锦将刘国轩战于下坑、于欧溪头、于郭坑,皆胜,斩二千余级,收海澄。与沃申驻师漳州。二十一年,师还,累擢护军统领、正红旗蒙古都统。二十七年,授兵部尚书,列议政大臣。

　　噶尔丹侵喀尔喀,上命吉勒塔布与都统巴海等征科尔沁诸部兵备边。寻命往苏尼特,度水草佳处为喀尔喀牧地。二十九年,命与尚书阿喇尼出塞,自归化至图拉置台站,率师会喀尔喀诸部,自洮濑河进攻噶尔丹,噶尔丹掠乌珠穆秦部,至乌勒辉河,我师与遇,分兵乘夜挑战。喀尔喀兵违节度,乱阵,战失利。吉勒塔布当夺官,命留佐领,率兵驻呼鲁固尔河。旋命与内大臣阿密达同驻克勒,待裕亲王师至,分三队以进。吉勒塔布为第一队,大败噶尔丹于乌兰布通。三十年,诏移喀尔喀土谢图、车臣两部归附人牧近边。上出塞抚绥,令吉勒塔布与尚书马齐、班第等,先期集归附人于上都河、额尔屯河以待。上虑巴图尔额尔克济农掠喀尔喀,命吉勒塔布督喀

尔喀诸部兵为备。三十一年，巴图尔额尔克济农降，罢兵归。三十
五年，擢都统。三十六年，卒，赐祭葬。

殷化行，字熙如，陕西咸阳人。初以王姓成康熙九年武进士。十
三年，从经略莫洛讨吴三桂，授守备。会王辅臣叛，莫洛遇害，化行
被胁羁秦州，称病不为贼用。逾年，自拔归，总督哈占奏复原职，补
火器营守备。从振武将军佛尼勒战牛头山，攻克上、下岭。三桂将
王屏藩据汉中，以二万人犯宝鸡。大将军图海檄化行赴援，破敌，解
西山堡围。复自大泥峪取两河关，复兴安州城。十九年，佛尼勒援
永宁，化行为前锋，败敌托川，击走三桂将胡国柱于安宁桥。调援叙
州，与西宁总兵李芳述守城，贼分三路来攻，击却之。图海、哈占合
疏陈化行奋战状，特擢汉中城守营副将。二十年，逐国柱，迭战安
边、叙马、连峰、石盘关诸处，屡克要隘，复马湖府城。

二十二年，追议辅臣叛时被胁，坐夺官。哈占以化行未为辅臣
用，从征有劳，奏复原职，授直隶三屯营副将。二十三年，叙功加一
等，授都司佥书，兼管副将事。二十五年，上幸畿东，化行扈从行围，
赐上用佩刀。二十六年，擢福建台湾总兵，赐貂裘、白金。时议城台
湾，化行言地皆浮沙，难以巩固。令部下人致树一，植为城，数日而
成。诸部亦各植木城，缮治甲兵，防御以固。三十年，移襄阳。陕西
旱，米价腾贵，民多流移。诏发襄阳米二万石水运至商州，改陆运至
西安。命内阁学士德珠与化行及总督丁思孔往督水陆挽运，并护流
民还里。三十二年，移登州。复移宁夏。

三十五年，上亲征噶尔丹，三路出师，发陕西兵当西路，遣刑部
尚书图纳会将军、督、抚及河西提、镇议进兵事。化行陈方略，诏报
可。时绿旗兵统于振武将军孙思克，率凉州总兵董大成、肃州总兵
潘育龙及化行自宁夏出塞，会大将军费扬古进剿。化行领所部兵三
千至翁金河，简精卒前进，遇敌昭莫多。山崖峻削，其南渐陁，有小
山横亘，化行据其巅，麾军士毕登。敌猝至山腹，发炮击之，噶尔丹
率众死斗，锋甚锐。化行使告费扬古曰："贼阵坚，宜遣一军冲其胁，

贼妇女辎重俱在后阵，劫之必乱。"费扬古从之。化行望山下两军将薄阵，鼓行而下，敌披靡，死伤枕藉。噶尔丹败遁，诏班师。是役化行功最。

三十六年，疏请率兵二千至郭多里巴尔哈孙侦禽噶尔丹。会上西巡，将幸宁夏，化行迎谒，奏请行围花马池观军容。上曰："师行赖马力。今噶尔丹未灭，宁夏兵至花马池，往来七八日，马必疲。猎细事耳，罢猎而休马，以猎噶尔丹何如？"乃令化行率所部兵五百人从昭武将军马思喀复出塞。寻命化行参赞军务，谕谓绿旗总兵官未有授参赞者，并赐孔雀翎。师次郭多里巴尔哈孙，会大将军费扬古兵。进至洪郭罗阿济尔罕，噶尔丹死，诏班师。化行还宁夏。

三十七年，请复本姓。叙昭莫多功，予拖沙喇哈番世职。擢广东提督。三十九年，琼州营游击詹伯豸等扰黎人，黎人王镇邦为乱，以化行约束不严，降级留任。四十年，连、阳瑶为乱，里仁峒、油岭二排尤凶横。化行率总兵刘虎驻师里仁峒，遣副将林芳入排，使执为乱者以献。瑶人戕芳及所从兵役。上命尚书嵩祝为将军，令化行及广西、湖南提督各发兵讨之。四十一年夏，会师连州，分扼要隘，瑶人惧，缚献为乱者李贵，邓二等，置诸法，余悉就抚。寻追按芳被戕，化行、虎不能救，虎夺官，化行休致。四十二年，上幸西安，化行迎谒，授其子纯四等侍卫。四十九年，卒。

潘育龙，字飞天，甘肃靖远人。初入伍，从征李来亨等于茅麓山，有功。康熙十四年，王辅臣叛，育龙从副将偏图攻三水、淳化，复从扬威将军阿密达战泾州。宁夏道梗，大将军董额使育龙赴提督陈福军，自红河川、白马城诸要隘转战七昼夜，达宁夏。驻灵州，招抚散卒。总督哈占调援山阳，败贼于甘沟口。十五年，从抚远大将军图海夺平凉城北虎山墩。累擢守备。十七年，吴三桂兵犯牛头山、香泉，育龙从总兵王好问等出间道击破之。十八年，克梁河关，斩三桂将李景才、景文略等，薄兴安，三桂将谢泗、王永世以城降。叙功，擢都司金书，叛将谭宏据川东，育龙从哈占进剿，复大竹、渠县。迁游击。

二十七年，以总督噶思泰荐，擢甘州副将。学士达瑚等自西藏使旋，至嘉峪关外，为西海阿奇罗卜藏所掠。将军孙思克使育龙偕游击韩成等捣其巢，斩级四百有奇，阿奇罗卜藏遁。事闻，诏嘉奖。三十年，赴宁夏防剿噶尔丹。时改肃州协为镇。即以育龙为总兵。三十一年，降番罕笃与罗卜藏额林臣、奇齐克等复叛，育龙追至库列图岭，斩四十余级，获百二十人。三十四年，噶尔丹属回塔什兰和卓等五百余人入犯，度三岔河，育龙击禽之。三十五年，从征噶尔丹，遇贼昭莫多，飞炮中育龙右颐。益力战，贼败遁。师还，召至京师，上抚视其创，命御医诊视，赐衣一袭。移镇天津。叙功，予拖沙喇哈番世职。

四十年，擢陕西提督，赐孔雀翎。四十二年，上西巡，育龙迎谒山西，赐御书榜。驻跸渭南，阅固原将卒校射，顾大学士马齐等曰："朕巡历诸省，绿旗无如潘育龙兵者。"命加秩。寻特授镇绥将军，领提督如故。四十九年，上幸五台，育龙迎谒，赏赉优渥，亲制诗章宠之。时有陈四等率妻子游行鬻技，走马上竿，屡索算卦，俗名曰卦子。人既众，遂为盗。育龙捕得五百九十余人。有司谳鞫，因疏请饬各省督抚责所属乡村堡寨，遇令改业，编户为民，给荒地开垦，马骡牲畜变为牛种，载入《赋役全书》。下部议行，寻以病累疏乞休，诏辄慰留。五十八年，卒，赠太子少保，赐祭葬，谥襄勇。

孙绍周，改籍陕西西安。袭世职，授二等侍卫。累迁广西庆远协副将。雍正初，总督鄂尔泰奏开古州、都江河道，以定旦、来牛二寨苗梗路，檄绍周统广西兵赴古州诸葛营，与贵州副将赵文英会剿，尽平贼寨。擢云南提督，赐花翎。调古北口，以病解任。乾隆十八年，卒。高宗追念育龙军功，特予恩骑尉世职，以绍周子忱嗣。

之善，育龙从孙，仍籍甘肃靖远。初从育龙征噶尔丹。昭莫多之役，力战中枪，诏来京师医治。四十二年，上幸西安，之善迎谒临潼，授蓝翎侍卫，赐孔雀翎。补肃州镇标游击。策妄阿喇布坦以二千人侵哈密，之善率兵二百击败之。上嘉其勇，超擢陕西潼关副将。

从靖逆将军富宁安击准噶尔于乌鲁木齐,多俘获。雍正初,青海台吉罗卜藏丹津叛,侵布隆吉尔,与参将孙继宗引兵夹击,斩获无算。擢四川川北总兵,移镇陕西西安。之善以边外辽阔,当设卡路杜窥伺,乃遣兵于沙州西路伊逊察罕齐老图及察罕乌苏诺尔分路侦御。并以住牧熟夷数百户,分置诸要隘,诇敌情,督修西安城及沙州五堡,以二千四百户屯田沙州,筹牛种,建房舍。疏闻,上深嘉之,命署固原提督。谕曰:“此军乃汝叔祖潘育龙所整理,为天下第一营伍,流风余韵,至今可观。若不能企及,何颜以对朕耶?”寻以目眚解任。十一年,卒。

额伦特,科奇哩氏,满洲镶红旗人,佛尼埒子也。佛尼埒卒官,家贫不能还京。四川总督哈占请留额伦特西安效力,部议不许。上特允之。康熙二十三年,授西安驻防佐领。三十年,从将军尼雅翰逐厄鲁特巴图尔额尔克济农,又从将军郎坦赴克锡图额,皆有劳。三十五年,上亲征噶尔丹,从大将军费扬古出西路,破敌昭莫多。以功授世职拖沙拉哈番,擢协领。四十三年,上幸西安阅武,设宴,特命额伦特近御座,亲赐之饮。谕曰:“尔父宣力行间,尔亦入伍能效力,故赐尔饮。”寻迁西安副都统。调荆州副都统。四十九年,擢湖广提督。五十二年,授湖广总督。寻命履勘湖南诸州县荒壤,得四万六千余顷。疏请听民开垦,六年后以下则起科。五十四年,命往按太原知府赵凤诏贪墨状,论罪如律。

厄鲁特策妄阿拉布坦犯哈密,上遣尚书富宁安等率师讨之。五十五年,命额伦特署西安将军,主军饷。策妄阿喇布坦自噶顺汛山后道沙拉侵青海,执台吉罗卜藏丹济布以去,命额伦特率师驻西宁,为青海诸部应援。五十六年,策妄阿拉布坦遣其将策凌敦多布侵西藏。命额伦特移军青海,与青海王台吉等议屯军形胜地。额伦特疏言西宁入藏道有三,库库赛尔岭、拜都岭道皆宽广,请与侍卫色楞分道进兵。五十七年,策凌敦多布入西藏,破布达拉城,戕拉藏汗,执其子苏尔咱,遂据有其地。六月,额伦特与色楞分道进兵,额伦特出库库赛尔岭。七月，至齐诺郭勒，策凌敦多布遣兵夜来侵，击之退。次日复至，额伦特亲督兵缘山接战，贼溃遁，追击十余里，多所斩获。疏入，上深嘉其勇。俄，策凌敦多布遣兵潜出喀喇乌苏，额伦特率所部疾趋渡河，扼狼拉岭，据险御敌。比至喀喇乌苏，色楞以兵来会，合力击贼。贼数万环攻，额伦特督兵与战，被重创，战益力。相持者数月。九月，复厉兵进战，射杀贼甚众。矢尽，持刀麾兵斫贼，贼益兵合围，额伦特中伤，犹力战，遂没于阵。五十八年，丧还，上命诸王以下迎城外，内大臣、侍卫至其家奠茶酒。世宗即位，进世职三等阿达哈哈番，赐祭葬，谥忠勇。

额伦特与川陕总督音泰皆自行伍中为上所识拔。额伦特以廉洁著，上尝与张伯行并称，谓在督抚中操守最优也。

康泰，甘肃张掖人。初入伍，累擢至游击。从将军孙思克击噶尔丹，以功授世职拖沙喇哈番。四迁四川提督。额伦特驻西宁，泰率松潘兵千余出黄胜关为应援。兵噪，夺官，命自具鞍马从军。从额伦特入藏，战喀喇乌苏，跃马杀贼，矢集于臂，叱其子拔矢，裹臂复战，阵没。赠都督同知，谥壮能。

弟海，陕西凉州总兵。将所部从额伦特，同时战死。赠世职拖沙喇哈番。

论曰：厄鲁特亦出于蒙古，析为四卫拉特。其一曰绰罗斯，牧伊犁。噶尔丹戕兄子自立，乃号准噶尔，移帐阿尔泰山，兼有四卫拉特。北侵喀尔喀，南侵卫藏。圣祖再亲征，乃摧败以死。乌兰布通之役，噶尔丹败遁，我军亦重衄。佟国纲以元舅死绥。及战昭莫多，费扬古麾饥疲之众，当困斗之寇，蹈瑕以破坚，则谋勇胜也。马斯喀、阿南达、吉勒塔布、化行、育龙先后在事有劳。额伦特孤军殉寇，青海之师，准部之灭，皆于是乎起。谨书之以著其本末。

清史稿卷二八二
列传第六九

姜希辙　余缙　德格勒
陈紫芝 笪重光 　任宏嘉
高层云　沈恺曾　龚翔麟
高遐昌

姜希辙,字二滨,浙江会稽人。明崇祯间举人。顺治初,除温州教授。五年,以瑞安知县缺员,令暂摄。郑成功兵来犯,攻城,希辙督民守,遇事立应。援至,破成功兵齐云江上。九年,迁直隶元城知县。畿北饥,流民至者日以万计。逃人令方严,民虑溷入为累,辄拒不予食。希辙令察非逃人,使垦县中荒田,田辟,饥民以活。善决狱,民称之。

十五年,授工科给事中。吏得盗,自列义王孙可望家人,为买马,镶白旗丁为之因缘。希辙疏言:“可望来归本朝,湔涤不暇,尚敢收亡命相关通?身为旗丁,岂复应桀骜冒法网?夫盗有根柢,有党羽,臣请收义王家人及旗丁穷治之。”上下其疏,罪人皆抵法。国初考功法,获逃人、辟荒田、督运漕粮,皆躐等升擢。希辙疏争非政体,不当开幸进。上方严罪贪吏,吏往往曲法罚锾。希辙疏言:“例赎杖分有力无力,所轻重不过铢两间。今乃倍五倍十,不拘成数,不应则敲扑随之。是昔以罚省刑,今以罚济刑也。”命仍如定例。

十七年，上诏求言，希辙疏言："臣闻君臣一德，原未尝以忧劳之任独归之君父，为人臣诿卸责地也。臣观今日积习病根，大要有二，巧于卸肩者，假详慎以行推诿。畏于任事者，饰持重以蹈委靡。请进一德之箴，为中外诸臣诫。"师自江西下广东，州县供亿繁重。南赣巡抚报曲江、始兴两知县同时自戕。希辙疏言："大兵所集，米豆、草束、槽镰、釜镬，自所必需。然先时传檄，使之预备，供亿虽艰，何至捐馆？行兵不严，责在总督，立法不预，责在巡抚，二者必居一于是。请饬察究。"寻更历兵、礼二科。时会计法严，钱粮完欠，每项各限十分定考成，条例繁赜，有司救过不给。希辙疏请："总归十分，以一岁之征收，计一岁之款项，起讫既清，稽核亦便。"自此部计稍纾，有司得久任。

康熙元年，考满，内升，回籍待缺。九年，诣京师，复授户科都给事中。具三疏，请增科员。请令巡抚得辖兵，防地方窃发。请缓奏销之期，使催科不迫。迁顺天府丞。遭父丧归。十七年，授奉天府丞。乞养母归。三十七年，卒于家。

余缙，字仲绅，浙江诸暨人。顺治九年进士，授河南封丘知县。兵后流亡未复，弃地弥望，朝议兴屯，设道厅董之。民田征赋，屯田征租，租视赋为重，民弃屯不耕。府县吏急考成，以屯租散入田赋，民失业。总督李荫祖行部至县，缙导观民间困苦状，荫祖疏闻，兴屯道厅悉罢。十七年，行取授山西道御史，乞养归。起河南道御史。

康熙初，郑成功已死，其子锦屯厦门。有议弃舟山者，缙上疏争之，略谓："浙江三面环海，宁波尤孤悬海隅，以舟山为外藩。不知行间诸臣何所见而倡捐弃之议？江海门户。敛手委之逆竖。夫闽海祗一厦门，数万之众，环而攻之，穷年不能下。奈何以已克之舟山增其巢穴。"福建总督李率泰议迁海滨居民，缙复疏争之。略谓："海滨之民，与贼狎处。一二冥顽贪狡，嗜厚利，通消息，以相接济者，固未必无之。但据所称排头、方田诸处，民或盗牧马，或缚穷民潜送厦门。当此两军相望，巡徼严密，虽有奸宄，安能飞渡？是其号令不肃，已可概见。"又云:"派拨舵工、水手,公然不应。海上舵工名曰'老大',其人必少长海舟内,外洋岛屿径路,靡不熟历,而后驾风使舵,操纵自如。奈何责之素不练习之民,视同里役,横加佥派?彼即勉强应役,技既不精,心复叵测。万一变从中起,将置数十万奋戈持满之士于何地?"两疏语皆切至。

圣祖亲政,顺治间建言诸臣坐迁谪者,次第赦还,惟议及逃人不在赦例。居数年,诏宽逃人禁。缙疏请敕部察当日建言被谪诸臣,存者召还录用,殁者归葬赠恤。寻命巡视长芦盐政。以改葬乞归。二十八年,卒于家。

缙廉而能,治事尤持正。妖人朱方旦言祸福,朝士多信之。缙曰:"此妄男子耳,于法当诛。"方旦卒坐死。

德格勒,满洲镶蓝旗人。康熙九年进士,选庶吉士,授编修。累擢侍读学士,充日讲起居注官、掌院学士。李光地亟称其贤。圣祖时,召见讲论经史,尝扈从巡行。大学士明珠柄政,务结纳士大夫,将馈金为治装。德格勒以装具,固辞不受。会久旱,上命德格勒筮,遇夬。问其占,曰:"泽上于天,将降矣,而卦义五阳决一阴。小人居鼎铉,故天屯其膏。决去之,即雨。"上愕然,曰:"安有是?"德格勒遂以明珠对,明珠闻,大恶之,时以蜚语上闻,谓德格勒与侍讲徐元梦互相标榜。徐元梦亦不附明珠者也,故并嫉之。二十六年,光地乞假归,入辞,面奏德格勒、徐元梦学博文优。逾月,上召尚书陈廷敬、汤斌等及德格勒、徐元梦试于乾清宫。阅卷毕,谕曰:"朕政暇好读书,然不轻评论古人。评论古人犹易,评论时人更难,如德格勒每评论时人,朕心不谓然,故召尔等面试。妍媸优劣,今已判然。学问自有分量,毋徒肆议论为也。"二十七年,明珠罢。

未几,掌院学士库勒讷劾德格勒私抹起居注,并与徐元梦互相标榜,下刑部论罪。故事,起居注数易稿然后登籍,德格勒所删易者,实未定稿也。谳上论斩,命改监候秋后处决,徐元梦亦坐遣。语详《徐元梦传》。光地还京师,上命尚书张玉书等以德格勒试卷示九卿,并诘光地。于是玉书等奏称德格勒文实鄙陋,光地亦以妄奏引罪,命从宽免究。德格勒寻遇赦,释归本旗。卒。

陈紫芝,字非园,浙江鄞县人。康熙十八年进士,选庶吉士。改陕西道御史,力持风纪,绝外僚馈遗。巡视南城,捕大猾邓二置诸法。疏言:“朝章国典宜画一,民间冠婚丧祭未有定制,请编纂礼书,颁行天下。”又请裁屯卫:“以屯务属州县,则田赋可核逃盗可清。”诏并允行。

时督、抚、监司皆由廷臣保举。湖广巡抚张汧,大学士明珠所私也,恃势贪暴,言路莫敢摘发。二十六年,紫芝上疏劾之,言:“汧莅任未久,黩货多端,凡地方盐引、钱局、船埠,靡不搜括,甚至汉口市肆招牌,亦按数派钱。当日保举之人,必有贿嘱情弊,请一并敕部论罪。”上命夺汧官,遣直隶巡抚于成龙、山西巡抚马齐、副都御史开音布往按治。复谕廷臣,谓汧贪婪无人敢言,紫芝独能弹劾,即予内升。成龙等按得汧以前官福建布政使亏帑令属吏弥补,又派收盐商银九万,上荆南道祖泽深婪取于民又八万,谳上,论绞。保举汧为巡抚者,侍郎王遵训、学士卢琦、大理寺丞任辰旦,皆坐夺官。擢紫芝大理少卿。每谳狱,稍涉矜疑,即为驳正,多所平反。

紫芝以峭直受上知,同朝多侧目。无何,卒。或传紫芝一日诣朝房,明珠延坐进茗,饮之,归遂暴卒云。

笪重光,字在辛,江南句容人。顺治九年进士。自刑部郎中考选御史。巡按江西,与明珠忤,罢归。初,郑成功犯镇江,重光缒城乞援。事平,赐御书榜。卒,祀乡贤。

任宏嘉,字葵尊,江南宜兴人。初以举人官行人。康熙十五年,成进士。十八年,考选江南道御史。巡南城,疏言:“各州县宜有讲堂书院,庶人知向学。”又言:“学道不惟受制藩司,抑且受制知府。盖府道阶级不甚悬,无以资表率。部郎声望不甚重,又无由达封章,求其公明,实不可得。乞重其选。”改巡北城,疏陈五城应行事,谓:

"盗风未靖,由保甲不行。稽察未清,由旗、民杂处。司坊未洁,由劝惩不当。"又言:"州县昏夜比较,乡民托宿无地,饥寒受杖,往往殒命。又或因分厘火耗之轻,受签役横索之累。"又言:"朝廷清丈,所以为民,而藩府驳册,上下动费累百。津梁有关,所以御暴,今水港皆设巡拦,旱路亦行堵截,检索至负担,税课编鸡豚。"所言皆痛切。宏嘉一日巡城,有锦衣骏马突其前,诃叱之。隶卒白曰:"此王府优也。"宏嘉趋王府,索优出,杖之四十。上闻,直宏嘉。由是贵戚敛迹,毋敢玩法。

寻掌山东道,兼江南道如故。上十渐疏:"一曰,朋党交结之渐。始因交际为馈遗,渐以爱憎成水火。二曰,奢侈僭逾之渐。物力既殚,等威亦紊。三曰,文武讦讪之渐。督、抚、提镇挟私互讦,小吏效尤,何以使民无讼?四曰,绅士吹求之渐。有司视如仇雠,奸民以为鱼肉。五曰,上下奉违之渐。国家良法美意,奉行者徒有虚文,过当者反成弊政。六曰,名器混淆之渐。为生养万民计,守令宜用正途。七曰,常平侵渔之渐。贮谷久易泡损,又难盘察,不若听民输钱,数易稽而无朽蠹。八曰,河工兴建之渐。从古无不徙之河,治河惟去其太甚,不必议开议塞,借一劳永逸之辞,为逐利幸功之术。九曰,情罪过当之渐。如逃人止于鞭刺,过宿反至窜流,轻重不平,枉诬尤甚。十曰,积习胶固之渐。升迁则赶缺压缺,处分则忽重忽轻,视为故常,营竞特甚。"复疏论铨政不平,并下部议行。三十三年,迁奉天府府丞,兼学政。转通政司参议,署通政使。丁母忧归。服阕,病目,卒于家。

宏嘉素慎,疏上言过直,辄战栗。或曰:"子蒇若此,何如不言?"曰:"宏嘉之战栗,气不足也。然知其当言,不敢欺吾心,尤不敢负吾君耳。"

高层云,字二鲍,江南华亭人。康熙十五年进士。授大理寺评事。二十五年,授吏科给事中。二十六年,太皇太后崩,诏王大臣集永康左门外议丧礼。大学士王熙等向诸王白所议,跪移时,李之芳年老，起而踣。层云曰："是非国体也。"即日疏言谓："天潢贵胄列坐，大臣礼当致敬。独集议国政，无弗列坐，所以重君命，尊朝廷也。况永康左门乃禁门重地，太皇太后在殡，至尊居庐，天威咫尺，非大臣致敬诸王之地。大学士为辅弼大臣，固当自重，诸王亦宜加以礼节，不可骄恣倨慢，坐受其跪，失藩臣体。"疏入，上曰："朕召大臣议事，如时久，每赐垫坐语。今大臣为诸王跪，于礼不合。"下宗人府，吏、礼二部议，嗣后大臣与诸王会议，不得引身长跪，著为令。

二十八年，京师旱，诏求言。层云疏论江、淮间行屯田扰民，请急停苏民困，上嘉纳之。迁通政司参议。二十九年，迁太常寺少卿，卒官。

沈恺曾，字乐存，浙江归安人。康熙二十六年进士，选庶吉士。三十年，改山东道御史。喀尔喀率属内附，上亲出塞拊循。恺曾疏言："巡行口外，为蒙古诸臣定赏罚，编户口，安插新附。但圣躬远出，间关崎岖，乘舆劳顿于外，群臣晏息于家，臣心何安？宜遣部院大臣经理，令逐一奏闻，仍与皇上亲行无异。乞传旨暂缓此行。"疏入，不报。上还京师，召恺曾入对，赐宴。三十五年，上亲征噶尔丹，岁暮，以余孽未靖，复出塞。恺曾复上疏请回銮，语甚剀切。

顺天学政侍郎李光地有母丧，命夺情视事，光地请给假九月，言路大哗。恺曾疏言："学臣关系名教，表率士子。使衰绖者衣锦论文，其何以训？宜令终丧，以隆孝治。阁臣职司票拟，理应委曲奏请，始不当有在任守制之票，既不当有仍遵前旨之拟。科臣职司封驳，阁臣票拟不当，科臣缴旨覆奏，固其职也。乃亦复默然，不知其所谓封驳者何在也？臣不敢以妄拟阁臣为嫌，劾奏央列为咎。"疏入，下九卿议，寻用彭鹏言，令解任在京守制。陕西提督孙思克请令富民纳粟佐军，恺曾论奏乞敕部停止，上是之。

入台七年，疏数十上，伉直敢言。历掌山西、江南浙江、河南道事，管登闻院。三十八年，巡两广盐课，多惠政，商民德之。报满留任一年。还京，复掌山西道。丁父忧，以广东运使罣误事连坐，罢官。

四十四年，上南巡，召试行在称旨，赐御书。寻卒。

龚翔麟，字蘅圃，浙江仁和人。父佳育，字祖锡。自龙骧卫经历出知安定县，又自兵部郎中出为分巡通永道佥事，擢江南布政使，所至有声绩。入授光禄寺卿，命修《赋役简明书》，未竟。卒。

翔麟自副贡生授兵部主事，出榷广东关税。沿海诸税口，远者去省二千里，吏役苛索，商民重困。翔麟严其禁，并移行府县察究。康熙三十三年，考选陕西道御史，遂疏请以诸税口交府县征收，著为令。

寻命巡视西城。大学士熊赐履以误拟旨罢，复起为吏部尚书。翔麟疏劾："赐履窃讲学虚声，前因票拟错误，嚼毁草签，卸过同官。皇上从宽，放归田里。旋赐起用，晋位冢宰，毫无报称。其弟赐瓒包揽捐纳，奉旨传问，赐履不求请处分，犹泰然踞六卿之上。乞赐罢斥。"右通政张云翮，故靖逆侯勇子。勇妻李卒，云翮不居丧。翔麟疏劾："云翮纵非李出，嫡母、继母并制三年，岂可视为陌路？乞严加议处，以儆败类。"云贵总督赵良栋讨吴三桂，定云南，以叙功未允，为部下乞恩，屡有求请。翔麟疏劾："良栋效力行间，悉由皇上指授方略。荡平后叙功，既经廷议，重以睿裁，轻重无不允当。事阅十年，而良栋犹哓哓不已，妄肆荐扬，市恩于众，借矜己功。且越例求赐庄田、房屋，言词狂悖，大不敬。乞下所司定罪。"赐履雅负清望，良栋功臣，云翮功臣子，翔麟论列无所避，以是得直声。俄又劾赐履及侍郎赵士麟乱铨政，条列以上。

官御史十年，乞归，贫至不能举火，萧然不改恒度。寻卒。

高遐昌，字振声，河南淇县人。康熙十五年进士，授湖南龙阳知县。以屯赋重，请减与民田同额。父忧去。服阕，补广东东莞知县，历茂名、信宜，护高州知府，皆有声。行取，擢刑部主事，累迁户部郎中。

四十六年，授户科给事中。时提督九门步军统领托合齐恃权不法，给事中王懿德列款疏劾。上方幸热河。遐昌诣行在继劾之。略言："托合齐欺罔不法，经懿德纠参，臣又何敢置喙？伏念其所以横恣，皆缘握权太过。自督捕裁，而所辖三营改归提督，悍将骄兵，毫无忌惮。请仍归兵部择司官督率，考勤惰、禁勒索，营务防汛，昼夜巡逻，即有奸匪，不得妄牵无辜，私刑酷讯。提督干预词讼，奸民构弁兵，择人而噬，民不聊生。请仍归大、宛二县，五城司坊、巡城御史以及府尹、治中。逃盗命案，归于刑部，一秉国法。提督管理街道，纵其兵丁肆为贪噬，势压官民。请五城分治，仍归司坊。每年工部保题司官督理，庶法官守制，无复轶越。此皆本朝旧例，当归所司，防微杜渐，不致成积重之势。"疏上，上以巡捕三营并步军统领，非自托合齐始。司坊管街道，畏惧显要，止知勒索铺户，故亦归并步军统领。今既累商民，即以遐昌兼管，期一年责以肃清。遐昌既任事，革除陋规，街道沟渠次第平治，兵民以安。两届报满，仍命接管。

托合齐阴图报复，欲伺隙中伤。五十年，上自畅春园还，见内城街道被侵占甚窄，召托合齐诘责之。托合齐奏外城尤窄。命尚书赫硕色等察勘，托合齐故引视僻巷，民居占官街得三百余间，谓皆遐昌任内所造，逮下刑部狱。尚书齐世武，托合齐党也，将刑讯，主事蒋晟持不可。乃议遐昌以官街邀民誉，应发奉天安置。托合齐党复哗，言遐昌受赂。严讯家属，定爰书，谓据供虽未受赂，但风闻街道旧规，铺户修房，每间与胥役钱二三百，以此例之，房三百余间，计钱七百五十千，当枉法赃律处绞。朝审，具冤状。尚书王掞、李天馥谓遐昌廉能为上知，宜从宽典富。宁安赞之，狱乃缓。会托合齐以病乞假，隆科多摄其职，因言托合齐罔上行私，横恣贪婪，及诬陷遐昌状。上命释遐昌，都人争赴狱异之出，拥赴阙谢。及出都，送者填溢，醵金完悬赃。遐昌归，未几卒。

论曰：康熙间以直言著者，魏象枢、郝浴、杨素蕴、彭鹏、赵申乔辈，敭历中外，卓然为名臣。希辙、缙，自世祖朝已在谏垣，有献替。宏嘉论十渐，层云争国体，陈义皆甚高。若德格勒、紫芝、重光忭明珠、恺曾弹李光地、翔麟论熊赐履、赵良栋、遐昌抗托合齐，虽所纠绳贤不肖不同，謇謇匪躬，不为名慑，不为势挠，谥为"遗直"，殆无愧欤。

清史稿卷二八三
列传第七〇

觉罗武默讷　舒兰 拉锡

拉锡子旺札尔　孙博灵阿　图理琛

何国宗

　　觉罗武默讷,正黄旗人,景祖第三兄索长阿四世孙也。顺治四年,授世职拖沙喇哈番,累进三等阿达哈哈番,擢一等侍卫。康熙六年,授内大臣,管佐领。

　　十六年,命偕侍卫费耀色、塞护礼、索鼐瞻礼长白山,谕曰:"长白山祖宗发祥之地,尔等赴吉林,选识路之人,瞻视行礼,并巡视宁古塔诸处,于大暑前驰驿速往。"五月己卯,武默讷等发京师。已丑,至盛京,东行。戊戌,至吉林。询土人,无知长白山路者。得旧居额赫讷殷猎户岱穆布鲁,言其父曾猎长白山麓,负鹿归,道经三宿,似去额赫讷殷不远。自吉林至额赫讷殷,陆行十日,舟行几倍之。宁古塔将军巴海令运米十七艘诣额赫讷殷,先发,并令协领萨布素护武默讷等行。六月丁未,武默讷等携三月粮,陆行经温德亨河、库垺讷岭、奇尔萨河、布尔堪河、纳丹弗垺城、辉发江、法河、卓隆鄂河,抵讷殷江干,米亦至。乃乘小舟,与萨布素分道行,溯讷殷江逆流上。

　　丙寅,会于额赫讷殷。一望深林无路,萨布素率众前行,伐木开道。遣人还告,行三十里,得一山,升其巅,缘木而望,长白山乃在百余里外，片片白光如积玉，视之甚晰。戊辰，武默讷前行。己巳，遇萨布素于林中。壬申黎明，大雾，莫辨山所向。闻鹤唳，寻声往，遇鹿蹊，循行至山麓，见周遭密林，中间平迤圆绕，有草无木。前临小林，尽处有白桦木，整若栽植，及旋行林外，仍弥漫无所见。跪诵敕旨，拜毕，雾开，峰峦历历在目，登陟有路。遥望之，山修而扈，既近，则堂平而宇圆，向所睹积玉光，冰雪所凝也。山峻约百余里，巅有池，环以五峰，其四峰临水拱峙，正南一峰稍低，分列双缺。池广袤约三四十里，夹山涧水喷注，自左流者为松花江，右流者为大小讷殷河，绕山皆平林。武默讷瞻拜而下。峰巅群鹿奔逸，仆其七，坠武默讷等前。时登山者正七人，方乏食，谢山灵赐。却行未里许，歘然雾合。癸酉，还至前望处，终不复见山光。七月庚辰，至恰库河，马疲甚。甲申，自恰库河乘舟还，经色克腾、图伯赫、噶尔汉、噶达浑、萨穆、萨克锡、法克什、多珲诸河，至松花江。八月丁未，还吉林，巡视宁古塔诸处。乙丑，还京师。

疏闻，诏封长白山之神，秩祀如五岳。十七年，命武默讷赍敕往封，岁时望祭如典礼。十九年，召入养心殿，命工绘其像以赐。谕曰："以此像俾尔子孙世世供享，以昭恩宠。"二十九年，卒，赐祭葬。

舒兰，纳喇氏，满洲正红旗人。父敦多哩，官刑部侍郎，兼佐领。坐鞫总督蔡毓荣罪，附和尚书希福从轻比，夺官，戍黑龙江。

舒兰自理藩院笔帖式迁主事。康熙三十八年，从侍郎满丕、都统乌达禅等，招降巴尔瑚三千余人，安置察哈尔游牧地，编隶佐领。未几，巴尔瑚佐领额克图叛，戕察哈尔副总管阿必达、骁骑校班第，掠马驼以遁。上命喀尔喀公锡卜推哈坦等率蒙古兵追剿，舒兰持檄传示蒙古诸贝勒台吉，并征察哈尔、厄鲁特兵，从乌达禅会剿，禽其渠。迁内阁侍读。

四十年，命偕侍卫拉锡往探河源，谕曰："河源虽名古尔班索里玛勒，其发源处人迹罕到。尔等务穷其源，察视河流自何处入雪山边内。凡经流诸处，宜详阅之。"四月辛酉，舒兰等发京师。五月己亥,至青海。庚子,至库库布拉克。贝勒色卜腾札勒与偕行。

六月癸亥,至鄂棱诺尔。甲子,西行至札诺尔。鄂棱周二百余里,札棱周三百余里,二诺尔距三十里许。乙丑,至星宿海,蒙古名"鄂敦塔拉",星宿海之源,小泉万亿,历历如星,众山环之。南有山曰古尔班图勒哈,西南有山曰布瑚珠勒赫,西有山曰巴尔布哈,北有山曰阿克塔齐勒,东北有山曰乌阑都什,蒙古总名曰"库尔坤"即昆仑也。山泉出自古尔班图勒哈者,为噶尔玛瑚。出自巴尔布哈者,为噶尔玛楚木朗。出自阿克塔齐勒者,为噶尔玛沁尼。三山之泉,溢为三支河,即古尔班索里玛勒也。三河东流入札诺尔,札棱一支入鄂棱诺尔,黄河自鄂棱出。其他山泉与平地水泉,渊沦潆绕,不可胜数,悉归黄河东下。

丁卯,舒兰等自星宿海还,舍故道,循河流东南行,己巳,登哈尔吉山,见黄河折而东,至库库陀罗海山,又南绕萨楚克山,复北流,经巴尔陀罗海山之南。庚午,达阿木尼玛勒占穆逊山,山最高,云雾蔽之,不可端倪。蒙古人言长三百余里,有九高峰,积冰终古不消。常雨雪,一月得晴仅三四日。舒兰等自此返。壬申,全锡喇库特勒,又南过僧库尔高岭,更百余里,至黄河岸。见黄河自巴尔陀罗海山东北流,经归德堡北、达喀山南两山峡中,流入兰州。自京师至星宿海,七千六百余里。宁夏西自松山至星宿海,天气渐低,地势渐高。人气闭塞,行多喘息。九月,还京师,具疏述所经,并绘图以进。

上谕廷臣曰:"朕于古今山川名号,虽在边徼遐荒,必详考图籍,广询方言,务得其正。故遣使至昆仑,目击详求,载入舆图。即如黄河源出西塞外库尔坤山之东,众泉焕散,灿如列星,蒙古谓之'鄂端塔拉西',西番谓之'索里玛勒',中华谓之'星宿海',是为河源。汇为札棱鄂棱、二泽。东南行,折北复东行,由归德堡、积石关入兰州,其原委可得而缕晰也。"舒兰累擢内阁学士。四十五年,命往西藏封拉藏为翊法恭顺汗。回京得风疾,遣太医诊视。越二年,疾复发,乞休,许解任调治。五十二年,疾愈,起故官。是年以万寿恩典,复其父敦多哩故秩。寻迁工部侍郎。未几,坐事,降三秩调用。

五十九年,卒。

拉锡,图伯特氏,蒙古正白旗人。自亲军校三迁二等侍卫,偕舒兰穷河源,进一等。雍正初,累擢本旗都统。以治事明敏,予拜他喇布勒哈番世职,授议政大臣。拉锡谙习旗务,奏事辄称旨,累被褒嘉,加授拖沙喇哈番。四年,以隐匿乌梁海事,尽削官职,降授一等侍卫,管太仆寺卿。寻仍擢镶白旗满洲都统,送署江宁将军、天津满洲水师都统,授领侍卫内大臣。卒。

子旺札尔,初授侍卫,袭世职。使从侍郎阿克敦与噶尔丹定界。如苏州、如浙江按事。累迁镶白旗满洲都统、理藩院侍郎、御前大臣。命赴金川察沿途驿站。金川平,擢领侍卫内大臣,卒,谥恪慎。

孙博灵阿,袭世职。初授侍卫,累迁正蓝旗蒙古副都统。从征金川,攻当噶尔拉,扑碉受创,卒。赠都统衔,进世职一等轻车都尉,图形紫光阁。

乾隆四十七年,高宗命侍卫阿弥达诣西宁祭河神,再穷河源。还奏:“星宿海西南有水名阿勒坦郭勒,更西有巨石高数丈,名阿勒坦噶达素齐老。蒙古语‘阿勒坦’为黄金,‘噶达素’为北极星,‘郭勒’为河,‘齐老’石也。崖壁黄金色,上有池,池中泉喷涌,酾为百道,皆黄金色。入阿勒坦郭勒,回旋三百余里。入星宿海,为黄河真源。”高宗命四库馆诸臣辑《河源纪略》识其事。阿弥达更名阿必达,大学士阿桂子,附见《阿桂传》。

图理琛,阿额觉罗氏,满洲正黄旗人。以国子生考授内阁中书,迁侍读。坐事,夺职。康熙五十一年,特命复职,出使土尔扈特。

初,土尔扈特汗阿玉奇从子阿喇布珠尔,假道准噶尔赴西藏谒达赖喇嘛。准噶尔台吉策妄阿喇布坦与阿玉奇构怨,阿喇布珠尔不得归,款关乞内属,诏封贝子,赐牧嘉峪关外党色尔腾,嗣阿玉奇遣使入贡,上欲归阿喇布珠尔。命图理琛偕侍读学士殷札纳、郎中纳颜赍敕谕阿玉奇,假道鄂罗斯。

五月，图理琛等自京师启行，七月，至鄂罗斯境楚库柏兴。以假道故，待其国察罕汗进止。五十二年正月，许假道，乃行。还乌的柏兴，越柏海尔湖而北，抵厄尔库。鄂罗斯托波尔噶噶林遣其属博尔科尼来迎。噶噶林者，彼国所称总管也。图理琛等欲行，博尔科尼言噶噶林令天使自水路行，而昂噶拉河冰未泮，请稍驻俟之。三月，自昂噶拉河乘舟抵伊摄谢柏兴，登陆。五月，抵麻科斯科，复乘舟自揭的河顺流行，经那里穆柏兴、苏尔呼特柏兴、萨玛尔斯科、狄穆演斯科诸地。七月，至托波尔。其地噶噶林名马提飞费多里鱼赤，迎至廨，留八日。仍遣博尔科尼护之行，抵鸦班沁登陆。自费耶尔和土尔斯科越佛落克岭，抵索里喀穆斯科，以路泞，守冻十日。复行，经改郭罗多、黑林诸付、喀山、西穆必尔斯科诸地。十一月，至萨拉托付，是为鄂罗斯与土尔扈特界。水自东北来，折而南，鄂罗斯号为佛尔格，土尔扈特号为额济勒。阿玉奇汗驻牧地曰玛努托海，距此十日程，以雪盛不能行。

五十三年四月，阿玉奇遣台吉祥伟征等来迎。五月，图理琛等渡额济勒河，阿喇布珠尔之父纳札尔玛穆特遣献马，却之。六月朔，至努玛努托海，阿玉奇择日听宣敕。图理琛等以上意谕之曰："阿喇布珠而已赐爵优养，欲遣归而牧地，以策妄阿喇布坦方与尔交恶，恐为所戕。尔若欲令阿喇布珠尔归，当自鄂罗斯来迎。"阿玉奇曰："我虽外夷，然冠服与中国同。鄂罗斯乃嗜欲不同、言语不通之国也，天使归道当察其情状。鄂罗斯若以往来数故不假道，则我无由入贡矣。阿喇布珠尔荷厚恩，与归土尔扈特同，复何疑虑？"阿玉奇及纳札尔玛穆特等各赠马及方物，图理琛等以越境无私交，却不受。阿玉奇待之有隆礼，留十四日，筵宴不绝。复附表谢奏。图理琛等遂行，由旧路归，鄂罗斯遣护如初。五十四年三月，还京师。

是役也，往返三载余，经行数万里。盖土尔扈特为鄂罗斯所隔，远阻声教。而鄂罗斯又故导我使纡道行。图理琛奉使无辱命，既归国，入对，述往还事状，并撰《异域录》，首冠舆图，次为行记，呈上览。上嘉悦，寻授兵部员外郎。阿喇布珠尔亦遂留牧党色尔腾不复遣,再传至其子丹忠,雍正中,迁牧额济内河。

图理琛迁郎中。世宗即位,命赴广东察藩库,就擢广东布政使,调陕西。三年,擢巡抚。五年,召为兵部侍郎,调吏部。偕喀尔喀郡王额驸策凌等往定喀尔喀与鄂罗斯界。仍调兵部。六年,追议前定界时,与鄂罗斯使臣萨瓦鸣炮谢天,私立木牌,并擅纳鄂罗斯贸易人入界。又前任陕西巡抚时,将天下兵数缮折私给将军延信,逮问论斩。诏宥免,遣筑札克拜达里克城。高宗即位,授内阁学士,迁工部侍郎。乾隆元年,以老解侍郎任,仍为内阁学士。二年,引疾去。五年,卒。

何国宗,字翰如,顺天大兴人。康熙五十一年进士,改庶吉士,命直内廷学算法。五十二年,命编辑《律历渊源》。未散馆,授编修。三迁至庶子。雍正初,授侍读学士,再迁至内阁学士。

三年,命视黄、运河道,奏请增筑戴村石坝,疏浚东昌城南七里河、城北魏家湾及德州城南减河。又以汶、泗泉源纡远,请专设管泉通判。又请修高家堰石堤。上皆允其请,并以高家堰石堤工冲要,命发帑兴修。复奏言:“运河自临清以上,赖卫水以济。卫水源百泉,益以丹、洹二水,其流始盛。请疏百泉为三渠,洹河亦筑坝开渠引水,一分灌田,三分济运。”上从其议。旋以山东巡抚塞楞额奏言国宗等奉使所经州县,供亿白金七千六百有奇。上责国宗不惜物力,负任使,坐降调。五年,授大理寺卿。六年,复擢内阁学士,迁工部侍郎。六年,命与侍郎牛钮督修北运河减水坝,并浚引河。国宗等议捍护河西务北堤及耍儿渡鱼鳞坝,别开塌河淀下流贾家沽泄水河,建筑三里浅、筐儿港、张家庄诸处挑水坝。上命如议速行。九年,兼河东河道总督。田文镜奏戴村初建乱石、滚水三坝,汶水盛涨,自坝面流入盐河归海。国宗等增筑石坝,水不能过,濒河连年被患。请毁石坝,复为乱石、滚水坝。上责国宗勘工错误,贻害民间,夺官。

乾隆初,起充算学馆、律吕馆总裁。九年,赐秩视三品。寻授左副都御史。十年兼领钦天监正。十三年,迁工部侍郎。

　　康熙间，圣祖命制《皇舆全览图》，以天度定准望，一度当二百里，遣使如奉天，循行混同、鸭绿二江，至朝鲜分界处，测绘为图。以鸭绿、图门二江间未详晰。五十年，命乌喇总管穆克登偕按事部员复往详察。国宗弟国栋亦以通历法直内廷。五十三年，命国栋等周历江以南诸行省，测北极高度及日景。五十八年，图成，为全图一，离合凡三十二帧，别为分省图，省各一帧。命蒋廷锡示群臣，谕曰："朕费三十余年心力，始得告成。山脉水道，俱与禹贡合。尔以此与九卿详阅，如有不合处，九卿有知者，举出奏明。"乃镌以铜版，藏内府。

　　高宗既定准噶尔，二十一年，命国宗偕侍卫努克三、哈清阿率钦天监西洋人往伊犁，自巴里坤分西北两路，测天度绘图。既还报，命署左都御史。二十二年，授礼部尚书。以京察举弟国栋，坐徇庇，夺官。寻授编修，直上书房。二十八年，复授内阁学士。是岁，上以诸回部悉定，复遣尚书明安图等往测天度绘图，是为《乾隆内府皇舆图》。二十六年，迁礼部侍郎。二十七年，以老休致。三十一年卒。

　　论曰：国家抚有疆宇，谓之版图，版言乎其有民，图言乎其有地。圣祖东访长白山，西探河源，北抚土尔扈特，武默讷、舒兰、图理琛奉使称职。观所还奏，曲折详尽，历历如绘。国宗以明算事圣祖，又幸老寿，逮高宗朝，诣新疆测绘。康熙、乾隆两《内府图》皆躬与编摹。揆之于古，其裴秀、贾耽之伦欤？

清史稿卷二八四
列传第七一

觉罗满保 <small>陈策</small> 施世骠
蓝廷珍 <small>从弟鼎元</small> 林亮 <small>何勉</small>
<small>陈炯伦</small> 欧阳凯 <small>罗万仓 游崇功</small>

觉罗满保,字凫山、满洲正黄旗人。康熙三十三年进士,选庶吉士,授检讨。累迁图子监祭酒,擢内阁学士,直经筵。

五十年,授福建巡抚。疏言福建、兴化、泉、漳等属十六州县皆濒海要地,请拣选直省卓异官除授。御史璩廷佑论其不可,部议以为然。诏下九卿等再议,卒从满保言。五十四年,擢福建浙江总督,命巡海。议自乍浦至南澳,沿海五千余里,建台、寨百二十七所,炮位千一百七十有八。别疏言:"鹿耳门为台湾咽喉,澎湖为厦门藩卫,安平镇为水师三营重地,及海洋各口岸宜分极冲、次冲,筑墩、台,设汛巡守。并严察海舶出入,禁渔船私载米粮、军器。"又言:"淡水、鸡笼山为台湾北界,其澳港可泊巨舰百余。更进为肩豆门,沃野百里,番社交据。请增置淡水营,设官驻防为后蔽。"皆报可。

六十年,凤山民朱一贵为乱。台湾知府王珍苛税滥刑,凤山民黄殿、李勇、吴外等集数百人谋变,一贵素贩鸭,托明裔以为渠。劫冈山塘、棣榔林二汛,掠军器,众益聚,遂破县城,进陷台湾。总兵欧阳凯等率兵御贼,师败绩,死之。台厦道梁文煊等走澎湖。满保疏闻,督兵趋厦门,值淫雨,乘竹兜从数骑行泥淖中。比至,籍丁壮剽悍能杀贼者悉充伍,严申军令,禁舟师毋登陆,民以不扰。淡水营守备陈策使诣厦门乞援,满保移会巡抚吕犹龙,遣兵自闽安渡淡水。未几,南澳镇总兵蓝廷珍率舟师至,满保命统水陆军,会提督施世骠于澎湖,克期进剿。六月,世骠、廷珍攻鹿耳门,败贼安平镇,遂克台湾。上以台湾民附乱非本意,敕满保招抚。寻诸罗民杨旭等密约壮丁六百人,擒一贵及其党十二人,献世骠军前,槛送京师,磔于市。是役,自出师迄事平凡七日。上嘉满保调度有方,加兵部尚书。寻疏言:"贼起,惟守备陈策鼓励兵民坚守汛地,待大兵进援,奋力效忠。"命擢台湾总兵。复疏劾珍纵役需索,致一贵乘机倡乱。文煊及所属官吏一无备御,退回澎湖,应夺官逮问,从之,文煊等论罪如律。秋,台湾飓作,满保以闻,谕:"台湾有司平日贪残激变,及大兵进剿,杀戮之气上干天和,令速行赈恤。"

上杭民温上贵往台湾从一贵得伪元帅札、印,还上杭,煽乡人从贼。闻一贵诛,走江西,结棚匪数百,谋掠万载。知县施昭庭集营汛剿捕,擒上贵及其党十数人,并伏法。大学士白潢等条奏禁戢棚匪,满保疏言:"闽、浙两省棚民,以种麻靛、造纸、烧灰为业,良莠不一。令邻坊保结,棚长若有容庇匪类,依律连坐。有司于农隙遍履各棚,严加稽察。浙江鄞、奉化等二十七县,福建闽、龙岩等四十州县,皆有棚民,宜如沿海州县例,拣员题补。"诏从之。

雍正三年,卒官。遗疏言:"新任巡抚毛文铨未至,总督印信交福州将军宜兆熊署理,并留解任巡持黄国材暂缓起程,如旧办事。"诏嘉其得体,下部议恤,时尚书隆科多获罪鞫讯,得满保馈金交通状,世宗谕责满保诣隆科多、年羹尧,命毋赐恤予谥。

策,字钟侯,福建晋江人。由铜山守备调淡水。一贵陷台湾,策孤军力守一隅。奸人范景文入境煽诱,擒诛之。师下台湾,满保檄剿北路,复南嵌、竹堑、中港、后垄、吞霄、大甲诸社。以功擢台湾总兵,加左都督。卒。

施世骠,字文秉,靖海侯琅第六子。康熙二十二年,世骠年十五,从琅下台湾,委署守备。台湾既定,以功加左都督衔,授山东济南城守参将。三十五年,圣祖亲征噶尔丹,天津总兵岳升龙荐世骠从军。召试骑射,命护粮运至奎素,从大将军马斯喀追贼至巴颜乌兰。师还,假归葬。上褒世骠勤劳,命事毕仍还任。累迁浙江定海总兵。四十二年,上南巡,赐御书"彰信敦礼"榜。时海中多盗,世骠屡出洋巡缉,先遣裨将假商船饵盗,擒获甚众,斩盗渠江裔。四十六年,上南巡,询及擒斩海咨事,温谕嘉奖,赐孔雀翎。四十七年,擢广东提督。五十一年,调福建水师提督。

六十年,朱一贵为乱,陷台湾。世骠闻报,即率所部进扼澎湖,总督满保檄南澳总兵蓝廷珍等以师会。众议三路进攻。世骠谓南路打狗港在台湾正南,南风盛,不可泊。北路清风隙去府百余里,运饷艰。度贼必屯聚中路,宜直捣鹿耳门。时台地诸将吏皆退次澎湖,惟淡水守备陈策坚守汛地。世骠遣游击张骃等赴援,自统师出中路。选劲卒,乘小舟,载旗帜,分伏南北港。六月,抵鹿耳门。贼踞炮台以拒。世骠登楼船督占,发炮中敌贮火药器,火大炽,贼惊溃。众军齐进,两港悉树我军帜,贼不敢犯,扬帆直渡鲲身。鲲身者海沙也,水浅,大舟不能过。是日海水骤涨八尺余,舟乘风疾上,遂克安平镇。翌日,战,破贼。贼悉众来犯,世骠遣守备林亮等进西港,游击朱文等越七鲲身,自盐埕、大井头分道登陆趋台湾。世骠督将士指挥布阵击贼,贼溃,遂复台湾。一贵走诸罗,诸罗民缚以献,贼党擒斩略尽。台湾南北两路悉平留妻子守墓,上悉许之。赠太子太保,谥勇果。雍正元年,世宗命予一等阿达哈哈番世职,以其子廷勇嗣。

世骠和易谦雅,治军严明。与琅先后平台湾,皆以六月乘海潮异涨度师。遂以成功。

蓝廷珍,字荆璞,福建漳浦人。少习骑射,从祖理器之。入伍,自定海营把总累迁温州镇标左营游击。巡外洋,屡获盗,盗皆畏避。以是为诸将所忌,谗于总督满保,将劾之。会关东大盗孙森等窃辽阳巨炮、战舰逸入海。圣祖震怒,责沿海疆吏严缉。廷珍出巡海,至黑水外洋与遇，力战，尽获森等九十余人，及其船舰、炮械。满保按部至温州，廷珍迎谒以告。满保叹曰："几失良将！"召入舟，厚抚之，亟疏荐，超擢福建澎湖副将。未几，迁南澳总兵。

六十年，朱一贵为乱，廷珍上书满保策破贼状，满保令统战船四百、将弁一百二十、官兵一万二千，会提督施世骠于澎湖，克期进剿。廷珍至澎湖，言于世骠曰："贼皆乌合，不足忧，惟胁从至三十万人，请檄示止歼渠魁，余勿问。则人人有生之乐，无死之心，可不血刃平也。"世骠从之。师至鹿耳门，贼扼险拒守。诸将林亮、董芳当前锋，殊死战，廷珍率大队继之，连战皆捷。贼大溃，退保府治。世骠遣亮等自西港仔暗度，廷珍以大军蹑其后。贼在苏厝甲，与亮等决战，廷珍分兵驰赴之。贼望见旗帜，战稍却，乘胜追逐，遂大溃。夜驻犁头标，设伏以待，贼果至，四面突击，贼大乱，自相攻杀。追败之木栅仔，复败之鸢松溪，遂入府城，秋毫无所犯，民大悦。一贵及其党李勇、吴外等皆就擒。分遣诸将复南北二路，署台湾总兵。秋，南路阿猴林余孽复起，讨平之。招降陈福寿等十数人，皆渠魁也。未几，世骠卒，廷珍摄提督。余贼黄殿等以次擒灭。

六十一年，授台湾总兵。雍正元年，擢福建水师提督，加左都督，赐孔雀翎，予三等阿达哈哈番世职。世宗褒廷珍忠赤，惟屡勉以操守。二年，入觐，命赴马兰峪谒景陵，赏赉稠叠。七年，病闻，遣医诊视。寻卒，赠太子少保，谥襄毅。子日宠，嗣世职，官铜山营参将。孙元枚，自有传。

族弟鼎元，字玉霖，力学负才。廷珍统师入台湾，鼎元参军事，著《平台纪略》。雍正元年，诏举文行兼优之士，贡入太学，有司以鼎元荐，大学士朱轼器之，用荐得召见。上书陈时政，上嘉纳。授广东普宁知县。居官有惠政，长于断狱。性忼直，坐事劾罢。总督鄂弥达白其诬，召诣京师。旋署广州知府。甫一月，卒。鼎元尝论台湾善后策，谓诸罗宜画地更设一县，总兵不可移驻澎湖。后诸罗析县曰彰化，更设北路三营，总兵官仍驻台湾，皆如鼎元言。

　　林亮,字汉侯,福建漳浦人。少习骑射击刺。生长海滨,岛澳险夷,舟航利钝,靡不讲求。初授台湾水师把总,累迁澎湖协守备。朱一贵陷台湾,官吏渡澎湖,居民汹惧。将吏以孤岛难守,佥议撤归厦门,各遣家属登舟。亮按剑厉声曰:"朝廷疆土,尺寸不可弃!今锋刃未血,相率委去,纵避贼刃,能逃国法乎?请整兵配船,守御要害,贼至,决死战!战不捷,亮死,君等去未迟。"乃驰赴海口,申号令,驱将吏家属登岸,令敢言退厦门者斩。时粮绝饷匮,亮输赀买谷,碾米给军,制战攻器械,俟师至。提督施世骠、总兵蓝廷珍以亮忠勇,令当前锋,领舟师五百七十人抵鹿耳门。一贵党苏天威据炮台以拒,亮率六舰直进,发炮中敌,火起,毙贼无算。乘胜进攻安平镇,亮先登树帜,贼溃走。翌日,鏖战鲲身,驾舟横冲贼阵,复大败之。贼退至府城,世骠令亮分兵自西港仔暗度拊其背,廷珍以军继进,大战,贼死伤遍野,遂克府治。亮功最,迁台湾参将。雍正元年,叙平台湾功,加都督同知。予一等阿达哈哈番世职。是年秋,入京,上深嘉之,擢水师副将,赐孔雀翎。

　　二年,授台湾镇总兵。亮以台湾初被兵,加意抚绥,整水陆兵防。又招抚生番一百八社、男妇一万八百余人。亮因番嗜色布、盐、糖,遣吏历各社赍赐之,因宣布德意,群番悦服。五年,移浙江定海,卒于官,赐祭葬。

　　何勉,字尚敏,福建侯官人。初授督标把总。康熙五十八年,薛彦文等聚后洋山为匪,勉奉檄捕擒之。六十年,从提督施世骠讨朱一贵,勉攻南路,擒其党杜会三、苏清等。又于北路获黄潜等二十六人。明年,迁台湾镇标千总。时一贵余党王忠等出没内山,巡视台湾御史吴达礼督捕治,总兵蓝廷珍檄勉侦缉。遣降卒为导,入凤山深箐中,获贼党刘富生,思拒捕,立擒之。擢北路营参将,予拖沙喇哈番世职。雍正四年,水连沙等社叛番蠢动,总督高其倬檄从台湾道吴昌祚按治。勉攻北港,番请降,水连沙二十五社悉平。

　　迁湖广洞庭协副将。十年,贵州九股苗作乱,诏发湖广兵二千协剿。提督张正兴檄勉领兵五百赴贵州,进攻交汪寨。勉乘雾夹击,苗败遁,复据莲花峰筑屯。时贵州提督哈元生自台拱移军至,令勉攻其东。勉先登夺垒,贼窜走,掩击之,阵斩其渠,余众就擒。擢云南鹤丽镇总兵,调临元,复调广东左翼。五年,调台湾,寻又移南澳,署福建水师提督。乾隆十年,以疾乞休,诏解任回籍调治。寻召诣京师,以笃老,命原品休致。十七年,卒,赐祭葬。子思和,嗣世职。

二十七年,复官台湾总兵。

陈炯伦,字次安,福建同安人。父昂,字英士,弱冠贾海上,习岛屿形势、风潮险易。施琅征台湾,征从军,有功,授游击。累迁至碣石总兵,擢广东右翼副都统。尝上疏言:“西洋治历法者宜定员,毋多留,留者勿使布教。”又以沿海居民困于海禁,将疏请弛之。会疾作,命炯伦以遗疏进,诏报可。

炯伦初以荫生授三等侍卫。雍正初,授台湾总兵,调广东高廉。坐事降台湾副将。复授总兵,历江南苏松、狼山诸镇。擢浙江提督。卒。

昂疏并言:“臣详察海上诸国,东海日本为大,次则琉球。西则暹罗为最。东南番族文莱等数十小国,惟噶啰吧、吕宋最强。噶啰吧为红毛一种,中有英圭黎、干丝蜡、和兰西、荷兰、大小西洋各国。和兰西最凶很,与澳门种人同派,习广东情事。请敕督、抚、关差诸臣防备,于未入港之先,取其火炮。另设所关束,每年不许多船并集。”下兵部,但令沿海将吏昼夜防卫,寝昂议。炯伦为侍卫时,圣祖尝召询互市诸国事,对悉与图籍合。时互市诸国奉约束惟谨,独昂、炯伦父子有远虑。忧之最早云。

欧阳凯,福建漳浦人。起行伍,累官江南苏松水师营总兵。康熙五十七年,调福建台湾镇,以功加左都督。六十年,朱一贵作乱,官军遇贼于赤山,千总陈元战死。贼进攻凤山,把总林富战死,守备马定国自杀。凯率所部守备胡忠义、千总蒋子龙、把总林彦御之春牛埔。参将罗万仓、游击孙文元,城守游击许云,守备游崇功,千总赵奇奉、林文煌,把总李茂吉率水师来会,力战破贼。次日,贼大至,凯力战,与忠义子龙彦俱没于阵,贼截凯首去。云,崇功、奇奉、文煌同日战死。茂吉被执,不屈,死。贼陷府治,万仓战死,文元奔鹿耳门投海死。同死者游击王九人、守备吴泰嵩。又有把总石琳,自汀州被檄至台湾,遇变破围,死之。六月,师克台湾。一贵既诛,获其党黄殿等,械送福州狱。雍正元年二月,贼破械斩关出,至下渡尾,都司阎威、守备杨士虑逐捕,杀数贼,被创死。先后议恤,凯赠太子少保,荫守备。云以下皆赠官、予世职有差。

罗万仓,甘肃宁夏人。官北路参将。凯战死,贼攻府城,万仓督将卒登埠,发大炮击贼,仆贼旗。贼大至,万仓出城与战,逾沟坠马,贼以竹篙刺其喉,犹挥刀杀贼乃死。妾蒋闻报,自经殉。

游崇功,字仲嘉,福建漳浦人。材力雄健。从总兵蔡元镇襄阳。补右营把总,累迁福建长福营守备,分防长乐县。滨海有磁澳,贼艘所出没。崇功廉得状,以兵二百伏隘口,入澳捕之。贼弃舟登岸,伏发,擒十七人。自是岛澳肃清。长乐水灾,崇功谒巡抚满保,请发粟平粜,民食以济。调台湾北路营守备,巡缉外洋,擒海贼陈阿尾等六十余人。迁水师游击。一贵作乱,崇功方出洋巡哨,闻报,率兵还赴安平,至则贼已炽,崇功急登岸赴敌。其婿蔡章琦叩马请一过家门区处眷属,崇功不顾,跃马挥众,杀贼甚众。五月朔,贼数万战于春牛埔,凯战死,崇功突围冲击,马被创,遂殁于阵。章琦,国子监生。闻崇功战没,赴海死。

论曰:家国承平久,禁网疏阔,官吏缘为奸,掊克聚敛,以取怨于民。台湾悬海外,一夫发难,郡县皆不守,镇将战死。满保闻乱,投袂即行。世骠、廷珍皆名将,能尽其材,遂以成功,有将将之略焉。世骠上承琅,廷珍下启廷枚,并为将门,致果克敌,谋勇兼之,亮以裨佐效死不去,系民望。勉入险擒渠。先后继廷珍后当干城之任,厥绩懋哉!

清史稿卷二八五
列传第七二

王紫绶　　袁州佐　　黎士宏
多宏安 佟国聘　　王𬘯 田呈瑞
张孟球

　　王紫绶,字金章,河南祥符人。顺治三年进士,选庶吉士。散馆,授编修。乞养归,侨寓苏门山中,从孙奇逢讲学。居十有七年,母殁,服阕,康熙十二年,授江西赣南道副使。

　　吴三桂反,赣南总兵刘进宝有谋略,紫绶推诚结纳,预筹防御。既而江西降众屯垦者相继叛,惟赣南尚未动。紫绶与进宝谋:"闽、粤反已见端,赣南扼其间,应援前朝故事,设巡抚以资镇摄。"申疆吏上请,允之。十四年,贼势益炽,山寇蜂起,镇兵疲于奔命,乃练乡勇以辅之,屡杀贼有功。十五年,巡抚白色纯及进宝先后卒官,参将周球领镇兵。三桂将高得捷、韩大任据吉安,饷道绝,属县相继陷。大任屡致书劝降,送伪署巡抚札,紫绶斩其使。球以乏饷为难,紫绶集士商劝输间架税,得白金四万畀球,饷以无缺。镇南将军觉罗舒恕率禁旅下广东,为尚之信将严自明所败,兵退,距赣州三十里。自明约得捷由吉安会师夹击。紫绶荐降将许盛率所部漳州水兵五百人益师,夜泅江斫贼营,禁旅继之,击败自明。得捷等势孤,不敢复窥赣。镇兵出剿土寇,掠村民,紫绶曰:"乡民胁从,若并以贼论,赣南二府十六县将无孑遗。"戒镇将毋妄发兵,饬有司招抚,分别留遣,赈济难民,境内稍安。乃规复万安、泰和两县。自螺山间道达墨潭,可登舟,于是南昌道始通,运饷银十万至。又发附近仓谷赡军,人心大定。巡抚佟国祯亦自间道至,始知紫绶已擢浙江督粮道参政。赣南久不通驿报,大学士李霨言于朝曰:"紫绶死守危疆,三年于兹。为国惜才,援而出之,犹可大用。"故有是擢。紫绶闻命泣下。

十六年,上官,察积弊,叹曰:"粮官不可为也! 漕截减而军困,白折浮而民困,吾安忍竭东南之泽而渔之?"一月即引疾去。迨开博学鸿词科,魏象枢以紫绶与汤斌同荐入试。放还。卒。

袁州佐,字左之,山东济宁人。顺治十二年进士,授陕西乾州知州。入为工部员外郎,迁郎中。有清直声,胥吏不敢牟利。时山陵工巨,经费浩穰,州佐曰:"民困极矣,寸缣尺缕,皆间阎膏血!"力清乾没,司焚帛,省金钱钜万。出为陕西甘山道佥事。青海蒙古诸部觊得大草滩为牧地。康熙九年,偕提督张勇度地画界,坚拒,寝其议。自后青海蒙古诸部人不敢复窥边。岁协西宁馈运,负载千里,甘州民苦之,州佐力请得罢。甘州驻兵数千,待饷急,力为筹备,军得宿饱。十年,迁直隶口北道参议。地确民贫。逋课积累,仓储历岁侵渔,耗蚀无算。州佐请按籍核实,清积蠹。大吏惧以失察得罪,阳趋而阴沮之。州佐擘画盘错,致疾乞休,未去官,卒。

州佐在甘州久,言边境要害战守状,原委觏然。谓边地民稀,宜用开中法,分河东盐引三之一输粟河西资军食。又宜简练乡勇,拔置卒伍,不待召募,可坐收精锐。时诏简监司具才望者入为卿贰,州佐在选,会卒,未及用。

黎士宏,字丑曾,福建长汀人。少读书山中二十年,笃于孝友。顺治十一年,举顺天乡试,授江西广信府推官。锄强纠贪,奸宄敛戢。理谳牍,脱无罪数百人,时为语曰:"遇黎则生。"署玉山县事。兵后城中草三尺,不辨街巷,居民才三十二家。士宏立学建治,招集流亡,垦田定赋,民复旧业。裁缺,改授永新知县。政清狱简,与民休息。旧例二月开征,五月解其半。士宏陈于上官曰:"县小民穷,二月写租十石,贷银一两,三月可减至六石,四月则三石。请以四月开征,五月解,展两月之征,已为穷民留数万之粮。"布政使刘楗素宽仁,即允之。

甲诉乙悔婚。乡俗婚书各装为卷,书男女生辰。两造固邻旧,女生辰所素悉,伪为卷为证。士宏先问媒证:"乙得甲聘礼若干?行聘时有何客?"媒证出不意,妄举以对。复问甲,所对各异。擘视卷轴,竹犹青,笑诘之曰:"若订婚三载,卷轴竹色犹新,此非临讼伪造者乎?"甲乃服罪。县吏左梅伯有叔富而无子,梅伯纠贼劫杀之,获贼而梅伯逃。士宏抵任,叔妻哭诉,阴迹梅伯匿安福势宦家,故缓词曰:"此旧事。前官不了,余安能按之?"数月,梅伯归,叔妻复诉,置不问,梅伯且出收叔遗产,叔妻号于庭曰:"公号廉明,今宽杀人者罪,且占寡妇田,何得为廉明!"阳怒,批其牍曰:"止问田土,不问人命。"梅伯益自得,赴县诉理,乃笑谓曰:"候汝三载矣!"批其牍曰:"止问人命,不问田土。"梅伯遂伏法。其善断狱多类此。考最,擢陕西甘州同知。复考最,擢江南常州知府。

吴三桂乱起,关陇震动,大吏疏请擢洮西道副使,未到官而逃,岷陷。边外群番乘乱内犯,肆剽掠,调署甘山道。王辅臣叛,河东失守。士宏以兵集当谋帅,言于巡抚,谓:"恢复河东,非用河西兵不可用。河西兵,非责之提督张勇不可。"疏入,授勇靖逆将军,节制诸镇。复兰州,士宏赞画功为多。署甘肃按察使,按失守官吏罪,务平允。宁夏兵叛,杀提督陈福,调宁夏道。严守御,安反侧,免卫所逋粮七万五千石。康熙十六年,寇平,以功进布政使参议。母老乞归,家居几三十年,卒,年八十。

士宏备兵甘山时,取晋辛宪英语:"军旅之间可以济者,惟仁与恕。"因以名其堂。

多宏安,字君修,直隶阜城人。顺治五年,选拔贡生。康熙初,授广东灵山知县。兵后荒残,居无衙舍。宏安请免积年逋赋,招抚流移,捐给牛种,民得安耕稼。葺城垣,创学宫,缮官廨,捕除盗贼,灵山大治,士民刊石纪其绩。七年,迁奉天承德知县。旗、民抗法者,送部惩治,皆慑服。十年,擢陕西延安靖边同知。十六年,补江南淮安山盱河务同知。时高堰长堤溃决,淮水注宝应、高邮,不复出清口敌黄。黄水直注里河,运道淤浅,复随淮入堰,无由会清口下云梯关入海,近海口尽淤垫。宏安与河督靳辅筹策筑高堰,束淮敌黄,治烂泥浅诸故道,导清水入里河,运道乃通。修筑两岸及清口清江大闸,与淮工相表里。清河达云梯关数百里,葭苇榛芜,壅塞故道。用以水攻沙法。塞周桥、高涧诸闸,使清淮无旁泄,蓄全力攻积沙。十七年,大雨,淮盛涨,与黄并入海。治淮、治黄、治运,并收成效。十九年,擢淮安知府。二十年,擢淮扬道。二十四年,擢安徽按察使。时方议浚下河、治高堰。宏安入觐,疏陈:"高堰宜急治,无论下河开浚与否。治堰法,砌石先安地钉,湖底水深,费帑甚繁。如用板若扫,水势荡掣,尤易摧残。惟密钉排桩,内实以碎石,庶可敌风浪,省金钱。十余年后,黄河刷深,则湖、河水俱卑,高堰既固,下河亦渐就理。"二十八年,迁江西布政使,乞归。后值黄、运两河溃溢,起用宏安。会病卒,祀灵山名宦。

佟国聘,字君莘,奉天人。以荫生补吏部笔帖式。康熙十年,授江南砀山知县,县当黄河冲,研求治河方略。擢归仁堤同知,调宿桃同知。擢贵州平远知府,河督靳辅疏留任,十余年倚如左右手。塞杨家庄、萧家渡决口,建朱家堂、温家庙二石坝,浚白洋引河九道,筑黄河南、北两岸堤,浚中河,靡役不从。久之,擢山东济宁道副使。道地为漕运枢纽,恤夫役,减苛税,除冗费,能举其职。复调监督高堰工程。三十八年,卒于官。

王缯,字慎夫,河南睢州人。少学于汤斌。康熙二十五年,以岁贡生授直隶东明知县。粮赋多欺隐,易甲长,大户使族长督之,飞洒不行,流亡来归。民间养官马为累,力除之。抚盗魁,责以缉捕,盗绝迹。逃人诬攀良民,雪之。民有继妻素淫,欲并乱前妻女,不从,戕之死。繻谓母道绝,当故杀妻前夫子律论斩,报可,因著为例。母忧去,服阕,补获鹿。治驿有法,民不累于供亿。内迁户部员外郎,擢郎中。三十八年,出为江南粮储道。道旧有仓规银钜万,繻一揆勿取。将征漕,扁舟行县,惩其滥收者。至宜兴,宜兴民曰:"吾民四十年不见粮道,今飞来耶?"号曰:"飞粮道。"道库岁收银八十五两,为修船及弁丁运费。运丁预支行粮,例扣月息,丁益困,繻悉罢之。

四十年,擢江苏按察使。治狱仁恕,多所平反。宿州生携妻子出客授,妻兄女来视,居数日,妻子并中毒死,妻兄素有隙,疑其女置毒,告官,被刑诬服。繻疑之,问其室来往复何人,得十二岁学徒畏师严置砒食中状,事乃白。无锡民殴攻皮匠,匠死,僧与民仇,证为斗殴杀。繻察斗殴日月在保辜限外,诘曰:"伤重何不医?"出医方,则匠死于伤寒,僧乃服。上南巡,入觐,顾宋荦曰:"朕闻繻督粮时官声甚好。"时繻已病,遣御医视之,赐德里雅噶药一器,温旨慰谕,复赐御书。繻曰:"按察任大责重,卧治即辜恩。"引疾归,年甫五十。久之,卒于家。

田呈瑞,字介璞,山西汾阳人。康熙中,仕为中书舍人。出襄南河事。有堤当水冲,曰:"此堤一坏,万家其鱼矣!土堤易修易败,宜更以石。"家素丰,出私钱成之。以功擢大名道,未之任,调陕西临洮道。遇饥治赈,策马行郡县山谷间,豪右胥吏不敢为奸弊。呈瑞念救荒无善策,于兰州西石佛湾凿渠,教民造水车,引以溉田,岁增粟十余万石,民为建生祠。调浙江金衢严道,署粮储道,征漕积弊尽洗涤之。值旱,冒暑省荒,感疾,乞归不得。五十九年,卒于官。

张孟球,字夑石,江南长洲人。康熙二十四年进士,授山东昌乐知县。入为工部主事,累迁礼部郎中。出督云南学政,父忧去,服阕,补福建粮驿道。驻防军食取给于漕。上游四郡阻滩险。故事,征解折色,官为采置,辄抑勒病商。孟球于延、建产米地平价购米,僦民船运省城,不假吏胥,诸弊尽绝。地多山岭,官吏滥用驿夫,孟球禁革私冒。遇大徭，预期发雇值，终其任无扰驿者。

调河南粮储道。河南漕粮，就卫辉水次收兑。旧无仓廒，又无额役，运船调之他省。天寒水涸，粮不时至，宿河干以待，遇雨雪则米湿霉变，又患盗窃。孟球始以羡余建仓。署布政使。

西藏用兵，调河南马骡万，凡骡马三需一夫，克期两月。孟球止宿郊外，躬自检阅。西路近陕诸郡遣吏往督之，尽除需索留难诸弊。凡五十四日，马驴如数遣赴军，而民不扰。擢按察使。兰阳民朱复业附白莲教，自称明裔，煽惑数县。孟球檄杞县知县宁君佐驰往捕治，尽获其党。上命尚书张廷枢往按，从孟球议，诛其与逆谋者，愚民被诱悉释之。淅川营兵博，知县崔锡执而罪之，兵哗，执南阳知府沈渊，众辱之。总兵高成不能治。时巡抚张圣佐坐谴，孟球护巡抚，曰："南阳地连襄、郧，急则铤而走险，事未可知。"密令附近诸县严守御，谕："止诛首恶，自首免罪。"得倡乱者七人诛之，不数日而事定。

康熙末，乞归，不复出。乾隆初，卒，年八十。

论曰：官监司卓卓有名氏，即平进至督抚，易耳。如紫绶等皆早退，遂以监司终。紫绶崎岖兵间，捍偏隅为民保障。州佐、士宏勤勤重民事，宏安赞治河，缥善断狱，孟球能应变，使得为督抚，其绩效当有大于是者。时方承平，仕得行其意，知止知足，必有说以自处矣。

清史稿卷二八六
列传第七三

王掞 子奕清　奕鸿　　**劳之辨**
朱天保　　**陶彝** 任坪　范长发　邹图云
陈嘉猷　**王允晋**　**李允符**　**范允锴**　**高玢**　**高怡**
赵成穗　**孙绍曾**　**邵璿**

　　王掞，字藻儒，江南太仓人，明大学士锡爵孙。康熙九年进士，选庶吉士，授编修，为掌院学士熊赐履所器。迁左赞善，充日讲起居注官。以病告八年，起右赞善。提督浙江学政，严剔积弊，所拔多宿学寒畯。龙泉知县茅国玺以印揭荐武童，掞疏劾，国玺坐谴，别疏陈剔除积弊，报闻。累迁侍读学士。三十年，超擢内阁学士。三十三年，迁户部侍郎，直经筵。三十八年，调吏部，禁革临选驳查、临制买签诸弊，铨政以肃。偕尚书范承勋、王鸿绪督修高家堰河工。

　　四十三年，擢刑部尚书。刑部奏谳无汉字供状，掞言：“本朝官制，兼设满、汉，欲其彼此参详。今狱词不录汉语，是非曲直，汉司官何由知之？若随声画诺，几成虚设。嗣后定谳，当满、汉稿并具。”诏报可，著为令。累历工、兵、礼诸部，务总纪纲，持大体。五十一年，授文渊阁大学士，兼礼部尚书，直经筵如故。五十二年，典会试。其冬，以疾疏辞阁务，温旨慰留。越年春，疾愈，仍入直。孝惠帝皇后祔太庙，议者欲祔于孝康章皇后之次，掞曰：“孝康章皇后虽母以子贵，然孝惠章皇后，章皇帝嫡配也，上圣孝格天。曩者太皇太后祔庙时，不以跻孝端文皇后之今，上肯以孝康章皇后跻孝惠章皇后上乎?"礼部不从,上果以为非,令改正。

时上春秋高,皇太子允礽既废,储位未定。掞年七十余,自念受恩深,又以其祖锡爵在明神宗朝,以建储事受恶名,欲干其蛊。五十六年,密奏请建储,疏入,留中。是年冬,御史陈嘉猷等八人复以为言,上不悦,遂并发掞疏,命内阁议处。忌掞者欲置重典,掞止宫门外不敢入。上顾左右,问:"王掞何在?"李光地奏掞待罪宫门。上曰:"王掞言甚是,但不宜令御史同奏,蹈明季恶习。汝等票拟处分太重,可速召其来。"掞闻命趋入,免冠谢。上招掞跪御榻前,语良久,秘,人不能知。

六十年春,群臣请贺万寿,上勿许。掞复疏前事,请释二阿哥,语加激切。既而御史陶彝等十二人连名入奏,上疑出掞意,大怒,召诸王大臣,降旨责掞植党希荣,且谓:"锡爵在明神宗时,力奏建储,泰昌在位,未及数月,天启庸懦,天下大乱,至愍帝而不能守。明之亡,锡爵不能辞其罪。掞以朕为神宗乎?朕初无诛大臣之意,大臣自取其死,朕亦无如何。"令王大臣传旨诘掞,令回奏。时举朝失色,无敢与笔砚者。掞就宫门阶石上裂纸,以唾濡墨,奏言:"臣伏见宋仁宗为一代贤君,而晚年立储犹豫,其时名臣如范镇、包拯等,皆交章切谏,须发为白。臣愚,信书太笃,妄思效法古人,实未尝妄嗾台臣共为此奏。"奏上,越五日,诏缓议罪,与诸御史俱赴西陲军前效力。因掞年老,责其子奕清代往,为父赎罪。先是,掞尝密奏请减苏、松浮粮,言至剀切,疏久留中。至是忤旨,乃与建储疏一并掷还。是年冬,上自热河还京师。掞迎驾石槽,上望见,遣内侍慰问。六十一年元旦,诸大臣表贺,未列掞名,上发表命列名以进。翌日,赐宴太和殿,再召见西暖阁,赐坐,慰谕有加。寻起原官,视事如故。

雍正元年,以老乞休,世宗降旨褒嘉,以原官致仕,仍留京师备顾问。三年,上谕阁臣云:"王掞向人言,曾在圣祖前奏免苏、松浮粮,未蒙允行。朕查阅宫中并无此奏。"因责掞藉事沽名,并涉其子奕清、奕鸿谄附年羹尧,目为奸巧,乃遣奕鸿与奕清同在军前效力。六年,掞卒,年八十四。乾隆二年,奕清始请恤于朝,赐祭葬如制。

奕清,字幼芬。康熙三十年进士,选庶吉士。历官詹事,代父赴军,历驻忒斯、阿达拖罗海。奕清体羸善病,处之晏然。雍正四年,命赴阿尔泰坐台。又十年,乾隆元年,召还,仍以詹事管少詹事。乞假葬父,寻卒。

奕鸿,字树先。康熙四十八年进士,授户部主事。历湖南驿盐、粮储道。奕清赴军,奕鸿尽斥其产与俱。后命赴乌里雅苏台效力。居边十年,与奕清同释还,官四川川东道。引疾归,卒。

劳之辨,字书升,浙江石门人。康熙三年进士,选庶吉士,授户部主事,迁礼部郎中。出为山东提学道佥事,报满,左都御史魏象枢特疏荐之,迁贵州粮驿道参议。师方下云南,羽书旁午,之辨安设驿马以利塘报。复以军米运自湖南,苦累夫役,白大府停运,就地采购,供亿无匮。二十四年,擢通政使参议,迁兵部督捕理事官。连遭亲丧。服阕,起故官。荐擢左副都御史,数有建白。

四十七年,皇太子允礽既废,上日夕忧惙。既,有复储意,王大臣合疏保奏,命留中。旋谕廷臣:"俟废太子疾瘳,教养有成,朕自有旨,诸王大臣不得多渎。"十二月,之辨密奏曰:"皇上之于皇太子,分则君臣,亲则父子。皇太子初以疾获戾,今疾已平复。孝友之本怀,固由至性。肃雍之仪表,久系群心。乞速涣新纶,收回成诏,敕部择吉早正东宫,布告中外,俾天下晓然知圣人举动,仁至义尽,大公无私。事莫有重于此者。今八荒清晏,一统车书,值星纪初周,光华复旦,七庙将行大袷,万国于以朝正。皇上以孝慈治天下,方且称寿母万年之觞,集麟趾繁昌之庆。而顾使前星虚位,震子未宁,圣心得无有遗憾乎?臣年已七十,报主之日无多,知无不言,统望乾断速行。自此以往,皇上待皇太子与诸皇子,尤愿均之以恩,范之以礼,则宜君宜王之美,不难上媲成周,远超百代。至万不得已而裁之以法,则非臣之所敢言也。"疏入,上不怿,斥为奸诡,命夺官,逮赴刑部笞四十,逐回原籍。

五十二年,赴京祝万寿,复原秩。逾年,卒于家。

朱天保，字九如，满洲镶白旗人，兵部侍郎朱都讷子。康熙五十二年进士，选庶吉士，授检讨。五十六年，典山东乡试。

五十七年正月，疏请复立二阿哥允礽为皇太子。时允礽废已久，储位未定，贝勒允禩觊得立，揆叙、王鸿绪等左右之，欲阴害允礽。朱天保忧之，具疏上，略曰："二阿哥虽以疾废，然其过失良由习于骄抗，左右小人诱导之故。若遣硕儒名臣为之羽翼，左右佞幸尽皆罢斥，则潜德日彰，犹可复问安侍膳之欢。储位重大，未可移置如棋，恐有藩臣傍为觊觎，则天家骨肉之祸，有不可胜言者。"疏成，以父在，虑同祸，徘徊未即上。朱都讷察其情，趣之入告。时上方幸汤山，朱天保早出德胜门，群鸦阻马前，朱天保挥之去。疏上，上欷歔久之。阿灵阿，允禩党也，媒孽之曰："朱天保为异日希宠地。"上怒，于行宫御门召问曰："尔云二阿哥仁孝，何由知之？"朱天保以闻父语对。上曰："尔父在宫时，二阿哥本无疾，学问弓马皆可观。后得疯疾，举动乖张，尝立朕前辱骂徐元梦。于伯叔之子往往以不可道之言肆詈，尔知之乎？尔又云二阿哥圣而益圣，贤而益贤，尔从何而知？"朱天保亦以父闻之守者对。诘其姓名，不能答。上曰："朕以尔陈奏此大事，遣人传问，或将尔言遗漏，故亲讯尔。尔无知稚子，数语即穷，必有同谋者。"朱天保对父与婿戴保同谋，遂逮朱都讷、戴保。

上复御门召问曰："二阿哥因病拘禁，朕犹望其痊愈，故复释放，父子相见。教训不悛，始复拘禁。二阿哥以矾水作书与普奇，属其保举为大将军，并谓齐世、札拉克图皆当为将军。朕遣内侍往询，自承为亲笔。此事尔知之否？"朱都讷自称妄奏，应万死。上曰："尔奏引戾太子为比。戾太子父子间隔，朕于二阿哥常遣内监往视，赐食赐物。今二阿哥颜貌丰满，其子七八人，朕常留养宫中，何得比戾太子？尔又称二阿哥为费扬古陷害。费扬古乃功臣，病笃时，朕亲临视，没后遣二阿哥往奠。尔何得妄言？尔希侥幸取大富贵，以朕有疾，必不亲讯。今尔始知当死乎？"辞连朱都讷婿常赉及金宝、齐世、萃泰等,并逮讯议罪。

朱天保、戴保皆坐斩。朱都讷与常赉、金宝皆免死荷校,齐世拘禁,萃泰夺官。

陶彝,顺天大兴人。康熙三十九年进士,授户部主事。再迁郎中,考选广西道御史,巡视两浙盐政。

六十年三月,彝与同官任坪、范长发、邹图云、陈嘉猷、王允晋、李允符、范允锅、高玢、高怡、赵成穗、孙绍曾合疏奏曰:"皇上深恩厚德,浃洽人心,兹逢六十年,景运方新,普天率土,欢欣鼓舞,而建储一事,尤为巨典。恳独断宸衷,早定储位。"疏入,下内阁。时大学士王掞正密疏请建储。后数日,彝等疏又上,上震怒,斥掞植党希荣。于是王大臣奏请夺掞及诸御史官,从重治罪。越日,谕廷臣曰:"王掞及御史陶彝等妄行陈奏,俱称为国为君。今西陲用兵,为人臣者。正宜灭此朝食。可暂缓议罚,如八旗满洲文官例,俱委署额外章京,遣往军前效力赎罪。"雍正四年,世宗以诸御史不谙国体,心本无他,诏释归,以原职休致还籍。

坪,字坦公,山东高密人。康熙三十年进士。自刑部郎中考选山西道御史,转掌陕西道。赴军,驻武斯河。大漠荒寒,盛夏冰雪,坪处之怡然。及归,闭户读书,终老于家。

长发,字廷舒,浙江秀水人。康熙三十三年进士,授南城知县。行取礼部主事,考选广西道御史,转掌浙江道。遣戍,予额外主事衔,随都统图腊赴征西将军营。还,驻归化城。后命赴察汉新台。归,以原职休致。

图云,字伟南,江西南城人。康熙三十六年进士,授大竹知县。行取礼部主事,考选河南道御史,转掌山东道,巡视东城。

嘉猷,字诩叔,江南溧阳人。康熙三十九年进士。自吏部员外郎考选山西道御史。五十六年,王掞密请建储。未几,嘉猷与同官八人亦合疏陈请,上疑之,掞几获罪,事具《掞传》。至是,嘉猷复与彝等申请,获咎。

允晋,直隶清苑人。康熙四十五年进士。自户部员外郎考选陕西道御史。

允符,字揆山,浙江嘉善人。康熙二十六年举人,授什邡知县。行取江西道御史。

允锵,字用宾,浙江钱塘人。康熙三十九年进士,授安平知县。行取工部主事,考选山东道御史。

玢,字荆襄,河南柘城人。康熙二十七年进士。自礼部郎中考选广东道御史,巡视东城。谪戍戊斯军营,运粮西藏。居塞上六年,著《出塞集》,备言屯戍之苦。释归,终于家。

怡,字仲友,浙江武康人。康熙二十七年进士,授长洲知县。善听讼,吏胥惮之。尚书韩菼,怡师也,其姻党系狱,以菼故请恕,怡怒杖之。迁郿州知州,行取工部主事。考选山东道御史。谪戍时,年逾六十。以原职释归。

成穗,字德培,江南吴县人。康熙四十七年举人,授内阁中书。累迁兵部郎中,考选福建道御史。

绍曾,字二乾,浙江山阴人。康熙二十五年举人,授开县知县。行取户部主事,授四川道御史,赴军,驻归化城,地当孔道。故事,徭役供张,取给于戍员。绍曾清介无余资,困甚。追释还,卒于途。又有邵璿,亦以疏请建储获罪。

璿,字玑亭,江南无锡人。自拔贡生授芮城知县。行取工部主事,授江南道御史,掌登闻院,巡视北城。六十年,遣戍军前。时同谪者十三人,图云、允符、成穗、璿,皆死于塞外,而给事中刘堂、御史柴谦、吴镐、程镳续以言事谪,同时释还,仍为十三人,世称"十三言官"。堂,彭泽人。谦,仁和人。镐,汉阳人。镳,钱塘人。

论曰:理密亲王在储位久,未闻显有失德,而终遭废黜,圣祖手诏,若有深痛巨慝至不可言者。夫以圣祖之仁明,而不克全监抚之重,终父子之恩,谗人罔极,靡所不至,甚矣!揆力主复故,圣祖虽深罪之,固谅其无他心。劳之辨谏于初废,大臣拜杖,已非故事。诛天保争于再黜。遂以诛死，罪及其亲。一则但责其沽名，一则深疑其受指，故谴有重轻欤？彝等但坐谪戍，已为宽典，拳拳效忠，固人臣之义也。

清史稿卷二八七
列传第七四

佟国维　马齐 子富良　马齐弟马武
马武子保祝　阿灵阿 子阿尔松阿　揆叙
鄂伦岱

　　佟国维，满洲镶黄旗人，佟国赖次子，孝康章皇后幼弟，孝懿仁皇后父也。顺治间，授一等侍卫。康熙九年，授内大臣。吴三桂反，子应熊以额驸居京师，谋为乱，以红帽为号。国维发其事，命率侍卫三十人捕治，获十余人，械送刑部诛之。二十一年，授领侍卫内大臣、议政大臣。二十八年，推孝懿仁皇后恩，封一等公。

　　二十九年，师征噶尔丹，命参赞大将军裕亲王军务，次乌兰布通，与兄都统国纲并率左翼兵进战。国纲战没，国维自山腰出贼后击之，溃遁。师还，以未穷追，部议当夺官，命罢议政大臣，镌四级留任。三十五年，从上征噶尔丹，出独石口，以驼运稽迟请罪，上贳之。三十六年，复从上征噶尔丹，噶尔丹审死。叙功，还所镌级。四十三年，以老解任。

　　四十七年，皇太子允礽以病废幽禁，上郁怒成疾。国维奏："皇上治事精明，断无错误。此事于圣躬关系甚大，请度日后若易于措置，祈速赐睿断。若难于措置，亦祈速赐睿断。总之，将原定意指熟虑施行为是。"上命诸大臣保奏诸皇子中孰可为皇太子者，诸大臣举皇子允禩，上愈不怿。旋以皇太子病愈，命释之。四十八年正月，召诸大臣诘熟先举允禩，实出大学士马齐。上召国维，举国维前奏语，问：“尔既解任，事与尔无与。乃先众陈奏，何意？”国维对：“臣虽解任，蒙皇上命为国舅，冀圣躬速愈，故请速定其事。”上曰：“将来措置难易，至时自知之。人其可怀私而妄言乎？”次日，复谕曰：“尔每言祝天求佛，愿皇上万岁。嗣后惟深念朕躬，谓诸皇子皆吾君之子。不有所依附而陷害其余，是即俾朕易于措置也。”阅月，上已定复立允礽为皇太子，又谕曰：“尔乃国舅，又为大臣。皇太子前染风疾，朕为国家计，安可不行拘执？后知为人镇魇，调治全愈，又安可不行释放？朕拘执皇太子时，并无他意。不知尔肆出大言，激烈陈奏，果何心也？诸大臣闻尔言，众皆恐惧，遂欲立允禩为皇太子，列名保奏。朕临御已久，安享太平，并无所谓难措置者，臣庶亦各安逸得所。今因尔言，群小复肆为妄语，诸臣俱终日忧虑，若无生路。此事关系甚重，尔既有此奏，必有确见，其何以令朕及皇太子、诸皇子不致殷忧，众心亦可定？其明白陈奏。”国维引罪请诛戮。上复谕曰：“朕特为安抚群臣，非欲有所诛戮。尔初陈奏，众方赞尔，谓如此方可谓国家大臣。今尔情状毕露，人将谓尔为何如人？朕断不加尔诛戮，尔其无惧，但不可卸责于朕。观尔言迷妄，其亦为人镇魇欤？”五十八年，卒，赐祭葬。雍正元年，赠太傅，谥端纯。世宗手书“仁孝勤恪”榜，命表于墓道。子隆科多，自有传。

马齐，富察氏，满洲镶黄旗人，米斯翰子。由荫生授工部员外郎。历郎中，迁内阁侍读学士。康熙二十四年，出为山西布政使，擢巡抚。马齐入觐。上褒其居官勤慎，勉以始终如一。久之，上命九卿举督抚清廉如于成龙者，以马齐及范成勋、姚缔虞对。寻命偕成龙、开音布往按湖广巡抚张汧贪黩状。初命侍郎色楞额往按上荆南道祖泽深，并令察汧，色楞额曲庇，不以实陈。马齐与成龙覆按，具得汧、泽深贪墨状，并色楞额论罪如律。

二十七年，迁左都御史。时俄罗斯遣使请定界，诏遣大臣往议。马齐疏言：“俄罗斯侵据疆土，我师困之于雅克萨城，本可立时剿灭,皇上宽容,不忍加诛。今悔罪求和,特遣大臣往议,垂之史册,关系甚巨。其档案宜兼书汉字,使臣并参用汉员。"诏如议行。寻命偕尚书张玉书等勘阅河工。二十九年,列议政大臣。都御史与议政,自马齐始。寻迁兵部尚书。时喀尔喀诸部避噶尔丹侵掠,举族内向。诏沿边安插,命马齐偕侍郎图布等先期檄左右翼部长至上都河、额尔屯河两界以待。上出塞,喀尔喀诸部朝行,在定诸王、贝子、公等爵秩牧地。乌珠穆沁台吉车根等叛附噶尔丹,命马齐往按,置诸法。调户部尚书。三十年,上亲征噶尔丹,命马齐檄喀喇沁、翁牛特兵备战,还京师,兼理藩院尚书。噶尔丹旋败遁,诏来春复亲出塞,命先期往宁夏安置驿站。三十八年,授武英殿大学士,赐御书"永世翼戴"榜。

四十七年冬,皇太子允礽既废,储位未定,佟国维奏请速断。上召满、汉文武诸大臣集畅春园议诸皇子中孰可为皇太子者。上意在复立皇太子,而诸皇子中贝勒允禩觊为皇太子最力,诸大臣揆叙、王鸿绪及佟国纲子鄂伦岱等为之羽翼。集议日,马齐先至,张玉书后入,问:"众意谁属?"马齐言众有欲举八阿哥者。俄,上命马齐毋预议,马齐避去。阿灵阿等书"八"字密示诸大臣,诸大臣遂以允禩名上,上不怿。明年正月,召诸大臣问其日先举允禩者为谁,群臣莫敢对。上严诘,群指都统巴珲岱。上曰:"是必佟国维、马齐意也。"马齐奏辨。巴珲岱言汉大臣先举。上以问大学士张玉书,玉书乃直举马齐语以对。上曰:"马齐素谬乱。如此大事,尚怀私意,谋立允禩,岂非为异日恣肆专行计耶?"马齐复力辨,辞穷,先出。翌日,上谕廷臣曰:"马齐效用久,朕意欲保全之。昨乃拂袖而出,人臣作威福如此,罪不可赦!"遂执马齐及其弟马武、李荣保下狱。王大臣议马齐斩,马武、李荣保坐罪有差,尽夺其族人官,上不忍诛,命以马齐付允禩严锢,李荣保、马武并夺官。

四十九年,俄罗斯来互市,上念马齐习边事,令董其事,李荣保、马武皆复起。寻命马齐署内务府总管。五十五年,复授武英殿大学士。

世宗即位，降敕褒谕，予一等阿达哈哈番，寻命袭其祖哈什屯，一等阿思哈尼哈番，进二等伯，加太子太保。雍正元年，改保和殿，进太保。三年，复降诏褒其忠诚，加拜他喇布勒哈番，以其子富良袭。十三年，引疾乞罢，许致仕。乾隆四年，病笃，高宗谕谓马齐历相三朝，年逾大耋，举朝大臣未有及者，命和亲王及皇长子视疾。寻卒。年八十八，赠太傅，谥文穆。子富兴，袭爵，坐事黜，以富良袭，进一等伯。十五年，加封号曰敦惠。

富良，自散秩大臣授銮仪卫銮仪使，累迁西安将军，兼领侍卫内大臣。卒，谥恭勤。

马武，马齐弟。初授侍卫。兼管佐领。累擢镶白旗汉军副都统。因马齐得罪夺官，旋起内务府总管，迁镶白旗蒙古都统。世宗即位，授领侍卫内大臣。雍正四年，卒，命视伯爵赐恤，授三等阿达哈哈番，赐祭葬，谥勤恪。

马武子保祝，初授侍卫。累迁直隶提督，以病解任，起正红旗蒙古都统。卒，谥恭简。

阿灵阿，钮祜禄氏，满洲镶黄旗人。遏必隆第五子。初任侍卫，兼佐领。康熙二十五年，袭一等公，授散秩大臣，擢镶黄旗满洲都统。阿灵阿女兄，上册为贵妃。贵妃薨，殡朝阳门外，阿灵阿举家在殡所持丧。与兄法喀素不睦，欲致之死，乃播蜚语诬法喀。法喀以闻，上震怒，夺阿灵阿职，仍留公爵。寻授一等侍卫，累迁正蓝旗蒙古都统。擢领侍卫内大臣、理藩院尚书。四十九年，与揆叙、王鸿绪等密议举允禩为皇太子。上以马齐示意诸大臣，予严谴，不复穷治兴大狱。五十五年，卒。

子阿尔松阿，降袭二等公，擢领侍卫内大臣、刑部尚书。雍正二年，世宗召诸大臣谕曰："本朝大臣中，居心奸险，结党营私，惟阿灵阿、揆叙为甚。当年二阿哥之废，断自圣衷。岂因臣下蜚语遂行废立？乃阿灵阿、揆叙攘为己力，要结允禩等，造作无稽之言，转相传播，致皇考愤懑，莫可究诘。阿灵阿子阿尔松阿柔奸狡猾，甚于其父。令夺官，遣往奉天守其祖墓。并将阿灵阿墓碑改镌‘不臣不弟暴悍贪庸阿灵阿之墓’以正其罪。”四年，命诛阿尔松阿，妻子没入官。乾隆元年，以阿灵阿墓碑立祖茔前，墓已迁而碑尚存，命去之。妻子释令归旗。

揆叙，字凯功，纳喇氏，满洲正黄旗人，大学士明珠子。康熙三十五年，自二等侍卫授翰林院侍读，充日讲起居注官。累擢翰林院掌院学士，兼礼部侍郎。奉使册封朝鲜王妃。寻充经筵讲官，教习庶吉士。迁工部侍郎。

初，明珠柄政，势焰薰灼。大治园亭，宾客满门下。揆叙交游既广，尤工结纳，素与允禩相结。皇太子既废，揆叙与阿灵阿等播蜚语，言皇太子诸失德状，杜其复立。四十七年冬，上召满、汉大臣问诸皇子中孰可为皇太子者，揆叙及阿灵阿、鄂伦岱、王鸿绪等私与诸大臣通消息，诸大臣遂举允禩。事具《马齐传》。

五十一年，迁左都御史，仍掌翰林院事。疏言：“近闻外省塘报，故摭拾大小事件，名曰‘小报’，骇人耳目，请饬严禁，庶好事不端之人，知所儆惧。”诏允行。五十六年，卒，谥文端。雍正二年，发揆叙及阿灵阿罪状，追夺揆叙官，削谥。墓碑改镌“不忠不孝阴险柔佞揆叙之墓。”

鄂伦岱，满洲镶黄旗人，佟国纲长子。初任一等侍卫。出为广州驻防副都统。康熙二十九年，擢镶黄旗汉军都统，袭一等公。三十五年，上亲征噶尔丹，鄂伦岱领汉军两旗火器营，出古北口。扈跸北巡塞外。三十六年，擢领侍卫内大臣。坐事降一等侍卫。寻授散秩大臣。四十六年，复授领侍卫内大臣。五十九年，命出边管蒙古驿站。世宗立，召还，授正蓝旗汉军都统。

雍正三年，谕曰：“鄂伦岱与阿灵阿皆党于允禩。当日允禩得罪，皇考时方驻跸遥亭，命执允禩门下宦者刑讯，具言鄂伦岱等党附状。鄂伦岱等色变，不敢置辨。四十九年春，皇考自霸州回銮，途中责鄂伦岱等结党，鄂伦岱悍然不顾。又从幸热河，皇考不豫，鄂伦岱日率乾清门侍卫较射游戏。皇考于行围时数其罪，命侍卫鞭挞之。鄂伦岱顽悍怨望，虽置极典，不足蔽辜。朕念为皇祖妣、皇妣之戚，父又阵亡，不忍加诛。令往奉天与阿尔松阿同居。"四年，与阿尔松阿并诛，仍谕不籍其家，不没其妻子。

子补熙，自廕生授理藩院员外郎，袭国纲拜他喇布勒哈番世职，官至绥远城将军。卒，谥温僖。

论曰：理密亲王既废，自诸皇子允祹、允祯辈及诸大臣多谋拥允禩，圣祖终不许。诚以储位至重，非可以觊觎攘夺而致也。佟国维陈奏激切，意若不利于故皇太子，语不及允禩而意有所在，马齐遂示意诸大臣。然二人者，皆非出本心，圣祖谅之，世宗亦谅之，故能恩礼勿替，赏延于后嗣。若阿灵阿父子、揆叙、鄂伦岱、王鸿绪固拥允禩最力者，世宗既谴允禩，诸臣生者被重诛，死者蒙恶名，将安所逃罪？鸿绪又坐与徐乾学等比，被论。事别见，故不著于此篇。

清史稿卷二八八
列传第七五

鄂尔泰　弟鄂尔奇　子鄂弼　鄂宁
张廷玉　子若霭　若澄　若淳　从子若潊

　　鄂尔泰，字毅庵，西林觉罗氏，满洲镶蓝旗人，世居汪钦。国初有屯泰者，以七村附太祖，授牛录额真。子图扪，事太宗，从战大凌河，击明将张理，阵没，授备御世职。雍正初，祀昭忠祠。

　　鄂尔泰，其曾孙也。康熙三十八年举人。四十二年，袭佐领，授三等侍卫。从圣祖猎，和诗称旨。五十五年，迁内务府员外郎。世宗在藩邸，偶有所属，鄂尔泰拒之。世宗即位，召曰："汝为郎官拒皇子，其执法甚坚。"深慰谕之。雍正元年，充云南乡试考官，特擢江苏布政使。于廨中建春风亭，礼致能文士，录其诗文为《南都耆献集》，以应得公使银买谷三万三千四百石有奇，分贮苏、松、常三府备振贷。察太湖水利，拟疏下游吴淞、白茆，役未举。

　　三年，迁广西巡抚，甫上官，调云南，以巡抚治总督事。贵州种家苗为乱二十余年，巡抚石礼哈、提督马会伯请用兵，上未即许。巡抚何世璂疏言种家苗药箭铦利，地势险阻，用兵不易，上即命世璂招抚，久未定，诏谘鄂尔泰。四年春，疏言："云、贵大患无如苗、蛮，欲安民必制夷，欲制夷必改土归流。而苗疆多与邻省相错，即如东川、乌蒙、镇雄，皆四川土府，东川距云南四百余里。去冬乌蒙攻掠东川，滇兵击退，而川省令箭方至。乌蒙距云南省城亦仅六百余里，钱粮不过三百余两，取于下者百倍。一年四小派，三年一大派，小派计钱,大派计两。土司娶子妇,土民三载不敢婚。土民被杀,亲族尚出垫刀数十金,终身不见天日。东川虽已改流,尚为土目盘据,文武长寓省城,膏腴四百里无人敢垦。若改隶云南,俾臣得相机改流,可设三府、一镇。此事连四川者也。广西土府、州、县、峒、寨等一百五十余员,分隶南宁、太平、思恩、庆远四府。其为边患,自泗城土府外,皆土目横于土司。黔、奥以胖牁江为界,而奥属西隆州与黔属普安州越江互相斗入。苗寨寥阔,将吏推诿。应以江北归黔,江南归奥,增州设营,形格势禁。此事连广西者也。滇边西南界以澜沧江,江外为车里、缅甸、老挝诸境,其江内镇沅、威远、元江、新平、普洱、茶山诸夷,巢穴深邃,出没鲁魁、哀牢间,无事近患腹心,有事远通外国。论者谓江外宜土不宜流,江内宜流不宜土。此云南宜治之边夷也。贵州土司向无钳束群苗之责,苗患甚于土司。苗疆四围几三千余里,千三百余寨,古州踞其中,群寨环其外。左有清江可北达楚,右有都江可南通粤,蟠据梗隔,遂成化外。如欲开江路通黔、粤,非勒兵深入遍加剿抚不可。此贵州宜治之边夷也。臣思前明流、土之分,原因烟瘴新疆,未习风土,故因地制宜,使之乡导弹压。今历数百载,以夷治夷,即以盗治盗,苗、猓无追赃抵命之忧。土司无革职削地之罚。直至事上闻,行贿详结,上司亦不深求,以为镇静,边民无所控诉。若不产蔓塞源,纵兵刑财赋事事整理,皆非治本。改流之法,计擒为上,兵剿次之,令其自首为上,勒献次之。惟剿夷必练兵,练兵必选将。诚能赏罚严明,将士用命,先治内,后攘外,实边防百世之利。"疏入,上深然之。

　　会石礼哈疏报遣兵击破谷隆、长寨、者贡、羊城塞诸隘,擒其渠阿革、阿给及诸苗之从为乱者,上命交鄂尔泰按谳。五月,鄂尔泰遣兵三道入:一自谷隆,一自焦山,一自马落孔。破三十六寨,降二十一寨,抚苗民五百余户、二千余口,察出荒熟田地三万亩。又以镇远土知府刁瀚、霭益土知州安于藩素凶诈,计擒之。者乐甸土司刁联斗乞免死,改土归流。鄂尔泰疏报种家苗悉定。上嘉其成功速,令议叙。旋条上经理种苗诸事,报可。十月,真除云贵总督。

四川乌蒙土司禄万钟为乱，侵东川。鄂尔泰请以东川改隶云南，上从之。仍命会四川总督岳钟琪按治，招其渠禄鼎坤出降。鄂尔泰令鼎坤招万钟，数往不就抚，乃檄总兵刘起元率师讨之，破其所居寨。万钟走匿镇雄土司陇庆侯所。五年，万钟诣钟琪降，庆侯亦诣钟琪请改土归流。上命钟琪以万钟、庆侯交鄂尔泰按谳。叙功，授世职拜他喇布勒哈番。三月，镇沅猓刁如珍等戕官焚掠，遣兵讨平之，获汝珍。泗城土知府岑映宸纵其众出掠，又发兵屯者相，立七营。鄂尔泰疏劾，令诸道兵候檄进讨，映宸乞免死存祀，改土归流。鄂尔泰请映宸送浙江原籍，留其弟映翰奉祀。七月，发兵与湖北师会讨定谬冲花苗，获其渠，降其余众。威远猓札铁匠等、新平猓李百叠等应如珍为乱。九月，鄂尔泰檄临元总兵孙宏本率师讨之，获札铁匠，降李百叠。威远、新平皆定。十一月，招降长寨后路苗百八十四寨，编户口，定额赋。得旨嘉奖，进世职一等阿达哈哈番。十二月，攻破云南猓窝泥种，取六茶山地千余里，划界建城，置官吏。

云南南徼地与安南接，前总督高其倬疏言安南国界应属内地者百二十里，请以赌咒河为界。安南国王黎维裪奏办，上命鄂尔泰清察。鄂尔泰请与地八十里于铅厂山下小河内四十里立界，上从之，敕谕安南。六年，维裪表谢，上嘉其知礼，命复与四十里。旋讨擒东川法戛土目禄天佑、则补土目禄世豪。按治米贴土目程永孝，论斩。永孝妻陆氏结猓猡为乱，檄总兵张耀祖讨之，攻克门坎山。师入，获陆氏。米贴平。广西八达寨侬颜光色等为乱，提督田畯不能讨。鄂尔泰遣兵往，侬杀光色以降。上命鄂尔泰总督云、贵广西三省，发帑十万犒师。旋又抚贵州拜克猛、长寨、古羊等生苗百四十五寨。十月，万寿节，云南卿云见，鄂尔泰疏闻。

七年正月，命超授三等阿思哈尼哈番，云、贵两省巡抚，提督、总兵，文知县、武千总以上，皆加级。三月，令按察使张广泗率师攻贵州丹江鸡沟生苗，破其寨，种人悉降。上下九股、清水江、古州诸地以次定。下部议叙，鄂尔泰疏辞，而乞予曾祖图扣封典，俾昭忠祠位得改书赠官，列大臣之末，上允其请，仍命议叙。七月，招安顺、高耀等寨生苗及侬、仲诸种人内附。十月，云南赵州醴泉出，鄂尔泰疏闻。上褒鄂尔泰化民成俗，格天致瑞，寻加少保。八年五月，招黎平、都匀等寨生苗内附。鄂尔泰既讨定群苗为乱者，诸土司慑军威纳土，疆理其地，置郡县，设营汛，重定三省及四川界域，而诸土司世守其地，一旦归版籍，其渠诛夷、迁徙皆无幸。

属苗内愤嫚，乌蒙猓最狡悍，总兵刘起元移镇其地，恣为贪虐。六月，禄鼎坤及其族人鼎新、万福遂纠众攻城，劫杀起元及游击江仁、知县赛枝大等，尽戕其孥。鄂尔泰疏闻，请罢斥，上慰谕之。乌蒙既陷，江外凉山、下方、阿驴，江内巧家营、者家海诸寨及东川禄氏诸土目皆起而应之，又令则补、以址诸寨要截江路，以则以擢诸寨窥伺城邑，东川境内挖泥、矣氏、歹补、阿汪诸寨东川境外急罗箐、施鲁、古牛、毕古诸寨，及武定、寻甸、威宁、镇雄所属诸夷，远近响应，杀塘兵，劫粮运，堵要隘，毁桥梁，所在屯聚为乱。鄂尔泰集官兵万数千人，土兵半之，分三路进攻，令总兵魏翥国攻东川。哈元生攻威宁，副将徐成贞副之。参将韩勋攻镇雄。翥国师行，土目禄鼎明遣行刺，被创，以总兵官禄代将。师进，焚苗寨十三。遣游击何元攻急罗箐，杀三百余，降一百三十余。游击纪龙攻才家海，破寨，尽歼其众。勋与苗兵遇于莫都，战一昼夜，破寨四，杀数百人。进攻奎乡，战三日，杀二千余。元生、成贞自威宁攻乌蒙，射杀其渠黑寡、暮来，连破寨八十余，击败其众数万，遂克乌蒙。鄂尔泰檄提督张耀祖督诸军分道穷搜屠杀，刳肠截胫，分悬崖树间，群苗詟栗。上奖鄂尔泰及诸将，以元生、成贞、勋为功首，发帑犒师。陇庆侯庶母二禄氏、四川沙马土妇沙氏以不从乱，给诰命，赍银币，于是苗疆复定。鄂尔泰令于云、贵界上筑桥，命曰庚戌桥，以年纪其绩也。

是岁，永昌边外孟连土司请岁纳厂课六百，鹤庆边外俅子请岁贡土物，鄂尔泰疏闻。上以边外野夷向化，命减孟连厂课之半。俅子入贡，犒以盐三百斤。九年，疏请重定乌蒙、镇远、东川、威宁营汛。别疏请兴云南水利，浚嵩明州杨林海，开垦周围草塘，疏宜良、寻甸诸水，耕东城北漫海，筑浪穹羽河诸堤，修临安诸处工，暨通奥河道,皆下部议行。十年,召拜保和殿大学士,兼兵部尚书,办理军机事务,叙定苗疆功,部议进世职一等精奇尼哈番。上特命授一等伯爵,世袭。

师讨准噶尔,六月,命鄂尔泰督巡陕、甘,经略军务。九月,师破敌额尔德尼昭,鄂尔泰檄大将军张广泗遣兵截衮塔马哈戈壁,断敌北遁道。寻疏请屯田。十一年六月,还京师。入对,言准部未可骤灭,用兵久,敝中国,无益,上颇然之。

十三年,台拱苗复叛。上命设办理苗疆事务处,以果亲王、宝亲王、和亲王、鄂尔泰及大学士张廷玉等董其事。苗患日炽,焚掠黄平、施秉诸地。鄂尔泰以从前布置未协,引咎请罢斥,并削去伯爵。上曰:"国家锡命之恩,有功则受,无功则辞,古今通义。"允其请,予休沐,仍食俸。寻命留三等阿思哈尼哈番。

八月,世宗疾大渐,鄂尔泰仍以大学士与庄亲王允禄,果亲王允礼,大学士张廷玉,内大臣丰盛额、讷亲、海望同被顾命。鄂尔泰与廷玉捧御笔密诏,命高宗为皇太子。俄,皇太子传旨命鄂尔泰等辅政。世宗崩,宣遗诏以鄂尔泰志秉忠贞,才优经济,命他日配享太庙。高宗即位,命总理事务,进一等精奇尼哈番。乾隆二年十一月,辞总理事务,授军机大臣,又辞兼管兵部,上不许,加拜他喇布勒哈番,合为三等伯,赐号襄勤。迭主会试,充领侍卫内大臣,议政大臣、经筵讲官。

四年,南河河道总督高斌请开新运口,河东河道总督白钟山请复漳河故道,命鄂尔泰按视。寻加太保。七年,副都御史仲永檀以密奏留中事告鄂尔泰长子鄂容安,命王大臣会鞫,请夺鄂尔泰官逮问。上不许。十年,以疾乞解任。上慰留,加太傅。卒,命遵遗诏配享太庙,并祀贤良祠,赐祭葬,谥文端。二十年,内阁学士胡中藻以诗辞悖逆获罪,中藻出鄂尔泰门下,鄂尔泰从子甘肃巡抚鄂昌与唱和,并坐遣。上追咎鄂尔泰植党,命撤出贤良祠。

鄂尔泰弟鄂尔奇,康熙五十一年进士,改庶吉士,散馆授编修。雍正中,四迁至侍郎,历工、礼二部,署兵部。五年,擢户部尚书。兼步军统领。十一年，直隶总督李卫论劾坏法营私、紊制扰民诸状，鞫实，当治罪，上推鄂尔泰恩，宥之。十三年，卒。

鄂尔泰子鄂容安，鄂实，鄂弼，鄂宁，鄂圻，鄂谟。鄂容安自有传。鄂实与高天喜同传。

鄂弼初授三等侍卫，迁正红旗汉军副都统。出为山西巡抚，调陕西，署西安将军。擢四川总督，未上官，卒，赐祭葬，谥勤肃。

鄂宁，举人，初授户部笔帖式。屡以员外郎署副都统，复自郎中擢礼部侍郎。出为湖北巡抚，调湖南，再调云南。师征缅甸，云南总督杨应琚战失利，鄂宁以实疏闻。明瑞代应琚，深入战死。鄂宁劾参赞额勒登额、提督谭五格逗遛失机。上奖鄂宁，加内大臣衔，即命代明瑞为云贵总督。寻以与参赞舒赫德合疏议抚失上指，夺内大臣衔，左授福建巡抚。迭降蓝翎侍卫。卒。

张廷玉，字衡臣，安徽桐城人，大学士英次子。康熙三十九年进士，改庶吉士。散馆授检讨，直南书房，以忧归。服除，迁洗马，历庶子、侍讲学士，内阁学士。五十九年，授刑部侍郎。山东盐贩王美公等纠众倡邪教，巡抚李树德令捕治，得百五十余人。上命廷玉与都统托赖、学士登德会勘，戮七人，戍三十五人而谳定。旋调吏部。

世宗即位，命与翰林院学士阿克敦、励廷仪应奉几筵祭告文字。赐荫生视一品，擢礼部尚书。雍正元年，复命直南书房。偕左都御史朱轼充顺天乡试考官，上嘉其公慎，加太子太保。寻兼翰林院掌院学士，调户部。疏言："浙江衢州，江西广信、赣州、毘连闽、粤，无藉之徒流徙失业，入山种麻，结棚以居，号曰'棚民'。岁月既久，生息日繁。其强悍者，辄出剽掠。请敕督抚慎选廉能州县，严加约束。其有读书向学，膂力技勇，察明考验录用，庶生聚教训，初无歧视。"下督抚议行。命署大学士事。四年，授文渊阁大学士，仍兼户部尚书、翰林院掌院学士。五年，进文华殿大学士。六年，进保和殿大学士，兼吏部尚书。七年，加少保。

八年，上以西北用兵，命设军机房隆宗门内，以怡亲王允祥、廷玉及大学士蒋廷锡领其事。嗣改称办理军机处。廷玉定规制,诸臣陈奏、常事用疏,自通政司上,下内阁拟旨。要事用折,自奏事处上,下军机处拟旨,亲御朱笔批发。自是内阁权移于军机处,大学士必充军机大臣,始得预政事,日必召入对,承旨,平章政事,参与机密。

廷玉周敏勤慎,尤为上所倚。上偶有疾,奖廷玉等翊赞功,各予一等阿达哈哈番,世袭。廷玉请以子编修若霭承袭。十一年,疏言:"诸行省例,凡罪人重者收禁,轻者取保。独刑部不论事大小、人首从,皆收禁,累无辜。请如诸行省例,得分别取保。刑部引律例,往往删截,但用数语,即承以所断罪。甚有求其仿佛,比照定议者,高下其手,率由此起。请敕都察院、大理院驳正,扶同草率,并予处分。"命九卿议行。大学士英祀京师贤良祠,复即本籍谕,祭命廷玉归行礼,并令子若霭从。弟廷璐督江苏学政,亦命来会。发帑金万为英建祠,并赐冠带、衣裘及貂皮、从参、内府书籍五十二种。十二月,廷玉疏言:"行经直隶,被水诸县已予赈,尚有积潦不能种麦,请敕加赈一月。"并议以工代赈。得旨允行。十二年二月,还京师,上遣内大臣、郎海望迎劳芦沟桥,赐酒膳。十三年,世宗疾大渐,与大学士鄂尔泰等同被顾命。遗诏以廷玉器量纯全,抒诚供职,命他日配享太庙。高宗即位,命总理事务,予世职一等阿达哈哈番,合为三等子,仍以若霭袭。

乾隆元年,《明史》成,表进,命仍兼管翰林院事。二年十一月,辞总理事务,加拜他喇布勒哈番,特命与鄂尔泰同进三等伯,赐号勤宣,仍以若霭袭。四年,加太保。寻谕:"本朝文臣无爵至侯伯者,廷玉为例外,命自兼,不必令若霭袭。"又谕:"廷玉年已过七十,不必向早入朝,炎暑风雪无强入。"十一年,若霭卒。上以廷玉入内廷须扶掖,命次子庶吉士若澄直南书房。十三年,以老病乞休。上谕曰:"卿受两朝厚恩,且奉皇考遗命配享太庙岂有从祀元臣归田终老?"廷玉言:"宋明配享诸臣亦有乞休得请者。且七十悬车,古今通义。"上曰:"不然。《易》称见几而作,非所论于国家关休戚、视君臣为一体者。使七十必令悬车,何以尚有八十杖朝之典?武侯鞠躬尽瘁，又何为耶？"廷玉又言："亮受任军旅，臣幸得优游太平，未可同日而语。"上曰："是又不然。皋、夔、龙比易地皆然。既以身任天下之重，则不以艰钜自诿、亦岂得以承平自逸？朕为卿思之，不独受皇祖、皇考优渥之恩，不可言去。即以朕十余年眷待，亦不当言去，朕且不忍令卿去，卿顾能辞朕去耶？朕谓致仕之义，必古人遭逢不偶，不得已之苦衷。为人臣者，设预存此心，必将漠视一切，泛泛如秦、越，年至则奉身以退，谁复出力为国家治事？是不可以不辨。"因命举所谕宣告明列，并允廷玉解兼管吏部，廷玉自是不敢言去。然廷玉实老病，十四年正月，命如宋文彦博十日一至都堂议事，四五日一入内廷备顾问。是冬，廷玉乞休沐养疴，上命解所兼领监修、总裁诸职，且令军机大臣往省。廷玉言："受上恩不敢言去，私意愿得暂归。后年，上南巡、当于江宁迎驾。"上乃许廷玉致仕，命待来春冰泮，舟行归里。亲制诗三章以赐，廷玉入谢，奏言："蒙世宗遗命配享太庙，上年奉恩谕，从祀元臣不宜归田终老，恐身后不获蒙大典。免冠叩首，乞上一言为券。"上意不怿，然犹为颁手诏，申世宗成命，并制诗示意，以明刘基乞休后仍配享为例。次日，遣子若澄入谢。上以廷玉不亲至，遂发怒，命降旨诘责。军机大臣傅恒、汪由敦承旨，由敦为乞恩，旨未下。又次日，廷玉入谢。上责由敦漏言，降旨切责。廷臣请夺廷玉官爵，罢配享。上命削伯爵，以大学士原衔休致，仍许配享。十五年二月，皇长子定安亲王薨，方初祭，廷玉即请南还，上愈怒，命以太庙配享诸臣名示廷玉，命自审应否配享。廷玉惶惧，疏请罢配享治罪。上用大学十九卿议，罢廷玉配享，仍免治罪。又以四川学政编修朱荃坐罪，荃为廷玉姻家，尝荐举，上以责廷玉，命尽缴历年颁赐诸物。二十年三月，卒，命仍遵世宗遗诏，配享太庙，赐祭葬，谥文和。

乾隆三年，上将临雍视学，举古礼三老五更，谘鄂尔泰及廷玉。廷玉谓无足当此者，撰议以为不可行。四十三年，上撰《三老五更说》，辟古说踣驳，命勒碑辟雍。五十年，复见廷玉议，所论与上同，命勒碑其次，并题其后，谓"廷玉有此卓识，乃未见及。朕必遵皇考遗旨,令其配享。古所谓老而戒得,朕以廷玉之戒为戒,且为廷玉惜之。"终清世,汉大臣配享太庙,惟廷玉一人而已。

子若霭,字晴岚。雍正十一年进士。廷试,世宗亲定一甲三名。拆卷知为廷玉子,遣内侍就直庐宣谕。廷玉坚辞,乃改二甲一名,授编修,直南书房,充军机章京。乾隆间,屡迁至内阁学士。若霭工书画,内直御府所藏,令题品鉴别,诣益进。十一年,扈上西巡,感疾,归卒。

若澄,字镜壑。乾隆十年进士,改庶吉士,直南书房,累迁至内阁学士。卒。若澄亦工画,亚若霭。

若渟,字圣泉。入资授刑部主事,充军机章京,再迁郎中。出为云南澂江知府、四川建昌道。内擢太仆少卿,五迁至侍郎,历工、刑、户诸部。嘉庆五年,授兵部尚书,调刑部。七年,卒,赠太子少保,赐祭葬,谥勤恪。

从子若淮,字树谷。雍正八年进士,授兵部主事。考选江西道御史,擢鸿胪寺少卿,六迁刑部侍郎,擢左都御史。上命旌恤胜朝徇节诸臣,若淮请遍行采访。下大学士、九卿议,以为明史外兼采各省通志,专谥、通谥已至千五六百人,不必更行采访。若淮以老乞休。上南巡,屡迎谒。五十年,与千叟宴,御书榜以赐。归,又二年,卒。

论曰:世宗初即位,擢鄂尔泰于郎署,不数年至总督。廷玉已贰礼部,内直称旨,不数年遂大拜。军机处初设,职制皆廷玉所定。鄂尔泰稍后,委寄与相埒。庶政修举,宇内乂安,遂乃受遗命,侑大烝,可谓极心膂股肱之重矣。顾以在政地久,两家子弟宾客,渐且竞权势、角门户,高宗烛几摧萌,不使成朋党之祸,非二臣之幸欤?

清史稿卷二八九
列传第七六

朱轼　徐元梦　蒋廷锡 子溥
迈柱 白潢 赵国麟　田从典 子懋
高其位逊柱　尹泰 陈元龙

　　朱轼,字若瞻,江西高安人。康熙三十二年,举乡试弟一。三十三年,成进士,改庶吉士,散馆授湖北潜江知县。潜江俗敝赋繁,轼令免耗羡,用法必持平。有斗殴杀人狱,上官改故杀,轼力争之,卒莫能夺。四十四年,行取,授刑部主事,累迁郎中。四十八年,出督陕西学政。修横渠张子之教,以知礼成性、变化气质训士。故事,试册报部科,当有公使钱。轼独无,坐迟误被劾,士论为不平。会有以其事闻上者,上命轼毕试事。五十二年,擢光禄少卿。历奉天府尹、通政使。

　　五十六年,授浙江巡抚。五十七年,疏请修筑海塘。北岸海宁老盐仓千三百四十丈,南岸上虞夏盖山千七百九十丈。并议开中亹淤沙,复江海故道。又疏言:"海宁沿塘皆浮沙,虽长椿巨石,难期保固。当用水柜法,以松、杉木为柜,实碎石,用为塘根,上施巨石为塘。附塘为坦坡,亦用水柜,外砌巨石二三重,高及塘之半,用护塘址。塘内为河,名曰备塘河。居民筑坝积淤,应去坝浚河,即以其土培岸。"俱下部议行。杭州南、北两关税,例由巡抚监收。轼以税口五十余,稽察匪易,请委员兼理。部议以杭州捕盗同知监收,仍令巡抚统辖。五十八年,疏劾巡盐御史哈尔金索商人贿,上命尚书张廷枢、学士德音按治,论如律。五十九年,擢左都御史。六十年,遭父丧,命在任守制,疏辞,上不许,请从军自效。

上以山、陕旱灾,发帑五十万,命轼与光禄寺卿卢询分往效勶治赈。轼往山西,疏请令被劾司道以下出资赡饥民,富民与商人出资于南省籴米,暂停淮安、凤阳等关米税。饥民流徙,令所在地方官安置,能出资以赡者得题荐。饥民群聚,易生疠疫,设厂医治。又疏言:"仓庾积贮,有司平日侵蚀,遇灾复假平粜、借贷、煮粥为名,以少报多,有名无实。请敕详察亏空,少则勒限补还,多则严究治罪。至因赈动仓谷,辄称捐捧抵补,捧银有限,仓谷甚多。借非实借,还非实还,宜并清核。"皆从所议行。别疏请令山西各县建社仓,引泉溉田。上谓:"社仓始于朱子,仅可行于小县乡村。若奏为定例,官吏奉行,久之,与民无益。山、陕山多水少,间有泉源,亦不能畅溉田。轼既以为请,即令久驻山西,鼓励试行。"轼自承时冒,乞寝其议,上不许。未几,川陕总督年羹尧劾西安知府徐容、凤翔知府甘文煊亏帑,请特简亲信大臣会鞫。上命轼往勘,得实,论如律。六十一年,乞假葬父,归。

世宗即位,召诣京师,充《圣祖实录》总裁,赐第。雍正元年,命直南书房。予其母冷氏封。加吏部尚书衔,寻复加太子太保。充顺天乡试考官,嘉其公慎,进太子太傅。二年,兼吏部尚书。命勘江、浙海塘。三年,还,奏:"浙江余姚浒山镇西至临山卫,旧土塘三道,本为民灶修筑。今民灶无力,应动帑兴修。自临山卫经上虞乌盆村至会稽沥海所,土塘七千丈,应以石为基,就石累土。又海宁陈文港至兴山,土塘七百六十六丈,应就塘加宽,覆条石于巅,塘外以乱石为子塘,护塘址当修砌完固。至子塘处,依式兴筑。海盐秦驻山至演武场石塘,圮八十丈,溃七十丈,均补筑。都计工需十五万有奇。江南金山卫城北至上海华家角,土塘六千二百余丈,内三千八百丈当改为石塘。上海汛头墩至嘉定二千四百丈,水势稍缓,土塘加筑高厚,足资捍御。都计工需十九万奇。"下部议行。拜文华殿大学士,兼吏部尚书。

上命怡亲王胤祥总理畿辅水利营田，以轼副之。四年，请分设四局，各以道员领其事。二月，轼遭母丧，命驰驿回籍，论曰："轼事母至孝，但母年八十余，禄养显扬，俱无余憾。当节哀抑恸护惜此身，为国家出力。"赐内帑治丧，敕江西巡抚俟轼至家赐祭。轼奏谢，乞终制，上允解任，仍领水利营田，期八月诣京师。九月，轼将至，遣学士何国宗、副都统永福迎劳，许素服终丧。上以浙江风俗浇漓，特设观风整俗使，轼疏言："风俗浇漓，莫甚于争讼。臣巡抚浙江，知杭、嘉、湖绍四府民最好讼。请增设杭嘉湖巡道，而以绍兴属宁台道。民间词讼冤抑，准巡道申理。"上从其请。六年，以病乞解任。上手诏留之。八年，怡亲王薨，命轼总理水利营田。寻兼兵部尚书，署翰林院掌院学士。十三年，议筑浙江海塘，轼请往董其役，上俞之，敕督抚及管理塘工诸大臣咸听节制。

高宗即位，召还，命协同总理事务，予拜他喇布勒哈番世职。时治狱尚刻深，各省争言开垦为民累，轼疏言："四川丈量，多就熟田增加钱粮。广西报部垦田数万亩，其实多系虚无。因请通行丈量，冀求熟田弓口之余，以补报垦无著之数。大行皇帝洞烛其弊，饬停止丈量。而前此虚报升科，人册输粮，小民不免苦累。河南报垦亦多不实。州县田地间有未能耕种之处，或因山区硗确，旋垦旋荒。或因江岸河滨，东坍西涨。是以荒者未尽开垦，垦者未尽升科。至已熟之田，或粮额甚轻，亦由土壤硗脊，数亩不敌腴田一亩，非欺隐比。不但丈量不可行，即令据实首报，小民惟恐察出治罪，勉强报升，将来完纳不前，仍归荒废。请停止丈量，饬禁首报，详察见在报垦之田，有不实者，题请开除。"又疏言："法吏以严刻为能，不问是非曲直，刻意株连，惟逞锻链之长，希著明察之号。请敕督抚谕有司，谳狱务虚公详慎，原情酌理，协于中正。刑具悉遵定制，不得擅用夹棍、大枷。"上深嘉纳之。

乾隆元年，充《世宗实录》总裁。九月，病笃，上亲临视疾。轼力疾服朝服，令其子扶掖，迎拜户外。翌日，卒。遗疏略言："万事根本君心，用人理财，尤宜慎重。君子小人，公私邪正，判在几微，当审察其心迹而进退之。至国家经费，本自有余，异日倘有言利之臣，倡加赋之税，伏祈圣心乾断，永斥浮言，实四海苍生之福。"

上震悼辍朝，复亲临致奠，发帑治丧。赠太傅，赐祭葬，谥文端。

轼朴诚事主，纯修清德，负一时重望。高宗初典学，世宗命为师傅，设席懋勤殿，行拜师礼。轼以经训进讲，亟称贾、董、宋五子之学。高宗深重之，《怀旧诗》称可亭朱先，生可亭，轼号也。子必阶，以荫生官至大理寺卿。基，进士，官至右庶子。必坦，举人，袭骑都尉。

徐元梦，字善长，舒穆禄氏，满洲正白旗人。康熙十二年进士，改庶吉士，散馆授户部主事。二十二年，迁中允，充日讲起居注官。寻复迁侍讲。徐元梦以讲学负声誉，大学士明珠欲罗致之，其迁词曹直讲筵，明珠尝荐于上。徐元梦以明珠方擅政，不一至其门，而掌院学士李光地亦好讲学，贤徐元梦及侍讲学士德格勒，亟称于上前，二人者每于上前相推奖。明珠党蜚语谓与光地为党。二十六年夏，上御乾清宫，召陈廷敬、汤斌、徐乾学、耿介、高士奇、孟亮揆、徐潮、徐嘉炎、熊赐瓒、励杜讷及二人人试，题为《理学真伪论》。方属草，有旨诘二人，德格勒于文后申辨，徐元梦卷未竟。上阅毕，于德格勒及赐瓒有所谯让，命同试者互校，斌仍称徐元梦文为是。

是时斌被命辅导皇太子，寻亦命徐元梦授诸皇子读。秋，上御瀛台，教诸皇子射，徐元梦不能挽强，上不怿，责徐元梦。徐元奏辨，上益怒，命朴之，创，遂籍其家，戍其父母。其夜，上意解，令医为治创。翌日，命授诸皇子读如故。徐元梦乞赦其父母，已就道，使追还。冬，掌院学士库勒纳奏劾德格勒私抹起居注，并言与徐元梦互相标榜，夺官逮下狱。二十七年春，狱上，当德格勒立斩，徐元梦绞。上命贷徐元梦死，荷校三月，鞭百，入辛者库。上徐察徐元梦忠诚，三十二年，命直上书房，仍授诸皇子读。寻授内务府会计司员外郎。四十一年，充顺天乡试考官。五十年，谕曰："徐元梦番译，见今无能过之。"授额外内阁侍读学士。五十一年，充会试考官。五十二年，擢内阁学士，归原旗。

五十三年，授浙江巡抚。上谕之曰："浙江驻防满洲兵，尔当与将军协同训练。钱粮有亏空，尔宜清理，无累百姓。至于用人，当随材器使，不可求全。"赐《御制诗文集》及鞍马以行。五十四年，疏言："杭州、绍兴等七府旱潦成灾，已蒙蠲赈，并截漕平出。未完额赋，尚有十三万余两，请秋成后征半，余俟来岁。"上允之。又疏陈修复万松岭书院，上赐"浙水敷文"，榜因请以敷文名书院。

五十六年，左都御史及翰林院掌院学士缺员，吏部以请。上曰："是当以不畏人兼学问优者任之。"以命徐元梦。上谕科场积习未除，命甄别任满学政及考官不称职者，皆劾罢之。五十七年，迁工部尚书，仍兼掌院学士。六十年，上赐以诗，谓："徐元梦乃同学旧翰林，康熙十六年以前进士只此一人。"

世宗即位，复命直上书房，课授诸皇子读。雍正元年，命与大学士张鹏翮等甄别翰詹各官不称职者，勒令解退回籍。大学士富宁安出视师，命徐元梦署大学士。寻复命兼署左都御史，充《明史》总裁，调户部尚书。四年，以番译本章错误夺官，命在内阁学士之列效力行走，仍司番译。

八年，复坐前在浙江失察吕留良逆书，命同番译中书行走。十三年，充番译乡试考官。

高宗即位，命直南书房，寻受内阁学士。擢刑部侍郎，以衰老不能理刑名，疏辞，调礼部。充《世宗实录》副总裁。诏辑《八旗满洲氏族通谱》，命与鄂尔泰、福敏董其事。复命直上书房，课皇子读。乾隆元年，乞休，命解侍郎任，加尚书衔食俸，仍在内廷行走，领诸馆事。二年，上监雍，疏请以有子升堂配享，改宰我、冉求两庑，而进南宫适、虑不齐升配。下大学士九卿议，以有子升祀位次子夏，余寝未行。复乞休，上曰："徐元梦年虽逾八十，未甚衰惫，可量力供职。"四年正月，召同诸大臣赋柏梁体诗。寻加太子少保。

六年秋，疾作，遣太医诊视，赐参药。冬十一月，疾剧，上谕曰：

"徐元梦践履笃实，言行相符。历事三朝，出入禁近，小心谨慎，数十年如一日。寿逾大耋，洵属完人。"命皇长子视疾。疾革，复遣使问所欲言。徐元梦伏枕流涕曰："臣受恩重，心所欲言，口不能尽！"使出，呼曾孙取《论语》检视良久。翌日遂卒，年八十七。上复命和亲王及皇长子奠茶酒，发帑治丧。赠太傅，赐祭葬，谥文定。孙舒赫德，自有传。

蒋廷锡，字扬孙，江南常熟人，云贵总督陈锡弟。初以举人供奉内廷。康熙四十二年，赐进士，改庶吉士。四十三年，未散馆即授编修。屡迁转至内阁学士。雍正元年，擢礼部侍郎，世宗赐诗贤之。廷锡疏言："国家广黉序，设廪膳，以兴文教，乃生员经年未尝一至学宫。请敕学臣通饬府、州、县卫教官，凡所管生员，务立程课，面加考校，讲究经史。学臣于岁、科考时，以文艺优劣定教职贤否。《会典》载顺治九年定乡设社学，以昌滥停止。请敕督抚令所属州、县、乡、堡立社学，择生员学优行端者充分社师，量给廪饩。乡民子弟年十二以上、二十以下有志者得入学。"下部议，从之。二年，奏请续纂大清会典，即命为副总裁。调户部。

三年，命与内务府总管来保察阅京仓。寻疏言："漕运全资水利，宜通源节流，以济运道。山东漕河，取资汶、济、洸、泗四水，而四水又赖诸泉助成巨流。山东一省，得泉百有八十，其派有五，分水、天井、鲁桥、新河、沂水是也。五派合为一水，是名泉河，旧设管泉通判。今虽裁汰，仍设泉夫。请饬有泉州，县督率疏浚。济南、兖州二府为济水伏流之地，若广为浚导，则散湮沙砾间者，随地涌见。应立法泉夫浚出新泉，优赉银米，岁终册报，为州县课最。诸泉所汇，为湖十五，各设斗门为减水闸，以时启闭。漕溢则减漕入湖，漕涸则启湖济漕，号诸湖为水柜。其后居民雍水占耕，坝圮闸塞，低处多生葭草，高处积沙与漕河堤并。请察勘未耕之地，就低处挑深，即以挑出之土筑堤，复水柜之制。诸湖开支河，以承诸泉之入，益漕河之流，建闸以时减放。旧制，运河于每岁十月筑坝，分泄诸湖，来春三月冰泮，开坝受水。法久玩生，筑坝每至十一月，则失之迟。开坝在正月初旬，又失之早。请饬所筑司必十月望前，开必二月朔后，以循旧制。汶水分流南北，运道攸赖。明宣德间，筑戴村坝于汶水南，以遏汶水入洸。建坎河坝于汶水北，以节汶水归海。嘉靖时，复堆积石滩，水溢纵使归海，水平留之入湖。岁久颓废，万一汶水北注，挟湖泉尽归大清河，四百余里运道所关非小。请饬总河相度形势，修复旧石滩，改建滚水石坝，以为蓄泄。"上命内阁学士何国宗等携仪器舆图，会总河齐苏勒、巡抚陈世倌履勘，请如廷锡奏。下九卿议行。

四年，迁户部尚书，充顺天乡试考官。既入闱，谕曰："廷锡佐怡亲王董理户部诸事，秉公执正，胥吏嫉妒怀怨。今廷锡典试，或乘此造作浮言，妄加谤议。今步军统领、顺天府尹、五城御史察访捕治。"寻命兼领兵部尚书。遭母丧，遣大臣奠茶酒，予其母封诰，发帑治丧。命廷锡奉母丧还里，葬毕还京，在任守制。六年，拜文华殿大学士，仍兼领户部，充《圣祖实录》总裁。七年，加太子太傅。命与果亲王允礼总理三库，予世职一等阿达哈哈番。九年，廷锡病，上遣医疗治。十年夏，病复作，上命日二次以病状奏。闰五月，卒，上为辍朝，遣大臣奠茶酒，赐祭葬，谥文肃。

廷锡工诗善画，事圣祖内直二十余年。世宗朝累迁擢，明练恪谨，被恩礼始终。

子溥，字质甫。雍正七年，赐举人。八年，进士，改庶吉士，直南书房，袭世职。廷锡卒，溥奉丧归，命葬毕即还京供职。十一年，授编修。四迁内阁学士。乾隆五年，授吏部侍郎。疏言："凡条奏发九卿会议，主稿衙门酌定准驳。会议日，书吏诵稿以待商度，其中原委曲折，一时难尽。请于会议前二日将议稿传钞，俾得详勘畅言。至命、盗案，刑部例不先定稿，俟议时平决。不关命、盗各案，亦宜先期传知，庶为审慎。"下部议，如所请。

八年，授湖南巡抚。九年，言："永顺及永绥、乾州、凤凰诸处苗民贪暴之习未除，城步、绥宁尤多狡恶。臣整饬武备，渐知守法。"谕曰："驭苗以不扰为要，次则使知兵威不敢犯。此奏得之。"旋劾按察使明德不详鞫盗案，夺官。驿盐道谢济世老病，休致。给事中胡定奏请湖南滨湖荒土，劝民修筑开垦，令溥察议。溥奏言：“近年湖滨淤地，筑垦殆遍。奔湍束为细流，洲渚悉加堵截，常有冲决之虑。沅江万子湖、湘隐文洲围，士民请修筑开垦。臣亲往履勘，文洲围倚山面江，四围俱有旧堤，已议举行。万子湖广袤八十余里，四面受水，费大难筑，并于上下游水利有碍。臣以为湖地垦筑已多，当防湖患，不可有意劝垦。”上韪之。

十年，授吏部侍郎，军机处行走。十三年，擢户部尚书，命专治部事。十五年，加太子少保。十八年，命协办大学士，兼礼部尚书，掌翰林院事。二十年，兼署吏部尚书。二十四年，授东阁大学士，兼领户部。二十六年，溥病，上亲临视。及卒，复亲临奠。赠太子太保，发帑治丧，赐祭葬，谥文恪。

子楀，进士。自编修累迁兵部侍郎。赐荣，初授云南楚雄知府，再至户部侍郎。并坐事夺官，左授光禄寺卿。复夺官，以世职守护裕陵。

迈柱，喜塔拉氏，满洲饷蓝旗人。初授笔帖式，三迁户部员外郎，授御史。康熙五十五年，巡视福建盐课。雍正元年，巡视宁古塔。三年，命如荆州会将军武纳哈籍前任将军阿鲁家，偿侵蚀兵镶。议荆州近民有愿鬻地者，官购俾兵耕种，或招田征租，兵婚丧量偰之。下部议行。

擢工部侍郎，调吏部。命如江西按治德安知县萧彬、武宁知县廖科龄亏帑，并命察通省钱粮积弊。寻命署巡抚。疏请以江西额征丁银摊入地粮，从之。五年，授湖广总督，命俟江西事毕赴任。迈柱疏陈：“江西仓谷亏缺，弊在无谷无银，虚报存贮，及至交代，又虚报民间借领，后任征追，悉归无著。又或出粜仓谷得价侵用，及至交代，以二钱一石折价，后任不敷籴补。又或因不敷之故，并此折价而亦侵用，及至交代，复称民欠，多方掩饰。皆因前任巡抚裴率度，布政使陈安策、张楷徇庇所误。”上为夺率度等官，察究追完。又言：

"江西通省公用需款，请视河南、湖广诸省例，提州、县耗羡二分充用，另提充各员养廉，多至一分五厘，少至四厘，余仍留州县养赡。巡抚及司道，亦于所提一分五厘内量行支用。"又言："江西被灾州县，设厂煮赈，米价石至一两三四钱。请于未被灾州县发银预购平粜。"又言："南安、赣州，闽、广交界，及鄱阳湖滨，最易藏奸。万载、宁州等地，棚民聚集，素好多事。已饬严整塘汛，操练标兵，豫为之备。"得旨，嘉其条画详晰，令新任巡抚照行。寻谳定彬等具论斩。并请令徇庇之上官分偿亏帑，上命自雍正六年起著为例。将迈柱秉公持正，下部议叙，乃赴湖广任。

湖广濒江州县频年被水，迈柱令民间按粮派夫，修筑江堤，议定确估土方夫数及加修尺寸，并岁修抢险诸例。疏闻，上发帑六万，命视工多寡分给。镇筸苗最悍，屡入内地剽掠。迈柱疏言："臣闻云南提督张国正先任镇筸总兵，以雕剿法治苗。闻有警，诇为何种苗，所属何寨，即携兵驰往，围寨搜擒。如雕之捕鸟，取其速而鸟可必得。臣今与总兵周一德循行此法，但期得罪人而止，不敢多为杀戮。"居数年，又疏言："收缴六里镇筸土司所藏鸟枪，完整者俾兵充用，余改造农具，给土苗耕作。土苗所用环刀、标枪，亦令给价收缴。"上谕曰："所奏深得卖刀买犊之意。环刀、标枪自当收缴，可顺其愿，不宜强迫。"疏定苗与民为市，于分界地设市，一月以三日为期，不得越界出入。民以物往市，预报地方官，知会塘汛查验。苗疆州县立苗长，选良苗充民壮，备差遣访缉。鄂尔泰督云、贵，建策改土归流，迈柱亦行之湖广，收永顺、保靖、桑植三土司。永顺设府县，仍其名，又于府西北设县曰龙山。保靖、桑植各设县，仍其名。收容美土司设州，曰鹤峰，所属五峰所设县曰长乐。并改彝陵州为府，曰宜昌，领新设州县。收弟冈土司，改永定卫为县，以其地属焉。

上命通察湖广积欠钱粮，都计银三十余万，令与巡抚马会伯、王国栋同董其事。逾年，报湖南已完六万有奇，湖北已完八万有奇。寻察出沔阳积欠内为官侵役蚀包揽未完者三万有奇，其实欠在民者三万二千有奇。上以沔阳常被水，民欠命予豁除。七年，迈柱疏请以湖广额征丁银摊入地粮，从之。迈柱督湖广数年，声绩显著。他所区画，如以汉阳通判移汉口，荆州通判移沙市。又裁施州、大田二卫所。合为县曰恩施，复请改为府，曰施南，设县四，曰宣恩、来凤、咸丰、利川。宜昌既为府，设附郭县曰东湖，又以归州及所领长阳、兴山、巴东诸县隶焉。道州及宁远、永明、江华诸县邻广西，请以永州同知移江华，并分设游击、守备、调驻兵千五百，与广西桂临营月三次会哨。永顺、保靖、桑植三营新立，月饷给米折，永顺石折一两，保靖、桑植石折六钱，以苗疆米贵，不与他营同。上悉如所请。

十三年，召拜武英殿大学士，兼吏部尚书。乾隆元年，兼管工部。二年，以病乞解任。三年，卒，赐祭葬，谥文恭。

同时督抚入为大学士者，又有白潢、赵国麟。

潢，字近微，汉军镶白旗人。初授笔帖式，考授内阁中书，迁侍读。授福建粮驿道佥事，以父忧去官。服阕，除山东登莱青道佥事，迁贵州贵东道参议。以巡抚刘荫枢荐，就迁按察使。潢操守廉洁，闻于圣祖，擢湖南布政使。未上官，会荫枢以请缓西师，命诣军前察视，潢护贵州巡抚。贵州山多田少，诸镇营兵饷米，于征米诸州县支发。以运道艰阻，改征折色，迟至次年春夏，米值昂不足以籴。诸驿例设夫百、马四十五，而巡抚以下私函付驿，谓之便牌，役夫至数百。潢奏请兵米于藩库借支，州县征解归项，并檄诸驿禁便牌。兵民困皆苏。又以贵州僻远，官于外，商于外，皆不肯归，潢奏请勒限回籍。贵州民初以为不便，久之文物渐盛，乃思潢惠焉。

荫枢还贵州，调潢江西。入觐，至热河谒上，即擢江西巡抚。潢革诸州县漕节陋例，并令火耗限加一，旧加至三四者，悉罢除之，不率者奏劾。湖口关地险港窄，潢度关右武曲港山势开阔，可容千艘，乃浚江口，建草坝，使估舟得聚泊。建亭颂潢德。会城西南有袁、赣二江，至临江合流，旧有堤久圮，春夏水发，往往坏田庐。潢奏请重建，九阅月而成。民自是无水患，号为白公堤。五十九年，奏请补京职，授户部侍郎。擢兵部尚书。六十一年，世宗即位，命协办大学士。寻授文华殿大学士。疏辞，不许。充《圣祖实录》总裁。雍正三年，以疾乞解任,许之。

潢抚江西时,南昌、吉安、抚州、饶州四府旧有落地税千三百两有奇,设大使征收。潢以官役苛征,令停收。巡抚、司道公捐代纳,伪编纳税人名册报部,王企埥、裴率度代为巡抚,皆如潢例。及汪漋至,以其事闻,且请裁大使。上曰:"国家经制钱粮,岂可意为增减?若此税不当收,潢当请豁免,何得以公捐代完,沽名邀誉?"下部议,夺潢官。漋亦坐左迁,税如旧例重收。乾隆二年,潢卒,命还大学士衔。

国麟,字仁圃,山东泰安人。祖瑗,手书《春秋》内外传,《史》、《汉》蒙文授之。笃志于学,以程、朱为宗。康熙四十五年进士。五十八年,授直隶长垣知县。当官清峻,以礼导民,民戴如父母。世宗闻其贤,雍正二年,擢永平知府。三迁福建布政使,调河南。擢福建巡抚,调安徽。御史蒋炳奏请州县征收钱粮,依部颁定额,刊印由单,申布政使核发。国麟以安徽通省数百万由单由司核发,恐误征收,疏请停止。内阁学士方苞疏言:"常平仓谷原定每年存七出三,南省地卑湿,应今因地制宜。"下督抚详核。国麟疏言:"安徽所属州县滨江湖者,当改出半存半,他州县仍循旧例。"并下部议行。乾隆三年,擢刑部尚书,调礼部,兼领国子监。四年,授文华殿大学士,兼礼部尚书。

六年,御史仲永檀疏劾内阁学士许王猷邀九卿至京师民俞长庚家吊丧,国麟亦亲往,下王大臣勘不实。国麟乞引退,上留之。俄,给事中卢秉纯复论国麟当上举永檀疏面诘,阳若不知,出告其戚光禄寺卿刘藩长,藩长命休致。国麟又告以为侍郎蒋炳所劾。上命大学士鄂尔泰、张廷玉召国麟及藩长相质,藩长力辨。上命毋深究,令鄂尔泰、张廷玉谕国麟引退。国麟疏未即上,上降诏诘责,左授礼部侍郎。七年,擢尚书。国麟乞引退,不许。逾数月,复以请,上不悦,命夺官,在咸安宫效力。八年,乃许其还里。十五年,诣京师祝上寿,赐礼部尚书衔。明年,卒。

田从典，字克五，山西阳城人。父雨时，明诸生。寇乱，挈子及兄之孤徙避，度不能兼顾，弃子负兄子以走。贼退，求得子草间，即从典也。

从典笃学，以宋五子为宗。康熙二十七年，成进士。旋居父丧，事必遵家礼。服终，就选。三十四年，授广东英德知县。县地脊，赋籍不可稽，诡寄逋逃，民重困。陋例两加至八九钱，名曰“均平”。从典尽革之，清其籍。

四十二年，行取，四十三年，授云南道御史。疏言：“督抚不拘成例，请调州县，有秉公者，即有徇私者。州县求调，其弊有三：图优缺，避冲繁，预为卓荐地。督抚滥调，其弊亦有三：徇请托，得贿赂，引用其私人。名为整顿地方，简拔贤良，实乃巧开捷径。屡经败露，有骇听闻。嗣后请除江、浙等省一百一十余县钱粮难征，及边远烟瘴地，仍旧例调补，其他不准滥调。”又疏言：“京官考选科道，令部院堂官保送，恐平日之交结，临时之营谋，在所难免。请敕吏部，遇考选科道，凡正途部属，及自知县升任中、行、评、博，与翰林一体论俸开列，听候考选。”均下部议行。巡视西城，罢铺垫费。察通州仓储，僦神祠以居，庙祝不受值，不入也。

四十九年，擢通政司参议。屡迁转授光禄寺卿。寺故有买办人，亏户部帑至四十一万余，从典请限年带销。迁左副都御史，再迁兵部侍郎，并命兼领光禄寺。五十八年，迁左都御史。两江总督常鼐疏言安徽布政使年希尧、凤阳知府蒋国正婪取，为属吏所讦。命从典与副都御史屠沂往按，国正坐斩，希尧夺官。五十九年，擢户部尚书。雍正元年，调吏部。二年，协办大学士。三年，授文华殿大学士，兼吏部尚书。六年三月，乞休，优诏褒许，加太子太师致仕。赐宴于居第，令部院堂官并集，发帑治装，行日，百官祖饯，驰驿归里，驿道二十里内有司送迎。入辞、赐御榜联并冠服、朝珠。四月乃行，甫一舍，次良乡，病大作，遂卒，年七十八。上闻，以从典子懋幼，遣内阁学士一、侍读学士一为治丧，散秩大臣一、侍卫六奠茶酒，并命地方官送其丧归里。赐祭葬，谥文端。

懋,自荫生授刑部员外郎,世宗命改吏部,迁郎中,授贵州道御史。乾隆初,迁礼科给事中。疏言河南秋审宽纵,巡抚尹会一、按察使隋人鹏下吏议。又劾工部尚书赵宏恩受赇,夺官,戍军台。迁鸿胪少卿。高宗奖懋敢言,超擢副都御史。迁刑部侍郎,调吏部。十一年,上责懋奏事每漏言,且嗜酒务博,命解任归里读书。十四年,召授吏部侍郎。以仆从斗殴伤人,责懋旧习未悛,仍命归里读书。家居二十年,卒。

高其位,字宜之,汉军镶黄旗人。父天爵,语在《忠义传》。其位初隶镶白旗,自笔帖式管佐领。康熙间,以署参领从军驻襄阳。叛将杨来嘉、王会等以二万人出掠,将攻南漳,其位率二十骑觇敌,与遇,越敌隧入南漳,与共守,敌围攻不能下。叛将谭宏以三万人犯郧阳,其位将百人扼杨豀铺,与相持七十余日。粮尽煮马鞯以食。副都统李麟隆援至,合击大败之。寻追论御敌谷城失利,夺官。久之,授火器营操练校尉,袭其祖尚义二等阿达哈哈番。从大将军裕亲王福全讨噶尔丹,战于乌兰布通,破骆驼营,擢参领。授甘肃永昌副将。明法令,筑堡塞,边境肃清。迁湖广襄阳总兵。擢提督,赐孔雀瓴、槖鞭、鞍马。调江南。两江总督常鼐有疾,上命其位署理。世宗即位,召入观,旋命回提督任。奏请保护圣躬,上褒其有爱君之心,温诏嘉许。雍正二年秋,奏飞鸦食蝗,秋禾丰茂。上以蝗不成灾,传示王大臣,赐诗褒之。冬,奏进黄浦渔人细得双夔龙纽未刻玉印,上赐以四团龙补服。三年,授文渊阁大学士,兼礼部尚书,加太子少傅。以衰老辞,不许。改隶镶黄旗。赐寿赉榜联及白金千。屡乞休,乃命以原官致仕。五年,卒,赐祭葬,谥文恪。

子高起,以荫生授四川茂州知州。累迁兵部尚书,坐事夺官逮治。乾隆初,戍军台,释回。卒。

逊柱,栋鄂氏,满洲镶红旗人。曾祖郎色,太祖时,从其兄郎格来归。逊柱初授笔帖式,擢工部主事。再迁户部郎中,授御史。历翰林院侍读学士、内阁学士、盛京工部侍郎。召改吏部,擢兵部尚书。雍正五年,署大学士,旋授文渊阁大学士,仍兼兵部尚书。逊柱长兵部十六年,屡陈奏部政,多所考核厘正。十年,以老,命不必兼兵部。十一年,致仕,卒,年八十四,谕褒逊柱"醇厚和平,"赐祭葬。

尹泰,章佳氏,满洲镶黄旗人。初授翰林院笔帖式,再迁内阁侍读。康熙二十七年,授翰林院侍讲,充日讲起居注官。三十四年,授国子监祭酒。三十七年,改锦州佐领。五十二年,以病罢,遂居锦州。世宗在藩邸,奉命诣奉天谒陵,过锦州宿焉,与语奇之,见其子尹继善。雍正元年,召授内阁学士。迁工部侍郎,再迁左都御史。疏言:"六科书吏,贿通提塘,造为小钞、晚贴,内开口传论旨,或误翻清文,甚至伪造上有赐予及与诸臣问对,应请禁止。"二年,充《会典》总裁。三年,命以原品署盛京侍郎,兼领奉天府尹。疏言:"承德等九州县原征豆米,多贮无用。请自雍正四年始,停征黑豆,按亩征米,按丁征银,而以原贮米豆视时价出粜。"又言:"关东风高土燥,请掘地窖藏存谷,以节建仓工费。"

四年,山海关总管多索礼疏言应交庄头余地,尹泰不即派官丈收。命侍郎查郎阿往按,坐解府尹任,仍以左都御史协理奉天将军将军。噶尔弼议设外海水师,尹泰以为旅顺、天津俱有水师,锦、复、盖诸州亦可更番巡察,增设需费浩繁,于巡察无益。别疏以闻。下议政王大臣议,如尹泰言。六年,坐遗漏入官财产,夺官。寻命复官。七年正月,与尚书陈元龙同授额外大学士。寻授东阁大学士,兼兵部尚书。十三年,高宗即位,充《世宗实录》总裁。乾隆元年,以老病乞罢,上留之。尹继善自两江总督入觐,授刑部尚书。俾使朝夕侍养。三年,复乞罢,命以原官致仕。寻卒,赐祭葬,谥文恪。尹继善自有传。

陈元龙,字广陵,浙江海宁人。康熙二十四年一甲二名进士,授编修,直南书房。郭琇劾高士奇,辞连元龙,谓与士奇结为叔侄,招纳贿赂,命与士奇等并休致。语互详《士奇传》。元龙奏辨,谓:"臣宗本出自高,谱牒炳然。若果臣交结士奇,何以士奇反称臣为叔?"事得白,命复任。累迁侍读学士。元龙工书,为圣祖所赏,当命就御前作书,深被奖许。上御便殿书赐内直翰林,谕曰:"尔等家中各有堂名,不妨自言,当书以赐。"元龙奏臣父之闾年逾八十,家有爱日堂,御书榜赐之。四十二年,再迁詹事。以父病乞养归,赐参。时正编《赋汇》,令携归校对增益。上南巡,元龙迎谒,御书榜赐之闾及元龙母陵。之闾卒,丧终,召元龙授翰林院掌院学士。

五十年,迁吏部侍郎。授广西巡抚。值广东岁歉,广西米价高,元龙遣官诣湖南采米平粜。五十四年,修筑兴安陡河闸,护两广运道。并于省城扩养济院,立义学,劫育婴堂,建仓贮谷。五十七年,擢工部尚书。六十年,调礼部。世宗即位,命守护景陵。七年,与左都御史尹泰同授额外大学士,寻授文渊阁大学士,兼礼部尚书。元龙在广西,请开例民捐谷得入监。李绂为巡抚,请以捐谷为开垦费。上责其借名支销,命元龙诣广西清理。绂旋奏:"元龙分得羡余十一万有奇,除在广西捐公费九万,又助军需十万。今仓谷尚有亏空,应令分偿。"及授大学士,命免之。十一年,以老乞休,加太子太傅致仕,令其子编修邦直归侍养。行日,赐酒膳,令六部满、汉堂官饯送,沿途将吏送迎。乾隆元年,命在籍食俸。寻卒,赐祭葬,谥文简。

论曰:轼以德望尊,徐元梦以忠謇重。世宗谴允禵、允裪,徐元梦言:"二人罪当诛,愿上念手足情缓其死。"二人者既死,吏议奴其子,轼言:"二人子实为圣祖孙,孰敢奴之?"世宗皆为动容。谅哉,古大臣不是过也。廷锡直内廷领户部,迈柱等领疆节,卓然有绩效。从典、尹泰皆以端谨奉职。古所谓大人长者,殆近之矣。

清史稿卷二九〇
列传第七七

杨名时　黄叔琳 子登贤　方苞
王兰生 留保　胡煦　魏廷珍
任兰枝　蔡世远　沈近思　雷铉

杨名时,字宾实,江南江阴人。康熙三十年进士,改庶吉士。李光地为考官,深器之,从受经学。散馆,授检讨。四十一年,督顺天学政,用光地荐也。寻迁侍读。四十二年,上西巡,肥乡武生李正朝病狂,冲突仪仗。光地时为直隶巡抚,请罪正朝,因劾名时。上斥名时督学,有意弃富录贫,不问学业文字,但不受贿属,从宽恕宥。四十四年,任满,命河工效力。旋连遭父母丧,以忧归。五十一年,服除,候补。五十三年,命直南书房。名时不投牒吏部,因不得补官,上特命充陕西考官。五十六年平,授直隶巡道。时沿明制,直隶不设两司,以巡道任按察使事。政剧,吏为奸,名时革宿弊殆尽。五十八年,迁贵州布政使。

五十九年,擢云南巡抚。师征西藏,留驻云南,名时为营馆舍,明约束,无敢叫嚣,名时疏言:"云南兵粮岁需十四万九千余石,俱就近支放。兵多米少,诸州县例四年折征一次,请改每年给本色三季,折色一季。"部议如所请行。雍正元年,名时奏请安,世宗谕曰:"尔向日居官有声。兹当加勉,莫移初志。"寻疏言:"云南巡抚一切规礼,臣一无所取。惟盐规五万二千两,除留充恤灶、修井诸用,余四万六千两。累年供应在藏官兵军需赏赉,拨补银厂缺课,及公私所用,皆取于此。藏兵撤后,请仍留臣署若干,余悉充公用。"上谕曰:"督抚羡余岂可限以规则取所当取,用所当用,全在尔等揆情度理而行,无烦章奏也。名时迭疏请调剂盐井,改行社仓,皆下部议行。云南自乱后田赋淆乱,往往户绝田去而丁未除,至有一人当数十丁者,累代相仍,名曰"子孙丁"。名时疏请照直隶例,将通省丁额摊入田粮完纳。"云南旧例,地方应办事,皆取诸民间,谓之"公件。"胥役科敛,指一派十,重为民累。名时议核实州县需款,酌定数目征收,不得再有加派。檄行所属诸州县,核数开报。三年,擢兵部尚书,改授云贵总督,仍管巡抚事。时上令诸督抚常事疏题,要事折奏。名时泄密折,上令悉用题本,名时乞遇事仍得折奏,许之。四年,转吏部尚书,仍以总督管巡抚。名时具题本,误将密谕载入,上严责,命解任,以朱纲代为巡抚。未至,仍令名时暂署。俄,纲上官,劾名时在任七载,徇阴废弛,库帑仓谷,借欠亏空。上命名时自陈,纲代名时奏谢罪,上责其巧诈,谕总督鄂尔泰严讯。名时自承沽名邀誉,断不敢巧诈。谳上,部议以名时始终掩护朦胧引咎,无人臣事君礼,坐挟诈欺公,当斩。上命宽免,复遣侍郎黄炳会纲按治。炳等欲刑讯,鄂尔泰持不可,乃坐名时得盐规八万,除捐补银厂缺课,应追五万八千余两。上令名时留云南待后命。

高祖即位,召诣京师。乾隆元年,名时至,赐礼部尚书衔,领国子监祭酒,兼直上书房、南书房。名时以前在云南令诸州县核实需款定数征收,去公件之弊,事未竟而去,奏请下督抚勘定。总督尹继善、巡抚张允随奏请以额编条粮重轻,与原定公件多寡,两相比并,就中摊减,下部议行。视未定议前取诸民者去十之七,云南民困以苏。

苗疆用兵久,名时疏言:"御夷之道,贵在羁縻,未有怨毒猜嫌而能长久宁贴者。贵州境内多与苗疆相接,生苗在南,汉人在北,而熟苗居中,受雇直为汉人佣,相安已久。生苗所居深山密箐,有熟苗为之限,常声内地兵威以慑之,故亦罔敢窥伺。自议开拓苗疆,生苗界上常屯官兵，干戈相寻，而生苗始不安其所。至熟苗无事则供力役，用兵则为向导，军民待之若奴隶，生苗疾之若寇仇。官兵胜，则生苗乘间抄杀以泄忿。官兵败，又或屠戮以冒功。由是熟苗怨恨，反结生苗为乱。如台拱本在化外，有司迎合要功，辄谓苗民献地。上官不察，竟议驻师。遂使生苗煽乱，屡陷官兵，蹂躏内地。间有就抚熟苗，又为武臣残杀，卖其妻女。是以贼志益坚，人怀必死。为今日计，惟有弃苗疆而不取，撤重兵还驻内地，要害筑城，俾民有可依，兵有可守。来则御之，去则舍之。明悬赏格，有能擒首恶及率众归顺者，给与土官世袭，分管其地。更加意抚绥熟苗，使勿为生苗所劫掠，官兵所侵陵，庶有俛首道向化之日。不然，臣恐兵端不能遽息也。"二年，卒，赠太子太傅，赐祭葬，谥文定。

黄叔琳，字昆圃，顺天大兴县人。康熙三十年一甲三名进士，授编修，累迁侍讲。丁父忧，服除，起原官，迁鸿胪寺少卿。五迁刑部侍郎。雍正元年，调吏部。命偕两淮盐政谢赐履赴湖广，与总督杨宗仁议盐价，革除陋规，从所请。疏言："各省支拨兵粮，布政使、粮道为政，先期请托，方拨近营。否则拨还汛，加运费，民既重累输输，兵亦苦待饷。请敕督抚察兵数，先拨本州县卫、所，不敷，于附近州县拨运。"下部议行。旋授浙江巡抚。时御史钱廷献请浚浙江东西湖，蓄水灌田，命叔琳会总督总保勘议。叔琳等奏言："西湖居会城西，周三十余里，南北山泉入湖处。旧皆设闸以阻浮沙，水得畅流。又有东湖为之停蓄，湖水分出上下塘，农田资以灌溉。自闸废土淤，民占为田。筑埂围荡，栽荷蓄鱼。请照旧址清厘，去埂建闸，浚城内河道，并疏治上塘各支港，及自会城至江南吴江界运河港汊坝堰。"部议从之。

叔琳疏荐人才，有廷臣常言于上者，上疑叔琳请托先容，谕戒郑重。会有言叔琳赴湖广时，得盐商赆，俾充总商，及为巡抚，庇海宁陈氏仆。其弟御史叔敬巡视台湾，过杭州，仆哄于市，叔琳皆以罪商，有死者，商为罢市。上命解叔琳任，遣侍郎李周望与将军安泰分

案按治。安泰等奏叔琳以陈氏仆与商争殴,逮商杖毙,事实,无与叔
敬事,亦未尝罢市。周望等奏叔琳贷金盐商,非行贿,上命毋穷究。
三年,命赴海塘效力。

乾隆元年,授山东按察使。疏言:"旧例州县命案,印官公出,由
邻封相验。嗣广西巡抚金𫓧奏请改委佐杂,贪缘贿属,杂成信谳。"
又言:"审案旧有定限,逾限议处。嗣河东总督田文镜题定分立解府
州、司、院限期,虽意在清厘,适启通融挪改之弊,请皆仍旧为便。"
从之。

二年,迁布政使。四年,丁母忧。服除,授詹事。以在山东误揭
属吏讳盗,夺官。叔琳登第甫二十,十六年,重遇登第岁,命给侍郎
衔。二十一年,卒,年八十三。

叔琳富藏书,与方苞友。苞治诸经,叔琳皆与商榷。

子登贤,字筠盟。乾隆元年进士,授户部主事。累迁左副都御
史,督山东学政。康熙间,叔琳来督学,立三贤祠,祀胡瑗、孙复、石
介,以式诸士。后六十年,登贤继之,训士遴才,皆循叔琳训。四十
九年,卒。

方苞,字灵皋,江南桐城人。父仲舒,寄籍上元,善为诗,苞其次
子也。笃学修内行,治古文,自为诸生,已有声于时。康熙三十八年
举人。四十五年,会试中式,将应殿试,闻母病,归侍。五十年,副都
御史赵申乔劾编修戴名世所著《南山集》、《孑遗录》有悖逆语,辞连
苞族祖孝标。名世与苞同县,亦工为古文,苞为序其集,并逮下狱。
五十二年,狱成,名世坐斩。孝标已前死,戍其子登峄等,苞及诸与
是狱有干连者,皆免罪入旗。圣祖夙知苞文学,大学士李光地亦荐
苞,乃召苞直南书房。未几,改直蒙养斋,编校《御制乐律》、《算法诸
书》。六十一年,命充武英殿修书总裁。世宗即位,赦苞及其族人入
旗者归原籍。

雍正二年,苞乞归里葬母。三年,还京师,入直如故。居数年,
特授左中允。三迁内阁学士。苞以足疾辞,上命专领修书,不必诣

内阁治事。寻命教习庶吉士，充《一统志》总裁、《皇清文颖》副总裁、乾隆元年，充《三礼义疏》副总裁。命再直南书房，擢礼部侍郎，仍以足疾辞，上留之，命免随班行走。复命教习庶吉士，坚请解侍郎任，许之，仍以原衔食俸。苞初蒙圣祖恩宥，奋欲以学术见诸政事。光地及左都御史徐元梦雅重苞。苞见朝政得失，有所论列，既，命专事编辑，终圣祖朝，未尝授以官。世宗赦出旗，召入对，慰愈之，并曰："先帝执法，朕原情。汝老学，当知此义。"乃特除清要，驯致通显。

苞屡上疏言事，尝论："常平仓谷例定存七出三。南省卑湿，存出多寡，应因地制宜，不必囿成例。年饥米贵，有司请于大吏，定植开粜，未奉檄不敢擅。自后各州县遇谷贵，应即令定值开粜，仍详报大吏。谷存仓有鼠耗，盘量有折减，移动有运费，粜籴守局有人工食用。春粜值有余，即留充分诸费。廉能之吏，遇秋籴值贱，得谷较多，应令详明别贮，备歉岁发赈。"下部议行。又言民生日匮，请禁烧酒，禁种烟草，禁米谷出洋，并议令佐贰官督民树畜，士绅相度浚水道。又请矫积习，兴人才，谓："上当以时延见廷臣，别邪正，示好恶。内九卿、外督抚，深信其忠诚无私意者，命各举所知。先试以事，破瞻徇，绳赃私，厚俸而久任著声绩者，赐金帛，进爵秩。尤以六部各有其职，必慎简卿贰，使训厉其僚属，以时进退之，则中材咸自矜奋。"乾隆初，疏谓："救荒宜豫。夏末秋初，水旱丰歉，十已见八九。旧例报灾必待八九月后，灾民朝不待夕，上奏得旨，动经旬月。自后遇水旱，五六月即以实奏报。"并言："古者城必有池，周设司险、掌固二官，恃沟树以守，请饬及时修举。通川可开支河，沮洳可兴大圩，及诸塘堰宜创宜修，若镇集宜开沟、渠筑垣堡者，皆造册具报，待岁歉兴作，以工代赈。"下部议，以五六月报灾虑浮冒，不可行。沟树塘堰诸事，令各督抚筹议。

高宗命苞选录有明及本朝诸大家时艺，加以批评，示学子准绳，书成，命为《钦定四书文》。苞欲仿朱子学校贡举议立科目程式，及充教习庶吉士，奏请改定馆课及散馆则例，议格不行。苞老多病，上怜之，屡命御医往视。

苞以事忤河道总督高斌，高斌疏发苞请托私书，上稍不直苞。苞与尚书魏廷珍善，廷珍守护泰陵，苞居其第。上召苞入对，苞请起廷珍。居无何，上召廷珍为左都御史，命未下，苞移居城外。或以讦苞，谓苞漏奏封语，以是示意。庶吉士散馆，已奏闻定试期，吴乔龄后至，复补请与试。或又以讦苞，谓苞符合居乔龄宅，受请托。上乃降旨诘责，削侍郎衔，仍命修《三礼义疏》。苞年已将八十，病日深，大学士等代奏，赐侍讲衔，许还里。十四年，卒，年八十二。苞既罢，祭酒缺员，上曰："此官可使方苞为之。"旁无应者。

苞为学宗程、朱，尤究心《春秋》、《三礼》，为笃于伦纪。既家居，建宗祠，定祭礼，设义田。其为文，自唐宋诸大家上通《太史公书》，务以扶道教、裨风化为任。尤严于义法，为古文正宗，号"桐城派"。

苞兄舟，文百川，诸生，与苞同负文誉。尝语苞，当兄弟同葬，不得以妻祔。苞病革，命从舟遗言，并以弟林早卒未视敛，袒右臂以自罚。

王兰生，字振声，直隶交河人。少颖异。李光地督顺天学政，补县学生，及为直录巡抚，录入保阳书院肄业，教以治经，并通乐律、历算、音韵之学。光地入为大学士，荐兰生直内廷，编纂《律吕正义》、《音韵阐微》诸书。康熙五十二年，赐举人，以父忧归。服除，仍直内廷。六十年，应会试，未第。上以兰生内直久，精熟性理，学问亦优，赐进士，殿试二甲一名，改庶吉士。雍正元年，散馆授编修。三年，署国子监司业。四年，真除，督浙江学政。五年，迁侍讲。六年，转侍读。时查嗣庭、江景祺以诽谤得罪，停浙江士子乡会试。兰生奏言："诸生当立品奉公，如有潜通胥役，欺隐钱粮，察出黜惩。臣按考所至，严加晓谕，并令地方官开报，必使输粮乃得入试。"上深嘉之，命浙江士子准照旧乡会试。七年，擢侍读学士，督安徽学政。九年，迁内阁学士，仍留学政。十年，命再留任三年。寻弃江南乡试考官，调陕西学政。十三年，以所举士得罪，左授少詹事。高宗即位，召入都，复授内阁学士。乾隆元年，迁刑部侍郎，兼署礼部侍郎。二年春二月，上奉世宗葬泰陵，兰生扈行。次良乡，发病遽作，卒于肩舆中。赉白金五百，治丧涿州，待家人奔赴，赐祭葬如例。

兰生为学原本程、朱，光地授以乐律，与共校朱子《琴律图说》，刻本多谬误，以意详正，遂可推据。既入直，圣祖授以律管、风琴诸解，本明道程子说，以人之中声定黄钟之管，积黍以验之，展转生十二律，皆与古法相应。又至郊坛亲验乐器，推匏土丝竹诸音与黄钟相应之理，其说与《管子》、《淮南子》相合。音韵亦授自光地，谓邵子《经世》详等而略韵，顾炎武《音学五书》详韵而略等，兼取其长，以国书五字类为声韵之元以定韵，又用连音为纽，均之法以定等，皆发前人所未及。圣祖深赏之，禁中夜读书，惟兰生侍左右。巡幸必以从，亟称其贤。

留保，字松裔，完颜氏，满洲正白旗人。祖阿什坦，字金龙，顺治初，授内院六品他敕哈哈番，翻译《大学》、《中庸》、《孝经》、《通鉴总论》诸书。九年，成进士，授刑科给事中。留保，康熙五十三年举人。六十年，与兰生同赐进士，改庶吉士。雍正元年，散馆授检讨。累迁通政使。六年，广东巡抚杨文乾劾总督阿克敦侵蚀粤海关火耗，并令家人索暹罗米船规礼诸事，上命总督孔毓珣及文乾按治。寻文乾卒，改命留保及郎中喀尔吉善会毓珣按治。毓珣以上怒，将刑讯，留保争之，乃免。谳定，阿克敦罪当死，寻复起，语详《阿克敦传》。留保迁侍郎，历礼、吏、工三部。乾隆初，乞病，致仕。卒，年七十七。

胡煦，字沧晓，河南光山人。初以举人官安阳教谕。治《周易》，有所撰述。康熙五十一年，成进士，散馆授检讨。圣祖闻煦通易理，召对乾清宫。问河、洛理数及卦爻中疑义。煦绘图进讲，圣祖赏之，曰："真苦心读书人也。"五十三年，命直南书房。上方纂《周易折中》，大学士李光地为总裁，命煦分纂。寻命直蒙养斋，与修《卜筮精蕴》。五十七年，迁洗马，怀修卜筮汇义。转鸿胪寺少卿。六十一年，迁光禄寺少卿，再迁鸿胪寺卿。雍正元年，擢内阁学士，命与刑部侍郎马晋泰如盛京按鞫私刨人参，录囚百五十八人，论罪如律。煦还奏："刨参俱贫民，羁候按鞫，自春夏至九、十月，往往瘐毙，请归盛京刑部及将军、府尹，以时定谳。"上如所请，命嗣后停遣部院堂官按鞫。五年，擢兵部侍郎，兼署户部。时诸部院每于员外增置佐正员治事，煦协理副都御史，又协办礼部侍郎。八年，命直上书房，充《明史》总裁。九年，授礼部侍郎。旋以衰老乞官。十年，河东总督田文镜劾煦长子孟基本邱氏子，冒姓，以官卷得乡举，下部议黜。乾隆元年，煦诣阙召见，命还原衔，复孟基举人，赐其幼子季堂荫生。煦疾作，卒于京师，赍银五百治丧，赐祭葬。

煦正直忠厚，所建白必归本于教化。尝奏："请敕州县岁举孝子悌弟，督抚旌其门，免徭役，见长官如诸生。其有慈惠廉节，笃于交友，下逮仆婢，行有可称，皆得申请奖劝，庶化行俗美，人知自爱。"又请敕州县劝农桑，或别设农官以专其任。又言："督抚于命、盗重案，每用'自行招认'四字，援以定罪。大民奸黠者抵死不服，愚懦者畏刑自诬，请嗣后必证据确然，然后付法司阅实。一有不当，旋即驳正，庶得慎刑之意。"他所陈奏，如广言路，裕积储，汰浮粮，省冗官，平权量，多切于世务。乾隆间，高宗诏求遗书，征煦著述。时季堂官江苏按察使，以煦著《周易函书》进。五十九年，特命追谥，谥文良。季堂自有传。

魏廷珍，字君璧，直隶景州人。李光地督学，招人幕阅卷。旋以举人荐直内廷，与王兰生、梅谷成校《乐律渊源》。五十二年，成一甲三名进士，授编修。五十四年，迁侍讲，直南书房。五十六年，转侍读。五十九年，转擢詹事，复迁内阁学士。六十一年，命领两淮盐政。

雍正元年，授偏沅巡抚。世宗谕曰："尔清正和平，但不肯任劳怨。今为巡抚，宜刚果严厉，不宜因循退缩。"二年，以辰奚诸生黄先文故杀人，谳斗杀拟绞，遇赦请免，会同民谭子寿等因奸毙三命，拟斩候，皆失出。又以拨隶旗兵饷未具题，部议降调。上谕："廷珍学问操守胜人，乃料理刑名钱谷，非过则不及。"召回京，授盛京工部侍郎。三年，授安徽巡抚，又以按治泾县吏王时瑞等假印征赋，宽徇，为部驳，上戒其毋姑息。廷珍疏言："清厘钱粮，官吏侵蚀，往往匿民欠中，不易清察，请视民欠多少，多限一年，少限半年，分别详察。官吏侵蚀，循例责偿，如实欠在民，督征催解，州县有逋赋，继任受代，许以时察报。"诏如所请行。嗣以清察限促，敕部更定。广东总督孔毓珣入对，言道经宿州灵璧，积潦妨稼，上责廷珍怠玩，令出俸疏浚。廷珍乞内补，上不许。八年，调湖北。九年，召回京，授礼部尚书。十年，授漕运总督，署两江总督。十二年，授兵部尚书。十三年，仍调礼部。

高宗即位，命以尚书衔守护泰陵。乾隆三年，授左都御史。四年，迁工部尚书。五年，以老病乞休。上以："廷珍在世宗朝服官中外，不克举其职，屡奉申诫，今以老病乞休，似此因循懈怠、持禄保身之习，断不可长。"命夺官。时方苦旱，太常寺卿陶正靖谢上入对，上问："今苦旱，用人行政或有阙失，宜直言。"正靖因奏："廷珍负清望，无大过。近日放还，天语峻厉，非所以优老臣。"上霁颜听之。后数日，上以语礼部尚书任兰枝，兰枝言正靖其门生也。上知兰枝与廷珍为同年进士，因不怿，谕："朝臣师友门生援引标榜，其端不可开。"命兰枝书上谕戒正靖，兰枝书，上谕，言："上问正靖，知为兰枝门生。"上诘兰枝，兰枝对"年老耳聋，一时误听"。上愈怒，责兰枝诈伪，对"称老"以旧臣自居，下吏议，兰枝、正靖皆夺官。上命留兰枝，正靖降调。

十三年，上东巡，过景州，廷珍迎谒，命还原衔，赐以诗，有句曰："皇祖栽培士，于今剩几人？"并书"林泉耆硕"榜赉之。十六年，又赐诗，予其子锡麟荫生。二十一年，复东巡，廷珍迎谒，年已将九十，又赐诗，予锡麟员外郎衔。寻卒，赐祭葬，谥文简。

任兰枝，字香谷，江苏溧阳人。康熙五十二年一甲二名进士，授编修。雍正元年，命直南书房。累迁内阁学士。五年，与安南定界，偕左副都御史杭奕禄齐诏宣谕，语详《杭奕禄传》。使还，迁兵部侍郎。命如江西按南昌总兵陈玉章侵饷。调吏部。高宗即位，命充《世宗实录》总裁。擢礼部尚书，历户、兵、工部，复调礼部。十年，以老致仕。十一年,卒。

　　蔡世远,字闻之,福建漳浦人。父璧,拔贡生,官罗源训导,有学行,巡抚张伯行延主敖峰书院,招世还入使院校订先儒遗书。

　　世远,康熙四十八年进士,改庶吉士。大学士李光地以宋五子之书倡后进,得世远,深器之。四十九年,乞假省亲。五十年,遭父丧,服除,赴京师。以假逾期,于例当休致,世远不欲以父丧自列。会上命纂《性理精义》,光地充总裁。荐世远分修,书成,世远不欲以编辑叙劳,辞归。巡抚吕犹龙延主鳌峰书院,以正学教士。居久之,雍正元年,特召授编修,直上书房,侍诸皇子读。寻迁侍讲。四年,迁右庶子,再迁侍讲学士。五年,迁少詹事,再迁内阁学士。六年,迁礼部侍郎。

　　七年,上将设福建观风整使,诹世远,命与同籍京朝官议之。佥谓:"福建自海疆平定后,泉漳将吏因功骤擢通显,子弟骄悍,无所憚畏。皇上饬官方,兴民俗,上年学政程元章奏以泉、漳风俗未醇,责成巡道整饬,自此益加儆戒。但人有贤愚,士或鄙劣薄行,民又因怒互争,未必洗心涤虑。应请设观风整俗命名,防范化导,于风俗人心有益。"得旨允行。八年,福建总督高其倬劾世远长子长汉违例私给船照,上以疏示世远。世远奏言:"臣子长汉见在京邸。此所给照,不知何人所为。但有臣官衔图书,非臣族姓,即臣戚属,请敕鞫治。"部议坐失察,降调。十年,特旨复原职。十二年,卒。

　　世远侍诸皇子读,讲《四子》、《五经》及宋五子书,必引而近之,发言处事,所宜设诚而致行者。于诸史及他载籍,则即兴亡治乱,君子小人消长,心迹异同,反覆陈列。十余年来,寒署无或间。十三年,高宗即位,赠礼部尚书,谥文勤。所著《二希堂集》,御制《序》弁首。"二希"者,谓功业不敢望诸葛武侯,庶几范希文。道德不敢望朱子,庶几真希元。上制《怀旧诗》,称为闻之蔡先生。六十年,上将归政,释奠于先师,礼成,推恩旧学,加赠太傅。

　　子长沄,诸生。乾隆三年,以学行兼优荐,发江南以知县用。历甘泉、石埭、句容、无锡诸县。两江总督德沛称其廉明,再迁江宁知府。调庐州、松江诸府,迁四川按察使。二十七年,特擢兵部侍郎。逾年,卒。上屡念世远旧劳,推恩其诸子,观澜、长沕及孙本崇皆赐举人。

沈近思,字位山,浙江钱塘人。康熙三十九年进士。四十五年,授河南临颍知县。颍水经许州东入临颍,许州孔家口下距临颍境仅百余步,堤屡圮,水入临颍,害禾稼。近思请筑堤,临颍任夫十之七,士民争输谷。日役千三百人,人谷二升,二十日而堤成。水至不为患,岁大熟。近思立紫阳书院,教士以正学。县西葛冈村俗最恶,近思为置塾,课村童,立书程簿,躬教督之。化行于其乡,俗曰驯。五十二年,巡抚鹿佑荐卓异,迁广西南宁同知。病,告归。

五十九年,以浙江巡抚朱轼荐,敕部调取引见,命监督本裕仓。浙江福建总督满保奏请以知府拣发福建,檄署台湾知府。近思议析置数县,道镇弹压,府治驻兵三千,分布营汛,收材勇入行伍,严加操练,以渐移充内地各标。流世至者,必审籍贯、稽家口,方授以田土,否则悉驱过洋。议未即行,雍正元年,召授吏部文选司郎中,赐第,赍帑金四百。寻授太仆寺卿,仍兼领文选司事。二年,超授吏部侍郎,命与尚书阿尔松阿如河南,按治诸生王逊等纠众罢考,论如律。

四年,充江南乡试考官。例以《乡试录》进呈,上嘉近思命题正大,策问发挥性理,谕奖之。时侍郎查嗣庭、举人汪景祺以诽谤获罪,停浙江人乡会试。近思疏言:“浙省乃有如嗣庭、景祺者,越水增羞,吴山蒙耻!”因条列整伤风俗,约束士子,凡十事。上曰:“浙省有近思,不为习俗所移,足为越水、吴山洗其羞耻!”所陈委曲详尽,下巡抚李卫、观风整俗使王国栋,如议旋行。五年,擢左都御史,仍兼领吏部事。卒,命平邵王福彭往奠,加礼部尚书、太子少傅。以其子方幼,令吏部遣司官为治丧,赐祭葬,谥端恪。

近思少孤贫,为僧灵隐寺。世宗通佛理,尝以问近思,近思对曰："臣少年潦倒时，尝逃于此。幸得通籍，方留心经世事以报国家。亦知皇上圣明天纵，早悟大乘，然万几为重，臣愿皇上为尧、舜，不愿皇上为释迦。即有所记，安敢妄言以分睿虑？"上为改容。及耗羡归公议起，上意在必行，近思独争之，言："耗羡归公，即为正项，今日正项之外加正项，他日必至耗羡之外加耗羡。臣常为县令，故知其必不可行。"上一再诘之，近思陈对侃侃，虽终不用其言，亦不以为忤也。

子玉琏，世宗命地方官加意抚养成立。乾隆中，授广西桂林同知。

雷铉，字贯一，福建宁化人。为诸生，究心性理。庶吉士蔡世远主鳌峰书院，从问学。雍正元年，举于乡。世远时为侍郎，荐授国子监学正。十一年，成进士，改庶吉士，乞假归。十三年，高宗即位，召来京，命直上书房。乾隆元年，散馆，以病未入试，特授编修。二年，大考二等一名，赐笔、墨、砚、纱葛。同直编修余栋以忧归，端慧皇太子丧，入临，上欲留之。铉疏言："侍学之臣，当明大义，笃人伦。使栋讲书至'宰我问三年丧'，何以出诸口？"杨名时亦诤之，事遂寝。四年，迁谕德。寻以父忧归。九年，召来京，仍直上书房，赏额外谕德食俸。

十年，三迁通政使。上以言事者多沽直名，自规便利，诏训饬。铉疏言："皇上裁成激劝，俾以古纯臣为法，意至深厚。然台谏所得者名，政事所得者实。论臣子之分，不惟不可计利，并不可好名。而在朝廷乐闻谠言，不必疑其好名，并不必疑其计利。孔子称舜大知曰隐恶扬善，则知当时进言者不皆有善无恶，惟舜隐之扬之，所以嘉言罔攸伏，成执两用中之治。"得旨嘉奖。十四年，乞假省母。十五年，还京，命督浙江学政。十六年，上南巡，赐以诗，谓："浙江近福建，为汝便养母也。"寻调江苏。十八年，擢左副都御史，仍留督学。复调浙江。杭州、嘉兴灾，致书巡抚周人骥议蠲赈。人骥以时已隆冬，例不得补报，难之。铉遂疏闻，上命蠲赈。二十一年，乞养母归。

二十二年,上南巡,铉迎谒。上书榜赐其母。二十二年,丁母忧。二十三年,铉未终丧,卒,年六十四。

铉和易诚笃,论学宗程、朱。督学政,以《小学》及陆陇其《年谱》教士。与方苞友,为文简约冲夷得体要。

论曰:曰圣祖以朱子之学倡天下,命大学士李光地参订《性理》诸书,承学之士,闻而兴起。苞与光地谊在师友间,名时、兰生、廷珍、世远皆出光地门。煦亦佐光地修书,得受裁成于圣祖。叔琳,苞友,铉又出世远门,渊源有自。独近思未与光地等游,而学术亦无异,雍正初,与世远、苞先后蒙特擢。寿考作人,成一时之盛,圣祖之泽远矣。

清史稿卷二九一
列传第七八

海望 三和　莽鹄立　杭奕禄
傅鼐　陈仪　刘师恕 焦祈年
李徽　王国栋 许容　蔡仕舢

　　海望，乌雅氏，满洲正黄旗人。初授护军校。雍正元年，擢内务府主事。累迁郎中，充崇文门监督。八年，擢总管内务府大臣，兼管户部三库，赐二品顶戴。九年，迁户部侍郎，仍兼管内务府，授内大臣。十一年，命偕直隶总督李卫勘浙江海塘，与卫议奏在海宁尖、塔两山间建石坝，使海潮外趋，并在仁和、海宁两县境改建大石塘。上命浙江总督程元章相度遵行。又奏请设专官总辖，令驻防将军、副都统协同监修，及议叙在工人员工价以银米兼发，并从之。十三年，振武将军傅尔丹虐兵婪索事发，命海望赴北路军管逮治。寻命办理军机理务。

　　世宗疾大渐，召同受顾命。是时办理军机事务鄂尔泰、张廷玉、讷亲、班弟、索柱、丰盛额、莽鹄立、纳延泰及海望凡九人。高宗即位，命尚书徐本入直。旋设总理事务处，命鄂尔泰、廷玉总理，本、讷亲及海望协办，班弟、纳延泰、索柱差委办事。寻命海望署户部尚书。海望还自军前，奏言："鄂尔坤发遣罪人种地无实效，且恐生事，当改发他处。"世宗谓："鄂尔坤方驻兵，当可弹压，海望奏非是。"高宗以海望奏下总理事务处议，议上，上谕曰："海望奏，前奉皇考申伤。朕推皇考之意，盖以发遣罪人，皆身获重罪，今令军前种地，乃所以保全之。其中若有冤抑，自应声明具奏宽释。如但以不善开垦，遂尔改发内地，此曹既获重罪，又不肯急公趋事，转得遂其侥幸之心。且如以兵代之，兵若以不能力田为辞，则将移内地之民耕边塞之地乎？此事之断不可行者。海望心地纯良，但识见平常，所奏岂可尽以为是？议覆观望游移，后当以此为戒。”

乾隆二年，泰陵工成，授拖沙喇哈番世职。寻罢总理事务处，复设办理军机处，海望仍为办理军机大臣。叙劳，复加拖沙喇哈番世职。四年，加太子少保。初，上命停捐例，廷臣议但留收谷捐监，俾各省积谷备荒。六年，御史赵青黎请并停之，复下廷臣议，请仍其旧。海望奏：“外省收捐繁难，原议各省捐贮谷数三千余万石，今报部者仅二百五十余万石，不足十之一。不若停各省捐谷，令在部交银，转拨各省买谷，俟仓贮充盈，请旨停止。”上命在部交银，在外交谷，听士民之便。谕谓：“地方积谷不厌其多，赈恤加恩，亦所时有，正未易言仓贮充盈也。”

海望久充崇文门监督，御史胡定奏言：“崇文门征税，有挂锤、顶秤诸名，百斤作百四五十斤。税额虽未增，实已加数倍。杂物自各门入，恣意需索，更数倍于税额。外省各关，如杭州北新关，自南而北十余里，稽察乃有七处，留难苛索，百倍于物价。盖由官吏务欲税课浮于旧额，吏胥藉得恣睢无忌，请敕严禁。”上曰：“海望领崇文门税务，尽收尽解，尽行入官，因而见其独多，如定所奏，种种苛索，朕信其必无。外省关课，应令督抚严察。”海望旋调礼部尚书。

十年，上以海望精力渐衰，罢办理军机。十四年，复调户部尚书。十七年，以建筑两郊坛宇发帑过多，与侍郎三和等自行奏请严议，当夺官，上宽之。二十年，卒，遣散秩大臣博尔木查奠茶酒，赐祭葬，谥勤恪。

三和，纳喇氏，满洲镶白旗人。初授护军校，累迁一等侍卫。乾隆六年，授总管内务府大臣，迁户部侍郎，调工部，复调还户部。十四年，擢工部尚书。寻降授侍郎，调户部，复调还工部。三十二年，授内大臣。三十八年，卒，赐祭葬。谥诚毅。

莽鹄立，字树本，伊尔根觉罗氏，满洲镶黄旗人。曾祖富拉塔，居叶赫，天聪时来归，隶蒙古正蓝旗。祖莽吉图，从睿亲王伐明，徇山东，围锦州，击败洪承畴援兵。入关逐李自成至庆都，又从下云南。累擢正蓝旗满洲梅勒额真，授世职三等阿达哈哈番。

莽鹄立，事圣祖，初授理藩院笔帖式。累迁员外郎，迭充右翼监督、浒墅关监督。世宗即位，命协办理藩院侍郎，旋擢御史。莽鹄立精绘事，令恭绘圣祖御容。雍正元年，改入满洲，以本族别编佐领，俾莽鹄立世管。

出巡长庐盐政，疏言：“长芦诸商行盐地，有额引不能销者，有额外多销者，请通融运销，量增引目。”从之。二年，疏请元年积引宽限分销，部议不允，再疏请，特许之。又疏言：“山东加增引目，州县多寡不均。请减多增寡，以苏商困。”又疏言：“增复引目，视见办商人按名均分。”上允之。三年，疏言：“山东灶丁，遵康熙五十二年恩诏，审丁不加赋。”下部议行。又疏请清察灶地，敕直隶、山东督抚遣员清丈。迁大理寺卿，再迁兵部侍郎，领盐政如故。天津改卫为州，初议隶河间府。莽鹄立请改为直隶州，以武清、静海青县属焉。并丁入地议起，莽鹄立以山东灶丁丁多地少，请以其半入地，其半仍按丁征赋。下部议，从之。四年，以御史顾琮巡视监政，仍命莽鹄立盐理。寻调礼部，令与顾琮监造天津水师营房，工久未竣，上以责莽鹄立，调刑部，召还京。五年，复调礼部，仍署长芦盐政。

授甘肃巡抚。六年，师入西藏，谕莽鹄立赴西宁料理。西宁道刘之珍等误军兴，总督岳钟琪疏劾，上以责莽鹄立，解巡抚，召还京。署正蓝旗满洲副都，统兼管理藩院侍郎。七年，擢正蓝旗蒙古都统。八年，命协同办理直隶水利营田。十年，调镶白旗满洲都统。十三年，与都统袭英诚公丰盛额并命办理军机事务。高宗即位，改设总理事务处，莽鹄立与丰盛额罢直回本任。寻署工部尚书，又调正蓝旗满洲都统。乾隆元年，卒，赐祭葬，谥勤敏。

　　杭奕禄,完颜氏,满洲镶红旗人。初授中书。雍正元年,授额外员外郎。未几,补御史,即迁光禄寺少卿。三年,迁光禄寺卿。上蠲苏州、松江田赋四十五万,杭奕禄疏言:"此为未有殊恩。有田纳赋,既邀蠲免。无田而佃种人田者,纳租业主,亦宜酌减,俾贫富均沾实惠。"上谓此奏甚公,下廷臣议,定业户免额一钱,佃户免租谷三升。上命如议速行。擢左副都御史,仍兼管光禄寺。

　　五年,命与内阁学士任兰枝使安南宣谕。初,云南总督高其倬奏安南国界有百二十里旧属内地,应以赌咒河为界,安南国王黎维裪奏辨。上命云贵总督鄂尔泰覆核,予地八十里,以铅厂山下小河内四十里为界,维裪复奏辨。上敕维裪毋以侵占内地为嫌,疑惧申辨。至是,复命杭奕禄等往谕意,未至,维裪上表谢罪。六年,命鄂尔泰以铅厂山下地四十里予安南,别颁敕命杭奕禄等齐往宣谕。杭奕禄至镇南关,维裪使出关迎。进次貇瑶营,维裪复使迎劳,请仪注,议行其国礼,五拜三叩。杭奕禄等持不可,乃请听命。渡富良江至长安门,维裪跪迎。杭奕禄等捧敕入自中门,维裪率将吏等听宣敕,敕曰:"朕前令守土各官清理疆界,未及于安南也。总督高其倬职任封疆,考志乘,访舆论,知开化府与安南分界当在逢春里之赌咒河,乃奏闻设汛。王疏陈,复命总督鄂尔泰秉公办理。鄂尔泰体朕怀进之心,定界于铅厂山下小河,缩地八十里。诚为仁至义尽,此皆地方大臣职分所当为。朕统驭寰区,凡属臣服之邦,皆隶版籍。安南既列藩封,尺地莫非吾土,何必较论此区区四十里之地? 若王以至情垦求,朕何难开恩赐与?祗以两督臣定界时,王激切奏请,过于解望,失事上之礼,朕亦无从施惠。顷鄂尔泰以王本章呈奏,词意虔恭。王既知尽礼,朕自可加恩,将此地仍赐王世守,并遣大臣前往宣谕。王其知朕意!"宣毕,维裪行三跪九叩礼。杭奕禄等复宣谕恩德,维裪誓世世子孙永矢臣节。杭奕禄等使还,维裪送至长安门,馈赆杭奕禄等,不受。至镇南关,维裪使齐谢表请转奏。杭奕禄等还京师,疏闻,请宣付史馆,允之。授刑部侍郎,署吏部尚书。

六年,湖南靖州诸生曾静遣其徒张熙变姓名投书川陕总督岳钟琪,略言清为金裔,钟琪乃鄂王后,劝令复金、宋之仇,同谋举事。钟琪大骇,鞫熙,熙不肯言其实。乃置熙密室,阳与誓,将迎其师与谋,始得熙及静姓名,奏闻。上命杭奕禄及副都统觉罗海兰如湖南,会巡抚王国栋捕静严鞫。静言因读吕留良评选时文论夷、夏语激烈,遣熙求得留良遗书,与留良子毅中,及其弟子严鸿逵,鸿逵弟子沈在宽等往还,沈溺其说,妄生异心。留良,浙江石门诸生,康熙初讲学负盛名,时已前死。上命逮静、熙、毅中、鸿逵、在宽等至京师。静至,廷鞫,自承迂妄,为留良所误,手书供辞,盛称上恩德。上命编次为《大义觉迷录》,令杭奕禄以静至江宁、杭州、苏州宣讲。事毕,命并熙释勿诛,戮留良尸,诛毅中并鸿逵、在宽等,戍留良诸子孙。高宗即位,乃命诛静、熙。

七年,授杭奕禄镶红旗满洲副都统。八年,命解部事,寻复补礼部侍郎,署前锋统领。上命杭奕禄偕侍郎众佛保宣谕准噶尔。九年,师征准噶尔,上虑陕、甘民或以用兵为累,命杭奕禄与左都御史史贻直、署内务府总管郑浑宝、率庶吉士六部学习主事、国子监肄业拔贡生等宣谕化导,寻命杭奕禄协办军需。十年,命署西安将军,授钦差大臣,察阅甘、凉及山西近边营伍。十一年,谕责杭奕禄骄奢放纵,扰累兵民,夺官,在肃州荷校。

乾隆元年,召至京师,授额外内阁学士,补工部侍郎,充《世宗实录》副总裁。遣驻西藏办事。四年,奏言:“西藏西南三千里外巴尔布国有三汗,一曰库库木,一曰颜布,一曰叶楞,雍正十一年尝通贡。近三汗交恶,贝勒颇罗鼐宣谕罢兵,三汗听命,命呈进部落户口数,并贡金银、丝缎、珊瑚、念珠诸物。”报闻。寻召还,调刑部。五年,擢左都御史,列议政大臣。十年,以老乞休,谕留之。十一年,上察其老惫,命致仕。十三年,卒。

傅鼐,字阁峰,富察氏,满洲镶白旗人。初授侍卫。雍正二年,授汉军镶黄旗副都统、兵部侍郎。三年,调盛京户部侍郎。世宗在潜邸，夙知傅鼐好事，既即位，令隆科多察其为人。隆科多称傅鼐安静。傅鼐在上前尝言隆科多子岳兴阿甚怨其父，谓"我家受恩深，当将生平行事据实奏闻，若稍有隐饰，罪更不可逭"。及隆科多被谴追脏，岳兴阿隐其父财产。上以与傅鼐言不符，疑傅鼐与隆科多交结，虑且败，预为岳兴阿地。会傅鼐任侍卫时，浙江粮道江国英被劾，为关说，得银万余。事发，上命夺官，械击逮诣京师，下刑部按治。谳上，免死，发遣黑龙江。

九年，召还，赴大将军马尔赛军营效力。寻予侍郎衔，授参赞大臣。十年，准噶尔台吉噶尔丹策零入寇，额驸策凌御之额尔德尼昭，噶尔丹策零大败，自推河窜走。时马尔赛驻拜里城，有兵万三千。策凌檄速发兵断噶尔丹策零归路，马尔赛不能用。傅鼐进曰："贼败亡之余，可唾手取也！请发轻骑数千，俾率以贼，成，功归大将军。事败，事愿独受其罪。"马尔赛默然，再三言不应，至长跪以请，终不许。傅鼐愤甚，将所部出城逐敌。噶尔丹策零已遁走，得辎重、牛羊万计。事闻，上诛马尔赛，赉傅鼐花翎。

平郡王福彭代为大将军，傅鼐参赞如故。噶尔丹策零既大创，不敢深入，师亦未能还征。上召策凌及大将军查郎阿诣京师廷议，庄亲王允禄及策凌等主进讨，大学士张廷玉等言不若先抚之，不顺则进讨。两议上，上问傅鼐，傅鼐赞抚议。降旨罢兵，遣傅鼐偕内阁学士阿克敦、副都统罗密谕噶尔丹策零。噶尔丹策零欲得阿尔泰山故地，傅鼐力折之。十三年，使还，予都统衔，食俸。

高宗即位，命署兵部尚书，寻授刑部尚书，仍兼理兵部。乾隆元年，疏言："刑罚世轻世重。我朝律例，颁布于顺治三年，酌议于康熙十八年。重刊于雍正三年。臣伏读世宗遗诏曰：'凡诸条例，或前本严而朕改从宽，此乃昔时部臣定议未协，朕与廷臣悉心斟酌而后更定，应照更定之例行。若前本宽而朕改从严，此以整饬人心风俗，暂行一时，此后遇事斟酌，若应照旧例者，仍照旧例行。'臣思圣心惓惓于此，盖必有所轸念而未及更正者也。皇上以世宗之心为心，每遇奏谳，斟酌详慎。臣见《大清律集解附例》一书，见令不行之例犹载其中,恐刑官援引舛错,吏胥因缘为奸。请简熟悉律例大臣,详加核议。律文律注,当仍其旧。所载条例,有今已斟酌改定者,应从改定。有应斟酌而未逮者,悉照旧章,务归于平允,逐条缮折,恭请钦定纂辑颁布。”得旨允行。又疏言:“断狱引用律例,宜审全文。若摘引律语,入人重罪,是为深文周内。律载‘官吏怀挟私仇,故勘平人致死者,斩监候。’又载:‘若因公事干连在官,事须问鞫,依法拷讯,邂逅致死者,勿论。’律意本极平允。数年来,各督抚遇属员误将在官人犯拷讯致死,辄摘引‘故勘平人’一语,拟斩临候。尚书张照又奏准:‘如将笞杖人犯故意夹拷致死二命以上,及徒流人犯四命以上,俱以故勘平人论。’不思既非怀挟私仇,于故勘之义何居?若谓在官之人本属无罪,则必有诬告之人,应照律抵罪。若谓轻罪不应夹讯,命盗等案,当首从未分安能预定为笞杖为徒流?若谓拷讯不依法,自有‘决罚不如法’律在致死二人、四人以上,当议以加等。请敕法司酌改平允”下部议行。

是秋,以勒借商银,回奏不实,夺官。寻命暂署兵部尚书。二年,授满洲正蓝旗都统。三年,坐违例发俸,发往军台效力。寻卒。

陈仪,字子翙,顺天文安人。康熙五十四年进士,改庶吉士,散馆授编修。为古文辞,治经世学,大学士朱轼器之。雍正三年,直隶大水,诸河泛滥,坏田庐。世宗命怡亲王允祥偕轼相度浚治。王求谙民产畿辅水利者,轼以仪对。延见,谘治河所宜先,仪曰:“朱子言治河先低处。天津为古渤海逆河之会,百川之尾闾。今南北二运河、东西两淀盛涨,争趋三岔口,而强潮复来拒之,觝牾洄旋而不时下,下隘则上溢,其势宜然。故欲治河,莫如先扩达海之口。欲扩海口,莫如先减入口之水。入口之水减,则达海之口宽。北永定,南子牙,中七十二沽,皆得沛然入三岔口而东注矣。”四年春,从王行视水利,教令章奏皆出仪手。轼以忧归,王荐之朝,命以侍讲署天津同知。转侍读,擢庶子,仍署同知如故。

五年,王奏设水利营田四局,仪领天津局,兼督文安、大城堤工。二县地卑下,积潦不消。是秋复大水,堤内外皆巨浸。仪购秫秸十余万束,立表下楗以御水。堤本民工,仪言于王,请发帑兴修,招民就工代赈,堤得完固。南运河长屯堤地隶静海,吏舞法,岁调发霸州、文安、大城民协修,百里裹粮,咸以为苦,仪为除其籍。畿辅大小诸河七十余,疏故浚新,仪所勘定殆十六七云。

八年,擢侍讲学士。时议设营田观察使二员,分辖京东西,以督率州县,命仪以佥都御史充京东营田观察使,营田于天津。仿明汪应蛟遗制,筑十字围,三面开渠,与海河通。潮来渠满,闭渠蓄水以供灌溉,白塘、葛沽间斥卤尽变膏腴。丰润、玉田地多沮洳,仪教之开渠筑圩,皆成良田。十一年,大雨,山水暴发,没田户。仪疏闻,谕筹赈,即命仪董其事,凡赈三十四万余口。十二年,转侍读学士。寻罢观察使,还京师。

仪笃于内行,先世遗田数百亩,悉推以让兄。既仕,分禄畀昆弟,周诸故旧。有故人子贫甚,属门生为谋生业,事为人所讦,吏议当降调。乾隆二年,授鸿胪寺少卿。仪以老乞归。七年,卒,年七十三。子玉支,雍正八年进士,官台湾知府。勤其官,有惠政。

刘师恕,字艾堂,江南实应人。父国黻,康熙二十一年进士,改庶吉士,授户科给事中,历督捕理事官。在户科,建言民田亩有大小,地有上中下,请具载《简明赋役全书》,明示天下。在督捕,详考则例刊布之。往时以逃人为根,以一累百十,以逃案为市。取所历州县官职名待勃,弊不胜诘,皆剔除之,乃裁并兵部。改授鸿胪寺卿。

师恕,三十九年进士,选庶吉士,授检讨。累迁国子监祭酒。雍正元年,授贵州布政使。四年,迁通政使,转左副都御史,擢工部侍郎。上以宜兆熊署直隶总督,调师恕礼部,协理总督事。五年,奏获交河妖民孙守礼,严鞫治罪。上奖其遇事直达,不稍隐讳。师恕与兆熊议裁学政陋规,学政孙嘉淦言:"学政旧规,日得五十五两,今减半即足用。"师恕言:"减至一两亦不可行,当另奏拨解公费。"师恕与兆熊奏已与嘉淦会商裁革,嘉淦以实奏。上谕曰:"孙嘉淦非骚扰贪饕者比,尔等何不量至此?可仍循旧例而行。嘉淦,端士也,宜作成之。"初夏,保定诸府少雨,上以为忧。师恕等言:"今岁遇闰,此后得雨不迟。"上责其怠忽。寻奏裁驿站夫马工料羡余银,上谕曰:"陋规自应裁,第当量情酌理为之,毋过刻,令后来地方诸事难于措办也。"调吏部,仍留协理。大名诸生窦相可诉知府曾逢圣贪劣,布政使张适杖杀之,以狱毙报,兆熊、师恕匿不以闻。上命尚书福敏等按治得实,兆熊坐降调。上宽师恕,谕责其徇隐,命何世琪署直隶总督,仍今师恕协理。

七年,命师恕以内阁学士充福建观风整俗使。八年,疏言:"海澄公旧以辖兵给印,后兵裁而印未缴。今海澄公黄应缴滥行印文,非所宜,当令缴销。"并言外省世袭武职,年及二十,当令咨部引见,分京外学习。部议从之。十一年,师恕以病告,省观风整俗使不复设。乾隆七年,宝应灾,治赈,非贫民例不给。师恕族人诸生恫唆不得赈者,哄堂罢市。上责师恕不能约束,夺官。南巡迎谒,赐侍读学士衔。二十一年,卒。

是时广东、湖南皆置观风整俗使。焦祈年,字谷贻,山东章邱人。雍正元年进士,改庶吉士,授编修。考选云南道御史,擢顺天府丞,权府尹,迁右通政。八年,命充广东观风整俗使,修建十府、二州书院,延通人为之师。滨海多盗,设策拘捕,得剧盗百余置诸法,盗差熄。奸民以符札惑众,擒治之,赦其株连者。西洋人置天主堂,使徙归澳门。简阅营伍,军政以肃。擢光禄寺卿,召为顺天府尹,旋调奉天。行次山海关,疾作,乞归,卒于里。

李徽,字元纶,山西崞县人。康熙五十二年,乡试举第一。雍正元年进士,改庶吉士,散馆刑部主事。寻复授检讨。考选浙江道御史。是时遣御史巡察顺天直隶诸府,顺天、永平、宣化为一员,保定、正定、河间为一员,顺德、广平、大名为一员,徽巡察顺德、广平、大名三府。曾静、张熙事起,上虑湖南士民为所惑,议遣使循行训迪。以大学士朱轼荐,遣徽劝谕化导。寻授金都御史,充湖南观风整俗使。徽在官四年,察吏安民,能称其职。坐事,降授仓监督。高宗即位,命复官,遽卒。

广西学政卫昌绩请设观风整俗使,御史陈宏谋继请。上谕宏谋等曰:"广西通籍者本少,乃已有狂悖如谢济世、陆生柟者,风俗薄劣可见。尔等不能端本澄源,躬先表率,而望秉铎司教之官,家喻户晓,易俗移风,所谓逐末而忘其本也。"议寝未行。

王国栋,字左吾,汉军镶红旗人。康熙五十二年进士,改庶吉士,授检讨。累迁光禄寺卿。雍正初,查嗣庭、汪景祺坐文字谤讪见法。上谓浙江士习浇漓,四年,设浙江观风整俗使,以授国栋。国栋至官巡行宣谕,清逋赋,征唆讼,饬营伍,严保甲,次弟疏闻,上温谕奖之。迁宗人府府丞。五年,上以浙江被水,米贵,命国栋同巡抚李卫发库帑四万,于杭州、嘉兴、湖州三府修城、浚河、筑堤,俾饥民就庸食力。国栋奏:"杭州至海宁塘河淤,当浚治。太湖堤闸及嘉兴石塘多倾圮,当修理。冬春雨雪,工作多费,请俟九、十月水落兴工。"上韪之。

寻擢湖南巡抚,以许容代为浙江观风整俗使。上谕国栋曰:"初欲令尔在浙整饬数年,俾收成效。但湖南废弛久,今以命尔,尔其勉之!"上命湖广总督迈柱修两省堤工。国栋疏言:"湘阴、巴陵、华容、安乡、澧、武陵、龙阳、沅江、益阳九州县环绕洞庭,居民筑堤堵水而耕。地势卑下,江涨反灌入湖,堤岸冲决,见有四百余处。正饬刻期完筑,务加高培厚,工程坚固。"金都御史申大成奏贵州屯田,民间贱价顶种,易启纷争。请仿民田买卖,亩纳税五钱,给照为业,并推行各省。国栋疏言:"湖南屯田瘠薄,应分别差等,微价顶种,今完税五钱,给照如时价平买。未过户者,视屯粮石税五钱,已过户者二钱。龙阳、武陵、长靖诸屯赋重,按券值两税三分。"均下部议行。

曾静、张熙事起,上令侍郎杭奕禄至湖南会鞫。国栋听静自列,未穷究党羽,允祺、允禵门下太监以罪徙广西,流言于路,直隶、河南督抚俱疏上闻。国栋奏言:"湖南监送兵役未闻一语。"又茶陵民

陈蒂西传播流言,敕国栋按鞫,亦不得实证,坐是失上指,夺官,召
还京。八年,命治刑部侍郎事,署山东巡抚。九年,河南祥符、封丘
等县水灾,命往治赈。迭署江苏、浙江巡抚。十年,仍还刑部。十二
年,以议福建民蓝厚正杀兄狱失当,吏议降调。十三年,复命署刑部
侍郎。卒。

许容,河南虞城人。康熙五十年举人,授陕西府谷知县。内迁
工部员外郎,考选广西道御史。雍正元年,改会考府郎中,仍兼御
史。出为直隶口北道,迁陕西按察使。劾河东巡盐御史马喀以积盐
变价入己,上夺马喀官,命兼管河东巡盐御史,按治。寻闻容刑逼商
人,解容任,令总督岳钟琪覆按。钟琪言容无刑逼商人事,上擢浙江
布政使。五年,代国栋为浙江观风整俗使。寻偕广东巡抚杨文乾清
察福建仓库。六年,遭母丧,给假治丧异,命仍还浙江。旋擢甘肃巡
抚,以蔡仕舢代为浙江观风整俗使。容疏议更正律例,出脏过付人
宜视完赃减二等,得赃者完赃减一等,倍完方减二等,连毙二命宜
加等。上皆谓不当,责容愚妄。

八年,师征噶尔丹,上以容治军需多推诿,命尚书查粥纳赴陕
西为之董理。及事竟,上谕容曰:“此次军需,朕为挽将覆之辙,回已
颓之波,救汝身家性命。较自御史五年内擢至巡抚之恩大矣!汝当
知之。”上闻容追逼赋抵兵饷,限一年全完,民以大扰。谕曰:“朕念
甘肃自军兴以来,挽运转输,资于民力,特将雍正八年额征钱粮蠲
免。容何得于蠲免之年行催征之举?即令停止。”九年,复以容查核
钱粮过刻,谕毋累民。十二年,疏劾丁忧知府李绮亏空军需,绮,卫
兄也。上知容与卫有怨,戒容毋迁怒报复。容旋奏檄绮赴兰州,亏
空七千有奇,限半年回籍措缴。上谕曰:“所亏既有田房可抵,但当
速遣回籍折变完补,何须勒限逼迫?”

乾隆元年,固原、环二县歉收,容请借给贫民三月口粮,大口日
三合,小口日二合。高宗谕曰:“政莫先于爱民。甘肃用兵以来,百
姓急公踊跃。今值歉收,当加恩赈恤。汝治事实心,而理财过刻。国
家救济贫民,非较量锱铢时也。”寻,专管军储大臣刘于义奏请加赈

两月，上责容褊隘卑庸，命解任。于义及陕总督查郎阿劾容匿灾殃民，夺官逮诣京师谕罪，赦免。二年，署山西布政使。三年，调江苏，署巡抚。四年，遭父丧，去官。

五年，命署湖南巡抚。请终丧，不许。服阕，真除。八年，以劾粮道谢济世狂纵营私失实，夺官，发顺义城工效力。事互详《济世传》。九年，复命署湖北巡抚。御史陈大玠等疏诤，谓容既以欺罔得罪，不当复用，上命罢之。十五年，上巡中岳，迎谒，复原衔。寻授内阁学士。以病乞归，卒。

蔡仕舢，福建南安人。康熙三十二年举人。五十八年，自刑部主事考选御史，出为浙江粮道。雍正六年，授佥都御史，充浙江观风整俗使。七年，署巡抚。八年，坐事降调。上谕曰："浙江风俗已渐改移，又有总督李卫善于训导，不必再遣观风整俗使。"仕舢旋卒。

论曰：海望、莽鹄立皆逮事圣祖，雍正、乾隆间参与政事。海望闻世宗末命，在军机处较久，虽建树未宏，要为当时亲信大臣。杭奕禄使安南，傅鼐谕噶尔丹策凌，皆不辱君命，傅鼐尤知兵。仪领屯田，有惠于乡州。师恕、国栋等使车问俗，与民为安静。以皆世宗特置之官，特谨而书之。杭奕禄又与史贻直宣谕陕西，非专官，贻直相高宗，故不著于斯篇。

清史稿卷二九二
列传第七九

高其倬 金铣　　**杨宗仁** 子文乾

孔毓珣　　**裴率度** 子宗锡

唐执玉　　**杨永斌**

　　高其倬,字章之,汉军镶黄旗人。父荫爵,官口北道。其倬,康熙三十三年进士,改庶吉士,散馆授检讨。寻兼佐领。五迁内阁学士。五十八年,河南南阳镇兵挟忿围辱知府沈渊,命偕尚书张廷枢按治,诛首事者,总兵高成等论罪有差。

　　五十九年,授广西巡抚。邓横苗叛,其倬亲抚之降。六十一年,世宗即位,擢云贵总督。疏言:“土司承袭,向有陋规,已严行禁革。咨部文册,如无大舛错,请免驳换。”旨嘉奖。青浦台吉罗卜藏丹津叛侵西藏,其倬以中甸为入藏要道,檄诸将刘宗魁、刘国侯等严为备。并遵上指,令提督郝玉麟将二千人自中甸进驻察木多,副将孙宏本将五百人赴中甸为声援。雍正二年,师定青海,中甸喇嘛、番酋等率三千五百户纳土请降。上嘉其倬能,予世职拜他勒布喇哈番。其倬规画安抚中甸,疏:“请设同知以下官,番酋营官外,又有神翁、列宾诸号,听堪布喇嘛指挥,请改授守备、千把总札付,听将吏统辖。僧寺喇嘛以三百为限,收兵械入官。沿江数百里及山谷旷土,招民开垦。旧行滇茶,视打箭炉例,设引收课。”鲁魁山者,自国初为盗薮,夷、猓杂处,推杨、方、普、李四姓为渠。有方景明者,挟猓、夷掠元江。其倬遣兵击破之，擒景明，歼猓、夷数百，疏请于其地驻兵，号普威营。参将驻普洱，守备驻威远、茶山，改威远归流，设同知以下官。土官刁光焕及其孥移置会城，而以新开二盐井充新设兵饷。设义塾，教夷人子弟。元江府学额外增额二名，待其应试。劝夷人垦田，旱田十年后、水田六年后升科，贵州仲家苗酋阿近及其弟阿卧为乱，其倬使抚定傍近诸苗寨。阿近等失援，遣兵擒戮之，并按治定番、广顺诸苗尤不顺命者。疏请改设定广协，分置营汛，防定番、广顺及西猛、西藤、断杉树、长寨、遮贡、羊城屯诸地。又移都匀守备驻独山，改湖广五开卫为县，移隶黎平。并言贵州地连川、楚，奸人掠贩贫家子女为民害，请饬地方官捕治，岁计人数为课最。贵州民间陋俗，被人劫杀，力不能报，则掠质他家人畜，今转为报仇。不应则索赎，谓之"拏白放黑"。请加等治罪。土司贫困，田赋令属苗代纳，请清察，责执业者完赋。土司下设权目人等，请令报有司，有罪并征。诏悉如所请。

三年，进兵部尚书衔，加太子少傅，调福建浙江总督。濒行，疏言："邓川、嵩明、腾越、太和、浪穹诸州县土军丁银，起明嘉靖、万历间，遣民防夷，立太和、凤梧二所，丁征赋一两。是于本贯已完民赋，请豁除军粮。"诏从之。四年，疏言："福、兴、漳、泉、汀五府地狭人稠，无田可耕，民且去而为盗。出海留易，富者为船主、为商人，贫者为头舵、为水手，一舟养百人，且得余利归赡家属。曩者设禁例，如虑盗米出洋，则外洋皆产米地。如虑漏消息，今广东估舟许出外国，何独严于福建？如虑私贩船料，中国船小，外国得之不足资其用。臣愚请弛禁便。"下怡贤王会大大学士九卿议行。五年，台湾水连社番为乱，其倬遣兵讨之，擒其渠骨宗等，诸社悉降。寻以李卫为浙江总督，命其倬专督福建。迭疏请整饬盐政，改造水师战船，厘定营汛，并下部议行。入觐，加太子太保。

上以其倬通堪舆术，命诣福陵相度。其倬还奏："陵前左畔水法，因溢流更故道，弓抱之势微觉外张。当顺导河流，方为尽善。"下大学士等，如所议修浚。八年，调江南江西总督。复召至京师，令从怡贤王勘定太平峪万年吉地，进世职三等阿思哈尼哈番。命署云贵广西总督。十一年，普洱属思茅土把总刁国兴纠苦葱蛮及元江夷为乱，攻普洱，通关大寨㑩夷复附苦葱蛮，度阿墨河攻他郎。其倬檄提督蔡成贵等分道捕治，擒其酋并所属五百余，乱乃定。是岁春，命其倬回两江总督。秋，命以总督衔领江苏巡抚。十二年，坐徇知县赵昆琤偿海塘工欵，部议降调，即授江苏巡抚。

乾隆元年，召还京师，复授湖北巡抚，调湖南。讨平城步、绥宁二县瑶乱。三年，擢工部尚书，调户部。其倬诣京师，过宝应，疾作，卒于舟次，赐祭葬，谥文良。

金铁，字震方，汉军镶白旗人，世居登州。父延祚，从世祖入关，官至工部侍郎。铁初自监生授江西广昌知县，荐升山西太原知府。雍正五年，擢广西按察使，寻迁布政使。六年，就擢巡抚。讨平西隆州八达寨叛苗。以汛兵少，粤土芜不治，奏开屯田，与民牛，招之耕，教以技勇。每名给水田十亩，一亩为公田。旱田二十亩，二亩为公田，存公田租于社仓。行之数年，辟田数万亩，仓廪亦实。又奏请召商开桂林属诸矿，及采梧州金砂供鼓铸。乾隆元年，提督霍升劾铁言躁气浮，失封疆大臣之体，高宗召入京，授刑部侍郎。铁濒行，装不治，以印券属苍梧道黄岳牧借铜务充公银千二百，巡抚杨超曾论劾，夺官，交刑部严讯。上以非正项钱粮，铁以印券支借，岳牧以印册申解，非侵蚀比，命免罪，毋追所借银。五年，授河南布政使，而铁已卒。

铁才通敏。自太原入觐，方议耗羡归公，铁奏曰："财在上不如在下。州县亲民官，宁使留其有余，养廉不能胥足，一遇公事，动致俯张。上意岂不曰凡是官办，皆许开支正供？但从司院按核以至户部，层层隔阂，报销甚难，从此州县恐多苟且之政。上意在必行，臣请养廉外多增公费，或存县，或存司，庶于事有济。"上仍敕直省核定公费。及为广西布政使，奏请州县分冲、繁、疲、难四项，许督抚量才奏补，上嘉纳之。州县缺分四项自此始。

　　杨宗仁，字天爵，汉军正白旗人。监生，康熙三十五年，授湖北慈利知县。苗酋虐，其众走县境，苗酋求之，不与。上官檄与之，宗仁持不可，乃止。调蓝山。八排苗为乱，巡抚赵申乔遣兵讨之，将不恤兵，兵将为变，宗仁单骑抚定之。举卓异，四迁甘肃西宁道。五十三年，授浙江按察使，丁父忧归。五十七年，起广西按察使，署巡抚。旋擢广东巡抚。圣祖以各直省钱粮多亏空，谕督抚清理。宗仁疏言："广东亏空见正严饬追完。至防杜将来，惟有督抚、司道、府厅交相砥厉，勿藉事勒索。州县正杂钱粮，当责知府不时察核，毋许亏。缺倘敢徇纵，本官治罪，上司从重议处，庶上下皆知儆惕。地方有不得已事，当以督抚等所得公项抵补，不敷则济以公捐，必不使课帑虚县。"下部议，如所请。

　　六十一年，世宗即位，授湖广总督。雍正元年，丁母忧，命在任守制，宗仁疏停本身封荫，为父母求谕祭，许之，仍给封荫，寻赐孔雀翎。疏言："湖广旧习，文武大吏收受所属规礼，致州县横征私派，将弁虚兵冒饷，兵民挟比逞私，不敢过问。臣令概行禁革，庶骄兵玩吏锢习潜消。各官贪得盐规，盐价增长，民间嗟怨，总督盐规渐次加至四万。臣亦行禁革，令商平价以惠穷民。"上深嘉之。又疏言："官有俸，役有工，朝制也。湖广州县以上，俸工报捐已十余年，官役枵腹，安能禁其扰民？请自雍正元年起，俸工如额编支。从前有公事，今州县分捐，实皆转派于民。今州县于加一耗羡内，节省二分，交藩库充用，此外丝毫不得派捐。"上谕曰："所言皆是。勉之！"寻荐广东南海知县宋玮擢湖南宝庆知府，广州左卫守备范宗尧改湖北汉阳知县，上允之，命后勿踵行。

　　宗仁病作，请以子榆林道文乾自侍，上加文乾按察使衔，驰驿速往，并遣御医诊视。宗仁力疾视事，饬诸州县编保甲，立社仓，罢荆州关私设口岸百五十处。三年，加太子少傅。寻卒，赠少保，予拜他喇布勒哈番世职，赐祭葬，谥清端。

　　宗仁砥节矢公，始终一节，上为制象赞，谓："廉洁如冰，耿介如石。"尝言："士当审其所当为，严其所不可为。"其驭属吏宽平忠厚，务安上全下，使各称其职而止。

文乾，字元统。以监生效力永定河工。康熙五十三年，授山东曹州知州，迁东昌知府。举卓异，迁陕西榆林道。雍正元年，加按察使衔，命侍宗仁任所。三年，宗仁病有间，入谢。上问湖广四镇营制及设镇始末，文乾具以对，上嘉其详审，擢河南布政使。未几，迁广东巡抚，入谢，赐孔雀翎、冠服、鞍马。宗仁卒，命在任守制。

广东省城多盗，文乾令编保甲，以满洲兵与民连居，会将军编察，疏闻，上嘉之。广东岁歉米贵，文乾令吏诣广西买谷平粜。满洲兵阎尚义等群聚掠谷，文乾令捕治。将军李枚庇兵，文乾请遣大臣按治。上命侍郎塞楞额、阿克敦往勘，枚及尚义等论罪如律。文乾莅政精勤，多所厘正。疏言："广东民纳粮多用老户，臣令改立的名，杜诡寄、飞洒诸弊，民以为便。丁银随粮办者十四五，余令布政使确核，尽归地粮。"得旨嘉奖。又疏言："广东地狭人众，见存仓谷一百六十余万石，为民食久远计，应加贮二百余万石，择地建仓贮谷。"下廷议，令于海阳、潮阳、程乡、饶平、海丰、琼山加贮谷三十四万石，从之。又疏言："广东公使银岁六七万取诸火耗。臣为裁省，岁计需四万余。拟以民间置产推粮易户例纳公费及屯粮陋规两项充用。州县火耗，每两加一，实计一钱三四分有奇，十之五六留充州县养廉，十之七八为督抚以下各官养廉。"上谕之曰："但务得中为是。民不可令骄慢，属吏亦不可令窘乏。天下事惟贵平，当彻始终筹画，慎毋轻举。"

五年，乞假葬父。福建巡抚常赉劾文乾征粤海关税，设专行六，得银二十余万。又疏劾文乾匿粤海关羡余银五万余，纵绸缎出洋，得银万余，番银加一扣收，得银四万余，选洋船奇巧之物入署，令专行代偿，又银二万余，又以银交盐商营运。上严谕文乾，令愧悔痛改。寻以福建仓库亏空，命文乾与浙江观风整俗使许容等往按，而移常赉署广东巡抚。文乾令分路察核官亏民欠，分别追纳不敷，责前巡抚毛文铨赏补。上奖文乾乘公无瞻顾。文乾疏言："福建府、州、县各八十员，前后劾罢五十余员。新补各官，守仓库有余，理繁剧不足。请选熟谙民事者,诣福建补繁要州县。"上为敕各督抚各选谨慎敏练之吏咨送福建。

文乾强干善折狱。初知曹州,有妇告夫为人杀者。文乾视其履白,问曰:"若夫死,若预知之乎?"曰:"今旦乃知之。"曰:"然则汝何办白履之凤也?"妇乃服以奸杀夫。五人者同宿,其一失金,讼其四,文乾令坐于庭,视久之,曰:"吾已得盗金者,非盗听去。"一人欲起,执之,果盗金者。曹民有伪称朱六太子者,挟妖术惑愚民,朝命侍郎勒什、布汤右曾按治。檄至,文乾秘之,密捕得送京师。在东昌,请运粮馈军出西宁,先期至,以是受知于世宗。

然颇与同官多龃龉。赴广东,途中疏劾布政使朱绛倚总督孔毓珣有连,亏帑三万余。毓珣疏先入,上命文乾毋听属吏离间。既上官,疏言盗案尘积,请概为速结。上谕曰:"孔毓珣缉捕盗贼甚尽力。彼擒之,汝纵之,恐汝不能当此言。纵虎归山,岂为仁政?宜加意斟酌。"在福建,毓珣入觐,上命侍郎阿克敦署两广总督。文乾疏言盗劫龙门营军器,阿克敦今从宽结案。将军标兵窝盗,将军石礼哈祖兵,谓告者诬良。既,上命常赉还福建,而以阿克敦署广东巡抚。六年,文乾还广东,劾阿克敦勒索暹罗商船规礼,布政使官达纵幕客纳贿,皆夺官。命文乾与毓珣会鞫,未及讯,文乾卒,赐祭葬。子应琚,自有传。

孔毓珣,字东美,山东曲阜人,孔子六十六世孙。父恩洪,福建按察使。康熙二十三年,上幸曲阜释奠,毓珣以诸生陪祀,赐恩贡生。二十九年,授湖广武昌通判。举卓异,迁江南徐州知州。徐州民敝于丁赋,毓珣在官七年,拊循多惠政。三十九年,河道总督张鹏翮以毓珣熟于河务,荐授邳睢同知。四十三年,迁山西平阳知府,未上,改云南顺宁。四十六年,调开化,以母忧去官。五十年,服终,除四川龙安。毓珣历守边郡,皆因俗为治。弊去其太甚,边民安之。再举卓异。五十五年,迁湖广上荆南道。筑堤捍江,民号曰孔公堤。

五十六年,迁广西按察使。广西地脊民悍,瑶、壮为民害。灵川僮酋廖三屡出焚掠，毓珣白巡抚陈元龙，遣兵捕得置诸法，诸苗詟服。五十七年，授四川布政使。西藏方用兵，毓珣转饷出察木多，不以劳民。重筑灌江口堰，四川民尤德之。六十一年，擢广西巡抚。雍正元年，加授总督。广西提镇标空粮，毓珣饬募补。疏言："各官俸不足自赡，请于定例外量加亲丁名粮。"上命酌中为之。广西诸州县旧有常平仓，毓珣议："春耕借于民，秋收还仓，年丰加息，歉免息，荒缓至次年还本。日久谷多，分贮四乡，建社仓，择里中信实者为司出入。"又言："地多盗，瑶、壮杂处，保甲不能遍立。诸乡多有团练，令选诚干者充乡勇，得盗者赏，怠惰者罚。"又言："广西边远，盐商多滞运，民忧淡食。请发藩库银六万，官为运销。行有赢余，本还藩库，并可量减盐价。"并从之。柳州壮莫贵凤出掠马平、柳城、永福诸县，毓珣遣兵捕治，毁其寨，置贵凤于法来宾。壮覃扶成等出掠，未伤人，毓珣令予杖荷校，满日，充抚标兵，散其党类。疏闻，上嘉其宽严两得。

二年，授两广总督。上谕之曰："广东武备废弛，劫掠公行，举劾官吏，百无一公，尔当尽心料理。"毓珣疏请厘定盐政，灶丁盐价、船户水脚增十之一，并免埠商羡余。设潮州运同、盐运司经历。大金、蕉木两山产矿砂，东隶开建、运山，西隶贺县、怀集。旧制，怀集汛属浔州协，毓珣请改属梧州协，贺县、开建、连山，并增兵设汛。广东香山澳西洋商舶，毓珣请以二十五艘为限。皆下部议行。潮州田少米贵，民赖常平仓谷以济。毓珣请提镇各营贮谷借兵，散饷时买还，概免加息，上特允之。三年，加兵部尚书衔。

四年，毓珣请入觐，上以毓珣习河事，令详勘黄、运诸河水势，协同齐苏勒酌议。毓珣疏言："宿迁县西，黄河与中河相近，旧有汰黄坝。运河水大，引清水刷黄，黄河水大，引黄水济运。旧时黄水入中河不过十之一二，今河南岸沙涨，逼水北行，水流甚急。齐苏勒议收小汰黄坝口以束水势。臣详勘南岸涨沙曲处，宜浚引河以避此险。仍俟齐苏勒相度定议。"又陈江南水利，言："吴淞、刘河、七浦白茆诸闸，宜令管闸官役随潮启闭。江苏地形四高中下，宜令力劝筑区立圩。滨河诸地民占为田庐，其无甚害者，姑从民便，余宜严禁。支河小港，宜令于农隙深浚，好取土培圩。"并敕部议行。又言："道经宿州灵璧，见沟洫不通，积雨成潦，请饬安徽巡抚疏浚。"上嘉毓珣实陈。

五年，还广东，巡抚杨文乾劾署巡抚阿克敦、布政使官达，上命通政使留保等往按。毓珣失察，当下吏议，上命宽之。寻调江南河道总督。上以天然坝泄水，虑溢浸民田，命毓珣相度筑堤束水归湖。毓珣疏言："天然南、北二坝分泄水势，年年开放，堤口残缺。当如上指筑堤束水，请于南岸王家庵至赵家庄筑新堤一道。旧堤尾距湖尚二十余里，请于南岸马家圩至应家集、北岸周家圩至李君桥，各筑新堤一道，并将南北旧堤加培高广，庶两堤夹束湍流，无患旁溢。"上又以高家堰为蓄清敌黄关键，发帑百万，命毓珣筹画。毓珣疏言："高家堰石堤，自武家墩至黄庄，地高工固，惟侯二门等四坝，及小黄庄至山盱古沟东坝，当一律加高。"又言："各堤加培高广，宜视地势缓急、旧堤厚薄，分年修增，期三年而毕。嗣后仍按年以次加培。"又请修筑宿迁钞关前、桃源沈家庄河堤，瓜洲由闸上游浚越河一道，并建草坝束水。诸疏入，并报可。毓珣积瘁构疾，上赐以药饵，命其子刑部郎中傅熹偕御医驰驿往视。未至，毓珣卒，赐祭葬，谥温僖。

裴率度，字晋武，山西曲沃人。少为诸生，工诗，能书画。入资为主事。康熙三十五年，授刑部主事。荐擢户部郎中。四十九年，授云南澄江知府，调广南。以大计入觐，圣祖闻其能诗，命题应制，称旨。五十五年，迁河东盐运使，寻改两浙。海宁筑塘，巡抚徐元度檄率度董其事。潮大至，撼塘，塘欲裂，率度据地坐督役力护，久之乃定。率度自是中湿，病重腿，终其身。五十九年，迁湖北按察使。六十年，迁贵州布政使。

雍正元年，擢江西巡抚。九江旧设关榷税，后徙湖口。湖口当江、湖冲，水急，商舟时覆溺。率度疏言："九江旧关，上有龙关河、官牌夹,下有老鹤塘、白水港,地势宽平,泊舟安稳。离湖四十里曰大姑塘,为商舟所必经,水涨则有女儿港、张家套,皆可泊舟。水落则平湖一线,夹岸泥沙,无风涛礁石之险。请仍移关九江,而于大姑塘设口分抽。”上令会同总督查弼纳料理。南昌、袁州、瑞州三府赋额,明沿陈友谅之旧,视他府偏重。顺治间,减袁、瑞二府赋额,而南昌未及。率度疏言:“常赋未易屡更,同省实难歧视。请将南昌赋额视袁、瑞二府同予核减。”下部议减南昌浮额七万五千五百两有奇。

福建、广东流民入江西,就山结棚以居,薮靛叶、烟草,谓之“棚民”往往出为盗。万载温上贵、宁州刘允公等,皆以棚民为乱,率度捕治论如律。上令编保甲,率度疏言:“棚民良莠淆杂,去留无定,或散居山箐,或为土民佣工垦地。臣饬属严察,凡万五千余户,编甲造册,按年入籍。”上奖勉之。上闻江西里长催征累民,民多尚邪教,谕率度禁革。率度疏言:“臣察知里长累民,已勒石永禁,令粮户自封投柜。距城较远畸寒小户,愿轮雇交纳者听其便,仍严防不得干累。邪教自当捕治,医卜星相往往假其术以惑民,虽非邪教,亦当以时严征。”上深嘉之。

总督查弼纳议开广信封禁山,谕率度酌度。率度疏言:“封禁山旧名铜塘山,相传产铜,然有名无实,故自明封禁至今。顺治间有议采木者,郡县力陈不便,勒碑永禁。臣揆弼纳意,或以棚民巢穴在此山中,故为破巢捣穴之计。此山荆榛充塞,稔毒滋藏,并非有梗化顽民盘踞在内。臣详度此山开则扰累,封则安宁,成案具存,确有可据。”谕曰:“当开则不得因循,当禁则不宜依违。但不存贪功之念,实心为地方兴利除害,何事不可为?在卿等秉公相度时宜而酌定之。”仍封禁如初。

四年,迁户部侍郎,擢左都御史。上遣侍郎迈柱勘江西诸州县仓谷,命率度留任。迈柱疏言:“仓谷亏空甚多,例定谷一石折银二钱,州县交代,按此数接收,不敷枭补。”上夺率度及历任布政使张楷、陈安策官,命以所存折价买谷还仓。十年,事毕,释还里。乾隆五年,卒。

子宗锡，入资为同知。十五年，授山东济南同知，屡迁转。二十八年，授直隶坎昌道，迁直隶按察使。疏言："古北口外山场产菠萝树，此即橡树，叶可饲蚕。臣在济东，饬属通栽，颇有成效。请令用东省养蚕法，广栽试养。"命交总督方观承试行。三十二年，以母忧去官。宗锡在任，误应驿站车马，部议当降调。总督杨廷璋咨部，言宗锡尝自行检举。上谕曰："宗锡，朕知其为人，颇可造就。按察使管理驿站，偶有一二误应，原属公过。今已丁忧，安得自行检举？廷璋乃令作此趋避，爱之适以害之也。"三十五年，宗锡服将阕，仍授直录隶按察使。

俄擢安徽布政使，就迁巡抚。疏言："安庆濒江旧有漳葭港，上通潜山、太湖、望江三县，下达江，漕艘商舶往来停泊，淤久渐成平陵。前巡抚张楷于上游别开新河，地高水急，重载逆上，遇风每虞覆溺。请仍浚漳葭港故道。"命总督高晋履勘，如宗锡议行。又疏言："凤、泗所属州县，高地宜多作池塘，低地宜厚筑圩围，以备灌溉、资捍御。凤阳地多高冈旷野，不宜五谷，令视土宜种树。"谕奖其留心本务。

四十年，调云南。旋命署贵州。疏言："贵州地处边围，请敕部拨银三十万贮司库。"从之。又疏请增设镇远税口，上严斥不许。又疏言："贵州额输京师及湖广白铅岁七百余万斤，铅厂仅三处，年久产绌。臣察知松桃厅巴坝山、遵义县新寨产铅，近水次，已饬设厂，岁各得铅百余万斤。分拨京师、湖广，岁节省运费银四万三千有奇。"得旨嘉允。又疏言："贵州古州有牛皮大箐，亘数百里，列屯置军，应将箐内平旷之土开垦成田，寓防于屯，安屯养军。丹江雷公院地平衍，可垦四五百亩，欧收、甬荒高箐二地畸零，可垦三四百亩，应令附近震威堡屯军军派拨试垦，并于丹江营移拨千总一、兵五十，入箐设卡驻守。"时上已命宗锡还云南，命交后政图思德如所议行。四十四年，以病乞解任。旋卒，赐祭葬。

唐执玉，字益功，江南武进人。康熙四十二年进士，授浙江德清知县。德清盛科第，多巨室，执玉执法无所挠。将编审，吏以例馈金，执玉却之，而罪其吏。召县民亲勘，有田无粮者令自首，有粮无田者除之，富无隐粮，贫无赔累。行取工部主事，考选户科给事中。五十八年，疏言："户部钱粮款项最易作弊，当先驱除作弊之人。乃有所谓'缺主'者，或一人占一司，或数人共一省，占为世业，勾通内外书吏，舞文弄法，当严行查禁。"因劾山西司缺主沈天生包揽捐马事例，下九卿议，逮治。六十年，迁鸿胪寺卿。历奉天府府丞、大理寺少卿。雍正二年，岁三迁礼部侍郎。五年，擢左都御史。

七年，命署直隶总督。执玉治事勤，州县稍歉收，必筹画赈恤。隆平报产瑞禾三十三本，执玉于报秋成折附奏，上嘉之。适贡荔支至，命以赐执玉，方有疾，治事如常。时宗人府府丞冀栋以医进，上命视执玉疾，赐人参，谕令："爱养精神，量力治事。若欲栋料量方药，保定咫尺，可再命之来也。"热河征落地税，司其事者议增岁额，并于榜什营等地设口征税。下执玉议，执玉言："商税多寡，视岁收丰歉，故止能折中定额。榜什营距一百八十余里，已收落地税，又抽进路钞银，恐商买不前，正税反缺，请如旧便。"议乃寝。长芦巡盐御史郑禅宝以商人亏帑请增盐价，上以询执玉，执玉言上于商民无歧视，诸商不谨身节用，先公后私，乃至亏帑，欲增盐价厉民，臣以为非宜。"亦罢不行。

八年春，入觐。滦、卢、龙、迁安、抚宁、昌黎、乐亭诸州县米贮喜峰口仓，亏二千五百余石，执玉请视通州中、西二仓例免追偿。部议下许，上特允之。密云城临白河，旧筑土木堤坝尽圮，仅存石堤。上游有积土斜出，激水使怒，俗谓之"土嘴"。执玉疏请疏治，使水得畅流。仍筑土堤，务坚厚，用榆囤载石为基，使辅石堤护县城。上褒其妥协，命于夏月水涨前竟工。迁兵部尚书，仍署总督。是岁秋，积雨，永定、滹沱诸水皆盛涨。执玉疏报灾，上命侍郎牧可登、副都统阿鲁等分往治赈。执玉奏言："诸州县被水，消长不一。有上谕所及，而水消未成灾者。有上谕所未及，而水大成灾，田庐被淹，急须拯恤者，请饬治赈诸臣勘实。"上特允之。

国初以民地予满洲将士,谓之"圈地"。民地既圈,以邻近州县地拨补,粮额从旧贯,于是有寄粮。佃租户移新地,于是有寄庄。历年既久,百弊丛起。上令执玉勘察,更除改正,并举怀安、宣化、万全、宝坻、丰润、三河诸县为例。执玉奏言:"此外所在皆有,如晋州武丘村、孔目庄、赵州马圈村粮有在赞皇者。蔚县夹道沟、细贤庄粮有在宣化者。宣化井头庄粮有在西宁者。官苦追呼,民劳跋涉。凡地在此处,粮寄彼处,皆令从地所在,粮随产转,此收彼除,不使有交错之病,亦无寄存代征之名,经界各正,田赋悉清。"直隶驿马一,每岁杂支大率至十两。执玉奏定马一每岁杂支三两六钱。昌平、延庆、宣化诸驿事烦,拨僻地马协济,而牧养仍责原驿。执玉奏请改隶受协州县牧养。皆下部议行。

直隶耗羡归公,自雍正三年始。部议元、二年耗羡在三年补纳者,州县充公用,仍当追偿。隶、文安等七州县民借仓谷,逋米二万一千石、谷一万六千石各有奇,部议责州县追偿。执玉言:"元、二年耗羡在未著令归公以前,前督臣许州县充公用。今欲追偿,是为小费而失大言:"又言:"仓谷民欠历年已久,人产胥绝。今欲追偿,此数十年官州县者无虑百数,悉逮其子孙而加以追比,于情可悯。"上并如执玉议,宽之。

九年,以病甚乞解任,许之。十年,病少瘳,命领刑部尚书。十一年春,复命署直隶总督,力辞,上勉之行。三月,卒于官,赐祭葬。

执玉重民事,每请从宽大,疏入辄报可。执玉尝曰:"吾才拙,政事不如人,可自力者勤耳。勤必自俭始。"养廉岁用十三四,余归之司库。

杨永斌,字寿廷,云南昆明人。康熙三十八年举人。以知县发广西,补临桂知县,以廉能闻。遭丧去,服除,授直隶阜平知县,署平山,调大城,皆有惠政。以捕治内监陈永忠未即获,夺官。大城民乞巡抚疏留,会世宗即位,知永斌贤,许复官。迁涿州知州。

三年,特谕永斌才守俱优,授贵州威宁知府。威宁界滇、蜀,诸土司虐使其众,时出掠境外。乌蒙禄万种、镇雄陇庆侯尤强悍。永斌被檄定界,单骑入谕其渠,阴使人伪为商买,分道图地形。鄂尔泰督云、贵,永斌以图上,且曰:"二酋不征,终为边患。万钟幼,诸土司未附。今四川总督劾万钟不职,请发兵压境,召万钟出就质。不出,以兵入。乌蒙平,镇雄势孤,亦且降。"鄂尔泰从之,召万钟不至,令游击哈元生与永斌督兵入。万钟走镇远,与庆侯同诣四川降。凡三十三日而事定。米贴土妇陆氏乱,鄂尔泰遣兵讨之,永斌语元生曰:"贼以冕山、巴补为后路,事急则渡金沙江而逸。以重兵扼其前,奇兵越江攻之,贼可歼也。"元生用其策,克米贴。

鄂尔泰疏荐永斌可大用,擢贵东道,旋调粮驿道,署按察使。朝议加税军田亩五钱,永斌议曰:"军田粮以屯租为准,已数倍于民田。且今转相授受,与民田交易无异。名为军屯,实皆民产,而亩税之,是重科也,民必不服。当多事之秋,增剥肤之患,驱之为乱耳。"鄂尔泰以闻,事乃寝。七年,迁湖南布政使。湖南方议清察军田计亩,未定,永斌援贵州议以请,亦得免。

九年,调广东。十年春,命署巡抚,是秋真除。广东生齿繁,民不勤稼穑,米值高。永斌饬诸州县劝垦,高亢不宜禾,令艺豆来,诸山坡麓栽所宜木。又以惠、潮两府民最悍,招垦官田,租入充粤秀书院膏火。奏闻,嘉奖,命勘明垦地亩数。寻又奏言:"勘明可垦地六千八百余顷,此外或山深箐密,或夹沙带卤,体察民情,恐碛地薄收,粮赋无出。臣思脊田产谷虽少,若多垦数十万亩,年丰可得数十万石,即歉岁亦必稍有所获,事益于民。察通省粮额,新宁斥卤,轻则亩征银四厘有奇、米四合有奇。拟请凡承垦碛脊之地,概淮此例,十年起科。"下部议行,于是垦田至百十八万余亩。

乾隆元年,兼署两广总督。上命除落地税,因请并免渔课、埠税,革粤海关赢余陋例未尽汰者,上悉从之。永斌在广东数年,坦怀虚已,浑厉诸将吏。获剧盗余猊、陈美伦数十辈置之法,收曲江乳源诸峒瑶归化。西洋估舶互市至者,悉令寄淀澳门,不得泊会城下。粤民颂其绩。二年,调湖北,兼署湖广总督。令严保甲,缮城堡,课农桑，实社仓，兴学校，诸政毕举。

未几，调江苏。按行奉贤、南汇、上海、宝山四县海塘，以筑塘取土成渠，塘根浸捐，议于塘内开河，南接华亭运河，北达宝山高桥。又察华亭金山嘴、倪家路，宝山杨家嘴地当重要，议视地所宜，或增筑石坝，或就旧塘加筑宽厚，或改筑石塘。又请于宝山建海神庙。并从之。三年，以老病乞休，召诣京师，署礼部侍郎。寻授吏部。四年，致仕。五年，卒。孙潅，荫生，初授主事，官至江苏按察使。

论曰：其倬、宗仁、毓珣，皆圣祖所擢用，丕著勋勚。世宗畀以兼圻，忠诚靡懈，恩礼始终，宜矣！率度居官不扰民，执玉、永斌尤勤勤施惠，文乾、宗锡能济其美。世宗治尚明肃，诸臣皆以开敏精勤称上指，为政持大体，与夫急功近名，流于溪刻，重为世诟病者，固大异矣。

清史稿卷二九三
列传第八〇

李绂　蔡珽　谢济世　陈学海

李绂,字巨来,江西临川人。少孤贫,好学,读书经目成诵。康熙四十八年,成进士,改庶吉士,散馆授编修。累迁侍讲学士。五十九年,擢内阁学士,寻迁左副都御史,仍兼学士。六十年,充会试副考官。出榜日,黄雾风霾,上语大学士等曰:"此榜或有乱臣贼子,否亦当有读书积学之士不得中式,怨气所致。"命磨勘试卷,劣者停殿试。又赐满洲举人留保、直隶举人王兰生进士。下第举子群聚绂门,投瓦石喧哄。御史舒库疏劾,下部议,责绂匿不奏,夺官,发永定河工效力。雍正元年,特命复官,署吏部侍郎,赴山东催漕。寻授兵部侍郎。上令截留湖南等省漕粮于天津收贮,旋又命估价出粜。

二年四月,授广西巡抚。奏言:"广西贺县大金、蕉木二山产矿砂,五十里外为广东梅峒汛,又数里为宿塘寨,矿徒盘据,时时窃发。臣方拟严禁,闻总督孔毓珣条陈开采,因而中止。将来或恐滋事。"毓珣奏同时至,廷议寝其事。上命以谕毓珣者示绂,令协力禁止。绂疏陈练兵,列举严赏罚、演阵法、习用枪炮、豫备帐房锣锅诸事,上嘉其留心武备。康熙中,巡抚陈元龙奏请开捐,都计收谷百十七万石有奇,石折银一两一钱,而发州县买谷石止三钱,不足以籴。至绂上官,尚亏四万余石,绂奏请限一月补足。会提督韩良辅条奏垦荒,下绂议,绂请以桂林、柳州、梧州、南宁四府收贮捐谷动支为开垦费。上曰:"朕观绂意,不过借开垦以销捐谷。当时陈元龙等首

尾不清,朕知之甚详。应令元龙等往广西料理。"并谕绂详察,毋隐
讳瞻徇,自承亏空。寻绂奏察出督抚、司道、府厅分得羡余银八十二
万有奇,勒限分偿,上嘉绂秉公执正。绂在吏部时,年羹尧子富等捐
造营房,下部议叙,不肯从优,为羹尧所嫉。及上命天津截漕估粜盈
余银五千交守道桑成鼎贮库,绂至广西,成鼎使赍以畀绂。绂具折
送直隶巡抚李维均会奏。维均匿不上,绂乃奏闻。先是,羹尧朝京
师,入对,举此讦绂,谓绂乾没。上以问维均,维均言绂取数百治装,
余尚贮库。绂奏至,上谓维均与羹尧比,欲陷绂。谕奖绂,命留充公
用。

　　三年六月,绂奏言:"太平、思恩府界流言安南内乱。有潘腾龙
者,自言为莫姓后,其党黄托势、陈乱弹等煽诱为乱。严饬将吏捕
治。"上谕曰:"封疆之内,宜整理振作。至于安边柔还,忌贪利图功,
当慎之又慎!"九月,奏:"瑶、壮顽梗,修仁十排、天河三曈为尤甚,
常出劫掠。臣遣吏入十排,捕得其渠。"三曈阻万山中,所种田在隘
外。臣发兵守隘,断其收获。其渠今亦出自归。"上奖其办理得宜。

　　旋授直隶总督。四年,绂入觐。初,左都御史蔡珽荐起其故吏
知县黄振国授河南信阳知州,忤巡抚田文镜。文镜驭吏严,尤恶科
目,劾振国贪劣。绂过河南,诘文镜胡为有意蹂践士人。入对,因极
言文镜贪虐,且谓文镜所劾属吏,如振国及邵言纶、汪諴皆枉,振国
已死狱中。文镜因绂语,先密疏闻,谓绂与振国同年袒护。绂疏辨,
上不直绂,而振国实未死,逮至京师,上更谓绂妄语。良辅奏云南、
广西所属土司与贵州接壤者,皆改归贵州安笼镇节制,命绂往与云
贵总督高其倬会勘,疏请循旧制,从之。

　　绂还直隶,时上遣责诸弟允禵、允禟等,更允禟名塞思黑,幽诸
西宁,复移置保定,命胡什礼监送。绂语胡什礼:"塞思黑至,当便宜
行事。"胡什礼以闻,上以为不可,命谕绂,绂奏初无引语。塞思黑至
保定,未几,绂以病闻,寻遂死。是冬,御史谢济世劾文镜贪虐,仍及
诬劾振国等。上夺济世官。下大学士九卿会鞫,戍济世阿尔泰军前。
上以济世奏与绂语同,疑绂与为党,召绂授工部侍郎。绂在广西捕

乱苗莫东旺置天河县狱，狱未竟，绂移督直隶去。久之，蛮、壮集众部破狱，劫东旺去。五年春，良辅署广西巡抚，奏闻。上以诘绂，下部察议。会都察院奏广西州判程旦诣院诉土司罗文刚掠村落抗官兵，上责绂与继任巡抚甘汝来逡巡贻害，命绂与汝来至广西捕治，不获，当重谴。绂至广西，东旺闻而自归，文刚亦捕得。直隶总督宜兆熊劾知府曾逢圣、知县王游亏空钱粮，上以逢圣、游皆绂所荐，命诘绂。户部议覆，绂在直录奏报怀来仓圮，谷为小民窃食，当下直隶总督详察。上曰："谷至六千余石，岂能锅食至尽？明系绂市恩，为县吏脱罪。当责绂偿补，以成其市恩。"兆熊又劾知县李先枝私派累民，上以先枝亦绂所荐，责绂欺罔，夺官。下刑部、议政大臣等会鞫，绂罪凡二十一事，当斩。上谕曰："绂既知悔过，情词恳切，且其学问尚优，命免死，纂修《八旗通志》效力。"

七年，又以顺承郡王锡保奏济世在阿尔泰供言劾文镜实受绂及珽指，下绂等刑部。会曾静、张熙狱起，上召王大臣宣谕，并命绂入，谕曰："朕在藩邸，初不知珽、绂姓名。有马尔齐哈者，能医。朕问：'更有能医者否？'以珽对。召珽来见，珽谓不当与诸王往来，辞不至，以是朕重之。年羹尧来京，亟称珽，朕告以尝招之不来，羹尧以语珽，珽复辞不至，以是朕益重之。及出为四川巡抚，诣热河行在，始与相见，为朕言李绂。朕知绂自此始。既即位，延访人才，起绂原官。旋自侍郎出抚广西，至为直隶总督，徇私发公，沽名邀誉，致吏治废弛，人心玩愒。又如塞思黑自西大通调回，令暂住保定。未几，绂奏言构病，不数日即死。奸党盗遂谓朕授意于绂，使之戕害。今绂在此，试问朕尝授意否乎？塞思黑罪本无可赦，岂料其遽死？绂不将其病死明白于众，致生疑议，绂能辞其过乎？田文镜公忠，而绂与珽极力陷害，使济世诬劾，必欲遂其私怨。此风何可长也？"复下绂刑部严鞫，狱上，请治罪，上宽之。

高宗即位，赐侍郎衔，管户部三库，寻授户部侍郎。乾隆元年，方开博学鸿辞科，绂所举已众，又以所知属副都御史孙国玺荐举，事闻上，上诘绂，绂自承妄言，上谓"绂乃妄举，非止妄言，避重就轻。"降授詹事。二年，以母忧归。六年，补光禄寺卿，迁内阁学士。

绂伟岸自喜。其论学大指，谓朱子道问学，陆九渊尊德性，不可偏废。上闻而韪之。八年，以病致仕，入辞，上问："有欲所陈否？"绂以慎终如始对，赐诗奖及之。十五年，卒。

孙友棠，乾隆十年进士，自编修累迁至工部侍郎。新昌举人王锡侯撰《字贯》，坐悖逆死。友棠有题诗，并夺官，赐三品卿衔。卒。

蔡珽，字若璞，汉军正白旗人，云贵总督毓荣子。康熙三十六年进士，改庶吉士，散馆授检讨。荐擢少詹事，进翰林院掌院学士，兼礼部侍郎。时世宗在潜邸，闻其能医，欲见之，珽谢不往。六十年，四川巡抚年羹尧入觐，世宗命达意。仍坚辞。六十一年，羹尧授川陕总督，以珽代为四川巡抚，觐圣祖热河行在，世宗方扈从，乃诣谒而去。雍正二年，羹尧请川、陕开采鼓铸，珽疏言四川不产铅，开采非便，羹尧劾珽阻挠，下部议，当夺官。珽辱重庆知府蒋兴仁，愤自杀，珽以病卒闻，羹尧劾之，上诘责再三，始自承。下部议，拟斩，诏逮至京师，召入觐，具言羹尧贪暴及所以抗拒羹尧状，上谕曰："珽罪应如律，然劾之者羹尧，人将谓朕以羹尧故杀珽，是羹尧得操威福柄也。其免珽罪。"特授左都御史，兼正白旗汉军都统。寻进兵部尚书，仍兼左都御史。会羹尧得罪，直录总督李维钧隐其财产，上命偕内大臣马尔赛往按，得实，夺维钧官，以珽署总督。

直隶方被水，议蠲赈，复发帑修河间、静海诸城，俾饥民就佣受食。珽奏言省会米贵，令按察使浦文焯至天津运截留漕米二万石，以万石运保定平粜，留万石赈经过诸地，上如所请，敕再运通仓米十万石往天津，加赈一月。珽奏："请察地方官侵冒，惩胥役虚报，访衿棍挟制，贫民户给印券，每村给村名纸旗，以次给领。赈满，续修城工，即以赈时所给印券交验受佣。"从之。调补吏部尚书，仍兼领兵部、都察院及都统事。四年，以珽所领事多，先后解左都御史、都统、吏部尚书，专任兵部尚书。旋以在直隶时徇庇昌平营参将杨云栋，坐夺官，上命降授奉天府尹。

初，上以岳钟琪代年羹尧为川陕总督，斑入对，言钟琪叵测。钟其入觐，过保定，斑方署直隶总督，造蜚语，以撼钟琪。事闻，上严旨诘责。五年，召回京按讯，上阅羹尧幕客举人汪景祺所著书，载斑抚四川时，得夔州府知府程如丝贿，保治行弟一。如丝守夔州，鬻私盐，而捕湖广民鬻私盐者得辄杀之。为羹尧劾罢。斑入对，言其冤。上命免如丝罪，且擢为四川按察使。至是，上颇疑景祺言。会巡抚马会伯劾如丝营私网利疏至，命侍郎黄炳如四川按其事，以斑偕炳还奏，事实，下法司汇谳。寻议斑挟诈怀私，受夔关税银、富顺县盐规，冒销库帑，并得如丝银六万六千、金九百，谗毁钟琪，交结查嗣庭，凡十八事，应斩决，妻子入辛者库，财产没入官，命改斩监候。

六年，管理正白旗信郡王德昭又奏斑家藏朱批奏折三十件未缴进，大不敬，应立斩，诏逮至京师。初，斑故吏知县黄振国坐事夺官，斑荐起河南信阳知州，巡抚田文镜劾贪劣不法。李绂自广西巡抚迁直隶总督，入对，力陈振国无罪，御史谢济世劾文镜亦及之，言与绂合。上疑绂与济世为党，召绂还京师，戍济世。及斑至，谕暴斑等结党欺罔、倾陷文镜诸罪状，命斩振国，斑仍改斩监候，下狱。十三年，高宗即位，赦免。乾隆八年，卒。

谢济世，字石霖，广西全州人。康熙四十七年，举乡试第一。五十一年，成进士，改庶吉士，授检讨。雍正四年，考选浙江道御史。未浃旬，疏劾河南巡抚田文镜营私负国，贪虐不法，列举十罪。上方倚文镜，意不怿，命还济世奏，济世坚持不可。上谕曰："文镜秉公持正，实心治事，为督抚中所罕见者，贪赃坏法，朕保其必无，而济世于督抚中独劾文镜，朕不知其何心？朕训诫科道至再至三，诚以科道无私，方能弹劾人之有私者。若自恃为言官，听人指使，颠倒是非，扰乱国政，为国法所不容。朕岂不知诛戮谏官史书所戒？然诛戮谏官之过小，酿成人心世道之害大。礼义不愆，何恤于人言，朕岂恤此区区小节哉？"夺济世官，下大学士、九卿、科道会鞫，济世辨甚力。刑部尚书励杜讷问："指使何人？"对曰："孔、孟。"问："何故？"

曰:"读孔、孟书,当忠谏。见奸弗击,非忠也!"谳上,以济世所言风闻无据,显系听人指使,要结朋党,拟斩。

文镜劾属吏黄振国、邵言纶、汪諴等,李绂讼言其枉,并谓河南诸吏张球最劣,文镜纵弗纠。入封,具为上言之。上先入文镜言,不直绂,而济世罪状文镜又及柱振国、言纶、諴庇球诸事。上召大学士、九卿、科道等入见,举前事,谓:"济世言与绂奏一一吻合,今诘济世劾文镜诸事,济世皆茫无凭据俯首无词,是其受人指使,情弊头见。"命夺济世官,往阿尔泰军前效力赎罪。济世至军,大将军平郡王福彭颇敬礼之,济世讲学著书不稍辍。七年,振武将军顺承郡王锡保以济世撰《古本大学注》毁谤程、朱,疏劾,请治罪。上摘"见贤而不能举"两节注,有"拒谏饰非,拂人之性"语,责济世怨望谤讪,下九卿、翰詹、科道议罪。有陆生枏者,自举人选授江南吴县知县,引见,上有所诘问,不能对,改授工部主事。复引见,上见其傲慢,以其广西人,疑与济世为党,命夺官发军前,令与济世同效力。生枏撰《通鉴论》十七篇,锡保以为非议时政,别疏论劾。上并下九卿、翰詹、科道议罪,寻议济世诋讪怨望,怙恶不悛,生枏愤懑猖狂,悖逆恣肆,皆于军前正法。上密谕锡保诛生枏,缚济世使视,生枏既就刑,宣旨释之。

济世在戍九年,高宗即位,诏开言路,为建勋将军钦拜草奏,请责成科道严不言之罚,恕妄言之罪,上嘉纳焉。旋召济世还京师,复补江南道御史。济世以所撰《大学注》、《中庸疏》进上,略言:"《大学注》中,九卿、科道所议讽刺三语,臣已改删,惟分章释义,遵古本不遵程、朱,习举业者有成规,讲道学者无厉禁。千虑一得,乞舍其瑕而取其瑜。"得旨严饬,还其书。二年,济世疏曰:"臣今所言者有二,一曰去邪勿疑,一曰出令勿贰。有罪而复用,如程元章、哈元生者,舆论犹有怨词至于隆升,国人皆曰不可,犹未罢斥。不惟不罢斥隆升而已,如王士俊以加赋为垦荒,肆毒中州,又请为田文镜立贤良祠。皇上既深恶之,乃调回而仍用,逮勘而复赦,乃者清问及之,议者谓将用为藩臬。藩臬总一省刑名钱谷,岂幸恩负罪之督抚所能胜乎?《易》言涣汗,《礼》称纶綍,信而已矣。今则元年谕旨,二年即废格或改易矣。特谕论停止在任守制,近日督抚又渐次请行。天下之大,何患无才?《记》曰'金革无辟',又曰'君子不夺人之亲',安用此食禄忘亲者为哉?特谕监生准入场不准考职,昨世宗升祔会恩诏监生仍准考职,职考者入仕之门,既准捐监又准考职。复开捐例之张本也。即止给虚衔,不准实授,而后命前命相违,亦不宜如此。臣闻不退不远,《大学》所讥。世间君子少、小人多,已败露者不行放流,未败露者益无忌惮。若发号施令,小人得以摇夺,君子无所适从,国事未有不隳者也。"

三年,疏言:"母蒋年七十一,行动艰难,耳目昏愦。臣欲归养,则贫不能供甘旨。欲迎养,则老不能任舟车。欲归省,则往返动经半年。在家不过数月,乍逢又别,既别难逢,慈母之涕泪转添,游子之方寸终乱。臣才不称道府,例又从无自请迁转。乞敕部以州县降授湖南、广东,量予近地,臣得母子聚首,无任哀恳。"上特授济世湖南粮储道。

八年,济世闻衡阳知县李澎征赋纵丁役索浮费,易服伪为乡民纳赋者以往,察得实,善化知县樊德贴与同弊,济世详劾。巡抚许容庇德贴等,以济世荡检诬闲列状入告。上命解任,交总督孙嘉淦会鞫,济世捕衡阳丁役下长沙知府张琳,谳得征收浮费有据。容令岳常澧道仓德代济世,布政使张璨附容指,贴书仓德,令更易长沙府详牒。仓德初官给事中,尝劾济世奏事失仪,至是不直璨所为,发其书上嘉淦及漕运总督顾琮,嘉淦庇容,寝其事。谕仓德委曲善处,琮咨都察院奏闻。御史胡定纠容挟私诬劾,采湖南民谣,斥容与璨等朋谋倾济世。上命侍郎阿里衮如湖南会嘉淦按治,而仓德以嘉淦寝其事,复揭都察院奏闻。上责嘉淦草率扶同,召还京师,解容、璨任、夺琳、德贴、澎官。阿里衮寻奏济世被诬劾,请复官。容、璨及按察使王玠皆坐夺官,上命并罢嘉淦。而奖仓德及定,调济世驿盐道。

蒋溥代为巡抚,嗛济世密进所著书,斥为离经畔道,上曰:"朕不以语言文字罪人。"置不问。未几,复言其老病,乃命休致。归家居十二年,卒,年六十有八。

陈学海,字志澄,江西永丰人。康熙五十二年进士,改庶吉士。与济世友,授山东恩县知县,行取刑部主事,迁员外郎。文镜劾振国等,上遣侍郎海寿、史贻直往按,请以学海从,得文镜欺罔状,将以实入告,继乃反之,学海争不得。使还,擢御史,尝以语济世,济世用是劾文镜。既谴,学海不自安,次年,以病告。都察院劾伪病,并及与济世交关状,夺官,命与济世同效力军前。雍正七年,召还,授检讨。十一年,卒。

论曰:田文镜与鄂尔泰、李卫同为世宗所激赏。高宗谓三人者文镜为最下,允哉!文镜驭属吏苛急,待士尤虐。绂固以好士得时誉,宜其恶之深,而所争以为枉者,为珽所荐吏。济世又继以为言,世宗疑珽使绂入告,不纳。又嗾济世露章论劾,互相结,务欲倾文镜。狱遂不可解,然终未即诛死。高宗嗣服,诸人皆得滷被,绂复起。济世亦见用。孰谓世宗严?不肯戮谏臣,固明言之矣。

清史稿卷二九四
列传第八一

李卫　田文镜　宪德　诺岷
陈时夏　王士俊

李卫，字又玠，江南铜山人。入资为员外郎，补兵部。康熙五十八年，迁户部郎中。世宗即位，授直隶驿传道，未赴，改云南盐驿道。雍正二年，就迁布政使，命仍管盐务。三年，擢浙江巡抚。四年，命兼理两浙盐政。疏言："浙江户口繁多，米不敷食。请拨盐政归公银十万，委员赴四川采运减粜，款归司库。有余，以修理城垣。"卫整理盐政，疏言："诸场有给丁滩荡者，以丁入地，计亩征收。无给丁滩荡者，暂令各丁如旧输纳。"又言："浙省私贩出没，以海宁长安镇为适中孔道，请设兵巡隘。"又言："江南苏、松、常、镇四府例食浙盐，镇江接壤，淮盐偷渡。请敕常镇道及京口将军标副将、城守参将等督饬将吏水陆巡缉。"五年，奏修海宁、海盐、萧山、钱塘、仁和诸县境海塘。

寻授浙江总督，管巡抚事。六年，奏言："江、浙界上盗贼藏匿，浙省究出从盗，咨江南震泽县捕治，竟以替身起解。案中诸盗，江南督臣范时绎留以待谳。今察出有举人金士吉等徇庇，当请褫夺，并提江南所留诸盗穷究党羽，剪除巢穴。"得旨嘉奖。温、台接壤，濒海有玉环山，港奥平衍，土性肥饶。前总督满保因地隔海汊，禁民开垦。卫遣吏按行其地，奏请设同知。置水陆营汛。招民垦田，于本年起科，设二煎盐，官为收卖。渔舟入海，给牒察验。鱼盐征税，充诸项公用。卫经画浙东诸县水利，鄞县大嵩港溉田数万亩，岁久淤浅，卫令修疏浚，筑塘设闸，开支河溉田。镇海灵岩、大邱二乡有浦口通海，旧有闸已圮，卫令修筑。定海多旷土，卫令察丈清理。上虞濒海潮没民田，卫为奏请除额。县有夏盖湖，积淤多已成田，卫令察丈，许民承业升科。

上以江南多盗，时缉及巡抚陈时夏非缉盗之才，命苏、松等七府五州盗案，令卫兼领，将吏听节制。时议增筑松江海塘，并以旧塘改土为石，上复以时缉未能董理，令卫勘议。卫诣勘，奏言："松江海塘已筑二千四百余丈，未筑者当令仿效海盐旧塘，石塘后附筑土塘，宜一例高厚，岁派员修治。"上从之，仍令卫会时缉、时夏董理。上以卫留心营务，江南军政举劾，复命卫会同考核。寻遣侍郎彭维新等如江南清察诸州县积欠钱粮，亦令卫与闻。七年，加兵部尚书。入觐，遭母丧，命回任守制。寻复加太子少傅。江宁有张云如者，以符咒惑民。卫遣诇察，得其党甘凤池、陆同庵、蔡思济、范龙友等私相煽诱状。八年，卫令游击马空北往捕，时缉故与云如往还，与按察使马世炟庇不遣，贿空北还禀卫。卫疏劾，上遣尚书李永升会鞫，时缉夺官，世炟、空北皆坐谴，云如等论斩。九年，疏请改定苏州府营制。

卫在浙江五年，莅政开敏，令行禁止。上以查嗣庭、汪景祺之狱，停浙江人乡会试，卫以文告严督。逾年，与观风整俗使王国栋疏言两浙士子感恩悔过，士风丕变，乃命照旧乡会试。上督责各直省清厘仓库亏空、钱粮逋欠，卫召属吏喻意，簿书、期会、吏事皆中程，民间亦无扰。

十年，召署刑部尚书，授直隶总督，命提督以下并受节制。十一年，疏劾步军统领鄂尔奇坏法营私，紊制扰民。上为夺鄂尔奇官，命果亲王及侍郎莽鹄立、海望按治，得实，请罪鄂尔奇。上以鄂尔奇为鄂尔泰弟，曲宥之。奖卫，命议叙。乾隆元年，命兼管直隶总河，裁营田观察使，敕卫核议。卫请以营田交诸州县收管，分辖通永、霸易、天津、清河、大名五道，统率经理。下部如所议。二年，疏发诚亲王府护卫库克与安州民争淤池，赴州属托。上命治库克罪，嘉卫执法秉公，赐四团龙补服。三年，疏劾总河朱藻贪劣，藻弟蘅挟制地方官，干预赈事。上命尚书讷亲、孙嘉淦按治，夺藻官，并罪蘅如律。

卫在直隶六年，莅政如在浙江时。屡奏请审正府县疆界，改定营汛，增置将史。卫尤长于治盗。盗匿山泽间，诇得其踪迹，遣将史捕治，必尽得乃至。以是所部乃无盗。病作，乞解任，遣御医诊视。卒，赐祭葬，谥敏达。

世宗在藩邸，知卫才，眷遇至厚，然察卫尚气，屡教诫之。其在云南，或有馈于卫，卫又令制"钦用"牌入仪仗。上谕之曰："闻汝恃能放纵，操守亦不纯。川马骨董，俱当检点。又制'钦用牌'，是不可以已乎？尔其谨慎，毋忽！"卫奏言："受恩重，当不避嫌怨。"上又谕之曰："不避怨，与使气凌人、骄慢无礼，判然两途。汝宜勤修涵养，勉为全人，方不负知遇。"及赴浙江，时河决朱家海，上命中途与河道总督齐苏勒议施工。卫见齐苏勒，决口已合龙，议颇不相协。卫录问答语以闻。会卫族弟怀谨等居乡放纵，卫令淮徐道捕送拘禁，族人腾谤。卫疏言："臣开罪范时绎，又与齐苏勒不无芥蒂，皆臣本籍大吏，恐因家事心迹难明。"上谕之曰："时绎不足谕，齐苏勒与有芥蒂，或汝礼貌疏慢所致，咎不在齐苏勒。凡审事辨公私最为不易，向日于邻里乡党间先存嫌怨，则又当别论。朕每言公中私、私中公，枢机正在于此。"及在直隶，上复谕之曰："近有人谓卿任性使气，动辄肆詈。丈夫立身行己，此等小节不能操持，尚何进德修业之可期？当时自检点，从容涵养。"

高宗南巡，见西湖花神庙卫自范象并及其妻妾，号"湖山神位"，谕曰："卫仰借皇考恩眷，任性骄纵，初非公正纯臣。托名立庙，甚为可异！"命撤象毁之。

田文镜，汉军正黄旗人。康熙二十二年，以监生授福建长乐县丞，迁山西宁乡知县，再迁直隶易州知州。内擢吏部员外郎，历郎中，授御史。五十五年，命巡视长芦盐政，疏言："长芦盐引缺额五万七千余道，商人愿先输课，增复原引。自五十六年为始，在长清等县运行。"得旨："加引虽可增课，恐于商无益。"下九卿议行。山东巡抚核定题覆如所议。寻擢内阁侍读学士。雍正元年，命祭告华岳。是岁山西灾，年羹尧入觐，请赈。上咨巡抚德音，德音言无灾。及文镜还，入对，备言山西荒歉状。上嘉其直言无隐，令往山西赈平定等诸州县，即命署山西布政使。

文镜故有吏才，清厘积牍，剔除宿弊，吏治为一新。自是遂受世宗眷遇。二年，调河南，旋命署巡抚。疏请以陈、许、禹、郑、陕、光六州升直隶州。寻命真除。文镜希上指，以严历刻深为治，督诸州县清逋赋，辟荒田，期会促迫。诸州县稍不中程，谴谪立至。尤恶科目儒缓，小忤意，取劾罢。疏劾知州黄振国，知县汪诚、邵言纶、关陈等。上遣侍郎海寿、史贻直往按，谴黜如文镜奏。四年，李绂自广西巡抚召授直隶总督，道开封，文镜出迓。绂责文镜不当有意蹂躏读书人，文镜密以闻，并谓绂与振国为同岁生，将为振国报复。绂入对，言振国、诚、言纶被论皆冤抑，知县张球居官最劣，文镜反纵不纠。上先入文镜言，置不问。球先以盗案下部议，文镜引咎论劾。是冬，御史谢济世劾文镜营私负国、贪虐不法，凡十事仍及枉振国、言纶、诚，庇球诸事，与绂言悉合。上谓济世与绂为党，有意倾文镜，下诏严诘，夺济世官，遣从军，振国、诚论死，戍言纶、陈于边。振国故蔡班属吏，既罢官，以班荐复起。及班得罪，上益责绂、班、济世勾结党援，扰国政，诬大臣，命斩振国。

文镜疏请以河南丁银均入地粮，绅衿富户，不分等则，一例输将，以雍正五年始。部议从之。五年，疏言黄河盛涨，险工迭出，宜暂用民力，每岁夏至后，将距堤一二里内村庄按户出夫，工急抢护，事竟则散。若非计日可竣者，按名给工食。下部议行。寻授河南总督，加兵部尚书。文镜初隶正蓝旗，命抬入正黄旗。六年，上褒文镜公正廉明，授河南山东总督，谕谓此特因人设官，不为定例。文镜疏言："两者交界地易藏匪类，捕役越界，奸徒夺犯，每因拒劫，致成人命，彼界有司仍复徇庇。请嗣后越界捕盗，有纵夺徇庇者，许本省督抚移咨会劾。"上从之。文镜先以河南漕船在卫辉水次受兑,道经直隶大名属浚、滑、内黄三县,隔省呼应不灵。请以三县改归河南。既,又以河南征漕旧例,河北三府起运本色,余皆征折,在三府采买,偏重累民。请以仪封、考城及新改归河南浚、滑、内黄等五县增运本色。距水次最远灵宝、阌乡二县,减办米数。归五县征输。南阳、汝宁诸府,光、汝诸州,永宁、嵩、卢氏诸县,皆以路远停运,分拨五县协济,按道路远近,石加五分至二钱三分各有差。又疏言:"山东仓库亏空,那新掩旧。请如河南交代例,知府、直隶州离任,所辖州县仓库,令接任官稽察,如有亏空,责偿其半,方得赴新任。道员离任,所辖府、直隶州仓库亦视此例。"又疏言:"山东钱粮积亏二百余万,雍正六年钱粮应届完全之限,完不及五分,由于火耗太重、私派太多。请敕山东巡抚、布政使协同臣清察,期以半年参追禁革,毋瞻徇,毋客隐。"上皆用其议。七年,请设青州满洲驻防兵,屯府北东阳城址,下议政王大臣议行。寻加太子太保。疏请以高唐、濮、东平、莒四州升直隶州,改济宁直隶州降隶兖州府。旋命兼北河总督,是岁山东水灾,河南亦被水,上命蠲免钱粮。文镜奏今年河南被水州县,收成虽不等,实未成灾,士民踊跃输将,特恩蠲免钱粮,请仍照额完兑。部议应如所请,上仍命文镜确察歉收分数,照例蠲免,现兑正粮,作下年正供。九年,谕曰:"上年山东有水患,河南亦有数县被水,朕以田文镜自能料理,未别遣员治赈。近闻祥符、封丘等州县民有鬻子女者。文镜年老多病,为属吏欺诳,不能抚绥安集,而但禁其鬻子女,是绝其生路也。岂为民父母者所忍言乎?"并令侍郎王国栋如河南治赈。文镜以病乞休,命解任还京师。病瘳,仍命回任。十年,复以病乞休,允之。旋卒,赐祭葬,谥端肃。命河南省城立专祠。又以河道总督王士俊疏请祀河南贤良祠。

高宗即位,尚书史贻直奏言士俊督开垦,开捐输,累民滋甚。上谕曰:"河南自田文镜为督抚,苛刻搜求,属吏竞为剥削,河南民重受其困。即如前年匿灾不报,百姓流离,蒙皇考严饬,遣官赈恤,始得安全,此中外所共知者。"并命解士俊任,语详《士俊传》。乾隆五年,河南巡抚雅尔图奏河南民怨田文镜,不当入河南贤良祠。上谕曰:"鄂尔泰、田文镜、李卫皆皇考所最称许者,其实文镜不及卫,卫又不及鄂尔泰,而彼时三人素不相合。雅尔图见朕以卫祀贤良,借文镜之应撤,明卫之不应入。当日王士俊奏请,奉皇考允行,今若撤出,是翻前案矣!"寝雅尔图奏不行。

宪德,西鲁特氏,尚书明安达礼孙也。父善,官头等侍卫。宪德初以荫生授理藩院主事,再迁刑部郎中。雍正四年,授湖北按察使。时布政使张圣弼坐亏空论罪,宪德上官,圣弼诣谒,宪德下诸狱。疏闻,上奖其能执法。寻就迁巡抚。

五年,调四川。张献忠之乱,四川民几尽。乱初定,吴三桂叛,其将吴之茂、王屏藩等入川,与我师久相持,民授其害,土旷人稀。康熙间,休养久,垦辟渐广,经界未正,田粮多不实。巡抚马会伯奏请清丈,以调湖北未行,上以谘宪德。宪德奏:"四川昔年人民稀少,田地荒芜。及至底定,归复祖业,从未经勘丈,故多所隐匿。历年既久,人丁繁衍。奸猾之徒,以界畔无据,遂相争讼。川省词讼,为田土者十居七八,亦非勘丈无以判其曲直。"上复谘川陕总督岳钟琪,奏与宪德略同,乃下九卿议行。遣给事中高维新、马维翰,御史吴鸣虞、吴涛如四川,会同松茂、建昌、川东、永宁四道分往诸州县丈量,维新永宁道,维翰建昌道,鸣虞松藏道,涛川东道。鸣虞先期示复明旧额,宪德阻止之。他道凡民间屋基、坟墓、界埂、水沟、园林皆不入勘丈,鸣虞独不然,民惊扰,又需索丈费。宪德疏请罢鸣虞、维新事先竟,上令续勘松茂道。涛治事迁纯,维翰事亦竟,宪德请以佐涛。万县民愬涛丈量不公,悬旗聚众,垫江、忠州民亦为言。维新松茂道事又竟,宪德又疏请罢涛,以维新、维翰分勘川东道。七年十一月,通省勘丈毕。旧册载上、中、下田地都计二十三万余顷,丈得四十四万余顷,增出殆及半。而诸土司地纳粮以石计,亦次弟具报,视原额加增。户部奏请视丈出田地照则征粮,上谕曰:"从前隐瞒,科则止据实更定,毋追咎。至额粮稍重诸州县,即比照就近适中科则核减,

俾纾民力。"宪德奏:"各属征量科则,轻重悬殊。原重通江诸县,吁
请减轻。原轻郫、灌、温江三县,亦据实呈请愿增。臣等拟原重田地,
令与接壤地方相等比照科算。原轻田地,亦应按则加增,不致小民
偏枯委曲。"于是成都、华阳、新津、郫、温江、长寿诸县俱增上则,灌
县增中则,绵州、绥宁改分上、中、下三则,江油增下则,潼川、屏山、
雅州、名山、荣经、芦山、峨眉、夹江、通江赋偏重,均视邻县量减,巴
县赋量轻,上田不及一分,以地脊不增,他州县皆仍旧则。其有丈见
田少粮多,经原户声请,皆予开除。上命招他省民入川开垦丈增田
亩,宪德奏请以丈增地亩分科则编字号,计数均分,户给水田三十
亩,或旱地五十亩。有余丁,增水田十五亩或旱地二十五亩。丁多
不能养赡,临时酌增。或有多余三五亩,亦一并给垦。奇零不成丘
段者,酌量安置,给以照票,并牛种口粮,分年升科。皆下部如所议
行。

　　八年,垫江、忠州民杨成勋等群聚为乱,署川陕总督查郎阿遣
兵捕治,成勋自经死。获其徒陈文魁、杨成禄等,得所为怨白,言祸
起戊中年奉旨清丈科派需索累民。查郎阿疏闻,谕曰:"四川清丈之
议,始于马会伯,而成于宪德。朕慎选科臣前往料理,戒以剔除积
弊,安插善良,并非为加增赋税而起。勘丈造册,各官供应,皆令动
帑支给,不使几微烦扰我民。今年事竟,宪德具本代川民谢恩,谓通
省士民,咸称清理疆界,使强无兼并,弱无屈抑。又将田不敷粮之
户,悉予开除。疆界既已分明,额赋尤为公溥,朕以为经理得宜矣,
岂意奸民啸聚,意以清丈,苛虐为言?怨白称奉旨清丈岂宪德等但
以清丈称为奉旨,于前者奏请未晓谕于众耶?陈文魁诉状,并称颂
川省上司,是必宪德等沽誉干名,何不将朕德意宣播,而乃蒙混含
糊,使奸民得以藉口耶?宪德既称通省士民欢呼感戴,何以尚有陈
文魁等暗结邪党、肆行诽谤?可见平日化导未周,董戒不力,令宪德
将朕引旨刊布晓谕。"

　　宪德抚四川七年,屡请更定州县疆界,有所省置,收天全土司
改流设州,并升雅州为府隶焉。宪德议开紫古矿厂,会儿斯堡生番

入边杀掠商民,上令封闭。宪德以川省米贵,请暂停商贩。逾年岁稔,上令弛禁毋遏粜。初上官,以四川驿、盐、茶三政皆属按察使兼领,未足司稽核,请增设驿盐道专司其事,从之。及清丈事将竟,奏言盐、茶积弊,请令清查地亩科道诸员兼司搜查。上谕曰:"川省盐,茶既特设道员,自有责成,如不能胜任,当予参劾,别择贤能盐、茶积弊,相沿已久,应从容清理,安可如此严急。奏请搜查,更属谬妄。汝诸事料理过于促迫,不肯实心任事,于此奏毕见,后当深戒。"十一年,宪德奏盐道曹源邠混发引目累商,谕曰:"盐课引务,汝有督率之责。曹源邠果不法,当列款纠参。若止改拨不当,何难商酌更正。今但请敕部察议,将盐政视如无涉,诚不知汝何意?朕甚鄙汝玷督抚统辖训饬之任也!"

寻召还京,授工部尚书。十二年,调刑部,仍兼工部,署满洲正红旗都统。乾隆元年,命赴泰陵督工。五年,卒。子梦麟,自有传。

诺岷,纳喇氏,满洲正蓝旗人。先世居辉发。祖恩国泰,习汉书,天聪八年举人,直秘书院,授礼部理事官,荐擢尚书。父那敏,官镶黄旗满洲都统。

诺岷,自笔帖式授户部主事,再迁郎中。雍正元年,擢内阁学士,授山西巡抚。各直省征赋,正供外旧有耗羡,数多寡无定。州县以此供上官,给地方公用而私其余。上官亦往往藉公用,橅州县提解因以自私。康熙间,有议归公者,圣祖虑官俸薄,有司失耗羡,虐取于民,地方公用无从取办,寝其议不行。诺岷至山西,值岁屡歉,仓库多亏空。诺岷察诸州县亏空尤甚者,疏劾夺官,离任勒追。余州县通行调任,互察仓库。并虑州县不得其人,请敕部选贤能官发山西补用。二年,诺岷疏请将通省一岁所得耗银提存司库,以二十万两留补无著亏空,余分给各官养廉。各官俸外复有养廉自此起。

布政使高成龄奏言:"直省钱粮向有耗羡,百姓既以奉公,即属朝廷财赋。臣愚以为州县耗羡银两,自当提解司库,凭大吏酌量分给,均得养廉。且通省遇有不得已例外之费,即以是支应。至留补亏空,抚臣诺岷先经奏明,臣请敕下各直省督抚,俱如诺岷所奏,将通省一岁所得耗银约计数目先行奏明,岁终将给发养廉、支应公费、留补亏空各若干一一陈奏,则不肖上司不得借名提解,自便其私。"上命总理事务王大臣九卿集议,议略谓提解火耗,非经常可久之道,请先于山西试行。上谕曰:"州县火耗原非应有之项,因通省公费、各官养廉不得不取给于此。朕非不愿天下州县丝毫不取于民,而势有所不能。州县征收火耗分送上司,州县藉口而肆贪婪,上司瞻徇而为容隐,此从来之积弊所当削除者也。与其州县存火耗以养上司,何如上司拨火耗以养州县。至请先于山西试行,此言尤非。天下事惟有可行不可行两端。譬如治病,漫以药试之,鲜有能愈者。今以山西为试,朕不忍也。提解火耗,原一时权宜之计。将来亏空清楚,府库充裕,有司皆知自好,各省火耗自渐轻以至于尽革,此朕之深愿。各省能行者听,不行者亦不强也。"自后各直省督抚以次奏请视山西成例提解耗羡,上以诺岷首发议,谕奖其通权达变,于国计民生均有裨益。上屡饬各省督察有司,耗羡既归公,不得巧立各目,复有所取于民。给养廉,资公用,尚有所余,当留备地方公事。河南耗羡余款最多,特免地丁钱粮四十万,即以所余抵补。上谕谓此项出自民间,若公用充裕,仍当加恩本地官民,不令归入公帑也。三年,诺岷以病乞假,命回旗调理。

初,贝子允裪以罪徙西宁,道出平定,太监李大成殴诸生,诺岷按谳,以大成方病,置未深究。上责诺岷瞻徇,命继任巡抚伊都立覆谳,罪大成,夺诺岷官。十二年,卒。

陈时夏,字建长,云南元谋人。康熙四十五年进士,考授内阁中书。三迁工部郎中,考选广西道御史。雍正元年,授河南开归道,仍带御史衔。寻奏河北连年歉收,请发帑治赈,蠲免钱粮。上嘉允之。二年,迁湖北按察使,以在开归道任封丘生员罢考,坐不能弹压,夺官。三年,授直隶正定知府。四年,迁长芦盐运使,加布政使衔。署江苏巡抚。疏陈苏、松水利,请发帑兴工。命副都统李淑德、原任山东巡抚陈世倌会勘,议先浚娄江、常熟福山塘、昭文白茆河、太仓七浦河、上海嘉定吴淞江、武进孟渎、德胜新河、丹阳九曲河次弟疏治。时夏复疏言江南钱粮,请视直隶、河南正耗统解布政使,督抚以下各给养廉,地方公事用耗银报销,从之。上知时夏有老母,命云南督抚赠资斧,护至苏州,复赐人参。

六年,江苏布政使张坦麟调山东,时夏以坦麟任内钱粮未清,疏请停赴新任。坦麟亦奏时夏令新任布政使赵向奎勒指交代。上责时夏褊浅,才识不足,不能胜巡抚,命改署山东布政使,即以坦麟署江苏巡抚。是时江苏巡抚所属七府五州,自康熙五十一年至雍正四年,积亏地丁钱粮至八百十三万有奇,巡抚张楷请分年带征。及时夏至江苏,催追促迫,民艰于输纳,事久未竟,上命时夏留江苏会办亏空。时夏请以旧欠均派新粮,分年征收,上谕曰:"旧欠自有本人,舍此不追而均派新粮,是刁民因积欠而得利,良民因先输而倍征。从此人人效尤,谁复输供正赋?且旧欠派入新粮,必致旧欠未完,新粮又欠。时夏因朕留之在苏,乃欲藉此草率完结。命暂停征比,交新任巡抚尹继善清察。"上又遣侍郎彭维新等佐尹继善察出积欠实一千万有奇,上命以其中侵蚀、包揽四百数十万分十年带征,民欠五百数十万分二十年带征,并令视直隶、河南诸省已行例,每岁带征若干,次年免正赋若干。谕谓"蠲逋赋使顽户偏蒙其泽,不若免新征使众民普受其惠也。

七年,尹继善劾时夏所举知县蔡益仁贪黠不职,下部议,降调。八年,以母忧归。十二年,诣京师,命以佥都御史衔授霸州营田观察使。奏文安、大城两县界内修筑横堤,请于堤东南尚家村建闸,堤内浚河,引子牙河水溉田,仍于北岸多用涵洞,俾水得宣泄。乾隆二年,奏请用区田法,选属吏租民地试行。皆从之。授内阁学士。三年,卒。

王士俊,字灼三,贵州平越人。康熙六十年进士,改庶吉士。雍正元年,上特命以知州发河南待阙,除许州。田文镜为巡抚,恶以科弟起家者，有意督过之，士俊惧将及。文镜增碱地税，民不堪，士俊具牒争，冀以是劾罢邀名。布政杨文乾奇士俊，曲护之。三年，文乾迁广东巡抚，奏以士俊从。四年，题授肇高廉罗道。五年，署巡抚阿克敦察士俊所辖黄江税厂亏税银千余，疏劾。上谕之曰："王士俊尚有用，小过犹可谅。当严饬令悛改。"寻召士俊诣京师。士俊发黄江厂库官为布政使官达运规礼，阿克敦即令官达按鞫。士俊请改员严讯，阿克敦令按察使方愿瑛会鞫。士俊即以阿克敦、官达、方愿瑛朋谋徇私，揭吏部奏闻。会文乾亦以他事劾阿克敦、官达，上命解官达、愿瑛任，令总督孔毓珣及文乾会鞫，并令士俊署布政使。士俊行至曲江，闻命，还广东上官。会文乾卒，上命傅泰署巡抚，复遣通政使留保等如广东会鞫，阿克敦等皆坐遣。六年，实授广东布政使。九年，擢湖北巡抚。

十年文镜解任还京师，擢士俊河东总督，兼河南巡抚。十一年，疏劾学政俞鸿图纳贿行私，命侍郎陈树萱按鞫，得实，鸿图坐斩。文镜在河南督州县开垦，士俊承其后，督促益加严，又令州县劝民间捐输。高宗即位，户部尚书史贻直奏言："河南地势平衍，沃野千里，民性纯朴，勤于稼穑，自来无土不耕，其不耕者大都斥卤沙碛之区。臣闻河南各属广行开垦，一县中有报开十顷、十数顷至数十顷者，积算无虑数千百顷，安得荒田如许之多？推求其故，不过督臣授意地方官多报开垦，属吏迎合，指称某处隙地若干、某处旷土若干，造册申报。督臣据其册籍，报多者超迁议叙，报少者严批申饬，或别寻事故，挂之弹章。地方官畏其权势，冀得欢心，讵恤后日官民受累，以致报垦者纷纷。其实所报之地，非河滩沙砾之区，即山冈荦确之地。甚至坟墓之侧，河堤所在，搜剔靡遗。目下行之，不过枉费民力，其害犹小。数年后按亩升科，指斥卤为膏腴，勘石田以上税，小民将有鬻儿卖女以应输将者。又如劝捐，乃不得已之策，今则郡县官长，驱车郭门，手持簿籍，不论盐当绅民，慰以好言，令其登写，旋索赏锱。地方官一年数换，则籍簿一年数更，不惟大拂民心，亦且有损国体。请敕廉明公正大臣前往清察。"上谕曰："田文镜为总督，苛削严厉,河南民重受其困。士俊接任,不能加意惠养,借垦地之虚名,成累民之实害。河南民风淳朴,竭蹶以从,甚属可嘉。然先后遭奇政,其情亦至可愍矣!河南仍如旧例,止设巡抚。"以傅德代士俊。士俊至京师,命署兵部侍郎。

乾隆元年,复命署四川巡抚。士俊在河南,上蔡知县贵金马奉檄开垦,迫县民加报地亩钱粮,武生王作孚等诣县辨诉。贵金马以聚众哄堂揭士俊,士俊谕定谳毋及开垦,妄坐作孚等勒减盐价,拟斩。傅德疏劾,下部议,士俊当夺官,上命仍留任。

士俊密疏陈时政,略言:"近日条陈,惟在翻驳前案,甚有对众扬言,只须将世宗时事翻案,即系好条陈。传之天下,甚骇听闻。"又言大学士不宜兼部,又言各部治事,私揣某省督抚正在褒嘉,其事宜准。某省督抚方被诘责,其事宜驳。不论事理当否,专以逢合为心。又言廷臣保举,率多徇情,甚或藉以索贿。上览奏,怒甚,发王大臣公阅。御史舒赫德因劾:"士俊奸顽刻薄,中外共知。其为河南总督,勒令州县虚报垦荒,苦累小民。近日巡抚傅德论劾,外间传说士俊已命逮治,皇上犹冀其改恶向善,曲赐矜全。乃士俊丧心病狂,妄发悖论,请明正其罪。"上召王、大臣、九卿等谕之曰:'从来为政损益随时,宽猛互济。记曰:"张而不弛,文武弗能。弛而不张,文武弗为"尧因四岳之言而用鲧,鲧治水九载,绩用弗成,至舜而后殛鲧。当日用鲧者尧,诛鲧者舜,岂得谓舜翻尧案乎?皇考即位之初,承圣祖深仁厚泽,休养生息,物炽而丰。皇考加意振饬,使纪纲整齐,此因势利导之方,正继志述事之善。迨雍正九年以来,人心已知法度,吏治已渐澄清,又未尝不敦崇宽简,相安乐易。朕缵承丕绪,泣奉遗诏,向后政务应从宽者悉从宽。凡用人行政,兢兢焉以皇考诚民育物之心为心,以皇考执两用中之政为政。盖祖、皇考与朕之心初无丝毫间别。今王士俊訾为翻前案,是诚何心?朕躬有阙失,惟恐诸臣不肯尽言。至事关皇考,而妄指前猷,谓有意更张,实朕所不忍闻。至谓大学士不宜兼部,大学士兼部正皇考成宪,士俊欲朕改之,是又导朕以翻案也,彼不过为大学士鄂尔泰而发。士俊河南垦荒,市兴利之善名,行剥民之虐政,使败露于皇考时,岂能宽宥?彼欲掩饰从前之罪,且中伤与已不合之人,其机诈不可胜诘。至谓部件题驳,怀挟私心,保举徇情,贪缘贿属,诸臣有则痛自湔除,无则益加黾勉,毋为士俊所讪笑,以全朕委任简用之体可也"解士俊任,逮下刑部,王大臣等会鞫,请用大不敬律拟斩立决,命改监候。二年,释为民,遣还里。

六年,以争占瓮安县民罗氏墓地,纵仆殴民,民自经死,民子走京师叩阍。命副都御史仲永檀如贵州,会总督张广泗鞫,得实,论罪如律。二十一年,卒。

论曰:世宗以综核名实督天下,肃吏治,严盗课,实仓库,清逋赋,行勘丈,垦荒土,提耗羡,此其大端也。卫、文镜受上眷最厚,卫以敏集事,文镜以骄府怨。然当时谓卫、文镜所部无盗贼,斯亦甚难能矣。勘丈激乱,四川为最著。耗羡归公,山西为最先。田赋悬逋,江苏为最巨。开垦害民,河南为最剧。世宗亲决庶政,不归罪臣下,故诸岷蒙褒,而宪德不尸其咎。时夏才短,事未克竟,亦不深责也。士俊及高宗初政,绌而犹用,乃创翻案之说,欲以荧主听,箝朝议。心险而术浅,其得谴宜哉。